1. 가야트리(→ 1. 가야트리)

श्री वज्रधातुमण्डलम्

2. 금강계 만다라(→ 24. 탄트라)

श्री महाकरुणागर्भोद्भवमण्डलम्

3. 태장계 만다라(→ 32. 만다라)

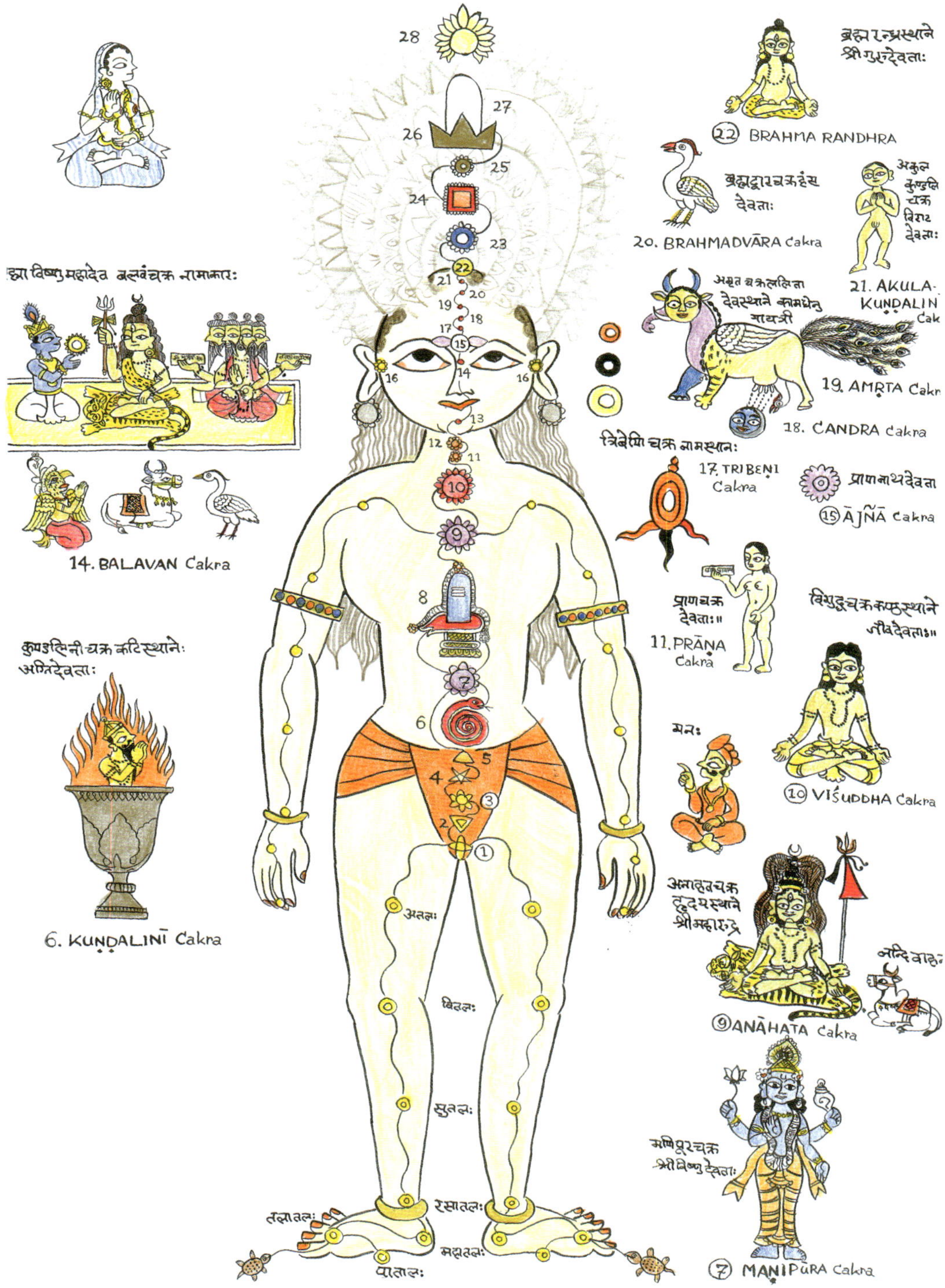

4. 초기 나타파 문헌에 나타난 차크라(→ 46. 아디구루)

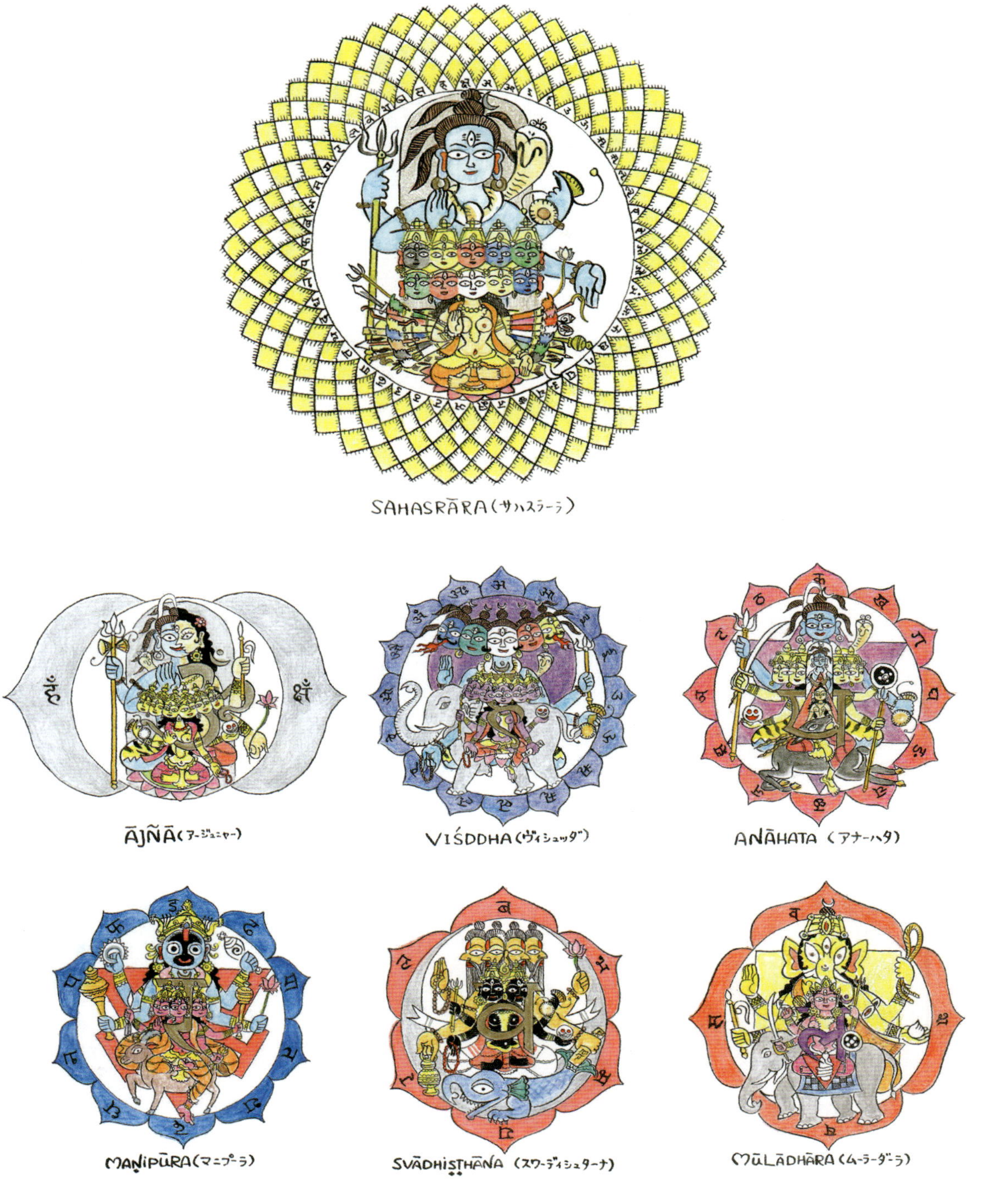

5. 7개의 차크라 Cakra(→ **59. 차크라**)

6~7. 사카마 가야트리Sakāma-gāyatrī(→ 102. 사카마 가야트리)

व

ॐ दाशरथाय विद्महे
सीतावल्लभाय धीमहि
तन्नो रामः प्रचोदयात्

रे

ॐ देवकीनन्दनाय विद्महे
वासुदेवाय धीमहि
तन्नः कृष्णः प्रचोदयात्

णि

ॐ सहस्रनेत्राय विद्महे
वज्रहस्ताय धीमहि
तन्न इन्द्रः प्रचोदयात्

यं

ॐ अञ्जनासुताय विद्महे
वायुपुत्राय धीमहि
तन्नो मारुतिः प्रचोदयात्

स्य

ॐ नारायणाय विद्महे
वासुदेवाय धीमहि
तन्नो नारायणः प्रचोदयात्

धी

ॐ उग्रनृसिंहाय विद्महे
वज्रनखाय धीमहि
तन्नो नृसिंहः प्रचोदयात्

म

ॐ गिरिजायै विद्महे
शिवप्रियायै धीमहि
तन्नो दुर्गा प्रचोदयात्

हि

ॐ महादेव्यै च विद्महे
विष्णुपत्न्यै च धीमहि
तन्नो लक्ष्मीः प्रचोदयात्

प्र

ॐ पृथिवीदेव्यै विद्महे
सहस्रमूर्तायै धीमहि
तन्नः पृथिवी प्रचोदयात्

चो

ॐ तुलसायै विद्महे
विष्णुप्रियायै धीमहि
तन्नो वृन्दा प्रचोदयात्

द

ॐ परमहंसाय विद्महे
महाहंसाय धीमहि
तन्नो हंसः प्रचोदयात्

यात्

ॐ वागीश्वराय विद्महे
हयग्रीवाय धीमहि
तन्नो हयग्रीवः प्रचोदयात्

8. 슈마샤나 사다나Śmaśāna-sādhana(→ 38. 슈마샤나 사다나)

그림으로 읽는

요가의 세계

ZUSETSU YOGA TAIZEN
by Takeshi Ito

그림으로 읽는 요가의 세계

1판 1쇄 인쇄 2025. 6. 16.
1판 1쇄 발행 2025. 7. 2.

지은이 이토 다케시
옮긴이 김재민, 김현덕, 양경인

발행인 박강휘
편집 정선경 디자인 조명이 마케팅 박유진 홍보 반재서
발행처 김영사
등록 1979년 5월 17일(제406-2003-036호)
주소 경기도 파주시 문발로 197(문발동) 우편번호 10881
전화 마케팅부 031)955-3100, 편집부 031)955-3200 | 팩스 031)955-3111

값은 뒤표지에 있습니다.
ISBN 979-11-7332-222-8 03150

홈페이지 www.gimmyoung.com 블로그 blog.naver.com/gybook
인스타그램 instagram.com/gimmyoung 이메일 bestbook@gimmyoung.com

좋은 독자가 좋은 책을 만듭니다.
김영사는 독자 여러분의 의견에 항상 귀 기울이고 있습니다.

योगसंहिता

그림으로 읽는
요가의 세계

신화, 철학, 상징 그리고 실천 체계

이토 다케시 伊藤 武
김재민, 김현덕, 양경인 옮김

김영사

들어가며

"라자 요가rājayoga는 아주 바쁜 왕이라도 할 수 있는 간단한 요가"라고 19세기에 편찬된 산스크리트sanskrit 사전에 실려 있다. 이어서 "보다 엄격한 하타 요가haṭhayoga와는 구별된다"라고 언급되어 있다. 나는 하타 요가는 신체적인 것, 라자 요가는 정신적 또는 영적인 것이라는 일반적인 요가 분류에 의문이 들었다.

나는 인도에 갔다. 그리고 외국인이 요가를 배우는 아슈람āśrama에서는 하타 요가를 수행하지 않는다는 것을 알았다. 요가의 자세(아사나āsana)와 호흡법(프라나야마prāṇayāma)을 수행하더라도, 어디까지나 《요가수트라Yoga-sūtra》의 8지八支(아슈탕가aṣṭāṅga) 체계 속에서 하는 아사나와 프라나야마로서 라자 요가의 일부분이었다. 물론 이 경우에 라자 요가는 왕이라도 할 수 있는 요가가 아니라 요가의 왕이라는 뜻이다. 카스트의 최상위에 있는 바라문 계급의 요가 스승들이 하타 요가를 모른다는 사실도 알 수 있었다. 그들에게 하타 요가는 '배울 가치가 없는 하층민의 요가'였다. 얼마 지나지 않아, 하타 요가는 고라크샤나티Gorakṣanāthī(나타파Nātha派)라고 불리는 수행자 집단의 고유한 요가라는 것을 알게 되었다.

중부 인도의 도시 웃자인Ujjain에 있는 나타파의 수행처에 가보면, 수행처 안 마당에 사람의 두개골을 쌓아올린 기념 건조물이 떡하니 솟아 있다. 죽음을 느끼게 하는 해골은 힌두교에서 가장 부정不淨한 것 중의 하나라고 들었기 때문에 놀랐다. 어떤 일도 한마디로 단정하기 어려운 곳이 인도이다. 이 유파의 수행자 중 다수는 바라문 출신이 아니다. 나타파들은 《요가수트라》에서 말하는 요가의 정의, 즉 '요가란 마음의 작용을 정지하는 것'을 받아들였으면서도 그 정지를 위한 가장 유익한 방법이 프라나야마라고 하면서, 바라문들이 말하는 라자 요가를 '겉만 번드르르한 요가'라고 치부하며, 그야말로 애초부터 바보짓으로 취급하고 있다.

하타 요가는 무엇이고, 라자 요가는 무엇인가? 도대체 요가는 무엇인가? 인도인들은 각자의 입장에서 요가를 말하기에, 무엇이 진실인지 알 수 없었다. 탐구심에 불이 붙은 나는 현장 조사와 문헌 조사를 통해서 조금씩 의문을 밝혀 나갔다.

이 책은 이러한 관점에서 연구한 결과물이다. 상세한 내용은 본문을 읽어 보길 권하며, 여기서는 하타 요가와 오늘날 이야기하는 라자 요가(여기에는 몇 가지 의미가 있다)의 큰 차이를 개략적으로 서술하겠다. 두 요가는 뿌리가 되는 사상이 다르다.

인도에서 철학과 요가는 언제나 일체이다. 다양한 이 세계를 이해하는 방법이 철학이다. 이러한 세계의 질곡에서 벗어나기 위한, 즉 해탈하기 위한 수단이 요가이다. 세계에 대한 이해가 다르다면, 요가도 달라지는 것이 당연하다. 대략적으로 말하자면, 라자 요가는 브라만brahman만이 실재이고 이 세계의 일체를 가상현실로 보는 베단타Vedānta 철학적 요가이다. 《요가수트라》는 상키야Saṁkhyā 철학에 기반한 것이지만, 베단타는 《요가수트라》를 베단타의 사상이라고 말한다. 베단타 철학에서는 현세의 가치가 매우 낮게 평가되고 신체란 윤회하는 세계에 속박된 부정한 것으로 파악된다. 반대로 하타 요가는 자신의 몸을 대우주의 축소판인 소우주라고 보는 탄트라의 요가이다. 신체야말로 해탈의 중요한 수단이 된다. 말하자면, 차크라cakra나 쿤달리니kuṇḍalinī는 탄트라 사상에 속한다.

그리고 의외로 여겨질지 모르겠지만, '하타 요가'라는 말이 처음으로 등장하는 곳은 불교문헌이다. '차크라'라는 개념을 내세운 것도 아마 불교일 것이다. 하타 요가는 불교 탄트라, 이른바 후기 밀교에서 자라난 요가이다. 불교에서 전해진 하타 요가를 집대성한 것은 12세기경에 등장한 고라크샤Gorakṣa라는 인물이다. 그는 힌두교도인 동시에 불교도였다. 고라크샤나티Gorakṣanāthī(나타파)라는 종파에 대해 앞서 말했지만, 이것은 '고라크샤를 따르는 사람'이라는 의미이다. 힌두교의 하타 요가 문헌은 그 수가 여럿이지만, 현존하는 것 가운데에서 고라크샤가 저술한 《고라크샤 백송百頌, Gorakṣaśataka》 이전으로까지는 거슬러 올라가지 않는다.

본서에서는 제1부 지식편: 기초 지식, 사상, 우주관, 신체관, 생리학(총 5개 장)과 제2부 실천편: 의학, 호흡, 아사나, 의례(총 4개 장)로, 즉 총 2개의 부와 9개의 장으로 나누어 요가를 설명한다. 그러나 탄트라적인 내용에 치중하고 있다는 점을 미리 이야기해둘 필요가 있을 것 같다. 왜냐하면 나의 주요 관심사가 탄트라일 뿐만 아니라, 소위 라자 요가의 일부로서의 아사나나 프라나야마가 아닌 밀교로서의 하타 요가가 어떤 것인지에 대해 우리는 거의 알지 못하기 때문이다.

라자 요가의 근본이 되는 《요가수트라》의 번역서나 해설서는 몇 종류가 있지만, 하타 요가의 근본 문헌인 《고라크샤 백송》의 번역서는 아직 한 권도 출판되지 않고 있다는 사실이 이를 단적으로 보여준다.

이 책은 가야트리gāyatrī 찬가로 시작한다. 이 찬가는 하타 요가든 라자 요가든 인도에서 요가를 수행하기로 마음먹은 사람이 맨 처음 배우는 것이다. 비틀스 팬의 경우 〈어크로스 더 유니버스aross the universe〉라는 곡을 떠올려본다면 이 찬가가 보다 친숙하게 여겨질 수 있을지도 모르겠다. 어쨌든 가야트리 찬가를 부르고 맛보는 것에서 인도의 요가는 시작된다.

제1장 '요가의 기초지식'에서는 베단타, 아트만ātman, 상키야 등 요가의 기초 용어를 다룬다.

제2장 '요가의 사상'에서는 《요가수트라》와 《반야심경》을 비교하여 요가 사상을 재검토해 본다. 덧붙여 말하자면, 《반야심경》의 산스크리트 원문은 한역과는 분위기가 상당히 다르다.

제3장 '요가의 우주관'에서는 인도의 종교적인 상징물들을 살펴본다. 베다의 제단, 불탑佛塔, 사원, 만달라maṇḍala, 얀트라yantra, 차크라가 있는 인체도人體圖. 이것들은 모두 하나의 우주를 나타내고 있다. 탄트라 요가는 그런 상징들과 함께한다.

제4장 '요가의 신체관'에서는 자신의 신체를 '해탈을 위한 도구'로 여기는 하타 요가의 발전상을 불교문헌인 《84성취자전成就者傳》(杉木恒彦 역, 春秩社 간행, 《八十四人の 密教行者》)을 따라가며 살펴본다.

제5장의 '요가의 생리학'은 프라나praṇā 생리학이다. '마음의 작용을 정지하는 것'이 요가의 정의이지만, 그 마음을 포함한 생명현상의 근본이 프라나라고 보는 것이 하타 요가이다.

제6장 '요가의 의학'에서는 요가와 아유르베다의 관계를 살펴본다.

제7장 '요가의 호흡'은 프라나의 제어(아야마āyāma)에 관한 설명이다. 앞서 서술한 것처럼 프라나야마는 하타 요가 행법의 중심에 자리 잡고 있지만 호흡법이 곧 프라나야마는 아니다.

제8장 '요가의 아사나 이야기'는 아사나의 비의秘義에 대해 서술한다.

제9장 '요가의 밀교(탄트라) 의례'는 푸자pūjā에 관한 것이다. 탄트라뿐만 아니라 인도의 모든 요가와 모든 기예는 신을 대접하는 의례인 '푸자'라는 패러다임의 속에서 행해진다.

또한 산스크리트 문헌을 인용할 경우 가능한 한 원문을 표기하였는데, 책의 말미에 한데 묶어 덧붙였다.* 왜냐하면 번역은 아무리 뛰어난 것이라 하더라도 옮긴이의 가치관, 문화적 배경, 사고가 반영된 가공물이라는 사실에서 벗어날 수가 없기 때문이다.

이토 다케시伊藤 武

* 옮긴이 주 – 저자는 책의 말미에 참고문헌의 원문을 수록하였지만, 독자들의 편의를 위해 이 책에서는 본문 아래에 각주를 달아 바로 확인할 수 있게 하였다.

차례

들어가며 ―― 013

제1부 지식편

제1장 요가의 기초지식 – 신과 부처

1. 가야트리Gāyatrī – 신은 빛이 되어 ―― 030
2. 베다Veda – 푸루샤, 신체를 토막 낸 사건 ―― 039
3. 아트만Ātman – 나의 본질은 브라만이다 ―― 045
4. 상키야Sāṁkhya – 푸루 군과 쿠리 양의 갈등 ―― 049
5. 붓다Buddha – 상키야 이야기 ―― 058
6. 바바 차크라Bhava-cakra – 불교를 한 폭의 그림에 담고 ―― 065
7. 요가Yoga – 마음에 방울 달기 ―― 074
8. 아슈탕가Aṣṭāṅga – 요가의 체계화 ―― 078
9. 사두Sādhu – 서원(브라타)을 세운 사람 ―― 084
10. 카르마 요가Karma-yoga – 일하는 사람을 위해서 ―― 088
11. 구루Guru – 사제 관계는 부자 관계보다도 중요하다 ―― 095
12. 푸라나Purāṇa – 인도 신화의 기초지식 ―― 101

CONTENTS

제2장 요가의 사상 – 《요가수트라》와 《반야심경》

13. 파탄잘리Patañjali – 요가와 산스크리트의 밀접한 관계 —— 114
14. 요가수트라니Yoga-sūtrāṇi – 요가는 칫타의 브릿티의 니로다인 것이다 —— 121
15. 라자 요가Rāja-yoga – 왕의 요가? 요가의 왕도? —— 132
16. 프라갸파라미타흐리다야Prajñāpāramitā-hṛdaya – 여신의 심장 —— 137
17. 칫타Citta – 마음이 세상을 만든다 —— 146
18. 상스카라Saṁskāra – 마음의 장막(베일) —— 152
19. 니로다Nirodha – 멸滅하는가? 억제하는가? —— 156
20. 이슈와라Īśvara – 쉬바와 관음 —— 161
21. 순야타Śūnyatā – 하나(베단타)도, 둘(상키야)도 아니다 —— 167
22. 타라Tārā – 구제의 여신 —— 173
23. 만트라Mantra – 일반인도 할 수 있는 간단한 요가 —— 178
24. 탄트라Tantra – 바즈라Vajra한 세계 —— 182

제3장 요가의 우주관 – 베다의 제단에서 차크라로

25. 만디라 Mandira – 우주의 비밀 200
26. 링가 Liṅga – 하늘과 땅을 잇는 것 206
27. 판차부타 Pañca-bhūta – 추상화된 에너지 213
28. 베디 Vedi – 매의 제단은 날아간다 216
29. 스투파 Stūpa – 붓다 디자인 220
30. 바스투 푸루샤 Vāstu-puruṣa – 전 우주를 한 장의 그림으로 225
31. 로카팔라 Loka-pāla – 인도 풍수의 주역 231
32. 만다라 Maṇḍala – CG처럼 239
33. 얀트라 Yantra – 매트릭스와도 같이 245
34. 메루 Meru – 수정 가능한 우주 251
35. 가르바 그리하 Garbha-gṛha – 우주가 탄생하는 곳 260
36. 크슈드라 안다 Kṣudra-aṇḍa – 소우주로서의 인체 265

제4장 요가의 신체관 – 성(性) 요가에서 하타 요가로

37. 나타 삼프라다야 Nātha-saṁpradāya – 하타 요가의 대성자 272
38. 슈마샤나 사다나 Śmaśāna-sādhana – 시체 숲의 종교 279
39. 카팔린 Kapālin – 가장 부정不淨하기에 가장 신성한 사람들 287
40. 하타 요가 Haṭha-yoga – 성취 머신을 가동시켜라 293
41. 다키니 Ḍākinī – 마녀들의 전통 298
42. 마니 파드메 Maṇi-padme – 성性 요가 303
43. 찬다리 Caṇḍālī – 성취의 에너지 308
44. 마하무드라 Mahā-mudrā – 죽음의 요가 313
45. 친나 문다 Chinna-muṇḍā – 하타 요가의 여신 318
46. 아디구루 Ādi-guru – 구루 이야기의 참뜻 323
47. 아사나 Āsana – 하타 요가의 골격이 되는 수행법 330
48. 하타 샤스트라 Haṭha-śāstra – 하타 요가의 교과서 335

제5장 요가의 생리학 – 프라나로 이루어진 신체

49. 프라나Prāṇa – 우주에 부는 바람 340
50. 마르만Marman – 바람의 교차점 345
51. 아유르베다Āyurveda – 인도 의학의 기초지식 350
52. 마르마 비디야Marma-vidyā – 급소의 과학 356
53. 슈크슈마 샤리라Śūkṣma-śarīra – 이미지의 신체 374
54. 나디Nāḍī – 프라나의 길 378
55. 이다 핑갈레Iḍā-piṅgale – 달의 길, 태양의 길 384
56. 수슘나Suṣumṇā – 인체 우주의 타임터널 388
57. 암리타Amṛta – 미세한(스피리추얼) 뇌내 마약 392
58. 판차마야 코샤Pañcamaya-kośa – 아른거리는 몸 396
59. 차크라Cakra – '여는' 것이 아니라 '돌리는' 것 400
60. 쿤달리니Kuṇḍalinī – 원래는 배에 있었다 409

제2부 실천편

제6장 요가의 의학 – 몸과 마음의 건강

61. 차트바리 아리야 사티야니Catvāri ārya-satyāni – 치유의 방정식 418
62. 바이샤쟈Bhaiṣajya – 감로의 샘을 솟게 하는 비법 421
63. 미타하라Mitāhāra – 식사는 조금 부족하게 427
64. 안타르 호마Antar-homa – 소화消化를 제사의 불[祭火]로 삼다 432
65. 아그니사라 다우티 Agnisāra-dhauti – 복부의 호마단을 갖추다 436
66. 싯다비디야Siddha-vidhyā – 요가와 의학의 완전한 통합 439
67. 브라마차리야Brahma-carya – 사정射精해야 해? 사정하면 안 돼? 444
68. 샤트카르만Ṣaṭ-karman – 우선은 입에서 항문까지 깨끗하게 448

69. 리투차리야Ṛtu-caryā – 더운 곳에서 요가를 하다니 당치도 않다 457
70. 하리드라Haridrā – 황금의 향신료 461
71. 툴라시Tulasī – 성지를 만드는 허브 465
72. 칠리Cillī – 고행의 향신료 469

제7장 요가의 호흡 – 프라나를 제어하는 사람은 마음을 제어한다

73. 프라나야마Prāṇāyāma – 호흡법이 아닌 프라나 기법 474
74. 마나스Manas – 눈이 불편한 사람과 다리가 자유롭지 못한 사람 478
75. 나디 쇼다나Nāḍī-śodhana – 이미지의 힘이 효력을 내다 482
76. 쿰바카Kumbhaka – 항아리는 프라나야마의 모습 487
77. 반다Bandha – 참는 것이 그 비결 491
78. 무드라Mudrā – 프라나를 봉쇄하다 495
79. 수카 푸르바카Sukha-pūrvaka – 좌우의 밸런스와 쿤달리니 각성 499
80. 크리야 요가Kriyā-yoga – 신身 · 구口 · 의意의 일치 504
81. 바스트리카Bhastrikā – 프라나를 가열하다 510
82. 바즈라 자파Vajra-japa – 《반야심경》의 요가 514
83. 프라나바 프라나야마Praṇava-Prāṇāyāma – 전신을 악기로 삼아 Aum 518
84. 나다 아누산다나Nāda-anu-saṁdhāna – 소리를 관하는 수행[觀音行] 521

제8장 요가의 아사나 이야기 – 밀교(탄트라) 교의를 신체를 통해 보다

85. 브릭샤 아사나Vṛkṣa-āsana – 나무처럼 살다 528
86. 수리야 나마스카라Sūrya-namaskāra – 시간의 바퀴 533
87. 피타Pīṭha – 신의 자리 540
88. 싱하 아사나Siṁha-āsana – 아훔a-hūṁ의 사자 546
89. 쉬르샤 아사나Śīrṣa-āsana – 지구를 머리에 얹다 553

90. 부장가 아사나Bhujaṅga-āsana – 33의 세계 559
91. 샬라바 아사나Śalabha-āsana – 가루다의 신비한 이름 568
92. 할라 아사나Hala-āsana – 신체를 경작하여 보물을 얻다 575
93. 맛시야 아사나Matsya-āsana – 생명의 기본 형상 584
94. 맛시옌드라 아사나Matsyendra-āsana – 이원을 넘어서 589
95. 파슈치못타나 아사나Paścimottāna-āsana – 사라스와티의 승리 598
96. 샤바 아사나Śava-āsana – 쉬바도 그저 시체일 뿐 605

제9장 요가의 밀교(탄트라) 의례 – 외적인 예배로부터 내적인 예배로

97. 푸자Pūjā – 신성한 소꿉놀이 614
98. 아라티Ārati – 베다 제단 세팅 619
99. 나마스Namas – 요가의 인사 622
100. 시마 반다Sīmā-bandha – 영역을 표시하다 628
101. 이슈타 데바타Iṣṭa-devatā – 본존불 또는 수호신 634
102. 사카마 가야트리Sakāma-gāyatrī – 역시 영험이 있어야 640
103. 프라티슈타Pratiṣṭhā – 영혼의 유입 648
104. 디야나Dhyāna – 심상화心象化에서 시작하다 652
105. 프라사다Prasāda – 신의 선물 658
106. 니야사Nyāsa – 세계 컬렉션 663
107. 안타르 야가Antar-yāga – 탄트라의 라자 요가 667
108. 프라나바Pra-ṇava – 옴으로 시작하고 옴으로 끝나다 672

나가며 686
옮긴이들 후기 688
참고문헌 692

약호

→	해당 장(또는 항목)을 참조하라는 의미	〈남〉	남성명사
[ ]	어원	〈여〉	여성명사
√	어근	〈중〉	중성명사
( )	어근이 동사화할 때의 의미	〈형〉	형용사
+	두 개 이상의 단어가 묶여 있는 복합어		

예를 들어 '요가'의 경우

7

요가

– 마음에 방울 달기

Yoga

[√yuj(묶다/엮다)]

〈남〉 말에 멍에를 씌우는 것, 수단, 방법, 주문呪文, 책략. 요가.

※ '요가'는 인도의 가장 오래된 문헌인 《리그베다》(B.C. 1500년경 성립)에서는 '말을 수레에 묶다'의 뜻. 그로부터 1,000년이 지난 붓다의 시대에 와서도 아직 일반적으로 '요가' 수행법이라는 의미로는 사용되지 않았다. 붓다는 그것에 해당하는 말로서 '마르가mārga, 道'를 사용하고 있다. '요가'가 이른바 요가의 의미로 널리 사용되게 된 것은 그로부터 200년 정도 후에 성립된 《카타 우파니샤드Kaṭha Upaniṣad》에 이르고 나서이다.

1. 산스크리트어, 팔리어, 힌디어의 원어 음역은 기본적으로 1986년 1월 7일 문교부 고시 제85-11호로 고시된 '외래어 표기법'의 '제1장 표기의 기본 원칙'을 따른다. 국내에서 통용되어 온 음역어(경명, 인명 등)의 경우에는 예외로 하고, 통용 음역어를 사용한다.
   - 이에 대한 구체적인 내용은 〈불교 원어의 음역 표기 조사 연구〉(정승석, 《가산학보》, 제4호, 가산불교문화원, 1955) 참조.

2. 산스크리트 단어의 문법 규칙을 부기했지만, 산스크리트 문법이 낯설거나 서툰 독자들은 이 부분을 건너뛰어도 좋다.

- 'yoga'의 뒤에 붙은 '하이픈(-)'은 명사의 어미 변화가 있음을 나타낸다. 산스크리트의 명사에는 주격主格(~가), 목적격[對格, ~을], 구격具格(~에 의해서), 여격與格(~를 위해서), 탈격奪格(~로부터), 속격屬格(~의), 처격處格(~에 있어서), 호격號格(~이여)의 8가지 격格, 남성·여성·중성의 세 가지 성性, 단수·양수·복수의 세 가지 수數가 있고, 이 범위 내에서 어미가 변화한다.
- [√yuj(묶다/엮다)]는 단어의 어원을 [ ]로 묶어 표기한 것이다. √는 어근을 뜻한다. 어근은 단어의 최소단위로, 그 자체로는 동사나 명사가 되지 못한다. 어근을 일정한 문법 규칙에 따라 변형시키면, yokṣyati, yokṣyate((그/그녀는) 묶다/엮다) 등의 동사가 된다. 여기에서 상세한 설명은 생략하겠다. 요가는 '연결하여 묶어두는 것'임이 중요하다.
- 〈남〉은 'yoga'가 남성명사라는 뜻이다. 그러나 동의어로 자주 사용되는 차리야caryā(돌아다님, 행위)는 여성명사이다. 뉘앙스에 따라서 남성, 여성을 나누어 사용한다. 막연히 '요가'라고 할 때는 'yoga'를, '요가의 구체적인 행법'을 나타낼 때는 'caryā'를 사용하는 경우가 많은 듯하다.
- yoga에서 a를 없애고, 대신에 소유所有를 나타내는 접미사 in을 붙여서 yogin이 되면, '요가를 가진(요가를 하는)'을 뜻하는 형용사가 되거나 '요가를 하는 남자'라는 뜻의 남성명사가 된다. yogin의 끝에 여성을 나타내는 ī를 붙여 yoginī가 되면, '요가를 하는 여자'를 뜻하는 여성명사가 된다.
- yoga(요가), yogin(요가를 하는 남자), yoginī(요가를 하는 여자)는 각각 다른 어미 변화를 한다. yoga의 단수 변화형만을 제시할 경우 '요가는' yogaḥ 혹은 yogas(주격), '요가를' yogam(목적격), '요가에 의해서' yogena(구격), '요가를 위해서' yogāya(여격), '요가로부터' yogāt(탈격), '요가의' yogasya(속격), '요가에 있어서' yoge(처격), '요가여!' yoga(호격)와 같이 어미가 변화한다. 일반적으로 많이들 사용하는 '요기니yoginī'는 산스크리트가 아니다. 이와 비슷한 것으로 요기니yogīnī가 있지만, '요가를 하는 남자도 여자도 아닌 사람들'을 의미하는 중성 복수 주격의 단어이다.

요가의 근본경전인 《요가수트라》의 경우,
yoga-sūtrāṇi [yoga(요가) + sūtra(경經)]
〈중〉 요가수트라('수트라니'는 '수트라'의 복수형)

3. [yoga(요가) + sūtra(경經)]라고 할 때 +는 이 말이 yoga와 sūtra를 결합시킨 복합어라는 것을 나타낸다(《요가수트라》는 전부 195개의 경문으로 이루어진 문헌이지만, 복수형으로 나타내는 일이 많다).

4. 일본어의 한글 표기법은 국립국어원의 외래어 표기법에 따랐다.

5. 본서의 각주는 원서의 권말에 수록된 내용을 독자가 바로 확인할 수 있도록 본문 아래에 각주로 처리한 것이다. 이외에 내용의 이해를 돕기 위해 옮긴이가 삽입한 각주는 '옮긴이 주'임을 표기하였다.

6. 경명의 혼용은 저자의 의도에 따라 그대로 사용한다. 음사와 한역 경명이 혼재되어 있다.

제1부

지식편

제1장

요가의 기초지식

– 신과 부처

5,000년 전 인더스 문명의 유물 중에 요가 자세로 앉아 있는 쉬바Śiva 신으로 보이는 상像이 있다. 3,000여 년 전의 베다 찬가에 요가수행자의 마음가짐을 노래한 것으로 생각되는 시詩가 있다. 2,500년 전에 살았던 석가모니 부처님은 요가를 통해 깨달음을 얻었다고 여겨지고 있다. 그렇지만 요가가 수행의 의미로 사용된 것은 2,300년 전의 문헌부터이다. 그 문헌에서 요가는 조련사가 말을 길들여서 다루는 것처럼, 마음을 길들이는 것이다.

1. 가야트리Gāyatrī – 신은 빛이 되어
2. 베다Veda – 푸루샤, 신체를 토막 낸 사건
3. 아트만Ātman – 나의 본질은 브라만이다
4. 상키야Sāṁkhya – 푸루 군과 쿠리 양의 갈등

5. 붓다Buddha – 상키야 이야기
6. 바바 차크라Bhava-cakra – 불교를 한 폭의 그림에 담고
7. 요가Yoga – 마음에 방울 달기
8. 아슈탕가Aṣṭāṅga – 요가의 체계화

9. 사두Sādhu – 서원(브라타)을 세운 사람
10. 카르마 요가Karma-yoga – 일하는 사람을 위해서
11. 구루Guru – 사제 관계는 부자 관계보다도 중요하다
12. 푸라나Purāṇa – 인도 신화의 기초지식

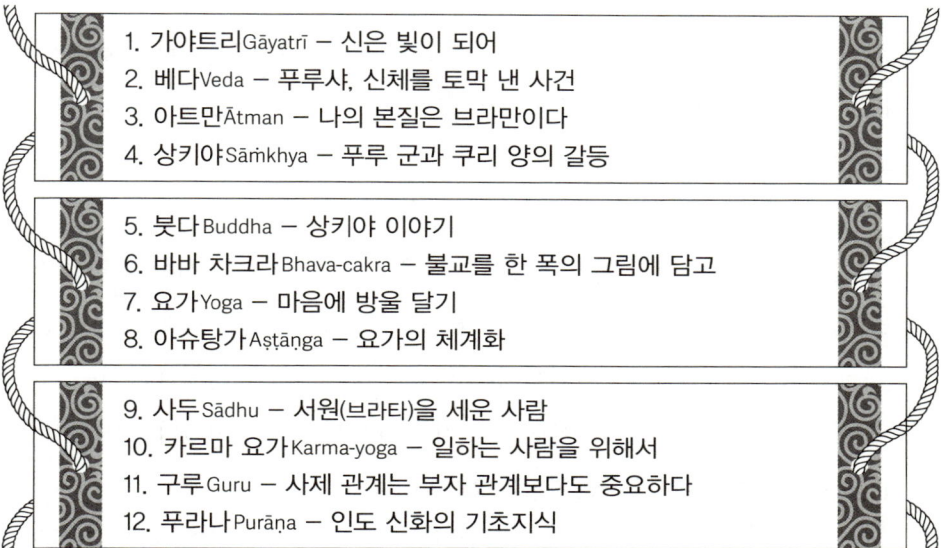

1	# 가야트리 – 신은 빛이 되어
	Gāyatrī

[√gai(노래하다)]

〈여〉 베다의 운율, 사비트리 찬가, 푸라나, 탄트라 문헌에 기록된 신들에게 바치는 가야트리 운율(의) 찬가; 여신의 이름.

※ '가야트리'는 gāyatra(노래하는 방식 즉 운율)의 여성형으로, 8음절×3행(합계 24음절)으로 이루어진 베다 운율이지만, 특히 《리그베다》 III. 62. 10의 사비트리sāvitrī 찬가(만트라)를 가리키는 것이 되었다. 이 만트라는 베다의 정수로서 모든 죄를 씻어내는 것으로 여겨져서, 요가나 산스크리트를 배울 때 처음으로 익히는 경우가 많다. 그리고 후세에 이 만트라의 권위를 빌린 많은 가야트리 운율의 만트라가 만들어졌다(→ 102. 사카마 가야트리)

◎ 모든 베다의 어머니

"그것은 빛이 되어 나타난다"라고 노스승은 말했다. '그것'은 신의 모습vision이며, 노스승은 여러 가지 재료로 인물이나 다양한 형상을 만드는 것을 특기로 하는 탄트라 유파의 요가수행자였다.

히말라야의 마을. 칼리 여신을 모시는 작은 사원이 있다. 그 사원에 인접한 고리庫裏의 문이 열려 있었다. 고리는 산스크리트의 '쿠리(산스크리트 kuṭi의 힌디어 발음)'를 음사한 말로, 오막살이(여기서는 사원의 부엌)를 뜻한다. 나는 그 부엌에 발을 들여놓았다. 좀 어두운, 문자 그대로의 오막살이였다. 그렇지만 거기에는 눈부신 빛이 소용돌이치고 있었다.

적赤 · 청靑 · 황黃 · 록綠의 원색으로 칠해진 신들의 상像이 있었다. 쉬바Śiva, 두르가Durgā, 라마Rāmaḥ, 시타Sītā, 크리슈나Kṛṣṇa, 라다Rādhā, 하누만Hanuman…. 그러나 그것들은 대단한 사원에서 볼 수 있는 수려한 상들과는 다르게 신상 제작의 규칙을 무시한 삼등신의 매우 그로테스크한 모습을 하고 있었다. 마치 심연의 어둠에서 끌려 나온 심해어와 같았다.

신을 보았다는 흥분으로 온몸이 달아올랐다. 신은 본래 형상을 가진 존재가 아니다. 어쩌면 이런 충격을 주는 존재야말로 신일지도 모른다. 나는 소름이 끼칠 정도로 무섭고 매력적인 그들을 정신없이 스케치하고 있었다. 문득 어떤 시선을 느꼈다. 신의 시선? 아니다. 체온을 가진 인간의 눈길이다. 뒤를 돌아보니 어둠 속에 한 노인이 있었다. 흰 머리카락과 수염을 지닌, 누가 봐도 신선 같은 풍채와 용모를 하고 있다. 그 사람이 바로 이 신상들을 만든 사람이었다. 나는 그의 제자가 되었다.

함께 먹고 자게 된 지 며칠이 지났을 때, 노스승에게 물었다.

"어떤 방식으로 신상을 만드십니까?"

돌아온 대답의 첫마디는 다음과 같았다.

"신상을 만들 때 단식을 하고, 연화좌(파드마사나padmāsana)로 앉아 명상을 계속한다. 신이 찾아올 때까지 일주일이든, 한 달이든…. 신은 원색의 빛으로 된 덩어리가 되어 온다. 그렇게 되면 낮도 밤도 없다. 그 모습을 베끼고자 쉼 없이 만들어간다."

(아~, 이것이 가야트리의 세계이다.)

나는 묘하게 납득되었다. 이미 30년 이상 지난 과거의 일이었고 그때는 산스크리트를 알지 못했지만, 그즈음 읽고 있던 사호다 츠루지佐保田鶴治의 저서 《요가 추천ヨーガのすすめ》에 요가수행자가 자주 사용한 만트라로 가야트리의 번역문이 기록되어 있었다.

• • •

《리그베다》 제3권 62장 10절이 가야트리 만트라이다. 이 시詩도 신비한 빛을 주제로 하고 있다. 그림 1은 그 가야트리의 세계를 내 나름대로 표현한 것이다. 사족이지만, 만트라와 그림에 대한 설명을 달아둔다.

하늘에서 말이 흘러나온다. 죽음과 삶의 알지 못하는 틈새로 신비한 시가 성스러운 현자ṛṣi를 향해 돌진해온다. 그리고 현자는 말을 자아낸다.

"옴 부르 부바하 스와하, 타트 사비투르 바레니얌 바르고 데바시야 디마히 디요 요 나하 프라초다야트."•

그림에서 동심원으로 퍼져나가는 모양이 '육지陸地(부르bhūr)', 즉 지계地界이다. 중앙에 수미산須彌山이 솟아 있다.

태양의 궤도까지의 흰 부분이 '허공계空界(부바하bhuvaḥ)'.

태양의 위로 별들이 반짝이는 영역이 '천계天界(스와하svaḥ)'.

이 지地 · 공空 · 천天의 삼계三界가 고대 인도인이 생각한 우주 전체였다.

그 우주에서 가장 존귀한 '사비트리 신의 빛(사비투르 바레니얌 바르고savitur vareṇyaṁ bhargo)'이 허공을 달려간다.

현자 혹은 요가수행자는 그 '신의(데바시야devasya)' 영광을 우리가 '누릴 수 있도록(디마히dhīmahi)'이라고 기도한다. '그 신(요yo, 사비트리를 나타내는 타트tat를 받는 관계대명사)'에게 '우리에게(나하naḥ) 시상詩想을(디요dhiyo) 고무시켜 주시기를(프라초다야트pracodayāt)'이라고 직접적으로 요청하고 있다.

빛은 모든 종교에 있어서 신의 직접적인 상징이다. 밤이슬이 아침 해 앞에서 덧없이 사라지듯이 마음의 짙은 암흑도 빛이 닿으면 사라진다. 그러나 인

• 옮긴이 주 – oṁ bhūr bhuvaḥ svaḥ, tat savitur vareṇyaṁ bhargo devasya dhīmahi dhiyo yo naḥ pracodayāt.

OṂ bhūr-bhuva-svaḥ,
tat SAVITUR vareṇyaṃ
bhargo devasya dhīmahi
dhiyo yo naḥ pracodayāt.

옴, 지·공·천을 거니는 신에게
바라옵건대, 사비트리 신의,
우리를 어루만지는 듯한 광명을 향수(享受)할 수 있기를
그 신이 우리의 시상을 고무시켜 주기를

그림 1. (권두의 그림) 가야트리

도인들의 독창적인 점은 그 신의 빛을, 의지를 가진 소리(나다nāda)로 인식한 것이다. 그것은 아나하타 나다anāhatanāda, 즉 [현絃이] 튕겨지지 않고 나는 소리이다. 물리적인 충격(아하타āhata)에 의해 생겨나고, 공기 등을 진동시켜서 전달되는 지상의 소리와는 달리, 바야흐로 우주의 진공眞空을 가로지르는 빛과 같이 천상의 맑은 정기를 흔들며 울려 퍼지는 소리. 그 울림은 현자의 심장 안 허공에 공명한다. 그러므로 가슴 부위의 차크라를 '아나하타'라고 부른다.

말은, 시는 몸 안으로부터 나오는 것이 아니다. 이미 우주에 존재하고 있다. 현자들은 요가를 수행하며 불생불멸의 빛이, 소리가 자신의 안으로 들어오는 때를 기다렸다. 베다의 찬가는 그렇게 우리에게 왔다. 그러므로 가야트리 만트라는 최초에 만들어진 베다의 찬가이며, '모든 베다의 어머니'라고 칭송받게 되었다. 그리고 이 가야트리는 지금까지도 셀 수 없이 많은 사람들의 입에서 흘러나오고 있다.

이 시가 수록된《리그 베다》는 약 3,500년 전에 성립된 것으로 추정되기 때문에, 그보다 훨씬 더 전부터 불렸을 것으로 여겨지는 만트라이다. 이집트나 수메르의 신관이 읊조렸거나, 일본 조몬繩文 시대의 산나이 마루야마三内丸山 지역 주술사가 읊조렸던 주문이 지금까지 한 구절, 한 글자도 달라지지 않고 암송되는 것과 같다.

아마도 거의 50세기 동안 사람들은 "전능의 신 사비트리여, 우리의 시상詩想(지혜)을 고무시켜 주시기를"이라고 간곡하게 바라며 가야트리를 계속 읊조려왔을 것이고, 이 가야트리는 수백 세대에 걸쳐서 사람들을 격려해왔을 것이다.

하지만 단지 노래하는 것만으로 가야트리는 완결되지 않는다. 가야트리는 3행시이지만 성문화되지 않은 제4의 행이 있다고 여겨진다(《브리하드아란야카 우파니샤드Bṛhadāraṇyaka-Upaniṣad》). '행行'을 '파다pāda, 足'라고 하는데, 동물에게 네 발이 달린 것처럼 네 행이 갖춰져야 이 시詩가 완성된다. 세 행은 신에게 기도하는 것이다. 요가라고 해도 좋다.

인도에는 가야트리를 마음에 새기기 위한 다양한 명상법이 있다. 사비트리는 일반적으로는 태양신 또는 브라만이라고 하지만, 탄트라에서는 샥티(여신의 창조적 에너지)로 해석하여 만트라를 특수한 방법으로 암송하면서 대여신大女神 프라사비트리Prasavitṛ를 관상하는 요가를 권한다(그림 2). 제4행은 그 신의 격려이다.

노스승이 말하길, "신은 원색의 빛 덩어리로 온다"고 하였다. 전기 충격을 받은 것처럼 영감을 얻게 된다. 한순간에 모든 지혜, 모든 지식이 흘러들어온다. 노스승에게는 그러한 영감이 신상 만드는 데 발휘되었지만 시인은 그 영감을 말로 표현한다. 음악가라면 악곡의 시작부터 끝까지를 순간적으로 깨달아 알게 된다. 연주할 때는 그것을 시간의 축을 따라서 풀어야 하기 때문에 길어지겠지만, 악곡이 소리의 덩어리로 느껴서 알게 되는 세계, 즉 순간이 영원을 품은 세계가 그 속에 있는 것이라 할 수 있겠다. 물론 이런 일은 소수의 사람에게만 일어날 수 있는 일이다.

그러나 가야트리의 바이브레이션은 부정적인 경향을 해소시키기 때문에, 가야트리를 마음속으로 생각하고 외우는 것은 모든 사람에게 좋은 결과를 가져온다고 한다. 그리고 그렇게 해서 얻은 것을 행위를 통해 세상에 표현함으로써, 즉 우주로 되돌림으로써 가야트리는 4개의 행(파다)이 갖추어진 완전한 것이 된다.

• • •

"아주 드문 마음의 고양을 체험하면서 악상이 무의식 속에서 차례로 흘러나왔다." 록 그룹 비틀스The Beatles의 존 레논John Lennon이 리시케쉬Rishikesh에서 2개월 동안 요가에 열중했을 때 했던 말이다. 1980년에 나는 존 레논이 피살

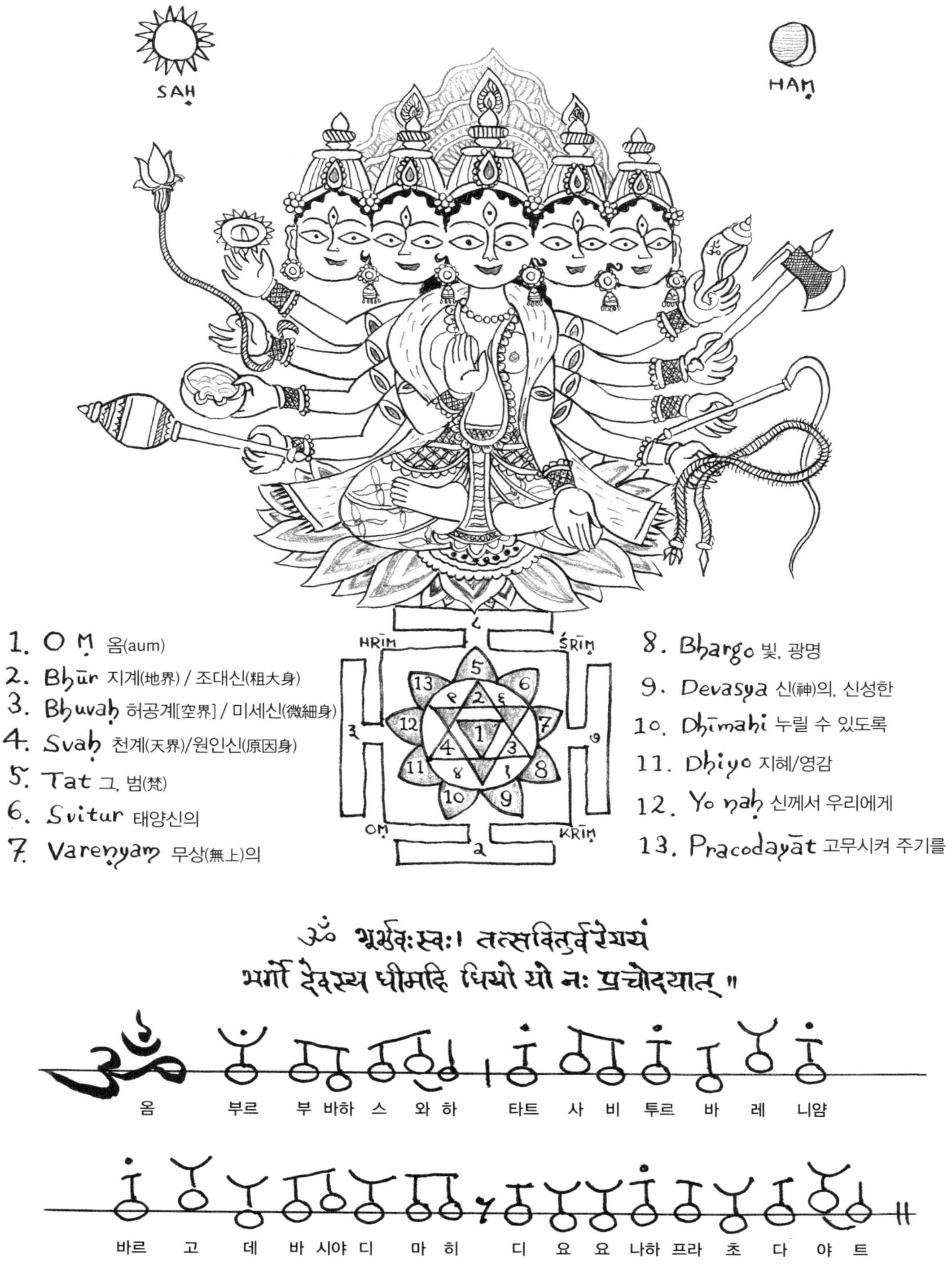
SAḤ
HAṂ
1. OṂ 옴(aum)
2. Bhūr 지계(地界) / 조대신(粗大身)
3. Bhuvaḥ 허공계[空界] / 미세신(微細身)
4. Svaḥ 천계(天界)/원인신(原因身)
5. Tat 그, 범(梵)
6. Svitur 태양신의
7. Vareṇyam 무상(無上)의
HRĪM
ŚRĪM
OṀ
KRĪM
8. Bhargo 빛, 광명
9. Devasya 신(神)의, 신성한
10. Dhīmahi 누릴 수 있도록
11. Dhiyo 지혜/영감
12. Yo naḥ 신께서 우리에게
13. Pracodayāt 고무시켜 주기를
ॐ भूर्भुवः स्वः। तत्सवितुर्वरेण्यं
भर्गो देवस्य धीमहि धियो यो नः प्रचोदयात् ॥
옴 부르 부 바하 스 와 하 타트 사 비 투르 바 레 니얌
바르 고 데 바 시야 디 마 히 디 요 요 나하 프라 초 다 야 트

그림 2. 가야트리 여신

되었다는 뉴스를 리시케쉬에서 들었다.

리시케쉬는 가파르고 험한 히말라야에서 흘러내려온 갠지스Gaṅgā 강이 광대한 힌두스탄 평원과 처음 만나는 곳에 위치한, 힌두교의 순례지로 '성스러운 현자의 머리'라는 뜻이다. 천계에서 지계로 쏟아진 하늘의 강(갠지스)이 이 땅에서 성스러운 현자의 머리카락에 감겼다는 신화에서 유래한다. 성스러운 현자는 요가의 신 쉬바를 가리킨다. 갠지스 강물이 갑자기 아래로 떨어지면 그 충격으로 지상은 대혼란에 빠진다. 그것을 막기 위해 쉬바 신이 긴 머리카락으로 갠지스 강물을 일단 받아냈다는 것이다.

산골짜기에서 평지로 트이는 곳에 펼쳐진 작은 마을을 조금 걸어가다 보면 곧 높은 계곡이 나온다. 강의 하류에는 상상도 못할 만큼 맑은 물이 흐른다. 성스러운 강을 따라 많은 사원과, 땅에 말뚝을 박아 세운 만든 허름한 수행터, 펜션 풍의 수행터, 방갈로 풍의 수행터와 같은 크고 작은 요가 아슈람이 늘어서 있어서 순례자들과 수행자들 그리고 동서양에서 온 요가수련자들로 붐빈다.

리시케쉬가 요가의 성지로 세계적으로 유명해진 것도 이곳에서 수행한 비틀스의 영향이다. 줄로 된 다리를 건너 건너편으로 넘어갔다. 보리수와 소나무, 히말라야 삼나무로 이루어진 깊은 숲속에 비틀스가 머문 아슈람이 있다. 버드나무와 비슷한 잎들이 바람에 흩날린다. 갠지스 강을 떠받친 쉬바의 찰랑거리는 긴 머리카락처럼, 기타를 끼고 노래하는 존 레넌의 찰랑거리는 긴 머리카락처럼. 이곳에서 그가 만든 곡이 흘러나오는 것만 같았다. 아름다운 선율이다.

아아, 이것도 가야트리의 세계이구나! 나는 묘하게 납득이 되었다.

〈어크로스 더 유니버스Across the Universe〉. 요즘 TV의 CM송에 쓰인 곡이므로 비틀스를 모르더라도 대부분의 사람들이 한 번쯤은 들어보았을 것이라고 생각한다. 가사에는 가야트리의 4행을 나타낸다고 여겨지는 만트라가 덧붙여져 있다.

♪

Words are flowing out like endless rain into a paper cup

They slither wildly as they slip away across the universe

Pools of sorrow, waves of joy are drifting through my opened mind

Possessing and caressing me

Jay Guru Deva Om

마치 종이컵 속으로 끝없이 떨어지는 빗물처럼

안으로부터 말이 술술 흘러나오는군요.

그 말들이 줄을 지어 서로 앞다투어 하늘을 달려 우주 저 너머로 날아가네요.

비애의 바다, 환희의 파도가 나의 해방된 마음을 흔듭니다.

나를 붙들어 부드럽게 애무하면서

자이 구루 데바 옴

2	베다 – 푸루샤, 신체를 토막 낸 사건
	Veda

[√vid(알다)]

〈남〉 지식, 과학, 의례로서의 베다, 지식의 체계로서의 베다.

※ '베다'는 행복을 얻기 위한 '지식'이다. 베다 시대(B.C. 2000년?~B.C. 500년)의 전반기까지는 아직 윤회 사상이 없었다. 현세 이익을 위한 지혜와 수단이 수천 년에 걸쳐 축적되어 마침내 체계화되었다. 그런 의미에서 베다는 확실히 '과학'이지만 지금의 과학과는 다르고, 지식은 우주로부터 시詩의 형태로 영적으로 깨달아 알게 된 것이며, 또한 사람의 삶의 영위(= 의례)가 우주의 운행에 참여 가능하다고 여겨졌다.

◎ 세계의 시작

"난 어떻게 태어났어?"

누구나 어린 시절, 정말이지 삶의 불가사의에 대해 이런저런 생각을 하여, 부모를 곤란하게 했던 질문이다.

"바다 저편에 뭐가 있어? 왜 달은 떨어지지 않아? 하늘 위에 뭐가 있어?"

아이들의 뇌세포는 물음표로 만들어져 있다.

여명기의 인류도 계속해서 물었다.

"왜 바다가 있고 산이 있는가?"

"왜 밤이 있고 낮이 있는가?"

"왜 동물이 있고 식물이 있는가?"

왜, 왜, 왜, 왜… 무슨 이유로 이 세상은 이와 같이 존재하는가?

이에 대한 대답으로 고안해낸 것이 신화이다. 현대인의 입장에서 보면 황당무계한 이야기라고 하더라도 이와 같은 물음을 만족시키는 그 나름의 합리적인 대답이다. 그리고 인류는 지금도 계속해서 묻고 있다. 현대의 과학지식도 그 본질은 고대의 신화와 조금도 다르지 않다.

"이 세상은 어떻게 만들어졌을까? 우리는 어디에서 왔을까"

"그건 말이지…"

사람들의 물음에 성스러운 현자라고 불리는, 신의 시(노래)를 직접 들을 수 있는 영능자靈能者가 대답한다.

"그 시작의 때, 세계가 생겨나기 이전의 일이다. 유有(존재)도 없었고, 무無도 없었다. 물론 시간도, 공간도, 별들도, 생生도, 사死도 없었다. 그렇지만, 오직 물만 있었다."

"아무것도 없는데 물이 있었다고요, 이상하지 않습니까?"

"있는 것도 아니고, 없는 것도 아닌 것, 즉 말로 표현할 수 없는 어떤 것이지."

"예?"

"그냥 잠자코 들어라. 그 물에 출렁임이 일어났다. 그 출렁임은 열熱을 품고 있었다. 열은 '나는 유일자唯一者이다'라는 의식을 지녔다. 의식은 '존재하고 싶다, 좀 더 존재하고 싶다' 하는 카마kāma를 품고서…."

"카마라는 것은 그 카마인가요?"

"그렇지, 자네가 여자에게 품는 뜨거운 감정이지. 의식은 카마를 품고 대폭발했지. 그리하여 유有의 씨앗이 뿌려졌어. 시간과 공간이 생기고 별이 생기고 대지가 생기고 생명체가 생기고, 우리 인간이 생겨났지."

"유일자라는 신이 음란한 마음을 일으켜서 아기를 낳았다는 것이죠."

-《리그베다》 X. 129. 1~7 〈우주 창조의 시(나사디야 슈크타Nāsadīya sūkta)〉에서

"이 세상은 어떻게 만들어진 것일까요? 왜, 사성계급四姓階級은 존재하는 걸까요?"

"그건 말이지"

사람들의 질문에, 또 다른 성스러운 현자가 대답했다.

"그 시작의 때, 즉 세계가 생겨나기 전의 일이다. 유有(존재)는 없었다, 무無도 없었다. 물론 시간도, 공간도, 별도, 생生도, 사死도 없었다. 유일자 푸루샤만 있었다."

"다시 말해서, 아무것도 없는데 푸루샤가 있었다. 말로는 표현할 수 없는 무언가. 이런 거군요."

"음, 어디에서 배웠는지는 알 수 없지만, 그렇다네. 푸루샤는 1,000개의 얼굴, 1,000개의 손, 1,000개의 발을 가지고 있었지. 하지만 이 책의 화가(치트라카라citrakara)는 대충 날림으로 하나의 얼굴, 두 개의 손과 발밖에 그리지 않았지만…."(그림 1)

"…."

"여기에서, 왜 1,000개인가, 하고 파고드는 게 자네의 의무(다르마dharma)라네."

"죄송합니다. 그냥 멍 때리고 있었습니다. 왜 푸루샤의 머리와 손, 발이 1,000개입니까?"

"음, 잘 물어보았다. 여기에 흰 소 1,000마리가 여기저기 돌아다니고 있다고 치자. 너는 그 소들을 셀 수 있겠니?"

"100마리 정도라면 몰라도, 비슷한 색깔의 소가 1,000마리나 돌아다니고 있다면 정말로 셀 수 없을 것입니다."

"그것과 마찬가지다. 1,000(사하스라sahasra)은 헤아릴 수 없는 것, 끝이 없는 것(아난타ananta)을 말하는 것이다. 즉, 푸루샤는 사람의 지식을 넘어선 존재였다. 시대착오(아나크로니즘)적인 어리석음을 굳이 범하자면, 이후의 중국

① 태초의 혼돈이 무한한 질량을 가진 푸루샤[原人]의 모습으로 뭉쳐졌다. 신들은 푸루샤를 살아 있는 제물로 하여 제사를 지냈다. 푸루샤의 몸은 토막토막 잘렸다.

② 푸루샤의 머리, 배꼽(몸통), 발에서 각각 천(天)·공(空)·지(地)의 삼계가 생겨났다. 그리고 눈[眼]에서는 태양(수리야)이, 의식에서는 달(찬드라)이, 숨에서는 바람[風, 바유]이, 귀에서는 사방(방위)이, 입에서는 인드라 신과 불의 신(아그니)이 생겨났다. 제사 그 자체에서는 베다나 동물이 생겨났다.

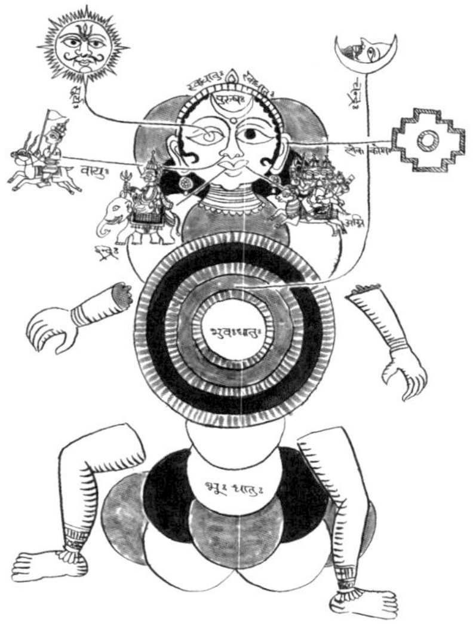

← 바라문(사제 계급): 제식의 힘으로 우주를 유지하고, 베다를 가르치고, 보시를 받음.

크샤트리야(무사 계급): → 정치나 전투를 통해 사람들 보호.

← 바이샤(서민 계급): 농업이나 목축 등의 생산업 그리고 상업, 금전 등을 통한 유통을 담당.

← 수드라(노예 계급): 예속적인 노동을 하거나 기술직 종사자로서 그릇이나 금속 제품 등의 필수품을 생산.

③ 그리고 또한 지상에는 푸루샤의 입에서 생긴 바라문이, 양팔로부터 생긴 크샤트리아가, 양 허벅지로부터 생긴 바이샤가, 양발로부터 생긴 수드라가 살게 되었다.

그림 1. 푸루샤 해체 신화 – 카오스(혼돈)로부터 코스모스(질서)로

에서 말하는 혼돈, 그리스에서 말하는 카오스가 이것에 가까울 것이다. 그 혼돈과 같은 푸루샤를 태초의 신들이 희생 제물로 삼았다. 푸루샤밖에 없어야 하는데 어째서 신들이 있는 것인가, 하고 묻지 마라."

"네? 네."

"주술사가 수소나 산양을 희생물로 할 때처럼 신들이 푸루샤를 해체한 것이야. 토막토막 절단한 것이지. 먼저, 푸루샤의 1,000개의 머리와 1,000개의 발을 몸통에서 잘라냈어. 머리는 하늘[天]이 되었고, 몸통은 허공[空]이 되었지. 발은 이 대지가 되었어…."

눈에서는 태양(수리야)이 생겼다.

의식에서는 달(찬드라)이 생겼다.

숨에서는 바람(바유vāyu)이 생겼다.

귀에서는 동서남북의 방위가 생겼다.

입에서는 인드라 신과 불의 신(아그니)이 생겼다.

희생제라는 제사 그 자체에서는 베다나 동물이 생겼다.

그리고 푸루샤의 입에서 바라문이, 양팔로부터 크샤트리아가, 양 허벅지로부터 바이샤가, 양발로부터는 수드라가 생겨서 대지에 살게 되었다.

"즉 태초의 신들이 푸루샤를 해체함으로써 질서 있는 이 세계가 생겨난 것이다."

-《리그베다》X. 90. 1~16 〈푸루샤의 시(푸루샤 슈크타Puruṣa sūkta)〉에서

◎ '세계의 시작'을 재현하다

베다 의례는 현세의 이익을 위한 주술이다. 즉, 사람들은 온갖 고난과 재해를 소멸시키는 것, 세속에서의 즐거움과 복덕을 누리는 것, 좋은 인연을 짓는 것,

병을 낫게 하는 것, 오래 사는 것, 원수나 악마를 굴복시키는 것 등을 의례에서 찾는 것이다.

베다에는 1,000개의 신화가 이야기되고, 다양한 능력을 지닌 신들이 등장한다. 그런 신들을 지상에 모시고 공양물을 올려서 그 대가로 소원을 이루는 것인데, 그러한 의례 프로세스의 요점은 창세 신화의 재현이었다. 제관이 푸루샤를 희생 제물로 한 '태초의 신들'을 연기한다. 제단은 의례 때마다 벽돌을 쌓아 올려 만든다. 그 제단은 해체된 푸루샤, 즉 새롭게 창조된 우주를 나타내고 있다. 제단의 형태는 목적에 따라 다르지만, 벽돌 1,000개를 사용하는 것이 이상적으로 여겨졌다(→ 28. 베다).

제사의 불은 유일자의 창조 욕망(카마)이면서 푸루샤의 입에서 생긴 불의 신(아그니)을 나타낸다. 아그니는 또한 다른 신들의 입도 대표한다. 제사의 불에 던져지는 공물을 아그니가 먹는다. 공물은 연기가 되어 하늘의 신들에게 전해진다.

여하튼 제관은 우주를 재창조한다. 소원을 성취하기 위해서는 태초로 되돌아가서 지금의 우주를 소원이 성취되는 우주로 리셋하면 된다는, 이후에 요가에 계승되는 발상이 여기에서 드러난다.

3 아트만
– 나의 본질은 브라만이다
Ātman

[√an(호흡하다) + √av(입으로) 불다 등]

〈남〉 호흡[息], 자기, 자신; 영혼, 개아個我[영역英譯에서는 대문자로 시작하는 Self].
※ '아트만'의 어원에는 여러 가지 설이 있다. 뉘앙스 상으로는 살아 있는 모든 것을 활기 있게 하는 prāṇa(생기 호흡, → 49. 프라나)나 āyus(수명/생명력)에 가깝지만, 명확한 에너지는 아니다. '영혼'이라고 번역하는 경우가 많지만, 오컬티스트occultist가 영靈이라고 보는 종류의 것이 아니라 명상에 의해 파악되는 '자신의 본질.' 이 아트만과 우주의 본질인 브라만 내지 푸루샤가 다르지 않음[一如]이 우파니샤드(베다의 깊은 뜻)를 대표하는 사상이 되고 또한 후대의 인도철학의 대전제가 된다.

◎ 늑대 소년 '람Ram'

"늑대가 키운 소년이 있었어."

나는 불쑥 말을 했다. M 씨가 울기 시작했기 때문이다.

"럭나우Lucknow(네팔에 가까운 북인도 마을)에서 보호받았지. 인간으로 치자면, 아니 인간이지만, 초등학생 정도야. 신의 이름을 따서 '람Ram'이라고 지었어. 그렇지만, 이빨을 드러내고 네 발로 기어다녀. 멍멍 짖고, 생고기만 입으로 삼키고. 밤이 되면 '워우~' 하고 길게 울지."

M 씨는 엉엉 울면서, 닭꼬치를 안주로 하여 츄하이(술의 일종)를 들이킨다. 염통구이도 추가 주문. 홧김에 마시는 술이다. 술집에서 여성이 울면서 매달리면 나도 모르게 주변의 시선이 신경 쓰이지만, 여기서는 내가 울린 것이 아니다.

그녀의 남편이 바람을 피웠다. 그는 IT업계에서 일하는 인도인 엔지니어이다. 그녀는 남편의 불성실함을 따졌다. 남편은 정색을 했다. 그녀는 시댁에 전화를 했다. 하지만, "남자니까 바람을 피울 수도 있다"는 시어머니의 말씀. 그런 일은 참을 수 없다고 말하는 걸 보니, "역시, 너는 비데쉬videśī(외국인)구나."라고 시어머니는 말했다.

그녀는 남편의 바람보다도 시어머니의 그 한마디에 화가 솟구쳤다. 인도를, 인도인을 정말 좋아하는데, 게다가 인도 요리와 힌디어를 마스터하고, 죽으면 바라나시에서 화장하여 갠지스 강에 재도 뿌리려고 했는데…, 라며 그녀는 심하게 흐느꼈다.

"인도에 다가가면 다가갈수록 받아들여 주지 않는다는, 그런 서러운 생각만 떠오르게 돼."

나는 그런 사람을 많이 알고 있다. 태국Thailand을 매우 좋아하는 사람, 발리Bali를 아주 좋아하는 사람. 모두 그런 일에 대해 고민하게 된다. 일본을 좋아하는 외국인도 마찬가지이다. 일본인 이상으로 일본에 동화했다고는 하더라도 '외국인'이라고 불리면 마치 배척당한 것 같아서 울고 싶어진다. 결국 그 나라 사람은 될 수 없다는 것이다. 어딘가에서 선이 그어진다.

나 자신도 그랬다. 산스크리트를 공부하고, 인도의 관습과 풍속에 정통하고, 도티dhoti(인도의 전통 의상)를 몸에 걸치고, 완전히 인도화되었다고 생각했지만, 힌두 사원에 입장하는 것이 거절당했을 때는 분통이 터졌다. 사원의 문지기를 탄트라의 주문으로 죽여 버릴까, 하는 생각이 들 정도였다.

늑대 소년 람의 일화는 그런 나의 시커먼 마음을 눈치챈, 요가 선생인 프라카슈 샤르마Prakash Sharma 선생이 해준 이야기였다.

늑대 무리에서 떨어져서 인간에게 붙잡힌 그는 병원에 보내졌다. 마침 그때 나는 럭나우 초중등학교의 교사로 일하고 있었다. 람에게 흥미가 생겨서,

틈을 내어 만나러 갔다. 딱 봐도 늑대였다. 벌거벗은 채 기어 다녔다. 날고기밖에 먹지 않았다. 나를 보면 이를 드러내고 으르렁거렸다. 인간의 말을 전혀 이해하지 못했다. 사람과는 어울리지 못하면서 개(인도의 개는 그 조상인 늑대나 자칼의 모습에 가깝다)와는 사이좋게 놀고 있었다. 람은 이후에 보호자들의 헌신적인 노력으로 똑바로 서서 걸을 수 있게 됐다. 서툴게 더듬거리며 말도 할 수 있게 되었다. "람, 람"이라고, 자신의 이름이기도 한 신의 이름을 중얼거렸다. 인간의 음식인 차파티Chapati나 달dāl을 먹게 되었다.

음식을 씹으며 M 씨가 웅얼거렸다.

"닭꼬치가 인간이 먹을 게 아니라는 말이야?"

"음, 아니, 그게 아니라 아이덴티티(정체성)의 문제야."

"아이덴티티…."

"나(I)는 무엇에 귀속하는가, 라는 의미야. 현대에서는 보통 국가나 종교를 들어. 너의 아이덴티티는? 하고 물으면, 미국인이다, 무슬림이다, 대답하는 게 그것이지. 그렇지만, 람의 경우는 보다 심각했어. 자신이 늑대인지? 아니면 인간인지?"

"뭘 말하고 싶은 거야?"

"응, 나는 지금 인도도 일본도 아닌 '나'에 귀속한다고 해도 좋다고 생각해. 좋은 의미에서의 자기주의自己主義로, 그편이 훨씬 더 큰 시야를 가질 수 있게 되니까."

"…."

"아이덴티티란 연애와 비슷할지도 모르지. 너는 줄곧 인도를 사랑하고 있었잖아. 인도인을 남편으로 선택한 것도…."

"그래. 외국인(비데쉬videśī)이라는 말을 들어서 갑자기 뻥 하고 내 마음에 구멍이 뚫려버렸어. 마치 짝사랑이 끝나버린 것처럼 말이지. 그렇게 되고 나니 내가 아주 좋아했었다는 것을 알아차린 것 같아. 그런 기분이었어. 네 말대로 아이덴티티가 무너져 있었네. 그렇지만… 그렇네, 나는 '나'로 괜찮은 거네."

M 씨는 왠지 속 시원해졌다고 말하면서 서러움을 억눌렀다.

그러나 여기서 말하지 않았던 요가 선생의 이야기를 계속 들어보자.

람은 처음에 자신을 늑대라고 여겼다. 그래서 기어다니고 날고기를 먹었다. 그러나 그의 본성은 인간이다. 그런 까닭에 서서 걷고 채식가가 될 수 있었던 것이다. 마찬가지로, 우리의 본성도 카르마에 속박된 이 육체가 아니다. 눈부시게 빛나는 영혼(아트만)이다. 람이 처음에 자신이 인간이라는 것을 깨닫지 못했던 것처럼 우리도 아트만이라는 사실을 깨닫지 못하고 있는 것이다.

요가는 시원으로 되돌아가서 자신이 맨 처음의 유일자와 동일하다는 것을, 스스로의 아이덴티티가 브라만이라는 것을 확인하기 위한 수단이다.

(덧붙이자면, 람의 이야기는 실화다. 1968년 4월 20일 자 일본의 신문에도 "추정 연령 22, 23세의 늑대소년 람 군 죽다"라고 보도되었다. 그러나 솔직히 말하면, 인간으로 돌아온 것이 그에게 행복이었는지, 불행이었는지는 나는 모르겠다.)

4 상키야
– 푸루 군과 쿠리 양의 갈등

Sāṁkhya

[sam-√khyā(수를 세다)]

〈남/중〉 상키야 철학

※ 상키야라는 명칭은 25개의 원리를 '하나하나 헤아린다'라는 뜻에서 유래한다.• 그리고 제25번째는 순수한 동시에 궁극적인 원리인 푸루샤(순수정신)이다. 현상세계는 프라크리티[근본원질根本原質]로부터 형성된다. 한편 푸루샤는 이 프라크리티의 전변轉變(파리나마pariṇāma)을 지켜볼(다르샤나darṣana) 뿐이며, 자신은 창조에 관여하지 않는다.

◎ 상키야 철학의 초기 모습

상키야 철학(그림 1)을 모르면, 요가 철학도 알 수 없다. 그러나 상키야는 "모르겠어" 하고 말하는 목소리가 흔하게 들려온다. 상키야를 이해하는 요령은 그 철학을 만든 사람의 편에 서보는 것이다.

초기 베다에 나타난 인도인의 가치관은 단순명쾌했다. 소를 많이 소유한 사람은 부유하다. 생生은 좋은 것, 밝은 것. 이 세상을 비관하는 느낌은 조금도 없다. 죽으면 선조의 영혼과 일체가 되어 자손에게 일종의 신으로 모셔진다.

그러나 기원전 1000년의 전반부이자, 베다 시대의 후기인 우파니샤드 시기 즈음이 되면 이 세계는 그늘진 것이 되고, 생의 가치도 떨어져 버린다. 왜

• 옮긴이 주 – 25개의 원리 각각의 수를 센다는 의미에서, 한역 불교경전에서는 수론(數論)으로 번역한다.

냐하면 카르마의 법칙이 발견되고, 영겁에 걸쳐 반복되는 생生과 사死의 드라마, 즉 윤회 사상이 나타났기 때문이다.

그리고 동시에 그들은 세계가 무상無常하고 고苦로 채워져 있는 가상의 것이라고 생각하기에 이른다. 환각 식물의 섭취나 명상 등의 체험에서 생사를 초월하여 무상성을 넘고, 수난을 극복한 저편에 '어떤 다른 존재'가 실재하는 것을 알아차렸기 때문이다. 그리고 영원불멸의 '그것'만이 무상함을 일으키는 자신, 즉 나라는 존재의 본질이라는 확신을 품게 되었다.

무상한 이 세계를 가상이라고 느끼지 않는 것은 감각의 미혹, 즉 어리석음 때문. 그러므로 "생을 받는 것은 이제 지긋지긋하다. 생도 사도 없는 존재, 즉 가상이 아닌 실재자와 합일하고 싶다"라고 생각하였다. 그리고 그것을 실현하기 위해 집을 떠나 여기저기 떠돌아다니면서 혹은 광야에 살면서 수행을 쌓아나가는 사두sādhu, 즉 요긴yogin(요가수행자)이 배출되었다. 그러나 이상은 높더라도… 근원적이라고도 할 수 있는 다른 문제가 빈번하게 일어났다.

그것은 애욕愛欲(라가rāga)이다. 여인을 사랑하고 싶다! 여인에게서 사랑받고 싶다! 이것은 사람의 본능에 새겨진 가장 강력한 충동. 그리고 역설적이게도 수행을 쌓으면 쌓을수록 성적性的 잠재력이 증가한다.

《요가수트라Yoga-sūtra》에서 아비야사abhyāsa(실천 수련)와 세트로 이야기되는 바이라기야vairāgya(이욕離欲)는 '애욕(라가)의 불길에 타오르지 않는 것'이 원래 의미. 그러나 사랑[愛]이라는 망상을 버리지 못하고 집착하는 데 마음이 강하게 이끌려, 들에서 일하는 처녀와 밀회를 반복하게 된 수행자도 많았음에 틀림없다. 고대 인도사회는 모계제母系制가 널리 퍼져 있어 성에는 관대했다. 자신의 마음에 드는 처녀의 침소에 몰래 들어갔을 때 그 처녀도 자신을 마음에 들어 하면 남녀의 관계는 성립한다.

현실적인 문제로서 남자 출가수행자는 여자의 매력에 빠지게 되면 어쩔 수 없이 세상에 말려들어가 버린다. 아이라도 생기면 빼도 박도 못하게 되는 것이다. 사두라면, 탁발로 먹고살기 때문에 일을 할 필요가 없다. 대부분의 시간을 수행에 쓰는 것도 가능하겠지만, 사랑에 빠졌기 때문에 환속하여 생활을 위해 해탈의 꿈을 포기하고 일하지 않으면 안 된다. 필자의 주변에도 고고한 요가수행자를 목표로 했지만 애욕에 굴복하여… 지금은 샐러리맨을 하는 사람이 적지 않다.

이것이 상키야의 초기 모습이다. 즉 요가수행자들은 현실에서,

♂ = 푸루샤 = 정신원리

♁ = 프라크리티 = 물질원리

라는 순수관념을 추출하여, 양자의 끊임없는 갈등이 세계를 형성하고 있다는 사상을 만들어냈던 것이다.

푸루샤는 인도 최초의 문헌인 《리그베다》에서는 우주의 질량인質量因으로 등장한다. 즉 전 우주는 그로부터 태어난다. 그것이 상키야에서 '정신원리'로 리메이크remake된다. 프라크리티는 사람의 손을 타지 않은 대자연 정도의 의미이지만, 우주의 질량인으로서 푸루샤의 역할을 이어받아 '물질원리' 또는 '창조원리'가 되어 나타난다.

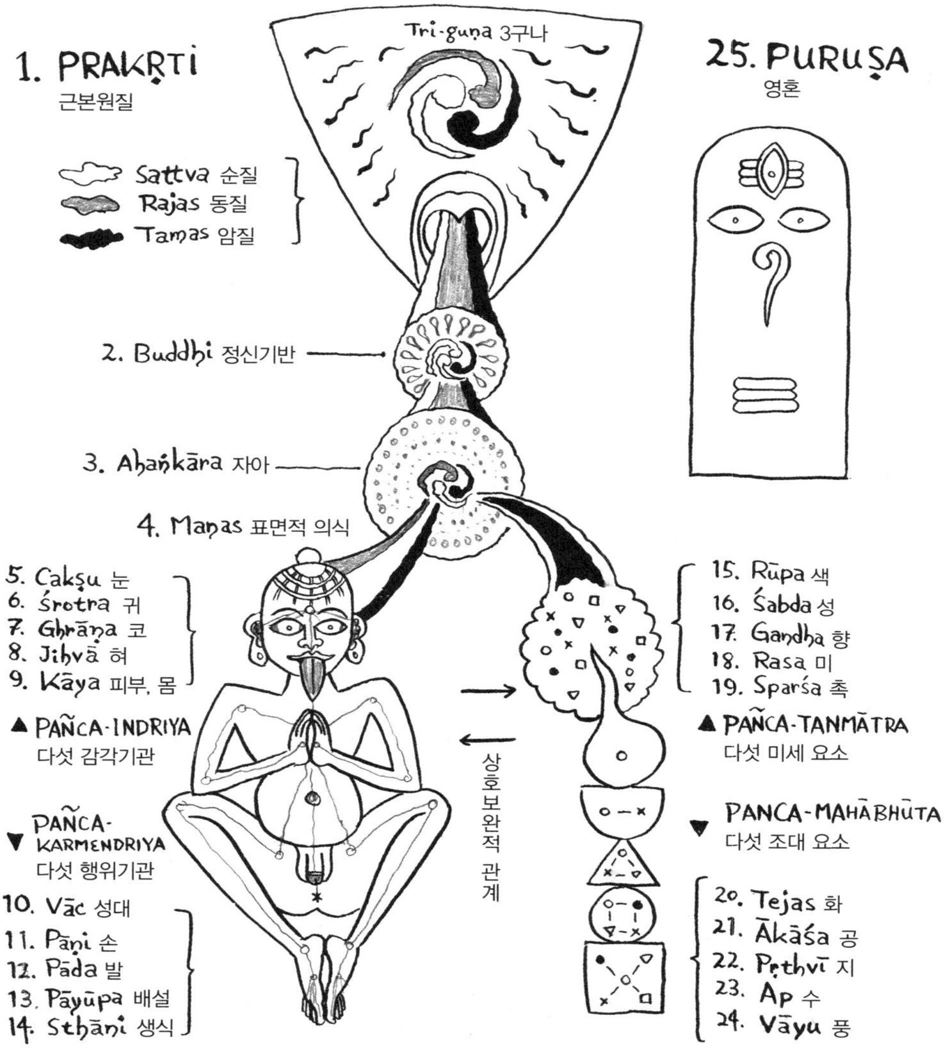

상키야는 〈영혼 = 푸루샤〉와 〈자연 = 프라크리티〉의 이원론으로 존재를 해명하고자 한 인도 최고의 체계적인 철학이다. 프라크리티는 순질(純質, 사트와) – 동질(動質, 라자스) – 암질(暗質, 타마스)인 세 에너지가 가위바위보를 하듯이 서로서로 우열 관계로 엮여 있다.

푸루샤가 프라크리티를 응시함으로써 동질이 흥분되어 균형이 무너져서 먼저 〈정신기반 = 붓디〉가 생겨난다. 〈정신기반〉은 이윽고 〈자아 = 아항카라〉로 자각된다. 즉 '나(아함)'가 생기는 것이다. 〈자아〉는 〈표층적 의식 = 마나스〉와 〈다섯 미세 요소 = 탄마트라〉로 분열한다. 그리고 〈표층적 의식〉이 〈미세 요소〉에 작용하여서 의해서 육체 및 현상이 형성된다. 우리는 눈이나 귀나 코 등의 감각기관을 통해서 세계를 인식하고, 손이나 발 등 행위기관을 통해서 세계를 체험한다. 이 철학의 기묘한 점은 〈자아〉가 〈표층적 의식〉과 〈미세 요소〉 양쪽의 질료가 된다는 것이지만, 이것은 요가의 심리학에 기반한 것이다. 또한 20~24의 다섯 조대 요소의 정렬 방식은 통상의 공(空) · 풍(風) · 화(火) · 수(水) · 지(地)와는 다르지만, 이것은 5~9 및 15~19의 배치에 대응시키기 위해서이다.

그림 1. 상키야의 구조(프라크리티의 전변)와 25원리

◎ 푸루샤와 프라크리티의 사랑과 갈등

이 두 가지 원리를 구체적으로 이해하기 위해서 의인화하여 캐릭터를 붙여 보자(어디까지나 비유이다).

푸루 군(본명: Puruṣa)	**쿠리 짱**(본명: Prakṛti)
– 어두운 성격	– 밝은 성격
– 따지기를 좋아함	– 따지는 것을 싫어함
– 창백한 피부	– 검게 그을린 피부
– 마른 몸	– 느리고 살집 좋은 몸
– 니트족(NEET, 청년 무직자)•	– 욱하면 적반하장
– 좁은 방에 혼자 틀어박혀 음침한 것을 계속 생각하는 것이 행복이다.	– 세상 물정 모르는 푸루 군에게 세상을 경험시켜 주어야겠다고 생각하고 있다.

이 두 캐릭터로 극화해서 이야기해본다(그림 1).

장면 1

푸루 군은 일하지 않고, 좁은 방에 혼자 틀어박혀 계속 생각을 이어가고,

세상의 일이란 단지 '보는[觀]' 것일 뿐.

그것은 그에게 있어서는 상당한 행복이었다.

그렇지만 어느 날 쿠리 짱을 '보고' 말았고, 그녀를 향한 사랑을 알아차리고 만다.

그러자…

• 옮긴이 주 – 좀 더 정확히 표현하자면, 일하지 않고 일할 의지도 없는 청년 무직자를 뜻하는 신조어로 Not in Education, Employment or Training의 줄임말이다.

장면 2

① 푸루 군은 항상 쿠리 짱을 생각하고 싶어 한다.

→ 그러기 위한 기관(붓디, 아항카라, 마나스라는 사유기관)을 발생시킨다.

② 푸루 군은 항상 쿠리 짱을 느끼고 싶어 한다.

→ 그러기 위한 기관(눈, 귀, 코, 혀, 피부의 다섯 가지 감각기관)을 발생시킨다.

③ 푸루 군은 항상 쿠리 짱을 만지고 싶다. 그리고 품고 싶어 한다.

→ 그러기 위한 기관(성대, 손, 발, 생식기관, 배설기관이라는 다섯 가지 행위기관)을 발생시킨다.

장면 3

푸루 군은 머리부터 발끝까지 쿠리 짱과 완전히 결합하여, 마침내 아기가 생긴다.

그리고 하는 수 없이 세상에 말려들어 간다.

그러자 일을 하지 않을 수 없다.

그것은 원래 방에 틀어박혀 어두운 것을 생각하는 것이 즐거움[樂, sukha]이었던 그에게 '고통[苦, duḥkha]'이 되어서 현실 회피를 생각하게 만든다.

여기까지가 상키야 철학의 요점이다. 요약하자면, 쿠리 짱(= 세계)과 직면하게 되자 푸루 군에게 '나'라는 의식이 생겨서 나타나게 된다. 그리하여 자신과 자신 이외의 것과의 대립이 생기고, 그 대립이 '고통'을 불러온다.

〈장면 2〉의 ①의 아항카라ahaṁkāra는 '나'를 만들어내는 것이라는 의미로, 보통 '자아'라고 해석된다. 흥미로운 점은 이 아항카라에서 마나스(표층적인 의식)와 함께 외적 세계도 생겨나는 것(그림 2. 파리나마)이다. 이것은 자신이 인식하는 것에 의해서 세계가 만들어진다는 것이다.

다음은 상키야 철학에 근거한, 요가의 근본 경전인《요가수트라》의 요가이다.

장면 4

그런 그가 구제되는 방법 -

그것은 쿠리 짱이 존재하지 않는 원래의 장소로 역행해가는 것.

그것이 요가.

❶ 사지와 몸을 등껍질 속에 감춘 거북이처럼 운동기관을 움츠리고, 그녀와 교제를 멈춘다.

❷ 감각기관도 거두어들이고, 그녀를 느끼는 것도 멈춘다.

❸ 그럼에도 불구하고 어려운 일은 마음속의 그녀와의 추억saṁskāra을 소멸시키고, 사유기관을 거둬들이는 것.

그것이 불가능하다면 사랑이 반복되고, 도로아미타불이 되어버리는 것이다….

① 푸루 군(정신원리)이 쿠리 짱(물질원리)을 계속 응시하고, 그 시선을 받은 쿠리 짱은 흥분하게 되어 그녀의 3구나(순질, 동질, 암질)가 동요한다.

② 푸루 군은 항상 쿠리 짱을 생각하고 싶어 한다…. 세 구나의 불균형에서 세 가지 사유기관(붓디, 아항카라, 마나스)이 생겨난다.

*심리학자 융(Jung, C. G.)은 상키야 철학을 번안하는 형태로 자신의 심리학을 확립했다. 붓디는 그의 '집단무의식'에, 아항카라는 '무의식'에, 마나스는 '의식'에 해당한다.

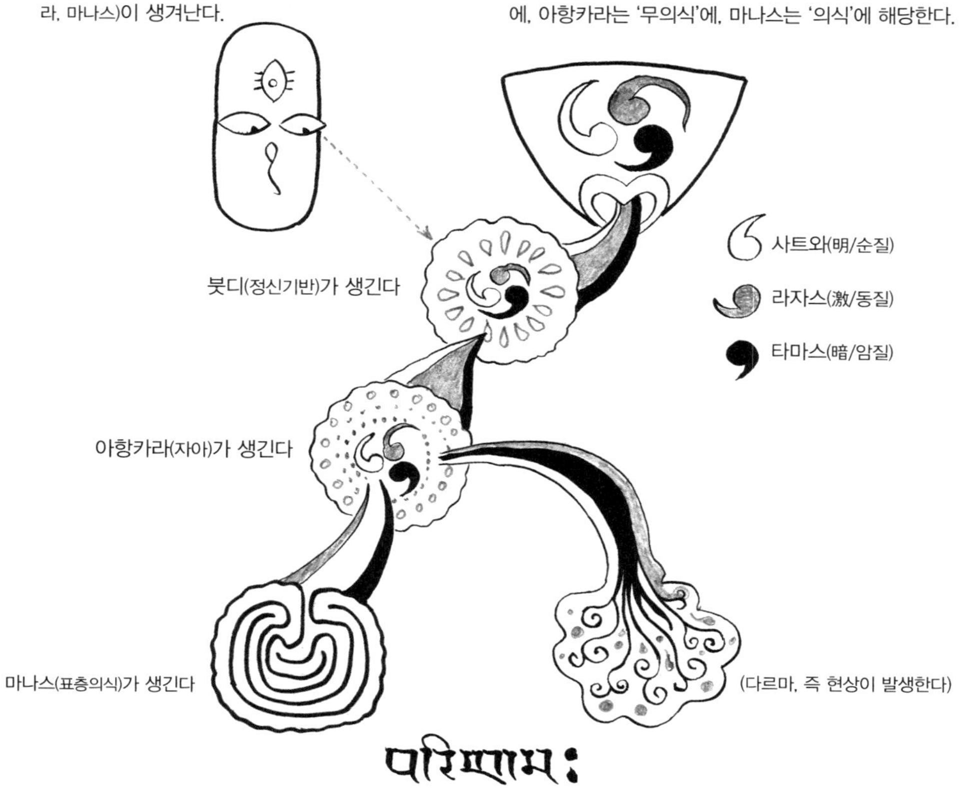

그림 2. 파리나마 pariṇāma**(전변)**

③ 푸루 군은 항상 쿠리 짱을 느끼고 싶어 한다
그 생각으로 인한 '구나의 불균형'에서 5가지 인드리야(감각기관)가 발생한다.

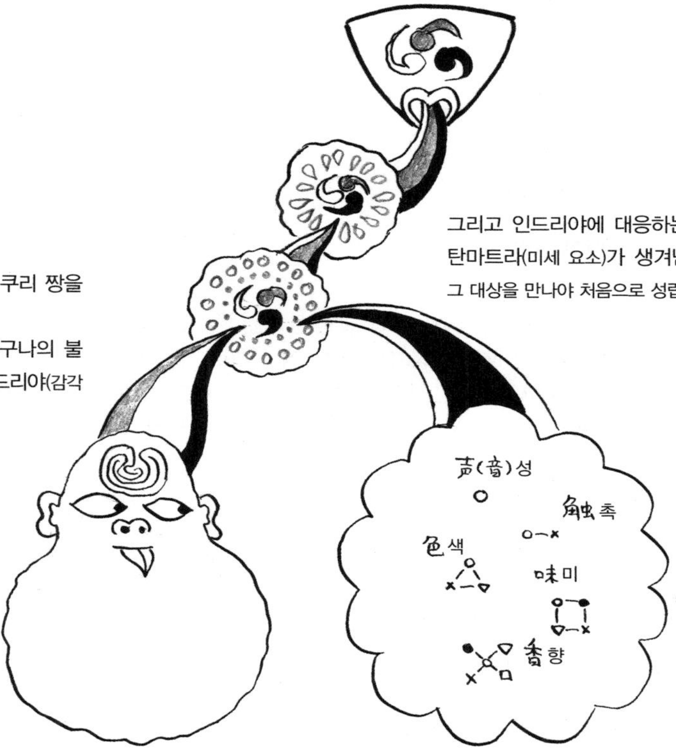

그리고 인드리야에 대응하는 5가지의 탄마트라(미세 요소)가 생겨난다(감각은 그 대상을 만나야 처음으로 성립한다).

④ 푸루 군은 항상 쿠리 짱을 만지고 싶어 하고, 품고 싶어 한다….
그 생각으로 인한 '구나의 불균형'에서 5가지 카르멘드리야(행위기관)가 생겨난다.

그리고 5가지의 미세한 탄마트라는 5가지의 크고 거친 부타(mahā-bhūta, 조대粗大 요소)로 변한다.

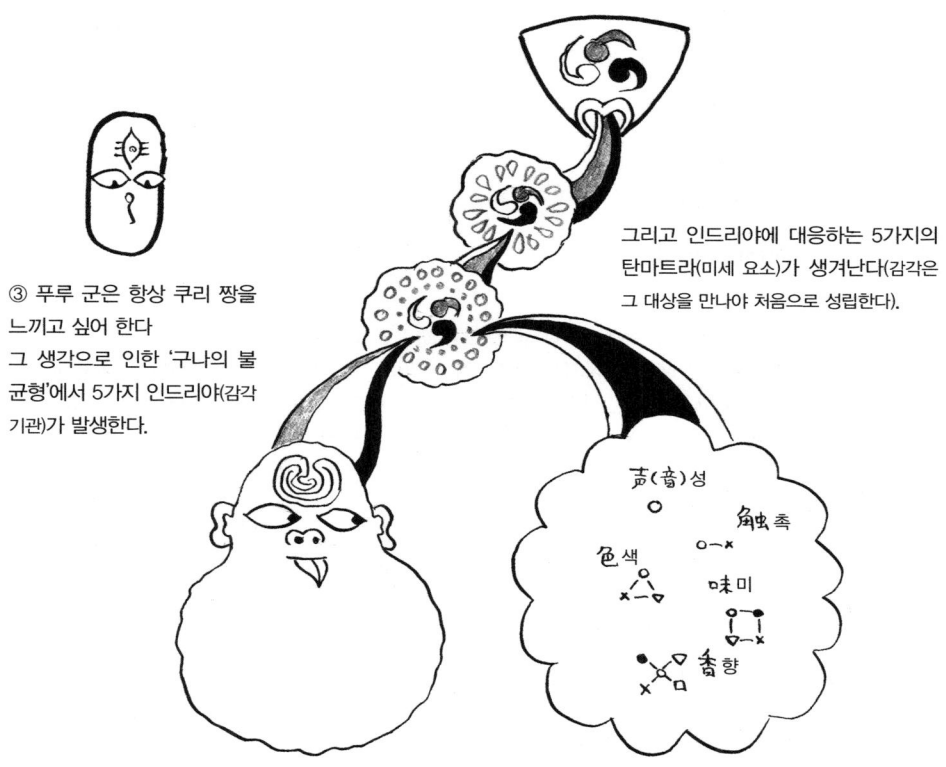

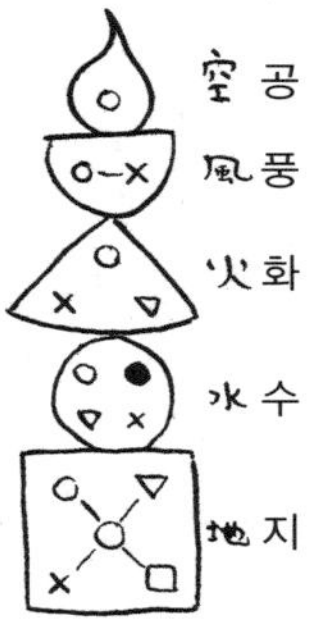

⑤ 이리하여 '세계'가 생겨나, 푸루 군은 거기에 말려들어간다….

5

붓다

– 상키야 이야기

Buddha

[√budh(알다/알아차리다)]

〈남〉 붓다.

※ '붓다'는 '알아차리는 자'(깨달은 사람 = 깨달음을 연 사람)라는 뜻으로 우파니샤드의 철인哲人을 부르는 말이었지만 이후에는 불교의 창시자인 고타마 싯다르타를 지칭하는 고유명사처럼 사용하게 되었다. 한자 '佛'은 마치 액체인 물이 데워져 끓어올라서 보다 높은 차원의 존재 상태인 기체가 되는 것처럼, 사람이 인간 이상의 존재 상태가 되는 것을 가리키는 단어이다.

◎ 불전과 상키야

앞의 항목인 '푸루 군과 쿠리 짱'은 어디까지나 비유이다.

푸루 군은 어둡고 쿠리 짱은 밝다고 했지만, 사실은 푸루샤가 '광명光明'을, 프라크리티가 '암흑暗黑'을 대표하고 있다.

그리고 푸루 군이 원래 있던 장소를 '좁은 방'이라고 했지만, 그곳은 세상의 모든 즐거움이 태양 앞의 별빛과 같이 희미해져 버리는, 무한의 즐거움으로 충만한 곳이다.

그러나 붓다가 입멸入滅한 뒤, 수백 년이 지난 후에 창작된 불전佛傳에 등장하는 고타마 싯다르타Gotama Siddhārtha도 푸루샤를 캐릭터화한 주인공이다.

실존하는 붓다의 성姓이 고타마인 것은 확실하지만, 이름은 정확하지 않다.

'목적을 성취한 자'를 의미하는 싯다르타는 불전의 저자에 의해 붙여진, 말하자면 칭호이다.

그의 고향인 카필라바스투Kapilavastu는 '카필라Kapila가 사는 곳'이라는 의미이지만, 카필라는 상키야 철학을 확립시켰다고 전해지는 성인의 이름이다. 상키야는 인도 최고의 철학 체계이며, 불교의 성립에 큰 영향을 주었다고 여겨진다.

싯다르타는 어머니 마야 부인의 오른쪽 옆구리에서 태어나서 일곱 걸음을 걷고, "천계에서도 지상에서도 나 홀로 존귀한 존재다[天上天下 唯我獨尊]"라고 선언했다고 한다.(그림 1)

이것은 그가 제1자(푸루샤)의 화신임을 선언한 것이다. 라마크리슈나Ramakṛṣṇa와 마찬가지로 라자냐rājanya(크샤트리야, 왕족, 전사 계급)에 속함을 암시하고 있다. 《리그베다》의 〈푸루샤의 시〉에 '그(우주의 질량인으로서의 푸루샤)의 팔에서 라자냐가 태어났나니', 라는 구절이 있다. 그러나 팔에서 태어난다는 것은 부자연스럽기 때문에 옆구리에서 태어났다고 한 것이다(옆구리에서 태어난다는 것도 이상하지만).

그리고 일곱 걸음을 걸었다는 것은 그가 태어날 때부터, 생명을 가진 존재가 윤회하는 6개의 세계, 즉 천상, 아수라, 인간, 축생, 아귀, 지옥(→ 6. 바바 차크라)을 초월했음을 의미한다.

그러나 석가족의 왕자로서 싯다르타는 왕궁 안에서만 생활하고 '세상을 모르는' 철부지 어린아이이다. 농경제 때 흙 속의 벌레를 작은 새가 쪼아 먹고, 그 작은 새가 큰 새에게 습격당하는 약육강식의 먹이사슬이라는 역동적인 드라마를 보고, '이 세상은 고통[苦]이다'라고 느끼고 깊이 괴로워한다.

어느 날 성벽 밖으로 나가서 노인, 병든 사람, 죽은 사람을 목격하고, 이 세상에 노老·병病·사死의 고통이 있음을 알았을 때, 그의 고뇌는 정점에 달한다(그림 2).

그렇지만 아름다운 왕녀와 결혼을 하고 육체의 기쁨도 안다. 그러나 아이가 생기자 그 아이에게 하필이면 라훌라Rāhula(장애)라는 이름을 주고 출가한다.

육체를 괴롭히는 극단의 고행(타파스)을 쌓아 거의 죽음에 이르지만(그림 3) 수자타라는 처녀에게 받은 달콤한 우유죽을 먹고 회복하여 보리수 아래에서 선정(디야나dhyāna)에 든다.(그림 4)

그때 나타난 것이 생명체를 생과 사의 연쇄로 몰아넣는 원인인 클레샤kleṣa(번뇌)를 의인화한 악마 마라Māra였다.(그림 5)

마라는 협박을 반복하며 싯다르타의 공포심을 자극하려고 했지만, 싯다르타는 미동도 하지 않는다. 마라는 급기야 자신의 딸들의 요염한 자태를 보이게 해서 싯다르타의 성적인 감각을 자극하여 그를 동요시키려고 했다.

세 딸들의 이름은 라가Rāgā, 아라티Arati, 트리슈나Tṛṣṇā.

라가Rāgā는 애욕Rāga을 여성명사화한 것. 아라티Arati는 '노여움.' 트리슈나Tṛṣṇā는 보통 '갈애渴愛'라고 한역되며, '무명無明, avidiyā'과 같은 뜻으로 쓴다. 즉 마라의 딸은 탐貪 · 진瞋 · 치癡라는 세 가지 대번뇌(→ 6. 바바 차크라)를 상징하고 있다.

물론 싯다르타가 이런 마라 패밀리의 미혹을 단호하게 물리친 것은 말할 것도 없다. 그러고 나서 그는 크게 깨달아서, 즉 본래의 제1자(푸루샤)로 되돌아와서 불교를 창시한다.(그림 6)

한편, 상키야 철학에 있어서 프라크리티의 역할은 '세상을 알지 못하는 푸루샤에게 세상을 경험시키고, 독존(해탈)에 도달하도록 만드는 것'이지만, 그녀는 '불전'에서 싯다르타를 둘러싼 여러 여인들, 특히 어머니인 마야 부인이 되어 등장한다(Māyā는 프라크리티의 동의어).

그녀는 싯다르타가 태어나자 바로 거침없이 통하여 막힘이 없는[융통무애融通無碍] 경지에 이르고자, 자신의 인간으로서의 육체를 버린다. 그래서 아들과 만나고 싶으면 즉시 아들 곁으로 이동할 수 있게 된 것이다.

그녀는 싯다르타가 곤란한 상황에 둘러싸여 있을 때 반드시 출현한다. 예를 들어 그가 니란자나Niranjana 강가에서 단식하여 굶어 죽을 뻔했을 때 수자타가 되어 그 위기에서 구해준 것도 마야 부인이었다. 자식인 싯다르타를 보자 그녀의 눈에는 갑자기 눈물이 넘쳐흘렀다.

그 후, 깨달음을 얻어 붓다가 된 싯다르타는 천계(도솔천 또는 33천)에 있는 그녀를 찾아가서 설법한다. 그녀는 석가의 대열반 때에도 천계에서 내려와 자신의 긴 옷자락을 눈물로 적셨다고 한다.(그림 7)

어머니 마야 부인의 오른쪽 옆구리에서 태어나자마자,
일곱 걸음을 걷고 '천상천하 유아독존'이라고 선언하다.

그림 1. 싯다르타의 탄생

처음으로 궁전을 나가, 이 세상에 노·병·사가 있음을 알고,
해탈을 구하는 사문(沙門, śramaṇa)의 존재를 알다.

그림 2. 네 문을 나가 네 사람을 만남
[四門出遊, 四門遊觀]

혹독한 고행을 하여서
죽을 고비를 맞이하다.

그림 3. 고행

그러나 시골 처녀 수자타(실은 마야 부인의 화신)가 바친 우유죽을 먹고 살아나다.

그림 4. 우유죽

마라(죽음의 신)를 항복시키고 깨달음을 얻다. 여기서 마라는 카마(사랑의 신)의 다른 이름.

그림 5. 마라에게 항복을 받음[降魔]

그림 6. 최초의 설법[初轉法輪]

बुद्धं शरणं गच्छामि।
धम्मं शरणं गच्छामि।
सङ्घं शरणं गच्छामि॥

데바나가리 문자(하지만 여기서는 팔리 문자)는 붓다의 임종의 말.

sati–avippavāsena sabbakiccāni sampadeyatha.
여러 가지 현상[事象]은 지나가는 것이다. 게으름 없이 수행을 완성하라.

일본의 〈이로하(いろは)〉라는 동요•는 이 붓다의 최후의 가르침에서 유래한 것.

いろはにほへどちりぬるを(色は匂へど散りぬるを)	아름다운 꽃도 언젠가는 져버리거늘
わかよたれそつねならむ(我世誰ぞ常ならむ)	우리가 사는 이 세상 누군들 영원하리
うゐのおくやまけふこえて(有為の奥山今日越えて)	덧없는 인생의 깊은 산을 오늘도 넘어가노니
あさきゆめみしゑひもせす(浅き夢見じ酔ひもせず)	헛된 꿈 꾸지 않으리오, 취하지도 않을 테요.

그림 7. 붓다의 최후의 여정과 대열반

• 옮긴이 주 – 우리나라에 이와 유사한 동요는 없는 것으로 보인다. 형식 면으로는 '도레미 송'이나 '한글 송' 등이 있지만, 내용 면으로 불교적 의미를 담은 것은 없는 것으로 안다.

6 바바 차크라
– 불교를 한 폭의 그림에 담고
Bhava-cakra

[bhava(존재) + cakra(바퀴)]

〈중〉 존재의 바퀴[육도윤회도六道輪廻圖]라고 부른다.
※ '가르바 그리하'는 '자궁의 집'. 힌두 사원은 인체를 모방하고 있다. 기단基壇, pāda이 다리, 주실主室, bāḍa(힌디어 bāṛa)이 허리, 옥개屋蓋, gaṇḍi가 동체, 보관寶冠, mastaka이 머리이다. 주실 즉 '바다/바라'는 '벽에 둘러싸여 있는 곳'이 원래의 의미로, 인체의 경우에는 천골薦骨과 장골腸骨이라는 벽으로 둘러싸인 골반 내부에 해당한다. 그 속에 본전本殿이 있고, 자궁이 있다.

◎ '불교'를 일러스트한, 자신을 응시하는 그림

데굴데굴 바퀴가 굴러간다. 4중의 원형 바퀴이다. 중앙의 바퀴에는 닭, 뱀, 돼지가 있다. 인간의 세 가지 대번뇌, 즉 탐욕, 노여움, 어리석음을 빗댄 것이다. 다음은 악惡으로 향하는 암흑의 길과 선善으로 향하는 광명의 길. 그리고 신(데바deva), 산 사람(마누샤manuṣya), 죽은 사람(프레타preta), 지옥의 주인(나라카naraka), 동물(티리야크tiryak), 아수라(asura)로 된 여섯 개의 세계를 나타낸다. 마지막이 끝없는 인과의 고리, 즉 '연기緣起'이다.

부처님의 제자이며 사리풋타Sāriputta, 舍利弗의 친구로 '신통제일神通第一'인 목갈라나Moggalāna, 目犍蓮는 초능력을 이용하여 모든 사람의 마음 깊은 곳까지 꿰뚫어 보고, 그의 과거와 미래를 뇌리에 비출 수 있었다. 이를 알아차린 부처님은 그에게 "그대의 통찰을 그림으로 나타내 보아라"라고 명했다. 그렇게 완성된 것이 이 그림이라고 한다.

티베트의 사원에서는 반드시 이 그림을 입구에 그리도록 되어 있었고, 인도의 아잔타 석굴에서도 볼 수 있다. 자신을 응시하기 위한 그림이다.

◎ 육도윤회

여섯 개의 세계(육도六道, 육취六趣)도 우리가 윤회하는 세계라기보다는 지금 현재의 마음이 존재하는 방식이라고 생각해야 한다.

예를 들어 설명하면 다음과 같다.

지옥naraka. 증오가 낳은 세계이다.

지옥의 첫 번째 특징은 나찰羅刹, 즉 분노로 가득 찬 마음이 만들어내는, 쉼 없이 이어지는 고통과 무자비한 아픔이다. 그러나 이 지옥은 세세한 부분에 이르기까지 우리 자신이 자아낸 것, 자신의 카르마의 결과인 것이다. 자신을 지상의 지옥에 살게 하고, 모든 상황을 자신을 괴롭히는 고문으로 만들기를 원한다. 실제로 그런 사람은 드물지만. 지옥은 우리 자신의 증오를 의지처로 하는 것이다. 다른 사람에게 증오의 마음을 품은 사람은 한번도 평화 속에서 휴식하지 못한다.

망자preta(아귀餓鬼)의 세계는 갈망이 만들어낸 망념 속에 있다. 그들은 바라는 것을 얻더라도 만족하는 법이 없다. 어떤 것을 얻더라도 항상 아직 모자란다고 느낀다. 만족을 모르고, 그렇기 때문에 불안에 시달려서 뭔가를 탐하기를 멈추지 않는 '돈의 노예'와 같은 상태라고 할 수 있다.

동물 tiryañc(**축생**畜生)의 세계에서는 육체야말로 모든 것이다. 일체의 노력이 육욕과 자기보존을 향해 있다. 이 묘사는 어리석게도 육체보다 훨씬 중요한 것을 찾기를 거부하는 것에 대한 비주얼visual한 표현이다. 이와 같은 세계는 의식을 좁혀, 생의 앞에 있는 의미와 목적을 찾는 것을 거부한다.

아수라 asura(**아수라**阿修羅)는 전쟁만 안다. 이 거인들은 자신이 가진 것에 만족하지 않고 감각을 관장하는 신들을 공격하여 그들로부터 감각적인 행복과 즐거움을 빼앗으려고 한다. 그리고 모든 소원을 들어주는 하늘의 여의주를 손에 넣으려고 한다. 그들의 애를 태우는 절망은 탐욕에서 유래한 것이 아니다. 다른 사람의 소유물과 업적을 탐내는 것이다. 다른 사람의 성과를 보며 자신은 부당하게 과소평가되고 있다고 느낀다. 참으로 인간은 자신이 가진 것에 만족하지 않고 다른 사람이 가진 것에 안달한다고들 말한다.

인간계 manuṣya-loka는 사람의 일상다반사이다. 인간의 생을 받은 것은 가장 바람직하다고 여겨진다. '기쁨[喜]'과 '고통[苦]'이 균형 잡혀 있는 정신을 받았기 때문이다. 지옥과 같은 항시적인 '고통'은 사람을 의기소침하게 만들어서 감각을 얼려버리고 만다. 신들의 과잉된 기쁨과 성공은 자만심을 조장하는 경향이 있다. '기쁨'과 '고통'을 함께 품고 있는 것이 인생이고, 이 둘을 의식함으로써 조화로운 생활을 하는 것이 가능하다. 그런 까닭에 참으로 인생이란 우리에게 영적 성취라는 아주 드문 기회를 준다. 그러므로 불교에서는 사람으로서의 생이 정말 귀중하다고 가르친다.

◎ 12인연(연기)

가장 바깥의 바퀴는 12개의 유닛unit으로 분해되어 있다. 그것은, 무명無明 → 행行 → 식識 → 명색名色 → 육입六入 → 촉觸 → 수受 → 애愛 → 취取 → 유有 → 생生 → 노사老死의 연기緣起, 즉 '12의 인연'이고, 앞서 설명한 여섯 세계에 갇힌 존재가 가지는 특정한 인과를 표현하고 있다. 12인연 각각을 73쪽의 그림과 함께 설명하면 다음과 같다.

① 무명無明, avidyā

'존재의 바퀴' 그림에는 '장님'이 그려져 있다. '무명(아비디야)'은 자신이 무언가에 대해 이미 모두 알고 있다고 믿고, 있는 것을 아직 보지 못하는 맹인의 상태를 말한다. 그것은 진실에 대한 통찰의 부족이고, 아직 눈(깨달음)을 뜨지 못한 상태이다.

② 행行, saṁskāra – '무명'에서 생기는 카르마와 마찬가지로 피할 수 없는 물리적 원리

이어지는 그림은 도공이 돌림판으로 점토 덩어리를 돌려서 능숙한 손놀림으로 병이나 그릇, 항아리, 접시를 빚고 있는 광경.

항아리 모양이 어떻게 될지는 도공에게 달렸다. 돌림판을 돌리는 시점에 그가 가진 기량, 경험, 미적 감각 그리고 정서도 조형에 영향을 준다. 분노하고 있을 때 만든 항아리는 딱딱해서 다루기 힘든 형태가 될 것이다. 갈망이 가득할 때는 그 소망이 눈앞의 점토 덩어리에서 어떤 모양을 만들어낼지를 결정지어버릴 것임에 틀림없다.

무의식의 충동인 '행行(상스카라)'은 도공과 비슷하다. 자신의 미래의 모습을 결정짓는 조형력造形力이라고 해도 좋다. 그 행들은 그 소망이 명백한 행위로 나타나든지 아니면 아직 마음속에 머물러 있든지 여부와 관계없이 자신의 모든 의지의 총화이다. 실로 '행'은 인생의 향방을 결정하는, 자신의 모든 바람이 축적된 것이다.

③ 식識, vijñāna – '행'으로부터 생겨난 마음의 움직임

어린 원숭이가 나무 위에 매달려 있다. 가지에서 가지로 도약하고, 한순간도 가만히 있지 않는다. 나무 꼭대기에서 잘 익은 과일을 발견했다. 뛰어오른다. 손발은 나무줄기를 잡는다. 흥분해서 꼬리가 물결치고 있다. 과일을 잡았다. 땄다. 입을 크게 벌리고, 한 입 베어 물었다. 입은 아직 과일을 씹고 있지만, 눈은 다른 과일에 끌린다. 새로운 유혹물에 서둘러 달려간다. 막 딴 과일을 무시하고 입에 있는 것은 얼른 삼키고서. 금세 반쪽짜리 과일로 산을 이룬다. 침착하지 못한 것은 사람의 마음이 갖는 고유한 본성의 일부이다.

④ 명색名色, nāma-rūpa – '식'으로부터 마음속에 생긴 '자신의 심신心身을 포함한 사물의 개념

남자 두 명이 배를 탄다. 두 사람보다 더 인상적인 또 다른 한 사람이 노를 젓는다.

사람은 마음(名, 나마)과 몸(色, 루파)으로 구성되어 있다. 이 마음과 몸이 그 두 사람의 남자로 표현된 것이다. 배를 조작하는 것은 개인을 형성하는 심신일체의 상태이다. 오늘날 '심신유기체psychophysical organism'로 알려진 것이다. 심신은 표리일체表裏一體이고, 어느 하나가 없으면 성립하지 않는다. 바깥 세계의 사물도 그것에 이름을 주고, 인식하는 것에 의해서 처음으로 존재하기 시작한다.

⑤ 육입六入, āyatana – '명색'으로부터 생긴 감각

다섯 개의 창과 출입구가 있는 집이 있다. 우리는 이 집 안에 앉아 열린 창과 출입구를 통해서 바깥 세계를 본다. 창과 출입구는 다섯 개의 감각기관과 표층적 마음(마나스)을 나타내고 있다. 감각은 우리가 세계에 관한 인상을 획득하는 '입구'이다. 다섯 개의 감각에 의해서 만들어진 세계는 조대粗大한 세계다. (우리는 마음의 문을 통해서만, 물질계보다도 훨씬 리얼real한, 더욱 높은 세계에 가까워질 수 있다. 그러한 세계를 지각하기 위한 능력은 요가를 통해 강화된다.)

⑥ 촉觸, sparśa – '육입'으로부터 생겨난 외부 세계에 대한 인식

남녀가 열정적으로 서로 바라보고 있다. 두 손으로 서로 꽉 끌어안은 채. 으스러질 듯 끌어안으며 이제 곧 하나가 되려는 듯… 커플의 포옹과 성교는 감각기관과 그 대상의 접촉을 나타내고 있다. (감각 대상과 감각 세포는 凸와 凹의 관계. 둘이 딱 맞아야 감각이 성립한다.)

⑦ 수受, vedanā – '촉'으로부터 생겨난 사물이 실체라고 하는 인식

고군분투하는 목소리가 침묵을 깬다. 남자는 주저앉아 무릎을 꿇고 손으로 얼굴을 감싸며 신음하고 있다. 오른쪽 눈에 화살이 꽂혀 있다. 화살은 감각기관. 이 경우는 눈에 들어온 시각 정보를 나타내고 있다. 이 그림은 매우 생생한 방법으로 우리의 지각 경험을 환기시키는 강력한 감각을 나타내고 있다. 필링feeling은 '고통'이나 '즐거움' 중 하나이다. '즐거움'과 '고통'은 육체적인 직접적 감각에서부터 해탈의 환희에 이르기까지 여러 가지 다른 레벨로 경험된다. 어쨌든, 감각 경험을 기초로 우리는 안의 것도 바깥의 것도 실체라는 생각에 물들어버리고 만다.

⑧ 애愛, tṛṣṇa• – '수'로부터 생겨나는 인식한 것에 느끼는 욕망

다음으로, 앉아 있는 남자에게 서 있는 여자가 술을 따르고 있는 광경이 그려져 있다. 여자는 남자에게 술을 주고 있다. 이것은 그의 마음에 강한 성적 욕망이 일어나고 있는 것을 나타내는 것으로 보인다. 술을 받고 있는 남자는 쾌락도 술처럼 중독성이 있다는 점을 강조하고 있다.

⑨ 취取, upadāna – '사랑'으로부터 생겨난 욕망에 대한 집착

이 이미지는 앞의 '애愛' 즉 '갈망(트리쉬나)'을 논리적으로 발전시킨 것이다. '애', 즉 사랑은 희망을 실현시키기 위한 행위로 이끈다. 과일을 따기 위해 나무를 오르는 여성은 구체적인 행위의 형태로 된 '사랑'을 나타내고 있다. 우리의 망집적인 사랑은 특정한 대상이 우리를 애태우고, 우리는 그의 노예가 되어 헛된 노력을 거듭한다. 과일은 '세속적 희망'을 일컫는 고대의 상징이다. 희망의 성취. 이 그림에서는 과일을 따기 위해 높은 나무를 오르는 여자는 우리가 욕망의 추구를 위해 치르는 노력을 가리키기에 충분한 비유이다.

⑩ 유有, bhava – '취'에서 생겨나는 자기 인식

모든 것에 앞서는 충동에 빠져 커플은 사랑의 행위에 녹아 있다. 남자는 절정감 속에서 몸을 경련시키며 방출한다. 그들은 새로운 생명이 여자의 자궁에 깃든 것을 아직 모른다…. 이 성교 그림은 생명체를 끌어당기는 것, 즉 새로운 생명 또는 자기 인식의 시작을 나타내고 있다.

⑪ 생生, jāti – '유'에서 생겨나는 실체로서의 자기 존재

임신의 과정을 거쳐 출산에 이른다. 혹은 자기 인식이라는 프로세스를 거

• 옮긴이 주 – 사실상 여기서 말하는 '애'는 갈애와 같은 감정을 나타낸다.

쳐 실체로서의 자기가 존재하기 시작한다. 이 과정은 아이를 분만하는 여자를 묘사하는 그림으로 표현되는 경우가 많다. 이 새로운 생은 노사老死의 원인이기도 하다.

⑫ 노사老死, jarā-maraṇa – '생'에서 생겨나는 불안이나 고뇌 그리고 죽음

마지막으로 다비식을 치르게 될 시체가 그려진다. 태어난 사람은 예외 없이 병의 공격, 노쇠, 이별이나 손실의 고통, 최종적인 죽음, 즉 8고八苦를 경험하게 된다. 일단 생겨난 것은 죽음을 향해서 논스톱으로 돌진한다. 생과 사는 윤회라는 둥근 바퀴의 불가결한 파트이다. 오늘날 학문적인 불교학에 의하면 '연기설緣起說'이 이와 같은 12가지 항목으로 정리되는 것은 부처님 열반 이후의 일로 본다. 그렇지만 부처님이 발견한 진리는, '모든 것에는 원인이 있고, 모든 결과는 다음의 결과의 원인이 된다'는 것이다. 다시 말해서, 모든 것은 인과의 사슬로 된 고리 속을 떠다니는 물거품이고, 브라만과 같은 절대 불변하는 것은 존재하지 않는다는 것이다. 사람도 윤회를 떠도는 무상한 물거품이지만, 자신을 실체라고 여기기 때문에 고통[苦]이 있고, 원인을 제거하면, 고통도 저절로 없어진다는 것이다. 그러므로 고통의 근원인 '무명無明(아비디야)'을 제거하면 '노사老死(자라마라나)도 끝난다는 즉 '열반涅槃'에 이른다는 것이다.

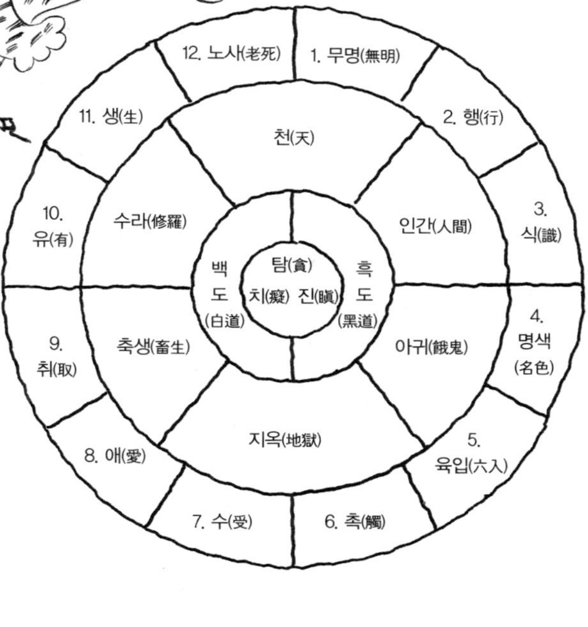

12. 노사(老死)
1. 무명(無明)
2. 행(行)
3. 식(識)
4. 명색(名色)
5. 육입(六入)
6. 촉(觸)
7. 수(受)
8. 애(愛)
9. 취(取)
10. 유(有)
11. 생(生)
천(天)
인간(人間)
아귀(餓鬼)
지옥(地獄)
축생(畜生)
수라(修羅)
백도(白道)
흑도(黑道)
탐(貪)
치(癡)
진(瞋)

7

요가
– 마음에 방울 달기

Yoga

[√yuj(묶다/엮다)]

〈남〉 말에 멍에를 씌우는 것, 수단, 방법, 주문呪文, 책략. 요가.

※ '요가'는 인도의 가장 오래된 문헌인 《리그베다》(B.C. 1500년경 성립)에서는 '말을 수레에 묶다'의 뜻. 그로부터 1,000년이 지난 붓다의 시대에 와서도 아직 일반적으로 '요가' 수행법이라는 의미로는 사용되지 않았다. 붓다는 그것에 해당하는 말로서 '마르가mārga, 道'를 사용하고 있다. '요가'가 이른바 요가의 의미로 널리 사용되게 된 것은 그로부터 200년 정도 후에 성립된 《카타 우파니샤드Kaṭha Upaniṣad》에 이르고 나서이다.

◎ 요가의 원리

무엇을 위해서 요가를 하고 있는가? 건강을 위해? 다이어트를 위해? 능력개발? 또는 해탈을 위해? 무엇을 위해 하더라도 좋다. 요가는 목적을 달성하기 위한 '수단'이기 때문이다. 단지 건강을 위해서, 다이어트나 리프레시refresh를 위해서, 능력개발, 해탈을 위해서라도 '요가'라는 이름을 붙였다는 공통된 원리가 있다. 목적을 달성하기 위해서는 마음을 단련시키지 않으면 안 된다는 것이다.

화났다. 열 받았다. 부글부글 끓어올랐다. 텔레비전 뉴스에서 앞서와 같은 동기로 범죄를 저질렀다는 이야기를 자주 듣게 된다. 어느 것이든 마음의 일시적 폭주이고, 왜 그런 짓을 했는지 자신도 모른다는 사람이 많다. 그러나 그들은 그 한 순간에 대해 인생을 걸고 갚지 않으면 안 된다. 그렇지 않더라도 이후에 생각해보면 왜 냉정한 판단이 불가능했나, 생각한 경험이 누구에게나 한둘씩은 있을 것이다.

우리는 마음이 자신이라고 생각한다. 마음이야말로 사람의 본체라고 인식되기 때문에, '사람은 겉보기가 다가 아니다'라는 말이 생명력을 갖는다. 그러나 머리가 세 개나 네 개 있는 인도의 신과 같이 마음도 세 개나 네 개가 있고, 때때로 숨어 있던 마음이 살짝 얼굴을 내밀고서 자신의 이익에 반하는 못된 장난을 치는 것 같기도 하다.

◎ 마차에 올라타기까지

고대 인도인은 자신의 마음을 다루기 매우 힘든 야수와 같다고 느끼고 있었다. 인도뿐만 아니라 고대인의 마음 에너지는 현재 우리의 마음 에너지보다 더욱 강했음에 틀림없다. 혹은 마음이 외부세계와 친화성이 높았던 것인가, 마음의 어딘가에서 생각한 것이 바로 현실에 투영된다. 발리 섬에는 아직 그런 끈적끈적한 분위기가 꿈틀거린다.

반려견이더라도 예의범절을 잘못 가르치면 주인보다 자신이 위대하다는 생각에 빠져 마음대로 행동한다. 그렇지만 마음은 개가 아니다. 사자나 호랑이나 코끼리와 같은 맹수이다. 자기가 해를 입지 않기 위해서는 그들을 먼저 해치지 않으면 안 된다. '길들이다仕付ける'라는 말(일본어)은 산스크리트의 어근 yuj와 딱 맞아떨어진다. 즉 '뜻대로 움직이게 만들기 위해서 무엇인가를 장착시킨다.' 야생의 코끼리를 가축화하기 위해서는 먼저 사슬로 묶어둔다. 앙쿠샤aṅkuśa(갈고리 막대)를 이용해 사람의 의도대로 움직이도록 각인시키고, 훈련된 코끼리의 몸에 방울을 달아서 훈련되었다는 표시로 삼는다.

yuj를 명사화한 말이 yoga이다. 가축을 부려 일을 시키기 위해서 무언가를 매다는 것. 즉 말에 멍에를 씌우는 것이라는 의미로 사전에 많이 게재되어 있다. '말을 타다'라고 하면 말의 등에 올라타는 것을 연상하지만, 인도에서 이렇게 타는 법이 보급된 것은 고대로부터 한참 후의 일. 베다 시대에는 말이 마차를 끌도록 했다. 사람은 그 마차에 타는 것이다. 이 경우 말의 머리에 멍에를 씌워 그 멍에와 마차를 긴 나무 막대로 연결한다. 그렇게 되기까지는 말을 충분히 조련하여 방울을 달지 않으면 안 된다.

베다 시대의 후기가 되면 요가가 '마음의 훈련'이라는 뉘앙스로 사용되게 된다. 《카타 우파니샤드》(B.C. 300년경 성립)는 노래한다. 아트만은 마차의 주인(라틴rathin), 그리고 신체는 마차라고 알아라. 더불어 붓디는 마부 그리고 마나스는 고삐이다, 라고. 현자들은 모든 감각기관을 말, 외부세계를 말이 걸어가는 도로라고 한다. 아트만과 감각기관과 마나스가 모인 것이 '향수자享受者, bhokta'라고 전한다.

여기서의 비유는 자기는 신체라고 하는 마차에 탄 아트만이다. 그 마차를 리드하는 말은 감각기관이다. 그리고 말을 조종하는 사람과 고삐가 마음, 즉 붓디(무의식)와 마나스(표층 의식)이다. (왼쪽의 그림 참조). 아트만(마차에 탄 사람)과 감각기관(말)과 마나스(고삐)로 시작으로 하는 이것들이 서로 잘 협조하면 쾌적한 여행을 계속할 수 있어서, 마침내 천국까지 갈 수 있게 된다. 그러나 마부는 종종 고삐를 잘못 다룬다. 그러면 말이 폭주하거나 혹은 미동도 하지 않거나 마차의 바퀴가 구멍에 빠지거나 하여 두세 발자국도 못 가게 된다.

병이 들기 바라는 마부가 있다. 살이 찌고 싶은 마부가 있다. 소란스러운 마부가 있다. 게으른 마부가 있다. 이 세상에서의 여행을 마치고 싶지 않은 마부가 있다. 무의식의 레벨에서 그런 욕구(상스카라)가 있다는 것이다. 이와 같은 마음의 작용을 끄기OFF 위해서 요가가 있다. 호흡법이나 여러 가지 포즈는 마음을 다스리기 위한 것이다. 마음을 직접 바로잡는 것이 가능하다면 호흡법도 자세도 필요 없다. 그리고 마음에 방울을 달아 자유롭게 다룰 수 있으면 무엇이든 마음먹은 대로 된다는 것이 요가의 근본이념이다.

8	**아슈탕가** – 요가의 체계화
	Aṣṭāṅga

[aṣṭa(8개의) + aṇga(사지[肢], 부분)]

〈형〉 8개의 부분으로 이루어진다.

〈중〉 오체투지례五體投地禮; 아유르베다Āyurveda의 여덟 분과; 요가의 여덟 지분支分.

※ '아슈탕가'는 '8개의 부분으로 이루어진다'라고 하는 것보다 '완전하다'라든가 '전체의'라고 이해해야 한다. 인도에서는 여덟(8)이 전체를 나타내는 신비한 수이기 때문이다(8의 제곱인 64도 마찬가지). 예를 들어 영혼의 거주처인 심장은 여덟 조각으로 된 연꽃으로 상징된다. 양 무릎, 양팔, 양손, 양 팔꿈치, 즉 이 여덟 부위를 지면에 닿게 하는 오체투지는 완전한 예배법이다. 아유르베다도 요가도 8이라는 수에 따라 '완전한 것'으로 암시된다.

◎ 요가의 단계[계제階梯]

《요가수트라》(5세기경에 현재 상태로 성립)는 고대 인도에서 행해진 여러 가지 요가를 조직하여 8개의 순서로 모은 것이다.

① 야마yama(금계禁戒 – 행하지 말아야 할 것)

② 니야마niyama(권계勸戒 – 해야만 하는 것)

③ 아사나āsana(좌법坐法 – 앉는 법)

④ 프라나야마prāṇāyamā(조식調息/호흡 – 호흡을 제어하는 것)

⑤ 프라티야하라pratyāhāra(제감制感/감각조절 – 감각기관을 억제하는 것)

⑥ 다라나dhāraṇā(총지總持/집중 – 정신을 집중하는 것)

⑦ 디야나dhyāna(정려靜慮/명상 - 정신집중의 상태가 계속되는 것)

⑧ 사마디samādhi(삼매三昧/무아경 - 푸루샤와 합일하는 것)

이것은 각각의 단계마다, 규정된 행법을 계단을 오르는 것처럼 수행하고 마지막으로 사마디에 도달하는, 즉 푸루샤와 융합하는 시스템이다. 그러나 하나하나의 행법은 본래 우열을 가릴 수 있는 성질의 것이 아니다. 각각의 단계가 독립된 행법이라고 보아야 한다. 예를 들어 ①과 ②는 요가의 예비부문으로서 가볍게 보기 십상이다. 그러나 그 자체가 행법으로서 완결된 것이다.

1. 하지 말아야 할 것yama

그렇다면 야마는 무엇인가? 요가를 배우는 사람이 반드시 지켜야 다섯 가지 규율을 들고 있다.•

○ 불살생不殺生 = 살아 있는 것을 상처 입히거나 죽이지 않는다

○ 정직正直 = 거짓말을 하지 않는다

○ 불투도不偸盜 = 훔치지 않는다

○ 금욕禁欲 = 섹스하지 않는다

○ 무소유無所有 = 물건을 소유하지 않는다

이 가운데 '무소유'를 '불음주 = 술을 마시지 않는다'로 대신한 것이 불교의 오계五戒로서, 깨뜨리면 지옥에 간다. 개인적인 이야기를 하자면, 고기를 먹게 되면 술도 마시게 된다. 작가로 살다보면 거짓말하는 것도 당연하다. 도둑질

• 《요가수트라》 II. 30.
ahiṁsā-satya-asteya-brahmacarya-aparigrahā yamaḥ ||

을 해본 적은 없지만, 어릴 적에 남의 밭에 들어가 토마토나 딸기를 서리하기도 했다. 나이 들어서는 맘에 드는 여자를 보면 온통 신경이 쓰여 안절부절못하기도 했다. 돈은 없더라도 온갖 잡동사니는 산더미처럼 쌓여 있다. 나는 분명 지옥에 갈 것이다.

그렇지만 처음부터 야마를 준수할 수 있다면, 나는 애초부터 성자이다. 새삼스럽게 요가를 수행할 필요가 없다. 그래서 상징적으로 해석하고자 했다.

○ 불살생 = 살아 있는 모든 것에 사랑을
○ 정직 = '거짓말도 방편'일 수 있다
○ 불투도 = 다른 사람의 것을 바라지 않는다
○ 금욕 = 남녀관계는 원만하게
○ 무소유 = 악착스럽지 않기
○ (불음주 = 술은 적당히)

이 정도라면 무난할 듯하다. 지옥의 염라대왕의 정체는 양심이다. 인간의 기억은 모두 무의식에 축적되어 있다. 자신이 판가름한다. 이렇게 말하기는 하지만 이러한 규율을 문자 그대로 실천한 사람이 있다. 바로 마하트마 간디Mahātmā Gandhi(1869~1948)이다. 이 금계야말로 간디의 요가(사티야그라하 satyāgraha, 진리의 획득)이고, 그것으로 얻은 에너지와 카리스마로 인도를 독립으로 이끌었기 때문에 역시 대단하다.

2. 해야만 하는 것niyama

다음에서 말하는 니야마는 요가수행자가 자발적으로 해야만 하는 것으로, 다섯 가지가 거론된다.

○ 내외의 청정 = 다른 사람과 교제하지 않고, 심신을 청정하게 유지하는 것
○ 만족 = 생명을 유지하는 데 필요한 만큼에 만족하고, 그 이상을 구하지 않는 것
○ 고행 = 업(카르마)을 소멸하기 위해 단식 등의 고된 수행을 하는 것
○ 학습 = 베다를 학습하여 신들과 소통하는 것
○ 자재신Īśvara에게 헌신 = 신들 중에서도 최고의 신에 대해서 명상하는 것

그러나 이 말들도 상징적으로 이해해야 한다. 예를 들면, 다음과 같다.

○ 내외의 청정 = 신체는 깨끗하게, 마음은 긍정적인 사고
○ 만족 = 주어진 것에 만족하는 사람에게만 이 세계는 풍요롭다
○ 고행 = 고행의 원어는 타파스熱, 즉 특수한 호흡법으로 신체의 열(氣 = 프라나)을 올리는 것
○ 학습 = 베다의 요체인 만트라를 염송하는 것
○ 자재신에게 헌신 = 하타 요가에서는 신체를 '자재신의 궁전'이라고 한다. 즉 자신의 신체에 대해 명상하는 것

이 가운데 뒤의 셋, 즉 '고행, 학습, 자재신에게 헌신'으로부터 '크리야 요가(행작 요가)'라는 지극히 밀교적인 요가가 고안된다(→ 80. 크리야 요가). 여기서 서술한 상징적인 해석도 그 크리야 요가에 근거한 것이다.

여담이지만, 1960~70년대의 록을 잘 아는 분이라면 비틀스The Beatles, 산타나Santana, 예스Yes라는 대가들 모두가 강한 영향을 받은 요가난다Yogānanda(1893~1952)라는 근대의 성자도 알고 있을 것이다.

비틀즈의 'Sgt. Pepper's Lonely Hearts Club Band'의 음반 재킷에 그의 얼굴이 있고, 산타나의 'Caravanserai'에는 그의 시가 실려 있다. 그리고 예스의

'Tales from Topographic Oceans'는 그의 자서전에 힌트를 얻어 만든 것이다.

이 요가난다가 서양에 전한 요가가 '크리야 요가'이다. 간단히 말하면 자신의 몸의 특정 부위에 의식을 집중하면서 특수한 호흡법과 주문(만트라) 외우기를 동시에 하는 요가이다. 소-함so'ham(나는 브라만이다)이라는 만트라를 자주 사용한다. 비틀즈가 마헤쉬Mahesh 요기yogī에게서 배운 요가도 이런 짧은 만트라를 끝임없이 계속 반복하는 것으로 짐작된다.

3. 앉는 것āsana, 4. 호흡(프라나)을 억제하는 것prāṇāyāma

이 두 가지에 관해서는 뒤에서 상세하게 설명하겠지만, 인간의 생명 에너지 그 자체를 해탈을 위해 이용하는 것이다. 이 요가는 '하타 요가'의 중심이다.

5. 감관을 거두어들이는 것pratyāhāra

프라티야하라는 오감五感의 입력을 봉쇄시키는 것으로, 빛이나 소리를 차단한 동굴 등에 들어가서 수행하는 경우가 많다. 완전한 어둠과 정적 가운데 오래 있으면, 인간의 뇌는 환각을 자아낸다. 감각기관은 뇌의 창문이다. 그 창을 닫으면 뇌는 빛이나 소리, 냄새나 맛을 무의식 속에서 주워올 수밖에 없다. 그렇지 않으면 정신이 파괴되어 버리기 때문이다. 그 환각에 맞서는 것이 이 행법이다. 그러나 8지의 관점에서 보면, 프라티야하라는 감관을 제어하는 독자적인 프로세스를 구성하고 있는 것이 아니라, 다음의 다라나dhāraṇā(정신집중)의 결과라고 하는 이야기도 있다. 정신집중의 결과, 감관도 억제되는 것이다.

6. 정신을 집중하는 것dhāraṇā

만트라 요가를 '다라나'라고 칭하기도 한다. dhāraṇā는 밀교에서 말하는 〈진언다라니眞言陀羅尼〉의 다라니dhāraṇī와 같은 뜻이기 때문이다. 즉, 주문을 외우는 것이다.

7. 정신집중 상태를 지속하는 것dhyāna

그리고 '디야나'를 음역한 것이 '선나禪那.' 이것은 선불교로 꽃을 피웠다. 선종에서는 오로지 심두멸각心頭滅却•의 경지를 목적으로 하지만, 마음을 이미지로 채워가는 관상觀想도 디야나라고 부르는 경우도 있다(→ 104. 디야나)

8. 푸루샤와 합일하는 것samādhi

'사마디'(음역하여 '삼매三昧', '삼마지三摩地')는 sam-ā-√dhā(두다/고정하다)의 여성형이고, '함께 두는 것', '고정하는 것'을 의미하고 있다. 즉 사마디는 명상의 대상에 마음의 작용을 '두는 것', '고정하는 것' 외에는 없다. 《요가수트라》에서의 용법은 '푸루샤에 마나스(표층적 마음)를 고정하는 것'으로 요가와 동의어이다. 여덟 단계의 마지막에 이 말을 덧붙여서 요가의 세계를 강조한다.

• 옮긴이 주 – 잡념을 버리고 무념무상의 경지에 이르면 불 속에서도 오히려 시원함을 느낀다는 뜻이다.

9	사두 – 서원(브라타)을 세운 사람
	Sādhu

[√sādh(성공하다/성취하다)]

〈형〉 바르다, 선하다, 덕 있는, 출신이 좋은, 훌륭한.
〈남〉 선인善人, 성자[聖仙], 출가한 걸식수행자. 여성 수행자는 여성명사인 사드비sādhvī.
※ '사두'(현대 힌디어에서는 u가 강조되어 사두–처럼 들린다)는 '선한 사람'이다. 알몸으로 성기를 드러내 보이는 사람도 있다. 거의 대부분이 대마 상습 사용자이다. 무직으로 주소불명인 홈리스homeless, 쉬바 신의 심볼인 삼지창과 같은 무기를 휴대한 사람도 있다. 일본에서는 틀림없는 범죄자 또는 위험인물이다. 그렇지만 그들은 위대한 서원mahāvrata를 지키기 때문에 어디까지나 '선한 사람'인 것이다.

◎ 수행자로서 '바르게 산다'는 것

"죽이지 마! 거짓말하지 마! 훔치지 마! 섹스하지 마! 지니지 마!" 이것이 8지의 첫째인 야마의 내용이다. 그리고 이전의 상징적 해석은 사실상 효력이 없는 것 같다. 《요가수트라》에는 "다섯 금계는 마하브라타(위대한 서원)로서 카스트나 지역이나 시간이나 상황으로 제한되지 않는 보편적인 것이다"•라고 덧붙여져 있다. 더욱이 주석에는 이런 것도 있다.

예를 들어, 최초의 브라타, 죽이지 마(아힘사)!

• 《요가수트라》 II. 31.
jāti-deśa-kāla-samaya-anavacchinnāḥ sārvabhaumā mahāvratam ||

"물고기 이외는 아무것도 죽이지 않겠다"라고 어부는 말할 것이다.

"나의 살생은 특정 생물에 한정되어 있다"라고 또 다른 사람은 이렇게 선언할 것이다. "나는 신성한 장소인 순례지에서는 살생하지 않겠습니다." "나는 신성한 시간인 디파발리dipavalī에는 결코 살생 따위 하지 않는다."

마찬가지로 크샤트리야[戰士]는 전장에서의 살육을 자신의 다르마dharma로 정당화할 것이다. 이와 같은 예들 이외의 모든 것을 파탄잘리(《요가수트라》의 저자)는 용인하지 않는다.

즉 일본인(자파니) 카스트에 속하여, 《요가수트라》가 편찬된 5세기로부터 1,600년이 지난 현대의 도쿄에 사는 일반인인 필자와 같은 사람이라고 하더라도 (《요가수트라》에 쓰인) 요가의 뜻에서는 이것을 문자 그대로 실행하지 않으면 안 된다.

그리고 이 서원(브라타)은 결국은 첫째인 아힘사로 수렴된다. ahiṁsā는 '불살생' 및 '비폭력'이라고 번역되지만, 그 본질은 직접, 간접을 따지지 않고, 다른 사람을 해치고 싶다는 바람이 완전히 없어지는 것이다. 국가에 세금을 내서는 안 된다. 왜냐하면 국가가 살인(전쟁, 사형)을 행하는 것을 인정하기 때문이다. 즉 간접적으로 사람을 죽이는 것이 되기 때문이다. 물론 슈퍼에서 고기나 생선을 사는 것도 허락되지 않는다. 그것을 사거나 먹는 사람이 있기 때문에 생명체가 상품이 되고 죽임을 당하는 것이다. 섹스조차도 종종 육체적, 정신적 폭력의 발로가 되기 때문에 금기이다.

이 모든 살생, 폭력도 '존재의 바퀴'(→ 6. 바바 차크라)의 중앙에 그려진 세 마리의 동물로 상징된 삼독三毒(탐, 진, 치)에서 연원한 것이라고 한다. 야마를 실행하는 것만으로도 '존재의 바퀴'는 멈춘다. 해탈이 가능하다.

그러나 생각해보자.

죽이지 마, 거짓말하지 마, 훔치지 마, 섹스하지 마, 지니지 마!

이것들을 엄격하게 지킨다면 모기 한 마리도 죽여서는 안 되고, 농담도 안 되고, 돈벌이를 해도 안 되고, 아이를 낳아도 안 되고, 저축도 안 된다. 이 반대야말로 인간이다. 전쟁이나 부의 독점은 유사 이래 끊이지 않은 인간의 본성이다. 일반인에게는 이 계율들 가운데 하나라도 지키는 것이 일단 불가능하다고 해도 좋다. 그렇기 때문에 마하 브라타(위대한 서원)이다. 브라타는 "나는 이제부터 무엇무엇을 절대 하지 않겠습니다!"라고 신에게 서원을 세우고, 그 서원을 실천함으로써, 그 대가로 어떠한 성취를 얻는 식의 방법이다. 야마를 지켜서는 세속에 머물 수가 없다. 사두(출가한 걸식수행자)가 될 수밖에 없다.

"죽이지 않는다(아힘사ahiṁsā)"라는 브라타를 세운 수행자는 걸으면서 벌레를 밟거나 하지 않도록 먼지떨이로 길을 쓸면서 걷는다.

"거짓말하지 않는다(사티야satya)"라는 브라타를 세운 수행자는 입에 담은 말이 많든 적든 거짓말이 섞이게 되므로 일체 말을 하지 않는다.

"섹스하지 않는다(브라마차리야brahmacarya)"라는 브라타를 세운 수행자는 삭발을 하거나(머리카락이 없는 것은 금욕자의 징표) 정조대를 착용하기도 한다.

"소유하지 않는다(아파리그라하aparigraha)"는 브라타를 행하는 사람은 일체의 물건을 소유하지 않는다는 의지의 표명으로 나체로 생활한다.

인도에는 지금도 이러한 계율들을 실천하고 있는 사두가 있으며, 그들의 특이한 모습은 "나는 위대한 서원을 행한다!"라는 세상을 향한 선언으로 볼 수 있다.

사두들은 '하지 말아야 할 것'을 실천하여, 《요가수트라》 제Ⅱ장 제5~39경에 제시된 성취를 얻는다. 즉 "죽이지 않는다(아힘사)"로부터는 평화를 가져올 힘을. "거짓말하지 않는다(사티야)"로부터는 말한 것을 모두 이룰 수 있는 힘을. "훔치지 않는다(아스테야asteya)"로부터는 온갖 보물을 끌어들이는 힘을. "섹스하지 않는다(브라마차리야)"로부터는 초능력의 원천이 되는 정묘한 힘

(비리야vīrya)을. "소유하지 않는다(아파리그라하)"로부터는 있는 그대로의 자신을 응시하는 힘을.

죽이지 않고, 거짓말하지 않고, 훔치지 않으며, 도둑질하지 않고, 성교하지 않고, 아무것도 지니지 않은 채 다른 사람을 해치지 않고 바르게 살아가기 때문에, 그들은 '선한 사람(사두)'이다. 그러므로 우리가 인도에 가서 '지니지 않는다(아파리그라하)'는 브라타를 세우고 나체로 있는 사두를 보게 되더라도 "물건이 실하시네요"라고 말해서는 안 된다.

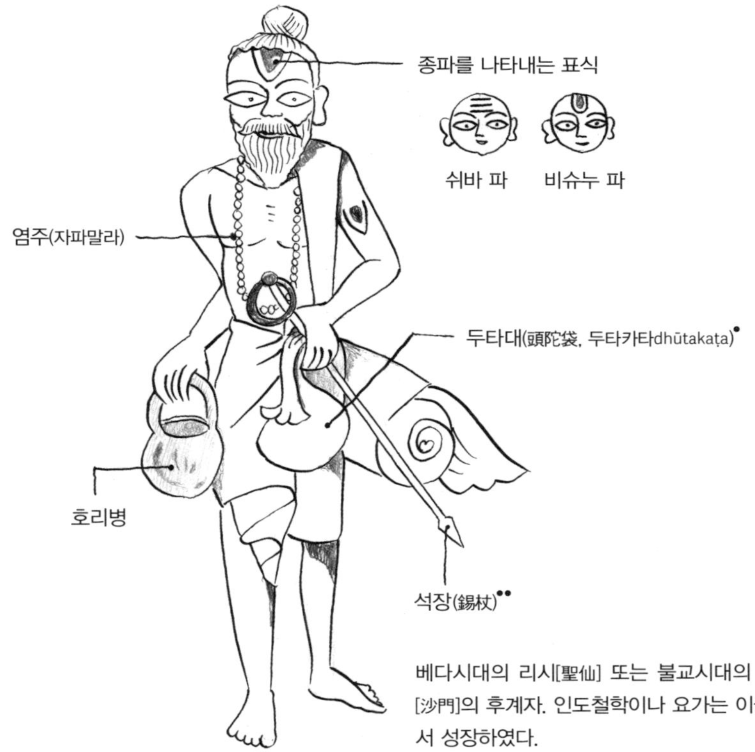

베다시대의 리시[聖仙] 또는 불교시대의 슈라마나[沙門]의 후계자. 인도철학이나 요가는 이들에 의해서 성장하였다.

그림. 사두

• 옮긴이 주 – 세상을 돌아다니면서 도를 닦는 승려가 옷을 더럽히지 않기 위해 옷가지를 넣어 목에 걸고 다니는 자루이다.

•• 옮긴이 주 – 승려들이 짚고 다니는 지팡이이다.

10 카르마 요가
– 일하는 사람을 위해서

Karma-yoga

[karma(행위) + yoga(요가)]

〈남〉 행위의 요가

※ '카르마'는 √kṛ(행하다/만들다)에서 파생된 말로, 모든 행위가 카르마이다. 철학적으로는 '행위'와 '행위의 결과'라는 두 가지 뜻이 있다. 후자의 경우는, 행위의 결과가 무의식의 충동(상스카라)이 되고, 그 충동이 다음의 행위와 인과의 사슬을 이어간다. 《요가수트라》에서 이야기하는 것은 이런 카르마의 싹을 잘라가는 것이다. 하지만 《바가바드기타Bhagavadgītā》는 말한다. "당신의 의무는 행위 그 자체에 있다. 결코 그 결과에는 없다."• 여기서 중요한 것은, 우리에게 주어지는 것은 행위뿐이며, 이어지는 결과에 대해 이러쿵저러쿵 말할 권리가 없다는 사실이다. 그렇다면 어떻게 행위하는지가 무엇보다도 한층 더 중요해진다.

◎ 《바가바드기타》의 배경

"싫어! 난 죽이고 싶지 않아."

아르주나Arjuna는 활과 화살을 버리고 통곡했다.

"그들에게 활을 겨누어서까지 왕족의 지위를 갖긴 바라지 않아! 세상을 버리고, 사두가 되겠어!"

대서사시 《마하바라타Mahābhārata》의 한 장면이다. 골육상잔骨肉相殘이었다. 전사 아르주나는 전투 개시에 이르러 적진에 늘어선 사촌 형제들과 존경하는 큰아버지 비슈마Bhīṣma와 무술 스승 드로나Drona의 모습을 보고 패닉에

• 《바가바드기타》 II. 47.
karmaṇy evādhikāras te māphaleṣu kadācana | mā karma-phala-hetur-bhūr mā saṁgo'stva-karmaṇi ||

빠지고 만다.

그런 그를 "전사(크샤트리야)인 네가, 성직자나 할 소리를 지껄이다니" 친한 친구인, 지고신至高神 비쉬누Viṣṇu의 화신 크리슈나Kṛṣṇa가 호되게 꾸짖었다.

"흥, 사두가 된다고. 세상 사람들은 너란 놈을 적 앞에서 도망친 비겁자라고 바보 취급할 거야. 크샤트리야의 의무(다르마)는 사악한 자를 멸하고, 정의를 유지하는 것밖에 없어. 그럼, 활을 들고 일어나라, 전사 중의 전사여! 적을 완전히 말살하는 거야!"

8지(아슈탕가) 요가가 출발점으로 삼는 "죽여서는 안 된다(아힘사)"라는 규율을 단칼에 자르는 데서 이 텍스트는 시작한다. 《요가수트라》와 쌍벽을 이루는 요가의 성전《바가바드기타》의 도입부이다. 이 부분을 둘러싸고 예로부터 많은 논의가 전개되어 왔다. 크리슈나는 실제로 살육을 권한 것은 아니고, 자신의 번뇌를 멸하는 것을 상징적으로 말하고 있다, 라고.

그러나 아르주나의 신분은 고행과 피안의 사상에 몰두하는 브라만이나 출가 사두도 아니고 호사스러운 물질생활을 누리는 왕족이며, 전투를 직무로 하는 크샤트리야라는 사실을 잊어서는 안 된다. 그의 요가는 오로지 앉아서 심사숙고를 거듭하는 형태가 아니다. 〈다누르베다Dhanurveda〉의 칼라리 파얏트Kalari Payattu와 같은 무술 요가이다. 그리고 《기타》가 내세우는 요가가 '행위의 요가'인 것도 아마 〈다누르베다〉의 용어였을 것이다.

> 이 길의 모든 것과, '다누르베다와 연계한' 카르마 요가를 배우고, 자신의 정신, 눈, 의지를 가지고 이 행위의 길을 걷는 자는 죽음의 신(야마)마저 정복할 것이다.• – 《아그니 푸라나》〈다누르베다〉 II. 19

• 《아그니 푸라나》〈다누르베다〉 II. 19.
karmayoga-vidhānajño jñātvaivaṁ vidhim ācaret | manasā cakṣuṣā dṛṣṭyā yogaś ikṣur yamaṁ jayet

'죽음을 정복한다'는 것은 '자아를 닦아 기른다'는 것. 즉 전투에 있어서 적을 무찌르는 일도, 자신이 목숨을 잃을 수 있다는 사실도 잘 인식하고 모든 장애(육체, 정신, 감정)를 극복하는 것이다. 무술에서는 적과 대치했을 때 의심과 불안이 생기는 것을 경계한다. 의심과 불안은 마음의 동요를 낳고 몸을 위축시켜 반응을 둔화시킨다. 크리슈나가 야단을 친 것은 바로 이것이었다.

◎ 신에게 내맡김(박티)

크리슈나는 카르마karma(행위)에 더해 박티bhakti([신에] 귀의), 갸나jñāna(지혜)라는 세 요가를 설한다. 이것들은 세트이며, 각각 따로 있을 수 없다. 세 가지가 톱니바퀴처럼 맞물려 다이내믹dynamic한 요가의 세계를 구축한다.

8지(아쉬탕가) 요가는 야마(하지 말아야 할 것), 니야마(해야 할 것)로 시작된다. 일체의 살생과 폭력을 부정하는 아힘사에 기초한 야마를 실천함으로써 나쁜 카르마가 더 이상 쌓이지 않게 한다. 니야마로 바른 카르마를 쌓아 간다. 그러나 니야마는 차치하고, 야마를 실천하는 것은 세속에 사는 사람에게는 정말 불가능하다.

일을 하고 가정을 꾸리면 나쁜 카르마를 쌓을 수밖에 없다. 전투에 종사하는 전사는 말할 것도 없고, 농민은 벌레를, 어부는 물고기를, 사냥꾼은 동물을 죽일 것이다. 장사는 정당한 수단이라고 하지만 남의 재물을 빼앗는 것임에 틀림없다. 결혼을 하면 남녀가 육체적으로 합일하는 일은 당연한 것이다. 그것을 부정하면 사회는 붕괴된다.

크리슈나는 이것을 바라지 않았다. 그러므로 카르마의 청구서를 신(크리슈나)에게 전부 맡겨야 한다. 그것이 카르마 요가이다. 카르마를 전부 신에게 맡기기 때문에 그 신에게 절대적으로 귀의하는 마음을 가지고 신뢰하는 것,

그것이 박티 요가이다. 그러나 미지의 신에게 귀의할 수는 없다. 그러므로 그 신을 잘 알아야 한다. 그것이 갸나 요가이다.

◎ 《바가바드기타》의 메시지

크리슈나의 캐릭터를 모르고 《기타》를 말할 수 없다. 그는 어릴 때 버터 훔치기, 벌거벗고 목욕하는 여자들의 옷 훔치기 등 하고 싶은 대로 마음대로 일을 저지르는 악동이었다. 자라서도 여성 편력이 심해서, 전설에 의하면 18,000명의 여성과 관계를 가졌다고 한다. 특히 다른 사람의 아내인 라다와 깊은 관계가 되었다.

《마하바라타》에서 나오는 이 장면 이후의 전쟁에서 전투의 룰(당시 전쟁에는 스포츠처럼 룰이 정해져 있었다)을 모조리 무시하고, 적의 뛰어난 전사들을 차례차례 처단했다. 복싱 시합에 프로레슬링 기술을 사용하는 것과 같은데, 더티 파이터dirty fighter로서 최고는 크리슈나이다. 다시 말해서, 그는 《요가수트라》의 요가의 모범이 될 만한 '착한 사람(사두)'은 아니다. 야마, 즉 죽이지 않고, 거짓말하지 않고, 도둑질하지 않고, 성교하지 않고, 아무것도 지니지 않는다는 것 중에 어느 것 하나도 지키지 않는 '착하지 않은 사람'이다. 그에 대한 신앙은 제쳐두고 말하자면, '천사의 얼굴을 한 악마'이다.

그러나 크리슈나는 지고신인 비슈누의 화신이다. 그는 말한다.

> "[《요가수트라》에서 말하는] 프라크리티는 나의 낮은 차원의 힘에 지나지 않는다. 나는 그것을 초월하는 고차원의 프라크리티를 가지니, 그것이 세계를 유지하는 것이다"• – Ⅶ. 4~5.

• 《바가바드기타》 VII. 4~5.
bhūmirāpo'nalo vāhuḥ khaṁ mano buddhir eva ca | ahaṅkāra itīyaṁ me bhinnā prakṛtir aṣṭadhā ||
apareyam itas tv anyāṁ prakṛtiṁ viddhi me parām | jīva-bhūtaṁ mahā-bāho yayedaṁ dhārayate jagat ||

그러므로 그가 아무리 심한 짓을 하더라도 그것은 겉모습일 뿐이며, 그 행위에는 인간으로서는 알 수 없는 깊은 신의 뜻이 숨겨져 있다. 짧게 말해서, 그가 하는 것은 모두 옳다. 여자들의 옷을 훔친 것도 발랑 까진 애였기 때문이 아니다. 여자들의 자아의식自我意識(아항카라)을 제거해, 자신에게 귀의하는 마음을 일깨우기 위해서였다(고 설명된다).

"이 모든 세계는 나에게 연결되어 있다. 보석들이 실이 꿰어져 있는 것처럼."•

– Ⅶ. 7.

갸냐 요가로 크리슈나를 완전히 이해한다.

한 인간은 전체 우주를 반영하고 있는 하나의 소우주이다. 현실이 어떻든 '그러할 가능성이 있다'라는 아이디어는 인도 사상의 핵심이 되는 사유이다. 여기에서는 크리슈나가 대우주의 상징이고, 아르주나가 소우주를 대표하고 있다(그림).

"아르주나여. [대우주인] 나에게 마음을 집중하고 나에게 귀의하여 요가를 수행한다면, [소우주인] 너는 의심 없이 완전히 나를 알게 될 것이다."•• – Ⅶ. 1.

여기서 말하는 요가가 카르마 요가이다. 크리슈나는 코스믹 스케일cosmic scale로, 다시 말하자면 우주의 질서를 유지하기 위해서 책임을 지지 않으면 안 된다. 반면, 아르주나는 휴먼 스케일human scale로 전사로서 할 일을 해야

• 《바가바드기타》 VII. 7.
mattaḥ parataraṁ nānyat kiñcid asti dhanañjaya | mayi sarvam idaṁ protaṁ sūtre maṇi-gaṇā iva ||

•• 《바가바드기타》 VII. 1.
mayy āsakta-manāḥ pārtha yogaṁ yuñjan mad-āśrayaḥ | asaṁśayaṁ samagraṁ māṁ-yathā jñāsyasi tac chṛṇu ||

한다. 행위(카르마)의 길은 이 둘의 통합을 가져오는 계기가 된다.

《기타》의 요가의 핵심은 다음과 같다.

"당신이 하는 일이 무엇이든, 당신이 먹는 것, 당신이 하는 희생제물 공양, 당신이 행하는 보시布施, 당신이 경험한 고통까지도 나(지고신 크리슈나)에게 바치는 것이 좋다. 단지 집착을 버리고, 성공과 실패를 평등(동일)한 것으로 보고, 요가에 입각하여 모든 행위를 하라. 요가는 평등samatva의 경지라고 한다. 그리하면 너는 카르마와 그 결과인 고통과 즐거움의 속박에서 해방되어 내게로 올 것이다."

मय्यासक्तमनः पार्थ योगं युञ्जन्मदाश्रयः।
असंशयं समग्रं मां यथा ज्ञास्यसि तच्छृणु ॥७-१॥

크리슈나는 아르주나에게 전 우주를 몸속에 품은 지고신의 모습을 드러낸다.

그림. 우주신 크리슈나

11 구루
– 사제 관계는 부자 관계보다도 중요하다

Guru

[어원 불분명]

〈형〉 무거운/중요한, 엄하다/심하다, 중대한, 공경해야 하는
〈남〉 존경해야 하는 사람(아버지, 연장자), 특히 스승.
※ '구루'의 어원은 확실하지 않지만, √gu(말하다) – √ru(간다)라고 한다면 "(전통을) 말로 전하는 사람"이라고 해석할 수 있다. 즉 예로부터 내려온 전통을 다음 세대로 이어가는 사람(스승)이 구루이다. 인도의 모든 전통문화의 계승은 구루와 체라(제자)의 관계로 유지되어 왔다. 그렇지만 최근에는 이 전통도 붕괴되어 가고 있다. 무언가를 배우고 싶으면, 구루가 아닌 스쿨school을 선택하는 경향이 있다.

◎ 구루라고 부르지 마라

"사두에게 강간당했어요."

그런 여성의 이야기를 들었다. 인도 여행 중, (아마 젊은 꽃미남) 수행자와 친해져서, 그리고….

"그 남자를 구루라고 불렀어?" 내가 물었다.

"네. 요가를 배우겠다는 생각에."

"그렇다면야… 어쩔 수 없었겠군. 구루와 제자(첼라celā)•의 관계는 주인과 노예 관계이지."

이러한 관계와 관련하여서 티로와 나로의 이야기가 자주 인용되고 있다(그림).

• 옮긴이 주 – 힌두교에서 '제자'를 지칭하는 말이다.

목재상 나로는 대학자 티로의 소문을 들었다. 나로는 이 사람이야말로 자신의 구루라고 확신했다. 그리고 오랜 시간에 걸쳐서 묘지에서 걸식하고 있는 티로를 찾아가 "나마스카라, 구르지Guruji"라고 인사했다.

그러나 티로는 "나는 당신의 구루가 아니다"라고 화를 내며, 나로를 마구 때렸다. 그런데도 나로는 티로를 떠나지 않았다. 명상을 하는 티로에게 탁발로 얻은 식사를 배달하는 등 성실하게 섬겼다. 그렇지만 티로는 나로를 볼 때마다 "에라이, 이 성가신 놈아"라며 샌드백처럼 두드려 패기만 하고 다정다감한 말 한마디 걸지 않았다.

그런 채로 12년간 계속해오던 어느 날, 나로는 결혼식 연회에서 얻은 녹색 야채 카레(시금치 카레!?)를 티로에게 바쳤다.

"이건 맛있어! 아들아, 이걸 더 받아와라."

처음으로 아들이라고 불린 나로는 기뻐하며 카레를 냄비째 훔쳐 왔다.

티로는 "잘했어, 아들아!"라고 말하며 나로에게 관정灌頂(제자로 인정하여 입문의 례)•을 베풀어 탄트라 요가의 비의秘義를 전수하였다. 나로는 곧 성취를 얻었다.

– 스기키 츠네히코 역, 《84인의 밀교행자》에서

실제로는 티로는 나로를 처음으로 만난 시점부터 그를 제자로 인정하고 있었다. 그러나 나로의 카르마를 멸하기 위해서 폭력을 행사한 것이라고 한다. 또한 나로도 그 사실을 잘 알고 있었기 때문에, 때리는 것을 참고 티로에게 봉사한 것이었다.

"티로라는 사람, 처음에는 아직 깨닫지 못했죠?"

"응, 나로 덕분에 요가에 전념해 성취할 수 있었지."

"너무해, 그런데도, 때리거나 차거나 한 거야. 사디스트sadist와 마조히스트

• 옮긴이 주 – 진언종에서, 불문에 들거나 수도자가 일정한 지위에 오를 때 정수리에 물이나 향수를 붓는 의식이다.

masochist의 관계?"

"구루라고 부르는 한 무슨 일을 당해도 불평은 할 수 없다는 거지. 그리고 구루의 말에는 절대 복종해야만 해."

구루가 "까마귀는 흰색이다"라고 해도 "검은색입니다"라고 반론해서는 안 된다. 구루가 "부모를 죽여"라고 한다면 손을 부모의 피로 물들여야만 한다. 사제 관계는 부자 관계보다 더 중요하다. 그러므로 구루는 '중요한 존재'라고 불리는 것이다. 구루라는 말의 무게는 일본어의 '선생님'이나 영어의 'teacher'와는 비교할 수 없을 만큼 무겁다.

"나도 인도에서 여러 사람에게 여러 가지를 배웠지만, 불합리한 일을 하라는 말을 들었다면 도망쳤겠지. 그렇지만 도망치려고 한다면 그것은 진정한 구루와 제자(체라)의 관계는 아니야. 게다가 사두라고 해서 인격자라고 단정할 수 없어. 인격자여도 자신을 구루라고 불러주는 여성, 즉 나를 마음대로 하라고 말하는 어린 여자가 옆에 있으면 불끈불끈할 수도 있지. 야마 가운데에도 브라마차리야가 가장 어려워. 그리고 정말로 요가를 가르치려고 했던 것일지도 몰라. 섹스 요가라는 것도 있으니까."

음악이나 무용 같은 예술은 물론, 마음이나 영적 영역을 다루는 요가를 배우는 데 있어서 가르치는 사람을 가볍게 구루라고 불러서는 안 된다. 요가책을 보면 구루의 중요함이 금과옥조처럼 쓰여 있지만, 인도에서는 "12년에 걸쳐 구루를 찾아라"라고도 한다. 누군가에게 요가를 배운다고 해도 충분히 시간을 들여 그 사람의 인격을 알고, 그런 다음 정식으로 제자로 들어가라는 것이다. 뛰어난 구루와의 만남, 그것이야말로 카르마의 결과이다.

티로와 나로

① 바그나가라의 대학자 티로는 왕에게 공양 받으며 무수한 제자에게 가르침을 설했다. 그런데 "이러한 생활은 의미가 없다. 깨달음에서 너무 멀어"라고 생각하고서, 윗옷을 버리고 가사를 걸치고 사원에서 도망쳤다.

② 사리푸트라의 목재상 나로는 티로의 소문을 듣고, 자신의 스승이 될 사람이라고 직관했다. 그리고 목재한 수레를 검은 영양의 가죽으로 교환하여 요긴의 모습을 하고 바그나가라까지 왔다. 그러나 사람들은 "스승은 가버렸다"고 말한다.

③ 나로는 티로를 찾아서 온갖 곳을 돌아다니다가 마침내 칸치(Khanchi)라는 마을의 묘지에 몸을 둔 티로와 만났다.

④ "스승이시어! 나마스카라"라며 나로가 인사했다. 그러나 "나는 너의 스승 같은 거 아니야" 하고 티로는 화를 내며 나로를 때렸다. 그렇지만 나로는 그곳을 떠나지 않고, 티로와 함께 생활했다.

⑤ 나로는 탁발을 해서 티로를 공양했다. 그러나 티로는 나로에게 폭력을 행사했고 말 한마디 걸지 않았다. 그렇지만 나로는 지극히 티로를 모셨고 그가 남긴 것을 먹었다.

⑥ 한편, 티로는 나로의 공양을 받으면서 수행하고, 10년 만에 더러움을 남김없이 제거하여 마하무드라의 성취를 얻었다.

⑦ 나로가 티로를 모신 지 12년째 되던 해의 사건. 그는 어떤 결혼식의 연회장에 탁발하러 가서 많은 음식을 얻었다. 그 음식을 티로에게 드리자, 스승은 녹색 야채 카레를 먹고서 매우 기뻐하며, "아들아! 그 맛있는 카레를 좀 더 가져 오너라"라고 말했다.

⑧ 지금까지 학대받던 나로는 아들이라 불린 것이 너무나 기뻐 네 번이나 요리를 받으러 갔다. 다섯 번째에는 요리를 냄비째 훔쳐 스승에게 드렸다.

⑨ 그러자 스승은 기뻐하며 나로를 관정(灌頂)하고 바즈라바라히(Vajravārāhī) 여신의 가르침을 전수하며 여신을 관상(觀想)하게 하였다. 나로는 6개월 만에 성취를 얻었다.

그림. 티로와 나로

◎ 구루을 얻는 법

그러나 구루는 반드시 인간이 아니어도 좋다. 《요가수트라》(I. 26)에서는 이렇게 말한다.

> "실로 그(자재신 이슈와라)는 시간에 제한되지 않기 때문에, 옛사람(구루)들에게도 구루이다."•

여기서 말하는 자재신은 육체를 가진 인간이 아닌 초월적인 존재이다(→ 20. 이슈와라). 수호신이라고도 할 수 있는 자재신을 정해 놓고 그 신에게 기도한다. 그러면 자재신은 꿈속 등에 나타나 그 사람을 이끌어준다.

또한 《바가바드기타》와 같이 크리슈나를 숭배하는 문헌인 《바가바타 푸라나》에서는 "스스로 자기를 높여야 한다"••(VI. 5)는 《기타》의 메시지를 발전시켜, 이렇게 말하고 있다(XI. 7. 20).

> 자신의 노력으로 이 세상의 본질을 탐색하는 자가
> 구루의 도움 없이 자신을 높일 수 있다.
> 자기(아트만)가, 자신의 진정한 구루, 가르침이다.
> 그리고 사람은 직관과 추론, 양쪽에서
> 자신의 신성에 도달할 수 있다.

• 《요가수트라》 I. 26.
sa eṣa pūrveṣām api guruḥ kālena anavacchedāt ||

•• 《바가바드기타》 VI. 5
uddhared ātmanātmānaṁ nātmānam avasādayet | ātmaiva hy ātmano bandur ātmaiva ripur ātmanaḥ ||

이후 크리슈나는 자연계의 구루들에게 배워서 영적인 길을 걸었던 성취자 닷타트레야Dattatreya에 대해 말한다. 예를 들어, 어떤 때는 모기나 대지가 닷타트레야의 구루였다.

닷타트레야의 팔에 모기가 앉았다. 때려잡으려고 손을 치켜들었지만, 생각을 멈추었다. 자신에게 이 모기를 죽일 권리가 있을까?
그는 사람들이 대지를 경작하고, 물을 얻기 위해 우물을 파는 모습을 여러 차례 보아왔다. 그러나 대지는 자신을 해치는 인간이 자연의 섭리에 따라 행동하고 있다는 것을 알고 있기에 흐트러지지 않는다. 모기도.
"이것들은 자연에 있는 자양분이 풍부한 붉은 액체를 얻기 위해서 우리 몸에 구멍을 뚫고 있다. 모기는 자신이 구멍을 뚫은 존재가 감각을 가진 살아 있는 생명체라는 것을 알지 못한다. 우리가 대지는 무감각하다고 생각하는 것처럼, 모기도 인간의 신체를 무감각하다고 느끼고 있음이 틀림없다."
그는 모기와 대지로부터 삼가함[愼]과 허락함의 서원(브라타)을 배웠다.

배울 준비가 되어 있는 사람은 어떤 것에서든 배울 수 있다.

12 푸라나
– 인도 신화의 기초지식

Purāṇa

[purā(오래되고) + navam(새로운 것)]

〈중〉 옛날이야기, 신화神話, 푸라나 문헌.
※ '푸라나'라고 발음하지만 유사하게 발음되는, 생명 원리인 프라나prāṇa가 아니다. 태고의 베다 문헌, 고대의 서사시 문헌(요가의 교과서인 《바가바드기타》를 포함한다)의 뒤를 이어서 산스크리트가 인도아대륙의 공용어가 된 굽타제국 시대(4~6세기)부터 중세의 매우 늦은 시기(이슬람 지배 시대)까지 계속 편찬되어 온 푸라나 문헌군을 말한다.
어원은 '오래되고 새로운 것'이라고 해석되며, 우주 창세의 신화에서부터 최신(편찬 당시)의 큰 사건이나 지식까지 포함하고 있다. 그리고 널리 알려진 '인도의 신화'는 푸라나 문헌에 서술되어 있다.

◎ 3대신三大神

요가에서 인도 신화에 대한 지식은 뗄 수 없다. 하타 요가의 아사나도 신화를 배경으로 한다(→ 제8장 요가의 아사나 이야기).

힌두의 신계가 각각 한 가계를 구성하는 세 명의 최고 우두머리 신에 의해서 통치되고 있다고 생각하면, 인도 신화는 친근해진다. 이 세 명은 말할 필요도 없이 브라마, 비슈누, 쉬바이다. 순서대로 우주의 창조신, 유지신, 파괴신이다. 그러나 나이 순서대로 말하자면, 아래와 같다.

○ 쉬바 신: 인더스 문명의 모헨조다로에서 출토된 인장에, 요가의 신으로서 쉬바와 닮은 형상이 조각된 것이 있다. 그러므로 추정 연령 5,000세.
○ 브라마 신: 우파니샤드에서 확립된 지고신의 원리인 브라만을 의인화한

신격('브라마'라는 호칭은 중성명사 '브라만'의 남성형 주격). 베다 기원의 신이므로 추정 연령 3,000세.

○ 비슈누 신: 원래는 베다 신화의 태양신 수리야의 한 기능(우주에 편재한 광명)이었지만, 이후에 독립하여 한 가계를 세웠다. 비슈누 신앙이 성행하게 된 것은 서력 기원 후의 일이기 때문에 추정 연령 2,000세로 가장 젊다.

각 우두머리에게는 아름다운 여성이 있었다. 우두머리의 세력(샤티śakti) 판도는 이 여성들의 영향력에 의해서 결정되는 일이 많았다. 그렇지만 부부가 때로는 개처럼 싸우는 경우도 있다.

셋의 이런 상황을 조금 스캔들에 가까운 이야기(신화)와 함께 푸라나 문헌에서 골라보자. 우선은 창조신 브라마부터 살펴보자.

왼쪽부터 브라마, 쉬바, 비슈누

그림 1. 삼위일체신trimūrti

◎ 브라마[梵天]과 사라스와티[辯才天](그림 2)

브라마는, 캐릭터로서는 베다 신화의 프라자파티Prajāpati(창조주)나 브리하스파티Bṛhaspati(기도주)를 계승하고, 염주나 성전聖典을 가진 베다의 제관祭官으로 표현된다. 그는 4개의 얼굴을 가지고 있다. 이것은 전 세계(동서남북 네 방위)나 4개의 베다를 상징하는 것이지만, 다음과 같은 신화도 있다.

브라마는 우주를 창조하면서 아내가 될 사라스와티Sarasvatī를 먼저 만들었다. 사라스와티는 말(바크vāk)을 관장하는 여신이다. 그녀가 가진 악기 비나vīṇā는 음성을 나타낸다. 사람은 언어(= 개념)로 세계를 이해하고 있다. 바꾸어 말하면, 언어가 있기 때문에 사물이 존재한다. 성서Bible 풍으로 말하면 '태초에 말씀이 있었나니.' 그러므로 브라마는 맨 처음 아내를 만들고 그녀를 내세워서 삼라만상을 만들었다.

그건 그렇다 치고, 사라스와티는 브라마로부터 태어난 존재이기 때문에 그의 딸이기도 하다. 그리고 브라마는 이 예쁜 딸을 아내로 여기며 집착하는 변태 아저씨였다. 그녀를 항상 지켜보고 있다. 자신의 몸을 탐하듯이 훑는 끈적한 시선을 참을 수 없게 된 사라스와티는 이 우두머리 신의 시야의 오른쪽으로 모습을 감추었다. 그러자 이 신은 얼굴의 오른쪽에 또 하나의 얼굴을 만들었다. 굳이 얘기하지 않아도 이후의 일은 다 알 것이다. 브라마는 똑같은 방식으로 왼쪽과 뒤에 제3, 제4의 얼굴도 만들었다. 어디에 있든 친아버지인 브라마의 정욕 섞인 시선이 따라온다.

"이젠 진절머리가 나, 정말 싫어!" 사라스와티는 하늘로 도망쳤다.

그러자 이 아버지는 위를 향해서 다섯 번째 얼굴을 만들어, 그녀의 모습을 계속 쫓았다. 훗날 쉬바 신은 브라마에게 근친상간의 죄를 물어 그의 다섯 번째 머리를 잘라버린다. 쉬바가 가진 카팔라kapāla(두개골)가 브라마의 다섯 번째 머리로 만든 것이다.

어쨌든, 이 집요한 아버지에게 싫증 난 사라스와티는 집을 나가, 강의 여신이 되었다(과거, 서인도에 사라스와티라고 불리는 큰 강이 흐르고 있었다). 일본에서도 벤텐弁天(사라스와티) 사마의 사당이 물가에 있는 것은 이 때문이다. 또한 그녀를 변재천辨財天이라고 하는 사람도 있지만, 이것은 올바르지 않다. '재財'는 락슈미 여신[吉祥天]의 속성이다.

그 이후, 홀로 아티스트의 수호여신으로서 고고한 길을 가게 된 사라스와티. 예술에 뜻을 품은 사람에게는 성별에 관계없이 인스피레이션inspiration(영감)을 주지만, 아버지로부터 받은 트라우마 때문에 커플에게는 싸늘했다. 일본에서도 벤텐弁天 사마를 커플이 참배하면 헤어지게 된다는 것은 이것 때문이다.

한편, 브라마는 후처를 맞아들였다. 그녀의 이름은 만트라로 유명한 '가야트리Gāyatrī'이다.

Brahmā(브라마) Sarasvatī(사라스와티)

그림 2. 브라마와 사라스와티

◎ 비슈누와 그의 화신 그리고 락슈미[길상천吉祥天](그림 3)

세계의 질서(다르마)를 유지하는 것이 비슈누의 임무. 그렇기 때문에 그는 보석으로 꾸민 왕관을 머리에 쓰고 화환을 지닌 군주의 모습으로 표현된다. 부인은 부富의 여신 락슈미Lakṣmī. 정치에는 돈이 드는 법이지.

비슈누는 세상을 어지럽히는 자가 나타나면 그때마다 여러 모습으로 변신하여(화신하여) 악을 물리친다. 그러한 까닭에 무수한 화신(아바타라avatāra)을 가졌지만, 10대 화신이 특히 유명하다. 10대 화신은 물고기, 거북이, 사슴, 나라싱하Narasiṁha(몸은 인간, 얼굴은 사자), 바마나Vāmana(난쟁이), 도끼를 가진 라마Paraśurāma, 라마Rāma, 크리슈나, 붓다Buddha, 마지막은 아직 나타나지 않은 미래의 구세주 신 칼킨Kalkin. 단, 원래 이 화신들은 기원이 다른 신들이나 영웅이다. 그들을 하나의 세트로 묶어서 비슈누 신앙이 확립되었다고 보아도 좋다.

화신 가운데에서 중요한 것은 제7대 화신인 라마와 제8대 화신인 크리슈나이다. 라마는 서사시《라마야나Rāmāyaṇa》의 주인공. 라마의 하인이 슈퍼몽키인 하누만Hanuman. 하타 요가는 본래 나타파Nātha派라는 종파의 고유한 행법이지만, 쉬바교에 속하는 이 파의 요긴도 하누만을 숭배한다.

크리슈나는《마하바라타》의 영웅으로, 요가의 교과서《바가바드기타》는 그의 가르침을 기록한 경전이다. 이 텍스트는 갸냐, 카르마, 박티라는 3종의 요가를 이야기한다.

제9의 화신인 붓다는 석가모니 부처님이다. 우리에게는 신경 쓰이는 부분이지만, 이런 이야기이다.

일찍이 아수라Asura, 魔族는 신들에 의해서 완전히 정복되었다.

아수라의 스승 슈크라Śukra는 베다 의례를 집행하고, 힘과 권위를 되돌릴 수 있도록 그들을 부추겼다.

아수라가 힘을 얻는 것을 두려워한 신들은 비슈누 신에게 도와달라고 기도 했다.

비슈누는 부처님으로 변신하여, "베다 의례는 살생(동물의 희생제)을 포함하고 있으므로 바람직하지 않다"라고 아수라에게 말하고, 희생제를 거행하려는 그들의 생각을 멈추게 했다.

즉, 바라문은 지금에야 비폭력과 채식주의를 간판으로 내세우고 있지만, 이 이야기가 만들어진 당시에는 그렇지 않았다. 자신들의 교조를 마음대로 비슈누의 화신으로 만들자 불교 측도 반격을 했다. 최후의 화신 칼킨도 사실은 불교의 정의를 부흥시키기 위해 칼라차크라Kālacakra 존尊(인도불교의 최후의 부처님)을 간청한 샴발라Shambhala 국의 왕이라고.

어쨌든 세상에 악의 씨앗은 끊이지 않기 때문에 비슈누는 어제도 오늘도 내일도 바쁘다. 유사시에는 짠하고 울트라맨으로(너무 오래된 것인가) 지상에 내려서는 것이다. 그러나 비슈누라고 하더라도, 강력한 아수라와 싸우는 것은 결코 녹록한 일이 아니다. 만신창이가 되기도 한다. 그리고 몹시 지쳐서 천계로 돌아가더라도, 그의 피로를 달래주는 것은 아내가 아니었다. 툴라시 Tulasī라는 애인이었다. 문헌에는 그때의 비슈누의 심정을 서술해 놓지 않았으므로 필자가 대변해 주고자 한다.

"역시 락슈미는 지나치게 화려한 여자라서 피곤할 때는 조금 성가시네. 하지만 툴라시와 함께 있으면 마음이 편안해져."

그러나 불륜은 들켜버렸다(락슈미의 거처는 비슈누의 심장이기 때문에 그가 바람을 피우는 것은 불가능하다고 문헌에도 있다). 당연히 본처는 분노했다.

"너 같은 건! 풀이나 되어버려!"라고 툴라시에게 저주를 퍼부었다. 그런 이유로 비슈누 교도(바이슈나바vaiṣṇava)의 집에는 반드시라고 해도 좋을 만큼

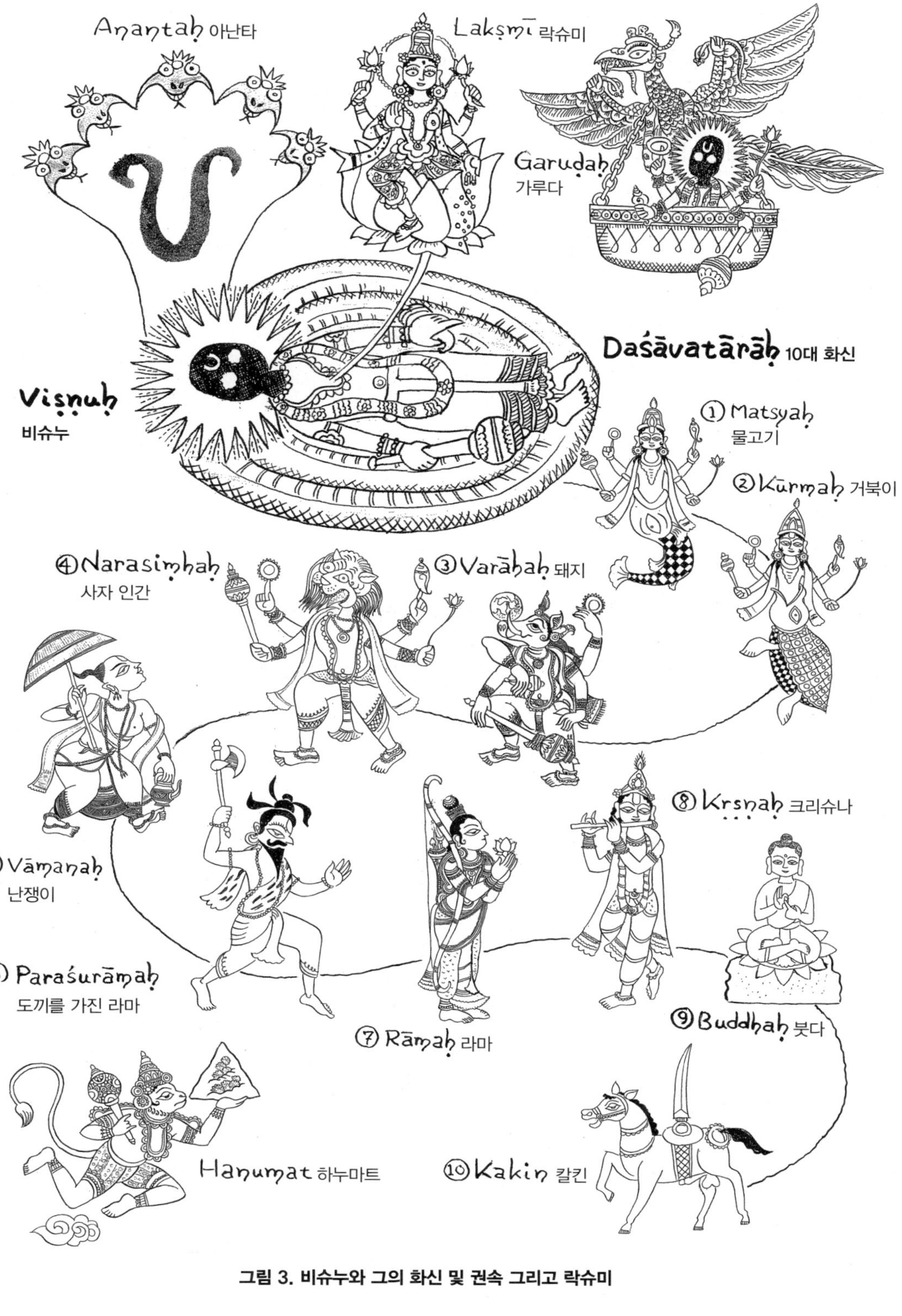

그림 3. 비슈누와 그의 화신 및 권속 그리고 락슈미

툴라시라는 식물이 재배되고 있다. 그리고 밑동에는 샤리그라마(암모나이트의 화석)를 놓아두는 경우가 많지만, 이것은 풀이 되어버린 애인을 불쌍히 여긴 비슈누의 화신이라고 한다.

툴라시는 힌디어로는 툴루시, 영어 이름은 홀리 바질Holy Basil. 치유의 허브이다. '잎을 하루에 한 장씩 먹으면 병을 모른다' 하며 아유르베다도 극찬한다. 비슈누가 지니고 있기 때문에 사악한 것을 쫓아내는 효과도 있다. 이것은 진짜이다. 필자가 수년간 툴라시를 기르고 있어서인지 모르겠지만, 집에 바퀴벌레가 사라져버렸다.

◎ 쉬바 패밀리의 독특한 관계(그림 4)

파괴의 신으로 너무 유명한 쉬바. 그러나 그는 전지전능한 지고신(사다쉬바 Sadāśiva), 평화를 가져오는 신(샹카라Śaṅkara), 그리고 요가의 개조(아디구루 Ādiguru)이기도 하다. 장발을 하고 호랑이 가죽을 허리에 두르고 몸에 재를 바른 요가수행자로 그려진다. 요가나 댄스, 음악, 산스크리트 문법 등 인도의 모든 학문, 예술은 그를 시조로 한다.

아내는 샥티교(샥타Śakta, 힌두 밀교)의 최고신인 파르바티Pārvatī. 그녀는 두르가Durgā나 칼리Kālī, 그 외의 다른 탄트라의 여신들로 변신한다. 칼리의 파괴의 파워는 남편보다도 강하고, 쉬바도 어찌할 수 없는 강력한 악마가 등장하면 그녀가 나설 차례가 된다. 그러나 악마를 죽일 때 항상 악마의 피에 취해 분별력이 없어져서 세계 자체를 파괴하려고 하므로 그때마다 쉬바가 몹시 힘들다.

가네샤Gaṇeśa와 카룻티케야Kārttikeya라는 두 아들이 있지만, 둘 다 두 사람의 유전자가 만나 생긴 아들이 아니다. 가네샤는 여신의 몸의 때의 유전자를 증식시킨 것에서 생겨난, 즉 단성생식으로 생긴 아이이다. 카룻티케야는 쉬바의 정액이 땅에 흘러 대지의 여신으로부터 태어났다.

코끼리의 머리를 한 신으로 인기가 높은 가네샤 탄생의 에피소드를 소개하겠다.

어느 날 파르바티 여신은 터메릭turmeric에 콩가루와 향유를 섞어서 전신에 팩을 해보았다. 그녀가 발명한 아유르베다의 미용법이다. 실제로 이 팩을 하면 전신이 매끈매끈하고 반짝반짝하게 된다. 피부에서 벗겨져나온 대량의 약제를 본 여신은 "에고, 아까워라"(훌륭한 주부이다)라고 생각하여, 자신의 때와 땀을 가득 빨아들인 그 팩제를 점토처럼 빚어서 소년상을 만들었다. 그리고 그것에 생명을 불어넣어 수례를 주고 자신의 전용 보디가드로 삼았다.

모르는 남자가 가까이 다가왔다. 소년이라고는 하지만, 진짜 강하다. 그 남자는 여신의 남편인 쉬바보다도 강하다. 후려치고, 걷어차고, 쫓아냈다. 화가 난 쉬바. 그러나 혼자서는 상대도 안 된다. 깊은 우정을 나눈 친구인 비슈누에게 부탁하여 둘이서, 아니 각각의 탈것인 수소 난디Nandi와 신령스러운 새 가루다Garuḍa를 포함하여 넷이서 소년을 제압하여 머리를 베어버렸다.

이로 인해 파르바티가 화가 나서 칼리로 변신. 그녀는 4명이 한 팀이라 해도 당해낼 수 없다. 넷은 여신에게 사죄를 하고 코끼리의 머리를 소년의 몸에 붙여서 다시 생명을 불어넣은 것이다.

가네샤는 장해의 제거자이며, 의식을 거행할 때 맨 처음에 예배된다.

여기서 두 사람의 유전자를 이어받은 아이는 없는가, 라고 한다면 그렇지도 않다. 실은 라마의 하인인 슈퍼 몽키 하누만이 있다.

쉬바 신은《카마수트라Kāma-sūtra》 등에서 알려진 인도 성과학sexology의 개조이기도 하다. 부인과 함께 여러 동물로 변신해 교접하는 방식을 확인하는 실험을 거듭한다. 그것을 인간용으로 준비한 것이 섹스의 체위이지만, 이 경우에도 요가의 체위와 마찬가지로 '아사나āsana'라고 불린다. 어느 날, "히말라야의 숲속에 가서 원숭이로 변신해 봅시다"라고 말했다. 클라이막스의 순간, 쉬바의 씨앗이 완벽하게 표적에 적중하여 파르바티를 임신시켰다. 두 사람이 원숭이로 변신하면 두 사람의 유전자도 원숭이의 유전자로 변화된다. 원숭이 새끼가 태어나는 것이 자연의 법칙이었다.

"자연의 법칙을 거역해서는 안 된다!" 때 마침, 암컷 원숭이 안자나Añjanā가 아들을 낳기 위해 기도하고 있었다. 기도를 알아차린 쉬바는 파르바티의 자궁에서 수정란을 꺼내 안자나의 자궁으로 옮기도록 바람의 신 바유Vāyu에게 명령했다.

요가의 아사나에 '안자네야Āñjaneya'가 있는데, 이는 '암원숭이 안자나의 아들'(하누만의 다른 이름)이라는 뜻이다. 그러나 안자나는, 말하자면, 대리모였다.

하누만의 구루는 태양신 수리야. '수리야 나마스카라'('태양예배' 포즈)는 그가 스승에게 바치기 위해 발명한 아사나로 알려져 있다.

Gaṅgā
강가
Śivaḥ
쉬바
Umā / Pārvatī
우마
파르바티
Nandin 난딘
Gaṇeśaḥ 가네샤
Kārttikeyaḥ / Skandaḥ
카룻티케야
스칸다
Durgā 두르가
Kālī 칼리

그림 4. 쉬바 패밀리

제2장

요가의 사상

—《요가수트라》와 《반야심경》

인도에서 철학과 요가는 해탈을 목표로 하는 마차의 두 바퀴였다.
해탈이란 현상계의 축에서 벗어나는 것으로, 이를 위해서는 현상계 그 자체를 잘 이해하지 않으면 안 된다. 말하자면 세상이란 뒤얽힌 실타래이다. 그 실타래가 어떻게 뒤얽혀 있는지를 아는 것이 철학이고, 그 실타래를 푸는 방법이 요가이다. 즉 철학이 다르면 요가도 다르다. 한발 더 나아가면, 철학을 기술하는 것이 산스크리트이고, 그 문법에는 우주의 형성과정과 움직임이 반영되어 있다고 여겨졌다.

13. 파탄잘리Patañjali — 요가와 산스크리트의 밀접한 관계
14. 요가수트라니Yoga-sūtrāṇi — 요가는 칫타의 브릿티의 니로다인 것이다
15. 라자 요가Rāja-yoga — 왕의 요가? 요가의 왕도?
16. 프라갸파라미타흐리다야Prajñāpāramitā-hṛdaya — 여신의 심장

17. 칫타Citta — 마음이 세상을 만든다
18. 상스카라Saṁskāra — 마음의 장막(베일)
19. 니로다Nirodha — 멸滅하는가? 억제하는가?
20. 이슈와라Īśvara — 쉬바와 관음

21. 슌야타Śūnyatā — 하나(베단타)도, 둘(상키야)도 아니다
22. 타라Tārā — 구제의 여신
23. 만트라Mantra — 일반인도 할 수 있는 간단한 요가
24. 탄트라Tantra — 바즈라Vajra한 세계

13

파탄잘리
– 요가와 산스크리트의 밀접한 관계

Patañjali

[√pat(떨어지다) + añjali(합장合掌)]

〈남〉 [사람] 파탄잘리
※ 목욕을 하고 있던 산스크리트 학자 파니니의 손바닥에 천계로부터 뱀이 떨어졌다. 그 뱀이 인간으로 변하여, '파탄잘리'라고 불리게 되었다. 이 전설은 산스크리트 학자인 파탄잘리의 이야기이지만, 이후에 《요가수트라》의 저자로 추정되는 인물도 같은 이야기의 주인공이 된다.

◎ '다da'라니깐~

"사모사 4개와 차이"라고 주문하면,

"사모사가 아냐, 내 건 슈링가타śṛṅgāṭa야!"라고 [말하는] 찻집의 크리슈나. 젊은 바라문이다. 종교적으로 부정함이 덜한 바라문이 만드는 요리는 어떤 카스트라도 먹을 수 있다. 따라서 음식업에 종사하는 사람 중에 바라문이 많다.

1980년. 이 해는 내내 인도에서 생활했다. 바라나시에서 나는 크리슈나의 가게에 들러 그와 철학이나 요가에 관해 이야기하는 것을 매일의 즐거움으로 삼고 있었다.

하지만 그는 날이 갈수록 기분이 나빠졌다. 이유는 잘 알고 있었다. 우기가 끝날 때쯤 시작된 이란·이라크 전쟁이었다. 이 지역으로부터 석유를 수입하고 있던 인도에서는 등유 가격이 단번에 두 배, 세 배로 급등했다. 여기서는 취사할 때 소똥과 등유를 연료로 사용하는 경우가 많았다. 주부나 음식점의 주인도 초조함이 더해졌다.

"사모사는 부정 탄 음식이다. 슈링가타는 청정하다"고 말하는 크리슈나.

아랍어 삼부사sambūsa가 사모사의 어원이다. 중세에 이슬람의 침공과 함께 인도에 전해진 것이다. 잘게 다진 고기 속을 밀가루 피에 싸서 기름에 튀긴 것이 원래 모습이지만, 채식주의자인 힌두교도는 고기 대신 감자와 같은 야채로 속을 바꿨다. 그런데 완고한 비슈누교도인 크리슈나는 사모사에 흔히 사용되는 양파도 넣지 않는다.《바가바드기타》에서 금하고 있는 부정한 야채(훈채葷菜, 즉 파나 마늘처럼 특이한 냄새가 나는 채소를 지칭)이기 때문이다.

그리고 이렇게 만든 청정한 사모사를 '슈링가타'라고 부르고 있다. 산스크리트로 마름[릉菱]을 의미한다. 확실히 사면체, 즉 어떤 각도에서 봐도 삼각형을 하고 있는 사모사는 수면에서 열매를 맺는 풀인 마름과 닮았다. 마름은 비슈누 신의 아내 락슈미에게 바치는 청정한 음식이다.

"넌《요가수트라》가 이렇다느니,《바가바드기타》가 어떻다느니 하는데, 그《수트라》나《기타》를 대체 어떤 언어로 읽었니?"

"일본어로."

크리슈나는 노골적으로 얼굴을 찡그렸다.

"일본어로《수트라》나《기타》를 읽다니, 사진 속의 여자를 사랑하는 것이나 마찬가지야."

청정한 비슈누교도답지 않은 발언이지만, 요컨대 '신발 신고 발 긁는 것'과 같은 뉘앙스일 것이다. "산스크리트이기 때문에《수트라》인거야.《기타》이고.《베다》도 마찬가지지. 예를 들어 이런《우파니샤드》속의 신화 말이야. 이 재미가 다른 언어로 전달될 수 있을까?"

천상의 신들은 아침부터 저녁까지 마시고 노래를 부르며 지내고 있었다. 신의 술soma을 들이키며 술을 따르는 천녀天女, apsara들과 는실난실하며… 하지만 즐겁지 않았다. "따분하다"고 그들은 말했다.

지상의 인간은 풍요로워지고자 종일 열심히 일했다. 물질이 늘었다. 하지만 물질을 둘러싼 전쟁도 늘었다. 마음에 자리한 공허함도 늘었다. "일을 해도 해도 조금도 편해지지 않아"라고 그들은 푸념했다.

지하의 아수라들은 밤마다 지상으로 나와 사람을 괴롭혔다. 위협하거나 때론 사람이나 가축을 잡아먹었다. 하지만 유쾌해지진 않았다. "아, 왠지 질려버렸어"라고 그들은 투덜댔다.

신들과 인간 그리고 아수라의 대표가 창조신 프라자파티(이후에 브라마)를 방문하여 입을 모아 물었다.

"아버지, 우리는 조금도 즐겁지 않습니다. 행복해지기 위해서는 어떻게 해야 할까요?"

프라자파티는 단 한마디 "다da"라고 답했다.

신들의 대표는 천계로 되돌아가 동료들에게 프라자파티의 말을 전했다.

"다."

"다, 아아! 그렇구나, 다마dama를 뜻하는구나."

신들은 자제自制, 즉 명상을 해서 행복해졌다.

인간의 대표는 지상으로 돌아가 동료들에게 프라자파티의 말을 전했다.

"다."

"다~, 아, 다나dāna를 뜻하는구나."

인간은 다른 사람에게 보시를 하여서 행복해졌다.

아수라의 대표는 지하로 돌아가 중간에서 프라자파티의 말을 전했다.

"다."

"다~, 음, 이건 다야dayā라는 말이겠군."

마족은 다른 사람에게 동정심을 품고 행복해졌다.

내가 산스크리트를 배우고자 결심한 것은 바로 이때다.

묵묵히 1루피 지폐를 테이블에 놓고 일어섰다.

"필요 없어. 오늘은 공짜야"라고 말하는 크리슈나.

"응?"

"최근에 난 짜증나 있었어. 자제하지 못했지. 이 이야기를 하면서 그 점을 깨달았어."

◎ 두 사람의 파탄잘리

'파탄잘리'는 고대 인도사에 있어 빅 네임big name이다. 두 사람의 파탄잘리가 있었다. 산스크리트 문법학자인 파탄잘리와 《요가수트라》의 저자인 파탄잘리. 그들의 모두 심원한 우주에 몸을 사리고 있는 용, 아난타의 화신으로 여겨진다.(그림 1)

> 어느 날 아난타는 천계의 궁전에서 쉬바 신의 춤을 볼 기회를 얻었다. 용왕은 쉬바의 영묘한 춤에 마음을 빼앗겨, 쉬바의 본거지인 지계의 카일라사 산으로 가서 춤을 배우고 싶다고 마음속으로 생각했다. 이에 응하는 영혼이 지계에 있었다. 그녀는 늙은 요기니yogini로서, 자신이 궁구한 요가를 전할 자식을 원하고 있었다. 그녀는 목욕재계한 후, 합장하고 한 잔의 물을 태양에 바쳤다. 그녀의 모은 손안으로 하얗고 작은 뱀이 내려왔다. 뱀은 순식간에 아름다운 젊은이가 되어 늙은 여인을 불렀다. "엄마."

그림 1. 아난타 용왕의 화신, 파탄잘리

이 전설 속의 '늙은 요기니yoginī, 고니카'를 '늙은 산스크리트 학자 파니니'로 변경하면, 그대로 문법학의 파탄잘리 이야기가 된다. 베다에 사용된 언어로부터 법칙성을 도출하여《8개의 장》(통칭《파니니 문법》)을 저술하여 산스크리트 문법을 확립한 사람이 파니니이다. B.C. 4~3세기경의 인물로 추정된다. 파탄잘리는《파니니 문법》의 주석서인《대주해Mahābhāṣya》를 저술하여 문법을 알기 쉽게 만들었다. AD 7세기경부터는 문법학의 파탄잘리와 요가의 파탄잘리를 동일시하는 생각이 나타나기 시작한다.

두 파탄잘리가 왜 등호(=)로 연결되었을까? 그것은 요가와 산스크리트에 친연성親緣性이 있기 때문이다.

샤브다(진동, 말)라는 존재는 시작도 없고 끝도 없는 불멸의 브라만이다. 이로부터 의미의 형상에 따라 우주가 생성된다.*

파탄잘리가 남긴 문법의 유산을 집성한 바르트리하리Bhartṛhari의 말이다. 산스크리트 학자는 우주를 진동이라고 이해하고 있다. 현대 물리학에서는 빛과 물질은 같은 것이라고 한다. 그리고 물질의 최소단위는 원자보다도 소립자보다도 작은 진동이라고 한다. 진동수의 차이가 물질의 차이가 되어 나타난다는 것이다. 놀라운 점은 고대 인도의 현자들이 이와 동일한 견해를 품고 있었다는 것이다. 즉, 잠재적인 형태로 존재하고 있던 만상萬象의 실상이 겉으로 나타나는 진동으로 변환됨으로써 우주가 창조된다. 세계는 소리[音]의 우주 법칙에 근거하여 자신을 전개해 간다.

베다의 가장 존귀한 성음聖音 옴OṀ으로 표상되는, 태초의 신비로움이 넘치는 진동은 점차 빛으로 변화해 간다. 이것은 색rūpa, 즉 물질 세계와 소리의 세계가 동일한 법칙에 의해 지배되고 있음을 보여주는 것이다.

그리고 문법가들에게 있어, 미세한 진동이 인간이 낼 수 있는 음성이 되어 나타난 것이 산스크리트이다. 이 언어는 모든 우주의 형성과정과 움직임에 대응하는 것으로 여겨졌다. 따라서 말śabda이야 말로 진실한 존재brahman를 비추는 거울이었다. 말을 바르게 인식하는 것, 즉 문법을 궁구하는 것이 요가의 해탈과 동의어가 된다. 아니, 그들에게 있어서 문법은 명상의 대상이자 요가 그 자체인 것이다.

언어를 통해 우주를 해명하고자 하는 산스크리트 문법은 요가, 특히 탄트라 요가에도 많은 영향을 미쳤다. 미세신微細身 그림(소위 차크라가 그려진 것)의 차크라 꽃잎에 산스크리트 알파벳이 새겨져 있는 것은 이 때문이다. 또한 인

---

* 옮긴이 주 – 바르트리하리(Bhartṛhari, 5세기 경의 문법가)의 《바캬파디야(Vākyapadīya)》에서 인용.
anādinidhanaṁ brahma śabdatattvaṁ yad akṣaram | vivartate'rthabhāvena prakṛyā jagato yataḥ |

도인 요긴에게 두드러지는 진언 신앙도 산스크리트 신앙과 다름없다. 인도에서는 요가와 산스크리트가 하나의 세트인 것이다. 이러한 전통이 두 파탄잘리가 동일 인물이라는 이야기를 만들어냈다고 생각된다.

그리고 파탄잘리의 화신으로 여겨지는 아난타ananta(무한無限)는, 인도 신화에서는 널리 알려져 있는 1,000개의 머리를 가진 나가nāga(뱀)이다. 태초의 바다에 몸을 사린 채 비슈누 신의 침상이 되고, 또한 대지에 머물며 세계의 보물을 보호하고 있다. 아난타의 1,000개의 머리는 '편재遍在'를 의미한다(그림 2). 또한 그가 지키는 지하에 매장된 막대한 재산이란, 산스크리트 및 요가 그 자체를 가리킨다. 이를 인류를 위해 공표했다는 것이 이 전설의 진의일 것이다.

편재자(遍在者)인 아난타 용왕은 우주의 심연에서 몸을 똬리처럼 둥글게 감아 비슈누의 침상이 되고, 또한 1,000개의 머리로 대지를 지탱하고 있다고 한다.

그림 2

14

요가수트라니
– 요가는 칫타의 브릿티의 니로다인 것이다

Yoga-sūtrāṇi

[yoga(요가) + sūtra(경)]

〈중〉《요가수트라Yoga-sūtra》('수트라니'는 '수트라'의 복수형)

※《요가수트라》는 전체 4장, 총 195개의 경문으로 구성되어 있으며, 파니니Pāṇini가 베다로부터 언어의 법칙을 추출하였듯이, 문법가 파탄잘리(B.C. 2, 1세기경)가 베다 문헌으로부터 요가에 관한 가르침을 추출하여 정리한 것이라고 전해진다. 하지만 실제로는 불교를 포함한 다양한 수행자 집단에게 전해져왔던 말들을 수집한 것일 터이다. 사상과 행법도 다양하고, 전체의 정합성도 결여되어 있는 점도 부정할 수 없다. 그래서인지 산스크리트에서는 '요가수트라니'라고 복수형으로 표현되는 경우가 일반적이다. 지금의 형태는 5세기경에 성립되었다.

◎ 그걸로 충분하다

사이펀siphon[•]이나 커피밀coffee-mill이 아무렇지도 않게 장식되어 있는, 옛날풍의 찻집.

"《요가수트라》를 번역해주셨으면 합니다만"이라고 말하는 모 출판사의 편집부 직원.

《요가수트라》의 원문은 대략적으로 본 적이 있다.

"조건이 있습니다" 하고 내가 말했다.

"바가본의 파파バガボンのパパ(일본 개그 만화 영화의 주인공)가 이야기하는 걸로 하죠."

• 옮긴이 주 – 커피를 추출할 때 사용하는 도구.

"혹시, ~인 것이다, 라는 말투입니까?"라고 편집부 직원이 물었다.

"그런 것이다, 라는 말투입니다"라고 대답했다.

《요가수트라》의 문체에는 특징이 있다. 간단하게 말하자면, 요가의 만트라로 유명한 '소함so'ham'과 같은 문장이다. 그so와 나'ham. 양자의 관계를 보여주는 술어는 없다. 하지만 둘 모두 주격(주어가 되는 어형)이다. 이런 경우 양자는 등식으로 연결된다. 즉 "그(= 브라만)는 나인 것이다." 강한 단정이다. 《요가수트라》는 거의 대부분이 이러한 '~인 것이다'라는 어조로 기록되어 있다.

게다가 이 텍스트는 '~인 것이다'를 연발하고 있으면서도, 앞뒤에서 말하는 내용이 모순된 부분이 꽤 있다. 하지만 분명, 그걸로 충분하다. 요가라는 비사회적인 행위를 말하는 데 일반적 사고로는 안 되는 것이다. 논리를 초월해 있는 것이다. 반대가 찬성인 것이다.

"파탄잘리가 바가본의 파파가 되어버리는 건 아닌가요?"라며 편집부 직원이 한숨을 쉰다.

"파탄잘리는 파판잘리Papañjali인 것입니다." 나는 커피를 단번에 들이켰다.

산스크리트의 '바가반bhagavān(신 또는 존귀한 스승)'에 대한 벵골어 사투리는, 일본인의 귀에는 '바가본'으로 들린다. 그리고 《바가본의 파파》의 작자인 아카츠카 후지오赤塚不二夫는 이를 알고서 '천재 바가본'이라는 타이틀을 붙였다는 것도 널리 알려져 있다. 또한 바가본의 파파의 아들(조금 이상한 표현이다.)인 하지메의 이름과 캐릭터는 아카츠카 후지오와 교류가 있었던 위대한 인도학자인 나카무라 하지메中村元에서 따온 것이다.

"또 한 가지, 나가시마 선수의 영어 스타일•로 가겠습니다"라고 나는 말했다.

일본어와 영어, 아니 산스크리트를 짬뽕하여 사용하겠다는 말이다. 푸루샤, 프라크리티 등의 술어를 진아眞我, 근본원질根本原質이라고 하지 않고 그대

• 옮긴이 주 – 저자는 일본어와 영어를 혼용하여 말하는 스타일이다. 따라서 원 저자의 스타일대로 번역하였다.

로 푸루샤, 프라크리티라고 하겠다는 뜻이다. 산스크리트 단어에는 이중, 삼중의 의미가 들어 있는 경우가 많다. 하지만 한자어를 사용하면 그 의미가 전달되지 않는다. 또한 딱 맞는 번역어가 없는 경우에도, 우선 산스크리트 그대로 사용한다.

예를 들어 '요가'의 정의를 서술한 1장 2절의 "yogaś citta-vṛtti-nirodhaḥ."

'yogas'는 '요가는'이면 된다.

'citta'는 일반적으로 '마음'이지만, 마음을 표시하는 말에는 '마나스manas'나 '붓디buddhi' 등과 같이 그밖에도 많다. 어떠한 수준의 마음인지가 명확해질 때까지는 '칫타'로 남겨둔다.

'vṛtti'는 '작용, 활용' 정도의 의미이지만, 'citta'가 명확하지 않은 이상 이것도 그대로 둔다

'nirodhaḥ'에는 '정지'와 '제어'의 두 의미가 있다. 따라서 이것도 보류한다.

그러므로 'yogaś citta-vṛtti-nirodhaḥ'는 '요가는 칫타의 브릿티의 니로다인 것이다.'

♪ "그걸로 충분한 것이다~ 그걸로 충분한 것이다~ 본梵바가본, 바가梵 본."

머릿속에서 파탄잘리가 흥얼거리고 있다. 번역을 수락한 나는 맹렬히 작업을 진행했다.

◎ 라자 요가란 무엇이냐?

"견고한 수카sukha가 아사나인 것이다."

"그것은 프라야트나prayatna를 느슨하게 하는 것과 아난타ananta와 합일하

는 것에 의해 달성 가능한 것이다."

"그때 드반드바dvaṁdva에 시달리는 것은 사라지게 되는 것이다."

아사나(좌법)을 설한 제2장 46~48경문•(이하 Ⅱ. 46~48 등으로 표기)이다.

'수카'는 '쾌락, 쾌적, 행복' 정도의 의미이지만, 탄트라(밀교)에서는 열반과 동의어로 사용되고 있다. 즉 '최상의 경지'이다.

'드반드바'는 이원성의 제곱. 거울을 마주 세우고 그 중간에 서서 무한히 반복되는 자신의 모습에 곤혹스러워하는 듯한 것으로, 다시 말해서 상사라 saṁsāra(윤회)의 세계이다. 이것에 시달리지 않게 된다고 하면, 역시 '최상의 경지'인가? 아사나로 달성 가능하다고?

'라자 요가'를 표방하는 사람들은 '라자 요가'야말로 《요가수트라》에 기반한 고상한 요가이고, 아사나를 중심으로 하는 '하타 요가'는 저급한 요가 즉 단순한 육체적 운동이다, 라고 말하고 싶어 한다.

나는 스와트마라마Svātmā Rāma의 저서 《하타요가프라디피카》를 읽었다. 왜냐하면 아마도 16, 17세기에 저술된 이 책에서 '라자 요가'라는 말이 문헌상으로 처음 등장하기 때문이다. 분명히 그 서두에 이렇게 말하고 있다.

> 하타 요가의 뛰어난 지혜를 개시한 성스러운 아디나타Ādinātha(쉬바 신)에게 예배드립니다. 하타 요가는 지고한 라자 요가에 이르고자 원하는 사람들에게 탁월한 입문서입니다.••

• 《요가수트라》 Ⅱ. 46~48.
sthira-sukham āsanam ||
(tatra) prayatna-śaithilya-ananta-samāpattibhyām ||
tato dvaṁdva-anabhighātaḥ.

•• 《하타요가프라디피카》 I. 1.
śrī ādināthāya namo'stu tasmai yenopadiṣṭā haṭhoyogavidyā | vibhrājate pronnatarājayogamāroḍhumicchoradhirohiṇīva ||

즉 하타 요가는 라자 요가의 전 단계이다. 그런데 이 라자 요가를 이 텍스트에서는 다음과 같이 정의한다(Ⅳ. 3~4).

> 라자 요가, 사마디, 운마니, 마논마니, 불멸성, 라야, 슌야, 아슌야, 최상의 경지, 마음(마나스)이 없어지는 것, 불이不二, 니라람바, 나란자나, 지반묵티, 사하자, 트리야, 이것들은 [모두] 동일한 상태를 나타내는 말이다.•

라자 요가의 동의어로 여겨지는 것은 '수카'와 마찬가지로 대부분이 《요가수트라》(5세기경 현재 형태가 성립) 이후 시대에 사용된 탄트라의 용어이다.

운마니는 '비정상적인 정신상태'가 원래의 뜻으로 자기 초월이라는 의미이다.

라야는 '돌아가 용해됨'이고, 슌야·아슌야는 '공空, 불공不空'의 이원성을 넘어서는 것이다.

니라람바는 의거하는 것이 없는 것, 나란자나는 더러움이 없음을 의미한다.

지반묵티는 살아있는 상태로 해탈하는 것이고,

사하자는 선천적으로 완전하다는 의미이다.

그리고 《하타요가프라디피카》에서 이 송 이후에 여러 송에 걸쳐 라자 요가의 구체적인 방법으로 길게 해설하는 것은 하타 요가의 최종단계인 라야 요가(쿤달리니 요가)이다.

가장 권위가 있는 산스크리트 사전인 압테Apte의 《The Practical Sanskrit-English Dictionary》(초판 1884년)도 찾아보았다.

• 《하타요가프라디피카》 Ⅳ. 3~4.
rājayogaḥ samādhiśca unmanī ca manonmanī | amaratvaṁ layastatvaṁ śūnyāśūnyaṁ paraṁ padam ||
amanaskaṁ tathādvaitaṁ nirālambaṁ nirañjanam | jīvanmuktiś ca sahajā turyā cetyekavacakaḥ ||

칸카나 Kaṅkaṇa

① 비슈누나가라(Viṣṇunagara)의 왕은 감각 도착증. 오관의 즐거움을 빠짐없이 향수(享受)하고 있었다.

요긴이 와서 왕에게 음식을 구했다. 왕이 충분히 베풀자, 요긴이 말했다.

"왕국은 꿈이다. 윤회는 고통이다. 생·노·사가 물레바퀴처럼 끊임없이 돌고 돈다. 신들의 왕조차도 축생, 아귀, 지옥에 떨어진다. 따라서 허망한 감각적인 즐거움(도착증)에 빠져서는 안 된다. 왕이여. 가르침을 실천(요가)하라."

③ "도착증을 버리지 않고 할 수 있는 요가라면 하겠다. 사두의 금욕은 흉내낼 수 없다. 가사(수행자의 복장)도, 해골바가지도, 탁발로 얻은 음식도 싫다."

"음, 도착증에 빠진 라자(왕)조차도 할 수 있는 요가가 있다." 수행자는 왕에게 교시하였다.

④ 손에 있는 반지의 광채에 집착하고 거만하게, 뻐기는 마음으로 그것을 본 후, "'그 왕의 마음', '보석의 빛에 집착하지 않는 수행자의 마음', 이 둘을 하나로 관찰해라."

"사방으로 빛을 발하는 반지의 광채를 보아라. 보석은 외부의 많은 물체를 비추고 많은 색채를 발하지만 보석 자체가 변하는 것은 아니다. 마찬가지로 갖가지 현상에 의해 마음에 많은 분별이 생기지만, 그대의 즐거운 마음은 보석의 광채와 마찬가지로 불변하는 것이다."

⑤ 왕은 반지에 집중하여 관상하고 감각적인 즐거움(= 반지에 있는 보석의 광채) 위에 마음을 포개어 6개월 만에 성취를 얻었다.

⑥ 왕의 시종들은 많은 천녀에게 둘러싸여 있는 왕을 보았다. 놀라서 교시해주기를 바라자 왕이 다음과 같이 노래했다. "'마음의 본체'를 깨닫는 것이 왕, 큰 즐거움이 왕국, 일체가 되는 것이 가장 뛰어난 향락. 왕이 필요하다면 그와 같이 행하여라."

⑦ 왕은 '반지(칸카나)'라는 이름으로 알려졌고, 그 후 자신의 시종들이나 비슈누나가라의 사람들 모두와 함께 살아 있는 채로 '하늘을 거니는 자'가 되었다.

그림. 칸카나 전

rāja-yogaḥ

an easy mode of religious meditation (fit for kings to practice) as distinguished from the more rigorous one called haṭhayoga.

라자 요가.

매우 바쁜 왕(라자)이 연습하기에 적합한 간단한 명상법. 보다 엄격한, 소위 하타 요가의 행법과는 구별된다.

"!!!!"

라자 요가를 '최고의 요가'라고 하는 스와트마라마의 용법과는 완전히 다르다. '왕이라 하더라도 가능한 쉬운 요가'이다. 그러고 보니, 매우 바쁠 뿐만 아니라 감각의 집착에서도 벗어나지 못한 왕이 여행 중인 사두로부터 비의를 얻어 깨달음을 얻었다는 전설이 인도에는 많다(그림. 칸카나 전, 앞의 책《84인의 밀교행자》에서 인용).

아무튼, 라자 요가를《요가수트라》와 연결 짓는 생각은 19세기 후반 압테의 시기에는 아직 없었다고 볼 수 있다. 소위 라자 요가는 다이나믹 요가Dynamic Yoga나 핫 요가Hot Yoga와 마찬가지로, 아마도 20세기에 만들어진 뉴웨이브인 것이다.

◎ 아난타와 합일하는 것이다

《요가수트라》와 동시대에 편찬된《바가바드기타》는 요가를 세 종류, 즉 갸나jñāna, 카르마karma, 박티bhakti로 분류하고 있다. 이 시대에는 하타 요가라는 구분도 아직 없었다. 그렇지만《요가수트라》에는 프라나야마나 차크라에 관한 지식 등 하타 요가적인 요소가 산재해 있다. 그리고 아사나는 "프라야트나를 느슨하게 하는 것과 아난타와 합일하는 것에 의해 달성 가능한 것이다"라고 파탄잘리는 말한다.

'프라야트나'라는 것은 '노력, 긴장, 행위'를 뜻한다. 의도적인 행위라는 의미일까? 그것을 느슨하게 한다는 것은 자아의 포기? 그렇다면 사마디, 즉 '최상의 경지'와 가까운 의미가 되지 않는가?

'아난타'는 안타anta(끝)의 부정어로, '끝이 없음, 한정 없음, 경계가 없음'이다. 아난타와 합일한다. 하지만 《요가수트라》의 최초의 주석가인 비야샤Vyāsa(6세기경)는 이 말을 뱀의 왕 아난타와 연관시키고 있다. 이 아난타의 화신이 파탄잘리라고 여겨지고 있다는 점은 이미 서술했다. 비야사는 다음과 같이 아난타 = 파탄잘리를 찬미하고 있다.

> 아난타의 화신인 파탄잘리는 고통에 찬 사람들을 구하기 위해 진짜 모습(뱀의 몸)을 벗어버리고 지상에 내려왔다. 그는 고통의 원인을 갖지 않고 우아한 모습을 하고 있으며 모든 지식의 근원이다. 자신을 즐겁게 하기 위해 존재하는 많은 뱀에 둘러싸여 있는 그는 그 뱀들을 인도하는 뱀(부장가bhujaṅga)의 왕이었다. 그는 즐겁고(수카), 모든 장애로부터 벗어나 있었다. 그는 요가를 전수해 준 사람이다. 그(아난타)와 같이 되는 것이 요가의 성취이다.

오~, 부장가 아사나bhujaṅga āsana(뱀 자세)의 '부장가'라는 말까지 등장했다. 아 그렇구나, 저 자세는 아난타 = 파탄잘리처럼 되기 위한 것이었구나.

덧붙여 말하자면, 힌두교의 탄트라 문헌 중 가장 오래된 문헌군에 속하는 《말리니 비자욧타라 탄트라Mālinī-vijayottara tantra》(9세기경)는 인체의 척추를 통하는 중앙 통로(수슘나)를 '아난타'라고 부르고 있다.

♪ "그걸로 충분한 것이다~ 그걸로 충분한 것이다."

코털을 드러낸 파파가 흥얼거리고 있다. 계속 번역해보자.

> "아사나 도중에 슈바사śvāsa(들숨)와 프라슈바사praśvāsa(날숨)의 흐름을 끊는 것이 프라나야마인 것이다!"(Ⅱ. 49)•
> "칫타를 한 장소에 반다하는 것(매는 것)이 다라나인 것이다!"(Ⅲ. 1)••
> "그때, 생각을 한곳에 집중하는 상태가 디야나인 것이다!"(Ⅲ. 2)•••
> "그때, 실로 명상의 대상만이 빛을 내고, 자신의 상태가 슌야(텅 빈 것)처럼 되는 것이 사마디인 것이다!"(Ⅲ. 3)••••

'슈바사 & 프라슈바사'는 '들숨과 날숨'이다. 그렇지만 탄트라 문헌은 이 관용구를 이원성을 이야기하는 것이라고 한다. 그리고 하타 요가에서 이 이원성을 상징하는 것이 척추의 좌우에 있는 통로인 이다ida와 핑갈라piṅgala이다.

또다시 '칫타'가 등장했네. 문맥을 통해 보면, 표층의식(마나스)에서 잠재의식에 이르는 '마음의 모든 것'일 터이다. 탄트라에서는 통상 마나스와 프라나가 함께 취급된다. 생각이 있는 곳에 프라나도 있다는 이야기이다. 그것을 어떤 부분에 반다한다(붙들어 맨다).

아아, 하타 요가의 '반다'라는 것은 요가의 제6단계인 '다라나'('단단히 간직하는 것'의 원뜻)가 되어 있지 않으면 안 되는 것이다. 또한 그 상태를 유지하는 것이 제7단계인 '디야나'인 것이다. 그렇게 하면, 슌야(공空)와 같은 사마디,

---

• 《요가수트라》 Ⅱ. 49.
tasmin sati śvāsa-praśvāsayor gativicchedaḥ prāṇāyāmaḥ ||

•• 《요가수트라》 Ⅲ. 1.
deśa-bandhaś cittasya dhāraṇā ||

••• 《요가수트라》 Ⅲ. 2.
tatra pratyaya-ekatānatā dhyānam ||

•••• 《요가수트라》 Ⅲ. 3.
tad eva artha-mātra-nirbhāsaṁ svarūpa-śūnyam iva samādhiḥ ||

즉 요가의 최종단계에 이른다. 하타 요가에서는 이것을 라야raya, 즉 '쿤달리니의 상승'이라고 표현한다.

소위 말하는 (20세기의) 라자 요가의 입장에서는 하타 요가가 고도로 완성된 신체조작법을 갖추고 있다고 하더라도 그것은 단순한 부수적인 것에 지니지 않는다. 하지만 "애초부터 정신집중이 제대로 되지 않는 세상의 일반인들에게 있어 요가(마음의 제어 또는 정지) 따위는 불가능하다"고 보는 것이 하타 요가의 견해이다.

하지만 커피의 사이펀과도 비교되는 미세신을 기반으로 구성된 하타 요가는, 그러한 경우에도 도움이 되는 유일한 과학적 행법이다. 사이펀의 연결된 플라스크 안에 있는 물이 가열되면 자동적으로 파이프를 타고 상승하듯이, 쿤달리니가 '슌야 나디'•를 상승하면 마음의 활동이 자동적으로 멈추게 된다. 그리고 이 단계야말로 《하타요가프라디피카》에서 말하는 라야=라자 요가인 것이다. 요가의 궁극적인 목적인 '칫다의 브릿티의 니로다인 것이다'의 실현을 목표로 한 것이라고 말해도 될 것이다.

• • •

《요가수트라》가 만들어질 무렵, 하타 요가도, 소위 말하는 라자 요가도 시스템적으로는 아직 완성되지 않았다. 하지만 모든 요가의 기본이 되는 원리를 말한 것이 파탄잘리의 저작이다. 즉 하타 요가의 텍스트로도 이해될 수 있다는 이야기다.

♪ "그걸로 충분한 것이다~."

• 옮긴이 주 – 즉 수슘나이다.

파파가 웃고 있다.

덧붙이는 글

1893년, 시카고 만국박람회 때 개최된 세계종교회의에 초대되어 인도의 종교에 관해 강연을 했던 스와미 비베카난다Svāmī Vivekānanda(1863~1902)가 그 자리에서 서양인들에게도 친숙한 '라자'라는 말이 붙은 요가를 설명하였다. "요가는 우리들의 잠재력을 발현시키고, 인류의 진화를 촉진시키는 방법을 가르치는 과학입니다. 그것은 마음이 다른 형태를 취하는 것을 억제합니다"라고 《요가수트라》를 인용하면서 요가를 소개하여 청중들에게 감명을 주었다.

그렇기는 하지만, 그의 저작 《라자 요가》에 의하면, 라자 요가는 '베단타 철학의 관념을 기초로 하여, 《바가바드기타》가 말하는 세 개의 요가(갸나 요가, 박티 요가, 카르마 요가)에 하타 요가를 가미한 것'으로, 오늘날 이야기되는 라자 요가와는 다른 것이다.

또한 1960년대에 인도 사상을 서양에 소개하는 데 공헌했던 앨런 왓츠Alan Watts(1915~1973)에 의하면, "지성적인 사람들을 위한 갸나 요가, 즉 사고思考의 길이 있다. 감정 유형을 위한 박티 요가, 즉 사랑의 길이 있다. 일하는 사람들을 위한 카르마 요가, 즉 봉사의 길이 있다. 하지만 여기에 예외적인 선물, 즉 앞의 셋을 포괄하는 네 번째 길로서 라자 요가(왕의 길)가 있다. 이것에는 사고, 사랑, 봉사, 셋 뿐만 아니라, 하타 요가라고 알려져 있는 요가의, 특히 프라나적psychic인 측면도 포함되어 있다. 라자 요가가 개발하는 힘은 매우 위대하다. 따라서 도덕적 규율을 준수하며, 이 힘을 개인적 이익을 위해 사용하지 않겠다는 사람에게만 전해진다."(《The Philosophies of Asia》) 그가 말하는 라자 요가는 70년 전 비베카난다의 그것과 큰 차이가 없다.

15	# 라자 요가 – 왕의 요가? 요가의 왕도?
	Rāja-yoga

[rāja(왕) + yoga(요가)]

〈남〉 왕을 위한 간단한 요가; 라야 요가 또는 하타 요가의 매우 심오한 뜻; 요가의 왕도
※ '라자 요가'라는 말은 상식적으로 (산스크리트의 격한정 복합어로서) 해석하자면 '왕의 요가'이다. '요가의 왕'이라는 의미로 파악할 수도 있지만, 이러한 용례가 처음으로 문헌에서 발견되는 것은 《하타요가프라디피카》(16세기경)이고, 거기서는 라자 요가를 라야(쿤달리니) 요가의 동의어로 사용하고 있다. 또한 그 이후의 하타 요가 및 탄트라 계열 문헌에서는 '완전한 해탈에 이르는 매우 심오한 뜻'을 라자 요가라고 하는 경우가 많다. 하타 요가 = 육체적(피지컬physical) 요가, 라자 요가 = 영적(스피리추얼spiritual) 요가와 같이 오늘날 이야기되는 분류는 20세기 후반의 상업화와 함께 널리 퍼진 것으로, 문헌적 근거는 없다.

◎ 사두라 할지라도 싸움은 한다

"보고합니다. 야무나Yamunā 강변에서 사두들이 전쟁을 시작했습니다."

때는 16세기, 아그라Agra의 무굴Mughul 궁전에 급보가 들어왔다.

"그래?" 무굴제국 제3대 황제인 악바르Akbar가 흥미를 보였다. 사두라고 해서, 늘 아힘사ahiṁsā하고 샨티śānti한 것은 아니다. 파벌 간의 투쟁도 결코 드물지 않다.

"그래서, 누가 누구와 싸우고 있느냐".

"칸파타kanphaṭā와 산냐시saṁnyāsī인 것으로 생각됩니다."

사두는 그 옷차림을 통해 유파를 알 수 있다. '칸파타'는 '귀를 찢은 자'라는 의미이다. 귓불이 아니라 귓구멍 바로 옆에 있는 연골에 구멍을 뚫고 큰 귀걸이를 한다. 그들은 귀에 구멍을 뚫을 경우에 체내의 신비적 통로(→ 54.

나디)도 열린다고 믿고 있다. 따로 요기yogī 또는 조기jogī라고도 한다. 나타파의 이름으로 잘 알려져 있는 하타 요가를 전승하고 있는 유파이다(→ 37. 나타 삼프라다야).

다른 편의 산냐시는 '속세를 등진 사람'이라는 의미이다. 이 유파에 속한 수행자는 속세를 등진 증거로서 나체를 선호한다. 일원론 베단타의 완고한 신자들이었다.

"인원은?"

"칸파타가 500명, 산냐시가 그 반 정도입니다."

"산냐시를 도와주어라."

악바르는 이슬람제국의 수장이었지만, 힌두교에도 정통했다. 그렇다 하더라도 그가 관심을 보이는 것은 일신교적인 베단타로서, 한 사람 한 사람이 각자의 우주의 주인(나타)이 되기를 꿈꾸는 나타파는 관심 밖이었다. 악바르는 산냐시 차림을 한 무굴군 힌두 병사를 파견하여 나타파 요기들에게 참혹함을 맛보게 했다고 전해진다.

이상은 밧다차리야Bhattacharya의 《인도의 카스트와 유파Hindu Castes and Sects》에 기반한 것이지만, 산냐시의 모습을 해야 했던 병사들도 당황했음에 틀림없다. 왜냐하면, 벌거벗은 채로 싸워야 했기 때문이다.

◎ 비베카난다Vivekānanda의 승리

그로부터 300년이 흐른 19세기 말, 스와미 비베카난다(1863~1902)가 미국에서 개최된 세계종교회의에서 성공을 거두었다는 소식은 식민지의 우울함에 빠져 있던 인도 국민들로부터 박수로 환영받았다. 기독교도의 압정에 시달리는 힌두교도가 정신세계에서는 기독교도를 압도한 것이다.

비베카난다는 곧바로 인도로 돌아오지 않은 채, 미국과 영국에서 요가 스쿨을 열어서 보급해나갔다. 베다나 산스크리트의 권위가 통하지 않는 이교도들에게, 더욱이 육식을 즐기고 종이로 뒤를 닦는 (인도인은 물로 씻어낸다) 부정한 무리들에게 영어로 요가를 교시하는 것이기 때문에, 인도인 승려가 열심히 아시아로 포교를 위해 나섰던 불교 시대의 기억을 잊어버린 힌두 전통에서 이러한 일은 첫 시도라고 말할 수 있다. 물론 전통적인 사제 관계는 아니었다. 가르치는 대상은 체라(제자)가 아니라 학생 또는 수련생이다. 교의도 베단타와 기독교를 절충한 듯한 내용이었다.

그리고 이것은 식민지 인도가 세계에 군림할 수 있는 새로운 산업으로서의 요가의 시작이기도 했다. 이후, 오늘날에 이르기까지 많은 인도인이 해외로 요가를 포교하기 위해 나갔고, 그보다 많은 수의 요가를 수련하려는 사람들이 인도로 몰려들게 된다. 가르치는 측은 비베카난다가 깔아둔 노선을 따랐다. 즉 베단타라는 깃발 아래에, 《요가수트라》와 《바가바드기타》라는 두 성전을 교과서로 하여 카르마 요가, 박티 요가, 갸나 요가, 하타 요가를 실천을 위한 4대 요가로 삼는 것이었다.

'라자 요가'는 비베카난다가 요가의 일정한 실천 스타일을 가리킨 것이 아니고 요가를 아름답게 불렀던 명칭이었는데, 이것이 나중에 앞의 4대 요가와는 별도로 제5의 요가인 '요가의 왕'이라고 알려지게 되었다. 스와미 쉬바난다Svāmī Śivānanda(1887~1963)는 라자 요가를 다음과 같이 설명하고 있다.

> 라자 요가는 정묘하고 고도로 철학적이며 합리적인 수단을 내어놓아 마음을 제어하고 모든 감각을 제어하는 명상을 할 것을 구도자에게 요구한다. 이 요가는 기계적mechanical이고 신비적mysterious인 하타 요가와는 달리, 구도자의 마음과 지성에 어필하는 《요가수트라》의 8지八支(아슈탕가aṣṭāṅga)에 근거를 둔 것이다.

8지의 제1, 제2의 지분支分인 야마yama와 니야마niyama를 기반으로 도덕적·윤리적인 면의 계발에 착수한다. 니야마에 포함되는 스와디야야svādhyāya(성전학습)를 통해 지적·문화적 면의 계발을 재촉한다. 절대자(브라만Brahman)의 의지에 자기 자신을 바침으로 인해서 인간적인 감정, 즉 성스러운 마음(박티)을 충족시킨다. 8지의 제4지분인 프라나야마와 같은 신비주의 요소도 가지고 있다. 최종적으로 제7지분인 디야나로 절대자를 향한 견고한 명상을 준비한다.

라자 요가는 철학에 있어서도 방법론에 있어서도 쿤달리니에 관해서는 언급하지 않는다. 하지만 마음(칫타citta)을 멸하고, 개별적인 영혼(지바트마jīvātmā)을 푸루샤의 독존(카이발리야kaivalya)으로 인도해 생사와 현상 모두를 초월하는 것을 목표로 하고 있다. …… 하타 요가(쿤달리니 요가)를 통해서도 해탈에 도달할 수 있다. 하지만 모든 상스카라saṁskāra와 바사나vāsanā를 불태워버린 최종적인 해탈, 즉 《요가수트라》에서 말하는 무종자삼매無種子三昧(니르비자 사마디nirbīja-samādhi)는 라자 요가에 의존할 수밖에 없다.

– 쉬바난다. 《쿤달리니 요가Kundalini Yoga》에서

이제 여기서, 스와미 비베카난다, 스와미 쉬바난다라는 이름에 주의를 기울이기 바란다. 두 이름 모두 첫머리에 '스와미Svāmī'가, 마지막에 '아난다ānanda'가 붙어 있다. '스와미'는 '자기를 실현한 자' 정도의 칭호이고 '아난다'는 '환희, 지복'이란 의미로서, 스와미 요가난다 등처럼 그 밖에도 이러한 이름을 가진 유명한 요가수행자가 다수 존재한다.

사실 '스와미 ~~아난다'라고 하는 것은 악바르 황제가 후원한 산냐시 교단의 구루들의 고유한 명칭이다(물론 그들은 알몸이 아니지만). 하타 요가를 전승하고 산냐시와 적대관계에 있던 요기(나타파)의 성자는 '~~나타'는 이름을 가진다. 그리고 나타는 베단타가 아니라 탄트라 교도이다. 믿는 철학이 다르

면 실천하는 요가도 다른 게 당연하다.

오늘날 인도에서 외국인에게 요가를 가르치는 선생의 대부분은 산냐시 계열의 사람들이다. 따라서 인도에서 요가를 배운 사람들이 "하타 요가는 육체적(피지컬) 요가, 라자 요가는 영적(스피리추얼) 요가라고 배웠습니다", "스승께서는 몸을 사용하는 요가는 진정한 요가가 아니라고 말씀하셨습니다"라고 얘기하는 것을 자주 듣지만, 그것은 산냐시 혹은 베단타 측의 일방적인 주장이라는 점도 염두에 두었으면 한다.

16 프라갸파라미타흐리다야
– 여신의 심장

Prajñāpāramitā-hṛdaya

[prajñāpāramitā(최상의 지혜[의 여신]) + hṛdaya(심장, 정수)]

〈중〉 [전] 반야심(경)

※ 《반야심경》에는 '대본大本(광본廣本)'과 '소본小本'의 두 종류가 있다. 현장玄奘의 번역으로 우리에게 익숙한 한역본은 '소본'으로, 그 산스크리트 원본은 현재 일본에만 있다(그림 1). 원본의 제목은 '대본'이 'prajñāpāramitā-hṛdaya-sūtram'이다. 이에 반해 '소본'은 'prajñāpāramitā-hṛdayam'으로, 'sūtra'가 빠져 있다. 즉 우리가 알고 있는 《반야심경》은 사실 수트라(경)가 아니다. 그럼 대체 무엇인가? 인도의 문헌 분류에 따르면, 만트라를 설하는 것에 초점을 맞춘 '흐리다야 문헌'에 해당한다. 그리고 이 《반야심경》이야말로 밀교(탄트라)의 문을 열어젖히는 것이다.

베단타와 탄트라가 확립된 시기는 둘 모두 8세기경이다. 그보다 조금 앞서, 날란다Nālandā 승원僧院에서 베단타와 탄트라 간의 전초전이라고 말할 수도 있는 '《요가수트라》 VS 《반야심경》'의 논쟁이 있었다는 사실이 《대자은사삼장법사전大慈恩寺三藏法師傳》(코단샤 학술문고)를 통해 알려져 있다. 이 책의 삼장법사는 소설 《서유기》에 등장하는 삼장법사의 모델인 현장玄奘(602?~664)이다.

그렇다. '천축으로 경전을 가지러 가'기 위해 26세에 당나라를 떠난 현장은 이후 십수 년 동안 세계사적으로도 매우 드문 학문 도시인 날란다에서 생활했던 것이다. 63년에 걸친 그의 인생에서 가장 충실한 한편, 마치 꿈나라처럼 즐거운 시간이었음에 틀림없다.

하지만 당시 날란다의 상황이나 현장의 생활이 어땠는지에 관해서는 거의 언급되어 있지 않다. 현장의 제자들이 스승의 사후에 정리한 《대자은사삼장법사전》이라는, 소위 실록 《서유기》를 참고로 상상의 나래를 펴보자.

날란다는, 현장보다 200년 정도 이전인 굽타Gupta 시대에 기초가 설립된 세계에서 가장 오래된[最古] 대학이다. 당시 인도 전역으로부터, 혹은 높은 설산雪山을 넘는다든지 대해를 건넌다든지, 아니면 사막을 넘어서 온 1만 명이 넘는 승려들로 붐비고 있었다.

승방의 모양새는, 네팔에 가본 분들이라면, 카트만두의 거리를 생각하면 대체로 맞다. 즉 안뜰을 둘러싼 4층의 벽돌 건축물이다. 지붕에는 기와가 깔려 있다. 이러한 건축양식은 '비하라vihāra(승원僧院) 양식'으로, 카트만두는 날란다로부터 배운 것이다. 그러한 건물이 줄지어 있고, 광장에는 불탑이 서 있다.

날란다는 승원이라기보다 도시라고 해도 무방했다. 당연히 여인의 모습은 없었다. 옛적 샤비라라는 비구니가 혼자 재적하고 있었지만, 너무나도 미인이었던 탓에 학문에 힘쓰지 않는 학도들이 속출했다. 이 때문에 퇴학이라는 쓰라림을 당했다고 한다.

현장은 그러한 남자들만의 세계에서 초엘리트로서 건물 최상부의 동쪽을 바라보는 방에서 우아하게 생활하고 있었다. 아침저녁으로 《반야심경》을 읊조렸다. 물론 산스크리트로.

♪

"아리야발로키테쉬바로 보디삿트보 감비라얌 프라갸파라미타얌 차리얌……"

'오'나 '얌'으로 끝나는 말이 연속되어 자연스레 기분 좋은 리듬이 생겨난다.

"마하야나 데바Mahāyāna Deva 군! 또 여자 생각했지?" 독경이 끝나자, 같이 생활하는 샹카라Śaṁkara가 놀렸다. 마하야나 데바는 현장의 인도 이름이다.

"무슨 바보 같은 소리야." 현장이 말했다.

"거짓말해도 다 알아. 프라갸파라미타얌의 발성이 너무 요염했는 걸." "얌" 이라고 그는 말끝을 올려 녹아드는 듯한 소리로 흉내를 내었다.

"으음."

"게다가 경전을 읊조리는 네 머리에서 큰 가슴을 하고 팔이 네 개나 있는 여자의 환영이 활활 피어올랐어. 네 생각이 뭉쳐서 형상이 된 거겠지."

프라갸파라미타prajñāpāramitā 여신, 한역으로 '반야바라밀다불모般若波羅蜜多佛母'를 말하고 있다(그림 2). '프라갸파라미타얌'은 '이 여신에게 안겨서' 정도의 의미가 될까? 그녀는 대승불교는 물론 밀교에서 널리 숭배된 타라 여신의 화신의 하나로, 시타타라Sitatārā(하얀 타라)라고도 불리는 지혜의 여신이다. 인도나 네팔, 티베트, 자바에는 이 여신을 표현한 조각이나 그림이 다수 남겨져 있다. 그리고 《반야심경》은 사실 이 여신을 테마로 한 텍스트인 것이다. 대략적인 의미를 말하자면, 아래와 같다.

♪

슌야타śūnyatā(공空)의 입장에서 보면,

석가모니 부처님이 설한 고집멸도苦集滅道라는 건 입에 발린 허세.

12연기라는 것도 말만 앞선 횡설수설.

그딴 것을 고맙게 여기는 사람이 이상한 거지.

혼란이 한층 더 심해질 뿐이야.

하지만 프라갸파라미타 여신만은 진실이다.

예로부터 또 이후에도 열반에 이르는 자는 모두

이 여신에게 안겨 그렇게 되는 것이다.

그리고 이 만트라를 외우면

여신은 즉시 현현顯現한다.

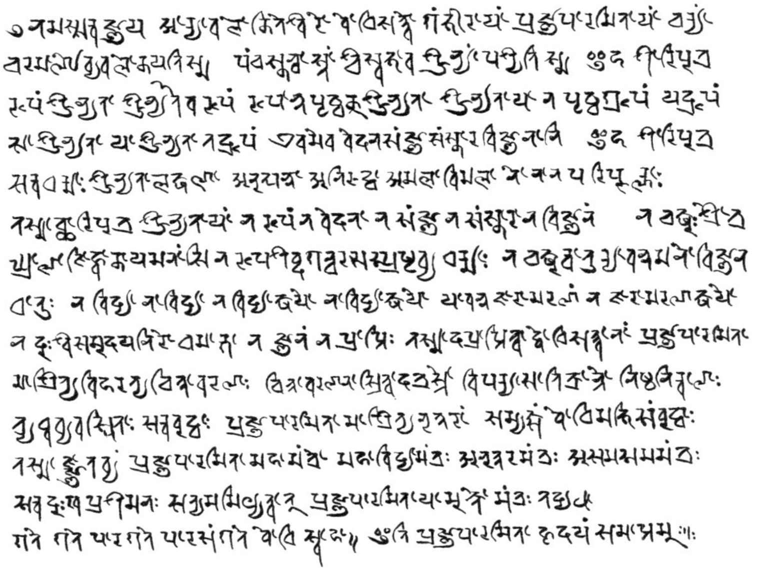

일본 나라(奈良)의 호류지(法隆寺)에 남아 있는 산스크리트 《반야심경》(다만 필자의 모사본이다. 또한 이와나미 서점에서 간행된 나카무라 하지메(中村元). 키노 카즈요시(紀野一義) 역주 《반야심경 · 금강반야경》에 수록된 교정 텍스트에 따라 몇 가지를 수정했다.

그림 1

《반야심경》에서 이처럼 모독적인 내용이 허용된다는 점에서 불교의 포용력이 느껴지지만, '진실은 말로서는 표현할 수 없다'는 것이 나가르주나Nāgārjuna(용수龍樹) 이후부터 지금까지 공空의 입장이다. 산스트리트 원문에는 '없다'는 의미의 '나na'가 몇 번이고 반복되면서, 엄청나게 큰 파도를 만들어내고 있다.

"하지만 여신만은 진실이다."

진실의 원어는 '사티야satya.' 힌두교에서 말하는 브라만처럼 영원한 실재를 가리킨다. 하지만 불교에서는 의식적으로 피해왔던 말이다. 불교조차도 '없다'고 말하면서 여신만은 '있다'고 하는 것이다. 즉 그녀는 불교의 이론

인도에서는 만트라에 초점을 맞춘 소(小) 텍스트는 심상화하기 쉽도록 종종 회화로 표현된다. 필자도 이에 따라서 소본 《반야심경》을 여신상 속에 넣어 보았다. 왼쪽 아래는 아바로키테슈와라(관재자보살), 오른쪽 아래는 사리푸트라(사리자) 장로. 여신의 전신에 '프라갸파라미타흐리다야'의 전문이 쓰여 있다. 심장 부분에 있는 것은 '아제 아제 바라아제 바라승아제 모지사바하(揭諦揭諦 波羅揭諦 波羅僧揭諦 菩提娑婆訶, gate gate pāragate pārasaṁgate bodhi svāhā)' 만트라이다.

그림 2. 프라갸파라미타 여신

(말)을 초월한 실재자인 것이다.

물론 현장은 실제 여자에 관해 알지 못한다. 하지만 그에게는 '프라갸파라미타 여신'이 있었다. 중국이 수나라에서 당나라로 바뀌는 전란의 시대에도, 여행 중 도적들에게 습격을 당할 때에도, 《반야심경》을 독송하며 여신을 깊이 생각함으로써 난관을 극복할 수 있었다. 그녀는 현장에게 있어 때로는 어머니이기도 하고 또 연인이기도 하며 한편으로 아내이기도 했다. 하지만 "아직 수행이 부족하구나. 최종적으로는 그 여신도 버리지 않으면 안 된다"라며 샹카라는 꾸짖었다.

'샹카라'라고 적었지만, 이는 필자가 붙인 이름이다. 실명은 전하고 있지 않다. 그렇다고는 하지만, 현장의 곁에 상키야Sāṁkhya 철학을 전문으로 하는 바라문Brāhman이 있었다는 것은 분명하다. 당연히 《요가수트라》에도 정통했을 것이다. 한편 현장은 유식唯識학파의 학승이었다. 샹카라는 날란다에서도 1, 2위를 다투는 수재로서 평판이 높은 현장 앞에 논적論敵으로 나타났다. 논쟁을 청한 것이다.

유식도 상키야도 요가의 실천에 기반을 둔 비슷한 철학이다. 예를 들자면, 융의 심리학이다. 융은 20세기 전반에 유럽에 소개된 유식이나 상키야를 번안하는 형식을 취하면서 자신의 철학을 확립했다. 즉, 사람들의 마음속 깊은 곳에 무의식이 있다. 게다가 그 속에는 집단무의식이 있다. '자기Self'라고 하는 존재를 포함한 현상은 그 집단무의식으로부터, 바꿔 말해서 유식에서 말하는 알라야식ālaya-vijñāna과 상키야에서 말하는 프라크리티로부터 생겨난다. 요가를 수행하는 사람은, 마치 진주를 찾기 위해 어두운 바닷속으로 잠수하듯이, 자신의 마음속으로 다이빙하여 괴로움의 원인이 될 수 있는 잠재기억(상스카라, 트라우마와도 같은 것)을 알게 된다. 그리고 결국에는 마음의 밑바닥에까지 이르게 되면서 열반이 성취된다.

여기까지는 유식도 상키야도 마찬가지이지만, 세세한 부분에서는 차이가 있다. 이때의 논쟁은 "3구나triguṇa의 전변의 단일성 때문에 이 세상의 모든 현상은 실재한다"고 주장하는《요가수트라》의 제4장을 둘러싼 것이었다.

"그렇다면." 현장이 묻는다.

"만물을 만들어내는 프라크리티는 실재하는가?"

"그렇다. 이 세상에서 유일한 실재이다." 샹카라는 답한다.

"그렇다면, 프라크리티로부터 여러 현상을 만들어내고 있는 것은 무엇인가?"

"삿트와, 라자스, 타마스라는 3개의 구나이다."

"그것은 확고한 것인가?" 현장이 다시 묻는다.

"그렇다."

"3구나의 작용으로 붓디, 아항카라, 마나스 이하의 여러 가지가 생긴다고 그대는 말한다. 그것들도 실재인가?"

"그렇다."

"유일한 실재가 3개의 실재로 분열하고, 나아가 셀 수 없이 많은 실재로 증식해 간다. 그런데 그것들은 여전히 하나이다, 라고 말하는 것은 너무도 이상하다. 논리의 모순이 아닌가!"

광적인 철학 논쟁에 동참할 짬은 없기 때문에 이것도 상세한 내용은 생략하겠지만, 이상한 일에 대한 비유로서, "그렇다면, 눈과 코에서 똥오줌을 배출하는 것과 같은 것이다"고 현장은 말했다. 꽤 품위가 없는 말도 입에 담는 분이었던 것 같다.

"으음", 샹카라는 비둘기가 새총을 맞은 듯한 표정을 지었다. 현장의 작전이 먹힌 것이다. 샹카라도 하고 싶은 말은 있었겠지만, '바라문'이라는 부류의 인간은 부정한 대소변과 같은 얘기를 하면 사고가 정지해버리는 경향이 있었던 것이다.

"현상을 만드는 것은 연기緣起이다. 잠재기억이 식물의 씨앗과도 같은 형태로 근본 의식에 뿌려지고 인연이 되어 생기한다. 즉 발아하여 현상이라고 하는 꽃을 피우고, 꽃은 또다시 씨앗을 맺어 근본 의식이 잠든 곳에 떨어진다. 그것이 끊임없이 반복됨으로써 만상萬象은 생기하는 것이다."

"아, 졌다." 샹카라가 소리를 냈다.

"이렇게 된 바에는, 나를 죽여라."

논쟁은 무예가의 결투와 다름없다. 승자는 패자의 생사여탈권을 쥐게 되는 것이다.

"불교도는 사람을 해하지 않는다. 이후 그대는 하인으로서 내게 봉사해라."

이리하여 둘의 동거생활이 시작된 되었다. 샹카라는 나이도 전해지고 있지 않지만, 현장과 동년배였던 것으로 여겨진다. 신분은 하인이었지만, 현장에게 있어서는 마음을 터놓을 수 있는 친우이자 또한 학문상의 좋은 라이벌이었다.

"분명 《요가수트라》 I. 48에도, 수행자가 마음 깊은 곳으로 접근할 때, 진리를 담당하는 프라갸 여신이 출현한다고 되어 있어."•

샹카라는 ♪"리탐바라 탄트라 프라갸"라고 그 경문을 암송하면서 "그녀가 현현하면, 목표가 임박했다. 하지만 최종적으로는 프라갸 여신도 부정하지 않으면 안 된다. 그것이 가능해야만, 무종자삼매(니르비자 사마디), 즉 진정한 해탈에 이르게 된다"라고 말했다.

"그건 프라갸일테지" 현장은 항의했다.

"나의 여신은 프라갸파라미타이다."

• 《요가수트라》 I. 48.
ṛtam-bhāra tatra prajñā ||

"마찬가지다."

"아니, 단연코 달라. 미녀와 추녀 정도로 다르지. 가슴 큰 여자와 빈약한 여자처럼 다르다."

논쟁이 급격하게 형이하학적인 것으로 전락해간다.

"그렇게 말하는 너도 쉬바 신을 숭배하고 있지 않냐?"

"《요가수트라》는 이슈와라(쉬바 신)를 인정하고 있다."

"프라갸조차 부정하는 입장에서 그것은 논리적으로 모순이 아니냐. 마치 눈과 코에서 똥오줌이…."

17	# 칫타 – 마음이 세상을 만든다
	Citta

[√cit(지각하다/관찰하다)]

〈중〉 마음[心]

※ '칫타'는 '지각하는 것' 또는 '지각하는 자.' '마음'을 나타내는 말로 가장 일반적으로 사용되고 있는 단어이지만, '마음의 질료 = 마음을 만드는 요인이 되는 것'과 같은 뉘앙스로 사용되는 경우도 있다. '칫타'와 비슷한 성립과정을 보여주는 단어로 '세계'를 의미하는 로카loka가 있다. 어원은 '√luk(보다/관찰하다).' 즉 두 단어 모두 지각작용을 나타내는 어근에서 파생하면서도, 하나는 '인식하는 것'으로서 그 주체(마음/내계內界)가 되고, 다른 하나는 '인식되는 것'으로서 그 대상(세계/외계外界)이 되는 것이다.

《요가수트라》와 《반야심경》. 어느 것이 먼저인가 하면 《반야심경》이다. 《반야심경》은 5세기 초엽에 서역승인 쿠마라지바Kumārajīva(구마라집鳩摩羅什)에 의해 한역되었기 때문에 늦어도 4세기 중반에는 성립되어 있었다.

《요가수트라》에는 전체적으로 불교의 영향이 보이지만, 4장은 특히 바수반두Vasubandhu(세친世親)의 유식론을 강하게 의식하고 있다. 바수반두는 쿠마라지바와 동시대의 인물(400년 전후)이다. 따라서 《요가수트라》가 현재의 형태로 성립된 것은 그 이후가 된다.

인도에서 불교가 사라지기까지, 이 두 문헌은 바라문과 불교 승려에 의해 몇 만 번이나 논쟁을 거듭하면서 비교되었을 것이다. 본 장에서도 이를 모방하기로 한다. 두 텍스트에 공통적으로 등장하는 용어나 개념을 몇 가지 대비하여 요가사상을 정리해보자. 이를 통해 《요가수트라》도 《반야심경》도 이해하기 쉽게 된다. 우선은 요가가 취급하는 대상인 칫타(마음).

◎ 마음의 장막 = 작용

《반야심경》의 중간쯤에 나오는 "마음의 장막(아바라나āvaraṇa)이 없는 까닭에"•(현장 역: (心)無罣礙故)라는 구절은《요가수트라》의 요가의 정의 "요가라는 것은 마음(칫타)의 작용(브릿티)의 니로다(정지/억제)인 것이다"••에 대응하는 것이다. 장막āvaraṇa라는 말은《요가수트라》에서는 Ⅱ. 52의 '결과', "[프라갸의] 광휘를 덮고 있는 것(장막)은 파괴된다."••• 등 '프라갸의 광휘를 덮고 있는 것(장막)'으로서 여러 곳에서 사용되고 있다. 그리고《반야심경》에서는 '마음'을 뒤덮는 장막이 없는 까닭에 "두려워하지 않고 미혹을 초월하여 궁극의 열반에 도달했다無有恐怖 遠離一切顚倒夢想 究竟涅槃"고 이어진다.

마찬가지로, 마음의 작용이 정지하여서 마음을 가리는 장막이 모두 없어지는 것이《요가수트라》의 최고의 경지인 '무종자삼매' 또는 '푸루샤의 독존獨存(카이발야kaivalya)'이다(《요가수트라》에서는 '해탈(목샤)'이나 '열반(니르바나)'이라는 말이 한 차례도 사용되지 않았다).

상키야 철학을 계승한《요가수트라》에서 칫타는 표층의식(마나스)으로부터 광대한 무의식의 맨 밑바닥(붓디)에 이르기까지의 '마음의 모든 것'이다. 그 중의 아항카라, 즉 융 심리학에서 무의식에 해당하는 것이 오대 요소(→27. 판차부타)의 근본이 되는 물질의 질료인(탄마트라tanmātra)을 만들어내고 있다. 간단하게 말하자면, '마음이 물질세계를 만들어내고 있다'.

• 《반야심경》
cittāvaraṇa-nāstitvād(atrasto viparyāsātikrānto niṣṭhanirvāṇaḥ) ||

•• 《요가수트라》 I. 2.
yogaś citta-vṛtti-nirodhaḥ.

••• 《요가수트라》 Ⅱ. 52.
tataḥ kṣīyate prakāśa-āvaraṇam

◎ 마음을 구성하는 '다섯 프로세스'

《반야심경》에는 말라식, 알라야식과 같은 유식의 용어는 아직 사용되고 있지 않다. 상좌부불교의 루파rūpa(색/형태를 갖춘 것), 베다나vedanā(수), 상갸saṁjñā(상), 상스카라saṁskāra(행), 비갸나vijñāna(식)'로 구성되는 '다섯 프로세스'(pañca-skandhāś, 의미는 '다섯 카테고리'일 것이지만, 뉘앙스적으로 프로세스라고 하였다. 한역 '오온五蘊')라는 술어로 마음과 세계를 설명한다(그림 1).

'다섯 프로세스'는 인간의 인식 시스템을 나타내고 있다. 현대과학은 인식의 중핵을 뇌에 두고 있다. 한편, 고대 아유르베다에서는, 뇌가 '모든 지각기관이 존재하는, 신체 중에서 가장 중요한 부분'(《짜라카 본집[상히타]》)이고 '모든 기관이 기능할 수 있게 하는 유일한 기관'(《수슈르타 본집》)이라고 뇌의 기

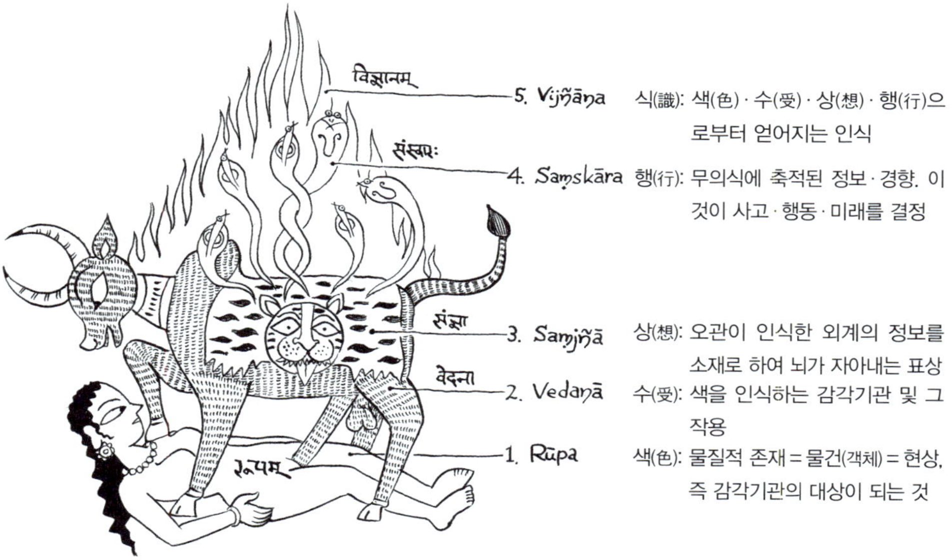

그림 1. 다섯 프로세스(판차스칸다스, 오온)

능을 바르게 이해하고 있었는데, '칫타(마음) 및 아항카라(무의식)의 존재 장소가 심장이다'라고 생각했다. 왜냐하면 심장이야말로 인식의 궁극적 주체인 아트만의 궁전이기 때문이다. 이 지각기관 – 뇌 – 심장의 기능에 불교의 '다섯 프로세스'라는 개념을 적용시키면 그림 2처럼 될 것이다.

이것은 '다섯 프로세스'를 단순화한 모델이다. 실제로는 다양한 요소가 서로 얽혀 있어 훨씬 복잡하다. 어찌 되었든 감관으로부터 입력된 정보를 뇌가 처리한다. 그러한, 소위 말하는 '제1차적 인식'에 무의식의 해석이 가미된다.

②의 베다나[受]의 단계에서 눈의 각막을 통과하여 망막의 스크린에 비친 상은 상하가 역전되어 있다. 그것이 평범하게 위는 위, 아래는 아래로 보이는

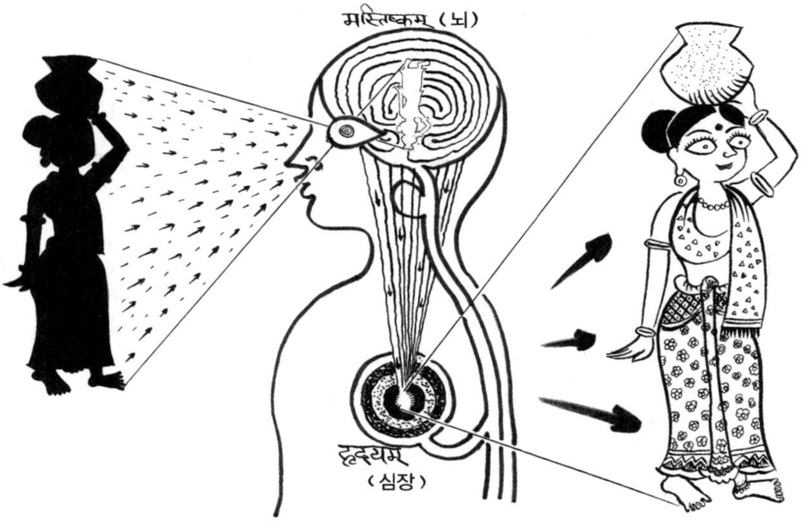

① 루파(색): 현상, 즉 물질적 존재로서의 대상 – '여인이 있다'
② 베다나(수): ①을 인식하기 위한 감각기관 – '눈이 여인이 발하는 루파(빛)를 인식한다'
③ 상갸(상): ②가 얻은 정보를 의식의 심층이 처리 – '뇌는 그 정보를 해석한다'
④ 상스카라(행): ③에 무의식의 보정이 가미된다 – '그 기본정보에 무의식의 정보가 가미된다'
⑤ 비갸나(식): ①, ②, ③, ④로부터 생겨나는 인식 – '마음은 여자를 인식한다'

그림 2

것은 ③의 상갸[想]의 단계에서 뇌가 그렇게 처리하고 있기 때문이다.

이러한 기능은 타고나는 것이 아니라 훈련한 결과 얻게 된 것이다. 유아기에 뇌는 그것을 학습하고, 시각시스템을 완성한다. 이 시각 시스템을 완성한 사람이 후에 어떤 사고로 시력을 잃었다고 해보자. 그가 외과수술로 눈의 생리적 기능을 회복하면 대상들은 원래대로 보인다. 하지만 선천적으로 눈에 장애가 있는 사람이 성인이 되어 수술을 통해 이를 고치더라도 대상은 보이지 않는다. 빛을 느낄 수는 있을 것이다. 하지만 뇌는 유아기의 각막을 경험하지 않았기 때문에 그것을 상으로서 인식하는 것은 불가능하다.

어찌 되었든 그렇게 획득된 상을 무의식은 다양한 모양으로 염색해간다. 그것이 ④ 상스카라[行]의 단계이다. 무의식에 좌우되는 것이다. 눈에 비친 여성이 꽤 오래전부터 아련히 좋은 감정을 지니고 있던 여자애와 닮았다고 하자. 표층적인 의식은 그것을 잊고 있어도, 무의식은 기억하고 있다. 처음 만나는 사람에게서 운명을 느끼고 한눈에 반할 수 있는 이유는, 그러한 무의식의 소행 때문이다. 그 또는 그녀를 '전생의 남편 혹은 부인'이라고 생각하는 경우도 대부분이 무의식의 충동이다.

그리고 ①~④를 연료로 하여 ⑤의 비갸나[識], 즉 인식의 화염이 활활 타오르는 것이다. 이것은 다시 말해서, 외적 대상[外物]인 ① 루파와 내적 프로세스인 ② 베다나[受] 이하의 상호작용에 의해서 '자기'를 포함한 일체가 생겨나거나 나타난다고 한다.

현상은 ①~⑤가 연결되어 서로 얽혀 인식된다. ①, ②, ③, ④, ⑤ 중의 하나만으로는 인식이 성립되지 않는다. ①~⑤가 서로 상호작용할 기회가 없다면, 아무것도 없는 것과 마찬가지이다.

색色 ⇄ 수受 · 상想 · 행行 · 식識

바꿔 말해서, 색(루파)을 만들어내고 있는 것은 인식(수·상·행·식의 시스템)이다. 인식의 주체는 자기 자신이다. 그렇다고 한다면, 단적으로 말해서 '자신이 외부 세계를 만들어내고 있다'는 것이 된다.

18 상스카라
– 마음의 장막(베일)

Saṁskāra

[sam(모이다) – √kṛ(행하다)]

〈남〉 인생의 통과의례, 정화의례; 장식, 훈련; 과거세의 인상, 잠재의식의 활성체

※ '상스카라'는 '준비를 끝마친 것'이 원래의 뜻. 통상 '통과의례'의 의미로 사용된다. 입문식, 결혼식도 인생의 다음 단계를 맞이하기 위한 준비이다. 그러한 상스카라에는 반드시 그때까지의 카르마를 정화하기 위한 정화의례가 수반된다. 요가에서는 그 사람의 다음 인생을 좌우하는 카르마가 될 잠재인상을 상스카라라고 한다. 그리고 그 상스카라를 정화하는 것이 요가라고 말할 수 있다.

◎ 카르마가 되는 것

"상스카라를 직관하는 것에 의해 전생에 대한 앎이 생기는 것이다."

– 《요가수트라》 Ⅲ. 18•

상스카라를 판독하면, 자신의 일이든 타인의 일이든, 전생을 포함한 과거의 일을 모두 알게 된다고 한다.

상스카라는 불교의 '다섯 프로세스(오온)'의 넷, '12연기'의 둘째인데, 《요가수트라》에서는 위 경문 외에 수차례 등장한다. 이 말은 전통적으로 '행行'

• 《요가수트라》 Ⅲ. 18.
saṁskāra-sākṣātkaraṇāt pūrvajātī-jñānam ||

이라고 한역되어 '잔존기억, 잠재기억' 등으로 설명되는 경우가 많지만, 이해하기 힘든 말이다.

상스카라의 전 단계가 되는 말에 바사나vāsaṇa가 있다. '훈습熏習'으로 번역되고 '기억의 흔적'이라고 설명되지만 원래는 훈향薰香, 즉 향을 의복이나 신체에 배게 하는 것이다(그림 1).

모든 경험, 즉 행위와 그 행위에 대한 인지, 감정, 관념 등은 일단 체험되면, 완전히 소멸되는 일이 없다. 마음속에 어떤 흔적을 남긴다. 아주 새로운 경험이라고 하는 것은 있을 수 없다.

서랍에 방향제를 넣어 두면 나중에 그것을 제거한 후에도 향은 남는다. 그것과 마찬가지로 무의식에 기억이 남는다. 실제로 인간의 기억은 모두 뇌세포(뉴런)의 시냅스에 구조적인 흔적을 남기고 있다고 한다.

이러한 흔적들은 마음의 내부 혹은 뇌 속이나 신체의 어느 부위엔가 무질서하게 쌓이는 것이 아니다. 그것들은 서로 관계를 맺어간다. 작은 얼룩이 모여 큰 반점이 되듯이, 그 흔적들은 이윽고 하나의 개성 내지는 씨앗(종자)과

향이 의복이나 신체에 배듯이
모든 경험은 마음에 밴다.

그림 1. 바사나(훈향/훈습)

도 같은 것을 형성하여서, 사람이 새로운 체험을 할 수 있게 준비시킨다. 그러한 '준비를 마친 것'이 요가에서 말하는 '상스카라'이다.

이것이 그 사람의 미래의 행위와 운명을 결정한다.

◎ 모든 것은 '인식(비갸나)'이라는 필드[場] 속에서 발생한 일

불교의 인식론은 《반야심경》이 성립한 후, '다섯 프로세스'의 다섯째인 비갸나vijñāna, 識라는 말을 취한 유식론vijñāna-vāda으로 재편되었다. 개개인의 루파(색), 베다나(수), 상갸(상), 상스카라(행)을 연료로 하여 활활 타오르는 인식의 화염 속에 전 세계가 있다.

인식을 만들어내는 칫타(마음)에는 마나스(의식), 말라식(무의식), 알라야식(근본식)의 계층이 있다. 상키야의 푸루샤와 프라크리티 그리고 붓디를 합하여 알라야식으로, 아항카라를 말라식으로 바꿔 읽은 것이다. 단지, 만상萬象은 실재한다고 한 상키야에 대해, 일체는 실체를 지니지 않는 공空이라고 한 점에 유식의 독자성이 있다. 그리고 종래의 상스카라가 종자bīja로 변경되었다(그림 2).

현상을 만드는 것은 연기이다. 잠재기억(상스카라)이 식물의 씨앗과 같은 형태로 근본 알라야식에 뿌려져, 인연을 맺어 생기한다. 즉, 발아하여 현상이라고 하는 꽃을 피우고, 꽃은 또한 종자를 맺어 알라야식이 잠든 곳으로 떨어져간다. 그것이 끝없이 반복됨으로써 만상은 인식이라는 필드[場] 속에서 무한한 시간을 되풀이한다.

즉 상스카라 내지는 종자가 '마음의 작용(칫타브릿티)' 또는 '장막(아바라나)'를 만들어 내고 있다.

'현상은 실체를 지니지 않는다'고 하는 유식의 생각은 《요가수트라》(특히

제4장 '독존편')과 날카롭게 대립하지만, 그 생각은 이후의 베단타 철학에 계승된다. 다만 베단타에서는 만상은 실체가 없는 미망 또는 환영(마야māyā)이지만, 유일한 브라만만은 실재한다.

이와 같이 바라문교와 불교의 철학은 마치 캐치볼을 하듯이 서로 영향을 미치면서 발전해가는 것이다.

불교의 유식에 따르면, 세계라는 현상도, 태어나 살아가다 죽은 후 다시 태어나는 '자기'라는 존재도 모두 생멸을 반복하는 '종자(種子, 비자bīja)'에 의해 알라야식이 체험하는 가상현실이다. 일러스트 중앙의 태아는 그 '알라야식'을 나타내고 있다.

그림 2. 알라야식의 모델 그림

19 니로다
– 멸滅하는가? 억제하는가?
Nirodha

[ni-√rudh(막다, 방해하다)]

〈남/중〉 억지抑止(억눌러 그치게 함), 절멸, 억제, 제어
※ 마음의 작용 내지는 장막을 '니로다'하는 것이 요가인데, 이 '니로다'가 '절멸'인지 '제어(컨트롤)'인지에 관해서는 오래전부터 논의가 거듭되어 왔다. 어느 쪽을 선택하는지에 따라 요가의 타입도 달라지게 된다. 베단타는 '절멸'이라고 하고 탄트라는 '제어'라고 한다.

◎ 성스러운 진리

'병'이 있다. 그 병의 근원을 뿌리째 뽑는 것이 서양의학이다. 하지만 병은 자신의 역사가 만들어낸 개성이라고도 할 수 있을 것이다. 그것을 뿌리째 뽑으면 자신도 잃어버리게 될는지도 모른다. 따라서 병의 근본적 원인은 뿌리째 뽑지 않아도 된다. 그것을 억제하여, 발병하지 않도록 하면 된다는 생각도 있다.

석가모니 부처님은 당시 이미 체계화되어 있던 《아유르베다》를 참고하여, 불교의 근본이념인 '사성제四聖諦, catvāri ārya-satyāni(네 가지 성스러운 진리)'를 확립했다. 그는 자신의 가르침, 즉 불교를 존재의 고통으로부터 사람들을 해방시키기 위한 방법으로, 바꿔 말해서 영적인 의학으로 체계화하였다.

duḥkha-samudaya-nirodha-mārghāḥ

번역하면 '고苦 · 집集 · 멸滅 · 도道.' 하지만 이 한역은 그다지 좋지 않다. 두 번째 단어 samudaya에는 '집합'이라는 의미도 분명 있지만, 여기에서는 '원인이 되는 것'이라는 뜻이다.

그리고 세 번째 단어 'nirodha'는 《요가수트라》의 요가의 정의인, '요가는 마음(칫타)의 작용(브릿티)의 니로다인 것이다'의 '니로다'와 동일한 말로서, 이것도 분명 '멸滅'의 의미도 있지만, 인도불교에서는 '억제'의 뉘앙스로 사용되고 있었고 티베트 역에서도 '멸'이 아니라 '억제'라고 한다.*

따라서 '고苦 · 인因 · 제制 · 도道'라고 하는 편이 적확하다고 생각된다. 결국 사제四諦는 다음의 네 가지를 설명하는 합리적인 시스템이다.

1) 여기에 고통, 즉 병(마음의 장막)이 있다.
2) 여기에 그 원인이 있다.
3) 여기에 그것을 억제하는 방법이 있다.
4) 여기에 그 치료법으로서의 구체적인 길(요가)이 있다.

애초에 '니로다'가 '멸滅'인지 '억제'인지에 관해서는 인도에서조차 의견이 갈렸다. 《요가수트라》가 이상의 경지로 하는 '무종자삼매nirbīja-samādhi'(여기서는 유식 용어 '종자'가 사용되고 있다)에는 '멸'이라고 되어 있다. 명상이 깊어져서 그 목표에 다가서면, 프라갸(진리를 직관하는 최고의 지혜)가 출현한다. '그 경우, 진리의 보유자는 프라갸인 것이다'(I. 48).**

* 나카무라 하지메(中村元) · 키노 카즈요시(紀野一義) 역주, 《반야심경, 금강반야경》, 이와나미 서점 간행.

** 《요가수트라》 I. 48.
ṛtam-bharā tatra prajñā ||

그림. 칼리

역주에 따르면, 프라갸는 추상적인 것이 아니라 구체적인 것, 즉 빛이나 여신의 모습으로 보이게 된다고 한다. 불교의 프라갸파라미타 여신과 같은 존재일 것이다. 그리고 프라갸는 상스카라(=비자)를 제거(니로다)시켜준다(I. 50). 하지만 그조차도 니로다되었을 때, 일체가 니로다되어 종자가 없는 삼매(니르비자 사마디)가 되는 것이다(I. 51).•

최종적으로는 프라갸조차도 제거(니로다)시키지 않으면 안 된다. 프라갸의 작용조차 멈추게 하면, 일체의 '마음' 작용이 멈추게 된다. 그러면 '마음'은 자신의 프라크리티로 몰입하여, 푸루샤는 본래의 상태에서 안주한다. 이것이 해탈, 즉《요가수트라》에서 말하는 '독존(카이발야)'이다.

• 《요가수트라》 I. 51.
tasya api nirodhe sarva-nirodhān nirbījaḥ samādhiḥ ||

무종자삼매에 관해서는, 근대 인도의 성자로서 칼리 여신(그림)의 열광적인 헌신자였던 라마크리슈나의 예를 생각하면 이해하기 쉽다.

◎ 라마크리슈나의 삼매

라마크리슈나는 칼리 여신에게 사랑을 바친 사람이다. 늘 함께 한다. 마음속에는 언제나 여신이 있다. 칼리는 잘린 머리로 만든 목걸이를 하고 있으며, 허리에는 절단된 인간의 팔을 꿰어 치마처럼 두르고 있다. 아무리 봐도 무섭기만 하지만 라마크리슈나에게는 상냥하고 자애로운 어머니이다. 라마크리슈나를 마치 어린아이처럼 어르고 있는 그림도 있다. 아주 애정이 넘쳐흘렀던 것이다.

그런데 라마크리슈나의 경지를 간파한 불청객, 구루 '토타푸리Totapuri'가 그에게 찾아왔다. 브라만만이 실재이고 나머지는 모두 환영이라는 베단타의 산냐시로서 토타푸리는 나체를 한 사두sādhu이다. 그는 라마크리슈나에게 말했다.

"그대는 유종자삼매(사비자 사마디, 상스카라가 완전히 사라지지는 않은 깨달음)에는 도달해 있지만, 여신의 우상偶像을 아직 마음속에 남기고 있는 것 같구나. 그것조차도 니로다해야 한다."

하지만 그것은 라마크리슈나에게 애초부터 무리한 이야기였다. 토타푸리는 유리 조각을 라마크리슈나의 미간에 갖다 대고, 여기에 의식을 집중하는 것이라고 명했다.

라마크리슈나가 그렇게 하자 여신의 모습은 갈갈이 잘려나가서, 이윽고 마음에 남겨진 것은 아무것도 없게 되어 그는 드디어 니르비자 사마디를 체험했다고 한다.

그렇다 하더라도 비자(자아라든지 의식의 관념이라고 해도 좋다)를 없애는 것이 사마디의 가장 깊은 상태에서도 가능한 것인가, 하는 의문이 남는다.

라마크리슈나가 비자를 완전히 제거할 수 있었다고 한다면, 즉 '나'라는 것을 완전히 제거했다면, 그는 그 순간에는 존재하지 않는다. 니르비자 사마디를 경험했던 것을 기억하고 있을 턱이 없는 것이다. 더 말하자면, 옆에서 보더라도 라마크리슈나라는 존재는 그 장소에서 사라져버리게 되는 것이 아니겠는가.

그렇다면, 역시 이것은 '억제'되는 것이 아닌가? 아니, 니로다가 '멸滅'인지 '억제'인지와 같은 말에 구애되는 것 자체가 문제가 있는 것인지도 모른다.

덧붙이자면, 라마크리슈나와 칼리 여신의 애정이 넘치는 관계는 평생 지속되었다.

20	# 이슈와라 – 쉬바와 관음
	Īśvara

[√īś(통치하다, 주재하다, ~하는 능력이 있다)]

〈남〉 주主, 왕, 부호; 신, 지고신至高神, 자재신自在神(통상 쉬바 신)
※ 상키야 철학은 무신론이지만, 《요가수트라》는 그와는 모순되는 '명상의 대상praṇidhāna으로서의 신īśvara'에 대한 이론을 도입했기 때문에 '유신론적 상키야sa-īśvara sāṇkhya'라고 불리고 있다. 한편, '이슈와라'가 신을 지칭하는 경우에는 지고신parama-īśvara으로서의 쉬바 신 및 그의 화신에 거의 한정된다.

◎ 나체의 쉬바

'자재신(이슈와라)에게 기원드림으로써 무상삼매는 가능한 것이다.'

– 《요가수트라》 I. 23•

무상삼매asaṁprajñāta-samādhi는 무종자삼매(니르비자 사마디)와 동일하다고 한다.

칼리 여신이나 프라갸 여신은 아니더라도, 남성인 이슈와라 신(īśvara는 남성명사, 따라서 남성)에게 기원하면 최종해탈은 가능하다는 것이다. '그건 논리

• 《요가수트라》 I. 23.
īśvara-praṇidhānād vā ||

모순 아냐? 아니면 남녀차별?'이라고 불쑥 딴지를 걸어서는 안 된다.

많은 요가수행자 집단에 전해진 요체를 하나로 모아서 《요가수트라》가 만들어지게 되었을 테지만, 무상삼매와 무종자삼매와 같이 용어가 통일되지 않고, 앞뒤에 모순된 내용이 많다. 편집의 실수라고 말할 수밖에 없다. 그렇지만 언제부턴가 '파탄잘리가 만든 요가 성전의 금자탑'이라는 권위를 지니게 된 《요가수트라》의 경우, 사람들은 그러한 실수를 호의적으로 이해하려 하고 있다.

마치 신과도 동일시되는, 산스크리트 문법가 파탄잘리가 문장 서술에서 만에 하나의 실수를 저질렀을 리는 없다. 이를 전제로 하여 읽는 사람은 통일되지 않은 용어들이나 앞뒤의 설명이 모순적으로 표현되는 경문들의 '진의'를 찾고자 한다. 아니, 필자가 실수라고 지적하고 있을 뿐, 실제로는 완전할지도 모르겠다.

'이슈와라'는 보통 쉬바 신(그림 1)의 별명을 나타내는 복합어의 뒷부분에 위치하는 말이다.

마헤슈와라mahā-īśvara, 위대한 신(한역: 대자재천大自在天)

부바나 이슈와라bhuvana-īśvara, 우주의 왕

요게슈와라yoga-īśvara, 요가의 신

아르다나리슈와라ardha-nārī-īśvara, 반남반녀半男半女 형상의 신

하지만 '이슈와라'만으로 표현되는 경우는 드물다. 나체수행자(난가사두 naṅgāsādhu)처럼 발가벗고 있는 쉬바 신의 분위기이다. 또는 어떠한 속성도 지니지 않은 쉬바. 그런 까닭에 요가수행자가 좋아하는 신(→ 101. 이슈타 데바타)으로 삼는 것도 가능한 쉬바 신이라고 말해도 좋다.

죽음의 신을 정복한 자(마하므리티윤자야Mahāmṛtyuṁjaya)로서의 쉬바 신

그림 1. 쉬바 신

◎ 불교의 이슈와라

《반야심경》에도 '이슈와라'가 등장한다. 그것도 첫머리에. 현장의 번역을 살펴보면, '관자재보살觀自在菩薩 행심반야바라밀다시行深般若波羅蜜多時'에서의 '관자재'가 아바로키테슈와라avalokita-īśvara이다.

그는 깨달음을 얻고자 하는 요가수행자bodhi-sattva(음역하여 '보리살타菩提薩埵', 축약하여 '보살菩薩')였는데, 수행의 덕으로 천계에 태어났다. 하지만 중생들이 고통 받고 있는 하계를 천계에서 내려다보고서 눈물을 뚝뚝 흘렸다. 중생들의 고통이 눈에 선했기 때문이다.

"나는 모든 생명이 불성佛性을 얻어 열반에 이를 때까지 하계(이 세상)에 머무르겠다"고 하는 서원誓願을 세워서 무수한 세월 속에서 몇백 몇천에 이르는 사람들의 성취를 도왔다.

이것이 아바로키테슈와라라는 이름의 유래이다. 즉 ava(밑을) - √lok(보다)의 과거분사인 avalokita-에 īśvara를 첨가하여 avalokiteśvara가 된 것이다.

현장은 '관자재'라고 번역했지만, 동아시아에서는 쿠라마지바[鳩摩羅什]의 번역인 '관음觀音'이 더 보편적인, 대중 불교의 '자비慈悲'의 이념을 체현하는 슈퍼스타이다.

얼마나 대단하냐면, 《법화경法華經》에서 쉬바 신은 아바로키테슈와라의 화신인 것이다. 불교의 덕을 보지 못하는 힌두교도를 위해 자비와 방편을 구현한 아바로키테슈와라가 쉬바로 몸을 바꾼 것이다.

로케슈와라loka-īśvara = 세상의 왕

느리티에슈와라nṛtya-īśvara = 무용(춤)의 왕

닐라칸타nīla-kaṇṭha = 푸른 목의 쉬바(→ 94. 맛시엔드라 아사나)

싱하나다siṁha-nāda = 사자처럼 포효하는 쉬바

모두 쉬바의 별칭인데, 관음의 변화신變化身이기도 하다. 닐라칸타와 싱하나다는 청두관음青頭觀音보살, 사자후관음獅子吼觀音보살(그림 2)로서 불교에도 잘 알려져 있다. '관음'이라는 명칭은 민중의 고난에 찬 목소리를 잘 알아들어서 곧바로 구제하러 가는 이 보살의 성격을 잘 표현하고 있다.

물론 힌두교 측에 따르면, 관음이 쉬바의 화신이다. 그 아바로키테슈와라가 설한 텍스트가 《반야심경》이기 때문에 힌두교에서도 《반야심경》의 교설을 원하는 대로 사용해도 좋다는 구실이 된다. 힌두교와 불교의 관계에는 이러한 융통무애融通無碍한 점이 있다.

어찌 되었든 《요가수트라》는 '이슈와라에게 귀의하여 명상함'을 통해서

ॐ आः सिंहनाद हूँ फट् स्वाहा ॥

싱하나다(사자후)는 붓다의 별칭인 동시에 쉬바 신의 별칭이기도 하다. 그리고 붓다가 설법하는 소리를 공경하는 존재로 높여 부르는 사자후관음보살은 세 개의 눈, 초승달, 호랑이 가죽 도티(dhoti), 삼지창 등 쉬바 신과 매우 비슷한 모습으로 조형된다. 더욱이 사자에 올라타고 있는 이 보살은 인도불교 말기에는 젖가슴도 표현되면서 쉬바 신의 아내인 두르가와 구분하기 힘들게 되었다. 이것은 사자후관음보살이 쉬바와 두르가를 흉내내었다기보다도 양자가 문화적 기원을 공유하고 있었다고 보아야 할 것이다. 게다가 이 보살은 인도에서는 한센병(나병)을 치유하는 관음으로서 신앙되고 있었다.

그림 2. 사자후관음보살

도 최종해탈, 즉 무종자삼매가 가능하다고 분명히 말하고 있다. 그런데 요가의 8지八支(아슈탕가)에서는 자재신에 대한 헌신(이슈와라 프라니다나)이 요가의 준비단계인 니야마에 포함되고 있다. "그렇다면 일관성이 없는 것 아냐?"라고 말해서는 안 된다. 그걸로 좋은 것이다. 융통무애가 《요가수트라》의 매력이다.

21 슌야타

– 하나(베단타)도 둘(상키야)도 아니다•

Śūnyatā

[śūnya(공허한, 부재하는, 공空인; 영(0)) –tā(추상어미)]

〈여〉 실체가 없는 것; 대승불교의 공空, 공성空性

※ '슌야타'는 형용사 śūnya를 여성명사화한 말로, '실체가 없는 것'을 의미한다. 한역하여 '공空.' 대승사상의 역사는 실체가 없고 언어조차도 끊어버린 공空을 어떻게 해서든 표현하기 위한 갈등의 역사라고 말해도 좋을 것이다. 공을 이해하기 위한 실마리는 있다. 수학에서 슌야는 '0零'을 의미한다. '0'은 무無가 아니다. 양수와 음수를 다 갖추고 있는 좌표축의 한 점인 것이다. 그리고 어떠한 수도 '0'을 곱하면 '0'이 되고, 어떠한 수이든 '0'으로 나누면 무한대가 된다고 하는 지극히 다이내믹한 요소를 지니고 있다. 슌야타는 결코 고정되고 정지해 있는 것이 아니다.

◎ 슌야타[空]는 일체를 다 덮는다

관자재보살은 자신의 깨달음을 "색즉시공 공즉시색 색불이공 공불이색色卽是空 空卽是色 色不異空 空不異色(현장 역)"이라고 하는 명문구로 요약한다.《반야심경》의 핵심이라고 할 수 있는 부분이지만, 산스크리트 원문은 그 분위기가 꽤 다르다. 그리고 번역은 아무리 노력해도 원문을 넘어설 수는 없다. 만약 넘어선다고 한다면, 그것은 더 이상 번역이 아니기 때문이다. 난해하다고 여겨질지도 모르지만, 얼마간 산스크리트에 집중해주기 바란다.

아바로키테슈와라는 자신의 깨달음을 "rūpaṁ śūnyatā(색은 공인 것이다!)"라고 하는 '~인 것이다' 말투의 간결한 공리公理로 요약했다. '색'은 '다섯 프

• 옮긴이 주 – 베단타의 일원론(一元論), 상키야의 이원론(二元論)이다.

로세스'에서 첫 번째로 등장하는 루파rūpa를 가리키는 것이지만 여기서는 '현상,' 즉 프라크리티와 같은 물질원리라고 생각해도 좋다. 공리라는 것은 수학이나 논리학의 세계에서 증명 없이 진리로 여겨져, 다른 정리나 명제의 기초가 되는 근본명제라고 국어사전에 나와 있다. 분명 그것은 물질과 빛[光]이 동일한 것이라는 점을 증명한 현대물리학의 방정식인 $E=mc^2$처럼, 분명하고 강력하게 다른 정리나 명제로 발전해가는 근본명제였다.

'색(루파)=공(슌야타).' 곧바로 이것은 'śūnyatā-eva rūpam(공=색)'이라는 명제로 뒤바뀐다. eva는 '거꾸로도 또한 진실이다' 정도의 어감이다. 순서대로 말하자면, 다음과 같다.

색 ⇒ 공

공 ⇒ 색

∴ 색=공(누가 뭐라고 해도 같다)

상키야 철학의 푸루샤와 프라크리티처럼, 두 원리가 만들어져서 이것들이 큰 등호로 연결된 것이다. 현장 역《반야심경》에는 뚜렷한 이유도 없이 생략되어 있는 "rūpaṁ śūnyatā, śūnyataiva rūpam"이라는 한 쌍의 공리, 제1의 명제는 "rūpaṁ na pṛthak śūnyatā, śūnyatāyā na pṛthag rūpam(색은 공과 다르지 않다, 공도 색과 다르지 않다)"이라는 제2의 명제로 발전해 간다. 현장이 "색불이공 공불이색色不異空 空不異色"이라고 번역하고 있는 부분이다. na pṛthak이 '불이不異'이다.

제1의 명제에서는 색과 공은 동일하다. 어떤 관점에서 보면 공, 또 다른 관점에서 보면 색이 되기도 하는 하나이다. 그런데 색과 공은 불이不異이기도 하다. 다르지 않다고 하고 있기 때문에, 비교하고 있는 것이 둘이 된다. 그 대립하는 둘이 사실은 같은 것이다.

이것은 대승불교의 일원론과 이원론 그 어느 편도 아닌 형이상학적 입장을 드러내는 것이다. 그들이 서술어를 사용하는 방법은 진보적이었다.

색과 공은 불이不二이다. 그렇다 하더라도, 일체가 유일한 실재(사티야satya)인 브라만으로 돌아가 하나로 합쳐지는 베단타와 같은 일원론은 아니다. 1도 2도 아닌 것. 굳이 말하자면, 수학의 '0(슌야).' '0'은 '없다'는 것이다. 그런데 관념상에서 '0'은 '존재한다'. 어떤 수에 '0'을 곱해도 '0'이 되고, 어떤 수를 '0'으로 나누면 무한대가 된다('0'은 당시에 이미 인도에서 발견되었다). 그래서 대승은 '영원론零元論'이다. '0'과 같은 것이라는 의미의 조어가 '슌야타'이다. 이것을 '공성空性'이 아니라 '영성零性'이라고 한역했다고 한다면, 우리의 불교관도 꽤 달라졌을 것이다. 인도인은 수학에 집착한다. 바라문 1, 2의 철학* 에 대한 0이다.

그리고 모든 수를 '0'으로 나누면 무한대가 되는 것과 같은 제3의 명제가 선언된다.

yad rūpaṁ sā śūnyatā, yā śūnyatā tad rūpam

이 부분은 두 종류의 대명사, 즉 관계대명사(yad와 yā)와 지시대명사(sā와 tad)를 사용한 구문이다. 이러한 경우의 대명사는 전체의 연결을 강조하기 위해 사용되는 경우가 많다. 그 역이 '색즉시공 공즉시색'이다.

하지만 대명사의 본래 기능은 명사를 대신하여 사용하는 것이다. 즉 '$rūpa^2 = śūnyatā^2$, $śūnyatā^2 = rūpa^2$'라고 파악하는 것도 세 쌍의 공리가 나열되는 문장의 구조이기에 가능하다. 색이 2승 즉 제곱이 되고, 공이 2승 즉 제곱이 되며, 둘이 동일하다는 것도 제곱이 되고, 이것이 서로 영향을 끼쳐서 마치 만

* 옮긴이 주 – 1은 일원론, 2는 이원론에 해당한다.

다라처럼 미세한 것이나 조대한 것을 가리지 않고 우주를 가득 메우고 있다.

◎ 언어도 또한 공śūnyatā

아바로키테슈와라는 이 세 쌍의 공리를 선언한 후, 전통불교(상좌부불교)가 당당히 구축해온 관념을 죄다 부정해간다. 그리고 종국에는 부정의 대상이 창시자인 석가모니 부처님이 수립한 불교의 근본이념에까지 이르게 된다.

♪ 슌야타[空]의 입장에서 보면,
부처님이 설한 고苦 · 집集 · 멸滅 · 도道라는 건 입에 발린 허세야~~
12연기라는 것도 말만 앞선 횡설수설. 그딴 거, 고맙게 여기는 사람이 좀 이상하지. 혼란이 한층 더 심해질 뿐.

'연기설緣起說'과 '사성제四聖諦'는 불교가 불교이기 위한 양대 기둥이다. 아바로키테슈와라는 진정 이 둘마저도 부정했던 것일까? 그렇지 않다.

물질적 현상(루파)과 실체가 없는 것(슌야타)은 어디까지나 불이不二이다.
색色으로 시작되는 다섯 프로세스(인식 시스템)도 실은 공空이다.
그리고 언어도 또한 슌야타이다.

이러한 점을 말하려는 것이다. 왜냐하면 인간은 언어로 세계를 인식하기 때문이다.

공의 철학을 확립한 나가르주나(용수)는 말한다. '있다고 하는 개념은 애초부터 없다고 하는 개념과의 관계상 임시로 설정된다. 또한 없다고 하는 개념은 있다고 하는 개념의 관계상 임시로 만들어진다. 따라서 있다는 것도 없다는 것도 실은 없다. 일체는 관계성(연기)일 뿐이다.'

일체를 제로화하는, 즉 정체가 없는 것으로 만들어버리는 슌야타는 사고思考, 바꿔 말하자면 '마음'의 요체인 언어에까지 적용되는 것이다.

현상은 다섯 프로세스 각각이 서로 얽혀 인식된다. 다섯 프로세스 가운데 하나만으로는 인식이 성립되지 않는다. 각각이 서로 관계를 맺을 기회가 없으면, 아무것도 없는 것과도 같다. 그런데 그러한 실체가 없는 것을 마치 존재하는 듯이 보여주는 것이 바로 말이다. 감각기관으로 들어온 정보는 말과 결합하여 인식으로 나타난다. 인간은 말로 세계를 이해하고 있다. 삼라만상은 말에 의해 성립한다고 해도 좋다.

결국, 말이야말로 모든 가상현실을 만들어내는 것이다. 우파니샤드의 철인이 윤회설을 발표했을 때, 윤회가 생겨났다. 바라문이 유일한 실체를 생각해냈을 때, 브라만도 탄생했다. 어쩌면 코페르니쿠스가 지동설을 주장했던 때부터 지구는 태양 주위를 돌기 시작했을지도 모르고, 아인슈타인이 상대성이론을 발표함과 동시에 블랙홀이 출현했을지도 모른다. 현재 우리가 믿고 있는 이 우주라는 것도 결국은 인간의 뇌 센서로 관측되는 범위 내의 일종의 가상현실에 불과하기 때문에.

하지만 진실이라는 것은 인간이 멋대로 만든 이론이나 사상 속에 있는 것은 아니다. '해탈'이란 건 없다. 있는 것은 말, 관념뿐이다. 그리고 그렇기 때문에 아바로키테슈와라는 사성제나 연기조차도 부정하지 않으면 안 되었던 것이다.

◎ 《요가수트라》의 공(슌야타)

《요가수트라》에 슌야타라는 단어는 없다. 하지만 슌야는 몇 번이고 사용되고 있다. '공허한', '부재의' 정도의 의미를 지닌 형용사로 번역되는 경우가 많다. 하지만 《요가수트라》가 성립한 5세기는 불교의 공空 사상이 융성한 시기였고, 《요가수트라》 편찬자도 공 사상을 몰랐을 리가 없다. 그는 다음 장에서 살펴보듯이 일부 불교용어를 노골적으로 고치기까지 하였다. 《요가수트라》의 다음 세 경문에 보이는 슌야를, 개념을 초월한 불교의 '공(슌야타)'이라고 해석해도 좋을 듯하다.

> 기억이 [개념(비칼파)과 함께] 정화되어서, [마음 그] 자체가 슌야가 되어버린 것처럼, 대상만이 빛나는 것, [그것이 곧] 물음(비타르카)(개념)이 없는 [삼매(사마파티)]이다. – (Ⅰ. 43.)•

> '자신의 상태가 슌야처럼 되는 것이 삼매(사마디)이다.' – (Ⅲ. 3.)••

> '푸루샤의 목적인 슌야에 3구나가 근원으로 회귀[하는 것]이 독존(카이발야)이다.' – (Ⅳ. 34.)•••

• 《요가수트라》 Ⅰ. 43.
smṛti-pariśuddhau svarūpa-śūnya iva arthamātra-nirbhāsā nirvitarkā ||

•• 《요가수트라》 Ⅲ. 3.
tad eva artha-mātra-nirbhāsaṁ svarūpa-śūnyam iva samādhiḥ ||

••• 《요가수트라》 Ⅳ. 34.
puruṣa-artha-śūnyānāṁ guṇāṁ pratiprasavaḥ kaivalyaṁ svarūpa-pratiṣṭhā va citi-śaktir iti ||

22

타라

– 구제의 여신

Tārā

[√tṝ(건너다)]

〈여〉 타라 여신

※ '타라'는 '건너는 여인'이라는 의미이다. 뱃사람들은 폭풍이 몰아치는 바다를 잘 건너도록 도와주는 신으로 그녀를 숭배하고 있었는데, 대승불교에 편입되어 신자들이 '존재의 바다'를 잘 건널 수 있게 도와주는 여신이 되었다. "프라갸파라미타 여신과 타라 여신은 아리야·인도의 정신사에 있어서 힌두교의 두루가나 칼리보다 앞서는, 최초로 지배적인 위치를 얻은 대여신(마하데비 Mahādevī)이다"라고 종교학자 엘리아데Mircea Eliade(1907~1986)는 말한다. 타라는 후에 힌두교의 여신이 되기도 한다. 《요가수트라》에는 타라를 추상화한 tāraka라는 말이 나온다.

◎ 요가의 적의 구제자救濟者

요가의 제1의 적은 갈애(rāga, 또는 애욕)이다.

《요가수트라》에서는 '수련修練과 이욕離欲'을 요가의 양대 기둥으로 삼는데(I . 12), 이욕vairāgya이란 애욕rāga으로부터 멀어지는 것vi이다.

대승불교도 마찬가지이다. 보살의 길을 걷고자 하는 자에게는 육바라밀ṣaṭ-pāramitā이 부과된다.

① 베풀기布施, dāna-pāramitā

② 계율 지키기持戒, śīla-pāramitā

③ 참고 견디기忍辱, śānti-pāramitā

④ 노력精進, vīrya-pāramitā

⑤ 요가禪定, dhyāna-pāramitā

그리고 전체를 총괄하는 본래의 의미에서의

⑥ 반야般若, prajñā-pāramitā

계율 지키기의 중심이 되는 것은 금욕, 즉 이성과 성교하지 않는 것이다.

하지만《요가수트라》가 사두와 같은 종교의 ('요가의'라고 해도 좋다) 전문가를 대상으로 한 텍스트인 반면, 대승불교는《바가바드기타》와 마찬가지로 종교의 전문가인 승려뿐만 아니라, 직업을 가지고 가정을 가진 일반 대중, 즉 현재 평범하게 생활하고 있는 우리들과 같은 입장의 사람들도 시야에 넣고 있다. 그리고 일반 대중에게 '남녀관계를 갖지 않는 게 좋아'라고 하는 편이 오히려 이상하다. 이욕하여, 계율을 지키고 얌전히 금욕하게 되면, 대代가 끊기게 된다. 이것을 일반인에게 강요하면(부부 간의 행위는 인정하지만, 가능하면 삼가하라고 훈계한다), "성교하지 말라니. 스님이나 사두도 아닌데, 금욕해서까지 해탈 같은 거 하고 싶지도 않아. 칫, 뭐가 구제야. 쓸데없는 참견이야" 하는 반응을 초래하여, 대승불교는 버려져서 존재가치를 잃게 될 것이다.

여기서 대승은 반야바라밀다를 패러다임 전환하였다. 즉 prajñā-pāramitā의 pāramitā를 'pāram(pāra-, '건너편 강기슭, 피안'의 목적격) + itā(√i, '가다'의 과거분사 ita의 여성형), 즉 '피안(깨달음)에 도달한 여신'이라고 어원을 해석한다. 그리고 프라갸파라미타는 의인화되어 '이 여신에게 기도하고 염원하는 것이 일반인에게 바라밀행(요가)'이 되기에 이른다.

또한 프라갸파라미타 여신은 초기 대승불교가 만들어낸 또 한 명의 여신인 타라와 동일시되었다. 타라의 어원 √tṝ(건너다)가 pāram-√i(피안에 가다)와 동일한 의미로 간주되었던 것이다. 이와 관련한 다양한 신화가 있다.

아바로키테슈와라는 깨달음을 구하는 자(보디샷트바)였는데, 수행의 덕으로 천계에 태어났다. 하지만 천계에서 중생들이 고통을 받고 있는 하계를 내려다보고, 두 방울의 눈물을 흘렸다. 그 눈물이 프라갸파라미타와 타라로 변했다. 이 둘은 아바로키테슈와라의 자비의 본질, 나아가 정수였다.

타라 = 프라갸파라미타는 몇 겁이나 과거에 왕녀로 태어났다. 영적이고 자비의 마음으로 가득 찬 공주는 공물供物과 기도를 승려들에게 바치는 것을 빠뜨리지 않았다. 그리하여 커다란 공덕을 쌓아서 깨달음의 경지에 막 도달한 그녀에게 승려들이 말했다.

"그대가 남자로 환생하여, 불법을 넓힐 수 있도록 기도하겠다." (전통적 불교에서는 여자는 여성의 신체를 지닌 채로는 최종적인 해탈에 도달하기가 불가능하다. 일단 남자로 환생하지 않으면 안 된다.)

"실제로는 남자도 여자도 없고, 존재하는 것은 아무것도 없는, 일체가 공"이라고 그녀는 답했다.

"나는 다른 모든 생명체를 도와서, 모두가 깨달음에 이를 때까지 여자의 모습인 채로 머물고자 합니다. 이를 통해서 남자 법사의 설법에는 없는 여성의 입장이 보일 것입니다."

한역불교의 세계에는 거의 알려져 있지 않지만, 대승불교는 프라갸파라미타 여신과 타라 여신의 신앙과 함께 융성해왔었다.

지금 인도 각지에 있는 고고학박물관을 둘러보면, 많은 수의 두 여신상을 만날 수 있다. 한때 불교가 번성했던 인도네시아의 자바 섬에도 두 여신의 뛰어난 조상이 남겨져 있다. 그녀들은 네팔의 카트만두 분지나 티베트불교권에서는 아직도 신앙이 두터운 현역 여신이다.《반야심경》도 프라갸파라미타 여신 신앙을 전제로 하여 만들어진 텍스트이다.

◎《요가수트라》에 돌연 등장하는 불교 개념

《요가수트라》에 수용된 프라갸(파라미타)에 관해서는 이미 언급했다. 그녀는 Ⅰ. 48에서 독존, 즉 해탈 직전에 출현하는데, Ⅲ. 54에서는 타라카tāraka로 바뀐다.

> 타라카(구제자)는 일체를 모든 점에서 [커버하며], 게다가 연속성을 지니지 않는 [한 찰나에 모든 것을 아는] 참된 지혜로부터 태어난 지혜인 것이다.•

타라카('타라와 같은 것'의 의미)는 불교의 구제의 여신인 타라를 중성명사화한 후에《요가수트라》에서 수용한 것이다. Ⅳ. 29에서는 동일한 상황에서 출현하는 것이 다르마메가사마디dharma-megha-samādhi로 치환되어 있다.

> 명상에 있어서 여전히 권태가 없는 자는 일체에 통한 참된 지혜 중의 참된 지혜(즉 식별지, 비베카키야티)로부터 다르마메가dharma-megha[라는 이름의] 삼매가 생기는 것이다.••

대승보살의 길에는 10단계가 있다. 참고로 자바Java 섬의 피라미드형 불교 유적 보로부두루Borobudur에는 산스크리트로 새긴 비석에 'daśabhūmi-sambhara-bhūdhara(심령의 10단계를 갖춘 언덕이라는 의미. bhūdhara가 방언화되어 보로부두루?)'라고 되어 있으며, 10층의 각 기단은 이 보살의 10단계를 표현한 것으로

• 《요가수트라》Ⅲ. 54.
tārakaṁ sarva-viṣayaṁ sarvathā-viṣayam akramaṁ ca iti vivekajaṁ jñānam ||

•• 《요가수트라》Ⅳ. 29.
prasaṁkhyāne'pi akusīdasya sarvathā viveka-khyāter dharma-meghaḥ samādhiḥ ||

여겨진다. 완전한 보살, 즉 붓다가 되기 직전이 제10의 다르마메가 층위(부미 bhūmi)이다. 이 경지에 도달했을 때, 수행자는 법의 구름(다르마메가)에 올라 영원한 하늘로 들어간다. 그리고 일부러 이 층위에 머물러 있는 것이《반야심경》의 화자인 관자재보살觀自在菩薩이다.《요가수트라》는 이 층위를 삼매로 바꿔 읽은 것이다.

즉《요가수트라》는 관음, 프라갸파라미타, 타라라고 하는 대승불교의 슈퍼스타들을 주역인 푸루샤를 선도하는 역할을 하는 자들로 채용한 것이다.

타라는 불교의 대승화와 함께 태어난 여신이지만, 얼마쯤 시간이 흐른 뒤에 힌두교에도 채용되었다. 민간전승에서는 유명한 '우유의 바다 휘젓기 신화'(→ 94. 맛시옌드라 아사나)에 다음과 같은 에피소드를 첨가하고 있다.
신들과 마족이 불사의 영약인 암리타를 추출하기 위해 태초의 바다를 휘저었을 때, 가장 먼저 생겨난 것은 암리타와는 정반대의 물질인 하라하라였다. 모든 생명을 사멸시키는 맹독이다. 쉬바 신이 이 맹독을 다 마셔버렸다. 그 결과 세계는 파멸로부터 구해졌지만, 그 대담한 쉬바조차도 의식을 잃게 되었다. 그때 타라 여신이 나타나 쉬바를 무릎에 뉘어 안고서 그의 입에 젖을 물렸다. 쉬바는 그녀의 모유를 마셨다. 그것으로 해독되어 쉬바는 회복하였다.
여기서 타라 여신은 위대한 쉬바의 보호자, 어머니의 역할을 하고 있다.

그림. 타라 여신

23 만트라
– 일반인도 할 수 있는 간단한 요가

Mantra

[√man(생각하다) –tra(수단이나 도구를 표시하는 접미사)]

〈중〉 만트라(한역: 주문, 진언)

※ '만트라'는 '생각하는 수단으로서의 말'이 원래 의미라고 여겨지지만, 다양한 어원 해석이 있다. 예를 들어, 접미사 –tra를 trāṇa(자유, 보호)에서 유래하는 것이라면서 '마음을 무명, 환상, 카르마의 속박으로부터 보호하고 해방하는 것'이라고 하는 등이다. 석가모니 부처님은 만트라를 금지했지만, 불교가 대승화함에 따라 부활했다. 《요가수트라》에 만트라라는 말은 없지만, 만트라 염송을 의미하는 'japa'가 나타나고 있다

◎ 프라갸파라미타 여신의 만트라

프라갸파라미타는 빼어나게 아름다운 여신이다.

> 프라갸파라미타는 달과 같은 광휘, 흰 명주옷과 반짝거리는 보석을 몸에 걸친 16세의 영원한 소녀이다. 애교 넘치며 젊음에 찬 얼굴을 하고 있고, 지혜의 상징인 제3의 눈을 가지고 있으며 늘씬한 상반신과 둥글고 풍만하고 부드러운 젖가슴을 가지고…(티베트에 남아 있는 불상 조성 텍스트로부터 인용)

금욕은 할 수 없어도 이 여신을 명상하는 것은 번뇌에 휩싸인 일반인이라도 가능할 것이다. 명상의 메인은 만트라 수행이다.《반야심경》은 아래와 같이 말한다.

프라갸파라미타의 위대한 만트라, 위대한 예지의 만트라, 무상의 만트라, 비할 데 없는 만트라는 모든 고통을 소멸시킨다…•(현장 역, '시대신주 시대명주 시무상주 시무등등주 능제일체고是大神呪 是大明呪 是無上呪 是無等等呪 能除一切苦')

《반야심경》은 여신의 만트라를 읊조림으로써 무수한 공덕이 발생해, 측정할 수 없는 이익을 얻게 될 것임을 보증한다. 상좌부불교가 당당하게 쌓아올린 컨셉을 모두 부정하면서 만트라는 실재한다고 말한다.

허무하지 않은 까닭에 진정한 실재이다.(현장 역, '진실불허眞實不虛')

만트라는 말을 부정하면서 설한다. 논리를 초월한 세계이다.《반야심경》이 제시하는 방법은 이렇다.

○ 절대적인 귀의의 념念을 가지고
○ 이 아름답고 젊은 여신을 이미지화하여
○ 그녀 그 자체인 '모든 고통을 소멸시키는' 만트라를 읊조리는 것

종래의 바라밀행을 대체하는 방법으로 삼는, 전적으로 새로운 형태의 요가를 제시하고 있다. 그 만트라는 다음과 같다.

gate gate pāragate pāra-saṁgate bodhi svāhā.

• 《반야심경》
prajñāpāramitā-mahāmantro mahāvidyāmantro'nuttaramantro'samasamamantraḥ |
sarvaduḥkhapraśamanaḥ (satyam amityatvāt) ||

갈 수 있는 여성이여, 갈 수 있는 여성이여, 피안으로 갈 수 있는 여성이여. 피안으로 완전히 넘어갈 수 있는 여성이여, 깨달음의 여성이여, 스와하.•

이 만트라에는 비밀이 숨겨져 있다. gate(갈 수 있는 여성이여)의 어근 √gam은 √i(가다)와 동의어이다. 그 과거분사인 ita. 일본어의 '갔다'와 닮았다.•• gate도 ite로 치환할 수 있다. 그렇게 하면, 'ite ite pāra-ite pārasamite bodhi svāhā'가 된다. 'pārasaṁgate'는 'pārasamite'(ṁ은 모음의 앞에서는 m이 된다)로 바뀐다. 'pārasamite'의 세 번째 음절인 'sa'를 첫머리로 이동시키면, 'sa pāramite'(진실한 파라미타 여신이여)가 된다. 만트라 속에 프라갸파라미타 여신의 이름이 봉해져 있는 것이다.

◎ 《요가수트라》의 만트라

《요가수트라》는 자재신自在神(이슈와라)에 대한 기원을 설한 부분에서, 다음과 같이 말한다.

그(이슈와라)를 나타내는 말은, 성스러운 소리(프라나바praṇava(OṀ))인 것이다. 그것을 읊조리는 것은 그것이 의미하는 존재(이슈와라)에게 기원하는 것이다.•••

• 옮긴이 주 – 아제 아제 바라아제 바라승아제 모지 사바하(갊(往)이여, 갊이여, 피안(彼岸)에 갊이여, 피안에 완전히 갊이여, 깨달음이어라 스와하 / 가세, 가세, 피안으로 가세, 함께 피안으로 가세, 저 열반의 언덕으로) 여러 의미로 해석이 가능하다!

•• 옮긴이 주 – √gam의 과거분사 gata는 한국어 '갔다'와도 독음이 닮았다.

••• 《요가수트라》 I. 27~28.
tasya vācakaḥ praṇavaḥ ||
taj-japas tad-artha-bhāvanam ||

여기서도, 만트라 '옴OṀ'은 이슈와라 그 자체로 간주되고 있다. 그리고 《요가수트라》의 이 문장 때문에 요가와 '옴'은 불가결한 것으로 여겨지게 되었다.

《반야심경》과 《요가수트라》 원전을 비교해보면서 4, 5세기 인도에서 불교와 바라문·힌두교의 밀접한 교류가 있었다는 사실을 엿볼 수 있다.

《요가수트라》 편찬자의 수완은 결코 칭찬받을 만한 것은 아니지만, 그 덕택에 《반야심경》이 알기 쉬워졌고, 나아가 '8지八支' 체계에서는 그다지 중시되지 않았던, 당시의 다양한 요가의 모습을 지금 전해지고 있다. 그중 방계라고 여겨졌던 요가가, 밀교 시대(6~12세기)에는 주류가 되어 가는 것도 이 텍스트는 가르쳐주고 있다.

24 탄트라
– 바즈라Vajra한 세계

Tantra

[√tan(넓히다, 확장하다) –trai(지키다, 보호하다)]

〈중〉 직기織機[•], 종사縱絲[••]; 규칙, 교의; 비밀; 경전; 밀교
※ '탄트라'는 통상 '지식, 보호, 구제해 주는 것'이라고 해석된다. 베다 문헌에서는 '직기'라는 의미로 등장하는데, 점차 '일체 사물의 정수, 지적 체계, 교의적·종교적·철학적 집성'의 의미로 사용되게 되었다. 불교에서는 밀교화가 진행되는 8세기경부터 텍스트들을 지금까지의 '수트라'가 아니라 '탄트라'라고 부르게 되었다. 이것이 바뀌어 불교·힌두교에 관계없이 밀교 전반을 탄트라라고 칭하는 경우가 있는데, 본 장에서 살펴보는 《진실섭경》의 '오상성신관五相成身觀'은 그러한 탄트라 요가의 표준을 이룬다.

◎ 석가모니 부처님, 대일여래가 되다

성불하는 건 매우 힘든 것이다. 수천 수만 번의 생사를 되풀이한 뒤에 겨우 성불할 수 있다. 그것이 불교의 전통적인 생각이었다. 그런데 '성불 따위 간단하다. 이 몸을 유지한 채 곧장 붓다가 될 수 있다'는 이론을 내세우는 무리가 있다. 쿠우카이空海 밀교의 소의경전의 하나로서 7~8세기경에 성립한 《금강정경金剛頂經》(정확하게는 《초회初會 금강정경》 또는 《진실섭경眞實攝經, Tattvasaṁgraha》)을 만든 사람들이다. 《금강정경》은 드라마 형식으로 진행된다. 주인공은 석가모니 부처님. 무엇보다도, 싯다르타Siddhārtha(목적을 달성한

• 옮긴이 주 – 직물을 짜는 기계이다.

•• 옮긴이 주 – 베틀의 날실을 한 칸씩 걸러서 끌어올리도록 매어 놓은 굵은 실이다.

자)라는 통상의 이름이 사르바르타싯디Sarvārtha-siddhi(일체의 목적을 성취한 자)로 변경되어 있다(이하의 드라마는 필자가 일부 각색한 부분이 있다).

고행자 사르바르타싯디는 보리수 아래에서, 숨을 참음으로써 사념조차 정지시키고자 하는 고전적 요가에 몰입해 있었다. 요가는 마음의 작용을 정지시키는 것. 인간은 원래 푸루샤, 즉 우주적이고 전체적인 존재인데, 마음이 스멀스멀 이래저래 생각하는 까닭에 그것을 알아차리지 못한다. 따라서 마음의 작용을 정지시키면, 원래의 푸루샤로 돌아갈 수가 있다. 그것이 삼매(사마디)이자 성불이다.

하지만 사르바르타싯디와 같은 종교적 천재라 할지라도, 단 10초도 마음을 정지시켜두기란 불가능하다. 고행의 결과, 1나리카nālika(24분) 정도는 숨을 참을 수 있게 되었다. 하지만 그저 고통스러울 뿐, 머릿속이 터질 듯해진다.

츄르킨(갠지스 강변에 득실거리는 강의 돌고래)이 되었다…, 는 생각이 들었다. 숨을 참을 수 있다면, 오랜 시간 물속을 잠수하는 츄르킨은 모두 붓다이다. 하지만 나는 아직 붓다가 아니다… 환각을 자주 보지만, 그조차도 마음의 작용이다. 사고를 정지시킬 만한 것이 아니었다.

> 그는 "아~" 하며 한숨을 내쉬었다. 깊은 절망감이 엄습해왔다. 그러자 눈앞이 밝게 빛났다.

츄르킨이, 아니 츄르킨과 같은 머리 모양을 한 요상한 모습의 사람들이 모여 있다. 몸이 투명해보인다. 신인가? 이것도 환각일까? 사르바르타싯디는 눈을 비볐다. 하지만 츄르킨 모습의 신들은 사라지지 않는다. 그런데 그들이 입을 연다.

"이봐요, 그만 거 몇만 년 해도 소용없어. 깨달음에 이르지 못해."

'환각이어도 좋다. 이건 하늘의 계시다'라고 생각하며 물었다.

"그럼 어떻게 하면 될까요?"

츄르킨은 대답했다.

"음, 우선은 말이지, '옴, 나는 마음속 깊은 곳까지 꿰뚫어 본다'라는 만트라를 읊조려봐."

"네."

사르바르타싯디는 "옴, 나는 마음속 깊은 곳까지 꿰뚫어 본다"라고 읊조렸다. 산스크리트로는 'oṁ citta-prati-vedhaṁ karomi'이다.

"그렇지. 다음은 옴, 나는 보리심을 세우겠다."

"네, oṁ bodhi-cittam utpādayāmi."

"계속해서, 옴, 우뚝 서라, 금강(바즈라)!"

"oṁ tiṣṭha vajra."

"옴, 나는 금강을 본성으로 하는 자이다!"

"oṁ vajrātmako'ham."

"마지막은, 옴, 일체 여래(타타가타)가 존재하듯이, 나도 존재합니다~."

"oṁ yathā sarva-tathāgatās tathāham."

그러자 사르바르타싯디의 몸은 무지갯빛에 휩싸였다. 빛의 고치 속에서 그의 몸은 원자 수준에서부터 변해갔다.

고치가 풀리자, 거기에는 광명신vairocana(대일여래)이 계셨다. 이리하여 사르바르타싯디는 붓다가 되었던 것이다.

츄르킨이 말했다. "우리는, 있잖아, 우주의 핵심이 되실 분을 찾고 있었어."

◎ 즉신성불의 프로그램

"뭐라고? 요가가 아니라 만트라를 통해 성불했다고 하는 거야? 그딴 거 사기잖아. 진정한 깨달음이라고는 말할 수 없어."

이런 소리가 들려올 것 같다. 하지만, 깨닫는 것이 아니라

깨달았다고 해두자.

라는 것이 밀교이다.

밀교는 대승불교 및 고전적 요가의 안티테제로서 시작되었다. 대승에서는 몇 번이고 생과 사를 반복하면서, 그 영겁이라고 할 수 있는 길고 긴 시간 동안 보살행을 쌓고, 즉 자비에 기반한 선행을 쌓고,《요가수트라》적인 '마음을 모조리 다 없애'버리는 요가를 수행한 결과 겨우 해탈에 이른다고 했다.

하지만 애초부터 깨달음이란 무엇인가? 해탈이란 무엇인가? 이 화려한 말의 반대편에 미망이나 윤회가 시꺼멓게 도사리고 있다. 그러한 이원을 초극超克하는 것이 깨달음이라고 한다면, 깨달음이란 말 자체가 모순을 품고 있는 것은 아닐런지.

밀교에서는 대우주와 소우주로서의 자기가 합일하는 것을 '일단은 깨달음이다'라고 생각한다. 그렇다면 대우주 그 자체를 의인화한 대일여래 혹은 도형화한 만다라로 표출해, 이미지를 조작하고 의례를 통해서 그 대일여래나 만다라와 자기 자신을 일체화하는 것에 의해 성취(싯다)한 (즉, 깨달은) 것이라고 하면 된다.

무엇보다도 이러한 사상은《금강정경》에서 갑자기 샘솟아 나온 것이 아니다. 오랜 시간에 걸쳐 서서히 형성되어 온 것인데, 그 효시가《반야심경》이다.

《반야심경》보다 조금 후대에 《요가수트라》가 성립한다. 이 텍스트는 그 후의 인도 사상의 향방을 좌우하는 선언을 했다.

요가라는 것은 칫타의 브릿티의 니로다인 것이다.

이 요가의 정의는 바라문·불교에 관계없이 인도의 모든 학파에 수용되었다. 하지만 아무리 정진해도 광대한 무의식의 바닥으로부터 부글부글 끓어오르는 모든 사고를 정지시킨다는 것은 도저히 무리이다.

그렇다면, 이미지를 사용하여 마음을 정지시킨 것이라고 해버리면 어떨까?

이리하여 나타난 것이 《금강정경》이다.

옴, 나는 마음속 깊은 곳까지 꿰뚫어 본다.

oṁ citta-prati-vedhaṁ karomi.

이러한 만트라로, 마음을 조금도 남기지 않고 없애버려 깨달음에 이르는, 소위 말하는 《요가수트라》의 요가에 대한 모든 과정을, 세상에나, 대체시켰던 것이다.(그림 1)

그렇다고는 하지만, 그저 만트라를 읊조리기만 하면 되는 것이 아니다. 관법觀法이 수반된다.

1. 월륜을 관觀한다.

달은 베다 시대의 오래전부터 '마음' 또는 지혜의 상징이었다. 그리고 그 월륜 속에 일체의 근원을 상징하는 검은 A(अ) 자를 관한다. 하지만 그 달은 두터운 구름에 뒤덮여 있다. 구름은 정지시켜야 할 마음의 작용[心作用]을 나타내고 있다.

① "옴, 나는 마음속 깊은 곳까지 꿰뚫어 본다"라고 읊조리며, 성취법(요가)을 시작한다. 그리고 자신의 마음을 '어스레한 어둠에 휩싸인, 그 내부에 검은색의 〈A〉 자(字)를 비추는 월륜(月輪)'이라고 심장 속에서 관(觀)한다.

② "옴, 나는 보리심을 세우겠다"라고 읊조리며, 자신의 마음을 '어둠이 걷힌, 금색의 〈A〉 자를 비추는 청정한 월륜'이라고 심장 속에서 관한다.

③ "옴, 우뚝 서라 금강," 나아가 "우주 크기로 퍼져라 금강, 한 점으로 축소되어라 금강"이라고 읊조리며, 자신의 마음인 월륜의 내부에 있는 〈A〉 자가 '금강저로 변해가는' 과정을 여실하게 관상(觀想)한다.

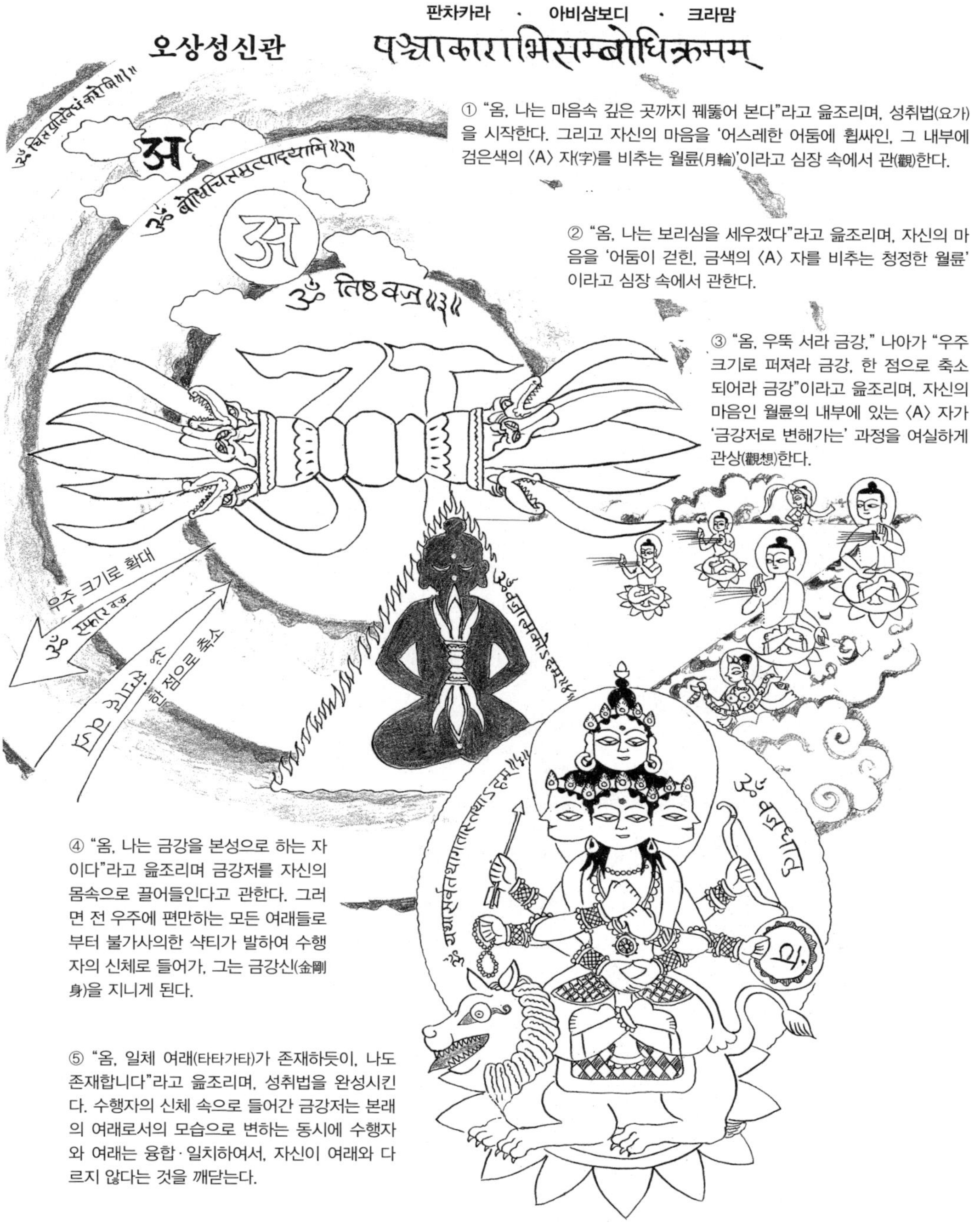

④ "옴, 나는 금강을 본성으로 하는 자이다"라고 읊조리며 금강저를 자신의 몸속으로 끌어들인다고 관한다. 그러면 전 우주에 편만하는 모든 여래들로부터 불가사의한 샥티가 발하여 수행자의 신체로 들어가, 그는 금강신(金剛身)을 지니게 된다.

⑤ "옴, 일체 여래(타타가타)가 존재하듯이, 나도 존재합니다"라고 읊조리며, 성취법을 완성시킨다. 수행자의 신체 속으로 들어간 금강저는 본래의 여래로서의 모습으로 변하는 동시에 수행자와 여래는 융합·일치하여서, 자신이 여래와 다르지 않다는 것을 깨닫는다.

그림 1. 오상성신관五相成身觀

2. '옴, 나는 보리심을 세우겠다 oṁ bodhi-cittam utpādayāmi.'

그 구름이 점차 흩어져 가서, 이제는 거울과 같은 월륜과 금색의 A 자가 확실히 보인다. 이것은《요가수트라》Ⅱ. 52의 그 [숨을 멈추는 프라나야마의] 결과, [프라갸의] 광휘를 뒤덮고 있는 것(아바라나, 상스카라)은 파괴된다•.에 대응하는 것이다.

3. '옴, 우뚝 서라 금강 oṁ tiṣṭha vajra.'

A 자가 밀교의 심볼인 바즈라(금강저)로 변한다. 바즈라도 또한 프라갸파라미타 여신과 마찬가지로 '공空'의 상징이다. 바즈라를 끝도 없이 거대하게, 즉 우주의 크기만큼 확대시킨다. 또한 그것을 끝없이 작게 즉 원자의 크기로 축소시킨다(단, 너무 작으면 인식되지 않기 때문에 통상, 인도 요리에 자주 사용되는 겨자씨 크기라고들 한다). 크게 하거나 작게 하기를 반복한다. 비유하자면, 토기 장인이 점토를 잘 반죽하듯이, 바즈라의 이미지를 완벽한 것으로 잘 다듬는 것이다. 흙은 잘 이기지 않으면, 열에 약하다. 금세 갈라져버린다. 그리하여 바즈라의 이미지가 완벽한 것이 된다.

4. '옴, 나는 금강을 본성으로 하는 자이다 oṁ vajrātmako'ham.'

동시에 바즈라를 자기 신체 속으로 끌어들인다. 그러면 주위에 있던 여래들(신들)이 바즈라를 향해 일제히 손바닥에서 신령스러운 기운(샥티)을 방사하는 것이다.

• 《요가수트라》Ⅱ. 52
tataḥ kṣīyate prakāśa-āvaraṇam ||

5. ‘옴, 일체 여래(타타가타)가 존재하듯이, 나도 존재합니다 oṁ yathā sarva-tathāgatās tathāham.’

마지막으로 여래들의 샥티를 받아서 자신은 대일여래가 되었다고 관觀한다. 요긴은 여래와 융합하여, 자신이 여래와 다르지 않음을 깨닫는 것이다.

이 다섯 단계의 만트라와 관법으로 이루어진 성불의 프로세스는 ‘오상성신관五相成身觀, pañca-ākāra-abhisambodhi-krama’이라고 칭해지며, 불교 · 힌두교에 관계없이 그 후 밀교 요가의 표준이 되었다.

◎ 금강계오불(그림 2)

자, 이야기는 계속된다.

이제 대일여래가 된 사르바르타싯디(=석가모니)는 여래들로부터 바즈라다투vajradhātu(금강을 본질로 하는 것, 한역 ‘금강계金剛界’)라는 칭호로 불리게 되었다. 그리고 그들과 함께 비마나vimāna에 탑승한다.

‘비마나’라는 것은, 말하자면 UFO이다. 《라마야나》나 그 밖의 고대 문헌에서는 5대 요소로부터 추출한 힘을 동력으로 한 비마나가 꽤 매커니컬mechanical한 한편, 테크놀로지컬technological하게 묘사되어 있다. 예를 들면, ‘지地’는 응결하는 힘, 즉 우리를 이 지구에 붙잡아 두려는 힘이다. 반면 ‘풍’은 유동하는 힘, 즉 추진력이다. 이 둘을 충돌시키면 중력에 대한 반작용이 발생한다.

‘비마나’는 인도 대륙으로부터 멀어져 점점 고도를 높여 간다. 대기권을 빠져나가, 반짝이지는 않지만 빛을 발하고 있는 보석처럼 별들이 박혀 있는 우주 공간을 빛보다 빠른 속도로 이동해 간다. 초광속이기 때문에 시간도 역행해간다. 이윽고 우주의 중심, 수메루Sumeru(수미산)에 도착한다.

사방이 벽으로 둘러싸여 있는 훌륭한 궁전(우주 기지?)이 있다. 백·청·황·적·녹의 오색 다이아몬드를 건축 재료로 하고 있다. 돔dome 형태를 띠고 있으며, 그 위에는 탑과 같은 것이 얹혀 있다. 전체의 모습은 인도의 불탑을 방불케 한다. 어쩌면 스투파stūpa가 이 궁전을 모방한 것인지도 모른다. 그들은 그 궁전으로 들어갔다.

무수히 많은 신이 우주의 창조자인 바즈라다투를 둘러쌌다. 그러자 신들은 윤곽이 흐릿해져 서로 융합하여 다음의 네 여래로 재구성된다.

○ 악쇼비야akṣobhya(아촉阿閦)

○ 라트나삼바바ratnasaṁbhava(보생寶生)

○ 로케슈와라라자lokeśvararāja(세자재왕世自在王 = 아미타)

○ 아모가싯디amoghasiddhi(불공성취不空成就)

이 네 여래에 금강계오불이 출현한 것이다.(그림 2).

그리고 이 여래들의 집합체(=진실재, tattva)는 '금강계 만다라'(그림 3, 4)가 되어 증식해 우주를 재구축해가는 것이었다.

◎ 만다라

밀교수행자는 만다라를 관상觀想한다.

우선, 사방에 문이 설치된 둘레의 벽 안에 세워진 사원을 관한다. 만다라에 그려지는 원이나 사각형 등의 기하학적 도형은 사실상 입체적인 불교 건축의 평면도이다.

서: 아미타여래(阿彌陀如來)

남: 보생여래(寶生如來)

중앙: 대일여래(大日如來)

북: 불공성취여래(不空成就如來)

중앙과 동서남북 사방에 여래를 배치한다. 이것이 금강계 만다라의 기본구성이다.

동: 아촉여래(阿閦如來)

그림 2. 금강계오불

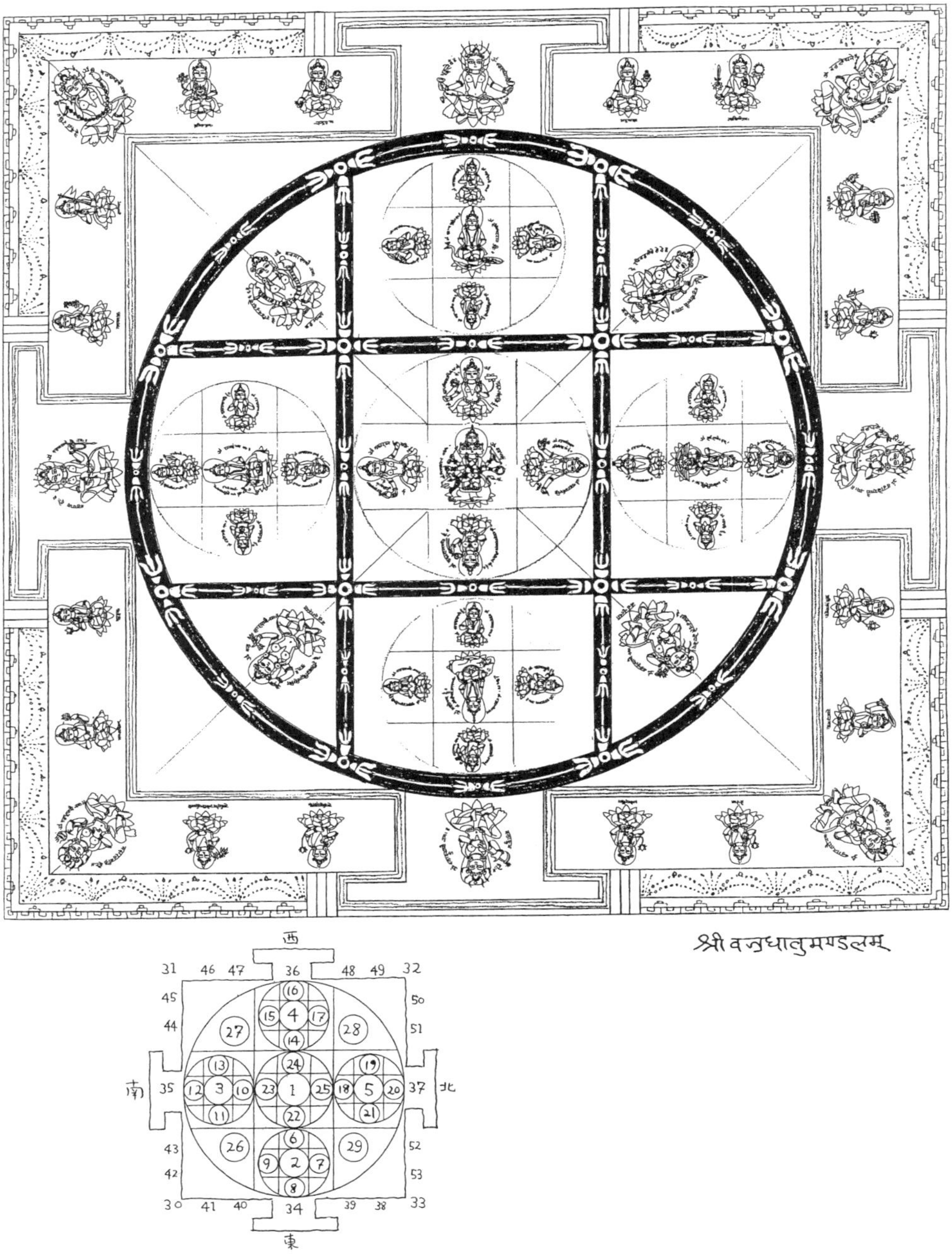

사방의 여래는 자신의 분신인 네 보살을 각각 사방에 만들어낸다. 이와 동시에 자신의 샥티(여신으로서 의인화된 힘)를 대일여래에게 바친다. 대일여래는 그 답례로 춤이나 노래(를 의인화 한 네 여신 = '안의 네 공양녀')를 네 여래에게 보낸다. 네 여래는 그에 대한 답례로 향이나 꽃 등의 푸자를 위한 공물(을 의인화 한 네 여신 = '밖의 네 공양녀')을 대일여래에게 보낸다. 이 바즈라(vajra)한 성역의 사방의 문을 네 여신이 지키고 있다. 모두 합해서 37명의 부처가 만다라의 기본 구성원이다. 주변 벽의 '현겁16존(賢劫十六尊)'은 과거 · 현재 · 미래의 부처들을 대표하고 있다.

그림 3. (권두의 그림 2) 금강계 만다라

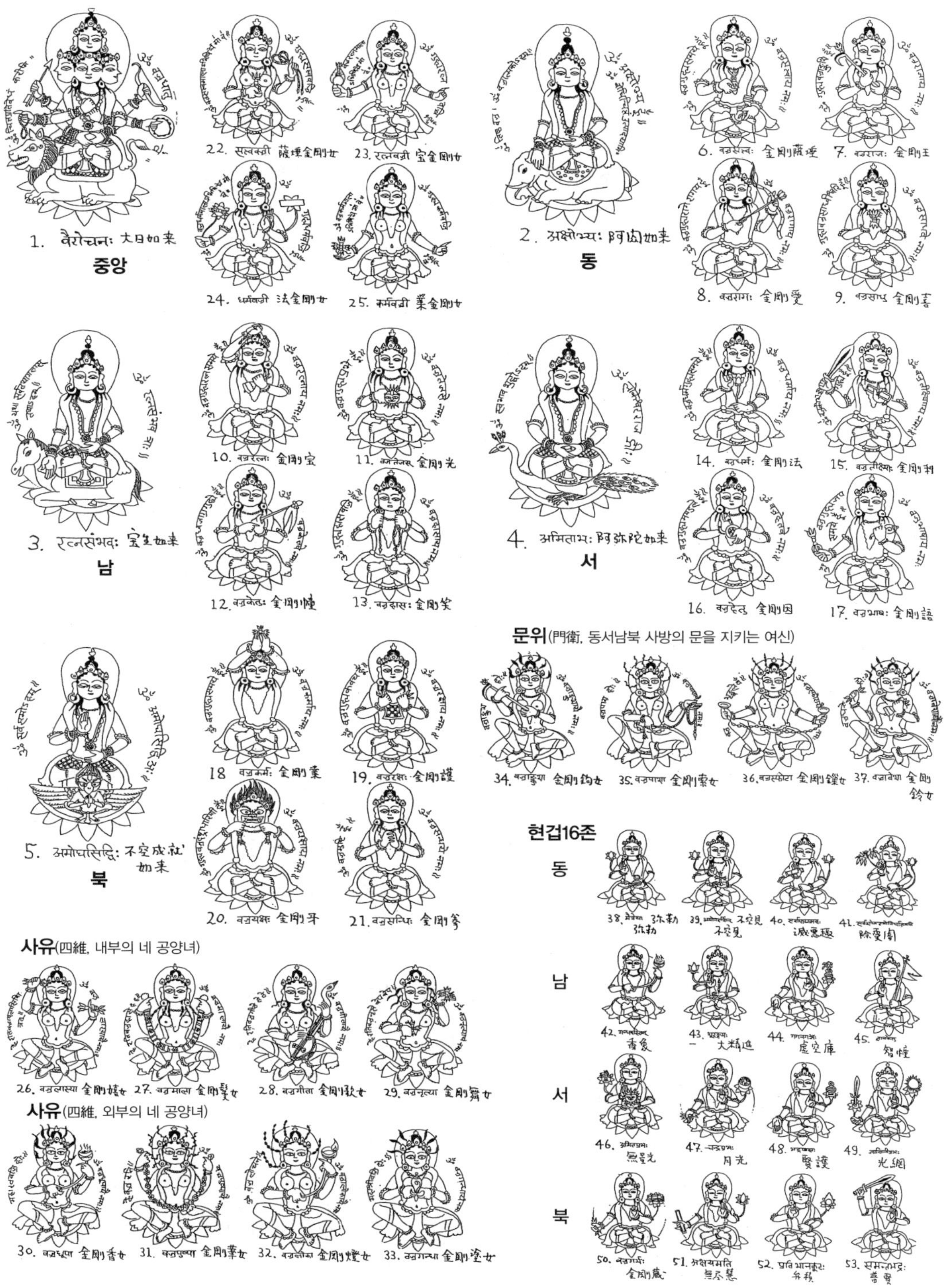
중앙
동
남
서
북
문위(門衛, 동서남북 사방의 문을 지키는 여신)
현겁16존
동
남
서
북
사유(四維, 내부의 네 공양녀)
사유(四維, 외부의 네 공양녀)

그림 4

이미지로 사원을 건립했다면, 그 중앙에 본존本尊(금강계 만다라의 경우에는 대일여래)을 관하고, 주위에도 순차적으로 부처를 배치해간다. 우선 종자(비자)를 관하고 그것을 부처의 형태로 성장시켜가는 것이다. 그처럼 관觀해서 만들어낸 만다라를 이번에는 무한대로 확대해간다. 또는 미세한 겨자씨의 크기로 축소해간다.

마지막으로 만다라를 해체한다. 만다라를 출현시킬 때와는 반대로 부처를 한 분 한 분 허공으로 돌려보내고 사원도 소멸시킨다.

각 부처의 색, 장신구, 손이나 얼굴의 개수, 지참물, 이것들 모두에는 불교 교리에 뿌리를 둔 의미가 부여되어 있다. 예를 들면, 대일여래는 사자에 올라타고 있다. 사자는 백수의 왕으로, 그가 포효하면 모든 동물은 침묵한다. 마찬가지로 부처님이 사자후(설법)를 발하면 그 장대한 음성 앞에서 다른 모든 소리가 무의미해지고, 우리는 침묵하는 것처럼.

만다라의 디자인 그 자체에도 큰 의미가 있다. 금강계 만다라에서는 원을 그리고, 그 안을 우물 정井 자 형으로 구획한다. 이것이 기본 플랜이다(그림 5). 그 우물 정 자의 중앙과 사방에 각각 원을 그리고, 거기에 또 우물 정 자를 그려 구획한다. 이것을 반복해간다. 만다라의 기본형은 해치지 않은 채, 만다라 안에 포개 넣은 구조의 만다라가 무한대로 생산된다. '매우 작은 티끌 속에도 전 우주가 포함되어 있고 동시에 전 우주는 티끌과도 같다.'

즉, 하나는 일체이고 일체는 하나이다. 모든 것이 상호 연관되어서 하나의 존재 속에도 모든 것이 투영되어 있다고 하는 불교의 화엄사상 또는 '색즉시공 공즉시색'이라는《반야심경》의 구절을 눈에 보이는 형태로 만든 궁극의 디자인이다.

동일한 패턴이 포개져 무한히 반복되는 이러한 기하학적 이미지는 최근에는 '프랙털fractal 구조'라 불리고 있다. 계절의 순환이나 해안선이나 균열의 형태, 수목의 가지 등에서 발견되는 복잡한 도형과 같은 자연의 연속적으로 되풀이되는 일련의 일들이(?) 프랙털에 의해 지배되고 있다. 현대과학은 프랙털 패턴이 시각을 포함한 자연의 복잡한 사이클을 규제하고 있다는 견해에 쏠리고 있다.

그리고 프랙털은 만상 속에서도 가장 복잡한 것, 즉 인간에게도 들어맞는다고 한다. 이것은 어쩌면 대우주와 소우주로서의 인간이 닮았다는 사실을 입증하는 것일지도 모르지만, 어쨌든 불교는 천 수백 년 전에 프랙털을 발견하여 수행에 활용해 왔던 것이다.

> 진리의 상징으로 만다라를 쌓는다.
> 하지만 그것도 '공空'이라고 하며 만다라를 해체한다. 쌓고 나서 부수고 부수고 나서 다시 쌓는다. 이것을 매일 반복한다.

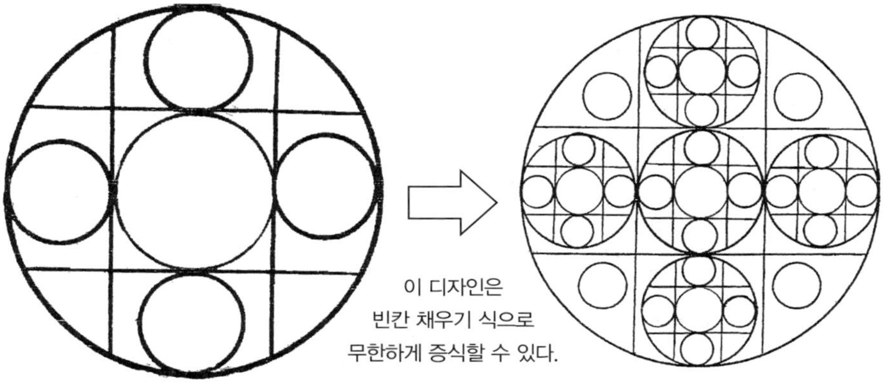
이 디자인은
빈칸 채우기 식으로
무한하게 증식할 수 있다.

원을 우물 정(井) 자로 구획하여 각각의 구획에 원을 둔다. 그리고 그 원을 또다시 우물 정 자로 구획해간다. 이 디자인은 포개 넣은 구조로 무한히 증식시킬 수 있다. 그것은 가장 안정된, 견고한(바즈라한) 다이아몬드와 같은 결정구조이다. 절약을 으뜸으로 여기는 창조신은 우주를 이 단 하나의 디자인을 기반으로 구축했던 것이다.

그림 5. 금강계 만다라의 구조

쌓고 나서 부순다고 말하지만 만다라는 확실히 그 사람의 몸과 마음속에 새겨져간다. 이렇게 바즈라한 세계, 즉 '공'의 원리를 느껴서 알게 되는 것이다.

◎ 신체 만다라

이윽고 밀교는 신체 그 자체를 '궁극의 만다라'로 간주하기에 이른다. 머리, 목, 심장, 배꼽, 성기에 위치한, 소위 말하는 차크라에 금강계오불을 적용시키는 것이다(그림 6).

그리고 여기서도 쌓은 다음 부수고, 부순 후에 다시 쌓는 식의 만다라 관상이 반복된다. 호흡법 등의 신체 기법을 수반하며, 생리작용을 제어하면서 행하는 그것은 보다 직접적으로 '공'을 느껴서 알게 만드는 것이다.

그것이 하타 요가의 시작인데, 이에 관해서는 장을 바꿔 설명하기로 한다.

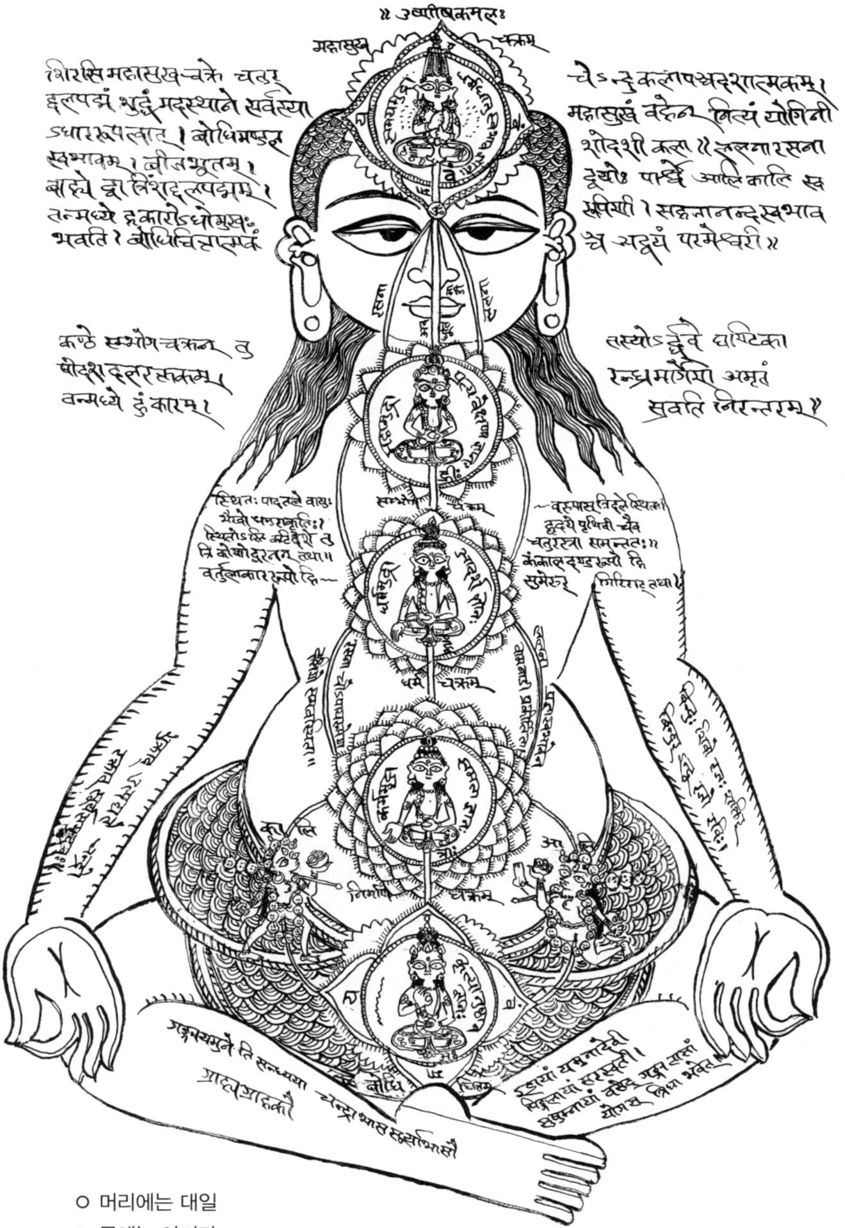

- ㅇ 머리에는 대일
- ㅇ 목에는 아미타
- ㅇ 심장에는 아촉
- ㅇ 배꼽에는 보생
- ㅇ 성기에는 불공성취

등 금강계오불이 배치된다. 여기에는 그려져 있지 않지만 각 여래와 관련된 보살들도 주변의 각 마르마(marma)에 위치시켜 긴밀한 신체 만다라가 구축된다.

그림 6. 신체 만다라

제3장

요가의 우주관

– 베다의 제단에서 차크라로

'대우주와 소우주의 일치'가 하타 요가를 포함한 탄트라적 요가의 대전제이다. 사람은 대우주(대자연이라고 해도 좋다)라는 대단한 것과 맞닥뜨렸을 때, 그 힘에 겨운 현실을 어떻게 해서든 생각대로 조종하고자 한다.

추상적인 사고는 그로부터 시작되었다.

베다는 '대우주'에 '사람'을 의미하기도 하는 '푸루샤'라는 말을 적용시켰다. 나아가 그것을 모델화하여 명확히 인식될 수 있는 형태로 치환할 필요가 있다. 추상은 상징으로 변하는 것이다. 푸루샤를 형태화하는 이 생각이 태고의 베다 의례의 제단 → 고대 만다라mandara나 사원 건축 → 중근세의 인체 차크라 그림에 이르는 조형을 관통하고 있다.

25. 만디라Mandira – 우주의 비밀
26. 링가Liṅga – 하늘과 땅을 잇는 것
27. 판차부타Pañca-bhūta – 추상화된 에너지
28. 베디Vedi – 매의 제단은 날아간다

29. 스투파Stūpa – 붓다 디자인
30. 바스투 푸루샤Vāstu-puruṣa – 전 우주를 한 장의 그림으로
31. 로카팔라Loka-pāla – 인도 풍수의 주역
32. 만다라Maṇḍala – CG처럼

33. 얀트라Yantra – 매트릭스와도 같이
34. 메루Meru – 수정 가능한 우주
35. 가르바 그리하Garbha-gṛha – 우주가 탄생하는 곳
36. 크슈드라 안다Kṣudra-aṇḍa – 소우주로서의 인체

25 만디라
– 우주의 비밀
Mandira

[√mand(머물다)]

〈중〉 집, 건물, 궁전; 사원
※ 한자 '사寺'의 원뜻은 '집, 건물'이다. 관공서·건물을 가리킨다. 사寺가 사원·승원을 의미하게 된 것은, 중국에 불교가 유입된 한나라 시대 이후이다. 인도에서도 '만디라'가 '사원'을 의미하게 된 것은 후대의 일로, 본래는 건물·궁전 등의 '건물'이었다. 이것은 바라문교·힌두교의 신앙 형태와 관계가 있다.

◎ 명상하는 사원

"사원寺을 그대 자신이라고 생각하라"고 수행자(사두)가 말한다. 텁수룩하게 흐트러진 머리털, 얼굴의 반을 뒤덮고 있는 고불고불한 수염, 오렌지색 로브robe. 나이가 얼마나 되는지는 알 수 없다. 50세, 아니, 어쩌면… 1,000세를 넘겼을지도 모른다. "사원에는 우주의 비밀이 봉인되어 있다. 사원을 생각하며 나를 생각함으로써, 모든 것이 풀린다. 자, 그럼 가볼까?"

인도 타밀나두Tamil Nadu 주의 탄자부르Thanjavur, 브리하디스와라Brihadisvara 사원의 경내. 본전本殿의 위에 얹혀 있는 높이 60여 미터의 대탑이 푸른 하늘에 닿을 듯이 솟아 있다….

• • •

오랫동안 인도를 거닐며 그려서 모아둔 필드 노트field note가 서가의 한 모퉁이를 차지하고 있다. 조금씩 정리해서 저술에 활용하고 있지만, 아직 거의 손대지 못한 부분이 있다. 사원의 도면이다. 평면도, 입면도, 단면도, 장식 패턴, 두드러진 조각, 벽화.

인도의 종교건축에 매료되어, 이미 오래전 신이 거주하지 않게 된 유적 또는 현재도 살아남아 제사가 거행되고 있는 신전을, 작열하는 태양에 몸을 살라가며 몇 날 며칠 동안 크로키 북croquis book에 베껴 옮겼다.

도구는 필요 없다. 대부분의 사원들은 정동正東 쪽에 입구가 있기 때문에 방위를 금방 알 수 있다. 걸음 수로 거리를 측정한다(내 숏 다리가 들통나는 까닭에 더이상 말하지 않겠다). 팔을 자처럼 사용하여 높이를 측정한다. 손을 펴고 앞으로 뻗었을 때 중지 끝에서 팔꿈치까지의 길이를 1하스타hasta라고 하였다. 오래된 건축의 스케일은 시공주施工主의 하스타가 단위가 되고 있다. 예를 들어, 주춧돌의 높이가 1하스타라면, 자신의 하스타와 비교함으로써 그 사원을 희사한 왕자의 체격을 엿볼 수 있다.

각 사원은 제각각의 개성이 있는 듯 보이지만, 평면도를 비교해보면, 공통 패턴이 있음을 알 수 있다. 본전의 설계는 기본적으로 정방형으로, 벽의 두께도 한 변의 1/8 또는 1/9이다. 경내는 전방을 넓게 잡고 있다. 사원의 남동쪽은 많은 경우, 의례(푸자pūjā)이 있을 때 공물을 조리하는 주방이 있고, 남인도의 큰 사원에는 코끼리를 키우고 있는데, 코끼리 우리는 북서쪽에 위치한다.

무수히 많은 사원. 코나락크Konārak의 수리야Sūrya 사원처럼 주저앉은 폐허의 경우, 복원도를 작성했다. 만족할 만한 도면이 나올 때까지 일주일, 한 달 동안 체류했다. 왜 그렇게까지? 하고 질문할지도 모르겠다.

사원을 내 것으로 하고 싶었기 때문이다! 거대한 건축을, 직경 20센티미터도 되지 않는 뇌의 미궁 속으로 옮겨 세우고 싶었기 때문이다!

평면도나 입면도, 즉 설계도를 그리면, 그것을 바탕으로, 비록 일본에 있다 하더라도, 사원의 구석구석까지 재현할 수 있다. 아니 더 구체적으로 말하자면, 오늘날의 CG처럼 색이나 질감까지 리얼하게 관상觀想함으로써 시공을 뛰어넘어 사원이 건립되었던 지난날로 여행할 수 있지 않을까, 하는 야심을 품었던 것이다. 소위 아스트랄astral 여행, 즉 영체 여행이다. 조금 더 말해보자면, 지금은 잃어버린 태고의 예지叡智라 할지라도 내 것으로 할 수 있지 않을까, 하고 생각했던 것이다. 적어도….

지금도 필드 노트를 펼치면, 도면을 그렸을 때의 기억이 선명하게 되살아난다. 다양한 처지의 인도인들이 내 행위에 흥미를 가졌다. 유적 복구를 감독하는 고고학 담당 직원은 바스투vāstu(인도 풍수 및 건축학)를 전수해주었다. 농촌에서 온 소박한 순례자 일가는 무릎을 꿇고 내 발끝에 손을 대며, 그날 자신들의 도시락 전부를, "보시입니다"라며 내게 내밀었다. "그것(그림을 그리는 것)이 당신의 요가인가?"라고 물어온 사두들도 적잖이 있었다. 그런데 그중의 두세 사람은 당시의 일기에 등장하지 않는다. 내 기억 속에서는 또렷한 윤곽으로 존재하는 인물임에도 불구하고…. "자, 그럼 가볼까?"라고 말한 사두도 그중 한 사람이다.

• • •

복잡하게 디자인 된 열주列柱•가 종유동을 연상시키는 앞의 신전을 빠져나와 본전에 이르렀다. "탑은 메루Meru(수미산, 우주축)를 나타내고 있다"고 사두가

• 옮긴이 주 – 지붕 아래 대들보를 받치며 일정한 간격으로 세워진 다수의 기둥이다.

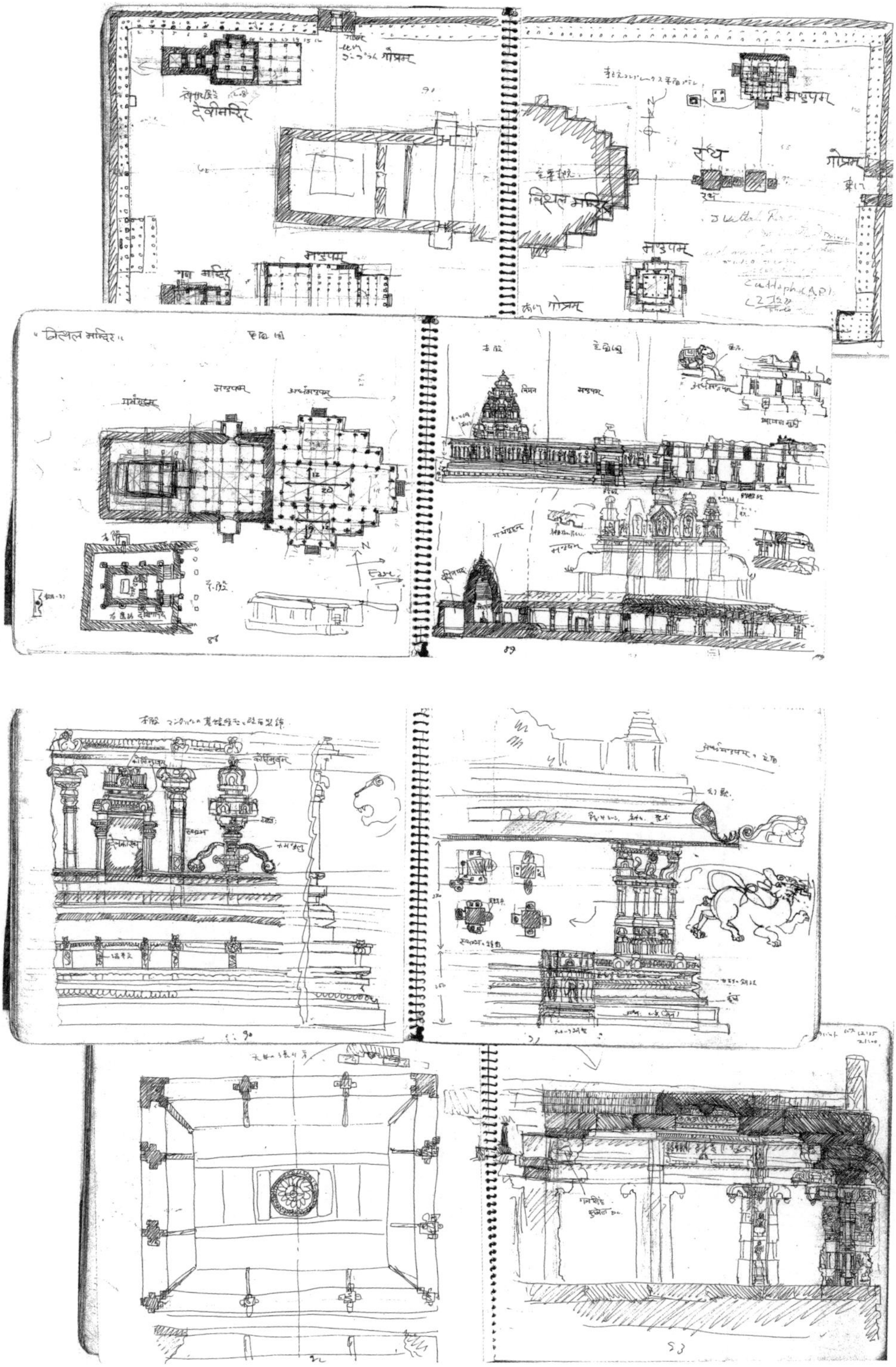

사원의 스케치

말한다. "동시에 동쪽을 보고 앉은 요긴을 나타내고 있다. 시카라śikhara(탑 정상의 갓돌)는 우주의 시원이자 정수리 차크라와 다름없다. 네 마음을 요동치게 하는 사랑이나 돈, 전쟁 같은 세상의 모든 것은 환영(마야māyā)으로, 수백에 달하는 조각상으로 변해 사원의 외벽을 장식하고 있다. 하지만, 보아라. 여기에는…. "

사원 내부의 가장 깊숙한 곳에 있는 지성소至聖所는 모든 허식을 떼어낸 원래대로의 석벽으로 둘러싸여 있다. 희미한 기름 등불이 어두운 실내를 군데군데 밝히고 있으며, 불빛의 그림자가 춤을 추고 있다.

그리고 그 속에서 쉬바 신이 성스러운 링가liṅga(남근男根)의 모습으로 명상하고 있다. 링가는 황홀한 정신집중을 상징한다. 그것은 직립한 등뼈이자 수

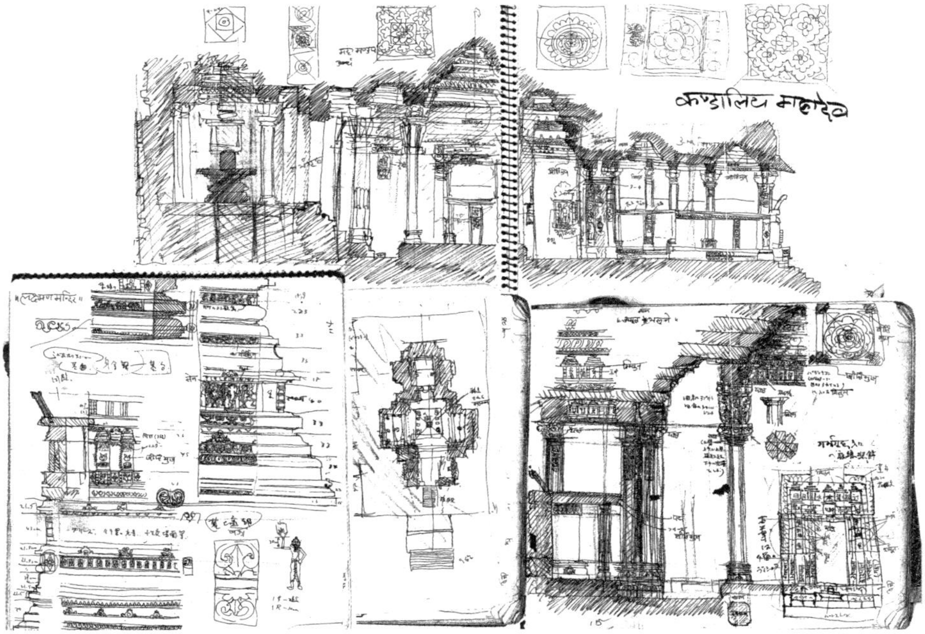

사원의 스케치

숩나로, 그것을 타고 쿤달리니의 화염이 사마디를 향해 상승해 간다. "저것은?"이라며 나는 북쪽 벽 밑에 뚫려 있는 구멍을 가리켰다. 의식을 거행할 때, 신상神像에 붓는 우유나 성수를 배수하기 위한 도관導管이라는 정도는 알고 있다. 하지만, 뭔가 신비적이고 추상적인 의미가 있는 것은 아닐까 생각했던 것이다. "사원의 그리고 명상하는 그대의… "라고 말하고 있던 사두의 얼굴이 일그러졌다. "소변 구멍이다."

필자가 1983년에 그린 것으로, 지금 보면 정정할 곳이 많지만 당시를 기념하여 그대로 게재한다.

코나라크Konārak의 태양신전 복원도

26 링가
– 하늘과 땅을 잇는 것

Liṅga

[√liṅg(움직이다/묘사하다)]

〈중〉 표지標識, 식별 마크, 인印, 성性의 상징(즉, 성기性器); 남근男根, 쉬바 신의 상징
※ '형태로서 묘사된 것 = 상징/심볼'이 링가의 원래의 의미로, 성전聖典 《링가 푸라나》의 정의는 '어떤 것을 다른 것과 식별하는 특유한 표지'이다. 아이가 태어났을 때, 먼저 확인하는 것은 남자의 심볼이 붙어 있는지 아닌지이다. 여기서 링가는 '남근'의 의미를 지니게 되고, 나아가 '최고신 쉬바의 남근'을 이르게 되었으며, 형이상학적으로는 '우주를 관통하는 기둥(원리)'을 상징하게 되었다.

◎ 근원적인 형태

여자의 성기 모양을 한 석판에 남성의 그것(링가)을 모방한 석봉이 떡하니 돌출되어 있다. 뭐 너무 망측스럽다는 등의 생각해서는 안 된다. 다들 알다시피 쉬바 링가. 인도의 쉬바 신을 모시는 사원에 참배하러 가면 반드시 보게 되는 본존本尊이다.(그림 1, 2)

쉬바 링가에는 물론 성적인 의미도 들어 있다. 하지만 이와 동시에 심지어 전 우주까지도 상징하고 있다. 남녀의 성기는 극단적으로 표현하자면 철凸과 요凹이다. '철'은 '요'에게 마음을 불태우고, '요'는 '철'에 의해 몸을 비비 꼬게 된다. 그 결합을 통해 새로운 생명이 탄생한다. 프로이트를 언급할 필요도 없이, 이것이야말로 인간 심리의 심연에 확실히 각인된 궁극의 형태임에 틀림이 없다. 그리고 인도에서 마음은 이 '철'과 '요', 그리고 그것들의 작동 원

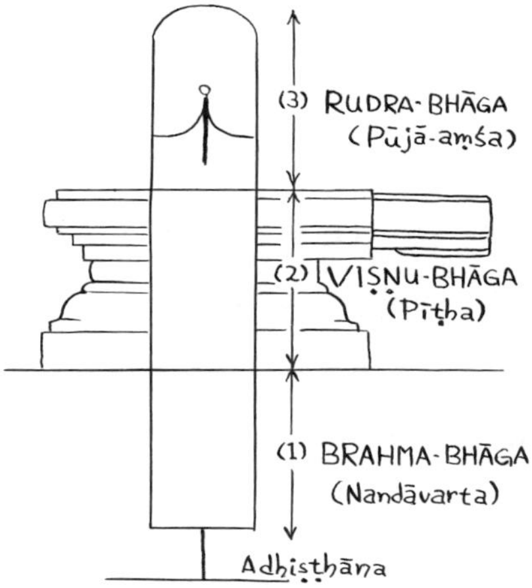

힌두사원의 본존인 쉬바 링가(남근 형태의 돌기둥)는 ⑴ 바닥 밑에 숨겨진 부분, ⑵ 여성 성기 형태의 기단에 둘러싸인 부분, ⑶ 기단에서 돌출된 부분으로 구성된다. 순차적으로, 미현현의 추상적인 최고신, 우주를 창조하는 여성원리, 남성원리를 각각 형상화한 것이다. '쉬바 링가'라고 할 때는 반드시 요니와 한 세트를 이루고 있는 것을 지칭하며 '합일' 또는 '모든 존재, 전 우주'의 상징이 된다.

그림 1. 쉬바 링가

링가는 '뜨겁기' 때문에 그 위에 물을 떨어뜨리기(다라dhāra) 위한 그릇(파트라pātra)이 매달려 있다.

그림 2. 다라파트라

리를 우주의 성립 그 자체에 이르기까지 널리 확장한 것이다.

중국식으로 말하자면, 음과 양이다. 자석의 N극과 S극인 것이다. 전하의 양전하와 음전하이다. 이진법의 0과 1이다. 하지만 이러한 것은 형상이 수반되지 않는다. 그렇지만 철과 요는 눈에 보이게 존재한다. '본다'는 것이 인도에서는 매우 중시되고 있는 것이다.

◎ 부처님의 형상

남녀 신들이 합체하고 있는 적나라한 모습이 석벽에 가득 새겨져 있다. 이것도 "어쩜 이리 상스러운…"이라고 생각해서는 안 된다. 미투나mithuna. 인도 중세시기의 사원에 참배하면 싫어도 보게 되는 벽면 조각이다.

물론 미투나에는 성적인 의미도 있다. 하지만 동시에, 인도철학을 풀어 설명하고 있다. 9~12세기에 성행했던 후기 밀교의 부처님도 제대로 합체해 있기 때문에, 불교를 예로 들어 설명해보자.

철학이란 말의 체계이다. 인도의 경우에는 산스크리트이다. 남성, 여성, 중성의 성별(젠더)이 부여되어 있다. 그 성에 따라서 추상적인 것도 구상화된다. 예를 들어 대승불교의 두 가지 큰 원리인 '지혜와 방편.' 이것을 어떻게 형상화할까?

방편의 원어는 '우파야upāya'로 남성 명사이다. 한편 지혜는 '프라갸prajñā'로 여성명사이다. 각각 남성 부처님과 여성 부처님으로 바뀐다. 게다가 이 두 부처님은 합체한다. 그렇게 되면, '지혜와 방편의 합일'이라는 의미가 된다.

그렇다면, 왜 추상적인 것을 일부러 형상화하는 것일까? 이미지화하기 위해서이다. 요가 명상의 근간은 신이나 부처님의 모습을 비주얼하게 마음에 떠올리는 것에 있다. 불상이 나타내고 있는 것은, 부처님 그 자체보다도 불법이라는 추상적인 원리이다. 추상적인, 바꿔 말하자면, 정체를 알 수 없는 무언가를, 자신의 의식 속에서 조작할 수 있는 형태로 또는 분명히 이미지화할 수 있는 형태로 치환해볼 필요가 있었다.

아인슈타인도 비슷한 일을 했었다. 그는 물리학상의 문제를 생각할 때, 종이에 문자나 숫자뿐만 아니라 다양한 그림이나 도형을 그렸다. 그로부터 흘러나오는 직감에 의존했다는 것은 잘 알려진 사실이다.

암산의 달인도 이미지를 이용한다. 머릿속에 주판을 떠올리고, 그 주판을 튕겨 답을 내놓는다. 그렇다면, 이미지화 즉 형상을 마음에 떠올린다는 것은 고도의 사고를 할 때 매우 유효한 수단이라고 말할 수 있을 것이다.

불교에서는 불법을 불상으로 만듦으로써 고도의 사색이 가능하게 된다. 더욱이 남녀 부처님이 합체하는 미투나로 만듦으로써, 즉 인간 존재의 본원에 각인된 '철'과 '요'를 포갬으로써 그 이미지는 한층 더 두드러지게 된다. 그렇기는 하지만, 금욕이 강요되는 스님이 그러한 것을 관상하면 분명 마음이 들썩거려 곤란해졌을 터이다.

덧붙이자면 형상은 산스크리트로 '루파rūpa'라고 한다. '색즉시공色卽是空'에서 '색'의 원어가 이 '루파'이다. '공(순야타)'은 원래 형상이 없는 것이다. 그런데 '공'을 일부러 형상으로 구체화한 것이 인도인 것이다. 즉 '공즉시색空卽是色.'

◎ 요가의 형상

어찌 되었든, 무엇이든지 형상화한다. 요가도 형상화한다. 그것은, 한마디로 링가, 즉 남성의 상징이다. 힘이 없어서는 안 된다. 단단하게, 뜨겁게, 자신의 배를 두드릴 정도로 불끈 젖혀지지 않은 것이라면 상징(링가)이라고 불릴 자격은 없다. 당당한(?) 그것은 선사시대 이래로 인도에서 수천 년의 시간을 관통하여, 요가의 창시자인 쉬바 신의 상징으로서 존재해왔다(그림 3). 또한 쉬바의 아랫배로부터 '씩씩하게 수직으로 솟아 있는 것'으로서 추출되어, 베다 시대에는 희생제의 제화나 천공을 지탱하는 '황금 기둥(히란야베타사)'과 동일시되었다. 이윽고 다음과 같은 신화가 생겨난다.

"난 창조하는 신이다." "내가 없으면 이 세상에는 아무것도 없다. 그래서 내가

세 개의 얼굴을 지니고 남근을 발기시킨 채 소뿔 장식을 머리에 한 신이 요가 자세를 취하고 앉아 있다.

그림 3. 인더스 문명의 쉬바 신
(모헨조다로 출토 인장, B.C. 2500년경)

가장 대단하다"라고 브라만이 말했다.

"음, 애들의 경우도 그렇지만, 뭐든 낳기만 해서는 곤란하지. 키우지 않으면 안 된다. 나는 양육하는 (또는 유지하는) 신이다. 따라서 내가 더 대단하다"라며 비슈누가 반론했다.

"어린놈이 약은 소리를 하고 있네."

"뭐라고 이 변태 늙은이가."

두 신은 격렬하게 언쟁을 벌였다.

거기에 돌연 화염에 휩싸인 기둥이 출현했다. 남근(링가)의 형태를 하고, 눈을 뜨지 못할 정도로 빛을 발하고 있다. 게다가 대지를 관통하여 하늘을 찌를 듯 점점 늘어났다.

믿을 수 없는 광경에 놀란 두 신은, "이 빛나는 기둥의 위아래를 확인한 자가 위대하다고 하자"라고 결정하여 브라만은 '항사haṁsa' 새의 모습을 하고 하늘을 향해 날아올랐다. 비슈누는 멧돼지가 되어 지하로 파고들었다. 하지만 두 신 모두, 이 불기둥의 양 끝에 도달하지 못했다. 기진맥진해진 둘은 원래의

그림 4. 링가에서 출현한 쉬바에게 예배하는 브라만과 비슈누(《링가푸라나》에서)

장소로 되돌아왔다. 그러자 "하하하"라는 웃음소리가 허공을 진동하며 기둥에서 "옴OṀ" 소리가 발산되었다. 그리고 다음 순간, 기둥 중앙의 일부분이 쩍하고 갈라지며 감히 범접하기 어려운 위엄과 권위에 찬 쉬바가 모습을 드러냈다.

"나 쉬바가 가장 위대하다."

그 압도적인 위엄에 눌린 브라만과 비슈누는 쉬바에게 복종했다(그림 4).

영광으로 가득 찬, 태초의 이 작열하는 링가는 천지를 잇는 불기둥이었다. 그것은 시작도 끝도 없고, 화산에서 뿜어져 나오는 불처럼 천공을 향하고 있었다. 상반되는 것을 하나로 묶는 링가, 이것야말로 요가(합일)를 형상화한 것이다.

요가로 쿤달리니를 각성시킨다. 그렇게 하면 그것은 두개골의 정점을 향해 이글거리는 링가처럼 상승하여 초월 세계에 도달하는 것이다.

27 판차부타
– 추상화된 에너지

Pañca-bhūta

[pañca(다섯) + bhūta(요소)]

〈남〉 지地 · 수水 · 화火 · 풍風 · 공空의 오대五大 요소
※ '판차부타'는 인도의 모든 비디야vidyā(과학)의 핵심을 이루는 컨셉이다. 아유르베다도 바스투 샤스트라Vāstu-śāstra(인도의 풍수)도 이 원리에 의거한다. 요가도 이를 피해갈 수는 없다. 오대 요소가 인체에서 형상화된 것이 차크라이기 때문이다.

◎ 우주를 만들어 움직이도록 하는 것

우주 최초의 요凹와 철凸이 자아내는 창조의 에너지, 소위 말하는 '지 · 수 · 화 · 풍 · 공'의 오대 요소도 형상화된다.

'지'의 에너지는 사각형
'수'의 에너지는 원(또는 초승달)
'화'의 에너지는 삼각형
'풍'의 에너지는 반원(또는 육각성六角星)
'공'의 에너지는 눈물 모양의 형태(또는 원)

전 우주도 형상화된다. 그것은 '사람(푸루샤)'의 형태로 인식된다. 그렇기보

다는 대우주와 소우주로서의 인체는 서로 닮은꼴이라는 확신에서 시작된 것이 하타 요가이다. 다들 잘 알고 있는 차크라는 애초부터 인체에 갖춰진 지수화풍공 및 마음[識]의 에너지를 형상화한 것이다.

오대 요소는 지는 지, 수는 수··· 라는 문자 그대로의 물질, 물질을 그와 같이 존재하게 하는 힘(에너지)의 양태, 그리고 우주의 성립을 나타내고 있다.

공空, **ākāśa** 인도의 가장 오래된 성전인《리그베다》에 빅뱅설을 생각나게 하는 '우주 창조의 시'가 있다. 그 시에 따르면, 우주의 시작과 함께 힘이 작용하는 장소인 '공'이 생겨났다. 이 '공(허공)'은 완전한 진공이라기보다는 물질의 소재가 되는 미세한 성분이 널리 그득 차 있다.

풍風, **vāyu** 그 허공에 '바람'이 분다. 이 '바람'은 빛이 그러하듯이 유동하는 힘, 추진력이다.

화火, **tejas** 바람'은 각처에서 소용돌이를 만들고, '바람'에 포함된 미세한 성분이 서로 마찰하여 열 또는 '불'을 발산한다. 이 '불'은 연소燃燒하는 힘이다.

수水, **ap** '불'의 작용에 의해 '물'이 생겨난다. 실제로 우주의 혼돈 속에서 최초로 나타나는 원자가 물의 원자이다. 이 '물'은 요소와 요소를 융합하는 힘이며 냉각하는 힘이다.

지地, **pṛthivī** '물'은 물질을 모아 응고시켜 '땅'을 낳는다. 이 '땅'은 고체화하는 힘이다.

우리 지구도 이 공 → 풍 → 화 → 수 → 지의 순서로 형성되었다. 혹은 다음과 같은 장면을 떠올려보라(그림).

태양이나 달을 비롯한 여러 천체가 있는 우주 공간. 이것이 '공'이다. 저 멀리 아득히 높은 하늘에 구름이 흘러간다. 이것이 '바람'이다. 구름이 마찰하여 번개를 발한다. '불'이다. 번개는 비를 부른다. '물'이다. 비가 대지, 즉 '땅'에 내린다. 이에 의해 지상의 모든 생명이 자란다. 그리고 모든 것이 이 다섯의 힘으로 이루어져 있다. 생명현상도 공·풍·화·수·지가 섞여 있는 것과 다름없다.

◎ 제6 또는 최초의 요소

하지만 후대의 요가에서는 여기에 '식識(vijñāna 또는 vikalpa)'을 추가하여 '육대 요소'라고 부른다. '마음'이다. 최초에 마음이 생겨났다. '마음'이 '공' 이하의 요소를, 즉 우주를, 물질을 낳는다. 물질에 앞서 마음이 있다. 이렇게 생각하는 것이 요가이다.

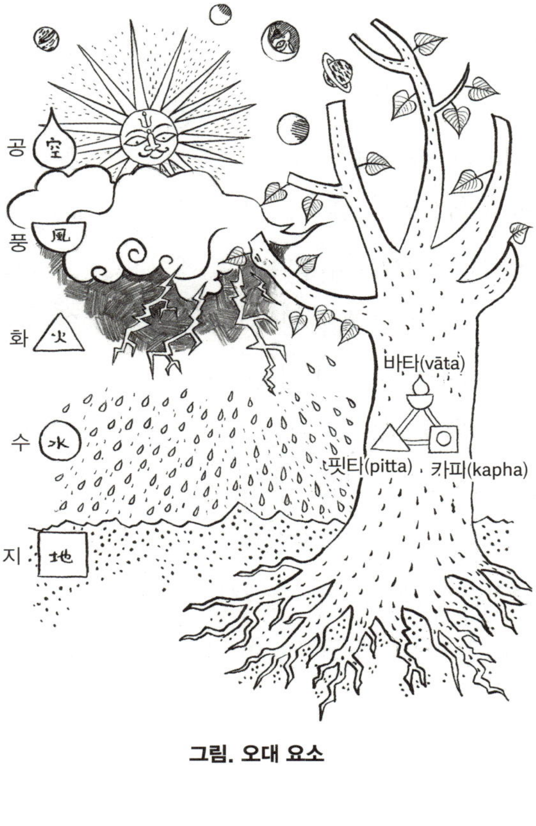

그림. 오대 요소

28 베디
– 매의 제단은 날아간다

Vedi

[√vid(알다/ 인식하다/ 존재하다/ 생기生起하다)]

〈남〉 베다에 정통한 학자.
〈여〉 제단, 특히 베다의 제단
※ 베다 종교에서의 최초의 종교적 건조물은 '베디vedi(제단)'로, 그 의미는 '생기한 것(우주)으로 인식되는 것,' 즉 우주의 모형이었다.

◎ 베다의 마법

푸루샤도 형상화된다. 여기서 말하는 푸루샤는 상키야 철학이나 《요가수트라》의 푸루샤가 아니다. 인도 최고最古의 문헌인 《리그베다》에서 찬송되는 푸루샤이다(→2. 베다). 여기서는 푸루샤가 천 개의 얼굴, 천 개의 눈, 천 개의 손을 가진 카오스(혼돈)로 등장한다. 남과 여, 낮과 밤 등의 모든 이원성을 초월한 존재이다. 이 푸루샤를 원초의 신들이 희생물로 삼았다. 고대의 브라만이 수소나 염소를 희생물로 한 것처럼. 갈기갈기 해체된 신체의 각 부분으로부터 코스모스cosmos(질서), 즉 세계, 주요한 신들, 동물이나 식물 그리고 카스트에 기반한 인간과 사회가 태어났다.

이 푸루샤가 베디(베다의 제단)로 구상화된 것이다. 베다 의례는, 있는 그대로 말하자면, 마법이다. 신들을 소환하여 공물을 바치고, 그 답례로 소원을 성취하는 것이다.

적을 멸한다! 좋은 반려자를 얻는다! 행복해진다! 병을 치유한다! 임신을 한다!

이와 같은 갖가지 바람을 가진 사람들이 브라만을 방문하여, 이 바람들을 성취하기 위한 의식을 청한다. 일본 밀교 사원에서 거행되는 호마 공양은 그 유전자를 물려받은 것이다.

마법이 효과를 거두기 위해서는, 만트라를 정확하게 읊조리고 공물을 듬뿍 바친다… 등의 여러 조건이 있지만, 무엇보다도 중요한 것은 제단을 제대로 갖추는 것이라고 한다. 한편 베다 시대(3,000년도 더 된 일이다)에는 항구적인 제사 공간으로서의 사원은 아직 없었다. 제단은 의례를 치를 때마다 벽돌을 쌓아서 만들어진다.

그 제단은 푸루샤를 나타내는 것이어야만 했다. 인도 문화의 형상화에 대한 집착은 이때부터 시작되었다고 봐도 좋다. 그리고 거기서 거행되는 의례는 원초의 신들의 우주 창조, 즉 푸루샤의 해체를 모방하는 것이어야 했다.

신들을 소환한다고 적었지만, 실제로는 제관(브라만)이 창조신 프라자파티의 역할을 연기한다. 그리고 창조신의 입장에 서면, '말을 발성한다'는 것은 말이 의미하는 것을 '만들어낸다'는 것이다. 그가 '옴, 인드라야 나마하oṁ indrāya namaḥ'라고 발성하면 인드라가 태어난다는 것이다. 따라서 만트라는 정확히 읊조려야 하는 것이다.

다시 말해서, 제관은 우주를 재창조한다. 소원을 성취하기 위해서는 지금의 우주를 소원을 이루도록 해주는 우주로 리셋reset하면 된다는 이치이다. 그리고 이 경우 제단을 쌓는 일 자체가 우주 창조의 모방이며, 제대로 제단(장치, 얀트라)을 만들 수 있다면 마법은 저절로 성취된다는 발상으로 이어진다.

하늘의 정精과 땅의 정이 교합하여 지금 하나의 우주가 태어난다. 이를 위해 역법曆法(죠티샤jyotiṣa)을 능숙하게 사용하여 하늘의 요소인 시간과 땅의 요소인 공간이 지극한 행복감에서 교환하는 포인트(상서로운 시간과 장소)를 정확히 선정해야 한다. 그리고 그 시간, 그 장소에서 우주로서의 장치가 만들어지고, 장치가 사용되며, 그것이 끝나면 그 장치도 또한 해체된다. 푸루샤가 그렇게 되었던 것처럼.

◎ 제단은 신자의 소원을 싣고 천공을 난다

베다의 제단은 의뢰자의 소원이나 마음속으로 바라는 바에 따라 다양한 타입이 있다. 어느 쪽이든 푸루샤의 구상화이긴 하지만, 최대이자 가장 이상적이라고 여겨지는 것은 벽돌 1,000개를 5층으로 쌓아 올린 매의 형태를 한 제단이다(그림).

매의 동체를 표시하는 큰 사각형(중앙은 화로)에는 '8×8 격자의 벽돌 배치'가 명백한 패턴으로 나타난다. 이 배치는 인도에서 발명된 체스(차투랑가 caturaṅga) 판의 눈금과 같다. 인도의 수비학數秘學에서 8×8(=64)은 '푸루나(채워진, 완전한)'한 수. 즉 '전 우주'를 나타내는 것이다.

벽돌의 개수인 1,000(사하스라)이라는 숫자도 푸루샤의 얼굴이나 눈, 손의 수에 대응하는 '일체'의 비유로, 1,000개의 벽돌을 5층으로 쌓는 것도 우주를 구성하는 오대 요소와 통하는 것이다(오대 요소가 발상된 것은 베다 시대 후반이다). 그리고 제단이 매의 형태를 하고 있는 것은, 그것이 의뢰자의 소망을 싣고서 천공을 날아오르는 것을 나타낸다. 천공으로부터 암리타amṛta를 나른 가루다(→91. 샬라바 아사나)는 이 매 제단 자체가 신화화된 것이다.

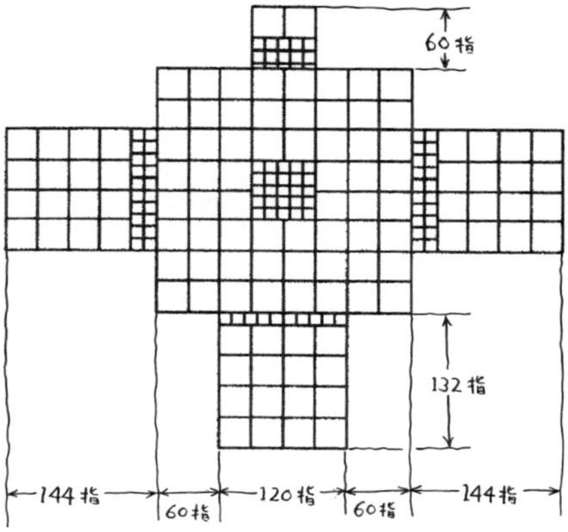

a. 홀수(1, 3, 5) 층의 벽돌 배열

30×30	손가락 너비의 벽돌	110개
12×12	손가락 너비의 벽돌	85개
12×6	손가락 너비의 벽돌	5개
	계	200개

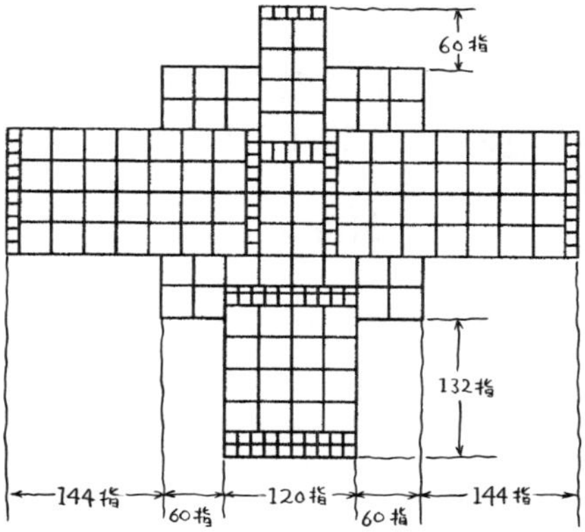

b. 짝수(2, 4) 층의 벽돌 배열

30×30	손가락 너비의 벽돌	110개
12×12	손가락 너비의 벽돌	75개
12×6	손가락 너비의 벽돌	10개
18×12	손가락 너비의 벽돌	5개
	계	200개

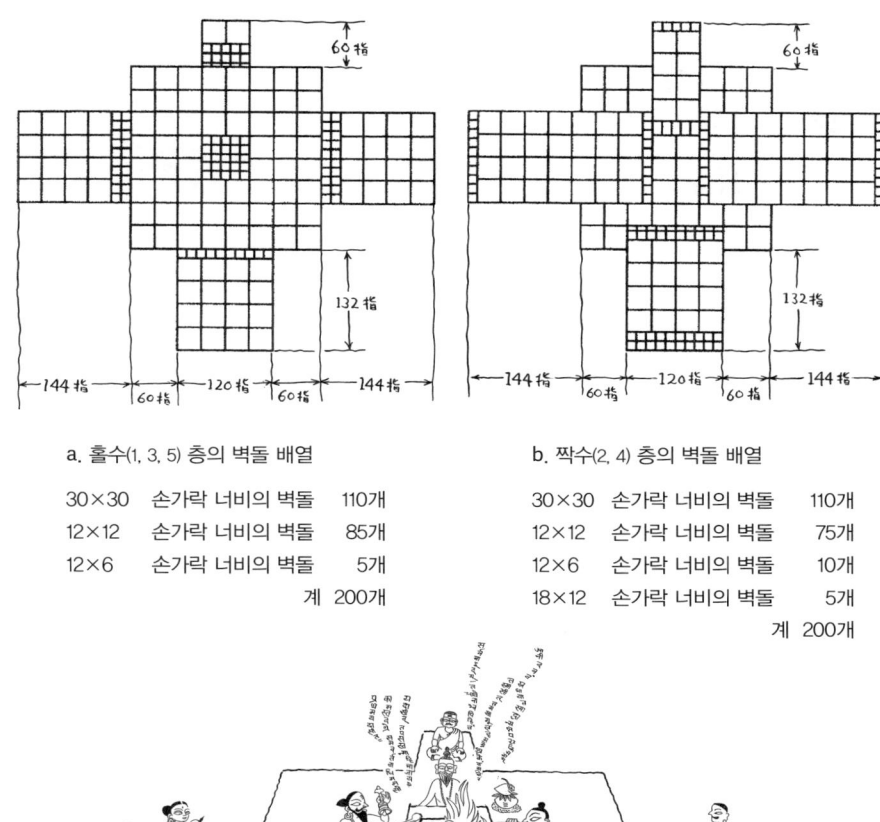

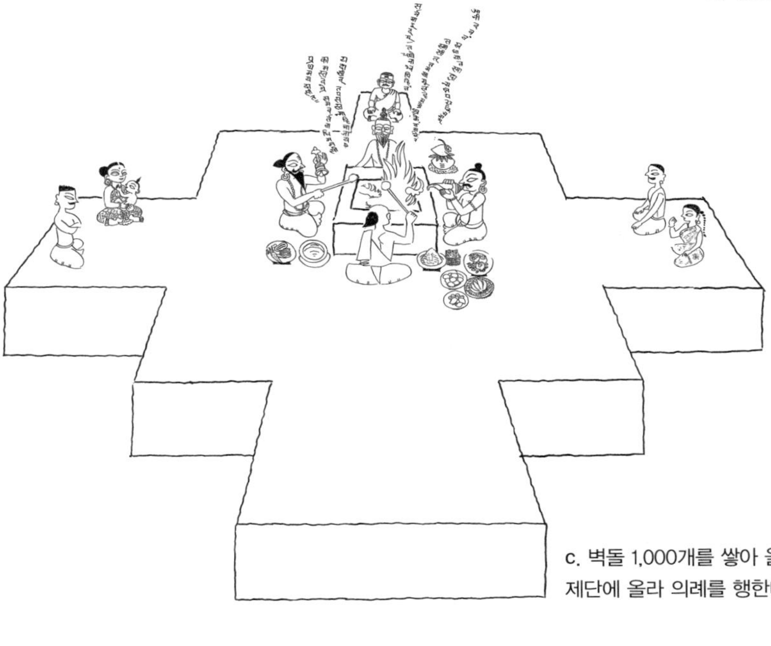

c. 벽돌 1,000개를 쌓아 올린 제단에 올라 의례를 행한다.

베다 제단의 가장 큰 것은 벽돌 1,000개를 5층으로 쌓아 올린 '찬드라스라 세나(네 측면을 가진 매)'라고 불리는 매 형태의 제단. 최상층(a), 매의 동체를 나타내는 큰 사각형에 나타난 '8×8 그리드(grid, 격자무늬)의 벽돌 배치'가 후세 사원의 평면 플랜이나 만다라, 체스판으로 계승된다.

그림. 매 제단

29	# 스투파 – 붓다 디자인
	Stūpa

[√stūp(쌓다/세우다)]

〈남〉 무덤, 불탑, 화장용 땔감의 산?

※ 한역하여 '솔도파卒塔婆,' 축약하여 '탑' '(벽돌을) 쌓아 올린 것'이 원래의 의미로, 석가모니 부처님의 유골을 모시는 무덤이 스투파(불탑)의 시작이다. 그리고 이윽고 이것도 '우주의 모형'으로 간주되었다.

◎ 잘 포개 접은 가사袈裟와 뒤집어 놓은 발우

"나의 육신은…"이라고 부처님은 열반에 드시기 직전에 유언하였다(《마하파리닙바나 숫타Mahāparinibbāna Sutta》).

다비에 부치고, 사리를 넷으로 나누어 네 개의 스투파에 봉하여라.

네 개의 땅, 즉 부처님이 탄생한 룸비니Lumbinī, 깨달음을 얻은 붓다가야Buddhagayā, 초전법륜의 땅인 사르나트Sarnath, 그리고 열반에 드신 곳인 쿠시나가라Kuśinagara에 무덤을 쌓고, 거기에 유골을 매장하라는 것이다.

"스투파는 어떤 형태로 할까요?"라며 제자들이 질문했다. 부처님은 노란 옷(가사袈裟)을 벗어 대충 정육면체가 될 때까지 두세 번 접었다. 다음으로 탁발용의 둥근 발우를 들어 거꾸로 뒤집어 그 위에 놓았다.

"붓다의 무덤(스투파)은 이렇게 만들도록 하여라"고 말씀하셨다. 실로 오늘날에 이르기까지 스투파의 기본적인 형태는, 서쪽 중앙아시아의 사막에서부터 동쪽 일본의 크고 작은 여러 섬에 이르기까지, 북쪽 티베트 고원에서부터 남쪽 인도양의 섬들에 이르기까지, 그 어디에서든 부처님이 제시한 기본적인 특징인 사각형 토대와 발우를 뒤집어 놓은 듯한 돔의 형태를 하고 있다(그림 1).

스투파의 본체는 다음의 다섯 기본 부분으로 구성되어 있다.

a. 메디medhi(기단基壇)

b. 안다 가르바aṇḍa-garbha(복발覆鉢)

c. 하르미카harmikā(평두平頭)

d. 야슈티yaṣṭi(산간傘竿)

e. 차트라chattra(산개傘蓋)

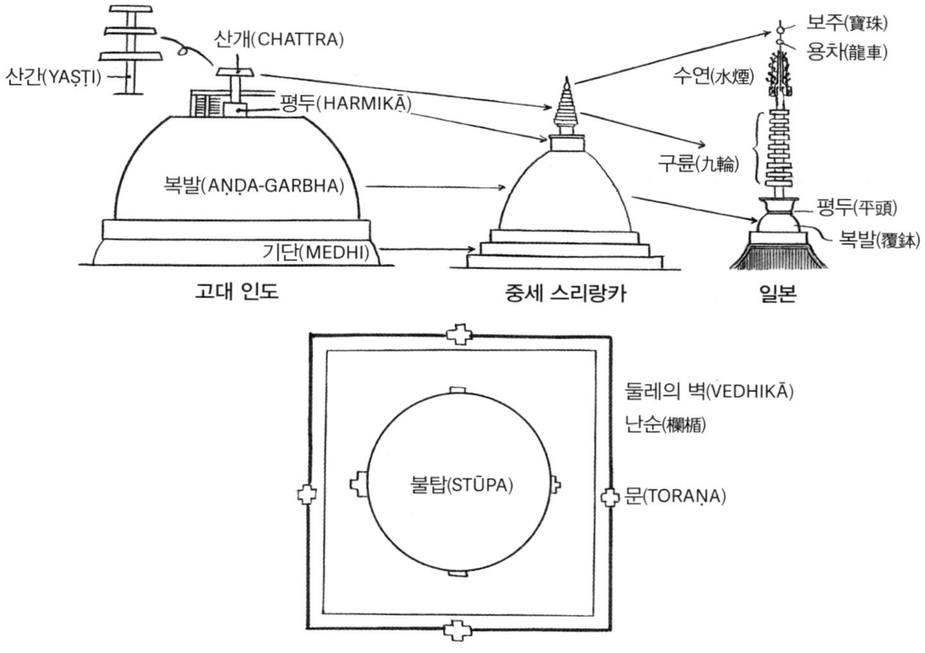

그림 1. 불탑의 입면도(위)와 평면도(아래)

◎ 요가 차크라의 원형

이 탑의 각 부분은 형이상학적인 상징으로 가득 차 있다. 하나하나씩 살펴보자.

(a) 메디medhi(기단)

정사각형의 기단은 대지의 세계, 즉 우리가 살고 있는 세계(사하saha, 사바娑婆)를 상징하고 있다. 지상계는 동서남북의 사방으로 퍼져간다. 네 변을 가진 정사각형은 지상계에 대한 적절한 심볼이다. 스투파에는 종종 네 문이 설치되어 있고 사천왕과 그 밖의 다양한 신들이 그 각각의 방위를 수호하고 있다.

(b) 안다 가르바aṇḍa-garbha(복발)

예로부터 돔은 천공의 상징이다. 플라네타리움planetarium(천체 투영관)의 돔이 그러하듯이. 그리고 이 부분에 붙여진 산스크리트 이름은 '안다 가르바,' 즉 '알卵(안다)'과 '자궁(가르바)'이다. 베다의 우주론에 익숙한 분은 곧장 '브라흐마 안다(브라만의 알[梵卵])'나 '히란냐가르바(황금 태아 또는 황금 자궁[金胎])'를 떠올릴 것이다. 모두 '전 우주'를 이르는 말이다.

사리舍利, śarīra(붓다나 성자의 유골)는 생명이 탄생하는 곳과 전 우주를 형상화한 이 안다 가르바 내부에 매장된다. 단지 '가르바'라고도 일컬어져, 불탑 전체를 '다투 가르바dhātu-garbha(가르바를 구성하는 것)'라고 부르는 경우도 있다. 스리랑카에서 불탑을 가리키는 가장 일반적인 말인 '다가바dagaba'는 '다투 가르바'의 약어이다. 동아시아의 불탑을 포함한 불교·힌두교의 탑을 영어에서는 '파고다pagoda'라고 총칭하는데, 이것은 다가바dagaba를 역으로 읽은 것에서 유래한다.

(c) 하르미카harmikā(평두)

사실상 기단과 복발로, 지상 세계와 천공의 세계, 다시 말해서 전 우주를 나타낸다. 부처님이 디자인한 부분은 여기까지이다. 그분의 계승자들은 그 위에 '하르마카'를 올렸다. 하르미카는 '피서용 집'이라는 의미이다. 구도를 성취하고 모든 것을 초월하여 열반에 이른 부처님의 집이다.

(d) 야슈티yaṣṭi(산간)와 (e) 차트라chattra(산개)

차트라는 큰 양산이고 야슈티는 그 기둥이다. 이 둘은 한 세트이다. 여름 해변의 비치파라솔beach parasol을 상상하면 된다. 더운 인도에서는 귀인이 외출할 때 시종이 일산을 받드는 풍습이 있다. 이 풍습이 변하여 일산은 귀인의 상징물이 된다. 다만 부처님은 너무나도 귀한 분이기에 원반 형태의 큰 양산이 몇 층이고 겹쳐지게 된다.

이윽고 스투파를 구성하는 다섯 부분은 전 우주를 구성한다고 여겨지는 지·수·화·풍·공의 오대 요소와 동일시되게 된다. 나아가 스투파는 우주의 중심축인 수미산(→ 34. 메루), 또는 부처님의 신체와도 동일시되게 이른다. 이것은 네팔에 있는 불탑의 하르미카에 '모든 것을 내려다보는 부처님의 눈'이 그려져 있는 것을 통해서도 명백하다(그림 2). 여기서부터 불탑 = 우주 = 신체라는 성취의 방정식이 도출된다.

밀교경전인 《대일경大日經》에는 자신의 신체에서 스투파를 관하는 명상법인 '오자엄신관五字嚴身觀'이 있다(그림 3). 일본의 밀교사원에서 볼 수 있는 '오륜탑'은 이 방정식을 형상화한 것이다. 오륜탑의 '륜'의 원어는 '차크라.' 그렇다, 스투파의 형이상학은 요가의 차크라로 발전해간다.

네모난 기단은 땅[地], 둥근 복발은 물[水], 삼각추 형태가 되도록 모양을 바꾼 산개는 불[火], 그 위에 바람[風]과 하늘[空]을 나타내는 장식물이 새로 추가되었다. 그리고 부처님이 앉는 자리인 평두에는 '부처님의 눈'이 그려져 있다.

그림 2. 네팔의 불탑

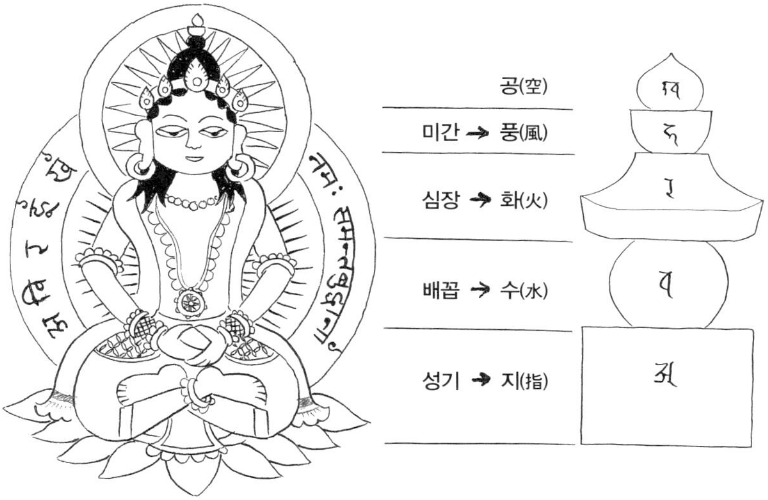

우주의 모든 차크라의 작용을 다섯으로 추상화한 것이 '오대'(지·수·화·풍·공). 그리고 오대를 형상화한 것이 불교의 오륜탑이다. '오자엄신관(五字嚴身觀)'은 수행자가 자기 신체의 특정 장소에 밑에서부터 순서대로 A(地), Va(水), Ra(火), Ha(風), Kha(空)라는 다섯 종자(種字)를 배치한 후, 그것들을 변용시켜 신체를 대우주에 우뚝 솟은 거대한 불탑으로 관하고, 그 '스투파 = 대일여래'라는 영적 체험을 실현하는 요가이다. 후기 밀교의 차크라 명상법의 원형이다.

그림 3. 오륜탑과 《대일경》의 요가 '오자엄신관'

30 바스투 푸루샤

– 전 우주를 한 장의 그림으로

Vāstu-puruṣa

[vāstu(건축/대지) + puruṣa(原人)]

〈남〉《리그베다》의 푸루샤가 모습을 바꾼 '건축의' 푸루샤

※ '바스투'는 √vas(존재하다/살다/머물다)의 파생어로, '존재하는 장소/집/건축/생활공간.' 또한 지구의 생명 또는 생명력도 집합적으로 '바스투'라고 불린다. 그리고 우주적 존재인 푸루샤가 대지 위에 현현한 것이 '바스투 푸루샤'이다.

◎ 사원의 형태

스투파는 부처님의 신체를 형상화한 것이다. 힌두교의 사원도 그렇다. 힌두교 사원에 들르면, 거대한 생물체의 몸속에 있는 듯한 기분이 든다. 그런 느낌을 받도록 설계되어 있다(그림 1). 그림을 보면 알 수 있듯이, 힌두의 탑은 요가 자세로 명상을 하는 인간의 신체를 본뜨고 있다. 그는 '바스투 푸루샤'로 여겨지고 있다. 건축 부위마다 신체 각 부분의 명칭을 그대로 사용한다. 본전 내부는 우주를 창조한 여신의 태내이기도 하다. 그 안에, 예를 들어 쉬바 사원 경우에는 쉬바 신의 성스러운 남근이 자리하고 있다. 쉬바 링가는 '요凹'에 삽입된 '철凸'을 '요' 속으로부터 바라본 모습이다.

의식을 거행할 때, 링가에 우유나 성수를 붓는다. 이것은 '사정射精'을 나타내고 있다. "뭐?"라며 당혹스러워하겠지만, 이에 관해서는 나중에 설명하겠다.

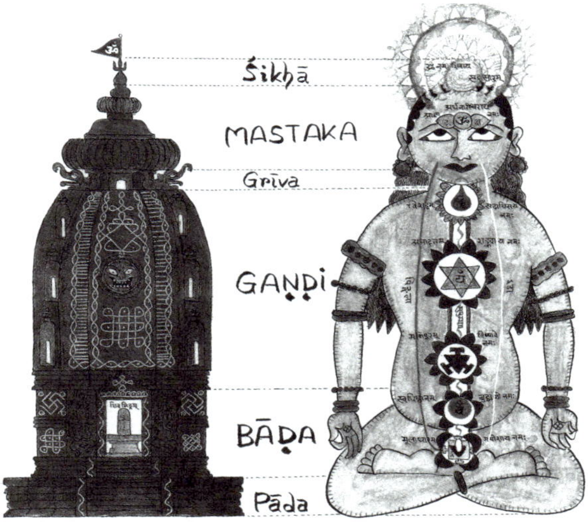

오륜탑과 같은 원리를 인체 속에 표시한 것이 차크라(오른쪽). 그 인체를 건축으로 표시한 것이 힌두교의 사원(왼쪽)이다. 그 증거로, 사원의 각 부분을 나타내는 말에는 인체의 명칭이 그대로 사용되고 있다. 기도를 하는 성스러운 공간은 골반 부분. 생명에너지가 넘쳐흐르는 장소이다. 요가로 생명에너지가 신체를 올라가듯이 사원에서도 기도의 에너지가 내부에서 상승한다. 사원은 요가의 이러한 원리를 체감하기 위한 장치인 것이다.

그림 1. 사원과 신체

매우 흥미로운 설비도 있다. 링가에 부어진 우유나 성수를 외부로 흘려보내기 위한 배수구가 통상 북쪽 벽 밑에 뚫려 있다. 사원 건축에 관한 문헌에서 확인해본 바로는, 이것은 분명 항문이다.

◎ 풍수의 만다라

굽타시대(4~6세기)는 종교의 새로운 존재 방식을 모색하는 시대였다. 산스크리트가 강대한 굽타제국의 공용어가 되었으며, 문자가 보급되고 《요가수트라》나《바가바드기타》 등의 요가 문헌도 현재의 모습으로 성립하는 때가 이 시대이다.

베다 의례에서 신의 현현으로 여겨졌던 제사의 불[祭火]은 나무나 돌, 점토로 만들어진 '신위神位'에 자리를 내주었다. 이를 안치하기 위한 사원이 건조되었다. 사원은 목조건축이지만, 이전 시대와는 달리, 항구적인 종교시설이다. 힌두사원의, 본전本殿 위에 탑을 세워 신체로 삼는다는 컨셉은 스투파를 모방했을 것이다. 하지만 힌두사원은 평면 설계에 있어 베다를 계승하는 한편, 새로운 시대에 어울리는 독창성을 발휘한다. 사원은 '바스투 푸루샤 만다라' 위에 건립된다(그림 2~4). 이 만다라는 베다의 제단에 내포되었던 많은 비의秘義를 한 장의 그림에 투영한 것이다. 신화는 다음과 같이 말한다.

아수라 안다카Andhaka가 지地 · 공空 · 천天의 삼계三界(전 우주)를 정복하고 삼계 제일의 미녀에게 다가갔다. "나는 삼계의 왕이오. 나의 부인이 되어주오♥." 상대방 미녀는 다름 아닌 쉬바의 부인인 파르바티였다.

화가 난 쉬바는 "뭐라고, 이 자식이!"라며 안다카에게 삼지창을 휘둘렀다. 안다카는 그 삼지창을 쇠몽둥이로 받아 쳐내고, 쉬바의 머리를 깨부술 듯이 내리쳤다. "쨍강쨍강." 서로의 무기가 격렬하게 맞부딪치며 벼락이 되어 허공을 가로질렀다.

쉬바의 삼지창은 이윽고 안다카를 찔렀고, 피가 소나기처럼 지상에 쏟아져 내렸다. 쉬바의 이마에서도 진한 땀이 뿜어져나와 대지를 적셨다. 땀을 받아들인 대지의 여신은 곧장 임신을 하여 거대한 괴물을 낳았다.

괴물은 배가 고팠다. 걸신들린 듯 꿀꺽꿀꺽 삼계를 집어삼키기 시작했다. 하지만 쉬바는 자신의 아이를 죽이기를 주저했다. 이대로는 우주가 궤멸해 버린다. "에잇" 하고 아수라를 포함한 삼계의 신들이 일제히 괴물에게 달려들었다. 괴물은 삼계를 진동시킬 만큼 지축을 울리며 넘어졌고, 신들은 그 괴물의 신체 각 부위에 올라타 억눌렀다. 이후 모로 누운 괴물은 '바스투(대지의) 푸루샤'라고 불리게 되었다.

신들에게 억눌린 바스투 푸루샤의 신체 각 부분에 대응하는 땅 표면의 장소가 그 부분을 억누른 신의 지배령이 되었다고 한다. 하지만 여기에서 말하는 건축학(바스투)의 푸루샤는《리그베다》에서 해체되는 푸루사와 본질적으로 동일하다. 푸루샤는 태초의 혼돈으로, 그를 희생물로 함으로써 질서(코스모스), 즉 삼계가 생겨났기 때문이다. 또한 쉬바의 자식인 그는 쉬바와도 동일하다.

사원(본전)의 부지는 원칙적으로 정사각형으로, 이 사각형을 베다의 매 제단을 답습한 64등분(8×8), 혹은 81등분(9×9), 100등분(10×10)하고 각 구획에 신들을 배치한다. 즉 이 시대에 푸루샤는 바스투 푸루샤 만다라, 소위 '인도 풍수의 만다라'로 모습을 바꾸는 것이다.

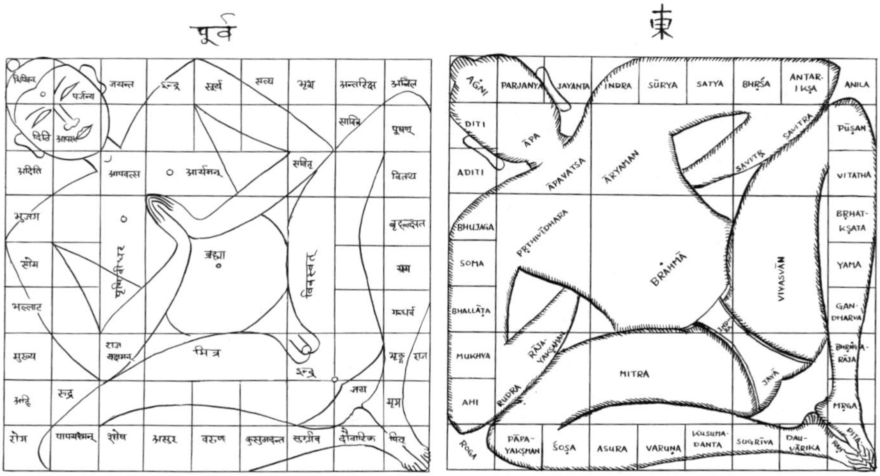

바스투·푸루샤·만다라: 사원(본전)의 부지는 원칙적으로 정사각형이고, 이 사각형을 베다의 매제단을 답습하여 64등분(8×8), 혹은 81등분(9×9), 100등분(10×10)하고, 각 구획에 신들을 배치한다. 위의 그림은 대지에 모로 누운 바스투 푸루샤와 9×9 구획의 예(문자는 그 구획을 지배하는 신의 이름).

그림 2. 바스투·푸루샤·만다라

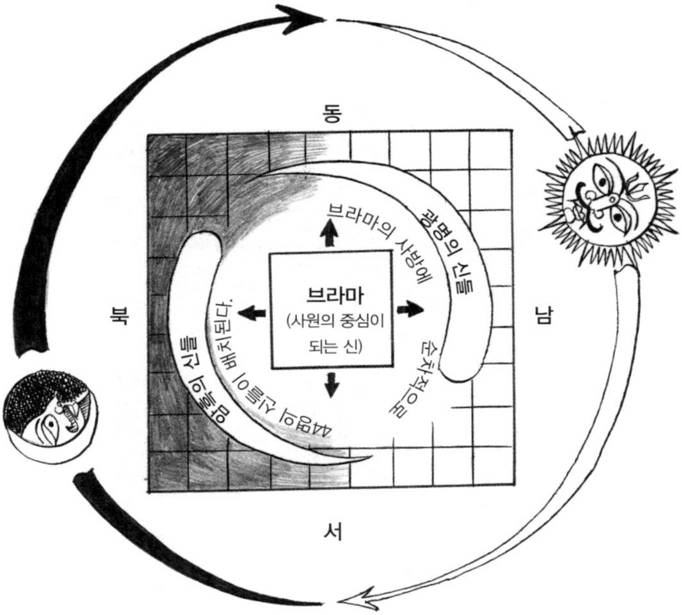

그림 2의 신들의 배치는 대략 다음과 같이 정리할 수 있다. 또한 바스투 푸루샤 만다라에서 만다라는 '원'이라는 의미로 해와 달의 운행을 가리킨다. 중심에 위치한 브라마(범천)와 주변 신들과의 관계는 우주의 공간적·시간적 관념을 상징적으로 표현한 것이다.

그림 3. 방위와 시간

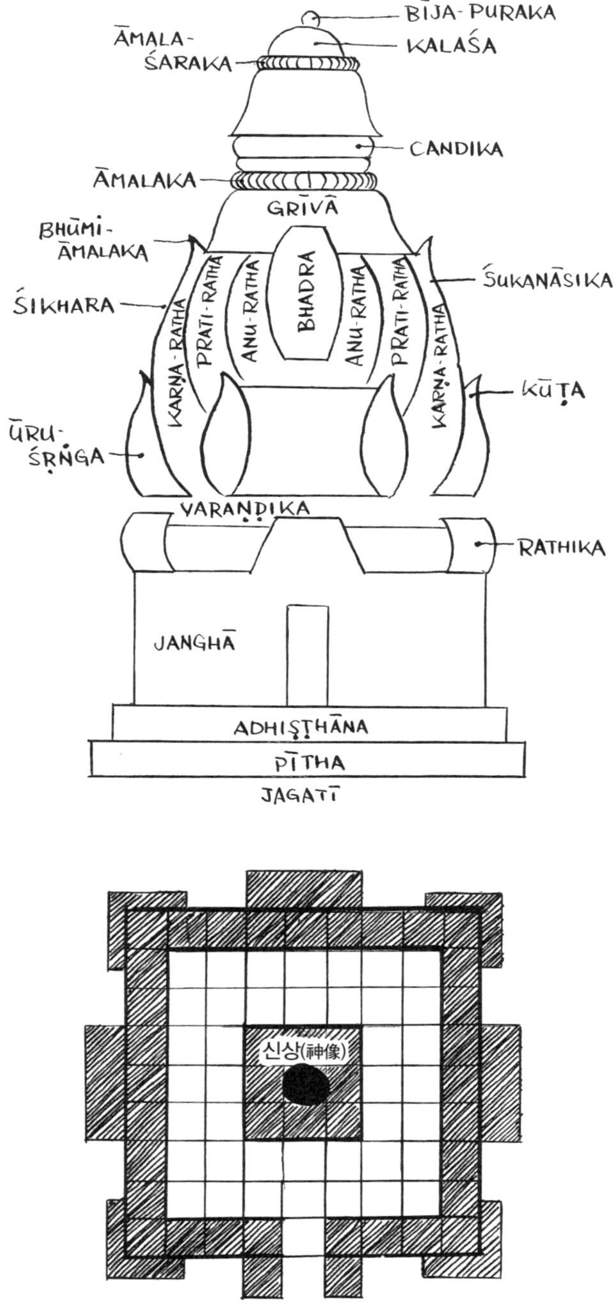

바스투 · 푸루샤 · 만다라에 따른 힌두사원 본전의 평면도와 입면도의 예

그림 4. 사원의 평면 설계(만다라)와 입면도

31 로카팔라
– 인도 풍수의 주역

Loka-pāla

[loka(세계) + pāla(수호자)]

〈남〉 방위를 지키는 신[호방신護方神]

※ 수십 명에 이르는 신들이 북적대는 복잡한 '바스투 푸루샤 만다라'로부터 여덟 방위 또는 열 방위를 수호하는 신격인 '로카팔라'를 추출함으로써 바스투 샤스트라Vāstu-śāstra(인도 풍수)는 간략하게 되어서 민간에도 널리 퍼졌다. '로카팔라'의 신들은 불교·힌두교 모두에 공통되는 것으로, 불교의 만다라에서도 힌두의 사원에서도, 일정하게 정해진 바의 위치에서 이들의 모습을 찾아볼 수 있다.

◎ 대지의 아들

쉬바의 땀(?)이 대지를 회임시켜 바스투 푸루샤를 낳았듯이, 사원이라는 구조물 또한 '아버지 하늘의 신'과 '어머니 대지의 신'의 교합의 결과로 생겨났다고 여겨지고 있다. 사원 건립에 앞서, 브라만이 건설 부지를 여자의 몸으로 간주하고 '수태 의례(가르바 아다나garbhādhāra)'를 거행한다. 즉 신의 상징물이 안치되는 장소(바스투 푸루샤 만다라의 중앙)가 되는 지면을 파서, 대지의 여신의 자궁을 만든다. 9개의 보석, 9개의 곡물, 9개의 성스러운 강의 물 등을 담은 항아리를 수태의 씨로 삼는다(그림 1).

그리고 바라문이 "성스러운 대지의 여신이여! 그대의 태내에 우주를 지탱하는 쉬바 신의 씨를 받아들이세요"라는 주문으로 북돋아 대지는 회임한다. 태어난 아이가 바로 사원이다.

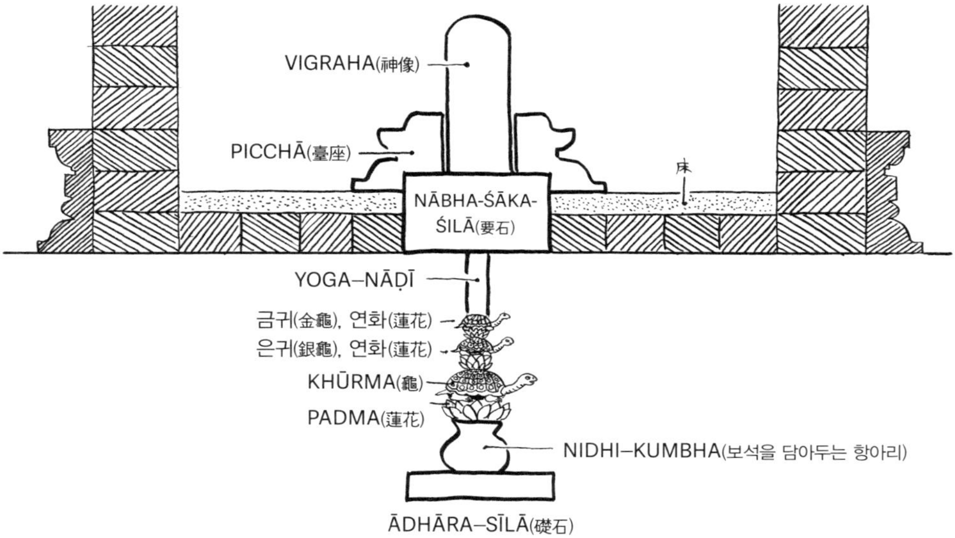

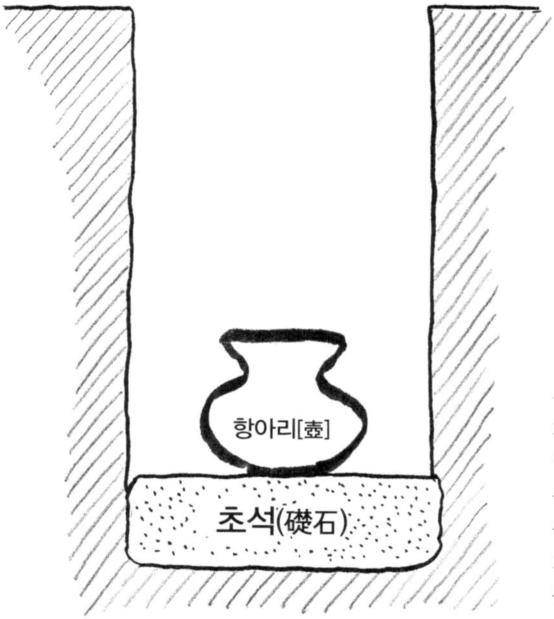

신위를 설치하는 곳 바로 밑의 지면을 파서 대지의 여신의 '자궁'으로 삼고, 그림과 같은 안치물을 두어 '수태의 씨'로 삼는다. 민간건축에서도 남서쪽 방의 기둥의 기초가 되는 곳 밑에 성스러운 강의 물, 금·은·동 등의 금속, 보석, 탯줄 등을 넣은 금 항아리를 안치한다.

그림 1. 사원 본전과 민가 남서쪽에 안치하는 물건

이러한 의례는 사원 건축의 과학인 바스투 샤스트라, 즉 '인도 풍수'와 함께 민간에도 널리 퍼지게 되었다. 인도 풍수의 양상을 민간에서 찾아보자.

◎ 태양의 위치와 상응하는 배치도

인도는 넓은 나라이다. 도시의 공동주택은 어디든 그다지 차이가 없지만, 시골의 민가는 지역마다 겉모양이 다르다. 비가 많이 내리는 히말라야 지역이나 남인도의 해안지역은 기와지붕이 일반적이지만, 내륙 쪽의 강우량이 적은 곳에서는 평평한 지붕이 많다. 하지만 전통적인 집 건축은 인도 어느 지역에서든 우선 요凹, 말 그대로의 의미로 '자궁'을 만드는 일부터 시작하는 것이다.

건축 부지는 여자의 몸[女體]으로 간주된다. 자궁이 위치하는 곳은 통상 남서쪽 모퉁이이다. 인도 풍수에서는 로카팔라lokapāla라고 하여, 동서남북과 그 중간의 8방위를 특정한 신들이 지키고 있다고 생각한다(그림 2).

- ○ 동쪽은 신들의 왕, 인드라Indra
- ○ 남동쪽은 불의 신, 아그니Agni
- ○ 남쪽은 지옥의 왕, 야마Yama
- ○ 남서쪽은 혼돈의 여신, 니르리티Nirṛti
- ○ 서쪽은 물의 신, 바루나Varuṇa
- ○ 북서쪽은 바람의 신, 바유Vāyu
- ○ 북쪽은 재물의 신, 쿠베라Kubera
- ○ 북동쪽은 신들의 왕 인드라보다도 위대한 이샤나Iśāna(쉬바)

이상의 여덟 신이 그 신인데, 위와 아래(천지)를 더하여 열 방위를 신들이

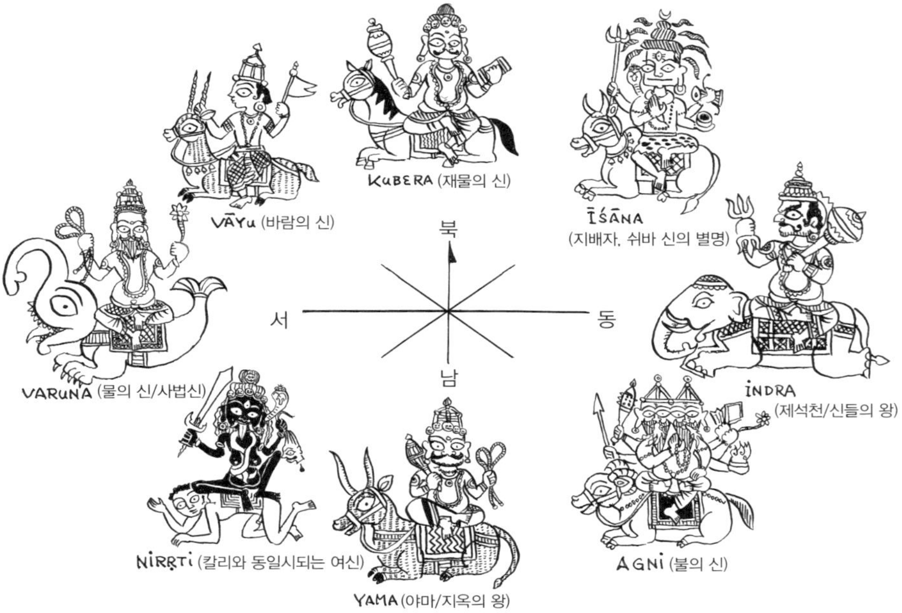

사원의 외벽에도 각 방위에 이 신들의 상이 배치되어 있다.
일본 밀교의 태장만다라에서도 각각의 방위에 이 신들이 묘사되어 있다.

그림 2. 방위를 수호하는 신들, 로카팔라

지키고 있다고 여기는 경우도 있다. 그 두 신은 아래와 같다.

○ 하늘[天]은 창조신, 브라마Brahmā

○ 땅[地]은 용왕 아난타Ananta. 그렇다. 《요가수트라》의 파탄잘리는 이 신의 화신이다.

어찌 되었든 거의 대부분이 남성 신인데, 남서쪽만 여신이다. 남서쪽을 판다. 이 구멍이 대지의 여신의 자궁과 동일시되고 '수태 의례(가르바 아다나)'가 거행된다. 여기서 살아갈 가족의 수호신의 씨가 주입된다. 실제로는 가정의 경제 상황에 맞춰서 귀금속이나 보석, 탯줄 등 소중한 것을 담은 항아리를 씨로 삼는다. 바라문이 "성스러운 대지의 여신(프리티비Pṛthivī)이여! 그대의 태내에 쉬바 신(또는 비쉬누 신)의 씨를 받아들이세요"라는 주문으로 북돋아 대지는 회임한다. 태어난 아이가 집이다.

그건 그렇고, 거주자에게 행복을 주는 길한 집이 좋은 집이다(그림 3). 하지만 불길한 집도 있다.

길을 걷다 보니깐 남성 여러 명이 이제 갓 지어진 민가의 출입구를 점토로 막고 있다.

"이 집 주인이 남쪽으로 현관을 만들어놔서 야마閻魔에게 발목 잡혀버렸지 뭐야~."

남쪽은 지옥의 왕 야마의 방위로, 재수가 없다. 남쪽에 현관을 만드는 것은 집짓기에서 가장 큰 금기이다. 부지가 남쪽을 정면으로 향하고 있어 어쩔 수 없이 남쪽에 입구를 만들 수밖에 경우는 풍수 전문가와 상의하여 동쪽으로 비켜 가게 한다든지 이모저모 궁리를 한다.

그런데 이 집의 주인은 "그딴 거 미신이야"라며 굳이 터부에 도전했다. 결국 한밤중에 덜컥 죽어버렸다. 공교롭게도 "날 잡아 가슈~"라고 하듯이, 다리를 남쪽으로 두고 자고 있었다. 즉 북쪽으로 머리를 두고 잤던 것이다.

무더운 인도의 여름을 경험해보면, 남쪽이 터부시되는 것도 납득이 된다. 집짓기의 기본 컨셉은 당연히 서늘함의 추구이다. 두꺼운 진흙 벽이 달궈진 외부의 공기를 막아서, 집안은 의외로 서늘하다.

더위 대책은 많이 있다. 지붕의 처마를 가능한 한 길게 하여 그늘이 크게 만들어지도록 한다. 창문은 작게 만든다. 출입구에는 향이 좋은 우시라uśīra(열병에 효과가 있는 벼과의 약초)의 뿌리를 멍석처럼 짜서 걸어놓고 거기에 물을 뿌린다. 그러면 기화열이 발생해서 천연 에어컨이 된다. 게다가 집

바스투 푸루샤 만다라는 정사각형인데, 실제로 적용될 경우에는 부지에 따라서 동서 또는 남북으로 길게 늘어지게 된다. 베란다는 북~동에 설치된다. 집 안도 아니고 밖도 아닌 베란다는 힌두교도에게 있어서는 매우 중요한 공간이다. 카스트가 다른 사람은 집 안에 들일 수 없는데, 이 경우 여기에서 응대를 한다. 이와 달리 남~서의 벽은 두껍게 만들어져 있다.

그림 3. '바스투'를 적용한 집

안에 반드시 있는 질항아리도 냉방에 한몫을 한다. 질그릇에는 미세한 구멍이 무수히 뚫려 있어 그 구멍에서 마치 땀처럼 스며 나온 물이 열을 빼앗아가기 때문이다.

또 햇볕이 들지 않는 서늘한 북쪽은 식량 창고로 적당하다. 먹을 것은 생명체에게 가장 중요한 것이기에 여기에는 재물의 신이 배치된다. 이 신은 흔히 불교에서 말하는 '북방의 구호신救護神'인 비사문천毘沙門天과 동일한 신격이다.

그렇기는 하지만 태양은 모든 은총의 근본이다. 낮 동안에는 격렬하게 사람들을 덮치는 태양도, 아침에는 젖가슴을 내어주는 자애로운 어머니처럼 상냥하다. 그렇기 때문에 신을 기리는 방, 일본이라면 불단을 모신 방은 날이 밝아오기 시작하는 북동쪽에 만든다. 동양에서는 귀문鬼門 또는 간방艮方이지만, 인도에서는 이샤나 신이 지키는 가장 길한(쉬바)[•] 방위이다.

그리고 현관은 태양이 주는 따스함이나 어두운 밤의 공포로부터 해방시키는 빛, 즉 신들의 왕을 맞이하기 위하여 동쪽에 배치해야 한다. 불을 취급하는 주방은 불의 신(아그니)의 방위인 남동쪽이 좋다. 아궁이는 동쪽 벽에 설치한다. 동방으로부터 들어오는 광명이 음식물의 풍요로움을 보증한다.

◎ 성스러운 '부정不淨의 방'

그리고 집의 자궁인 남서쪽. 뉘엿뉘엿하며 쉬이 지지 않는 태양에 만물의 윤곽이 흐트러져, 밤의 어둠을 예감하게 하는 방위이다. 여기에 위치하는 니르리티Nirṛti는 죽음과 파괴를 초래하는 혼돈의 여신이다(그림 4). 하여 이 방위에는 죽은 자나 임신부, 생리 중인 여성이 들어가 머무는 '부정不淨의 방'이 배치된다.

하지만 그 방은 성스러운 대지의 자궁에 근거를 두어 지어진다. 니르리티가 로카팔라 중에서 유일한 여신이라는 점도 이 방에 여성적인 생산의 원리를 부여하고 있다. 그런 까닭에 '부정의 방'이 부부의 침실을 겸하는 경우가 많다.

그렇다면 '부정'의 적극적인 가치를 찾아내보자. 이제까지의 질서를 일단 해체하고, 새로운 질서로 재구성하는 역동적인 소용돌이 속에서 잠시 쉬며 잠드는 것이다. 짙은 어둠이 있기 때문에 사람들은 깊이 잠들 수 있다. 한편, 대지의 자궁에 의해 떠받쳐지고 있는 '부정의 방'은, 말하자면, 그 자궁을 기반으로 하여 빛나는 재생으로 향하는 영양분을 빨아들이는 것이다.

• 옮긴이 주 – 쉬바(śiva)는 길하다는 뜻의 형용사이기도 하다.

니르리티는 블랙홀을 의인화한, 베다 시대부터 존재한 여신이다. 종종 쉬바의 아내 파르바티의 분노한 모습인 칼리와 동일시된다. 그녀는 만물을 검은 배 속으로 삼켜 완전히 파괴한다. 하지만 암흑과 광명은 상호보완적인 합일성을 지니고 있다. 틀어박히는 장소로서의 남서쪽은 재생으로 향하는, 화이트홀로 향하는 통로가 되어, 가장 길상한 방위인 북동쪽으로 전환된다.

그림 4. 남서쪽의 여신인 니르리티

그리고 쉬바 사원의 본전과도 닮은 그 방에서 죽은 자는 내세를 향해 여행을 떠난다. 아내는 자식을 잉태하고, 임신부는 다음 세대의 생명을 낳고, 생리 중인 여성은 다음 배란을 준비하고 기다린다.

32 만다라
– CG처럼

Maṇḍala

[√maṇḍ(둘러싸다/에둘러 싸다)]

〈형〉 둥근, 원형의

〈중〉 원圓, 구, 차의 바퀴[車輪]; 해, 달; 신들을 소환하기 위해 사용하는 마법진(소위 말하는 만다라); 궤도; 집단, 우호국 집단, 전체 ; 《리그베다》의 각 권의 이름

※ 만다라는 원圓이 원래의 의미이다. 그리고 원이라고 하는 것은 "'완전무결'한 것의 표상이다. 유럽에서도 '신은 무수한 원심을 지닌, 원주가 없는 원이다."•라고 한다.

◎ 만다라 그리기

전 우주를 한 장의 그림으로 표현한다. 그것을 가능하게 한 바스투 푸루샤 만다라의 발명은 건축의 세계뿐만 아니라 사상계에도 커다란 충격을 안겼다. 이에 가장 빨리 응한 것이 불교이다. '부처님의 우주'라는 만다라를 계속해서 그리기 시작한 것이다.

불교의 만다라는 흙으로 쌓아 만든 단壇이 캔버스이다. 의식을 거행할 때, 그 위에 광물로 만든 안료 가루나 색을 칠한 곡물 가루로 컬러풀한 그림을 그려 부처님을 맞이한다. 의식이 끝나면 베다의 제단과 마찬가지로 파괴한다.

요가 수행자가 관상觀想을 통해 허공에 그려내는 만다라도 있다. 이 경우 정

• 옮긴이 주 – 니콜라스 쿠자누스(Nicolaus Cusanus, 1401~1464)의 말이다.

사각형으로 설계된, 사방에 문이 있는 건축물, 즉 사원이나 궁전과 같은 것을 마음속으로 생각한다. 건물 내부는 벽으로 정연하게 구획되어 있고, 그 안에 수많은 부처님이 계신다. 이것들, 즉 건축물도 부처님들도 오늘날의 CG(computer graphic)처럼 색깔이나 질감까지 생생하게 관상함으로써 시공을 초월하여 '부처님의 세계,' 즉 깨달음에 이를 수 있다고 생각했던 것이다.

◎ 태장계 만다라

그 최초(7세기경)의 작품인 '태장계 만다라'를, 티베트에 남아 있는 태장계 만다라를 참고하여 《대일경大日經》〈구연품具緣品〉의 설명에 따라 그려보았다(그림 1). 중국에서 변용되었던 만다라를 수용한 일본 밀교의 태장계 만다라와는 상당히 다른 모습이지만, 인도인이 이 만다라로 어떠한 우주를 표현하고자 했는지는 잘 알 수 있다.

《대일경》의 테마인 'bodhicitta-hetukaṁ karuṇā-mūlam upāya- paryavasānam (보리심을 원인으로 하고, 큰 자비를 근본으로 하며, 방편을 구경으로 한다'는 '삼구법문三句法文'이 3종의 사각형으로 표상되어 있다. 이 '3'은 《바가바드기타》의 3종 요가와도 대응하는 구조가 되고 있다.

중앙에 여덟 개의 꽃잎을 가진 연꽃이 있고, 대일여래大日如來가 모셔져 있다. 팔엽연화八葉蓮華는 예로부터 심장의 상징이다. 이 경우는 대우주의 심장이자 개개인의 심장이다. 그것을 둘러싼 최초의 '보리심(깨달음을 구하는 마음)'의 사각형. 흥미로운 것은 대일여래의 위에 우주의 질료인質料因인 프라크리티(▽)가, 그 맞은편 오른쪽에 정신원리인 푸루샤(○)를 나타내는 상징이 그려져 있는 점이다. 즉 '보리심'으로 인해 '나'를 포함한 만상이 생기하는 것이다. 이러한 존재의 실상을 궁구하는 것이 갸나 요가(지혜의 요가)이다.

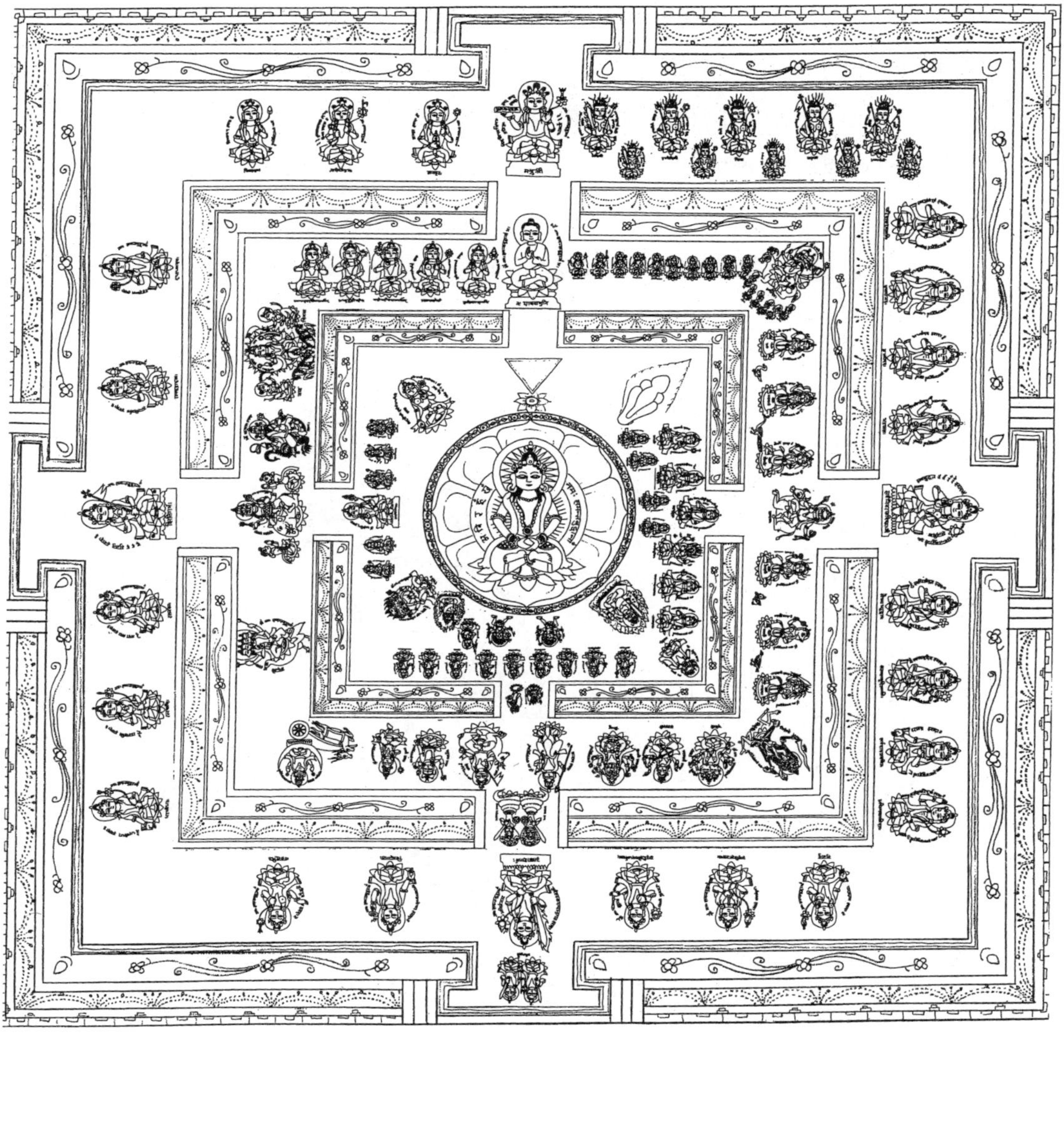

그림 1. (권두의 그림 3) 태장계 만다라

다음으로 큰 자비의 사각형에는 여러 부처와 힌두의 신들이 사이좋게 동거하고 있다. 중생을 구하고자 하는 위대한 여래의 자비를 표현한 것이다. 부처들에 의해 구원받는 사람도 있고 신들에 의해 구원받는 사람도 있다. 이들 모두가 다 동등하게 대일여래의 화신인 것이다(다만, 일본의 태장만다라에서 힌두의 신들은 첫째 단으로 밀려나 있어서 《대일경》의 사상을 바르게 전하지 못하고 있다). 인간들 쪽에서 본다면, 이는 신들에게 의지하는 박티 요가(귀의의 요가)이다.

세 번째 '방편(자비에 기반한 실천)'의 사각형에는 위로부터 시계 방향으로 문수보살文殊菩薩, 제개장보살除蓋障菩薩, 허공장보살虛空藏菩薩, 지장보살地藏菩薩이

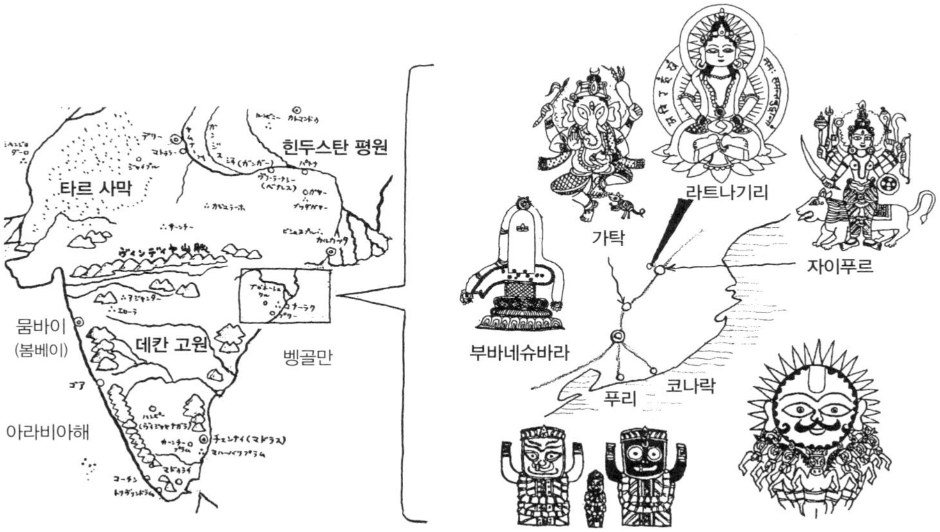

오릿사에는 예로부터 다섯 곳의 주요한 종교적 센터가 있다고 여겨져 왔다. 그리고 이 다섯 성지는 수마르타[聖典]파가 예배하는 다섯 신(神)에게 각각 바쳐져 있다. 이 중에서 비슈누의 도시 푸리(Purī)는 옛날에는 부처님의 치아[佛齒]가 모셔져 있었기 때문에 단타푸라(치아[齒]의 도시)라고 불렸던, 불교의 큰 센터 중 하나였다. 또한 이 가운데 여신의 성지인 자이푸르(Jaipur)는 불교를 신봉했던 바우마카라(Bhaumakara) 왕조(7~10세기)의 수도이기도 하여서, 근교의 라트나기리(Ratnagiri), 바즈라기리(Vajragiri) 등의 언덕에는 여러 밀교 승원이 운영되고 있었다.

그림 2. 밀교의 고향 오릿사

각각 저마다 따르는 무리들과 함께 배치되어 있다. 그들의 기능(순서대로 지혜, 무력, 유통, 생산)으로 추정컨대, 브라만, 크샤트리야, 바이샤, 수드라로 된 네 카스트의 표상인 듯하다. 이는 신분 차별이 아니라, 인간의 천직이 대체로 이 넷과 관련된 직업으로 분류된다는 의미이다. 각자가 자신의 천직(다르마)을 궁구하는 것이 곧 방편(실천), 즉 카르마 요가(행위의 요가)가 된다.

《대일경》이 성립된 지역으로 추정되는 동인도의 오릿사Orissa주에서는 당시에 불교와 힌두교가 사이좋게 동거하고 있었다(그림 2).

◎ 금강계 만다라

《대일경》의 사상과 태장계 만다라의 디자인을 발전시킨 것이《초회 금강정경初會 金剛頂經》과 금강계 만다라이다. 이것에 관해서는 이미 살펴보았는데(→24. 탄트라), 덧붙이자면 금강계 만다라는 불교의 정교하고 복잡한 사상을 매우 체계적으로 정리했다.

손가락 개수에서 유래한 것이겠지만, 불교에 국한되지 않는, 인도 수학을 구성하는 콘셉트는 오온, 오대 요소, 다섯 감각기관, 다섯 운동기관… 등등 거의가 다섯으로 구성되어 있다. 이 다섯을 우물 정井 자의 중앙과 사방의 구획에 끼워 넣고, 부처님의 몸 색깔[體色], 표정, 계인契印, 소지품… 등으로 상징한다(그림 3).

이렇게 하여 수천수만의 계층을 만들어 늘어놓은 불교의 모든 정보를 도시나 지형의 조감도처럼 한 장의 풍경으로 조망할 수 있도록 한 이 만다라는 수행자가, 소위 말하는, '부처님의 시야'를 가질 수 있도록 한 것이다.

	④ 아미타(阿彌陀), HRĪḤ (a) 의식(意識) (b) 묘관찰지(妙觀察智) – 선정인(禪定印) (c) 상(想, saṁjñā) (d) 공작새 (e) 적색[赤] – 불[火]	
③ 보생(寶生), TRĀḤ (a) 마나식[manas識] (b) 평등성지(平等性智) – 여원인(與願印) (c) 수(受, vedanā) (d) 말[馬] (e) 황색[黃] – 땅[地]	① 대일여래(大日如來), VAṀ (a) 아말라식(amala識) (b) 법계체성지(法界體性智) – 지권인(智拳印) (c) 식(識, vijñāna) (d) 사자 (e) 백색[白] – 하늘[空]	⑤ 불공성취(不空成就), AḤ (a) 전오식(前五識, 오감) (b) 성소작지(成所作智) – 시무외인(施無畏印) (c) 잠세력[行, saṁskāra] (d) 가루다 (e) 녹색[綠] – 바람[風]
	② 아촉(阿閦), HŪṀ (a) 알라야식(Ālaya識) (b) 대원경지(大圓鏡智) – 촉지인(觸地印) (c) 색(色, rūpa) (d) 코끼리 (e) 청색[靑] – 물[水]	

①~⑤ 여래(如來), 종자(種子, bīja)
(a) 식(識)
(b) 지혜 – 인계(印契, mudrā)
(c) 오온(五蘊, pañca-skandhās)
(d) 탈것(vāhana)
(e) 색(色) – 요소(mahat)

금강계의 다섯 부처님은 가장 먼저 '식(識),' 즉 '마음'을 형상화한 것이다. ⑤(중앙 원의 오른쪽 부처님)는 오감, 즉 정보의 외부입력기관, ④는 표층의식, ③은 무의식, ②는 집합적인 무의식(알라야식). 그리고 ①의 중앙에 있는 부처님은 마음의 본원, 즉 트랜스퍼스널 심리학에서 말하는 우주적 무의식(아말라식)에 상당한다. 다섯 부처님은 그 외에도 수인(手印)이나 색, 탈것 등으로 갖가지 것을 이야기하고 있다. 만다라에 묘사된 다른 모든 신들도 불교의 여러 교의를 상징적으로 표현하고 있다. 이것에 의해 '전체'를 비주얼하게 파악할 수 있다.

그림 3. 금강계 만다라의 신들이 나타내는 것

33 얀트라

– 매트릭스와도 같이

Yantra

[√yam(제어하다) – tra(도구/수단을 나타내는 접미사)]

〈중〉 장치, 조작, 기계; (예배의 장치로서) 신비적인 도형.

※ '얀트라'는 일반적으로 '예배를 위한 장치(도형)'라고 해석되지만, 탄트라에서는 '신 그 자체'이다. 탄트라에서는 모든 것의 본질이 조대粗大(스툴라sthūla) · 미세微細(슈크슈마sūkṣma) · 지고至高(파라parā)라는 셋으로 이해된다. '신의 표현'이라는 면에서, 조대한 표현은 신상神像, 지고한 표현은 만트라 그리고 미세한 표현은 얀트라이다. 즉 얀트라는 추상적인 만트라를 이해하기 쉬운 형태로 변용한 것이라고 할 수 있다.

◎ 신을 체화하다

신에게도 몸, 글자 그대로 신의 몸[神體]이 있다. 힌두 밀교에 의하면, 가장 영묘한 신의 몸은 만트라이다. 가장 구체적인(조대粗大한) 신의 몸은 조각이나 그림으로 표현되는 신상神像,mūrti이다. 사원에 모신 본존의 상이 한 예이다. 그리고 가장 미세微細한 신의 몸이 얀트라이다.

쉬바, 락슈미, 하누만… 등의 신들이 만트라와 신상으로 표현되듯이, 얀트라에 의해서도 형상화된다(그림 1). 신상이 신의 육체라면 얀트라는 미세신(슈크슈마 샤리라. → 53. 슈크슈마 샤리라)에 상당한다. 그리고 인간의 미세신을 구성하는 차크라 또한 얀트라로 표출된다.

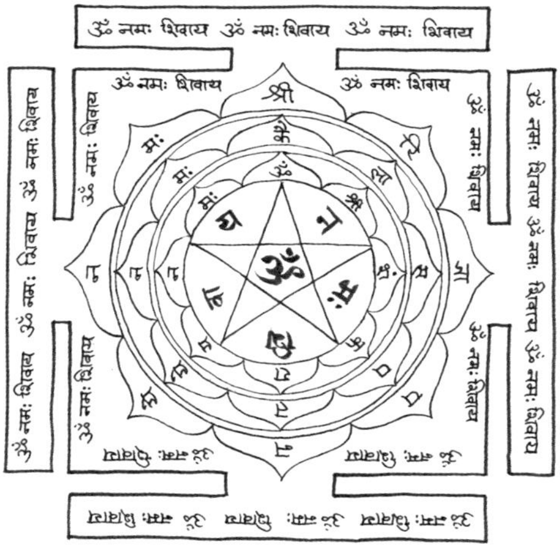

쉬바

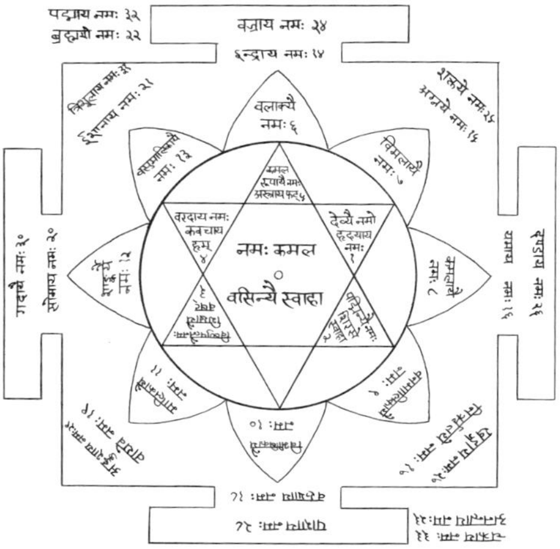

락슈미 여신

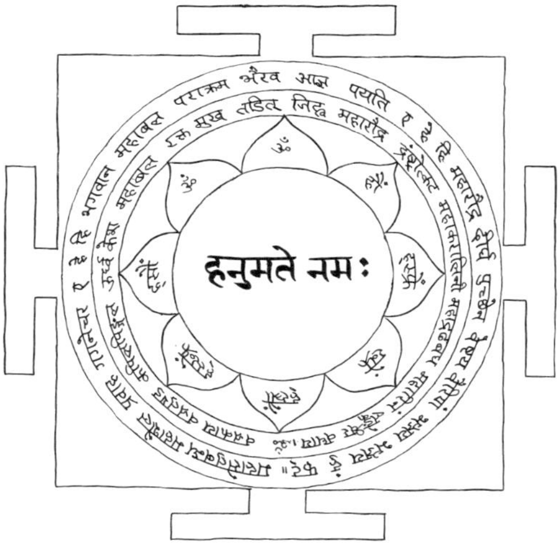

하누만

그림 1. 쉬바, 락슈미 여신, 하누만의 얀트라

얀트라에는 베다시대부터 전해 내려온 수數에 관한 비밀의 정수가 응축되어 있다. 숫자도 형상화된다. 0은 점, 1은 원, 2는 양쪽 끝에 있는 직선, 3은 삼각, 4는 사각, 5는 별, 6은 육각성(六角星 또는 육망성六芒星, 다비드의 별), 7은 일곱 계단의 사다리, 8은 여덟 개의 꽃잎을 가진 연꽃, 9는 사각(또는 원)에 우물 정井 자.

각각의 형태에 형이상학적, 심리학적인 비유가 들어 있다. 0은 불교의 '공론空論.' 1은 베단타의 '일원론.' 2는 상키야의 '이원론' 등등. 게다가 원이 '허공[空]' 또는 '물[水],' 삼각이 '불[火],' 사각이 '땅[地],' 육각성이 '바람[風]'의 상징이 되기도 한다는 사실은 이미 언급했다(→ 27. 판차부타). 형태와 인간의 마음이 서로 교차할 때, 게슈탈트(형태심리학)적인 작용에 의해 에너지가 생겨난다.

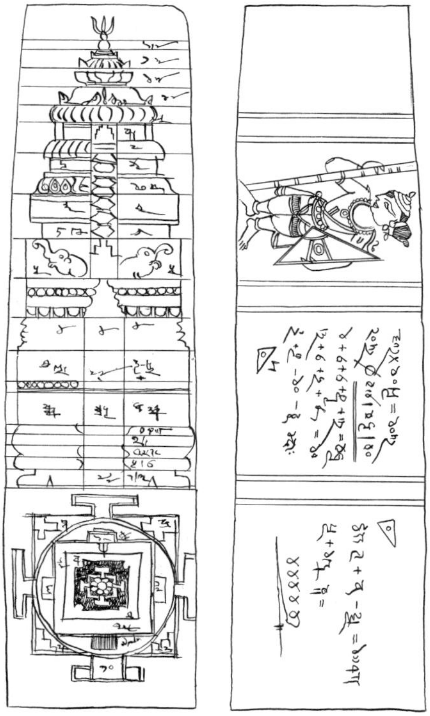

평면도가 얀트라로 표현되어 있다(오릿사, 야자나무 잎에 선으로 새김).

그림 2. 사원의 설계도

얀트라는 이러한 원형元型적인 형태로 구성되어 있다. 기원은 불교의 만다라와 동일하다. 사원의 평면 설계도, 즉 바스투 푸루샤 만다라에서 시작했다(그림 2). 그리고 얀트라는 만다라와 마찬가지로 우주의 창조[展開]와 환멸還滅을 나타내고 있다(그림 3).

◎ IT의 형상

아무튼 인도는 이처럼 우주의 구조, 신들, 말 등, 온갖 것들에 시각적인 형태를 부여해왔다. 건축, 요가, 언어, 사상… 모든 것이 형태를 지닌 것으로 이미지화되어 생활 속에 존재한다. 그것이 사람들의 사고회로에 크게 관여하고 있음에 틀림없다. 그리고 현재 인도인이 IT(정보통신 기술)와 관련한 일에서 뛰어난 재능을 발휘하는 것도, 어쩌면 이러한 측면에 그 비밀이 있는 듯하다.

입체적인 스투파나 사원을 평면도로 하여 2차원적으로 표현하면, 만다라 혹은 얀트라라고 불리는 도형이 된다. 그림 1의 락슈미 얀트라에서는 중앙의 점이 본존의 쉬바링가에 상당한다. 그것을 육각성, 즉 두 개의 겹쳐진 삼각형이 둘러싸고 있다. 위를 향한 삼각형은 남성원리를, 밑을 향한 삼각형은 여성원리를 상징하고 있다. 즉 철凸과 요凹로, 양자가 교합함으로써 삼라만상이 생겨난다.

원은 시작도 끝도 없는, 전체 또는 전일성의 원리를 상징하는 것이다. 그것이 '영적인 개화'를 나타내는 연꽃의 꽃잎으로 장식되어 있다. 사원에서는 벽에 해당하는 외연의 사각은 이 지상 세계를 나타내고 있다.

요가 철학에서는 자신의 내부에서 우주를 관찰하는 동시에 우주 속에서 자신을 관찰한다. 나아가 매크로macro 레벨의 우주를 총괄하는 힘이 마이크로micro 레벨에서 개개인을 총괄한다. 개개의 존재와 우주적 존재가 하나. 따라서 우주의 삼라만상이 개개의 신체에도 존재한다.

소위 말하는 이 '범아일여梵我一如의 경지'를 저지하는 최대의 요인 중 하나는, 우리들의 세계에서는 세계를 세분하여 관찰하는 것이 흔치 않은 일인 까닭에 각 부분의 상호관계와 그것들의 기본적인 통일을 놓치게 되는 것이다.

사람과 우주의 전적인 통일을 인식하는 것이 깨달음의 길이다. 따라서 시각적인 형태를 취한 상징과 메타포를 통하여 인식에 일조하는 것이 얀트라의 주된 목적이라고 하겠다. 만다라의 구성도 기본적으로는 얀트라와 동일하지만, 신이나 부처의 모습이 힌두 사원의 벽면 조각과도 같이 빽빽하게 묘사되어 있다.

만다라는 마치 컴퓨터 시스템과 거의 비슷하지 않는가. 컴퓨터에는 아이콘이 많이 늘어서 있다. 아이콘의 본래 의미는 '신상, 우상'이다. 그리고 모든 것이 디지털, 즉 두 개의 기호로 처리된다. 이미지를 사용하여 총체적으로 인식한다. 시스템 공학의 1인자인 와타나베 시게루渡辺茂 박사는 다음과 같이 말하고 있다.

> 만다라야말로 세계 최고 시스템의 축소도이다. 인간과 컴퓨터의 관계나 눈에 보이지 않는 퍼즐 등을 이해하기 위해서도 만다라를 알 필요가 있다.
>
> – 마나베 슌쇼우 저, 《만다라는 무엇을 이야기하는가》•

모든 것을 철凸과 요凹로 환원하여 형상화하고, 나아가 만다라 시스템을 만들어낸 인도인에게 컴퓨터 시스템은 잠재적으로 익숙한 것일 터이다.

• 마나베 슌쇼우(真鍋俊照) 지음, 《만다라는 무엇을 이야기하는가マンダラは何を語っているか》, 강담사(講談社)

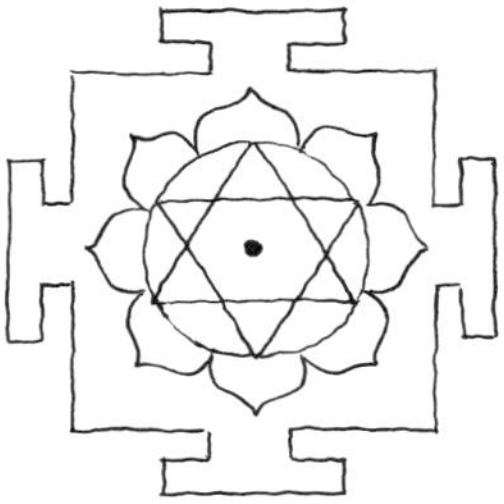

락슈미 얀트라

1. 점(빈두bindu): 여기에 모든 에너지가 집약되어서 쉬바(푸루샤)와 샥티(프라크리티)가 합일하고 있다

2. 직선 : 점이 중단됨이 없이 연속(폭이 없는 길이) = 시간과 같은 것

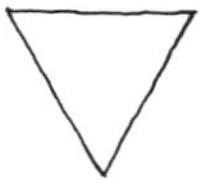

3. 삼각형(트리코나trikoṇa) : 빈두가 직선의 힘을 빌려 두 점을 생성시켜 삼각형을 이룬다. 이 삼각형과 그 속의 빈두가 각각의 남성원리와 여성원리의 최초의 결합, 즉 창조의 개시를 상징한다.

4. 육각성(샤트코나ṣaṭkoṇa) : 창조의 최초의 자극을 출발점으로 하여, 공간과 시간이 넓어진다. 하지만 다양한 세계가 아무리 많이 출현하여도 그것들은 원초의 진동의 패턴을 비추어내고 있다. 원초의 진동으로부터의 원근의 차이는 있어도 동일하게 정적 원리와 동적 원리의 뒤얽힘으로 구성되어 있다.

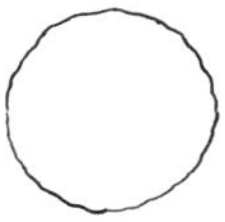

5. 원(차크라) : 원은 원주의 어떤 지점을 취해도 중심점으로부터의 거리는 동일한 완전한 시메트리(대칭)이다. 그것은 중심의 빈두에서 빛이 방사되는 영역을 나타내고 있다. 바꿔 말하면, 창조 에너지가 무(無)와 외접하고 있는 영역이다.

연화(파드마padma) : 연화는 생명, 의식, 심장의 상징.

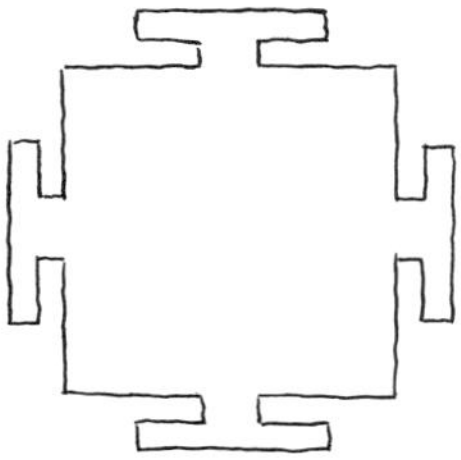

6. 사각형(부푸라bhūpura) : 대지, 물질세계, 육체의 상징. 또한 성벽의 상징. 성벽의 사방에는 성문이 있다.

그림 3. 얀트라 도해

34 메루
– 수정 가능한 우주

Meru

[어원 불분명]

〈남〉 수미산(인도의 우주관에서 모든 대륙의 중심에 우뚝 솟아 있는 산. 그 정상에 신들의 왕 인드라가 사는 궁전이 있다. 또한 모든 행성은 수미산을 중심으로 공전한다고 한다.)

※ '메루'에 '위대하다'는 의미를 지닌 접두사 'su'를 붙어 '수메루.' 그 음역이 '수미須彌.' 서력기원 전후, 서방 페르시아나 로마에서 발달된 천문학이 인도에 도입되어, 베다적 우주론도 수정되어야 했다. 그 결과 탄생한 것이 '수미산 우주'이다.

◎ 아시아에 널리 퍼져 있는 수미산

링가, 베다의 제단, 불탑, 인도 풍수, 만다라, 얀트라… 지금까지 서술했던 모든 형상을 집어삼킨 채, 힌두 사원이 창공을 향해 우뚝 솟아 있다. 그리고 전체로서 우주의 축인 수미산의 미니어처를 구성하고 있다.

권두의 그림 '1. 가야트리'를 봐주길 바란다. 가야트리 만트라를 읊조리는 수행자와 겹쳐지듯이 마치 산과 같은 것이 솟아나 있다. 이것이 메루이다(그림 1).

하지만 메루의 주위를 7개의 대륙이 원심형으로 둘러싸고 있는 이 그림은, 푸라나 문헌에서 설명하고 있는 가장 포퓰러popular한 우주의 모습이다. 힌두교에서도 갖가지 타입의 '수미산 우주'가 설명되고 있다. 서사시 《마하바라타》에서 설명되는 우주는 메루의 동서남북을 4개의 대륙이 둘러싸고 있는 것으로, 오히려 불교의 우주관에 가깝다.

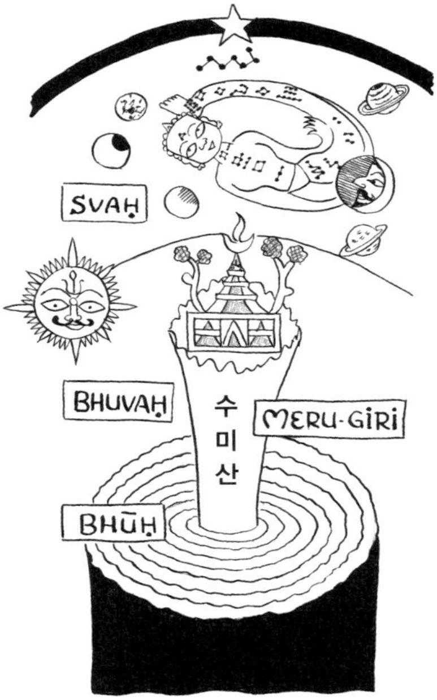

중앙에 솟아 있는 것이 수미산(메루). 그 밑의 동심원이 지상계[地界]. 태양의 궤도까지가 공계(空界). 그 위가 천계로, 달이나 행성이 순환하고 있다(태양보다도 달이 더 멀리 있다고 여겨지고 있었다). 천장에 있는 것은 북극성.

그림 1. 푸라나 문헌의 우주

그림 2는 불교의 《구사론俱舍論》(400년경 성립)에 설해져 있는 거대한 우주론의 일부이다. 우리들이 살고 있는 지구에 해당하는 둥근 수반水盤과도 같은 바다에 역삼각형, 정사각형, 원, 반원형의 네 대륙이 떠 있다.

이것들 중에서 역삼각형을 한 염부주(잠부드위파Jambudvīpa)라는 대륙은 티베트를 포함한 남아시아를 나타내고 있다. 염부주의 지하에는 지옥계가 펼쳐져 있다. 서양의 근대지리학이 전해진 일본의 에도 시대에는, 이 염부주에 동남아시아, 중앙아시아, 중국, 한국, 일본의 지리학적 지식을 담으려는 노력이 활발히 이루어졌다(그림 3).

바다의 가장자리에 철위산鐵圍山이 둘러 있으며, 이 산을 금륜金輪•이 마치

• 옮긴이 주 – 불교 용어로 사륜(四輪)의 하나. 세계의 대지를 받들고 있는 지층으로, 그 밑에는 풍륜과 수륜, 공륜이 있다. 수륜, 풍륜과 함께 삼륜(三輪)의 하나이기도 하다.

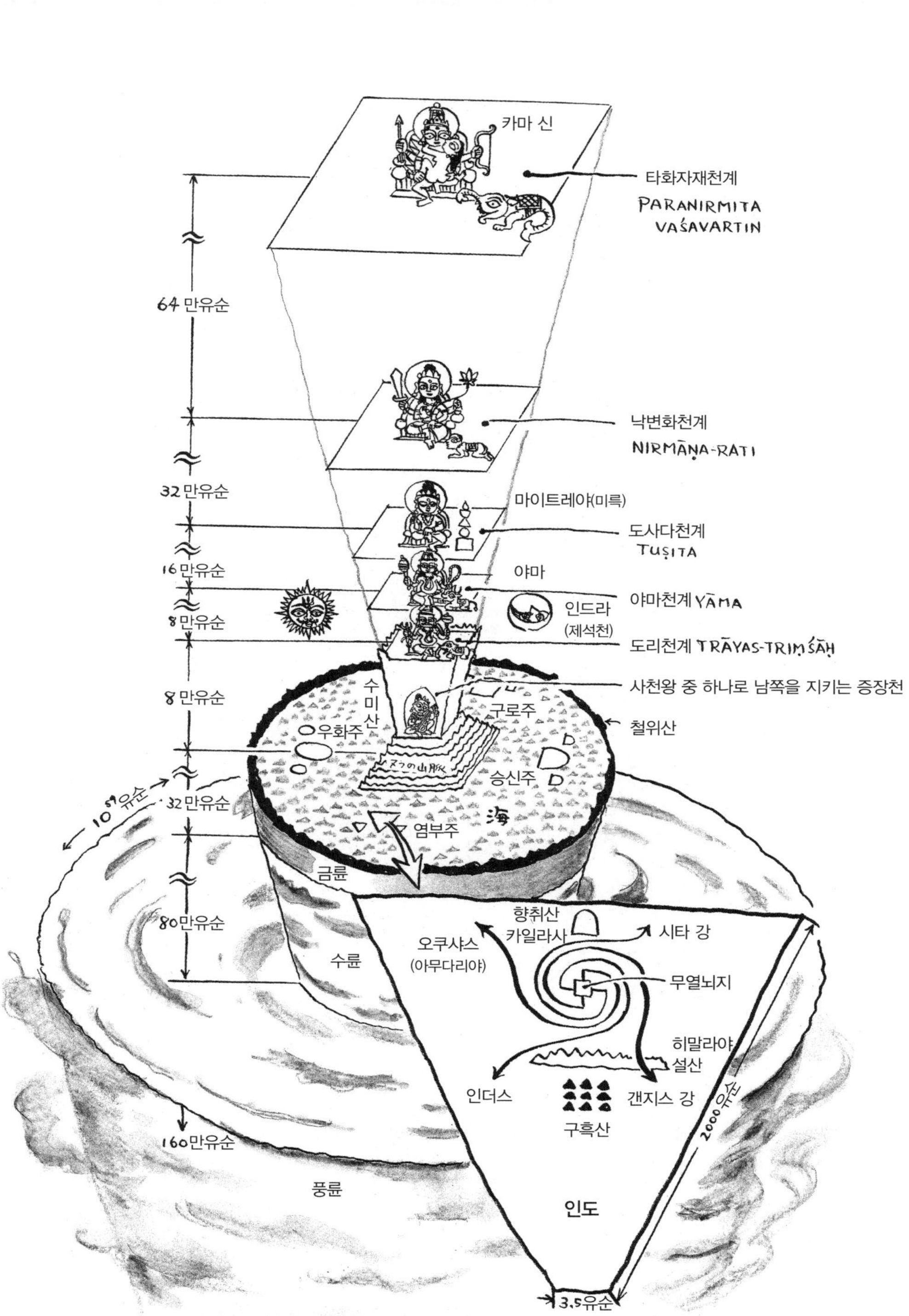

수반(水盤) 형태를 한 바다 중앙에 수미산이 솟아 있고, 이 수미산을 네 개의 대륙이 둘러싸고 있다. 또한 네 대륙 중에서 역삼각형 모양을 한 염부주(잠부드위파)는 인도아대륙을 나타내고 있다.

그림 2. 불교의 우주

유럽의 지리학이 전해진 근세 일본에서는 불교의 염부주와 아시아 지도를 융화시키려는 노력이 시도되었다. 여기서는 동남아시아가 동천축(東天竺)에 포함되고 있다. 이 그림은 그것을 흉내 내어 묘사한 것이다. 수미산의 모델이 된 산이 그림 중앙 위쪽의 카일라사(Kailāsa, 향취산香醉山)이다. 그 밑의 마나사로바르 호수(Lake Manasarovar, 무열뇌지無熱惱池)에서 갠지스 등의 다른 큰 강이 흘러나와 염부주를 적시고 있다고 여겨졌다. 높은 탑과 목욕 연못으로 이루어진, 불교, 힌두교의 모뉴먼트(Monument)는 이 카일라사 산과 마나사로바르 호수가 원형이 되고 있다.

그림 3. 염부주 지도

물통의 테처럼 조이고 있다. 이 금륜의 가장자리, 즉 금륜과 수륜水輪의 경계가, "이제 결코 하지 않겠습니다"라고 일본에서 사죄를 할 때 사용하는 말인 '콘린자이(금륜제金輪際)'로, 세계의 끝이다.

네 대륙의 중앙, 현실의 지구에서는 북극에 해당하는 위치에 7개의 산맥이 피라미드 형태로 연이어 있고, 그 중심에 높이 약 60만 킬로미터의 수미산이 솟아 있다. 수미산의 정상에는 신들의 왕 인드라(제석천)가 거주하는 도시가 있다. 산정의 궁전이라는 아이디어는 스투파의 돔 위에 설치되는 부처님의 집 하르미카harmikā를 방불케 한다.

그러나 수미산은 여기서 끝나지 않는다. 수미산의 위에는 차원을 달리하는 또 다른 수미산, 말하자면 4차원, 5차원, 6차원의 수미산이 겹겹이 쌓여 수직의 우주축을 형성하여, 삼계三界(불교의 삼계는 윤회하는 생명체가 카르마에 따라 다음 생을 받는 무대가 되는 욕계, 색계, 무색계로 이루어져 있다)를 관통하고 있다.

불교 우주의 끝이 무색계의 최고로, 일본에서 '그는 유정천有頂天에 올랐다, 즉 그는 기고만장하고 있다)' 등으로 표현하는, 다시 말해 자신을 잊은 채 마음이 들뜬 상태가 된 것을 가리키는 '유정천,' 즉 세계의 정상이다. 메루의 모형인 불탑이나 사원은 아시아에 널리 퍼져 있었다. 발리섬에서는 사원의 탑을 아직도 메루라고 부르고 있다.

◎ 앙코르와트

12세기에 건립된 캄보디아의 비슈누 사원, 앙코르와트만큼 수미산 우주를 제대로 조형해 놓은 건축물은 없을 것이다. 규모, 콘셉트, 예술성에 있어서 유례가 없을 만큼 통일성을 이루고 있다는 점에서 인도의 가장 뛰어난 사원조차도 능가하고 있다.

피라미드 형태로 높은 삼중 기단. 이것들은 차례로, 지계, 공계, 천계라는 힌두교의 삼계를 나타내고 있다. 생명이 넘치는 지계, 즉 둘레가 780미터에 이르는 제1 기단의 회랑 벽에는 인도 서사시인 《라마야나》, 《마하바라타》, 왕가의 행진, 천국과 지옥, 우유 바다 휘젓기[유해교반 乳海攪拌] 신화 등이 빽빽하게 부조되어 있다.

공계, 즉 제2 기단의 회랑에는 천녀들이 춤을 추고 있다. 제3 기단은 마치 우뚝 치솟은 산괴山塊(산줄기에서 따로 떨어져 있는 산의 덩어리)이다. 자칫하면 굴러떨어질 듯한 급경사의 계단을 기어올라 천계에 이른다. 중앙에는 수미산을 본뜬, 65미터 높이의 탑이 솟아 있다.

천계, 즉 제3 기단에 걸터앉아 하계를 내려다보면, 제2, 제1 기단의 회랑 지붕 저편으로 가람 전체를 에워싸고 있는, 폭이 넓은 둥근 해자[환호 環濠]가 펼쳐져 있다. 회랑의 지붕은 수미산을 둘러싸고 있는 산들을, 둥근 해자는 큰 바다를 나타낸 것이다. 그 예전에는 각 단의 중앙 마당은 빗물을 저장하는 풀pool이 되었다. 물은 높은 곳에서 낮은 곳으로 그리고 둥근 해자로 흘러 들어갔다. 이것은 천상에 속하는 '생명의 물'이 공계·지계로 내려온 것을 나타내고 있다. 즉 생명의 창조 또는 시간을 표현한 것이다.

앙코르와트는 불교의 수미산 우주와 약간 다르지만, 틀림없이 고대인이 생각했던 우주의 모형이다. 그리고 여기에서 바라보는 전경은 지고신의 시야와 다름없다.

◎ 수미산 우주가 나타내는 것

그렇다 하더라도 참으로 기묘한 우주론이다. 현대의 과학은, 우주는 빅뱅과 함께 시공이 팽창해간 것이라고 가르치고 있다. 가스나 먼지가 식어서 서로 뭉쳐져 무수한 별들이 생겨났다. 우리가 살고 있는 지구도 그러한 둥근 형태의 별, 즉 말 그대로 지구地球로서 은하계의 한 켠에 있는 항성을 돌고 있는 하나의 행성에 불과하다고.

하지만 수미산 우주가 무지와 망상의 산물이라고 하는 것은 당치도 않다. 왜냐하면, B.C. 15세기경 편찬된 인도 최고最古의 성전《리그베다》에는 빅뱅을 말하고 있다고밖에 생각되지 않는 '우주 창조의 시'가 있고, 지·수·화·풍·공이라는 '5대 요소설'도 현재의 생리학과 모순되는 것이 아니다.

게다가《구사론》이 저술된 5세기의 인도에서는 천문학의 발달로 '지구'라는 개념이 이미 인식되어 있었다. 서아시아, 중앙아시아, 지중해, 동아프리카, 중국, 동남아시아와의 교역도 성행하고 있었기 때문에 현실의 지리도 분별하고 있었다. 천문학자인 바스카라차리야Bhāskarācārya는 저서《싯단타 시로마니Siddhānta-śiromaṇi》에서《구사론》이나《마하바라타》에서 말하는 네 대륙에 상당한다고 여겨지는 대륙에 있는 주요 도시들의 시차에 관해 언급하고 있다(그림 4).

'(바라타Bharata 주 = 인도의) 랑카푸라Laṅkāpura에 해가 떠오를 때, 랑카의 동쪽에 있는 (바드라슈와Bhadrāśva 주의) 야마코티프라YamakoṭipurāYamakoṭipurā는 낮이다. 땅의 밑(지구의 반대편)에 있는 (쿠루Kuru 주의) 싯다푸라Siddhapura는 해질녘일 것이다. 케투말라Ketumāla 주의 로마카데샤Romakadeśa는 심야이다.'

케투말라는 지중해를 중심으로 한 로마제국이고 로마카데샤는 현재의 이탈리아이다. 바드라슈와는 오스트레일리아 대륙, 웃타라쿠루Uttarakuru는 아메리카 대륙에 상당하게 된다.

그 당시의 인도인은 아메리카 대륙과도 교류가 있었던 것은 아닐까, 하는 의견도 있다. 푸라나 문헌에 파탈라데샤Pātāladeśa라는 나라가 나온다. 인도신화에서 파탈라pātāla라고 하면 지하에 있는 나가nāga(뱀족)의 왕국인데, 이 경우의 지하세계라는 건 지구의 반대편으로, 구체적으로는 멕시코의 마야 문명

권과 교류가 있었다는 것이다. 지구의를 보면 인도의 정확히 180도 반대편에 멕시코가 있다.

고대 인도인이 정말로 오스트레일리아나 아메리카를 알고 있었는지를 묻기보다는 그들이 이 앙코르와트에서 볼 수 있는, 현실에 맞지 않는 기괴한 '세계'상을 계속해서 지니고 있었다는 점이야말로 의문을 가져야 한다.

사실, 눈에 보이는 물질세계와 정신에 비춰진 우주를 통일적으로 표현한 주관적인 세계 모델이 바로 수미산 우주이다. 대지는 둥글다는 사실을 지식으로는 알고 있지만, 일상적인 감각은 완전히 이해하지 못한다. 인도와 로마제국은 육지로 연결되어 있음을 알고 있어도 그곳에 가기 위해서 바다에서 배를 타고 건너는 게 일반적이다. 이런 까닭에 수반水盤 같은 바다에 네 개의 대륙이 있다.

인도에서 신들의 자리라고 하면, 카일라사 산과 히말라야이기 때문에, 그것을 이미지화한 수미산인 것이다. 뒤집어 생각해보면, 우리가 흔히 말하는 우주도, '과학적'이라는 질서에 의해 만들어진 우주 창조설에 지나지 않는가. 환경의 재구축이라는 점과 관련해서 말하자면, 수미산 우주와 아무런 차이가 없다. 아니, 과학이 설명할 수 있는 부분은 어디까지나 우주 내부의 제 현상에 관한 것뿐이다. 정신이나 혼, 심상心象 세계, 즉 일체를 포섭하고 있는 우주 그 자체에 관해서는 설명할 수 없다는 점을 생각해보면, 과학은 공상·주술에 비해 뒤떨어진다고도 말할 수 있을 것이다.

고대인이 원했던 것은, '신들이나 아수라들은 어디에 살고 있는가?', '깨달음을 얻은 사람이나 죽은 사람들의 영혼은 어디로 향하는가?'와 같은 질문에 답을 해줄 수 있는 우주이다. 그리고 시간이 과거에서 미래로 일방 통행하는 것이 아니라, 수정 가능한 우주이다. 구원 또는 구제가 있는 우주이다.

그리고 그러한 우주는 앙코르와트와 같은 종교 건축물로 형상화된다. 신자

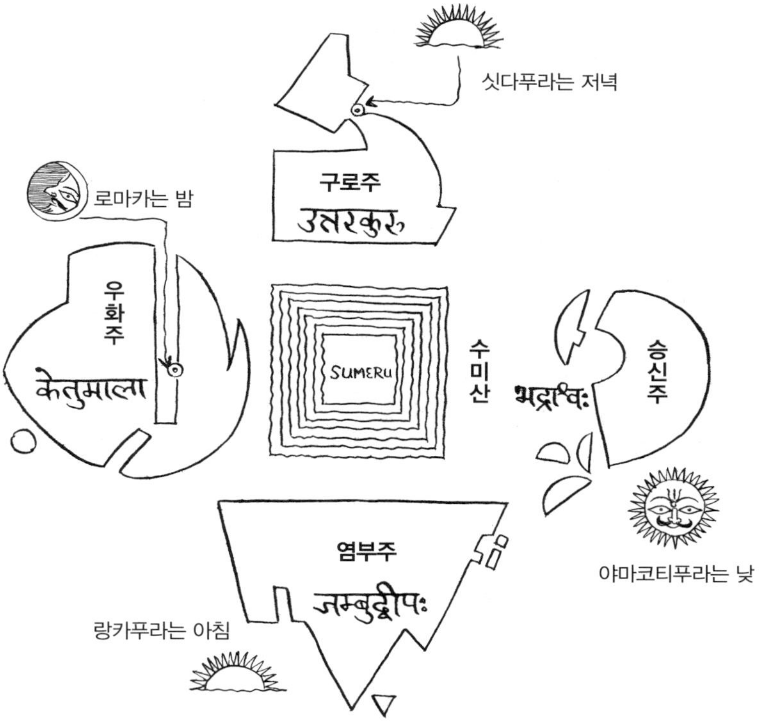

네 대륙의 중앙에 솟아 있는 것이 수미산이기 때문에 천문학자에게
수미산은 '지구의 지축과 북극성을 연결하는 선'이 된다.

그림 4. 천문학서 《싯단타 시로마니》에 수록된 4대륙

는 욕계와 이 성역을 연결하는 무지개다리(환호環濠에 걸쳐져 있는 다리)를 건너 지계, 공계를 편력하고 하늘의 기둥을 기어올라 조물주의 자리, 즉 우주의 시원으로까지 거슬러 갈 수 있다. 이를 통해 모든 것이 가능한, 말하자면 탄생의 순간에 지니고 있었던 것과 같은 에너지와 잠재력을 되찾을 수 있다.

35 가르바 그리하
– 우주가 탄생하는 곳

Garbha-gṛha

[garbha(자궁/태아) + gṛha(집)]

〈중〉 사원의 본전, 신의 몸[神體]을 모시는 지성소至聖所.

※ '가르바 그리하'는 '자궁의 집.' 힌두 사원은 인체를 모방하고 있다. 기단pāda이 다리, 주실主室, bāḍa(힌디어 bāṛa)이 허리, 옥개屋蓋, gaṇḍi가 몸통, 보관寶冠, mastaka이 머리이다. 주실, 즉 '바다/바라'는 '벽에 둘러싸여 있는 곳'이 원래의 의미로, 인체의 경우에는 천골薦骨과 장골腸骨이라는 벽으로 둘러싸인 골반 내부에 해당한다. 그 속에 본전本殿이 있고, 자궁이 있다.

◎ '우주'의 테마파크

사원은 '우주'의 테마파크이다. 고대의 건축 텍스트에서는 "신들은 언제나 삼림, 강, 산, 샘이 있는 곳, 정원이 있는 마을로 놀러 나가신다"라고 말한다. 사원은 그러한 곳에 세워져야 한다. 마을 안이라면, 인공 자연인 정원을 만든다.

사원에서 빠져서는 안 되는 요소는, 무엇보다 우선 물이다. 물이 부족하다면, 상징으로 '풍부한 물'을 둔다. 정화의 물, 풍요의 물, 생명의 물이 흐르는 물가는 '나루터'이기 때문이다. 거기에서 순례자들은 저편(피안)으로 건널 수가 있다.

사원에서 참례하는 신도는 실제로 만다라 또는 얀트라로 들어간다. 다시 말해서, 파워 필드power field에 발을 들여놓는다. 본전에 이르는 동안 지나가야만 하는 탑돌이 길(선회로旋回路)이나 그 밖의 공간은 상징으로 가득 차 있다. 그 상징들은 창조의 프로세스를 거슬러 올라가, 우주의 본원으로 향하는 여정의 단계를 표현하고 있다.

이 내면의 여행길에 맞추어, 건축과 조각의 양상은 각 장소마다 다르다. 신도의 걸음에 맞추어, 단계적으로 천천히 본전에서 그를 기다리고 있는 궁극의 체험을 준비를 시키기 위하여. 이 과정은 요가에서 고안된 영적 발전의 네 단계를 반영하고 있다. 즉 ①깨어 있는 상태jagrat, ②꿈꾸는 수면 상태svapna, ③숙면(꿈 없는 수면) 상태suśupti, ④최고 각성의 상태turiya이다.

① 깨어 있는 상태

문 근처까지 온 참배자는 문을 넘어가기 전에 우선 허리를 숙여 문지방에 손을 댄다. 이것은 속세에서 성스러운 세계로 전환이 이루어졌음을 보여주고 있다.

내부로 들어가면, 그 사람은 외벽에 새겨져 있는 수많은 세속적인 조각의 인사를 받는다. 종종 노골적인 성애의 환희에 몸을 뒤틀고 있는 커플이 새겨진 조각상과도 만날 수 있을 것이다. 이러한 세속적인 상들은 본전에 계시는 신이 밖을 향해 투사한 갖가지 현현이다.

② 꿈꾸는 수면 상태

다음으로는 신화를 묘사한 조각 속을 걷게 된다. 나가nāga 또는 압사라스apsaras들 등의 전설상의 존재, 신화적 생물 등 진기한 모티프motif가 풍부한 조각들은 참배자를 무미건조하고 평범한 현실로부터 떨어뜨려 마치 꿈을 꾸고 있는 듯한 상태로 만들도록 설계되어 있다.

③ 숙면 상태

현관에서 본전 앞에 위치한 건물로 들어간다. 그곳은 외벽과 달리, 장식이 억제되어 있다. 그리고 내부에 서려 있는 어둠은 깊고 어두운 잠을 떠오르게 한다.

④ 최고의 각성 상태

마지막이 본전, '자궁의 집(가르바 그리하garbha-gṛha)'이다. 스투파의 복발覆鉢도 '달걀형의 자궁(안다 그리하)' 혹은 단순히 '자궁(가르바)'이라고 했다. 하지만 스투파는 내부공간이 없는 건축이다. 조각처럼 외부에서 바라볼 뿐, 안으로 들어갈 수 없는 자궁이다.

안으로 들어가고 싶다는 생각이 사원을 만들었다. 그 절절한 생각이 '자궁의 집'이라는 형상을 이룬 것이다. 하지만 내부의 벽에는 아무런 장식이 없다. 그곳은 모든 경계가 소실된, 우주가 원초의 광명에 휩싸여 있는 장소이다.

스투파에서는 불사리가 모셔져 있는 알의 배아에 해당하는 부분, 베다의 매 제단에서는 제화가 불타는 장소에 신위神位(즉 신의 몸[神體])가 설치된다. 쉬바 사원의 경우에는 '자궁의 집' 안에 남녀의 성기(링가)가 안치된다. 여성 성기인 요니에서 쉬바의 성스러운 링가가 돌출되어 있는 것이다. 이것은 곧 남녀의 교접을 자궁 내부에서 바라보는 광경이다. 그 상징적 비유는 의례(푸자)를 통해 한층 더 강조된다(그림).

실내는 어둡다. 네 귀퉁이에는 등불이 흔들리고 있다. 흔들리는 화염에 링가가 이상하리만큼 빛을 발한다. 성스러운 기름이 발라져 있기 때문이다. 사제가 딸랑딸랑 종을 흔들며 만트라를 읊조리고 찬가를 읊는다. 그리고 종을 흔든다.

이번에는 참배자 일동이 찬가를 합창한다. 합창은 길게 이어지지만, 이윽고 또 종. 독송, 종, 합창. 이것이 계속해서 반복되고, 합창도 독송도 점차 고양되어, 이윽고 최고조에 달한다. 그리고 딱 그친다.

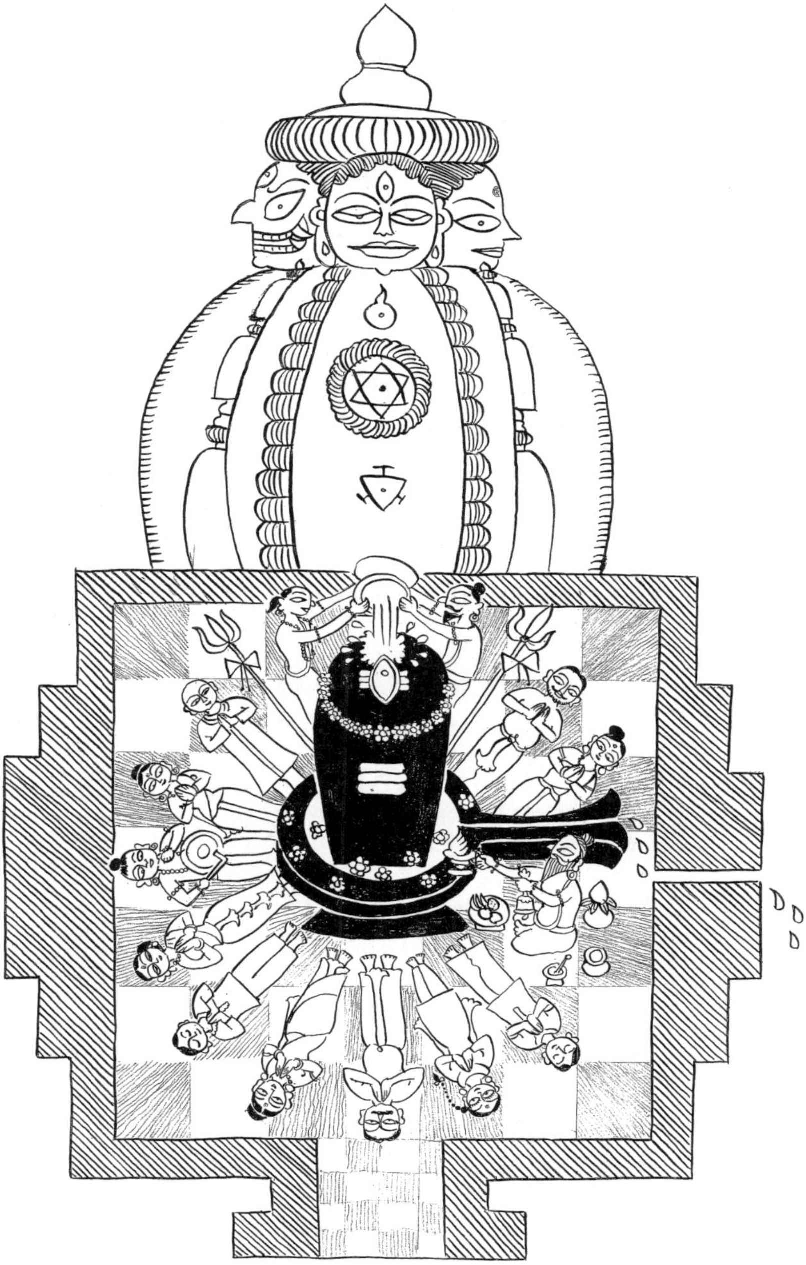

일반적으로 사원은 동쪽을 향해 세워지기 때문에 이 그림에서는 위쪽이 서쪽이 된다. 입구는 아래(동쪽)이다. 정면 오른편에 요니의 '입구(口)'가 있어서, 링가에 부어진 성수나 우유는 북벽 밑에 뚫려 있는 구멍을 통해 밖으로 배출된다. 한편 본전의 평면도는 정방형이다. 크기는 다양하지만, 거대한 사원의 경우에도 한 변의 길이는 최대 240 앙굴라. 베다의 매 제단의 한 변 길이와 동일하다. 대략적으로 3.6제곱미터 넓이이다.

그림. 쉬바 링가 의례

> 사제는, 이번에는 속삭이는 듯한 목소리로 읊조린다. "샨티, 샨티, 샨티히śānti śānti śāntiḥ." 동시에 다른 사제가 커다란 용기에 든 우유를 링가에 붓는다. 링가는 우유로 새하얗게 되고, 우유는 밑으로 흘러내려 간다. 링가가 돌출되어 있는 요니도 어느새 우유로 하얗게 된다….

깊은 감동을 지닌 채 거행되는 이 푸자가 생식生殖 행위를 생생하게 표현하고 있다는 점은 누가 봐도 분명하다. 하지만, 이 경우는 신의 생식, 즉 '아버지 신(푸루샤)'과 '어머니 신(프라크리티)'의 교합이다. 그 결과 '어머니 신'은 '우주'를 임신한다. 신도에게 우주는 베다 의례 때와 마찬가지로, 리셋되는 것이다.

36 크슈드라 안다
– 소우주로서의 인체

Kṣudra-aṇḍa

[kṣudra(작은) + aṇḍa(알)]

〈남〉 소우주(로서의 인체)

※ 산스크리트로 대우주(매크로 코스모스)는 '브라마 안다 brahma-aṇḍa, 梵卵'이고, 소우주(마이크로 코스모스)는 '크슈드라 안다kṣudra-aṇḍa'이다. 소우주인 인간의 신체는 대우주의 닮은 꼴 또는 축소판이라는 개념이 하타 요가를 포함한 탄트라의 근간을 이루는 발상이다. 한쪽 편 우주의 각 부분은 다른 편 우주의 한 부분과 조응하고 있다. 그리고 이 조응의 초점이 되는 것이 '차크라'이다.

◎ '푸루샤'의 형상으로서의 신체

이렇게 해서 푸루샤의 형상은 '베다의 제단 → 풍수의 만다라 → 사원 → 불교의 만다라/힌두교의 얀트라'로 시대별로 변해갔다. 하지만 그것들이 나타내는 것은 일관적으로 '사람이자 동시에 전 우주[梵卵, 브라흐마 안다]이며 집합적인 영혼인 푸루샤'이다. 그렇다면 자신의 몸도 또한 '제단이자 만다라이자 얀트라이고 사원이다!'라고 여겨지게 된 것은 당연한 귀결이다.

이러한 발상이 싹튼 것은 인도 역사의 초기이지만, 그 발상이 결실을 맺은 것은 조형 예술이 충분히 발달하는 탄트라 시대(6~12세기)가 되어서이다. 푸루샤의 형상이 요가, 특히 하타 요가를 만들어간 것이다. 그렇다. '자신 안에 전 우주를 모은다'는 것이 탄트라 요가의 출발점이다. 전 우주를 모아서(그림 1, 2) 그리고 전 우주를 만들어내고 있는 궁극의 것과 일체화하는 것이 이러

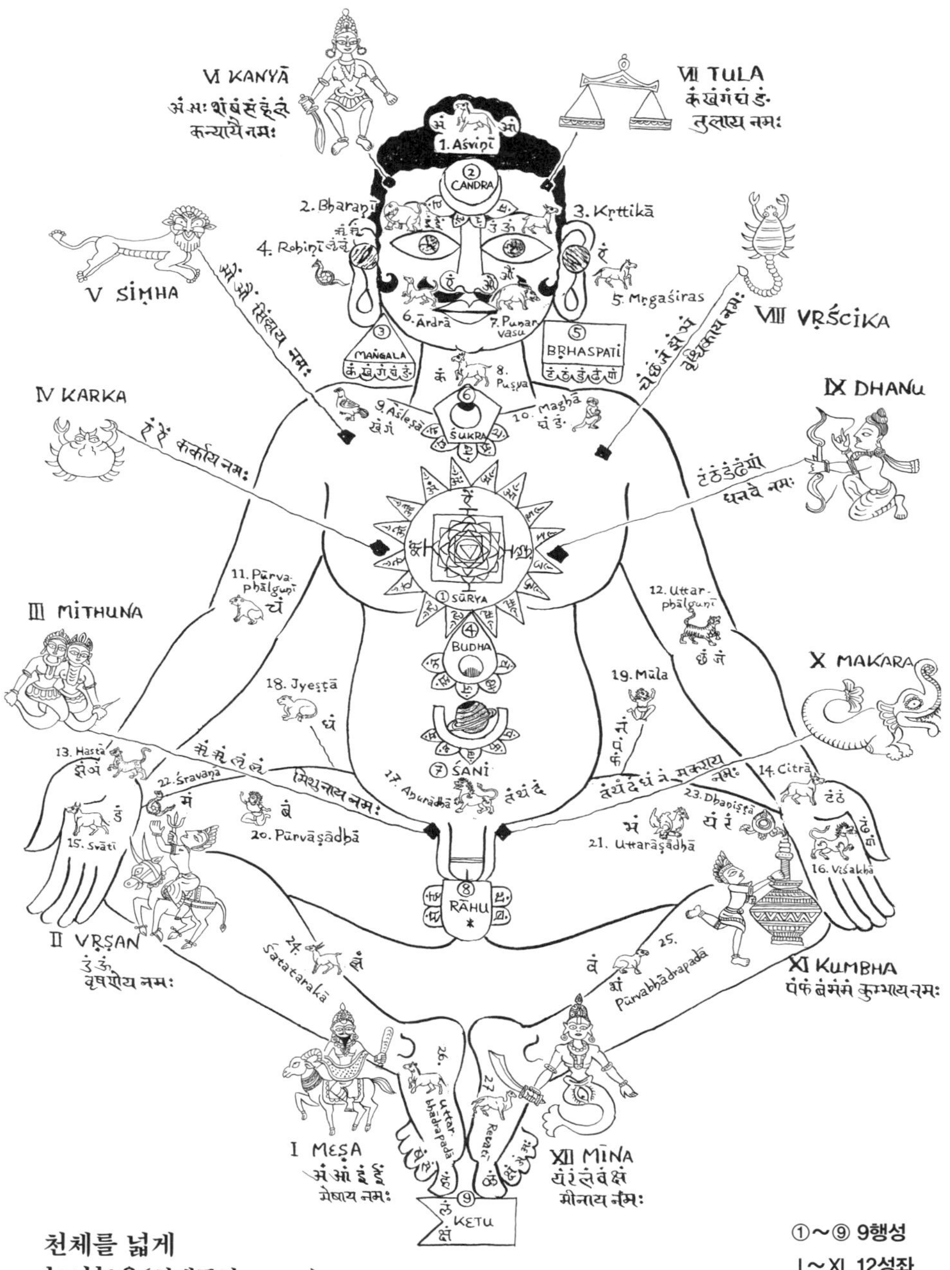

천체를 넓게
늘어놓음〔천체포치天體布置〕
《간다르바〔乾達婆〕 탄트라》 10장에서

①~⑨ 9행성
I~XI 12성좌
1~27 27성수

자신 안에 전 우주를 모아 자신과 대우주를 완전히 동일시하려는 노력이 실제로 이루어졌다. '니야사(→ 106. 니야사)'는 이를 위한 기술이다. 자신의 온몸의 마르마(혈과 같은 것) 하나하나에 손가락을 대고 우주를 구성하는 신들을 봉인해간다. 신의 형태를 관상하고, 만트라를 읊조리면서. 그림 1은 천공의 신들(행성, 12 성좌, 27숙(宿)과 신체의 마르마와의 대응.

그림 1. 전 우주를 모으다

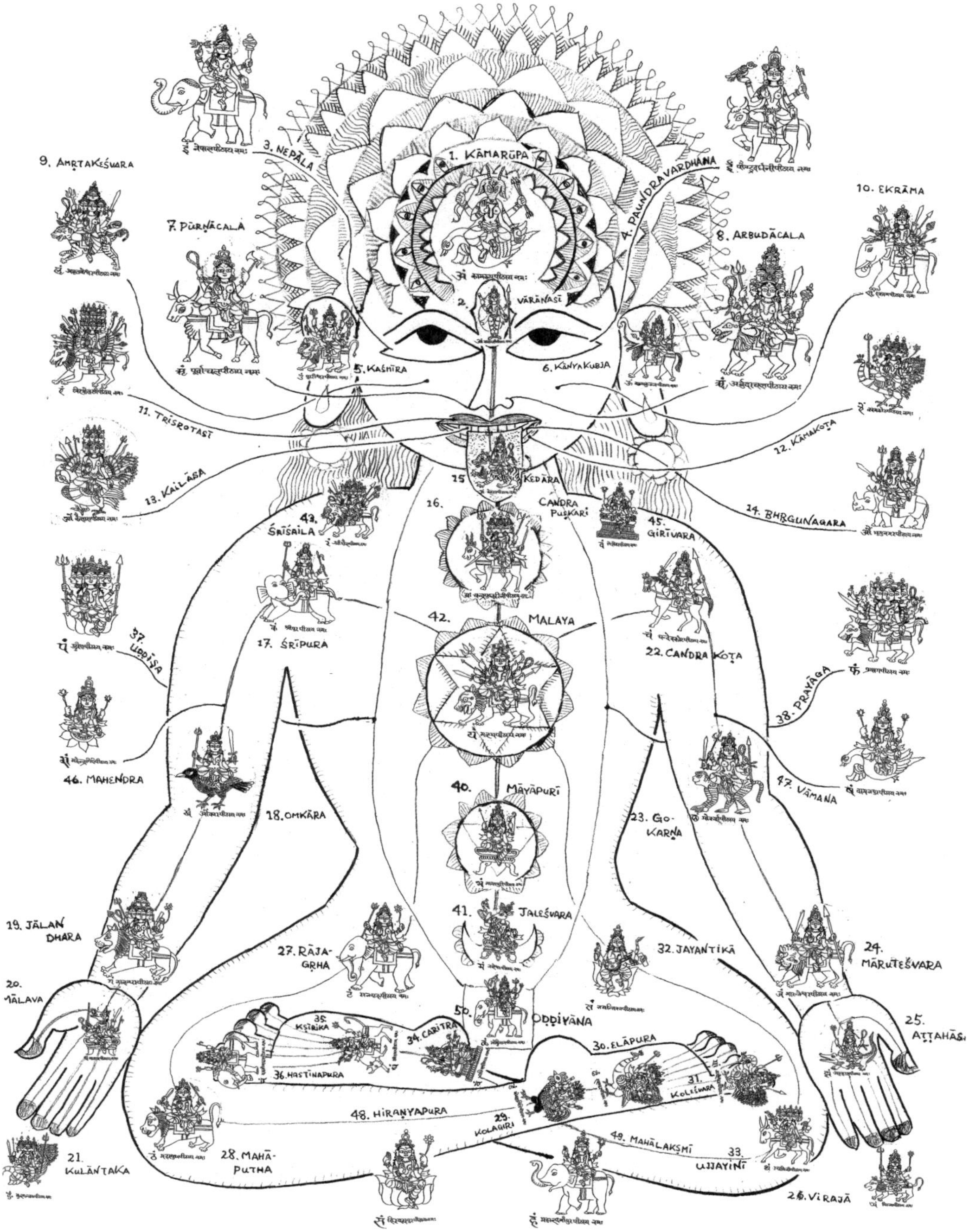

성지聖地를 넓게 늘어놓음〔성지포치聖地布置, 피타 니야사〕

인도아대륙을 산재되어 있는 51개 성지의 여신과 신체의 마르마와의 대응

그림 2

한 종류의 요가의 목표이다.

프라크리티의 전변轉變(우주 창조의 프로세스)을 역으로 짚어 전 우주를 소멸시키는, 오늘날의 라자 요가와는 다른 것이다.

인도철학 전반을 살펴보면, 자타自他의 분리, 즉 '자신과 자신 이외의 것은 다른 것이다'라는 생각이 괴로움과 윤회를 불러일으킨다는 것이 그 전제이다. 자타의 일치, 곧 '자신과 우주는 하나이다'라는 확실한 인식에 이르는 것이 '성취'이다.

라자 요가에서는 우주를 소멸시킴으로써 제1자인 자신(《요가수트라》에서 말하는 푸루샤)만 남고, 그 결과 자타의 분리는 없어진다. 반면 밀교 내지는 탄트리즘에서는 자신이 신불神佛이 됨으로써 자타의 분리가 해소된다. 이 경우의 신불이란 전 우주 및 그 창조자와 다르지 않다.

◎ 사원으로서의 신체

하타 요가의 대표적인 텍스트인 《쉬바 상히타(본집)》 Ⅱ. 4는 이렇게 말한다.

> 삼계(전 우주)에 존재하는 것은 모두 신체 속에도 있다. 메루(수미산)를 둘러싸고 그러한 것들의 움직임이 일어난다. 이 모든 것을 아는 자는 틀림없이 요긴이다.•

이 신체는 전 우주인 푸루샤를 모시는 사원이다. 이 신체의 사원에도 많은

• 《쉬바 상히타(본집)》 Ⅱ. 4.
trailokye yāni bhūtāni sarvaṇi dehataḥ | meruṁ saṁveṣṭya sarvatra vyavahāraḥ pravarttate |
jānāni yaḥ sarvam-idaṁ sa yogī nātra saṁśaya ||

전통적인 사원들과 마찬가지로, 정원, 강, 본전이나 앞 건물, 문이 있다. 우주를 구성하는 지·수·화·풍·공의 '오대 요소' 또한 그렇다. 그 각각이 신체의 어느 부분에 해당하는지는 뒤에 자세히 설명하겠지만, 자신의 몸을 사원으로 관하는 것은 많은 탄트라 문헌에 기록되어 있는 요가의 비결이다.

인도에 가서 사원에 참배해본 경험이 있는 사람이라면, 그때를 떠올리면서 다음과 같이 이미지화한다. 아니면 일본의 오층탑(또는 칠층탑)을 떠올려도 좋다.

① 마룻바닥에 동서와 남북을 잇는 선을 두 줄 긋는다. 그 교차점에 회음부, 여성의 경우 요니가 오도록 하여 연화좌(파드마아사나) 또는 달인좌(싯다아사나)(→ 47. 아사나)를 하고 동쪽을 향해 앉는다(실제로는 각자의 사정에 맞춰, 동서남북 어느 방향을 향해도 좋다. 다만 인도에서는 사신死神(야마)의 방위인 남쪽은 보통 기피한다).

② 회음부의 교차점에서 정수리의 대천문大泉門에 이르는 '빛의 링가'와도 같은 수직축을 세운다. 일본의 다층탑에는 탑을 수직으로 관통하는 찰주擦柱가 세워진다.

③ 회음부 위에서 입방체 공간을 관한다. 즉 '본전'에 상당하는 물라다라 차크라를 건립한다(차크라에 관해서는 뒤에 서술한다). 물라다라는 '기초 mūla가 되는 단壇, ādhāra'이라는 의미이다. 원래는 건축 용어이다. 만다라를 그리는 토단土壇(흙으로 쌓은 단壇)도 '아다라'라고 불린다. 그리고 '본전'의 마룻바닥 중앙에 있는 쉬바 링가를 신위神位로 관한다. 링가는 강한 정신 집중의 상징이다.

④ 실제 사원에서는 본전보다 위에 있는 탑의 내부 공간은 사람이 올라갈 수 없는 구조로 되어 있다. 하지만 신체의 사원에서는 그것이 가능하다. 수직축을 따라 ❸의 본전(대지에 접하는 '땅의 본전') 바로 위에 제2 '물의

본전,' 배꼽 속에 제3 '불의 본전,' 가슴(양 젖꼭지 사이) 속에 제4 '바람의 본전,' 목에 제5 '공의 본전'을 올리는 방식으로 중첩해간다.

차크라는 탄트라 요가 고유의 콘셉트이다. 그리고 탄트라에서 차크라는 처음부터 인체에 '존재'하는 것이 아니다. 이처럼 '건축해가는' 성질의 것이다.

제4장

요가의 신체관

– 성性 요가에서 하타 요가로

《요가수트라》를 낳은 바라문 문화와는 전혀 다른, 아리아ārya적이지 않은 모계 문화에서 발달한 하타 요가.

그런 까닭에 이 요가의 실태는 인도에서도 거의 알려지지 않았다.

하타 요가의 대성자 맛시옌드라Matsyendra와 고라크샤Gorakṣa는 원래 후기 밀교의 수행자였다.

그 의미로 하타 요가는 구카이空海 밀교(중기 밀교)의 후예라고 불리고 있고, 《고라크샤의 지혜》 등의 그들이 기록한 텍스트들로부터는 하타 요가가 후기 밀교의 사상이나 수행법을 계승하였다는 사실을 알 수 있다.

후기 밀교는 중기 밀교에 성性 요가를 도입한 때 시작되었다. 따라서 성性 요가와 후기 밀교가 하타 요가를 바르게 이해하는 열쇠가 된다.

37. 나타 삼프라다야Nātha-saṁpradāya – 하타 요가의 대성자
38. 슈마샤나 사다나Śmaśāna-sādhana – 시체 숲의 종교
39. 카팔린Kapālin – 가장 부정不淨하기에 가장 신성한 사람들
40. 하타 요가Haṭha-yoga – 성취 머신을 가동시켜라

41. 다키니Ḍākinī – 마녀들의 전통
42. 마니 파드메Maṇi-padme – 성性 요가
43. 찬다리Caṇḍālī – 성취의 에너지
44. 마하무드라Mahā-mudrā – 죽음의 요가

45. 친나 문다Chinna-muṇḍā – 하타 요가의 여신
46. 아디구루Ādi-guru – 구루 이야기의 참뜻
47. 아사나Āsana – 하타 요가의 골격이 되는 수행법
48. 하타 샤스트라Haṭha-śāstra – 하타 요가의 교과서

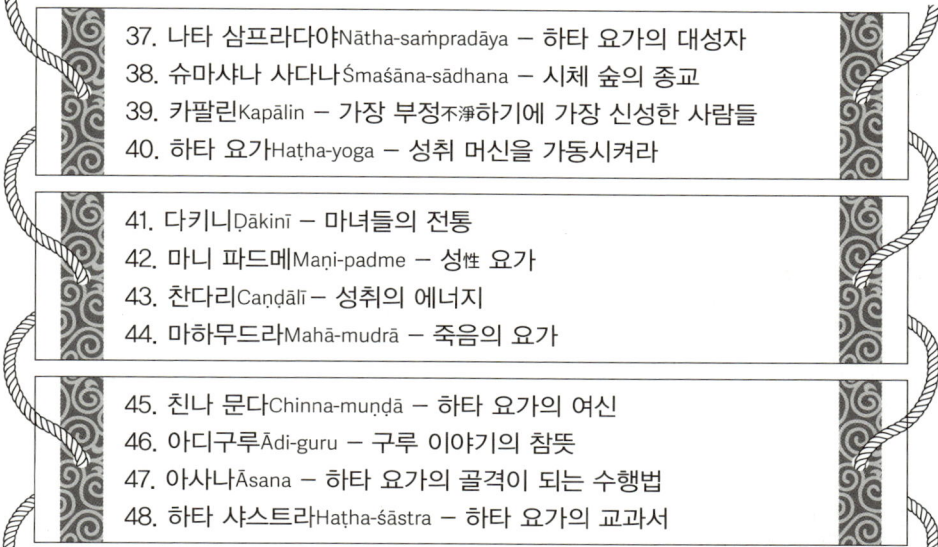

37 나타 삼프라다야

– 하타 요가의 대성자

Nātha-saṁpradāya

[nātha(主/쉬바 신) + saṁpradāya(전통/유파/유의流儀)]

〈남〉 나타파

※ 나타파는 문헌에는 '성취자의 길siddha-mārga,' '포기자의 길avadhūta-mārga,' '요가의 길yoga-mārga'의 이름으로 나타나는 경우도 있지만, '아디나타(최초의 나타/쉬바 신)의 전통'에서 유래한 '나타 삼프라다야'를 정식 명칭으로 한다. 하타 요가라고 불리는 것은 본래 이 종파에 속한 요가이다. 그 교의는 탄트라에 기반한 것으로 베단타적인 바라문 '산냐신'의 그룹과 대립한다.

◎ 하타의 개조이야기

하타의 과학(비디야)은 맛시옌드라Matsyendra, 고라크샤Gorakṣa[등의 조사들]에 의한 것들만 알려져 있다.
요가수행자 스와트마라마Svātma Rāma 또한 이 은총(프라사다prasāda)을 받을 수 있었다. – 스와트마라마, 《하타요가프라디피카》 I.4.•

하타 요가는 11~12세기에 나타파를 설립한 맛시옌드라와 고라크샤의 제자들이 집대성한 요가이다.

• 《하타요가프라디피카》 I. 4.
haṭha-vidyāṁ hi matsyendra-gorakṣadyā vijānate | svātmārāmo'thavā yogī jānīte tat-prasādataḥ ||

불전에 기록된 부처님의 생애는 부처님이 열반에 든 후 수백 년이 지나서 창작된 '이야기'라고 하더라도 불교의 가르침이 집약되어 있다. 신약성서에 나타난 예수님의 언행에는, 비록 사해문서에 따르면 그 신빙성에 의문을 품을 수밖에 없을지라도, 기독교의 모든 것이 담겨 있다. 하타 요가도 마찬가지다. 하타 요가를 이야기하기 위해서는 먼저 나타파의 개조에 관한 전설을 언급하지 않을 수 없다.

맛시옌드라는 벵골의 어부였다.

낚시를 하고 있을 때, 큰 물고기에게 먹혔다.

그러나 그는 물고기의 위장 속에서 살아갔다.

바닷속에서 요가의 신 쉬바가 부인 우마Umā(파르바티)에게 생사에 관한 큰 지혜를 전하고 있었다. 이 지혜를 들으면 죽은 사람조차 구할 수 있다고 한다. 그런데 물고기의 배 속에 있던 맛시옌드라가 듣게 된 것이다. 비의가 누설된 것을 알아차린 위대한 쉬바는 이 상황이 무엇을 의미하는지 이해하고 인류를 향한 자비의 마음으로 그를 관정灌頂했다(그림 1).

이제 물고기의 배에서 나온 맛시옌드라는 보살의 길을 걷는 위대한 요긴이 되어, 세계를 자유자재로 여행하고 있었다.

어느 날 어느 시체의 숲에서 사지가 절단당한 채 방치되어 있는 젊은이가 눈에 띄어, 그 모습을 매우 동정했다. 그를 관정하고 하타의 교리를 가르치고서 소치는 소년에게 그를 보살피도록 부탁했다.

12년 후 차우랑기Caurangi(사지가 잘린 사람)의 신체는 요가의 신비적인 힘으로 다시 손발을 얻게 되어 완전해졌다. 그는 '차우랑기나타'로 알려진 싯다siddha가 되었다.

고라크샤(소치기) 소년이었지만 이제는 청년이 된 그는 다시 이 지역으로 되돌아온 맛시엔드라의 발아래에 조아리고 축복을 청해서 받았다. 그는 마하무드라의 성취를 얻어서 '고라크샤나타'로 알려진 싯다가 되었다(그림 2).

맛시엔드라와 고라크샤와 관련된 무수한 전설이 전 인도와 네팔, 티베트에 전해진다. 그러나 그런 전설의 근본이 되는, 앞서 기술한 이야기의 출처가 불교에 속한《84성취자전》•이라는 사실은 거의 알려지지 않았다. 맛시엔드라와 고라크샤는 쉬바교도인 동시에 불교 탄트라 수행자이기도 했던 것이다. 불교 탄트라를 일본에서는 밀교라고 부른다.

9세기 초 구카이空海가 당나라에서 진언 밀교를 가지고 일본으로 돌아왔다. 그러나 인도 밀교는 그 후 400년 동안 이어진다. 일본 밀교에 알려지지 않은 400년 동안에 인도 밀교, 말하자면 후기 밀교가 새롭게 조직되고, 완성된 것. 그것이 하타 요가이다. '하타 요가'라는 말이 문헌상에 처음 나타나는 것은 바로 구카이가 활약하던 당시에 정리된 불교 성전《비밀집회탄트라》이다.

이 탄트라의 중심이 되는 요가는 일본 밀교에도 잘 알려져 있는 만트라 관상이다. 그렇지만 만트라 관상으로 성취의 조짐이 나타나지 않을 때는 하타 요가를 하라고 규정되어 있다. 하타는 결정적인 방법이었던 것이다.

《비밀집회》에 이어서《헤바즈라》,《차크라삼바라》등 탄트라 문헌군에는 여러 가지 하타적 행법이 다양하게 엮여 있는데, 그 행법들의 키워드는 다음과 같다.

시체의 숲śmaśāna

다키니ḍākinī, 요기니yoginī, 싯다siddha

• 스기키 츠네히코(杉木恒彦) 역,《84인의 밀교행자(八十四人の密教行者)》, 춘추사(春秋社), 2000.

성性의 요가

3개의 나디nāḍī(맥관), 4개(혹은 5개)의 차크라

항아리 호흡(쿰바카kumbhaka), 찬다리Chandari의 불, 마하무드라

바즈라바라히Vajravārāhī 여신, 친나문다Chinnamunda 여신

구경차제究竟次第

《84성취자전》은 이러한 요가에 정통하여 천공을 걷는 자가 된(금생에 해탈에 도달한) 성취자(싯다)의 이야기를 집성한 것이다.

바라문 대학자에서 어부, 즉 불가촉천민 요긴으로 전락한 티로가 있다(맛시옌드라와 마찬가지로 처음부터 어부였다고 여겨진다.(→ 11. 구루). 그의 제자인 나로가 있다. 나로의 제자가 티베트 불교의 카규파kagyupa 개조인 마르파Marpa이다. 그의 제자가 유명한 밀라레파Milarepa. 티베트 불교 겔룩파(달라이라마가 속한 종파)의 요가의 기초를 다진 나가르주나Nāgārjuna(용수龍樹)와 그의 제자 아리야데바Aryadeva가 있다. 전통 불교에서는 깨닫는 것이 불가능하다고 여겨졌던 여성 성취자도 여럿 등장한다.

인도 밀교가 색다른 빛을 발하는 시기였다. 그러나 그 전통은 13세기 초 이슬람의 침입에 의해 돌연 끊겨버렸다. 그 직전에 나타난 것이 맛시옌드라와 고라크샤였다. 그들은 불교 탄트라와 쉬바교 파슈파타Pāśupata파의 교설을 새로이 통합하고, 나타파의 길을 개척했다. 이 통합이 없었다면 하타는 불교의 멸망과 함께 인도에서 소멸했을지도 모른다.

《84성취자전》을 한 손에 들고, 밀교의 성취법들을 집대성한 하타 요가의 성립에 입회해보자.

맛시엔드라

① 벵골의 어느 어부의 낚시에 물고기가 걸렸다. 커다란 물고기였다. 물고기는 오히려 어부를 삼켰다. 그는 카르마의 힘에 의해 물고기의 배 속에서 살아갔다.

② 그때 여신 우마가 남편 쉬바에게 가르침을 요청했다. 쉬바는 말했다. “그것은 비밀 중의 비밀. 누구도 들을 수 없도록 바닷속에 사원을 짓자.”

③ 쉬바, 바닷속 사원에서의 설법. 그런데 우마는 깜빡 졸았다. 그 사원의 아래에 큰 물고기가 있었다.
“이해했니?” 쉬바가 물었다.
“했습니다.”라고 대답하는 목소리.

④ 여신은 눈을 떴다.
“죄송합니다, 잠들어버렸습니다.”
“그렇다면, 이해했다고 말한 건 누구지?”
쉬바는 물고기 속에 있는 어부를 발견하고, “나의 가르침을 들었기 때문에 나의 제자다.” 라고 말하고 그를 관정했다.

⑤ 그 후 12년간 어부는 물고기 속에서 수행을 했다.

⑥ 그 이후에 한 어부가 큰 물고기를 포획하여 배를 가르자 인간이 나왔다. 사람들은 놀라서 그를 ‘맛시엔드라(물고기의 주(主)/왕(王)’이라고 불렀다.

⑦ 그가 모래사장에서 춤을 추었다. 그렇지만 발은 모래에 빠지지 않았다. 바위 위에서 춤추면, 마치 진흙처럼 빠져들었다. 사람들은 놀라서 그를 공양했다. 그 후 그는 보살의 길을 걸어서 ‘천공을 걷는 자’가 되었다.

그림 1. 맛시엔드라 이야기

차우랑기와 고라크샤

① 동인도의 한 왕자가 의붓어머니와 밀통했다는 억울한 누명을 쓰고, 묘지에서 사지를 절단당하는 형벌에 처해졌다.

② 그곳에 위대한 맛시옌드라(이하, 물고기의 주/왕)가 와서, 왕자에게 관정하고 하타 요가를 가르치고서, "네가 성취를 이룰 때 신체도 원래대로 될 것이다"라고 예언했다.

③ 물고기의 왕은 근처 목장에 가 소치기(고라크샤)들에게 물었다.
"시체의 숲에 차우랑기(사지가 절단된 사람)가 있다. 그를 보살필 수 있는 사람이 있는가?"
"제가 가능합니다." 한 소년이 말했다.

④ 소년은 왕자를 위해 나뭇잎으로 움막을 짓고 자신의 음식의 반을 주고 마사지를 하고 똥오줌을 받으며 보살폈다. 그 보살핌이 12년간 계속되었다.

⑤ 어느 밤, 한 무리의 보석상이 시체의 숲 근처를 지나갔다. 왕자가 발소리를 듣고 물었다. "누구냐?"
보석상은 소리의 주인을 도둑이라고 착각하여, "우리들은 숯을 파는 상인입니다"라고 대답했다.
"그럼, 그렇게 되어라." 왕자는 말했다.

⑥ 상인들이 집에 도착하자, 갖가지 보석들이 숯으로 변해 있었다. 그들은 "누구냐"라고 물었던 사람이 말한 대로 실현시키는 사람임을 알았다.

⑦ 그들은 다시 시체의 숲에 가서 왕자를 발견했고, 보석들을 원래대로 돌리고 싶다고 간청했다.
"내 탓인가? 그렇다면, 당신들의 보석들은 원래대로 되어라!"

⑧ 상인들이 집에 돌아오자 보석들이 원래대로 되어 있었다. 그들은 시체의 숲으로 가서 이 이야기를 왕자에게 들려주었다.

⑨ 왕자는 스승의 예언을 떠올렸고, "그렇다면, 나의 몸도 원래대로 되어라!"라고 말하자, 그렇게 되었다.

그림 2. 차우랑기와 고라크샤 이야기

⑩ 그 소치기가 왕자가 있는 곳으로 가자, 그는 두 발로 서 있었다. 손도 있었다. 그뿐만 아니라 공중에 떠서 "내가 너에게 교시를 줄까?"라고 말했다. 그러자 "괜찮습니다. 저에게는 스승이 있습니다. 스승이 당신을 보살피라고 말씀하셨기 때문에 당신을 보살피고 있는 것입니다."라고 소치기는 말하고, 다시 동료들의 곁으로 되돌아갔다.

⑪ 소치기가 소를 보살피고 있을 때, 물고기의 왕이 다가왔다. 그에게서 왕자의 이야기를 듣고서 매우 기뻐하며 목동에게 관정과 교시를 내리고, 다른 지역으로 갔다.

⑫ 소치기는 하타 요가를 수행하여 마하무드라의 성취를 얻었다.

⑬ 쉬바가 나타나 말했다.
"어리석은 자들을 관정해서는 안 된다. 바른 구도자에게만 관정을 해라"
소치기는 쉬바의 명령대로 했다.

⑭ 그는 많은 제자를 구제하는 동시에 소를 치고 있었으므로, '고라크샤'라는 이름으로 곳곳에 알려졌다.

38

슈마샤나 사다나

– 시체 숲의 종교

Śmaśāna-sādhana

[śmaśāna(시체 숲[尸林])–sādhana(수행법, 성취법)]

〈중〉 시체 숲에서의 수행

※ '슈마샤나'는 '시체가 있는 곳'이라는 뜻으로, 고대에서 중세까지의 인도의 묘지라기보다는 시체를 방치하는 숲이다. 불교의 승려를 포함한 요가수행자의 집합소이기도 하고, 여러 가지 수행법(사다나)이 행해졌다. 밀교학자 쓰다 신이치津田真一는 그것을 일괄하여 '시체 숲의 종교'라는 개념을 주장하고 있지만, 하타 요가도 실제로는 시체 숲의 가운데서 태어났다.

◎ 죽은 자의 숲

그림을 살펴보자.

슈마샤나이다. '시림[尸林],' 즉 '시체 숲'으로 번역된다. 시尸는 시체[屍]. 사체의 숲이다. 인도에서 고대에서 중세까지 화장은 아직 일반적이지 않고, 대체로 사체는 그 전용 숲에 유기하여 새나 짐승에게 처리를 맡기는 일이 많았다. 그림(권두의 그림 8)에서는 나무에 사람의 머리가 매달려 있다. 시체 숲은 죄인의 처형장을 겸했다. 그리고 시체 숲은 예로부터 불교 승려를 포함한 수행자가 모이는 곳이었다.

그림의 오른쪽 상단에는 삭발한 불교 승려가 사체로부터 옷을 걷어가고 있다. 이렇게 얻은 죽은 자의 옷에서 사용할 부분을 잘라내 깁고 황색黃色으로 염색한 것이 본래의 '가사,' 즉 승려의 유니폼이었다.

그림. (권두의 그림 8)

왼쪽 상단에는 '부정관不淨觀,' 즉 사체가 부패하고 분해 또는 붕괴되어 무無로 돌아가는 것을 뚫어져라 응시하여 육체에 대한 집착을 끊어내는 명상법을 행하는 스님이 있다. 곁에서 피샤차piśāca 또는 프레타preta라고 불리는 귀신이 시체를 탐내고 있다.

왼쪽 하단은 '베탈라 성취법vetāla-sādhana'이라는 흑마술을 하는 요술사. 땅에 피를 칠하고 그 위에 뼛가루로 만다라를 그리고, 사체를 둔 뒤 베탈라라는 요괴를 빙의시켰다. 잘 된다면 수행자가 바라는 것을 무엇이든 이루어주지만, 베탈라의 기분을 상하게 하면 곧바로 그 자리에서 목숨을 잃게 된다.

'37. 나타 삼프라다야'의 나타파 조사 이야기에서 시체 숲이 주요한 무대가 되었던 것에서도 엿볼 수 있듯이 하타 요가도 불교의 승원이나 바라문의 수도장이 아닌, 이런 시체 숲속에서 태어난 것이다.

필자는 현존하는 시체 숲을 방문한 적이 있다.

• • •

라마크리슈나의 전기를 읽고 타라핏토를 알았다. 그는 젊은 날 이 지역에서 오랫동안 수행을 했다고 한다. 타라핏토는 사람들이 타라피토, 타라피티라고도 발음하는데, 산스크리트로 바로잡으면 타라피타Tārā-pīṭha, '타라 여신의 성지'라는 뜻이다. 타라는 불교에서 기원한 여신이지만, 힌두교에서도 다루어지고 칼리 여신의 화신이라고도 한다. 라마크리슈나가 이 지역을 수행터로 삼은 것도 그 때문이다.

가이드북에는 없지만, 서 벵골주에서는 매우 이름이 알려진 성지인 듯하다. 콜카타의 버스정류장에서 "타라핏토, 타라핏토"라고 외치면, 누군가가 내릴 곳을 알려준다. 버스에서 흔들리며 7, 8시간 만에 성지에 도착했다.

숙소라고 해봐야 순례자들을 위한 숙소밖에 없는, 전기도 변변하게 공급되지 않는 추운 마을을 인도에서는 보기 드문 맑은 강이 가로지르고 있다. 강은 마을의 북쪽에 위치한 숲을 지나며 흐르고 있다. 동서로 1킬로미터, 남북으로 6킬로미터의 가늘고 긴 숲이다. 마을 사람들에게 물으니, 이 숲이야말로 '타라핏토'라고 했다.

숲은 묘지였다. 두개골, 대퇴골, 늑골, 엄청난 숫자의 사람 뼈가 흩어져 있다. 인간의 팔을 물고 있는 등이 검은 개가 도망가고 있었다. 그 개들은 오로지 인육을 먹으며 살고 있다. 묘지의 봉분을 파헤치면서. 그러나 누구 하나 쫓아내는 사람이 없다. 그리고 역시 이 죽은 자의 숲속에 세운 사원의 주변에는 사두가 많이 모여 있다. 아들을 안고 있는 여자 수행자도 있다. 붉은 사리를 입고, 밤색 머리를 하고, 둥근 안경을 쓰고 살결이 흰 그녀는 30세 정도의 유럽인이었다.

파사삭. 발밑에서 메마른 소리가 울려 퍼졌다. 나는 뼈다귀를 밟아 부수고 있었다. 그녀가 이쪽을 보고 미소 지었다. 개도 나를 흘겨보며 얼굴을 찌푸렸다(이 녀석, 자칼이다).

개나 자칼이나 겉보기에 거의 차이가 없다. 귀가 조금 크겠지, 라고 생각할 정도이다. 실제로 개의 조상은 늑대나 자칼로 알려져 있다.

◎ 사람을 먹는 수행자가 된 이탈리아 여성

밤. 칼리 사원의 문 앞에 조그맣게 열린 장터. 랜턴의 불빛으로 쓸쓸하게 물든 음식점 앞에 아까부터 유럽 여성이 앉아서 차를 마시고 있다.

"챠와르(밥)."

식사 주문을 한 다음 나는 그녀의 가까이에 걸터앉으며 인사했다.

"안녕하세요(나마스테)."

“나마스테, 한낮에 숲에서 뵌 분이시군요.”

“예, 일본인입니다. 당신은요?”

“이탈리아 사람입니다.”

“수행자(사두)가 되셨군요.”

“예.”

“이 타라핏투는 사람을 먹는 수행자(아우가르바바aughaṛ-bhāva)의 본고장이라고 들었습니다만…. 무섭지 않나요?”

나는 물음을 던졌다. 타라핏투는 실은, ‘무서운 수행자’의 본거지로 이름을 떨치고 있는 곳이기 때문이다.

“어머, 저도, 제 남편도 그렇습니다만.”

나는 얼굴을 찌르는 날카로운 시선을 느꼈다. 그녀의 뒤편에 귀 기울이고 있는 듯한 중년의 수행자가 앉아 있는 것을 비로소 알아차렸다. 그는 불처럼 붉은 머리를 하고 무릎에는 잠든 아기를 안고 있었다.

“저는 전생에 인도인이었어요. 그리고 인도에 돌아온 겁니다.”

그녀는 내력을 이야기하기 시작했다.

이탈리아 나폴리에서 태어났다. 집안은 당연히 카톨릭이었다. 그러나 위화감을 떨칠 수 없었다. 자신은 힌두교도인데, 라며. 대학에서 철학을 전공했다. 그때부터 이탈리아와 인도를 수없이 왕복했다.

델리에서 콜카타로 향하는 기차에서 짐을 거의 다 도둑맞았다. 여권도, 돌아가는 티켓도, 여행자 수표도. 유일하게 손에 남은 니콘 카메라를 팔아서 여기 타라핏투에 왔다. 그때, 쉬바 신의 밤 제례(쉬바라트리Shivaratri, 1~2월의 초하루 날에 행해지는 큰 제례)였다. 밤, 숲의 사원은 많은 수행자로 넘쳐났다.

그녀는 등 뒤에서 시선을 느꼈다. 돌아보니 그가 있었다. 불가사의한 자력에 의해 둘은 이끌렸다.

“오~ 칼리.” 수행자가 속삭였다.

"나의 쉬바." 그녀가 대답했다.

둘은 신화 세계의 커플이 되어 그곳에서 교합했다.

엄청난 엑스터시가 그녀의 뇌수를 관통했다.

"그 이후부터 계속 둘이서 지내고 있죠. 그리고 이 아이를 얻었죠."

◎ 인육의 맛

나는 카니발리즘cannibalism(식인食人)에 대해 물었다.

"초하루 날 밤, 시체를 파내, 뇌와 심장과 간을 먹는 것입니다. 뇌는 위대한 지혜를, 심장은 위대한 생명의 힘을, 간장은 위대한 해독력을 상징하지요. 저도 먹어본 적이 있습니다."

그녀는 아무렇지 않은 듯이 대답했다. 나의 얼굴이 일그러진 것을 보았을 것이다.

"물론 현대 사회에서는 카니발리즘은 허용된 행위는 아닙니다. 인도에서도 아우가르바바는 이곳 이외에서는 뱀이나 전갈처럼 꺼려지는 종파입니다. 그러나 현대 인도의 최첨단 의학에서 카니발리즘을 행하고 있는 것을 아나요?"

"예?"

"장기이식 말입니다."

"……."

"장기이식을 비난하는 것은 아닙니다. 그렇지만, 죽은 자의 '생명'을 얻는다는 의미에서 장기이식은 카니발리즘과 같은 뿌리입니다. 원시사회에서 카니발리즘은 비도덕적인 것도 아니고 죄악도 아니었습니다. 사람이 죽으면, 애도의 의미를 담아서 그 사람의 몸의 일부를 먹는 것은 어느 사회에서나 행해지고 있었습니다. 그것에 의해 죽은 사람의 영혼과 힘이 산 사람에게 전해지는 것입니다. 아우가르바바는 그런 태고의 종교를 지금에 전하는 것입니다."
"하긴…."

장기이식을 받은 사람의 기호나 성격이 변화하는 경우가 있다고 한다. 유화나 바이올린을 특기로 하는 장기제공자의 능력까지 마스터했다는 보고도 있다. 그렇기 때문에 인간의 '마음'은 뇌뿐만 아니라 세포 하나하나에 분포되어 있다는 가설을 주장하기도 한다.

"인육을 먹으면, 이상한, 취한 것 같은 기분이 됩니다. … 마치 차이니즈 푸드(중국 음식)를 먹었던 때와 같다고 생각합니다."
"차이니즈 푸드라는 것은… 아!"

인육의 맛을 검증하는 그런 악취미적인 보고서가 어릴 때 읽은 만화잡지에 있었던 것이 떠올랐다. 취재팀이 제법 최근까지 식인 풍습이 있었던 뉴기니의 오지에 가서, 식인 경험자들에게 여러 가지 동물의 고기를 시식시키고 물은 것이다.
"자, 어느 것이 인육의 맛이 납니까?" 그러나 현지인들은 어떤 고기에도 고개를 흔들었다. 취재팀은 취사용으로 가져간 된장과 간장까지 맛보게 했다. 그리고 "이거야. 이것이야말로 사람의 맛이다." 그들이 이구동성으로 대답한 것은 다름 아닌 화학조미료였다. 인육은 화학조미료 맛이 난다!
어린 마음에 충격이었다. 나이가 들어서도 머리 어딘가에 남아 있었다. 왜 화학조미료인 것인가? 그녀가 지금 이 말에 대해 알려 주었다. 맛이 아니라, 심신이 경험한 쇼크라는 것이다.

"차이니즈 레스토랑 신드롬(중화요리 증후군)이라는 것입니다."

서양인 가운데에는 중화요리를 먹고서 기분이 고양되거나, 기분이 나빠지거나, 컨디션이 좋지 않게 되는 등 여러 가지 증상을 호소하는 사람이 많다. 화학조미료가 원인이다. 화학조미료는 인간이 만든 맛(감칠맛, 우마미旨味)• 성분의 결정. 현대 의약이나 헤로인과 마찬가지로 자연계에는 존재하지 않는다. 자연계에는 없는 것이 인체에 들어오면 좋든 싫든 여러 가지 스트레스를 불러일으킨다. 여하튼 인체는 사이보그가 아닌 한 자연 그 자체이므로.

고기나 다시마의 감칠맛 성분은 시간이 지나면서 서서히 인체에 흡수되지만, 화학조미료는 순식간에 흡수된다. 눈 깜짝할 사이 혈액이 감칠맛 성분, 아미노산으로 가득하게 되는 것이다. 일본인은 화학조미료에 중독되었기 때문에 아무렇지 않지만, 익숙하지 않은 사람이 그런 것을 먹으면 충격을 받는 것도 당연하다. 단백질 조성이 같은 인육을 먹어도 비슷한 일이 일어날 수 있는 것 같다.

"아마 그렇겠지요. 그리고 그때 죽은 사람의 힘이 피와 살로 퍼져 확실히 영적 능력이 늘어나는 것입니다. 그렇게 해서 성취, 초능력 혹은 깨달음을 가져올 힘을 얻습니다."

• 옮긴이 주 – 인간이 혀로 감지할 수 있는 단맛, 신맛, 짠맛, 쓴맛 외의 제5의 미각이다.
(fr. 네이버 지식 백과, https://terms.naver.com/entry.nhn?docId=932112&cid=43667&categoryId=43667)

39 카팔린

– 가장 부정不淨하기에 가장 신성한 사람들

Kapālin

[kapāla(두개골)–in('소유'를 나타내는 접미사)

〈형〉 해골을 가진.
〈남〉 바이라바bhairava로서 쉬바Śiva 신, 불가촉천민 1그룹, 해골을 가진 수행자.
※ '카팔린'은 불가촉천민에서 나온 종파인 쉬바교 카팔라kapāla파에 속한 수행자. 높은 카스트에게 가장 부정한 것 중 하나로 여겨지는 인간의 해골로 만든 발우를 마련하여 그것을 그릇으로 사용한다. 후에 불교 그리고 힌두교의 수행자가 카팔린과 같이 행동하게 되었다. 《84성취자전》에도 '카팔린'이라고 불린 수행자 이야기가 있다.

◎ 불가촉천민 수행자

사람의 머리만한 크기의 돌을 빼면, 거기까지 빛이 들지 않았던 그 돌 아래에 수많은 종류의, 엄청나게 많은 벌레가 우글거리고 있기도 하다. 《반야심경》이 널리 퍼지고 《요가수트라》나 《바가바드기타》가 성립된 굽타시대(4~6세기)에 사회는 크게 발전했다. 숲은 농지로 쓰기 위해 개간되었다. 그러면서 인도인들(카스트가 확립된 힌두교도)은 숲속에서 수렵 채집의 원시적 생활을 하고 있던 부족과 우연히 만나게 된다. 아마존 유역의 숲속에서 지금까지 전혀 알려지지 않은 미개 부족이 발견되었다는 뉴스를 가끔 보게 되는데, 그것과 닮은 것이다.

그들은 찬달라Caṇḍāla(불가촉천민)로서 바라문을 정점으로 하는 카스트의 범위 안으로 들어왔다. '38. 슈마샤나 사다나'에서 살펴본 아우가르바바의 뿌리는 그런 사람들로부터 나온 수행자라고 여겨진다. 아우가르바바는 산스크리트 문헌에서는 '해골 가진 자(카팔린)'라고 불리고 있다. 그 이름대로 인간 두개골의 눈구멍 위쪽을 잘라낸 부분을 걸식 발우로 쓴다. 뇌를 감싸고 있던 부분이다. 안쪽에는 복잡한 요철이 있고, 호두 껍데기와 기묘하게 닮아 있다.

이탈리아 여성이 고백했던 것처럼, 그들은 시체 숲에 모여서 인육을 먹고 성교도 한다. 술도 터부시하지 않는다. 인간의 대소변이나 정액, 혈액을 먹는 경우도 있다고 한다. 미개 부족의 주술적 습관을 그대로 힌두 세계에 들여온 것이다.

바라문의 입장에서 보자면, 무의식의 바닥에서 솟아난 악몽과도 같은 패거리였다. 바라문의 전통에서는 세속의 극치가 육체이고, 성스러움의 극치가 영혼이다. 육체와 영혼은 프라크리티와 푸루샤, 마야와 브라만, 윤회와 해탈, 조대와 미세, 세속과 정토, 지옥과 천국, 오염과 청정 등의 두 원리로도 치환 가능한 용어이다. 그리고 한결같이 전자를 배척하고, 후자를 존중하는 것이 바라문의 길이고,《요가수트라》의 요가였다. 카팔린은 그것과는 180도 다른 세계로, 오염과 더러움으로 범벅이 되어 있다.

◎ 후기 밀교의 시작

그렇지만 밀교가 카팔린의 종교 쪽으로 크게 기울게 되었다. 그것이 무상無上(아눗타라anuttara) 요가 탄트라, 말하자면 '후기 밀교'의 시작이라고 말해도 좋다.

굳이 '후기밀교'라고 말하는 이유는 이 밀교가 '구카이空海 밀교'에서 확립되어 오늘날에 전해지는 중기 밀교를 계승한 것이기는 하지만, 이미 중기 밀교에서 어렴풋이 보이기 시작한 '신체성身體性'을 전면에 내세우기 때문이다. 아니, 추상적인 '신체'라는 말보다 '육체'라고 잘라 말하는 것이 후기 밀교의 성격을 확실하게 드러낸다.

《84성취자전》에도 수행으로 인육을 먹고, 성교에 빠지는 요가수행자가 등장한다. 그것도 육체에 관련된 수행이다. 그들은 말한다.

> 속俗도 성聖도 극極이라는 점에서 같다. 한 극을 가리키는 침針은 어떤 계기가 있으면 쉽게 다른 극으로 반전될 수 있을지도 모른다. 예를 들어, 속俗의 극치인 육체의 쾌락(성교)도 성聖의 극치인 영혼의 쾌락(해탈)도, 쾌락이라는 점에서는 같다. 그렇다면 성의 쾌락도 극치에 다다르면 해탈로 통할 것이다. 그리고 육체의 쾌락도 영혼의 쾌락도, 모두 분별(언어에 의한 개념)이다.

승원불교에 속하지 않은 승려, 하층계급 출신의 수행자, 그리고 아리얀āryan(상위 3카스트) 출신의 수행자 일부가 카팔린을 규범으로 삼게 된다.

그들은 싯다 수행자라고 불리며, 카팔린과 마찬가지로 해골을 걸식의 발우로 지니고, 사람의 뼈로 만든 장신구를 몸에 착용하고 시체 숲으로 모이고, 혹은 시체 숲을 이곳저곳 돌아다니며 술을 마시거나, 환각식물이나 인육을 포함한 고기를 먹으며, 남녀의 성교를 요가로서 수행한다. 그리하여 그들 가운데서 육체에 관한 별의별 사상과 행법이 축적되어 갔다.

> 아유르베다(의학)
>
> 다누르베다Dhanur-veda(무술)
>
> 카마 샤스트라Kāma-śāstra(성 과학)
>
> 라사야나Rasāyana(불로장생술, 연금술)
>
> 야트라Yātrā(순례)
>
> 슈마샤나 사다나Śmaśāna-sādhana(시체 숲의 성취법)
>
> 프라나야마Prāṇāyāma(생명 바람 제어법) 등등

이런 것이 무상요가 탄트라라는 도가니 속에 걸쭉하게 녹아들어 발효되고, 인류사에 드물게 보이는, 성과 속이 교차하여 아름답고도 역겨운 비밀 의식[秘儀]의 꽃들을 피우게 된 것이다.

◎ '어느 카팔린'의 이야기

이야기(그림) 속의 구루, 크리슈나차린Kṛṣṇacārin은 티베트 불교 사캬śākya파의 조사로 추앙받는 인물이다. 바라문에 준하는 서기書記, kāyastha 카스트 출신으로 소마푸리Somapurī 승원(현 방글라데시)에 소속되어 있었지만, 싯다의 무리에 참여했다. 그도 인육이나 배설물을 먹는 것을 베를 짜는 직공(수드라) 구루에게 강요당하고 있었다.

크리슈나차린의 제자로, '카팔린'이라고 불리게 된 주인공도 하층민 수드라이지만, 본래의 카팔린, 불가촉천민 그리고 카팔라파의 수행자는 아니다. 그러나 불가촉천민의 수행자처럼 사람 뼈 장식을 몸에 착용하고, 해골을 식기로 사용하게 되었다.

《반야심경》은 가테gate 만트라 염송을 육바라밀 수행으로 대체한 것이지만(→ 23. 만트라), 여기에서는 아들의 뼈로 만든 여섯 종류의 장식을 몸에 걸치는 것으로 대신한 것이다. 그리고 늘 손에 들고 있는 부인의 두개골이 그의 명상 대상이다. 해골의 바깥쪽을 생기차제生起次第, Utpatti-krama로, 안쪽을 구경차제究竟次第, Utpanna-krama로 관한다.

생기차제에서는 허공에서 우주로, 즉 현상세계[色]가 만들어지는 양상을 만다라를 관상함으로써 간접 체험한다.

구경차제에서는 그 만다라를 차크라의 체내 위치에 배치하고, 우주가 공으로 회귀해가는 모습을 하타적인 신체 기법을 이용하여 체감한다(뒤에 서술). 이것

카팔린

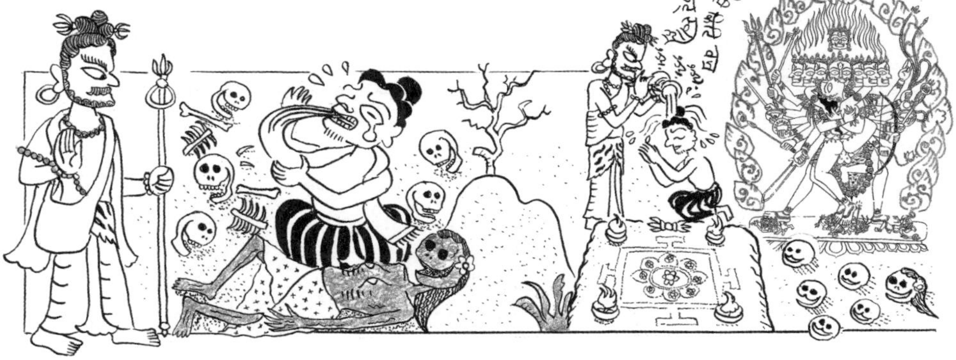

① 라자푸리(Rajapurī)에 사는 한 수드라에게는 아내와 5명의 아들이 있었지만, 무정한 카르마에 의해 모두 사망했다. 그는 그 시체들을 시체 숲으로 옮겨 두고서 울고 있었다.

② 요가수행자 크리슈나차린이 찾아와서 물었다.
"무슨 일인가요?"
"저의 가족이 모두 죽었습니다. 슬픕니다. 가족의 유골들과 떨어지고 싶지 않습니다. 그래서 이곳에 있는 것입니다."

③ "사람은 모두 자신의 슬픔을 등에 지고 있습니다. 그렇지만, 슬퍼한다고 죽은 사람이 돌아오지 않습니다. 요가를 실천하여 생사를 초월하세요."
"그 요가를 저에게 가르쳐 주십시오."
수행자는 그를 헤바즈라 만다라로 관정하고 가르침을 주었다.

⑤ 부인의 머리를 잘라서 발우로 하고, 두개골을 생기차제에 관한 것, 두개골의 내부의 공간을 구경차제에 관한 것이라고 관상하세요.

⑥ 그는 그대로 실천하여 9년 만에 생기차제와 구경차제를 하나로 보고 성취를 얻었다.

④ 아들들의 뼈로 육바라밀에 대응하는 머리관, 귀걸이, 목걸이, 팔찌, 허리띠, 발찌의 6가지 장신구를 만들어 몸에 착용했다.

⑦ 그는 제자들에게 "나는 요가수행자 카팔린이다. 모든 존재의 본질이 두개골과 같은 것임을 깨달았을 때, 나는 힘으로부터 생기는 행위에 안주했다"고 읊으며 천공에서 춤을 췄다.

⑧ 모든 사람들이 그를 신앙했다. 그는 '카팔린'이라는 이름으로 알려졌고, 생명이 있는 것들에게 이익을 준 뒤 '천공을 걷는 자'가 되었다.

그림. 카팔린

은 후기 밀교에서 개발한 테크닉이자, 힌두교의 하타 요가인 쿤달리니kuṇḍalinī 요가의 전신前身이 되기도 하지만, 공도, 색도 동일한 두개골의 안과 밖이라는 것을 이 이야기는 말하고 있다.

40	# 하타 요가 – 성취 머신을 가동시켜라
	Haṭha-yoga

[haṭha(힘으로 하는) + yoga(요가)]

〈남〉 하타 요가.

※ 하타 요가의 정의에는 'Ha는 태양, Ṭha는 달. 양자를 융합시키는 요가'(《싯다싯단타 요체要諦(Siddha–siddhānta–sāra)》, '쿤달리니를 각성시키는 것에 의해서 중앙 맥관의 문을 힘으로haṭha 억지로 여는 요가'(《게란다 본집Gheraṇḍa-saṁhitā》) 등이 있다. 이러한 정의가 의미하는 것은 본문에서 서술하겠지만, 《요가수트라》가 문제로 삼는 칫타citta(마음)를 포함한 생명현상의 근본이 프라나이며, 그 프라나를 제어하는 것에 의해 성취가 완성된다는 것이 하타 요가이다.

◎ 태양과 달의 융합

'태양(Ha)와 달(Ṭha)의 융합'이 하타 요가라고 한다. 이것은 둘을 하나로 하고, 하나를 영(0, 슌야, 공空)으로 한다는 관상법을 가리키고 있다.

이 관상을 신체를 이용해서 행한다. 몸속에 세로로 뻗은 3줄기의 주요한 맥관脈管을 떠올린다. 3줄기의 맥관은 밀교의 법구 금강저三鈷杵나 쉬바 신의 삼지창의 창끝과 같은 모양을 하고 있다. 즉 좌우의 콧구멍에서 시작하는 두 가닥의 맥관. 이것은 '2'를 나타낸다. 두 가닥은 신체의 기저부에서 합류하여, 중앙의 '1'이 되는 맥관이 된다.

《84성취자전》에 따르면, 생과 사, 음악과 그것을 듣는 자, 진실과 허위 등등 대립하는 모든 개념을 좌우의 맥관과 그 속을 흐르는 프라나(중국에서 말하는 '기氣'와 같은 것)에 맞추어 상극相克이나 중화中和 또는 지양止揚시켜서 중앙

잘란다라

② “좋은 집안의 아들이여! 바른 일을 생각하라.”
천공에서 신성한 목소리가 들렸다. 그는 기뻐하며 “누구십니까? 모습을 보여주세요” 계속해서 간청했다. 그러자 지혜(프라즈냐)의 다키니(ḍākinī)가 얼굴을 보여주고 헤바즈라로 그를 관정하여 구경차제의 교시를 다음과 같이 주었다.

① 나가라톳타에 사는 바라문 잘란다라는 윤회를 생각하면 심장이 막혔다. 시체 숲으로 가서, 나무의 뿌리에 앉아서 지혜(프라즈냐)와 즐거움(수카)에 관해서 생각했다. 그러자

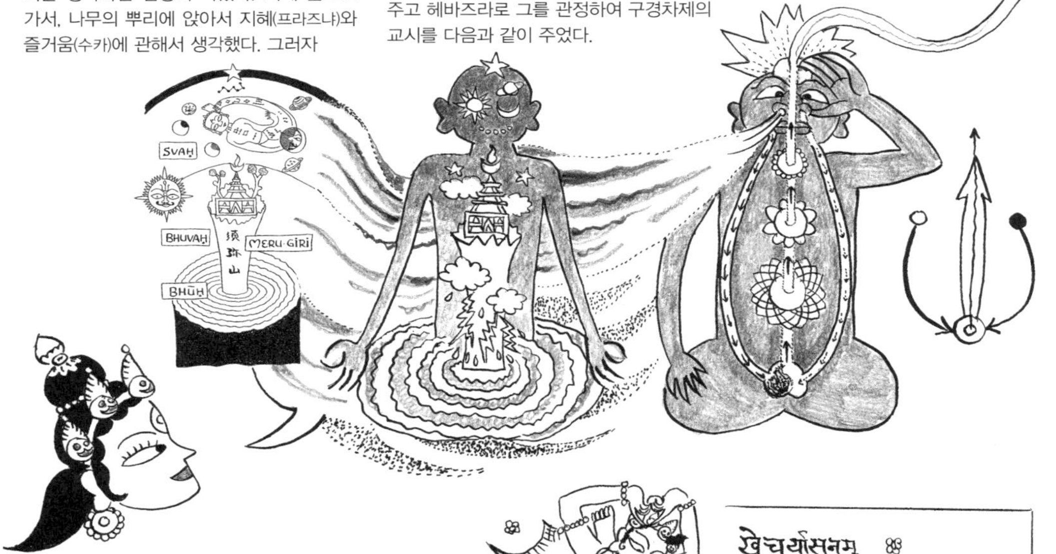

③ 신체의 겉과 속에 있는 삼계의 존재 모두를 자신의 신(身)·구(口)·의(意) 3가지로 모아, 그것을 좌우 2개의 맥관에 모으고, 오른쪽과 왼쪽을 중앙 맥관(아바두티avadhūtī)에 모아 정수리의 브라만 동굴에서 내보내면, 맑은 결합의 성질로부터 저 공성(空性)과 가장 뛰어난 즐거움이 생길 것이다. 현상[色]과 공(空)이 차별이 없음을 관상하라.

④ 그는 관상하고서 7년 만에 마하무드라의 성취를 얻었다. 그 후, 무수한 생이 있는 사람들에게 이익을 주었기 때문에 ‘천공을 걷는 자(khecara)’이 되었다.

그림. 잘란다라

의 맥관으로 통하게 한다. 그렇게 이미지화하는 것이다. 중앙 맥관madya-mārga은 부처님이 설한 '중도中道'와도 통해 있다.

'잘란다라Jālandhara 이야기'(그림)의 주인공은 이원성의 총체인 삼계三界(전 우주)를 좌우의 맥관에 밀어 넣었다. 실제로는 태양과 달이 이원성을 상징하는 것인지도 모른다. 이원은 중앙 맥관에서 하나가 되어 '영(0)'인 대천문(정수리의 혈, 브라만의 동굴(란드라landhra))을 목표로 상승한다.

중화시키는 것 중에는 윤회와 해탈, 마야와 브라만이라는 대립 항목도 있다. 이것들도 이원이다. 그렇기 때문에 밀교 문헌은 '해탈mokṣa'이라는 말의 취급에 신중하고, 대신에 '성취Siddhi,' '대락大樂, Mahā-sukha,' '대인大印, mahā-mudrā' 그리고 '천공을 걷는 자Khecara'라는 표현으로 지고의 경지를 암시한다.

베단타가 말하는 '유일절대의 실재자(브라만)'도 '실재는 아닌 것'이 있어서 성립한다. 그렇지 않다면 '유일절대의 실재자'도 있을 수 없다. 남자만 있고 여자가 없는 세계가 만약 있다면, 그 남자들을 '남자'라고 할 수 있을까, 라는 것이다.

즉 하타 요가는 대승불교의 '공사상'에 기반하고 있다. 불교의 '지혜prajñā'와 '방편upāya'도 양극에 배치된다. 둘은 신체의 맨 아랫부위에서 하나로 녹아 '보리심bodhicitta'이 되고, 공을 목표로 상승한다. 이 프로세스는 보살의 10개의 계단(→ 22. 타라)에 비견된다.

그러나 관상만으로는 이렇다 할 성취감을 얻을 수 없기 때문에 프라나를 조작하는 신체 기법이 더해진다.

이야기(그림)의 주인공 이름, 잘란다라는 '그물jāla를 가진dhara 사람'이라는 뜻이다.

그 그물은 프라나의 길인 맥관이 그물코처럼 온통 둘러쳐진 인체를 말한다. 그리고 맥관이 실타래처럼 뒤엉킨 덩어리인 차크라도 맥관망nāḍī-jāla이라고 불린다. 잘란다라는 맥관과 차크라의 비의에 정통한 싯다였던 것인가. 실제로 맥관이나 차크라가 처음에 체계적으로 설해진 것은 이 이야기에 있는 불교의 《헤바즈라 탄트라Hevajra-tantra》에서다.

그의 이름은 하타 요가의 목을 조이는 기법인 잘란다라 반다Jālandhara Bandha로 기념되었다.

◎ 중앙 맥관의 문을 힘껏 열다

그런데 하타 요가를 간단히 피지컬 엑서사이즈physical exercise라고 가볍게 여기는 사람도 많다. 요가 스쿨 등에서 외국인에게 요가를 가르치고 있는 많은 선생들은 바라문인데, 하타를 경시하는 경향이 있다.

그들은 라자 요가를 고급이라고 한다. 라자에서는 프라티야하라pratyāhāra(감각제어)로 감관의 문을 닫는다(정보입력 기관의 스위치를 오프off한다). 그리고 잠재의식의 깊은 곳에 다이빙하여 상스카라(잠세력)와 비자bīja(종자)를 제거해간다(쉽게 말하자면, 카르마를 정화하여 간다). 그렇게 하여 이르는 곳이 니르비자 사마디nirbīja-samādhi, 無種子三昧, 즉 해탈이 된다.

그들이 말하는 '라자 요가'에 문헌적 근거가 없다는 사실에 대해서는 이미 서술했지만, 행법 자체는 예로부터 있었다. 그러나, 맛시엔드라가 저술한 것으로 여겨지는 《맛시엔드라 본집》이라는 문헌은 이런 방식을 '비과학적!'이라며 딱 잘라 말했다. "감관의 문을 닫아서 정신 집중한다고 하더라도 평범한 사람은 1분도, 아니 10초조차도 마음을 가라앉히는 것이 불가능하다. 이것으로 깨달음을 연다는 것은 매우 드문 종교적 천재뿐이다."라고. 그것보다도 '마음'을 포함한 생명현상을 담당하고 있는 프라나 그 자체를 조작한다.

시체 숲에 모인 하타 요가의 창시자들은 인체에 주목했다. 어쩌면 시체 숲에 방치된 사체를 해부하여 내부를 관찰하기도 했을 것이다.

인간이라면 신체의 기본 구조는 같다.
뼈가 있고 내장이 있고 살이 있다.
척수가 있고, 뇌가 있고, 신경이 있다.
나디가 있고, 나디잘라가 있고, 마르마가 있다.

이것은 미인이기 때문에 있고, 추남에게는 없다는 것이 아니다.

이 몸을 메커니컬mechanical한 얀트라 즉 '장치'라고 본다. 하타 요가에서는 자주 연금술의 장치들에 비유하고 있다. 그러나 우리가 상상하기 쉬운 것은 사이폰Siphon 커피를 만들 때 사용하는 사이폰일 것이다. 사이폰의 상부 플라스크에 커피 가루를 넣는다. 하부 플라스크에 물을 담아, 알코올램프로 끓인다. 끓어오른 물이 자동적으로 파이프를 타고 올라가서 가루와 섞이고 커피가 만들어진다.

드립퍼나 페이퍼 필터로 커피를 내리는 것에는 숙련된 기술이 필요하지만, 사이폰이 있다면 어려운 기술 따위는 없어도 된다. 순서에 실수가 없다면 누구라도 간단히 맛있는 커피를 추출할 수 있다.

인체도 바르게 셋업하면(알코올램프에 해당하는 열의 원천에 관해서는 → 43. 찬다리), 자동적으로 프라나가 중앙 맥관으로 상승하여, 요가의 정의인 '마음의 작용이 정지'된 상태가 된다. 다시 말해서, 이른바 라자에 비교하여 쉽게 요가가 목적으로 하는 곳에 도달할 수 있다. 그것이 하타 요가의 또 하나의 정의, 즉 '중앙 맥관의 문을 힘껏haṭha 억지로 연다'는 의미인 것이다.

간단하다고 할 수는 없지만, 자동차 운전과 마찬가지로, 연습한다면 누구라도 조종할 수 있게 된다고 한다.

41

다키니

– 마녀들의 전통

Ḍākinī

[√ḍā(날다/공중을 달리다)]

〈여〉 나찰녀, 여신을 섬기는 마녀, 시체 숲의 무녀

※ '다키니'는 토착 언어가 산스크리트화한 말. 원래는 시체 숲에서 사체를 먹는 자칼에 대한 숭배와 어떤 관계가 있는 것으로 여겨지는 '불가촉천민의 지모신地母神'의 이름이었지만, 산스크리트에 유입되면서 √ḍā(날다)라는 가상의 어근이 만들어졌다. 나지니奈枳尼, 나길니拏吉尼라는 이름으로 일본에 들어오기에 이르렀고, 자칼과 닮은 여우와 합체하여 이나리稲荷•가 되었다. 그리고 다키니는 요기니yoginī라고도 불린다. 후기 밀교는 크게 요긴yogin(아버지) 탄트라, 요기니yoginī(어머니) 탄트라 두 가지로 나뉘는데, 여기서 말하는 요기니는 다키니를 가리킨다. 하타 요가에 특유의 반다와 무드라라고 하는 신체 기법의 대다수는 요기니 탄트라를 받드는 싯다 수행자들에 의해 개발되고 쉬바교 나타파에 계승되어 완성된 것이다.

◎ 시체 숲의 무녀

'시체 숲'의 그림(→ 38. 슈마샤나 사다나, 280쪽)을 다시 살펴보자.

그림 한가운데 위쪽에 토속의 '여신'과 그녀의 제사를 관장하는 무녀가 있다. 이런 '여신'은 후에 관음觀音의 시녀가 되거나, 칼리 여신의 화신이 되어 불교나 힌두교의 속에서 지위를 구축해간다.

무녀는 다키니라고 불린다. 요기니라고도 불린다. 그녀들은 '여신'의 화신이었다. 시체 숲의 최고 권력자이며, 신관이었다.

이 무녀들은 찬다리caṇḍālī(불가촉천민 여자)이다. 불가촉천민은 대부분은 모계제母系制이다. 그리고 그녀들, 즉 다키니(요기니)들이야말로 요가의 모체가

• 옮긴이 주 – 곡식을 관장하는 신, 여우 등등이다.

된다. '40. 하타 요가'에서 설명한 잘란다라도 다키니에게서 교시를 받는다.

남자 수행자, 즉 해골 그릇을 갖춘 싯다들은 시체 숲에서 시체 숲으로 방랑하고, 다키니와 성교했다. 그것은 모계제의 요바이よばい(夜這い, 밤에 남자가 연인의 침소에 몰래 잠입하는 풍습)를 본뜬 것이라고 해도 좋다.

모계제에서는 남자에게 집안의 지갑을 쥐어주지 않는다. 꿈 꾸는 나비들처럼 넘실넘실 떠다니는 것이 남자다. 여자는 남자에게 일단 경의를 표한다. 그렇지만 주도권를 쥐고 있는 것은 항상 여자이다. 재산을 계승하여 이어가는 것도 여자이다. 남자에게 상속권 등은 없다. 넘실넘실 떠다니는, 정체도 없는 자에게 그런 것은 필요하지 않다. 확실히 말해서, 있어도 좋고 없어도 좋은 것이 남자이다. 아항~, 달콤한 숨을 불어줘, 아이를 가지게 해준다면, 그걸로 됐어.

모계사회에서는 샤먼적인 풍요신앙의 모든 의식을 주재하는 주술사도 여자이다. 그런 문화에서는 성적性的인 주술도 함께 행해진다.

젊은 남성이 여신(지모신)의 화신인 무녀와 의례적인 성교를 하는 것이 부족사회의 입문식인 경우가 많다. 여신에게 '남자'로서 인정받는 것이다.

그리고 풍요의례로서의 성교도 있다. 감염感染 주술이다. 인간의 생식에도, 식물의 무성함에도 대우주의 원리와 같은 원리가 작용하고 있다. 여성의 퍼텐셜potential을 증폭시켜서, 이를 의례를 통해 농작물에 감염시키는 것이야말로 여신의 무진장한 창조를 보증한다.

이런 의례가 메소포타미아에 있었던 것이 점토판에 쓰인 문서를 통해 밝혀지고 있고, 같은 시기의 인더스 문명에도 있었을 것이다. 그리고 인더스 문명의 멸망 후에도, 이러한 성 마술은 민간에 살아남았다.

그렇더라도 후세의 남성 우위의 인도 사회에서는 그녀들은 부정한 시체 숲 의례를 집행하는 무녀 또는 데바다시devadāsī(사찰에서 예배하는 남자에게 몸

대부분은 아웃카스트 출신으로, 시체 숲 의례를 담당하는 무녀. 요기니는 '여성 요가수행자'라고 번역되지만, '마녀'의 뉘앙스가 강하다. 다키니는 '천공을 걷는 여자'라고 해석되어 영어에서는 '하늘의 무희(sky dancer)' 등으로 번역된다. 선사 이래 성(性) 주술의 전승자이며, 남자 수행자(사두)의 구루 역할을 맡았다.

그림 1. 요기니와 다키니

을 맡기는 것으로 신전의 경제를 유지하는 신성창부神聖娼婦)로 떨어져 버렸다.

그러나 후기 밀교 시대가 되자 그녀들은 다시 부상하게 된다. 남자 수행자의 '구루'를 맡았다. 《84성취자전》는 매우 간결한 글로 쓰여 있다. 상세한 것은 후기 밀교 문헌을 통해서 상상할 수밖에 없지만, 잘란다라처럼 다키니가 구루가 된 경우, 성性 요가가 행해졌다고 생각하는 것이 자연스럽다.

여자가 남자 요기의 구루가 되었다는 것은 인도 수행사修行史에 있어 전무후무한 일이라고 보아도 좋다. 전통적인 바라문교나 불교에서는 여성은 깨달을 수 없다고 되어 있다. 극락왕생 가능한 것도 남자뿐이다. 여자가 그렇게 되기 위해서는 남성으로 다시 태어나야 한다.

그렇지만, 이 시대에는, 극히 일부라고는 하지만, 남녀 관계가 역전한다.

이것에 관해서 조셉 캠벨Joseph Campbell은 저서 《공空의 여행자: 티베트 불교의 여성성 연구Traveller in Space:In Search of Female Identity in Tibettan Buddhism》에

서 다음과 같이 해설한다.

자타의 분열이 모호하고 자타일여自他一如가 깨달음이라고 한다면, 여성은 처음부터 깨달은 존재라고 할 수 있을 것이다. 예를 들어 자기와 자기의 속에 침입해온 타자를 구별하고 타자를 배척하는 면역반응. 꽃가루 알레르기라고 하는 것도 면역 시스템의 과민반응이다. 그러나 여성은 섹스에 있어서 남성 몸의 일부를 자신의 속으로 받아들인다. 게다가 타자의 유전자 덩어리인 정액을 쏟아내게 한다. 더욱이 임신의 프로세스에서는 타자인 아이를 태내에서 키운다. 수유에서는 자신의 몸에서 영양분을 생산하여 타자인 아기를 키운다. 거기다 월경의 사이클은 완전하게 달의 사이클과 일치하고 있다. 남성과 비교해서 여성은 훨씬 자연에 가까운 생명체이다. 여성은 세계 전체와 유기적으로 화합하고 있고, 우주적으로 관련된 내적인 상극에 의해 날카롭고 고통스러운 방법으로 그 영혼을 잡아 찢는 일은 없다. 그리고 남성과 같이 자아와 주변 세계 사이의 경직적인 긴장 관계에 괴로워하지도 않는다. 감성적인 세계, 초감성적인 세계에도 여성은 단단하게 밀착되어 있다.

남성이 개별화의 성향을 갖고 있는 데 비해 여성은 세계 전체 속에 깊숙이 포용되어 있다. 그러므로 남성처럼 세계에 관해서 훨씬 강렬하게 놀라서 괴이하게 여기거나, 심각하게 고뇌하지 않는다.

자연 속에 깊게 뿌리내리고 있는 여성보다 남성은 훨씬 깊고 잘게 조각나 분열되어 있는 세계에 의해 고통받고 있다. 그러므로 남성의 마음속에는 여성의 경우보다도 구제에 대한 욕구가 훨씬 뜨겁게 불타고 있다. 남녀 가운데 염세적이고 음울한 것은 남성 쪽이다. 구제(해탈)의 모티브는 남성적인 모티브이다. 사물을 보호하고 유지하는 소질을 기른 여성은 세계의 근원과 하나로 묶여 조화를 이루고 있다.

사랑의 신 카마(Kāma)의 여성판. 그 활에 맞은 사람은 사랑의 포로가 된다. 예로부터 공경하고 사랑하는 법(사랑의 마법)에 이용되는 여신. 후기 밀교에서는 수행자가 모든 일에서 살아 있는 몸을 가진 다키니와 접하는 것이 불가능한 경우, 이 여신을 명상한다. 이 명상을 통해 요가에 필요한 삭티(에너지)를 얻을 수 있다고 한다.

그림 2. 쿠루쿨라Kurukullā(붉은 다키니)

밀교(탄트라)의 시대는 매우 급진적인 시대였다.

그리고 현재 바라문이 하타 요가를 소홀히 하는 경향이 있는 것도 이것과 관계가 없는 것이 아니다. 다키니뿐만 아니라 이 계통의 구루에게는 낮은 카스트, 불가촉천민 출신의 사람이 많다. 즉 바라문에게 하타는 '아주 하찮고 천한 요가'인 것이다. 성적 행법도 바라문의 가치관에 크게 부딪치고 모순된다. 섹스 요가는 불교에서 시작해서 힌두교에도 널리 나타났지만, 높은 카스트의 많은 사람들은 그것에 혐오감을 보였다. 그러나 섹스 요가야말로 하타 요가의 시작이었다.

42 마니 파드메

– 성性 요가

Maṇi-padme

[maṇi(보배로운 구슬(보주寶珠)) + padma(연꽃)의 처격]

〈남〉 연꽃 속의 보주(성性 요가의 은유)

※ 성性 요가를 나타내는 말에는 비라 사다나vīra-sādhana(영웅의 성취법), 라타 요가lata-yoga(덩굴풀의 요가), 아시다라 브라타asidhārā-vrata(칼날 위의 맹세) 등 몇 개가 있지만, 불교에서는 'maṇi–padma'의 파드마를 처격(명사의 장소를 가리키는 단어 형태)으로 한 maṇi–padme가 그것을 암시하는 관용어로 자주 사용되고 있다. '연꽃 속의 보주.' 또한 maṇi를 호격(부르는 말)으로 보면, '연꽃 속의 보주여'라는 의미가 된다. 연꽃이 요니, 보주가 링가의 은유라는 것은 말할 것도 없다.

◎ 연꽃蓮華(파드마) 속에 계신 보주寶珠(마니)시여!

《요가수트라》의 요가는 브라마차리야(금욕)가 대전제. 그러나 "섹스가 어때서!?"라며 이의를 제기한 자들이 싯다들이다.

"성 요가의 메리트는 정말 많다. 그런데 굳이 하나를 들자면, 여성에게서 프라나를 얻을 수 있는 것이다."

에너지의 가장 근원적인 형태는 바람[風]이다. 바람은 프라나, 바유, 바타 등이라고 한다. 바람(프라나)은 하늘[天]에서 불고, 호흡이 되어 신체에 들어와, 육체에도 분다. 그것이 생명 활동이다. 이성과 프라나를 교환함으로써 맥관(나디)도 활성화된다. 《카마수트라》에서 노래하는, 행복한 섹스를 충분히 행하고 있는 남녀에게는 이상하게 저승사자(야마두타, 병)도 붙지 않는다고 한다. 게다가 여성은 남성보다 더 자연(프라크리티)에 밀착하여 살아간다. 여성은 특별히 무언가를 하지 않더라도 대자연으로부터 풍부한 프라나를 흡수할 수 있게 되어 있다. 남성은 여성에게서 프라나를 나누어 받아 살아간다. 여성이 손수 만든 요리를 먹는 일도 그것이다. 남성은 여성이 만든 요리를 먹어서 건강해진다.바라문의 경우도 결혼한 사람들은 부인 이외의 다른 사람이 만든 요리를 먹으려 하지 않는데, 그 이유가 바로 이것은 아닐까?

《84성취자전》에서는 성 요가는 관능官能의 집착에서 벗어날 수 없는 '왕(라자)이라도 가능한 요가'로 설해지고 있다(그림). 이것도 이야기 자체에 충분한 설명은 없기 때문에 보충하겠다.

① 수행자는 자신을 맥관과 차크라를 갖춘 붓다로 관觀한다.

② 파트너인 여성(통상 다키니)을 프라갸파라미타 여신으로 관한다. 그리고 요니를 바즈라바라히Vajravārāhī 여신(불교 하타 요가의 중심적 여신)의 만다라라고 관하고 예배한다. 성 요가의 또 한 가지 메리트는 예배해야 할 여신이 육신을 가진 여성이 되어 현현하는 것이다.

③ 이미지가 완전하게 되면 처음으로 몸을 교합하는 것이 허락된다. 성애의 체위(아사나)로 접하고, 호흡을 여러 가지로 조작하여 서로 프라나를 침투시켜서 두 사람의 신체를 순환시킨다. 남성은 여성으로부터 프라갸(지혜)의 에너지를 흡수할 수 있도록 마음을 쓴다. 하나의 아사나로 30분. 체위를 바꾸어서 30분. 그리고 바꿔서 30분. 격하게 운동해서는 안 된다. 운동은 프라나를 조작하기 위한 것이다. 그 사이에 복부에 있는 찬다리의 불(→43. 찬다리)을 증대시킨다.

④ 호흡법과 반다와 무드라 기법을 구사하고, 전신의 프라나를 아랫배의 한 점에 모은다. 그러나 정액은 결코 내보내서는 안 된다. '40. 하타 요가Haṭha-yoga'에서 지혜와 방편(우파야)은 신체의 맨 아랫부위에서 하나로 융합하여 보리심이 된다고 썼지만, 그 보리심의 물질적인 표현이 정액이

다. 따라서 사정은 보리심을 낭비하는 것이 되므로 허락되지 않는다.

⑤ 쾌락의 정점에 이르게 되는 순간, 즉 '그래 이때다', 라는 그 순간을 포착해서, 항문을 힘껏 조인다(물라 반다). 이것에 의해 정액이 흘러나오는 것을 방지할 수 있다. 그리고 밖으로 흘러넘치는 에너지의 흐름을 안쪽으로 반전시켜서 복부(니르마나)의 차크라로 상승시키는 것이다. 그러므로 항문을 조이는 것이 한 찰나 빠르거나 늦어서는 안 된다. 너무 빠르면 아무 일도 일어나지 않고, 늦으면 정액이 흘러나가 버린다.

⑥ 복부에 다다른 보리심(성 에너지)은 수행자에게 사정 이상의 쾌감을 체험하게 한다. 이것을 더욱이, 심장(다르마)의 차크라, 목(삼보가sambhoga)의 차크라, 정수리(마하수카mahā-sukha)의 차크라로 상승시킨다. 이 보리심의 상승은 보리심을 찬다리의 불로 달굼으로써 가능해진다.

⑦ 보리심이 정수리의 차크라에 도달했을 때, 수행자는 무상無上의 엑스터시에 둘러싸인다고 한다. 그것이 붓다의 경지인 반야대락般若大樂, prajñā-mahāsukha이라고들 한다.

한창 수행 중일 때, 만트라가 터져 나온다. 만트라에는 여러 가지가 있지만, 관음의 육자진언(샷다크샤라 만트라, 6음절로 된 만트라)인 oṁ maṇi-padme hūṁ(옴, 연꽃 속에 계시는 보주시여, 훔)이 자주 사용된다.

> 연꽃(파드마)은 요니 및 여성 원리, 불교에서는 지혜(프라갸) - 붓다가 직접 경험한 진리의 상징
>
> 보주(마니)는 링가 및 남성 원리, 불교에서는 방편(우파야) - 붓다의 지혜의 발로인 자비의 상징
>
> 훔hūṁ은 마魔를 찌르는 동시에 견고(바즈라)한 결의를 표시하는 음악

성 요가를 닦음에 있어서 두 사람은 평범한 남녀이지 않으면 안 된다. 그 단서가 '옴, 연꽃(파드마) 속에 계시는 보주(마니)시여, 훔!'의 6음절로 결정된 것이다.

바바히

① 탄주라(Tanjura)의 왕은 왕으로서 감각적인 즐거움을 맛보고 있었다.

② 요긴이 와서 보시를 구했으므로, 왕은 충분한 음식을 보시했다. 왕은 신앙심이 생겨서, 요긴에게 "가르침을 주십시오"라고 말했다.

③ "모든 가르침의 근본은 신앙이다. 모든 성취의 근본은 스승이다." 요긴은 그렇게 말한 뒤에 왕을 관정하고, 맥관과 프라나와 물방울(힌두 = 정액)의 교시를 주었다.

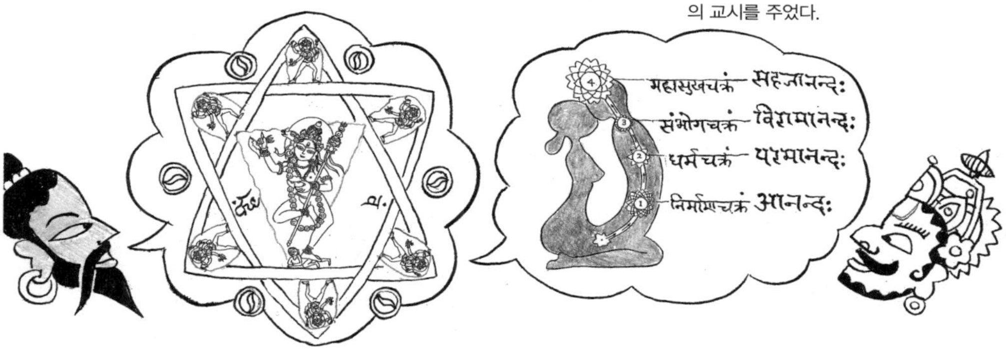

④ 금강신(金剛身)은 맥관과 차크라를 갖추고 있어서 탁월하다. 바가(요니) 모습의 만다라인 월경혈의 바닷속에 보리심(= 정액)의 우유가 섞인다.
"그것은 요니에 삽입된 링가의 앞쪽 끝에 정액이 맺힌 상태에서 실현된다."
그 자리(링가의 앞쪽 끝)로 움직인 후에 요니의 속에 뿌린다면, 즐거움은 지속되지 않는다.
"만약 사정한다면 진리로 이어지는 성의 황홀경은 멈춰버린다."
진리는 그와 같은 것이 아니다. 즐거움으로 즐거움을 공략할(성의 쾌감으로 성의 쾌감을 정복할) 때, 그것이 공(空)과 구별되지 않는다는 것을 관상하라.

⑤ 왕은 그 가르침을 실천하여 12년 만에 분별을 제거하고, 성취를 얻었다. 왕은 제자들에게도 많은 이익을 주었다.

⑥ 예를 들어 함사(haṁsa, 바바히)가 물에서 우유를 분리하듯이 스승의 최상의 교시에 따라 보리심의 감로가 얻어진다.

왕은 그렇게 읊은 뒤 그 몸 그대로 '천공을 걷는 자'가 되었다.

그림. 바바히

43 찬다리
– 성취의 에너지

Caṇḍālī

[caṇḍāla(불가촉천민(√caṇḍ '화를 돋우다')의 여성형]

〈여〉 불가촉천민의 여성 또는 다키니와 요기니가 주는 에너지, 배 속의 불.

※ '찬다리(불가촉천민 여성)'는 시체 숲의 요가수행자인 다키니와 요기니의 동의어로 보아도 좋다. 그리고 남성 수행자가 그녀들과 성행위를 통해서 얻는 것이 가능한 에너지를 '찬다리의 불' 또는 간단하게 '찬다리'라고 불렀지만, 성性 요가의 이론화와 함께 수행자의 배 속에서 발화되는 열을 이 말로 부르게 되었다. 초기 나타파에서 말하는 '쿤달리니'와 같다.

◎ 혼자서 하는 성性 요가

인도에는, 태초부터 배에 '불'이 머물고 있어서, 사람은 이 불에 의해 음식을 소화한다는 생각이 있다. 찬다리의 불은 이 소화의 불을 강렬하게 한 것이다. 성 요가에서는 스승이면서 파트너인 다키니에 의해 점화된 불이며, 배 속에 있으면서 자신을 고무하는 다키니 그 자체이기도 하다. 이것이 커피 사이폰의 알코올램프가 되어 보리심(성 에너지)을 끓여서 사이폰의 파이프에 해당하는 중앙 맥관으로 상승시키는 것이다.

성 요가는 파트너의 프라나를 이용하는 것이 가능하다, 얻기 어려운 메리트가 있다. 그렇더라도 민간의 싯다 수행자의 수행법이 승원에 피드백되었고, 금욕을 모토로 하는 불교 교단에서 할 수 있는 방법이 모색되기에 이르렀다. 그러나 혼자서는, 말하자면 배터리 부족으로, 찬다리의 불을 점화하는 것도, 중앙 맥관으로 상승시키는 데 필요한 프라나를 얻는 것도 불가능하다. 그렇기 때문에 여러 가지 관법과 호흡법이 고안되었다.

《84성취자전》에는 나리나nalinā의 이야기가 있다(그림 1). 그러나 이 이야기에도 행법이 충분히 설명되어 있지 않으므로 보충하겠다(그림 2).

① 처음에는, 여성 파트너(여성이라면 남성)를 관상한다. 이 관상에 의해 심신의 샥티(에너지)가 활성화된다.

② 미세신(맥관과 차크라)을 건립한다. 먼저, 신체를 따라서 뻗어 있는 중앙 맥관과 왼쪽 맥관lalanā과 오른쪽 맥관rasanā을 관한다. 힌두의 하타 요가에서 말하는 슈슘나와 이다, 핑갈라이다. 그렇게 되었다면, 차크라를 관한다. 불교에서는 일반적으로 배꼽, 신장, 목, 머리의 네 차크라를 이용한다. 차크라의 가운데에 데바나가리 형태를 한 종자 암Aṁ, 거꾸로 누운 훔Huṁ, 옴Oṁ, 거꾸로 누운 함Haṁ을 관한다. 미세신은 수행자를 성취로 이끄는 메커니컬한 장치라고 해도 좋다. 다음으로, 그 장치를 가동시킨다.

③ 왼쪽 콧구멍을 손가락으로 막고, 오른쪽 콧구멍을 통해서 프라나를 조용하게 천천히 배 한가득 들여 마신다. 양 콧구멍을 막고 한동안 그 상태를 계속 유지한다. 참을 수 없게 되면 왼쪽 콧구멍을 열고, 천천히 프라나를 내쉰다. 이번에는 오른쪽 콧구멍을 막고 왼쪽 콧구멍을 통해서 프라나를 들이마신다. 이것을 반복한다. 이것이 이른바 프라나야마이며, 이 정도의 일은 최근 일본의 요가 교실에서도 일반적으로 행해지고 있다. "인도에서는 들숨을 푸라카pūraka, 날숨을 레차카recaka 그리고 멈춘 숨을 쿰바카kumbhaka라고 합니다"라고 가르칠지도 모른다. 그렇지만, 관법(이미지)이 함께 행해지지 않는다면 의미가 없다.

배꼽의 차크라에 쿰바(항아리)를 관한다. 그리고 숨을 참는 동시에, 거기에 들이마신 프라나를 밀어 넣는다. 그것이 쿰바카(항아리와 같은 [수행

나리나

① 사리푸트라의 한 무사(크샤트리야)는 매우 가난하여, 연못에서 연근(나리나)을 캐서 생계를 이어나갔다.

② 요가수행자가 다가왔다. 그가 연근을 바치자 그 수행자는 열반의 공덕을 가르쳐주었다. 무사는 윤회에 실망하여 수행자에게 말했다. “성취의 방법을 가르쳐주십시오.”

③ 요가수행자는 끄덕이며, 구히야 사마자(guhya-samāja)로 그를 관정하고, 맥관과 차크라가 갖춰진 신체에 기반한 가르침을 주었다.

④ 머리(마하수카)의 차크라에 흰 글자 함(Haṁ)을 사념해야 한다. 암(Aṁ)의 빛나는 빛에 의해 함(Haṁ)이 방울져 흘러내린다.

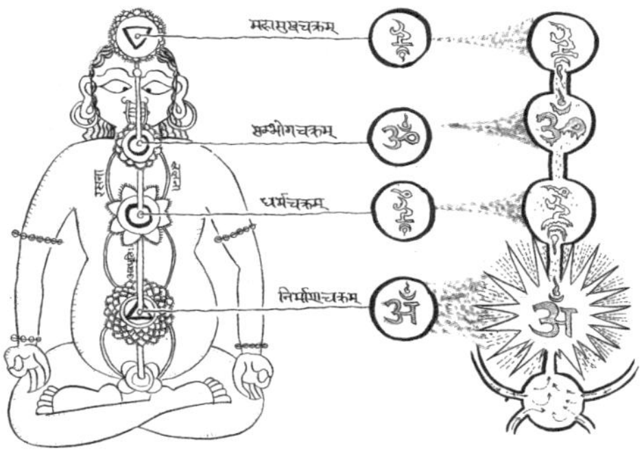

환희
환희를 떠난 환희
최고의 환희

진리의 환희를 차례차례 일으키면, 윤회라는 과오(분별)에서 벗어나 해탈의 큰 즐거움을 얻을 것이다.

⑤ 무사는 가르침 그대로 관상했다. 4가지 환희가 차례로 솟아나왔다. 환희로 빛나는 그는 진흙에 더럽히지 않는 연꽃과 같이 윤회의 원인인 분별에 물드는 것을 멈추었다.

⑥ 그는 7년 만에 그 진리를 깨달아서 분별을 모두 맑게 하고 마하무드라의 성취를 얻었다. 그리고 사리푸트라의 사람들에게 이익을 주고, 그 몸 그대로 ‘천공을 걷는 자’가 되었다.

그림. 나리나

법])의 참뜻이다.

④ 항문과 요도를 좌우의 콧구멍과 같이 쓰고, 마찬가지로 푸라카, 레차카, 쿰바카로 된 프라나야마를 행한다. 이것을 '아래adhas의 프라나야마'라고 한다. 물론 항문이나 요도로 숨을 들이쉬거나 내쉴 수는 없다. 그렇지만 그와 같이 이미지화하는 것이 중요하다.

⑤ 위와 아래의 프라나야마에서 다루는 프라나를 점차 배꼽의 쿰바로 보낸다. 그리고 프라나를 압박시킨다. 머지않아 프라나는 열을 띠게 된다.

⑥ 그 열을 중앙 맥관을 통해 상부의 차크라로 보낸다. 그러면 차크라 가운데의 종자가 흐물흐물하게 되어, 마치 밀랍 세공품처럼 녹기 시작한다(고 관한다). 녹은 종자는 모두 배꼽의 쿰바에 방울져서 떨어진다.

쿰바는 미세한 연료를 모아서 발화한다. 찬다리의 불이다. 풀무 호흡(바스트리카bhastrikā)을 행해서, 그 불을 활활 태운다.

다음으로, 성 요가와 마찬가지로, 보리심을 중앙 맥관으로 이끌어 상승시킨다.《헤바즈라 탄트라》에 의하면, 다음과 같은 환희를 체험한다고 한다(차크라와 거기에서 맛보는 환희의 이름은 문헌에 따라 다르다).

배꼽(니르마나)의 차크라에서 환희ānanda

심장(다르마)의 차크라에서 최상의 환희paramānanda

목(산보가)의 차크라에서 환희를 떠난 환희viramānanda

정수리(마하수카)의 차크라에서 진리의 환희sahajānanda

그리고 다른 설에 따르면 정수리의 차크라의 함Haṁ 자가 흘러내려, 정수리·목·심장·배꼽의 차크라로 방울져서 떨어지는 과정에서 환희, 환희를 떠난 환희, 최상의 환희, 진리의 환희를 체험하는 것이라고도 한다.

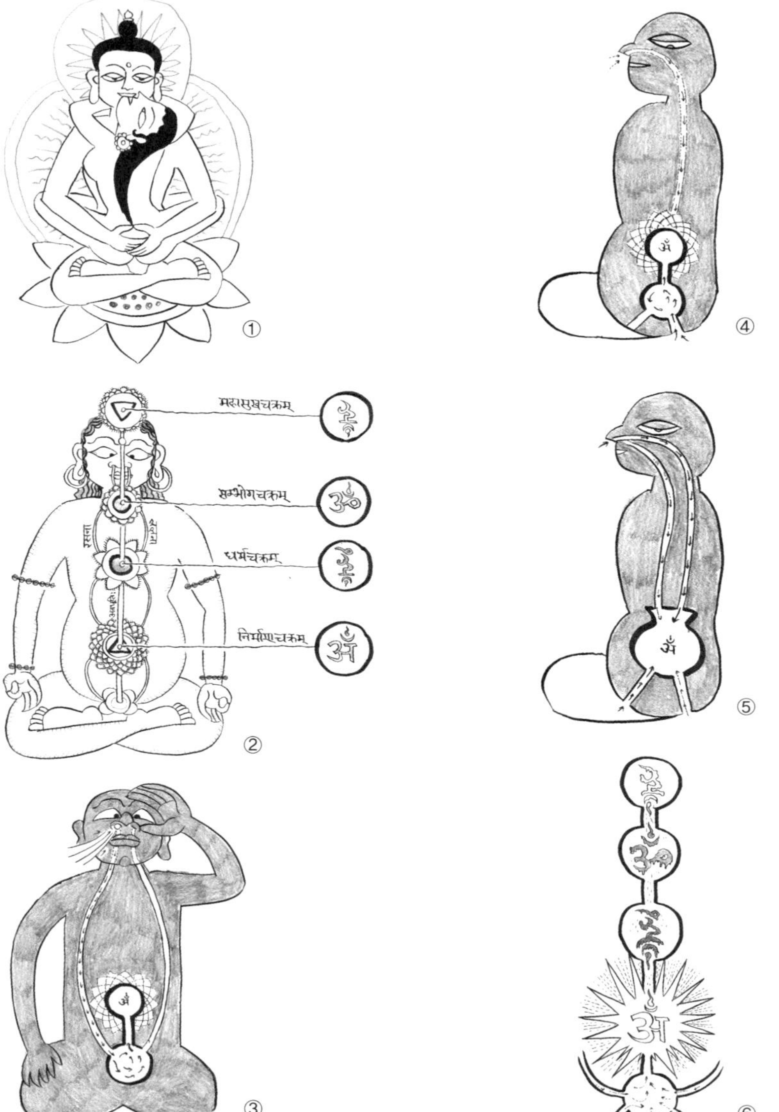

① 파트너를 상상
② 미세신의 건립
③ 위의 프라나야마
④ 아래의 프라나야마
⑤ 복부에 항아리(쿰바)를 관하고, 위 · 아래의 프라나(정확하게는 프라나와 아파나)를 단련하여 발열시킨다.
⑥ 그 열에 의해 심장과 목과 머리의 차크라의 '종자'가 녹아서 복부의 차크라로 방울져 흐른다고 관한다. 그러면 복부의 종자 암(Aṁ)이 타오른다.

그림 2. 찬다리 요가

44	# 마하무드라 – 죽음의 요가
	Mahā-mudrā

[mahā(커다란) + mudrā(수인手印)]

〈여〉 불교의 공空; 출세간적인 성취(열반); 요가 행법의 하나.
※ '무드라'에는 많은 의미가 있지만, 어근 √mud(즐겁다/기쁘다)에서 파생된 '기쁨을 얻는 것'이 본래 의미. 원래는 생산력을 의미하는 것으로 부족사회에서 사용된 주술적인 인印(표시), 즉 특수한 선이나 도형이다. 이것이 인장(도장)이나 봉인封印, 인계印契(핸드 제스처, 수인과 계인)의 의미가 되고, 불교에서는 '공성空性(깨달음)'을 주는 다키니, 신체의 일부(맥관이나 차크라)에 '프라나를 봉인하는 지법指法•'으로 의미가 발전해갔다

◎ 임사체험

그러나 이것을 대락大樂(마하수카) 등으로 호칭을 바꿨더라도, 해탈과 같이 보아도 좋은 것인가? 그 답으로 성 요가의 완성형이라고 불리는 '마하무드라'를 살펴보자(그림). 대승불교에서는 '공空'을 종종 '무드라'로 부른다.

후기 밀교에서 말하는 '마하무드라'는 공성을 깨닫는 것, 즉 해탈하기 위한 요가를 가리킨다. '구경차제究竟次第, utpanna-krama)'라는 엄숙한 용어로 불리지만, 간단히 말하면, 임사체험臨死體驗을 위한 요가이다.

이 마하무드라는 틸로에서 나로에게 전해진 요가이다(→ 11. 구루). 《84성취자전》에는 기록되지 않았지만, 나로는 틸로의 지도하에 여성 파트너와 성

• 옮긴이 주 – 열 손가락으로 갖가지 모양을 만드는 방법을 지칭하는 것으로 흔히 수인법(手印法)이라고도 불린다.

요가로 깨달음을 얻는다고 한다.

마하무드라는 철학이나 앞의 일련의 언급들로부터 성립하였지만, 수행법의 핵심은 프라나를 (1) 중앙 맥관으로 끌어들이고 (2) 머물게 하며 (3) '파괴되지 않는 점點'으로 녹아들게 한다는 3개의 프로세스로 구성된다.

구체적인 테크닉은 요즘의 요가에서도 친숙한 것으로 항문을 조이는 물라 반다, 목을 압박하는 잘란다라 반다, 복부를 조여 올리는 웃디야나 반다가 순서대로 사용된다.

'파괴되지 않는 점(아크샤타 틸라카akṣata-tilaka)'은 힌두교의 아트만(영혼) 및 그것을 둘러싼 링가 샤리라(원인신原因身)나 아난다마야 코샤(지복至福으로 된 장막)(→ 58. 판차마야 코샤)에 해당하는 것이다.

수태는 ♂의 정액과 ♀의 월경혈(난자) 그리고 중유를 헤매는 영혼, 이 셋이 합일되어 이루어진다. 아유르베다의 태생학도 이 설을 받아들이고 있다.

모체가 수태하는 순간, 영혼은 정액과 월경혈이 만든 캡슐 모양의 외피에 둘러싸여 그 사람의 심장 안에 생애 동안 머물게 된다.

그러나 프라나를 '파괴되지 않는 점'에 집중시키면, 캡슐이 녹아 나와, 가운데 영혼이 드러난다. 그러면 그 사람은 마치 LSD를 복용했을 때처럼, 일련의 빛의 비전을 보고 지고의 엑스터시에 둘러싸인다. 그리고 이어서 혼은 대천문大泉門에 도달한 맥관의 터널을 지나서 육체를 벗어나 저 세계를 방황한다고 한다.

그림의 오른쪽에는 요기니가 종을 울리고 있다. 수행자의 혼이 '계속 가는 것'을 막기 위한 것이다. 그는 그 소리를 의지하여 육체로 되돌아온다.

임사체험은 20~30년 사이에 과학적인 기법에 의해 연구되었다.

일본에도 다치바나 다카시立花隆의 《임사체험》(文藝春秋 출간)•이라는 저서가

• 옮긴이 주 – 국내에 번역서가 출간되어 있다. 다치바나 다카시 저, 윤대석 역, 《임사체험》(상, 하), 청어람미디어, 2003년.

있다. 그에 따르면 임사체험은 전 세계에서 보고되고 있다. 기독교도라면 기독교의 천국을, 불교도라면 극락정토를 엿보는 등 세부적으로는 문화에 따른 차이가 있지만, 대략적인 틀에는 공통성이 있다.

> 긴 터널을 올라간다.
>
> 1,000개의 태양을 모은 것과 같은 빛을 본다.
>
> 이전에 경험한 적 없는 강렬한 쾌감을 체험한다.

이것들은 마하무드라에 의해서 얻어지는 체험과 공통된 것이다.

'빛의 환영', '무상의 쾌감'은 뇌내 마약(→57. 암리타)으로 설명이 된다.

인생 최대의 스트레스인 죽음을 만나고, 엔돌핀이 그 고통을 완화시킨다. 요가에서 말하는 소마 내지는 암리타가 대량으로 분비되는 것이다. 이것은 자신의 체내에서 만들어진 것으로 그 이름처럼 마약과 흡사한 물질이므로, 그 사람은 환각과 쾌감에 빠지게 된다. 그렇기에 극심한 고통으로 괴로워하는 암 환자조차도 대부분은 아름다운 미소를 띤 채 죽음을 맞이했다고들 한다.

"마지막은 부처님 같은 얼굴이었습니다."

장례 기간에 밤샘을 할 때 유족들에게서 흔히 많이 듣는 말이다. 그러나 가장 중요한 문제는 임사체험이 깨달음에 도움이 되는가이다. 이것과 연관시켜서 말하자면, 임사체험자의 대부분이 실제 죽음을 두려워하지 않게 되어, "깨달음을 얻은 것처럼 되었다"라고 다치바나는 자신의 저서에서 말하고 있다.

그리고 진정한 깨달음인 해탈과는 다른 것이라고 하는 분도 있을 것이다. 이것에 관해서는 윤회나 해탈이라고 하는 이원론은 말이 만들어낸 허구이다, 라는 나가르주나[龍樹]의 사상을 밀교가 계승하고 있음을 덧붙여둔다.

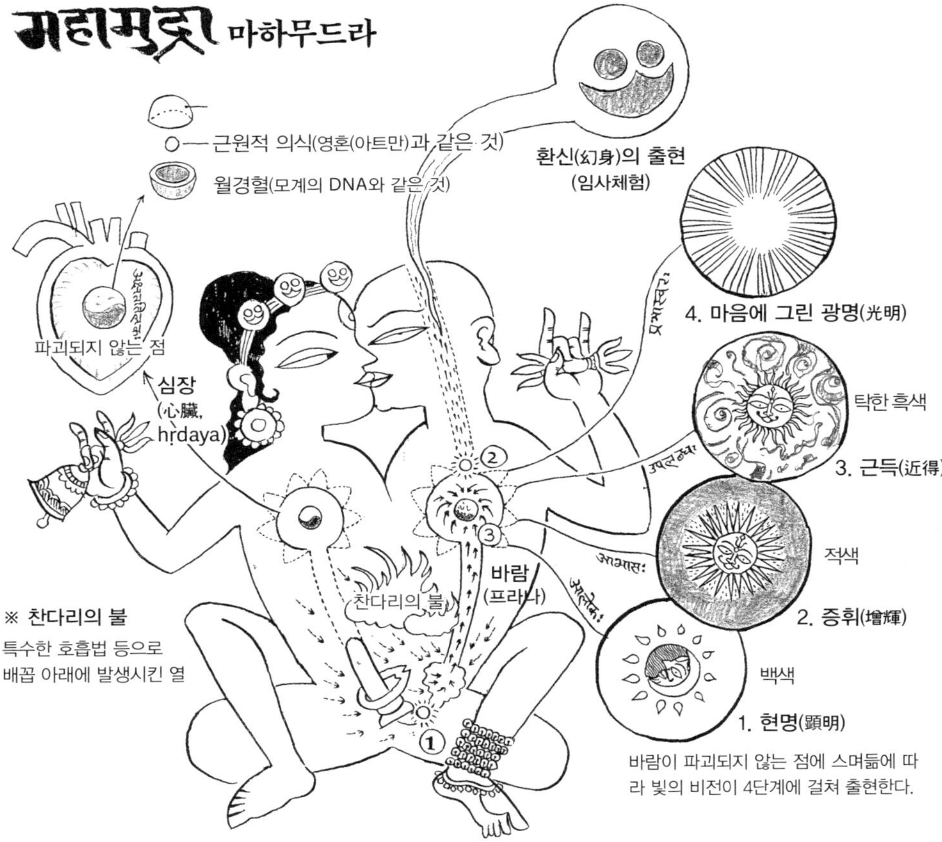

① 바람(프라나)을 중앙 맥관에 끌어들인다.

수행자는 자신의 요도(회음부)에 물방울(빈두)을 관하고, '물라 반다'를 하는 등, 거기에 온 정신을 집중하여 **'바람(프라나) = 마음(마나스)'** (미세한 마음)을 느껴서 알아차린다. 즉 마음을 머물게 한 곳이 바람이 있는 곳. 이 메커니즘을 알아차린다면, 자재(自在)에 바람 = 마음을 조작하는 것이 가능하게 된다. 이 바람을 중앙 맥관에 끌어들인다.

이것에 의해 **'선천적인 대락(사하자 마하수카),'** 즉 이 세상에서 맛볼 수 있는 최고의 엑스터시가 발생한다.

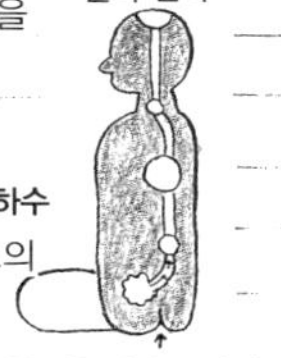

② 바람을 중앙 맥관에 머무르게 한다.

수행자는 자신의 심장의 상단에 물방울을 관한다. 더욱이 '잘란다라 반다', '물라 반다' 등에 의해 바람이 중앙 맥관에 머물다가 심장 안으로 흘러들어간다.

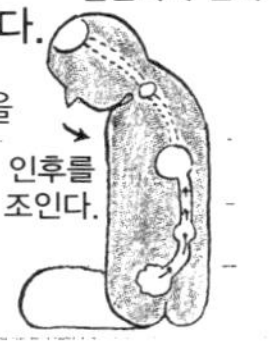

③ 바람을 파괴되지 않는 점(아크샤타 티라카)에 용융시킨다.

수행자는 요기니의 힘을 빌려 생명력을 피워서 '웃디야나 반다' 등을 하여 모든 바람을 **'파괴되지 않는 점'**에 스며들게 한다. 이것으로 근원적 의식이 드러나게 된다.

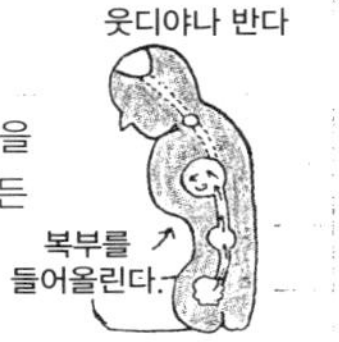

그림. 마하무드라

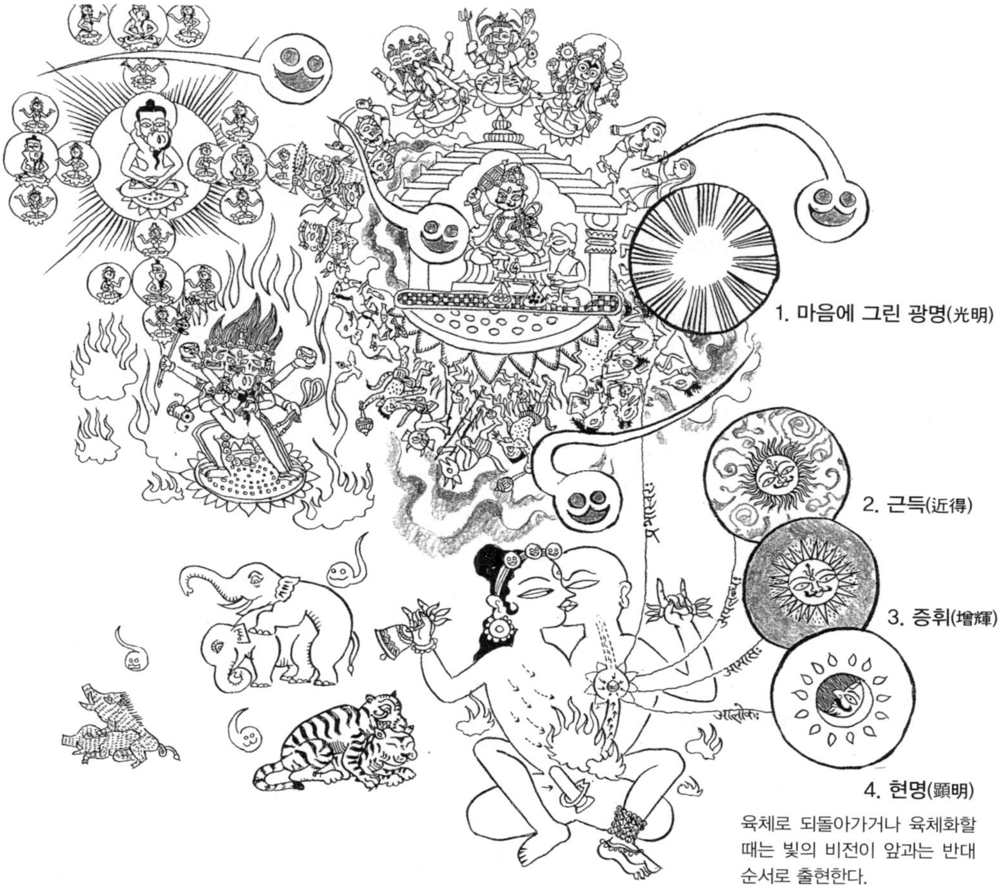

육체로 되돌아가거나 육체화할 때는 빛의 비전이 앞과는 반대 순서로 출현한다.

대락大樂(마하수카) = **공성**空性(슌야타)

그 뒤, 최선을 다해서 심장의 차크라의 속에 있는 '파괴되지 않는 점'으로 모든 바람을 보내서 깊이 스며들게 한다. 그렇게 하면 지금까지 체득한 광명(아로카), 광휘(아바사), 획득(우팔라브다)이 하나로 녹아서 **'참된 광명'**이 나타난다. 이때 최고의 쾌락인 **'대락'**이 생겨나고, 그러는 중에 수행자는 **'공성'**을 문자 그대로 대면하여 '대락'과 '공성'이 불가분하게 된다. 이와 같이 방편인 '대락'과 반야인 '공성'의 합일이 '마하무드라'라는 말로 표현되고 있다. 하타 요가의 창시자인 맛시엔드라와 고라크샤의 저작에도 이러한 말들이 빈번히 등장한다.

하타 요가의 '마하무드라'

그리고 항문, 목, 복부의 반다를 동시에 행하고, 중앙 맥관(수슘나)에 바람(프라나)을 봉(封, 무드라)해 넣는 현재의 하타 요가의 '마하무드라'도 이런 후기 밀교의 수행법에서 유래했기 때문이다.

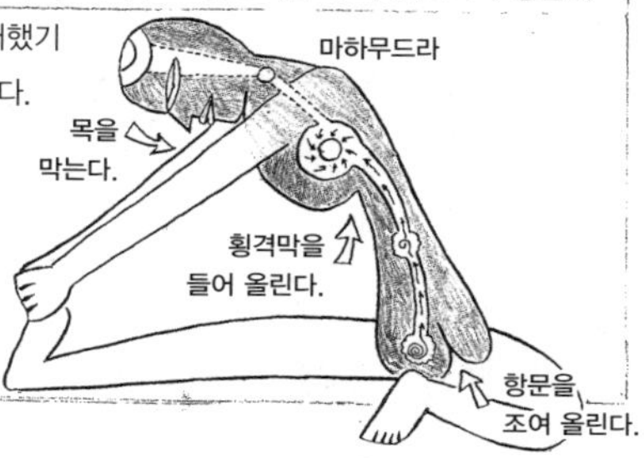

45 친나 문다
– 하타 요가의 여신

Chinna-muṇḍā

[chinna(절단한) + muṇḍa(머리)의 여성형]

〈여〉 자신의 머리를 절단한 여신

※ '친나 문다'는 어머니(요기니) 탄트라에 있어서, 지고의 지혜(프라갸파라미타)의 상징으로 여기는 바즈라바라히 여신의 화신. 나중에 힌두 탄트라에 도입되어 친나마스타chinnamastā(단두여신斷頭女神)이 되었다. 또한 자신의 머리를 절단하는 모습으로 묘사되지만 이것은 마하무드라 및 쿤달리니 요가의 은유가 되었다.

◎ 자신의 머리를 절단하는 여성 수행자

"나마스카라, 구루지"라고 (인사하는), 자매 수행자 메카라와 카나카라.

"그렇다. 나는 너희들의 구루이다. 구루 다크시나(구루에게 보시하는 것)를 주시게."

"무엇이든지요."

"그렇다면, 너희들 두 사람의 머리를 바라는 바이다."

자매는 망설임 없이 자신들의 목을 붙잡고 잘랐다.

– 《84성취자전》에서, 그림 1

추한 구루가 있었던 게로군, 하고 생각해버리겠지만, 여기에서 말하는 '머리 자르기'는 하타 요가의 성취를 나타낸다.

머리는 배꼽의 차크라에 해당한다. 머리의 절단면에서 분수처럼 쏟아지는 피는 '찬다리의 불'에 의해 데워져서 끓고, 천공을 향해서 상승하는 보리심이다. 그녀들은 육바라밀다ṣaṭ-pāramitā를 상징하는 장식을 두른 것 외에는 전라의 상태이다. 《반야심경》에서 말하는 '마음의 덮개'를 벗어난 것이다. 그리고 머리는 의식의 자리이다. 자매는 자신들의 목을 절단하고, '마음의 작용(칫타 브릿티)을 니로다'했던 것이다.

목 자른 여신(친나문다)은 힌두 탄트라에 친나마스타라는 분신을 만들었다(그림 2). 친나마스타의 그림에서는, 여신의 밑에서 섹스를 즐기는 사랑의 신 카마와 그의 부인 라티(쾌락)가 있고, 여신의 좌우에 시중드는 2명의 요기니(다키니와 바르니)의 이미지가 추가되었다.

카마와 라티는 강력한 성 에너지를 여신에게 쏟아 넣고 있는 것 같다. 그들은 생명과 애욕의 충동을 억지로 여신에게 전한다. 그녀에게 에너지를 충전하는 펌프와 같다. 그러나 머리를 잃은 여신의 생명은 신체에서 떠나간다.

좌우의 요기니는 좌우 맥관의 존재를 가리킨다. 그녀들은 여신의 피(프라나)를 마신다. 그 피는 다시 여신(중앙 맥관)에게 돌아와서 흐른다.

고라크샤는 친나마스타 여신에게 예배한다.

> "배꼽에 있는 빛나는 연꽃의 윗부분은 작열하는 태양의 만다라이다. 죽음의 공포를 제거하고 밝은 지혜를 형상화하며 윤회와 같은 모습을 보이고, 또 삼계의 어머니로 인간에게 다르마를 주고 삼경三經(3줄기의 맥관)과 차크라의 미세한 흐름에 계시는 최상승(의 여신) 찬나마스타에게, 요기니들의 지혜(갸나)의 무드라에 경배한다."

– 《고라크샤 팟타티Gorakṣa Paddhati》 II. 79

메카라와 카나카라

크리슈나차린의 공덕으로 다마루가 소리를 내고, 양산이 떠올라서 그림자를 만든다.

① 데비코타에 있는 상인들의 수장에게 두 아들이 있었다. 그 두 아들에게 시집 온 자매는 나쁜 일을 하지 않았음에도 모든 사람으로부터 험담을 들었다.

② 요가수행자 크리슈나차린이 큰 무리의 제자와 함께 왔다. "모두가 우리들의 험담을 합니다. 우리에게 가르침을 주십시오."

③ 요가수행자는 두 사람에게 관정하고, 바라히(Vārāhī) 여신의 가르침을 알려주었다. 두 사람은 열심히 수행하여 12년 만에 성취를 얻었다.

④ 자매는 스승에게 감사를 표했다.
"그렇다면 답례로 머리를 바란다."
"바라신다면."
자매는 날카로운 지혜의 칼을 입에서 꺼내 자신의 목을 베어 바쳤다.

⑤ "우리들은 스승의 은혜로운 말씀에 따라서 생기차제(生起次第)과 구경차제(究竟次第)를 하나로 하고, 윤회와 열반이라는 이원(二元)을 잘랐습니다."

"관찰[見]과 실천[行]을 하나로 하고, 버리는 것과 취하는 것이라는 이원을 잘랐습니다."

"진리와 지혜를 하나로 하여, 자기와 타자라는 이원을 잘라냈습니다. 답례로 머리를 바칩니다."

그녀들은 이렇게 읊으며 춤췄다.

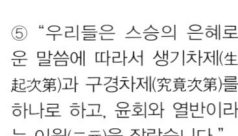

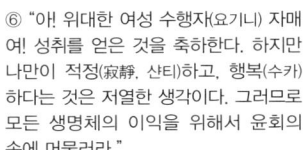

⑥ "아! 위대한 여성 수행자(요기니) 자매여! 성취를 얻은 것을 축하한다. 하지만 나만이 적정(寂靜, 샨티)하고, 행복(수카)하다는 것은 저열한 생각이다. 그러므로 모든 생명체의 이익을 위해서 윤회의 속에 머물러라."

스승은 이렇게 읊고, 두 사람의 머리를 원래대로 되돌려 놓고, 상처를 없앴다. 사람들은 모두 놀랐다.

⑦ 두 사람은 '친나문다(머리가 잘린 여성)'로 알려졌고, 크리슈나챠린을 따르는 사람이 되어서 마하무드라의 성취를 얻었다. 그녀들은 긴 세월 동안 생명이 있는 것들에게 이익을 준 뒤에 '천공을 걷는 자'가 되었다.

그림 1. 메카라와 카나카라

그림 2. 친나마스타 여신

◎ 쿤달리니 요가

불교 하타 요가의 찬다리의 불과 보리심은 고라크샤에 의해 한 세트가 되어 '쿤달리니'라는 이름을 얻었다. 그렇다 하더라도 쿤달리니는 일본에서도 군다리명왕軍荼利明王으로 알려진, 불교에서 기원한 여신이다. 그리고 오늘날 하타 요가에서는 신체의 기저부에 잠들어 있다고 하는 쿤달리니도 고라크샤 시절에는 배꼽의 차크라 근처에 있었다.(→ 60. 쿤달리니) 이 쿤달리니를 각성시켜 중앙 맥관으로 상승시키는 것이 그가 정의한 쿤달리니 요가이다. 그리고 쿤달리니 요가를 예사롭지 않은 파워나 초능력을 얻기 위한 요가라고 생각하는 사람도 있지만, 이 생각에는 큰 오류가 있다는 점을 지적해 두고 싶다. 그런 측면도 있지만 이것은 부차적인 의미이다.

《게란다 본집》(Ⅲ. 54)에, 이 비밀스러운 수행법(쿤달리니 요가)을 행하는 요긴은 먼저 신체에 재를 바른다bhasmanā는 중요한 구절이 있다.

신체에 재를 바른다는 것은 세속의 모든 것과 욕망을 버렸다는 것을 밖으로 드러내는 표시. 자신을 죽은 자로 보는 것이다. 오늘날의 사두도 쿤달리니 요가를 행할 때 재를 바르고 자신의 장례식을 치른다. 쿤달리니의 상승을 구하는 사람은 죽을 준비를 해야 한다. 쿤달리니 요가는 마하무드라와 마찬가지로, 죽음의 프로세스를 시뮬레이션하는 것이기 때문이다. 쿤달리니가 중앙 맥관으로 상승함에 따라서, 요긴의 소우주는 점차 용해되어 간다.

쿤달리니 요가는 '라야 요가laya-yoga'라고도 불리지만, 라야는 '사멸死滅'이라는 뜻. 문자대로 죽음의 요가, 힌두교 하타 요가에서 구경차제이다.

46 아디구루
– 구루 이야기의 참뜻
Ādi-guru

[ādi(최초의) + guru(스승)]

〈남〉 조사祖師, 개조開조, 창시자

※ 나타파의 계보는 "아디나타(쉬바 신), 맛시옌드라, 샤바라, 아난다바이라바, 차우랑기, 미나, 고라크샤, 비루파크샤, 비레샤야… "라고 《하타요가프라디피카》(Ⅰ. 5)에 있지만, 실제로는 제2조 맛시옌드라가 시작하여서 고라크샤에게 계승되었다. 두 사람이 언제 살았는지에 대해 여러 설이 있지만, 불교 문헌으로 추정해보면 11~12세기로 보는 것이 타당할 것이다.

◎ 다시, 나타파의 창시자에 관하여

앞의 내용을 근거로 맛시옌드라, 차우랑기, 고라크샤의 전설(→ 37. 나타-삼프라다야)을 다시 한번 살펴보자.

먼저 3명이 만난 곳은 시체 숲(→ 38. 슈마샤나 사다나). 시체 숲은 범죄자의 처형장을 겸하고 있었다. 차우랑기는 새어머니와 밀회를 했다는 누명을 억울하게 뒤집어쓰고 사지가 절단되는 형벌에 처해졌다. 그리고 시체 숲은 불교 승려들을 포함한 여러 수행자가 모이는 곳이기도 했다. 맛시옌드라가 시체 숲을 향해서 간 것도 그 때문이다.

맛시옌드라는 차우랑기에게 자비의 마음을 내어서, 그를 관정하고(제자로 삼고), 하타 요가를 가르쳐서, 몸이 부자유한 그를 보살피는 일을 고라크샤에게 부탁하였다.

맛시옌드라Matsyendra

본명은 분명하지 않음. 역사적인 사실로는 그가 어부(불가촉천민) 출신이었다는 점. 불가촉천민이 구루가 되는 것은 바라문의 전통에서 보면 용인되기 어렵다. 그러므로 나타파나 하타 요가를 나쁘게 말하는 바라문이 많다는 사실은 앞에 서술했다. 그러나 절대 평등한 것이 요가이다.

비의적秘義的으로는 하타 요가가 물고기와 물의 심벌리즘과 깊은 관련이 있다는 것이다. 물과 물고기가 상징하는 것은 '생명' 그 자체이다. 물고기는 '예민한 감각'을 의미한다(물속의 모든 바이브레이션vibration을 감지한다).

이러한 물고기matsya의 왕indra인 '맛시옌드라'는 '감관의 통제'와 같은 말이다. 그리고 하타 요가의 가장 중요한 아사나 중 하나인, 이른바 '비틀기'는 이 창시자를 받들어 모시는 포즈이다.

차우랑기Chaurāṇgi

본명은 분명하지 않음. 《하타요가프라디피카》의 나타파 계보를 말하는 게송에 그 이름이 있기 때문에 실존 인물로 여겨지지만, 그가 정말로 사지를 잃은 경험을 했는가는 명확하지 않다.

중요한 것은 그가 시체 숲에 살았다는 것. '사지를 절단당한 사람(차우랑기)'이라고 말해지는 것. 이것은 손이나 발이 없더라도 하타 요가는 가능하다는 것을 나타내고 있다.

그가 입으로 말하는 것은 모두 실현되었다. 이것은 요가의 대계율(야마)의 하나, 사티야(진실을 말하는 것)와 관련된 것이다.

'사티야가 확립되면 [사람들의 선하고 악한] 행위가 결과의 의지처가 된다.'(《요가수트라》 Ⅱ. 36)•

• 《요가수트라》 Ⅱ. 36.
satya-pratiṣṭhāyāṁ kriyā-phala-āśrayatvam ||

"너는 선을 행하는 자가 되어야 한다", "너는 천계에 태어나야 한다"라고 요긴이 말한다면, 그 말 그대로 사람들은 선을 행하는 자가 되고, 천계에 태어나게 된다고 주석서에 쓰여 있다.

그러나 그의 이미지는 한없는 죽음에 가깝다. 아사나로 말하자면, '송장 자세.' 사지가 없어진다…. 이것도 이 아사나의 도입부에서 이용하는 이미지이다.

고라크샤Gorakṣa

본명은 분명하지 않음. 티베트의 문헌에 의하면, 불교도로서의 이름은 아낭가바즈라Anaṅgavajra 또는 라마나바즈라Ramanavajra. 후기 밀교와 쉬바교 파슈파타파를 통합하여, 나타파 및 하타 요가를 확립한 것은 그의 스승 맛시엔드라 이상으로 고라크샤의 공적이 크다. 그리고 그의 가르침은 파트너와의 성적 결합을 포함하는, 이른바 '좌도左道 탄트라'를 포섭하고 있고, 그 결합을 단지 관상(이미지)할 뿐인 '우도右道 탄트라'와는 대립한다.

그 자신의 저작이라고 전해지는 《판차마트라 요긴Pañcamātra-yogin》에서는 고라크샤가 맛시엔드라에게 12년간 사사받는 동안 시체 숲에서 지냈다고 한다. 이것은 12년간, 시체 숲에서 차우랑기를 보살폈다는 전설과 일치한다. 그의 행위는 보살행이다. 이 보살행에 의해 그는 맛시엔드라의 문도에 들어갈 자격을 얻었다.

탄트라는 즉신성불卽身成佛의 개념에서 비롯된 것. 극단적으로 말하자면, 살인귀라도 하타 요가를 수행하면 성불할 수 있다.

그러나 그렇게 이해하고, 아귀와 축생의 길을 걷는 자가 있을지도 모르기 때문에 후기 밀교는 이를 가장 두려워하고 걱정했다. 텍스트는 "탄트라는 금생에 해탈에 이르기 위한 지혜이지만, 방편(보살행의 실천)과 양립시키는 것이 중요하다"라며 집요하게 반복하고 있다.

고라크샤의 전설은 탄트리카(밀교 수행자)의 좋은 본보기가 된다.

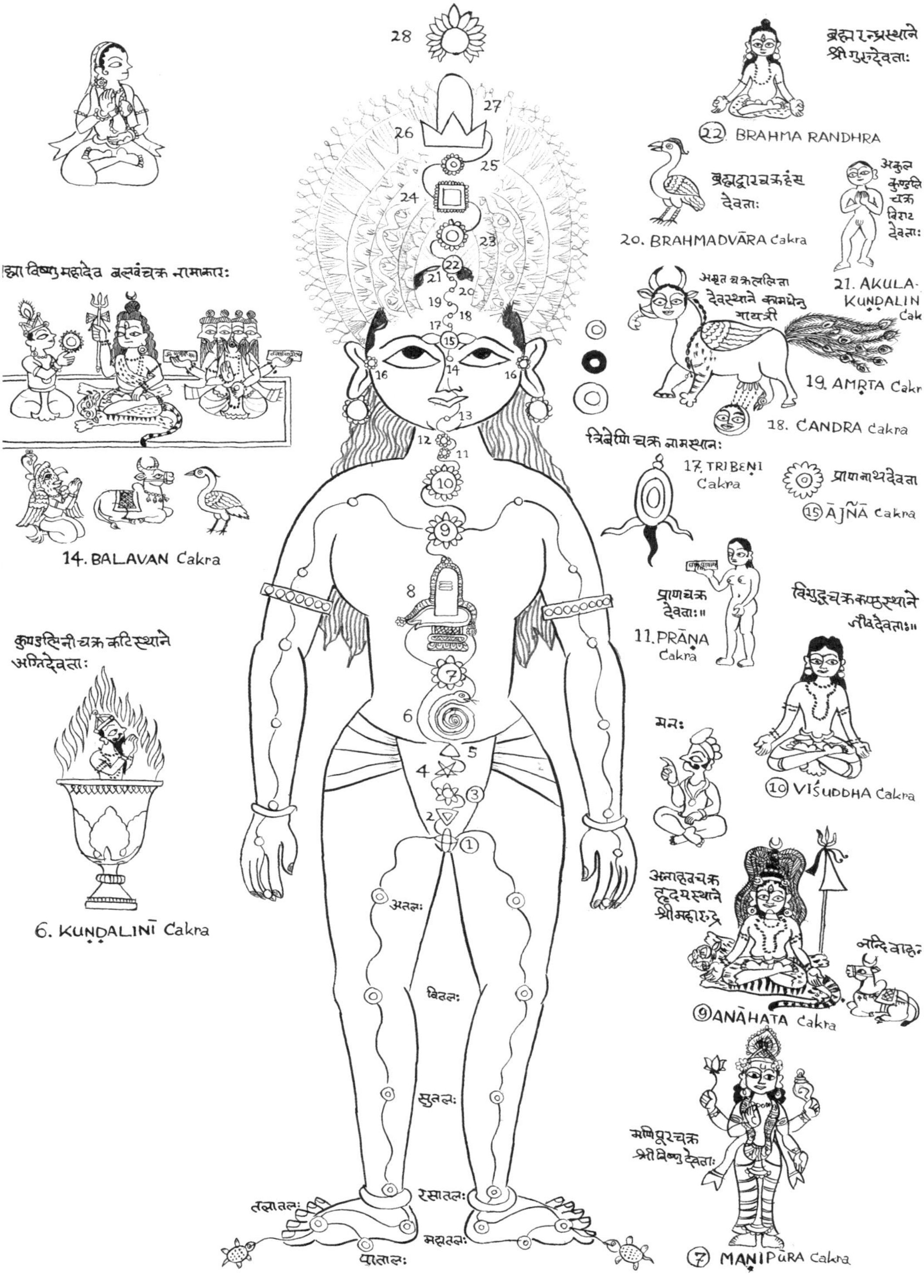

그림. 초기 나타파 문헌에 나타난 차크라(권두의 그림 4)

그림. 초기 나타파 문헌에 나타난 차크라

이 차크라 그림은 그 자체로 초기 나타파의 우주론에 대응하는 것이다.
[ ]는 이른바 7대 차크라이다.

01. **[아다라]**(ādhāra, 토대): '물라다라'와 동일함. '뿌리의 영역(물라스타나mūlasthāna)'에 위치하고, 주재신(主宰神)은 가네샤나타, 샥티는 싯디와 붓디.
02. 마하파드마(mahāpadma, 큰 연꽃): 닐라나타가 주재신.
03. **[스와디슈타나]**(svādhiṣṭhāna, 자기 자신의 거주지): '생식기의 영역(링가스타나liṅgasthāna)'에 위치한다. 주재신은 브라마, 샥티는 사비트리.
04. 샷다라(존재의 구멍): '수슘나 차크라'라고 부른다.
05. 가르바(자궁): '자궁의 영역(가르바스타나garbhasthāna)'에 있다.
06. 쿤달리니(군다리軍荼利): '허리의 영역(카티스타나kaṭisthāna)'에 있고, 아그니(불의 신)에 의해 통치된다.
07. **[마니푸라]**(보석의 도시): '배꼽의 영역(나비스타나nābhisthāna)'에 위치하고, 비슈누를 주재신으로 한다.
08. 링가(남근男根): 정보 없음.
09. **[아나하타]**(튕기지 또는 두드리지 않아도 나는 소리): '심장의 영역(흐리다야스타나hṛdayasthāna)'에 위치한다. 주재신은 마하루드라, 샥티는 우마. 마나스(의意)의 자리이기도 하다.
10. **[비슛다]**(청정清浄): [목의 영역(칸타스타나kaṇṭhasthāna)]에 위치한다. 주재신은 쉬바(생명).
11. 프라나[風]: 《요가수트라》 Ⅲ. 30에서 "목구멍(칸타쿠파kaṇṭhakūpa)을 통제하고, 배고픔과 갈증을 멈출 수 있다"고 설명된 것과 같다. 주재신은 프라나 나타, 샥티는 파라마 샥티.
12. 아바라(avara, 허약虛弱): 아그니(불의 신)에 의해 통치된다. 여기에 트리 그란티(브라마, 비슈누, 루드라가 결합하는 자리)가 나타나 칼라차크라와 요기니 차크라에 접속된다.
13. 치부카(cibuka, 턱): 주재신은 프라나, 샥티는 사라스와티. 모든 말, 인간의 발성 그 자체가 여기에서 기원한다.
14. 바라반(balavan, 강경): '세 강의 합류점.' 뒤의 17과의 관계는 불분명. 주재신은 프라나바(옴), 샥티는 수슘나.
15. **[아갸]**(ājñā, 명령): '미간의 영역(브루마디야스타나bhrūmadhyasthāna)'에 위치. 주재신은 함사, 샥티는 수슘나.
16. 카르나물라(귀의 뿌리): '귀의 영역(카르나스타나karṇasthāna)'에 위치. 주재신은 나다[音], 샥티는 슈루티.
17. 트리베니(triveṇī, 세 강의 합류점): 이다, 핑가라, 수슘나의 3줄기 나디의 합류점.
18. 찬드라(candra, 달): 주재신과 샥티는 위의 16과 같다. 태양이 달의 차크라에 감로를 마시러 온다고 한다.
19. 암리타(감로): 주재신은 달, 샥티는 암리타. 카마데누(여의우如意牛) 가야트리의 거주처. 그녀의 네 개의 유두에서 끊임없이 암리타가 흐르고 있다.
20. 브라마드와라(brahma-dvāra, 브라만의 문): 이마에 위치한다.
21. 아쿨라쿤달리니(akula-kuṇḍalinī, 종족이 없는 군다리軍荼利): 정보 없음.
22. **[브라마란드라]**(brahma-randhra, 브라만의 구멍): '사하스라라'와 같다. '열반의 차크라'라고 불리는 대천문에 위치한다. 주재신은 구루, 샥티는 차이탄야.
23. 우르다란드라(ūrdha-randhra, 구멍의 위): 주재신은 고라크샤나타, 샥티는 싯단타.
24. 브라마라구하(bhramara-guha, 벌[蜂]의 구멍): 사마디가 연속하고, 프라나와 마나스가 쉬는 곳. 주재신은 아라크샤나타(ārakṣa-nātha), 샥티는 마야.
25. 아쿤타피타 푸나가라: 주재신은 아카라나타, 샥티는 아카레슈와리.
26. 코르하타: 쉬바 신의 천국인 카일라사에 대응. 주재신과 샥티는 모두 아난타. '최고의 공(空)으로 향하는 길(道, 파라마슌야 마르가, parama-śūnya-mārga).'
27. 바즈라단타(금강의 치아): '광대하고 밝게 빛나는 긴 기둥의 형태'를 하고 있다.
28. 니라다라 파라마 죠티스(nirādhāra-parama-jyotis, 토대가 없는 지고의 광명): '의지할 것 없는 곳(니라람바 스타나, nirālamba-sthāna)'에 있는 구루데바의 지고의 자리.

게다가 고라크샤는 '소를 지키는 사람'이라는 뜻. 이 소는 하타의 전설에 따르면, 이마 속에서 불사의 감로인 우유amṛta-kṣīra(아직까지 알려지지 않은 뇌내 마약일지도 모른다)를 분비하는, '가야트리'라는 이름의 여의우如意牛(카마데누)를 가리킨다(그림에서 19번의 차크라).

◎ 고라크샤의 차크라 그림

한편 오늘날에는 차크라의 개수를 일반적으로 7개라고 하는데, 이 개수는 정해진 것이 아니다.

예를 들어 '차크라'라는 콘셉트를 창작한 후기 밀교에서는 4개(드물게는 5개)의 차크라가 사용된다. 차크라가 네 개인 것은 사제四諦, 사찰나四刹那, 사지분四支分, 사진실四眞實, 사환희四歡喜 등 4라는 숫자로 통합된 것이 많은 불교의 교의와 합치시키기 좋기 때문이다.

그리고 맛시옌드라는 중요한 차크라는 8개라고 주장하고, 힌두 밀교의 슈리쿨라śrīkula 파는 9개의 차크라를 말한다.

차크라의 개수 7은 사실 20세기 전반에 캘커타의 판사였던 영국인 존 우드로프 경Sir John Woodroffe이 저술하고 영미권에서 아직까지 계속해서 출판되는 고전적 요가 해설서《뱀의 힘The Serpent Power》에 나타난 개수를 애매한 그대로 받아들인 데 지나지 않는다. 우드로프 경은 아서 아발론Arthur Avalon이라는 필명으로 수많은 탄트라 문헌을 영어로 옮겨, 인도 내외의 요가수행자, 연구가, 애호가에게 막대한 영향을 끼쳤다. 심리학자인 융Carl Gustav Jung은 이것들을 기반으로 자신의 심리학을 확립할 정도였다.

그러나 우드로프 경은 나타파의 문헌은 한 권도 번역하지 않았다. 불교의 전통이 인도에서 단절되었다는 사실에 더해, 그 때문이었을까, 나타파 하타 요가의 오리지널이 어떤 것인가는 인도에서도 거의 알려지지 않았다.

그림은, 고라크샤가 지었다고 여겨지고 있는《고라크샤의 지혜bodha》,《고라크샤 백송百頌(샤타카)》,《싯다 싯단타 요체(팟다티)》 등의 초기 나타파 문헌에 나타난 차크라론을 일러스트한 것(17세기 즈음의 세밀화를 각색)으로, 28개의 차크라가 묘사되어 있다.

복부에 쿤달리니(아래에서 6번째 차크라)가 그려져 있는데, "쿤달리니 차크라는 허리(배꼽의 뒤)에 위치하고, 불의 신에 의해 통치된다"라는 산스크리트 문장이 더해져 있다.

그리고 차크라는 정수리에서 끝나지 않는다. 머리 위의 허공에 6개의 차크라(23~28번째 차크라)가 그려져 있으며, 이것들은 '공空'과 관련된 것이다.

47	# 아사나 – 하타 요가의 골격이 되는 수행법
	Āsana

[√ās(앉다/있다)]

〈중〉 좌석, 방석, 자리; 요가의 특수한 좌법 또는 체위법; 성교 시의 체위; 숙박, 야영, 거주.
※ 아사나에 대한 《요가수트라》의 정의는 "견고堅固한 쾌락이 아사나이다." 그러므로 고통을 불러일으키거나 노력을 강요하는 포즈는 아사나라고 말할 수 없다. 다양한 아사나가 하타 요가의 중심기법으로 자리 잡았지만, 의외인 것은 초기 하타 요가 문헌에는 이것에 관해서 어떤 언급도 없다. 글이나 문서로 나타내는 것이 허락되지 않은 비의였던 것일까.

◎ 하타를 받쳐주는 수행법

고라크샤는 《요가수트라》의 8지八支에서 처음 2가지, 야마(하지 말아야 할 것), 니야마(해야만 하는 것)를 떼어낸 것을 하타 요가의 6지六支로 한다(《고라크샤 백송》 제4송).

① 아사나(앉는 것)
② 프라나야마(프라나를 제어하는 것)
③ 프라티야하라(감관을 되돌리는 것)
④ 다라나(정신을 집중하는 것)
⑤ 디야나(정신집중의 상태가 지속하는 것)
⑥ 사마디(진리와 합일하는 것)

최초의 아사나는 하타의 토대일 뿐만 아니라, 기둥이기도 하다. 몇 가지 깊은 뜻이 담겨 있다.

이 단어 자체의 의미는 '존재하는 것(as)이 지속하는(ās) 것'을 말한다. 누군가 와서 바로 돌아가는 것이 아니라 적어도 얼마간은 거기에 머무는 것이다. 그러므로 의자나 좌석도 아사나라고 한다. 이것은 의례(푸자pūjā)와 관련된 말이다(→ 제9장 요가의 밀교(탄트라) 의례). 인도에서는 예전에 (일부 지역에서는 현재에도) 우상이 아니라, 의자로 신神을 대신하는 경우가 있다. 힌두교의 오래된 풍습을 따르는 발리섬에서는 아직도 사원에 우상이 없다. 의자나 좌석으로 대신하고 있다. 의식을 치르는 동안 신이 거기에 앉는 것이다.

하타의 아사나에도 같은 의미가 있다. 단지 자신이 앉는 것이 아니다. 앉아 있는 동안에 신이나 부처님이 나와 함께 계신다(→ 107. 안타르 야가).

하타 요가라고 하면 곧바로 아사나의 이미지가 떠오르고, 또한 아사나는 하타 요가의 큰 매력이기도 하다. 하지만 하타 문헌에서 다양한 아사나가 소개되기에 이른 것은 근세의 《하타요가프라디피카》(아마도 16세기 성립) 이후이다. 초기 문헌에는 아사나에 대해 거의 어떤 말도 언급하지 않는다. 고라크샤가 저술하였다고 하는 《고라크샤 백송》(제6송)에서는 "(쉬바 신은) 840만 (좌법) 가운데, 각 (10만 개마다) 하나씩 가르쳐주셨다. 그래서 쉬바는 16개를 더해서 100개가 되는 (즉, 84개)의 아사나를 만든다."•라고 하면서도, 싯다 아사나(달인좌達人坐, 그림 1)와 파드마 아사나(연화좌蓮華坐, 그림 2) 2가지만을 설명하고 있을 뿐이다. 신이 거주하는 신체에 관한 것은 아마도 비의秘義였기 때문일 것이다.

• 《고라크샤 백송》 6.
caturāśīti-lakṣāṇām ekam ekam udāhṛtam | tataḥ śivena pīṭhānāṁ ṣoḍeśānaṁ śataṁ kṛtam ||

아사나 다음은 프라나야마이다. 이것은 프라나의 직접적인 제어를 뜻한다. 이것은 준비 단계라기보다 모든 노력의 궁극적인 목적인 '마음의 작용의 니로다'의 실현을 목표로 하는 것이라고 말해도 좋다. 그러므로 '프라티야하라, 다라나, 디야나, 사마디라는 말로 설명되는 것은 단계적으로 배워 익힘으로써 완성되어 간다는 프라나야마와 다르지 않다.'(《요가친타마니》)

그리고 하타 요가의 4대 기법인 아사나, 쿰바카kumbhaka(반다), 무드라, 나다 아누산다나가 각각의 구체적 내용이다. 즉, 6단계는 다음과 같은 구조이다.

(1) 아사나(앉는 것, 또한 머무는 것)

(2) 프라나야마(프라나의 제어)

1. 프라티야하라('아사나에 의한' 감각의 차단)
2. 다라나('쿰바카에 의한' 프라나의 집중)
3. 디야나('무드라에 의한' 프라나 집중상태의 지속)
4. 사마디('소리와의 융합에 의한' 진리와의 합일)

최초의 아사나가 이번에는 프라나야마의 첫 단계로서 반복된다. 즉 하타 요가에서는 아사나를 프라티야하라(감관을 되돌리는 것)라고 여긴다. 아사나를 한참 하는 중에는 외부 세계에 대한 흥미를 차단하고, 오히려 내부에 집중한다(→7장. 요가의 호흡).

프라나야마의 중심은 다라나(정신을 집중하는 것)과 디야나(정신의 집중 상태를 지속하는 것)에 해당하는 반다와 무드라에 있다. 이것에도 아사나는 빠지지 않는다.

고라크샤는 전신의 맥관을 성스러운 강에, 마르마와 차크라를 티르타tīrtha(바라나시에서 볼 수 있는 목욕장)에 비유하여, "그것들의 티르타에 둑을 쌓는 것이 중요하다"라고 한다(《고라크샤의 지혜》). 둑의 원어가 반다bandha이다. 즉, 맥

그림 1. 싯다사나[達人坐]

"'요긴은' 한쪽(왼쪽)의 발꿈치를 회음부(yoni-sthāna)에 강하게 밀착시켜 두고, 다른 한쪽의 발꿈치를 남근의 위에 두고, 턱으로 가슴을 누른다. 그리고 감관을 통나무처럼 제어하고, '제3의 눈이 있는' 미간을 확실하게 하라. 이것이야말로 해탈의 문을 열리게 하는 달인좌(싯다사나)라고 한다."(《고라크샤 백송》 8)•
이 아사나에 숙련되면, 많은 싯디(초능력)를 획득할 수 있다고 여겨져 과거의 많은 싯다들이 수행했다. 그러므로 '싯다사나'라고 한다.

① 회음에 한쪽 발꿈치를 위치시킨다.
② 성기의 뿌리에 다른 한쪽 발꿈치를 둔다.
③ 두 발목을 포개어, 좌우의 발과 다리를 알맞게 놓는다.
④ 왼손을 왼쪽 무릎 위에, 오른손을 오른쪽 무릎 위에 놓고, 손바닥을 위를 향하게 하여서 집게손가락을 엄지손가락의 중간 부분에 닿게 한다(친무드라, Chinmudrā). 혹은 불교의 선승처럼 수인을 맺어도 좋다.

그림 2. 파드마사나[蓮華坐]

"오른쪽 (무릎 아래의) 다리를 왼쪽(대퇴부)에 놓고 왼쪽 (무릎 아래의) 다리를 오른쪽(대퇴부)에 올려놓는다. 두 팔을 등 뒤에서 교차시켜서, 손으로 발의 엄지발가락을 확실하게 잡는다. 그러는 동안에 턱으로 가슴을 누르고 코끝을 응시한다. 이것이야말로 무수히 많은 질병을 제거하는 연화좌(蓮華坐)라고 부르는 것이다."(《고라크샤 백송》 9)••
명상에 가장 적합한 아사나. 두 발은 어느 쪽이 위가 되어도 상관없다.

① 두 다리를 앞으로 뻗고 앉는다.
② 왼발을 오른 허벅지 위에, 오른발을 왼쪽 허벅지 위에 얹는다.
③ 손은 싯다사나와 같다. 한편 《고라크샤 백송》의 설명은, 두 손을 등 뒤로 교차시켜서 그 손으로 엄지발가락을 확실히 잡는 밧다 파드마사나.

• 《고라크샤 백송》 8.
yoni-sthānakam aṅghri-mūla-ghaṭitaṁ kṛtvā dṛḍhaṁ vinyasen meḍhre pādam athaikam eva niyataṁ kṛtvā samaṁ vigraham | sthāṇuḥ saṁymitendriyocala-dṛśā paśyan bhruvorantaram etan mokṣa-kvāṭ-bheda-janakaṁ siddhāsanaṁ procyate ||

•• 《고라크샤 백송》 9.
vāmorūpari dakṣiṇaṁ hi caraṇaṁ saṁsthāpya vāmaṁ tathā dakṣorūpari paścimena vidhinā dhṛtvā karābhyāṁ dṛḍham | aṅguṣṭhau hṛdaye nidhāya cibukaṁ nāsāgram ālokayed etad-vyādhi-vikāra-hāri yamināṁ padmāsanaṁ procyate ||

관의 일부를 막는 것이고, 그리하여 맥관과 마르마와 차크라의 내부에 프라나를 일시적으로 봉해 두는 것이 무드라mudrā이다. 그것에 의해 앞서 서술한 것과 같은 신비체험도 가능하게 된다.

그렇지만 이것에는 부작용도 있다. 프라나의 흐름을 막는 것이므로, 아유르베다에서 말하는 바타vāta에 이상을 초래한다. 그 결과 피가 끈적끈적하게 흐르고, 혈전, 뇌출혈, 신경이상, 정신이상을 일으키기 쉽게 된다. 그렇게 되지 않기 위해 프라나(=바타)의 흐름을 좋게 하는 아사나가 필요하게 된 것이다.

후기 밀교에서 유래하였으며 기원이 동일한 행법이 '툰코르'라는 이름으로 현재도 티베트 불교에서도 행해지고 있다. 이른바 '티베트 체조'가 그것이다.

48 하타 샤스트라
– 하타 요가의 교과서

Haṭha-śāstra

[haṭha(하타) + śāstra(과학/논서)]

〈중〉 하타 요가 문헌

※ 맛시옌드라와 고라크샤에 의해서 시작된 나타파 하타 요가는 지식 계급(바라문)을 통해서 널리 보급된 적이 없었다. 그들이 세상에 등장한 지 1,000년 가까이 지났지만, 하타 요가의 가르침은 아직도 많은 사본의 속에 봉인된 상태이다.

◎ 하타 요가의 주요 문헌

현재 입수 가능한, 하타 요가의 대표적인 문헌 6종에 관해서 간단히 설명한다. 하타 요가 문헌은 일반적으로 후대로 내려올수록 베단타적인 경향을 띠게 된다.

《고라크샤 백송 Gorakṣa Śataka》

고라크샤나타(대개 12세기 전반)가 저술한 것으로 여겨지는 텍스트에는《하타 요가》과《고라크샤 백송》이 있지만, 후자만 남아 있다.

《고라크샤 백송》은 101송(슐로카, 16음절×2행의 시)으로 되어 있고, 아사나, 차크라, 맥관, 프라나, 반다, 무드라, 쿤달리니, 암리타 등에 관해 간결하게 제시하고 있다. 제자를 위한 일종의 매뉴얼로 편찬된 것이며, 나타파의 근본 경전으로 간주된다.

《고라크샤의 지혜Gorakṣa Bodha》

맛시옌드라와 고라크샤 사제 간의 대화 형식으로 쓰진 텍스트.

제자 어떠한 공śūnya 안에 그가 태어납니까?
어떠한 공 안으로 그가 흡수됩니까?

스승 그는, 태생적으로 가진 공[俱生空, sahaja-śūnya]에서 태어나고,
진실한 스승sadguru에게서 접근공接近空, samipa-sūnya의 관정을 받는다.
다음으로, 그는 초월공超越空, atitara-śūnya에 흡수된다.
그런 후에, 그는 지고공至高空, parama-śūnya의 본질을 너에게 설명한다.

이와 같은 방식으로 신비적인 정취를 담은 작품이다. '46. 아디구루Ādi-guru'에서 다룬 차크라 그림이 없으면 이 텍스트에서 사용되는 술어를 거의 이해할 수 없다. 내용으로 유추하여 나타파의 가장 오래된 층에 속하는 문헌이라고 여겨지지만, 지은이는 분명하지 않다. 아마도 차우랑기와 같이, 맛시옌드라나 고라크샤와 매우 가까운 인물이 쓴 것으로 추정된다. 힌디어판 텍스트에 기반한 영역은 20세기 초에 간행되었지만, 산스크리트 원전의 소실 여부는 확인되지 않는다.

《고라크샤 요체要諦, Gorakṣa Paddhati》

마히다라mahīdhara의 저작. 201게송으로 되어 있고,《고라크샤 백송》의 주석이라고 하지만, 그의 콘셉트나 술어는 고라크샤(12세기) 이후인 14~15세기의 것이다. 그렇더라도 하타 요가 문헌의 스탠다드가 되는 중요한 작품이며, 그 송의 많은 부분이《하타요가프라디피카》 등의 후기 하타 요가 문헌에 인용되어 있다.

《하타요가프라디피카Haṭayoga Pradīpikā》

친타마니Cintāmaṇi가 저술한 밀교적 하타 요가 논서. 저자는 스와트마라마Svātmārāma라고도 불리는 사두이며, '요가의 왕Yogīndra'이라는 호칭을 얻었다.

이 텍스트(저자 자신은《하타프라디피카》라고 부른다)의 맨 앞에 스와트마라마보다 앞선, 나타 요긴 24명의 이름이 나열되어 있다. 이를 통해 이 책이 16세기 즈음에 편찬된 비교적 새로운 저작임을 알 수 있다.

지금은 없어져버린 고라크샤의《하타 요가》에 기반한《고라크샤 백송》의 송들을 개정한 것도 많이 포함되어 있다. 게다가 상당수의 송들을 다른 문헌에서 발견할 수 있기 때문에, 아마도 이 책은 스와트마라마의 저작이라고 간주하기보다는 그의 편저編著라고 보기도 한다. 그렇더라도 이 문헌은 요가의 실수행 과정이 잘 정리되어 있기 때문에, 학자와 요가수행자의 모두가 큰 경의를 표하며 지지해왔다. 그는 "하타 요가와 라자 요가는 요가의 다른 형태가 아니라 상호 의존 관계이다"라는 점을 강하게 강조하고 있지만, 여기서 이야기하는 라자 요가가 요즘의 라자 요가와는 다른 것이라는 것은 이미 몇 번이나 말했다.

사호다 츠루지佐保田鶴治 박사가 번역한 일본어본이 있다(《ヨ-ガ根本経典》(平河出版社)에 수록).

《게란다 본집Gheranda Saṁhitā》

이 작품은《하타요가프라디피카》와 유사하고 그로부터 차용한 것들도 보이지만, 다우티dhauti와 그 밖의 육체 정화법에 큰 주의를 기울이고 있는 점이 특징이다.

저자는 찬다카팔리Kapāli의 제자로 '게란다'라고 불리는 벵골의 비슈누 교도였다. 사호다 츠루지 박사가 번역한 일본어본이 있다(《ヨ-ガ根本経典》(平河出版社)에 수록).

《쉬바 본집Śiva Saṁhitā》

이것도 밀교적인 요가 논서이지만, 앞의 두 권보다 훨씬 난해하고 분량도 많다. 베단타 철학의 외관을 갖추고 있으며, 제5장(잡록雜錄)은 후세에 추가된, 기원이 다른 것으로 생각된다.

사호다 츠루지 박사가 번역한 일본어본이 있다(《ヨ-ガ根本経典》(平河出版社)에 수록).

제5장

요가의 생리학

– 프라나로 이루어진 신체

하타 요가는 신체라는 하드웨어를 사용한 기술(아트art)이다. 하지만 인도에서 요가를 배웠다고 해도, 거기서 이야기되는 것은 철학이나 자세, 호흡법 등 거의가 소프트웨어에 관한 것뿐이다. 하드웨어, 즉 요가의 신체라고 하면, 아서 아발론Arthur Avalon(본명은 존 우드로프 경Sir John Woodroffe)이 저술한 《뱀의 힘The Serpent Power》을 저본으로 한 차크라cakra에 관한 것이 마르마marma나 나디nāḍī도 없이 애매한 상태로 취급되고 있을 뿐이다. 서양의 해부학을 참고한다 해도 얻을 수 있는 것은 그다지 많지 않다. 하타의 신체에 관한 비밀(탄트라)은 아직도 야자수 잎에 쓰인 사본 속에 묻힌 채로 있으며, 그러한 정보는 담길 그릇을 잃고 헛되이 표류하고 있다.
다행스럽게도, 인도의 전통 무술인 칼라리파얏트Kalaripayattu는 하타와 거의 동일한 신체관을 가지고 있다. 더욱 다행스러운 것은, 신체에 대한 칼라리의 설명은 구체적이라는 점이다. 무술(다누르베다Dhanurveda)은 전장에서 생명을 취급하는 것을 대전제로 한다. 전투에서 승리하기 위해서는 자신의 모든 에너지를 자신의 지배하에 둘 필요가 있다. 그렇다면, 애매모호함은 치명타가 된다. 하타도 무술도, 결국에는 신체라는 장치에 얼마나 숨(프라나)을 불어 넣느냐와 관련한 아트art인 것이다.

49. 프라나Prāṇa – 우주에 부는 바람
50. 마르만Marman – 바람의 교차점
51. 아유르베다Āyurveda – 인도 의학의 기초지식
52. 마르마 비디야Marma-vidyā – 급소의 과학

53. 슈크슈마 샤리라Śūkṣma-śarīra – 이미지의 신체
54. 나디Nāḍī – 프라나의 길
55. 이다 핑갈레Iḍā-piṅgale – 달의 길, 태양의 길
56. 수슘나Suṣumṇā – 인체 우주의 타임터널

57. 암리타Amṛta – 미세한(스피리추얼) 뇌내 마약
58. 판차마야 코샤Pañcamaya-kośa – 아른거리는 몸
59. 차크라Cakra – '여는' 것이 아니라 '돌리는' 것
60. 쿤달리니Kuṇḍalinī – 원래는 배에 있었다

49 프라나
– 우주에 부는 바람

prāṇa

[√prāṇa(호흡하다/생존하다/불다)]

〈남〉 바람, 호흡, 숨 쉬는 기운氣息, 생기生氣, 생명, 생명 원리로서 체내의 바람, 활력, 영혼.
※ '프라나'는 호흡과 관련된 생명 원리, 즉 생기로, 생명 그 자체도 프라나라고 불린다. 중국에서 말하는 '기氣'와 비슷한 개념이지만, 기는 중국철학의 목·화·토·금·수라는 '오행'에, 프라나는 인도철학의 지·수·화·풍·공이라는 '오대'에 기반한 것이기 때문에, 학문적으로는 혼동해서는 안 되는 것이다.

◎ 이어져 있다

'인간은 어떤 식으로… 이어져 있을까?', 궁금해하며 해부를 왕성하게 했던 의학이 고대 인도에 있었다. 당시, 화장은 아직 일반적이지 않아서, 사체 처리를 새나 짐승에게 맡기는 경우가 많았다. 그들이 먹을 수 있도록 시체를 유기하는 숲이 어느 마을에나 있었기에, 해부를 할 마음만 있으면 쉽게 할 수 있었던 것이다.

인간은 무엇과 이어져 있을까? 자기 자신의 신체와. 마음과. 영혼과. 타자와. 주변의 환경과. 우주와. 신들과. 즉 모두 다 와.

그 의학 학파에 속하는 사람들은 시체를 열어 내부를 상세히 관찰하여, 나디, 즉 한자로 '맥관脈管'이라 번역되는 것에 주목했다. 혈관이나 신경관, 림프관, 그 밖의 온갖 튜브 상태의 조직을 총칭하는 말이다. 미로처럼 서로 얽힌 연결. 어떤 부위에서는 팽창하여 서로 꼬여 있고, 또 어떤 부위에서는 역류하여 소용돌이치고 있다. 이것들은 대체 어떻게 작용하고 있는 것일까?

이를 확인하기 위해서는 자신의 신체의 일정 부위에 의식을 집중하여 명상하거나 또는 영적인 투시靈視를 한다고 한다. 이것이 고대인의 방식이었다.

맥관 속을 혈액이, 신경 정보가, 림프액이, 그 밖의 온갖 체액이 흘러가고 있다. 이건 안다. 그렇다면 '흐름'을 만들어내고 있는 근본은 무엇인가? 인도인의 사고는 반드시 추상화를 향해 나간다. 프라나. 이것이 지금까지 나열한 모든 것을 총괄하는 것으로 도출된 원리였다.

인도 최고의 문헌인 《리그베다Ṛg-veda》(B.C. 1500년경 성립)에는 현대물리학의 빅뱅설을 방불케 하는 '우주 개벽의 시詩'가 있다. 태초에 어떤 한 점이 터져, 우주가 시작되었다. 빅뱅으로 시작해서 점차 팽창해가는 다이나미즘Dynamism으로 우주를 파악한다면, 그 빅뱅의 폭풍에 해당하는 것이 프라나이다.

'10. 카르마 요가Karma-yoga'에서, "《요가수트라》에서 말하는 《바가바드기타》의 프라크리티는 나(크리슈나)의 저차원의 파워에 지나지 않는다. 나는 그것을 초월하는 고차원의 프라크리티를 가지고 있으며, 그것이 세계를 유지하는 것이다."라는 문장을 인용하였는데, 베단타 철학의 거장 샹카라Śaṅkara(8세기)는 여기에 주석하기를, '저차원 프라크리티를 초월한 고차원 프라크리티의 파워가 프라나이다.'라고 한다. 그렇다면, 물질적 현상인 빅뱅 이전부터 존재하는 파워라는 말인가?

프라나는 소위 중국에서 말하는 '기氣'와 동일시되는 경우가 많은데, 한역 불전에서는 보통 '바람[風]'으로 번역되고 있다. 어쨌든 프라나는 우주 창조의 근원적인 에너지로서, 지상에서는 우선 대기의 흐름인 바람으로서 표현되고, 그 다이나미즘은 호흡과 그 밖의 것을 통하여 인체로 들어가 맥관 속의 '흐름'을 만들어내는 추진력이 된다.

이렇게 하여 고대 인도인들은, '우리들은 이 프라나를 통해서 모든 것들과도 이어져 있다'고 생각하고, 그 초점이 '몇 개의 맥관이 교착하여 무리[叢]를 이루고 있는 마르마'라는 아이디어를 손에 넣었던 것이다. 현대 의학에서 말하는, 크고 작은 신경총이나 신경절이 마르마에 해당하는지도 모른다. 신경이나 혈관이 집중해 있는 장소에는 반드시 신경총이 있다.

또한 마르마에 대한 사고방식은 중국의 '혈穴'과 많은 공통점이 보인다. 하지만 '프라나의 자리'라고 정의되는 마르마의 작용은 신체 정보의 처리에만 머물지 않는다. 정신이나 영혼, 나아가 프라나를 통해 우리와 연결되어 있는 모든 것, 조금 과장해서 말하자면 전 우주와 관련된다.

◎ 5대 프라나

그건 그렇고, 프라나는 하나이지만, 인체에 들어간 후 생리와 관련된 작용에 따라 5개의 이름으로 불리게 된다. 5대 프라나는 각종 작용에 따라 신체의 어떤 일정한 장소를 점한다(표와 그림).

프라나prāṇa - 호흡과 관련
아파나apāna - 대소변의 배설, 남성의 사정, 여성의 분만과 관련
사마나samāna - 소화와 관련
우다나udāna - 분리와 관련. 수면 시에 개아個我(개체적 자아)를 범梵(브라만)에 몰입시키고, 임종 시에 영혼과 육체를 나눈다.
비야나viyāna - 혈액순환과 관련

심령치료, 텔레파시, 천리안, 독심술, 그 밖의 초능력은 이 프라나들을 컨트롤한 결과라고 한다. 《요가수트라》에서 초능력을 취급하는 장章에 '사마나를

5대 프라나

명칭	색깔	위치(차크라)	영역	기능	부수 프라나
프라나	황색	아나하타	폐	호흡	나가(nāga)는 트림이나 딸국질을 일으킴
아파나	주황색	물라다라	항문	대소변의 배설	쿠르마(kūrma)는 눈을 뜨는 기능을 담당
사마나	녹색	마니푸라	배꼽	소화	크리카라(kṛkara)는 허기와 갈증을 낳음
우다나	청자(青紫)색	비슛다	목	분리. 수면 시 개아를 범(梵)으로 몰입시키고, 임종 시 육체와 영혼을 분리	데바닷타(devadatta)는 하품을 만듦
비야나	장미빛	즈와비슛다	전신	혈액순환	다난자야(dhanañjaya)는 신체가 분해되는 원인

그 밖에도 이 다섯 가지의 부차적 프라나를 상정하여, 10대 프라나라고 하는 경우도 있다.

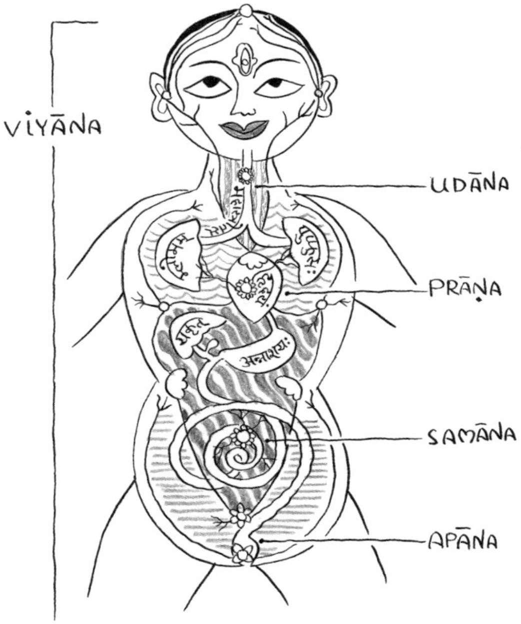

그림. 5대 프라나의 분포

정복하면, [신체로부터] 화염이 나온다'(Ⅲ. 40)•, '우다나를 정복함으로써 물, 진흙, 가시 등에 괴로워하는 일이 없어지고, 유체 이탈도 가능해진다.'(Ⅲ. 39)•• 라고 기술되어 있다.

사마나는 위장의 '소화의 불'을 만들어내는 프라나이다. 따라서 이것을 자유롭게 다룰 수 있다면, 신체에서 화염을 발생시키는 것도 자유자재하게 된다. 우다나는 마음과 육체를 분리하는 프라나이다. 우다나를 자유자재로 다루게 됨으로써 신체를 공중에 뜨게 하는 것도, 마음을 육체와 분리시켜 의식만으로 된 존재가 되어서 하늘을 나는 것도 가능해진다는 것이다.

• 《요가수트라》 Ⅲ. 40.
samāna-jayāj jvalanam ||

•• 《요가수트라》 Ⅲ. 39.
udāna-jayāj jala-paṅka-kaṇṭaka-ādiṣu asaṅga utkrāntiś ca |

50 마르만

– 바람의 교차점

Marman

[√mṛ(죽다)]

〈중〉 심장 · 뇌 등의 생명 유지에 필수적인 기관; 신체의 치명적인 장소, 급소, 관절; 비밀, 신비, 진실. ※ '마르만'이란 '죽음에 이르는 장소'라는 의미이다. '단말마斷末魔의 비명'이라고 할 때의 '말마'는 이 마르만의 음역이다. 즉 단말마란 급소(마르만)를 끊는 것이다. 의역은 '사혈死穴,' '사절死節.' 영어에서는 '생기점生氣點, vital point'이라고 번역되고 있다. 한편 산스크리트에서 이 말의 어간은 marman이기 때문에 '마르만'이라고 표기해야 할지도 모르지만, 힌디어의 '마르마'가 이미 정착되어 있기에 본문에서는 이에 따르기로 한다. karman을 카르마라고 하는 것도 마찬가지이다.

◎ 마르마와의 우연한 만남

남인도의 벵골만의 해변 관광지인 마하발리푸람Mahabalipuram(그림 1). 7~8세기의 사원이 줄지어 있는 마을로 유네스코 세계유산으로 등재돼 있다. 그곳 민박집의 중앙 정원에서 칼라리파얏트의 한 유파인 드로난발리라는 전통무술을 배우고 있을 때의 일이다.

사범(마스터)인 바라 나일은 싱가포르 태생의 인도 청년(당시 30세 정도)이다. 싱가포르에 있는 인도인 커뮤니티에서 7살 때부터 무술을 배웠고, 비전을 전수받아 조부의 땅인 인도로 되돌아 왔지만, 일이 없었다. 자신의 도장(칼라리)을 소유하고 있지 않은 떠돌이였기에, 이 무술협회Kerala Kalaripayattu Association가 인정하는 정규 무술교사도 될 수 없었다.

그 때문에 외국인 관광객이 모여드는 마하발리푸람에 와서, 경호원 겸 가

그림 1. 마하발리푸람

이드 같은 일을 하면서 입에 풀칠하고 있었다. 무술 애호가인 나는 그가 전통 무술가임을 알아차리고, 일당 20달러라는 거금을 들여 가르침을 구하기로 했다.

기본 동작과 품새를 배우고 스파링을 한다. 일반적으로 알려진 칼라리파얏트는 무기술이 주가 되는 것으로 맨손 스파링 따윈 하지 않는다. 하지만 그렇게 하지 않는 유파도 있다. 드로난발리는 스파링을 중시하는 일파로서, 조금이기는 하지만, 복싱이나 무에타이를 배운 나는 실전적인 훈련을 원했다.

그의 왼팔이 복싱의 펀치와도 가라테의 찌르기와도 다른, '훅' 하는 느낌으로 뻗어 나온다. 마치 높이 머리를 치켜든 큰 뱀과 같다. 그 뱀이 내 머리를 물고 늘어졌다. 머릿속이 플래쉬가 터지듯이 화이트아웃whiteout• 한다. 야자

• 옮긴이 주 – 극지(極地)에서 천지가 온통 백색으로 눈이 부셔 방향 감각이 없어지는 상태를 가리킨다.

나무가 뒤집힌다…. 아니 내가 뒤집혔다. 파란 하늘과 빛에 반짝거리는 바다가 보였다. 해변에는 피라미드형의 탑이 솟아 있는 아름다운 돌 사원이 서 있다. 해안 사원이다.

'응? 왜 여기서 바다나 사원이 보이지? 분명 두터운 사방림沙防林으로 시야가 가로막혀 있어야 하는데….' 난 허공에 뜬 채 땅에 널브러져 있는 나 자신을 내려다보고 있었다. 소위 말하는 '유체 이탈'인 것이다. 측두부에 펀치를 맞고 다운된 복서가 '깨어났더니 자기가 자신을 보고 내려다보고 있었다'고 말하는 것도 종종 듣는 이야기이다. 왜 이러한 현상이 일어나는지는 잘 모른다. 하지만 현대의 과학자들은 유체 이탈을 '뇌의 환각'이라고 하면서 '뇌의 측두엽에 미로처럼 파여 있는 주름 하나를 전기적으로 자극하면 누구나 다 유체 이탈을 경험한다'고 말하고 있다.

'유체 이탈한 나'는 '실신한 나'의 오른손을 잡은 바라를 보고 있었다. 그는 자신의 왼손 엄지손가락으로 내 엄지와 검지의 가운데를 지압하면서 오른손바닥으로 나의 좌측 머리 부위를 팡팡하고 쳤다. 그러자 내 의식은 마치 물이 소용돌이치며 배수관으로 빨려들 듯이, 빙글빙글 회전하면서 '나의 육체'로 되돌아간다.

내 눈은, 내 눈을 응시하며 내가 의식을 되찾았음에 안도하고 있는 바라를 쳐다보고 있었다.

"미안." 그는 나를 케이오(K.O.)시킨 일을 사죄했다.

"괜찮아…." 나도 바라를 때려눕힐 작정으로 덤벼들었던 것이다. "그런데 대체 난 어떻게 된 거지?" 하며 내게 일어난 일을 묻자, "마르마야"라고 바라는 답한다.

"마르마?"

"몸에 있는 특수한 급소를 말하는 거야. 칼라리에서는 그곳을 노리지."라면서 바라는 자신의 측두부, 즉 관자놀이 위쪽을 누르며 말을 이었다.

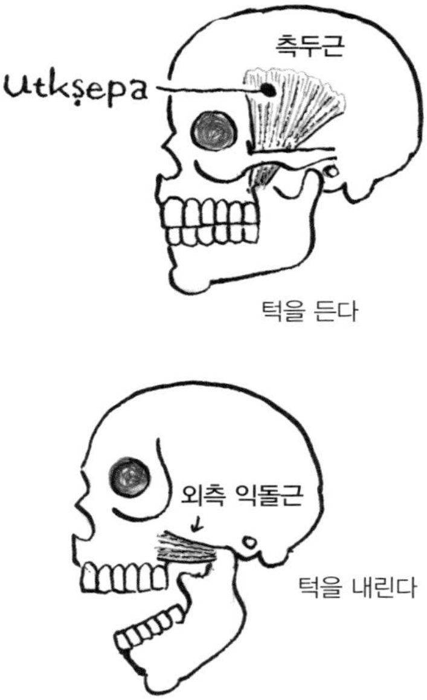

그림 2. 우트크셰파 마르마

"'우트크셰파utkṣepa'라는 마르마야. 리프트 업lift up(위로 들어올리다)의 뜻으로, 열린 입을 닫히게 하는, 다시 말해서, 턱을 위로 끌어 올리는 근육(측두근)의 기점에 해당하고, 튜뷸러 오르간tubular organ(맥관)이 집중되어 있어(그림 2). 하지만 이 마르마가 들어 올리는 것은 턱뿐만이 아니야. 여기를 가격당하면 의식이 몸 밖으로 끌어 올려지는 경우가 있어. 그것보다 너…." 말을 하다 문득 내게 질문을 던졌다. "오줌 지리지 않았어?"

"뭐?"

"마르마를 가격당해 실신하면, 아파나도 멈춰버리는 경우가 있어." 아파나는 체내를 흐르는 프라나의 일종으로, 배설을 관장하고 있다고 그는 말한다. "의식이 돌아올 때, 아파나도 함께 움직이기 시작해. 그때 오줌을 지리는 사람도 많거든."

"……."

"위중한 혼수상태에서 깨어난 사람은 대량의 소변을 봐. 역으로 말하면, 그런 사람에게는 아파나의 유통을 촉진시키는 마르마를 자극해서 먼저 소변을 보게 하지. 이렇게 해서 의식이 회복되는 경우가 종종 있어."

나는 하반신으로 손을 뻗었다. 찔끔했나? 지렸다?! 아니 이건 땀이다!!

51	# 아유르베다 – 인도 의학의 기초지식
	Āyur-veda

[āyus(수명/생명) + veda(베다)](āyus의 s는 v의 앞에서는 r로 바뀐다)

〈남〉 베다계 의학

※ '아유르베다'는 '생명의 과학'이라고 번역된다. 베다는 제식의 힘에 의해서 바라는 것을 성취하는 종교였는데, 태고의 브라만들이라할지라도 의례만으로 의뢰자의 희망을 모두 성취시킬 수 있다고 여겨졌던 것은 아니다. 치병治病이나 장수長壽의 의례를 완전한 것으로 만들기 위해서 의학을 연구하고, 약초를 불에 던져 넣어 그 연기를 의뢰자가 들이마시게 하거나, 프라사다(바치고 난 후의 공물供物로서 먹게 하였다. 또한 처방약을 주거나 식사에 대한 조언도 했을 것이다. 그러한 와중에서 실용적인 의학이 발달해갔다.

◎ 2대 유파

아유르베다에는 계통을 달리하는 두 개의 큰 흐름이 있다. 차라카Caraka와 수슈르타Suśruta이다. 모두 고대 인도의 명의名醫의 이름이다. 현대의 연구자들은 두 사람의 저작(이라고 여겨지는) 《차라카 본집Caraka-Saṃhitā》과 《수슈르타 본집Śuśruta-Saṃhitā》의 내용을 통해, 차라카는 A.D. 2세기경의 인물, 수슈르타는 그로부터 1세기 정도 후대의 인물이라고 하고 있다. 하지만 단정은 할 수 없다. 왜냐하면 '본집本集, saṁhitā'이란 '대전大全' 정도의 의미인데, 두 본집이 지금의 형태로 성립하기까지 여러 사람의 손을 거쳐서, 차라카나 수슈르타의 오리지널이 어떠한 것인지 알 수 없기 때문이다. 전설은 두 사람 모두가 기원전의 인물이라고 말하고 있다.

◎ 내과 – 차라카 학파

차라카는 문법이나 요가의 파탄잘리와 마찬가지로, 아난타=세샤 용龍의 화신이라고 한다(→ 13. 파탄잘리). 바타vāta · 핏타pitta · 카파kapha라는 트리도샤tri-doṣa의 원리를 확립한 아트레야Ātreya의 제자인 아그니베샤Agniveśa의 계보를 잇는 대학자로서, 내과를 주로 하는 의학을 궁구했다.

차라카계 내과의 기초가 되는 생리학과 치료 이론은 다음과 같은 것이다.

음식물을 포함한 모든 물질은 지·수·화·풍·공이라는 오대 원소로 구성되어 있다. 이것들은 몸 안에서는 '다투dhātu(구성요소)'라는 형태를 취한다. 다투는 일곱 가지로 ①유미乳糜, rasa, ②피rakta, ③근육māṁsa, ④지방meda, ⑤뼈asthi, ⑥골수majjā, ⑦정액śukra이다(그림 1).

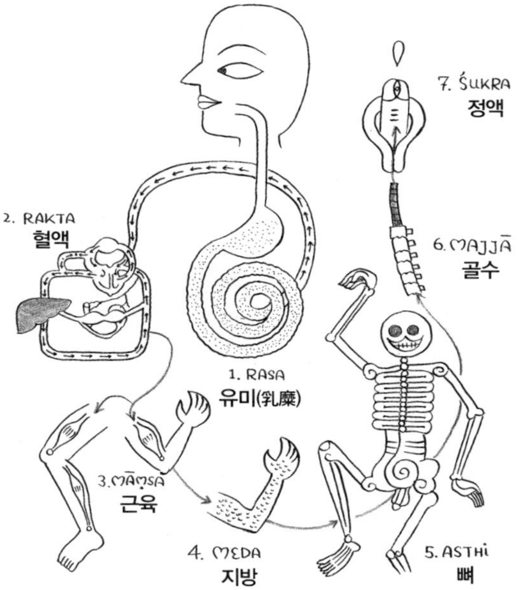

그림 1. 7개의 신체 구성요소(삽타 다투saptadhātu)

음식물의 역할은 소화·대사기능을 통해 이 다투들을 만들어내는 것에 있다. 음식물은 먼저 유미(라사)가 되고, 순차적으로 혈액(락타) → 근육(망사) → 지방(메다) → 뼈(아스티) → 골수(맛자) → 정액(슈크라, 卵)이라는 다투로 변환된다.

소화 프로세스에서는 우선 단맛이 생겨나고, 이것이 거품 상태의 카파를 만들어낸다. 잠시 후, 반쯤 소화된 음식물은 액체 상태의 핏타를 산출해낸다. 그리고 대장으로 내려간 소화물은 마른 대변 덩어리로 변환되고 이 과정에서 쓴맛과 떫은맛이 생겨나, 이것이 바타를 일으킨다(그림 2). 트리도샤는 이렇게 만들어진다.

바타는 '운동의 에너지'로서 혈액이나 체액, 체내의 바람(프라나)의 흐름, 순환을 컨트롤하고 있다. 핏타는 '변환의 에너지'로서 소화나 대사를 관장하여, 열(체온)을 만들어내고 있다. 카파는 '결합 에너지'가 되어 나타나 세포를

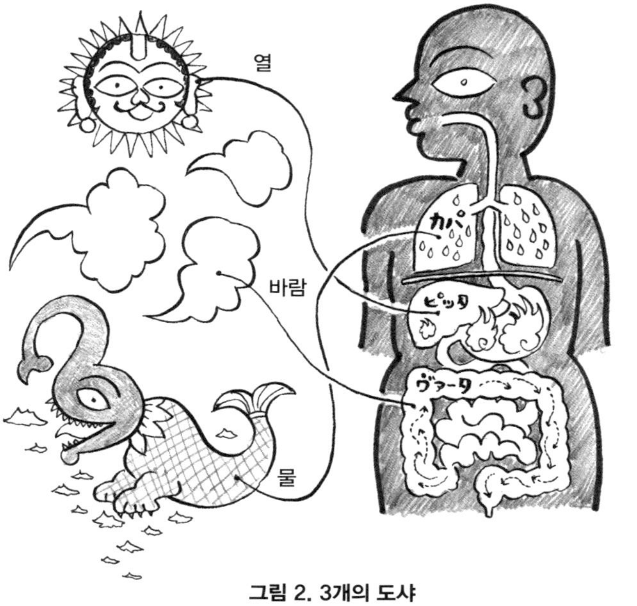

그림 2. 3개의 도샤

형성하고, 골격이나 근육 등, 구조를 유지한다.

인체에서 이 세 에너지는 균형 잡혀 있는 것이 바람직하다. 하지만 어느 한 쪽이 우세한 것이 보통이다. 바타가 34%고 핏타와 카파가 각각 33%라면, 그 사람은 바타 체질인 것이다. 각 체질의 특징에 관해서는 생략한다.

어느 도샤가 우세하더라도, 그걸로 안정되어 있다고 말할 수 있다. 그 일종의 언밸런스unbalance가 각 개인의 개성을 형성하게 되는 것인데, 하지만 이 밸런스balance가 크게 무너지면 다투의 밸런스도 흐트러져 질병을 야기하게 된다. 이때 의사는 환자의 어떤 도샤가 흐트러져 있는지를 판단하고, 식사 지도를 한다든지 약제를 처방한다든지 하여 도샤의 불균형을 바로잡는다.

◎ 외과 – 수슈르타 학파

한편 수슈르타는 서사시《라마야나Rāmāyaṇa》의 주인공인 라마의 무술 스승 비슈바미트라Viśvāmitra 선인仙人의 자손으로, 우유바다 휘젓기乳海攪拌 때(→ 94. 맛시엔드라 아사나) 암리타를 채운 항아리를 품고 출현한 아유르베다의 시조인 단반타리Dhanvantari에게 외과학을 배웠다고 전해진다.

수슈르타의 신체론도 대략적인 점에서는 차라카의 그것과 큰 차이는 없다. 하지만 내과가 평상시의 잘못된 생활습관 등을 원인으로 하는 질병에 대처하는 것에 비해, 외과의 발달에 기여한 것은 무술 훈련 및 전장의 부상자 치료이다. 그것이 수슈르타의 이론에 독자적인 견해를 가져왔다. 이것이 마르마이다.

마르마를 화살로 관통하거나 창으로 찌르거나 칼로 자르면, 쉽사리 적을 물리칠 수 있다. 한자어 '단말마斷末魔'의 말마는 이 마르마의 음역이다. 마르마를 잘려 죽어가는 사람의 마지막 외침이 '단말마의 비명'인 것이다.

그 부위를 주먹으로 때리거나 다리로 차면, 죽음에 이르지는 않더라도, 트리도샤의 균형이 급격하게 흐트러져 실신하거나 큰 부상을 입기도 한다. 하지만 그러한 마르마도 마사지 등으로 부드럽게 자극하면 상처나 병을 낫게 하는 아주 유효한 수단이 된다. 이렇게 하여 수슈르타 의학은 무술 의학으로 재편되었다.

이 항목의 첫머리에 언급했던, 고대에 해부를 왕성하게 실시했던 의학파가 바로 이 수슈르타 학파이고, 현대에 이르러 마르마의 지식을 전하는 극히 일부의 의사는 무술의武術醫를 말한다.

'수슈르타 학파와 무술의는 칼라리파얏트의 마스터로서 서로 연결된다'라고 바라는 말한다. 그들의 마르마 이해는, 무술 연습을 통해 심신의 구조와 움직임을 자신의 '몸'을 통해 파악하는 것으로부터 시작한다. 대략적인 전투술을 궁구한 시점에서 스승은 믿을 만하다고 여겨지는 제자에게만, 체계 잡힌 마르마 지식, 즉 마르마의 위치와 그 미로와 같은 연결, 마르마 공격법, 마르마를 공격받았을 때의 치료법 등, 다시 말해서 마르마에 대한 분명한 앎vidyā을 전수한다. 그리고 수행자는 이를 기초로 하여 인간을 병으로부터 구하기 위한 수련을 쌓아간다.

아유르베다의 계보

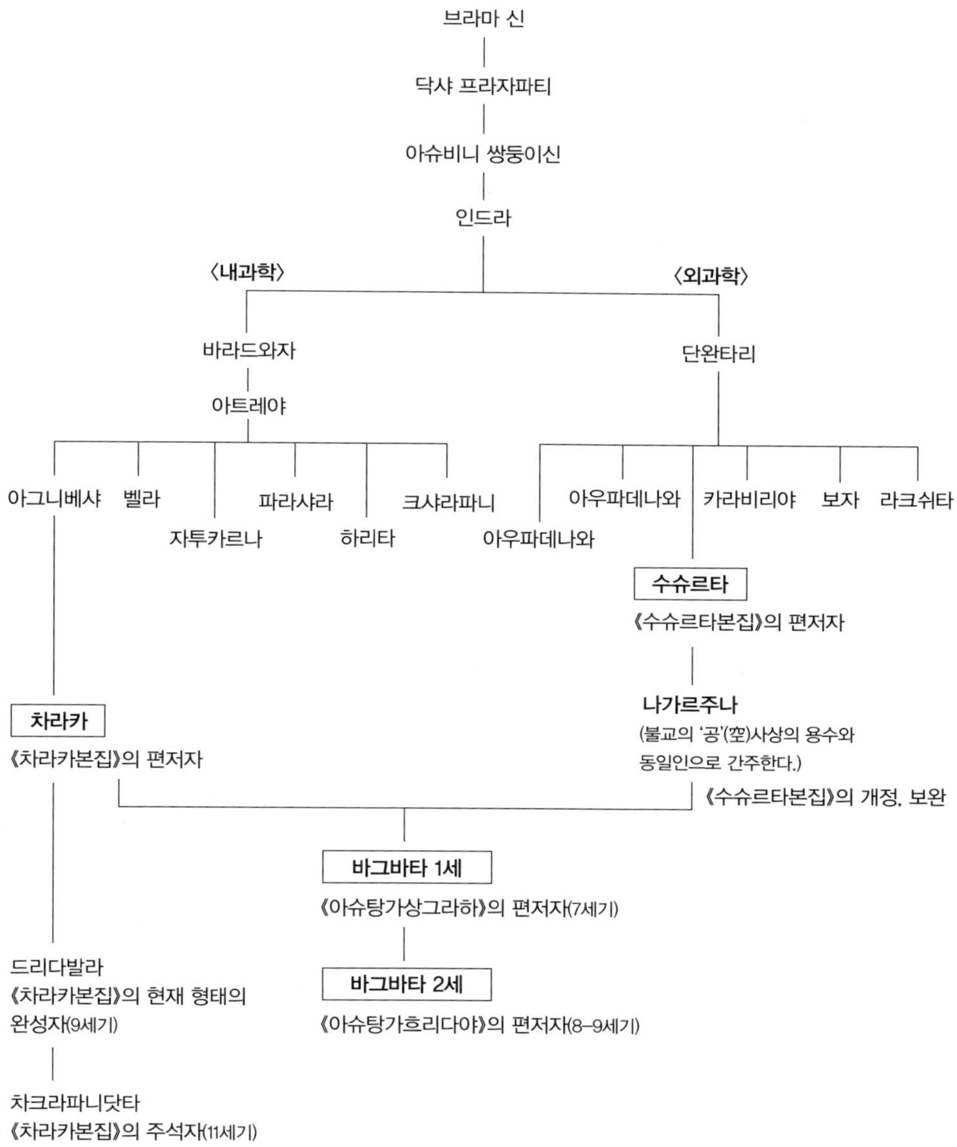
브라마 신
닥샤 프라자파티
아슈비니 쌍둥이신
인드라
〈내과학〉
〈외과학〉
바라드와자
단완타리
아트레야
아그니베샤
벨라
자투카르나
파라샤라
하리타
크샤라파니
아우파데나와
아우파데나와
카라비리야
보자
라크쉬타
수슈르타
《수슈르타본집》의 편저자
나가르주나
(불교의 '공'(空)사상의 용수와
동일인으로 간주한다.)
《수슈르타본집》의 개정, 보완
차라카
《차라카본집》의 편저자
바그바타 1세
《아슈탕가상그라하》의 편저자(7세기)
바그바타 2세
《아슈탕가흐리다야》의 편저자(8–9세기)
드리다발라
《차라카본집》의 현재 형태의
완성자(9세기)
차크라파니닷타
《차라카본집》의 주석자(11세기)

52

마르마 비디야

– 급소의 과학

Marma-vidyā

[marman(급소) + vidyā(지식/과학)]

〈여성〉 마르마의 지식, 마르마의 의학.

※ 비디야는 √vid(알다)의 파생어로, 베다veda와 어원을 같이한다. 의미도 베다와 그다지 다르지 않지만, 베다가 '추상적인 학문'인 점에 반해, 비디야는 '실용적인 지식/기술'의 뉘앙스가 있다. 남자와 여자의 차이와 비슷하다(veda는 남성명사, vidyā는 여성명사). 한편 marman의 뒤에 다른 말(이 경우에는 vidyā)이 와서 복합어가 될 때, marman의 n은 사라져 '마르마 비디야'가 된다.

◎ 《수슈르타 본집》에 기록된 마르마

나는 '마르마'라는 것에 마음이 매우 끌렸다. 하지만 바라 나일에게서 얻은 지식도, 어찌어찌 입수한 《수슈르타 본집》에서 얻은 지식도 대개가 일부에 불과한 것이다. 《수슈르타 본집》은 전 6권, 186장, 8,296송의 산문시(산문 형태의 시로, 각각의 송의 길이는 일정하지 않다)로 구성된 방대한 문헌인데, 마르마에 관한 기술은 제3권 〈신체편(해부학, 태생학)Śarīra-sthāna〉의 6장에 수록되어 있다. '이제부터 신체에 나타난 각 마르마에 관해 설명한다'로 시작하는 불과 43개의 산문시에 불과하다. 그것을 정리한 것이 '마르마 차트'(그림 1과 표)이다.

여하튼 수슈르타는 '근육(맘사), 맥관(실라), 인대(수나유), 뼈(아스티), 관절(산디)의 견고한 접합인 마르마가 자연적인 한편 특수하게 프라나의 자리를 형성한다"•고 마르마를 정의하며, 전신에 107개 있는 마르마의 위치와 크기를 서술하면서 이것들이 '근육, 인대, 뼈, 관절, 맥관'의 어느 조직에 속하고 있는지를 설명하고(그림 2), 그곳이 손상, 즉 '단말마'되었을 때, '즉사, 2주에서 1달 이내의 죽음, 격심한 통증, 후유증' 등, 인체가 어떠한 피해를 입는지를 서술한다.

수슈르타는 마르마를 긴급한 외과조치 시, 결코 '칼을 대어서는 안 되는 장소'라고 하는데, 이것을 어떻게 치료에 이용할 것인지에 대한 설명은 없다. 하지만 마르마 비디야가 수슈르타 의학의 약 절반을 차지하고 있다고들 한다. 즉 이 의서醫書만으로는 마르마의 전모를 짐작하기 힘들다는 뜻이다. 일반적(차라카 계열)인 아유르베다 의학도 마르마에 관해서는 《수슈르타 본집》 이상을 가르치고 있지는 않는 듯하다.

나는 칼라리파얏트의 본고장인 케랄라 주의 무술가를 방문했다. 이 지역 무술사범의 대부분은 의사로 생계를 꾸리고 있다. 물론 케랄라에도 차라카 계열의 아유르베다가 있지만, 그들의 의술은 '칼라리 아유르베다'라고 불리며 차라카 계열과는 구별되어 있었다. 마르마 비디야 또는 마르마 요법marma-cikitsā이라고도 불린다.

"내 밑에 들어와 10년 정도 무술을 배우면 가르쳐 줄 수도 있지. 그게 전통이다." 그렇게 하고 싶은 마음이 없지는 않지만, 시간도 돈도 없다. 하지만 사범들은 내가 일러스트나 수슈르타의 원문을 적어놓은 '마르마 연구노트'를 보여주자, 그 열의(마치 오타쿠?)에 이끌렸는지 마르마 비디야에 관한 힌트와도 같은 것을 주었다.

• 《수슈르타 본집》 III. 6. 15.
marmāṇi māṁsa-sirā-snāyu-asthi-sandhi-sannipātāḥ teṣu svabhāvata eva viśeṣeṇa prāṇas tiṣṭhanti…

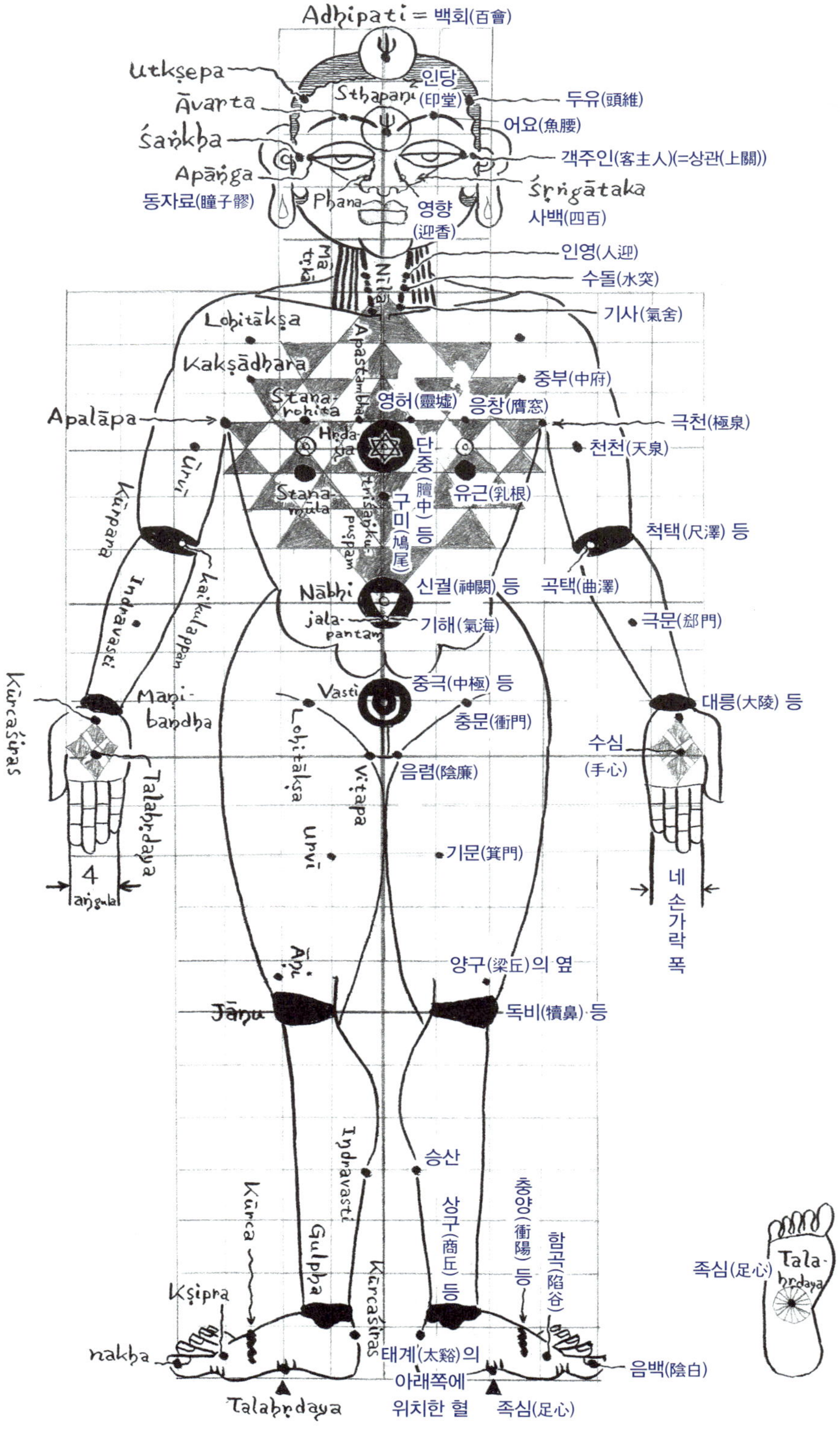

그림 1. 마르마 차트(마르마와 이에 대응하는 경혈經穴)•

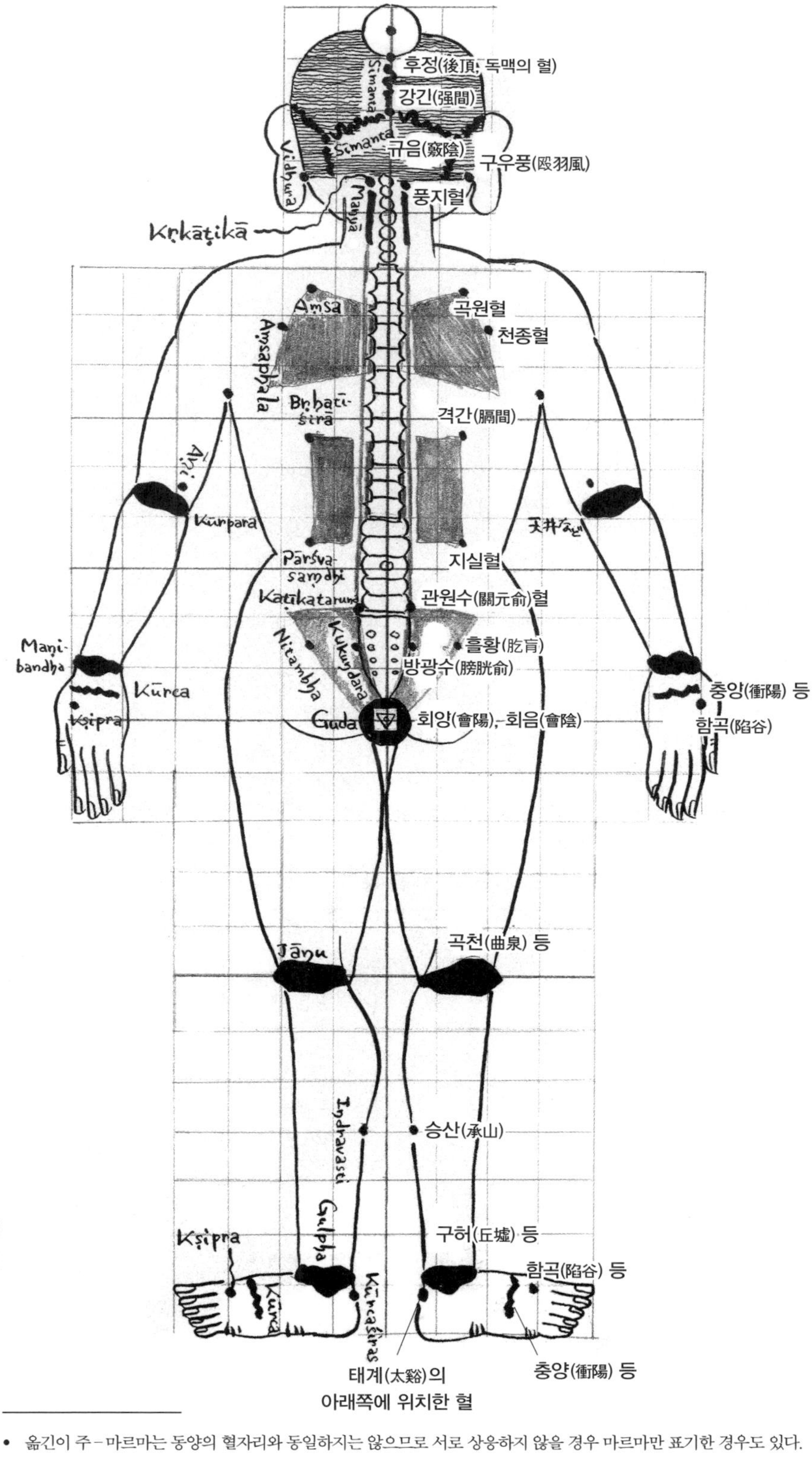

• 옮긴이 주 – 마르마는 동양의 혈자리와 동일하지는 않으므로 서로 상응하지 않을 경우 마르마만 표기한 경우도 있다.

마르마 차트

배부背部의 마르마(14)

명칭	의미	크기	수	위치	조직	손상의 결과
카티-카타루나 (kaṭī-kataruṇa)	부드러운 허리	1/2	2	골반의 상단이 척추와 결합하는 척추의 양측(즉, 허리)	뼈	혈액의 손실에 의해 창백해지고 사지마비로 사망
쿠쿤다라 (kukundara)	허리의 요부(凹部)	1/2	2	척추 쪽에 접하는 엉덩이의 가로 양측	관절	감각상실과 하지의 마비
니탐바 (nitamba)	둔부(臀部) /허리	1/2	2	선장관절의 횡	맥관	쇠약과 하반신 마비에 의한 사망
파르슈와-상디 (pārśva-saṁdhi)	늑골(肋骨)과의 경계	1/2	2	늑골 부위의 아래, 그리고 그것과 수직을 이루는 보다 작은 늑골의 가장자리	맥관	복부 내 출혈에 의한 사망
브리하티-쉬라스 (bṛhatī-śirās)	많은 맥관	1/2	2	스타나물라의 뒤편	맥관	출혈에 의한 사망
암사팔라카 (aṁsaphalaka)	견갑골	1/2	2	척추 양측 견갑골의 연결부	뼈	감각상실과 팔의 쇠약
암사 (aṁsa)	어깨	1/2	2	뒷덜미와 어깨부리가 연결되는 인대	맥관	팔을 움직이지 못함

경부頸部와 두부頭部의 마르마(37)

명칭	의미	크기	수	위치	조직	손상의 결과
닐라 (nīlā)	푸름	4	4	기관의 양쪽에 있는 4개의 굵은 맥관 중 앞에 있는 2개	맥관	언어력 상실, 쉰 목소리, 미각 상실
마니야 (manyā)	목덜미	4	4	기관의 양쪽에 있는 4개의 두꺼운 맥관 중 목덜미 쪽의 2개	맥관	언어력 상실, 쉰 목소리, 미각 상실
시라-마트리카 (sira-mātṛkā)	맥관의 팔모신	4	8	인두의 양쪽에 있는 4개의 정맥	맥관	즉사
크리카티카 (kṛkāṭikā)	목 관절	1/2	2	인두와 두부의 결합부	관절	목의 움직임 불능
비두라 (vidhura)	역경	1/2	2	목의 좌우 귀 뒤쪽 하단	관절	청각 상실

파나 (phaṇa)	비강(鼻腔)	1/2	2	콧구멍 안쪽에서 귓구멍까지의 선상에 있음	맥관	후각 상실
아팡가 (apāṅga)	눈꼬리	1/2	2	눈의 바깥 가장자리	맥관	시력 상실/시력 장애
아바르타 (āvarta)	소용돌이	1/2	2	눈썹 위쪽의 오목한 곳	관절	언젠가 완전 실명
샹카 (śaṅkha)	관자놀이	1/2	2	눈썹 끝과 귀의 중간	관절	7일 이내 사망
우트크셰파 (utkṣepa)	쳐드는 것	1/2	2	관자놀이 위의 헤어라인	인대	이물질이 박힌 경우, 그대로 놓아두든가, 저절로 빠질 때까지 두는 한 목숨에 지장은 없음. 가시를 빼면 사망
스타파니 (sthapanī)	미간	1/2	1	미간의 중간	맥관	〃
시만타 (sīmanta)	모발의 가르마	4	5	두개골의 5개의 봉합선	관절	정신적 흥분/공포/지성 상실/죽음
슈링가타카 (śṛṅgāṭaka)	4차로 교차점	4	4	혀, 코, 눈, 귀의 길이 구개와 만나는 장소	맥관	즉사
아디파티 (adhipati)	군주	1/2	1	정수리에 맥관이 모이는 접합부	관절	즉사

마르마 차트 2 (《수슈르타 본집》 제3권 〈신체편〉 6장에서)

손발 – 상지·하지의 치명부(44)

명칭	의미	크기	수	위치	조직	손상의 결과
크쉬프라 (kṣipra)	탄력/민첩	1/2A.	4	양 손발의 엄지와 검지의 중앙	인대	경련/발작에 의한 죽음
탈라흐리다야 (tala-hṛdaya)	손바닥 중심	1/2	4	양 손바닥, 양 발바닥의 중앙	근육	고통에 의한 죽음
쿠르차 (kūrca)	다발[束]	4	4	크쉬프라(kṣipra)에서 손가락 2개 위	인대	넘어짐/떨림

쿠르차-쉬라스 (kūrca-śiras)	다발의 머리	1/2	4	발목, 손목 관절의 바로 밑	인대	붓기와 고통
굴파 (gulpha)	복사뼈	2	2	발과 다리의 결합부	관절	고통, 다리 마비
마니-반다 (maṇi-bandha)	보석의 묶음	2	2	손과 팔의 결합부	관절	고통, 손 마비
인드라-바스티 (indra-vasti)	제석(帝釋)의 하복부	1/2	4	전완 중앙과 장단지 복근의 중앙	근육	실혈에 의한 죽음
자누 (jānu)	무릎	3	2	다리와 대퇴부의 결합부	관절	다리의 불편함
쿠르파라 (kūrpara)	팔꿈치	3	2	양팔의 팔꿈치관절	관절	손의 불편함
아니 (āṇi)	차축의 쐐기	1/2	4	자누/쿠르파라 (jānu/kūrpara)의 3~4 손가락 위쪽	인대	대퇴/상완의 불가동, 붓기
우르위 (urvī)	넓이 · 크기	1	4	상완과 대퇴의 중앙	맥관	실혈에 의한 대퇴/상완의 쇠약
로히타-아크샤 (lohita-akṣa)	빨간 축	1/2	4	대퇴와 상완의 죽지	맥관	실혈에 의한 죽음, 사지의 마비
비타팜 (viṭapam)	회음	1	2	서혜부와 음낭 사이	인대	성적 기능의 상실
카크샤다라 (kakṣādhara)	겨드랑이에 있음	1	2	겨드랑이와 쇄골의 중앙	인대	–

*대문자 A.은 앙굴라(aṇgula, 손가락 너비)

복부와 흉부의 마르마(12)

명칭	의미	크기	수	위치	조직	손상의 결과
구다 (guda)	항문	4	1	대장에 부착된 부분. 이를 통해 변이 배출됨	근육	하루 이내 사망
바스티 (basti)	방광	4	1	골반 내에 위치. 근육과 맥관이 거의 없는 오줌주머니	인대	하루 이내 사망(결석 제거 수술 제외)
나비 (nābhi)	배꼽	4	1	위와 장 사이에 위치하고 맥관이 많음	맥관	하루 이내 사망

흐리다야 (hṛdaya)	심장	4	1	양 유두 중간의 가슴의 안쪽 및 위문 근처	맥관	즉사
스타나-물라 (stana-mūla)	젖의 뿌리	2	2	유두의 손가락 2개 너비 아래	맥관	기침, 호흡곤란, 화농. 종국에 사망
스타나-로히타 (stana-rohita)	젖의 위	1/2	2	유두의 손가락 2개 너비 위	근육	폐내 출혈로 기침과 호흡곤란으로 사망
아팔라파 (apalāpa)	겨드랑이	1/2	2	어깨관절 아래로 횡격막의 상부	맥관	핏속에 고름이 생겨 사망
아파-스탐바 (apa-stambha)	분리된 기둥	1/2	2	기관지	맥관	호흡 곤란으로 사망

"마르마의 무술과 의술은 세트이다. 어느 한 편이 결여되어도 안 된다. 무술을 배우지 않고서는 마르마 요법(치킷차)을 배우는 것도 불가능하다"고 트리반드룸Trivandrum의 고빈단쿳티 나일 선생은 말한다.

하지만 마르마 비디야를 수행하는 데 있어 근본은 맨 처음에 몸으로 하는 행법에 있다. 하타 요가의 아사나를 다이나믹하게 만든 듯한 기본 신체 동작 내지는 품세를 수련함으로써 나비물라('배꼽의 뿌리'라는 의미인데, 우리가 흔히 말하는 단전에 가깝다)에 프라나가 충만하게 된다. 책상머리 지식이 아닌 진정한 마르마 비디야의 획득은 이처럼 자신의 신체를 연마하여 프라나를 집약하는 것으로부터 시작된다.

"특히 무릎을 굽히고 허리를 낮추는 코끼리 동작(가자 바디브, 기본 품세의 하나)를 취함으로써 뚜렷이 드러나게 프라나를 모으는 것이 가능하다"고 네툴의 스리파티 엔브란틸리 스승은 말한다. 여기에는 짐작 가는 바가 있었다. 중국의 태극권에서도 '마보馬步,' 즉 기마자세라고 하는, 무릎을 굽히고 허리를 낮추는 자세를 집요하리만큼 연습한다. 그렇게 함으로써 단전에 기를 축적할 수 있는 것이다. 허리와 하지의 긴장이 호흡의 불가사의한 작용과 혼합되어 기가 생겨나게 된다고 한다. 중국 권법에서는 단전에 쌓아둔 기를 주먹이나

근육~인대의 마르마

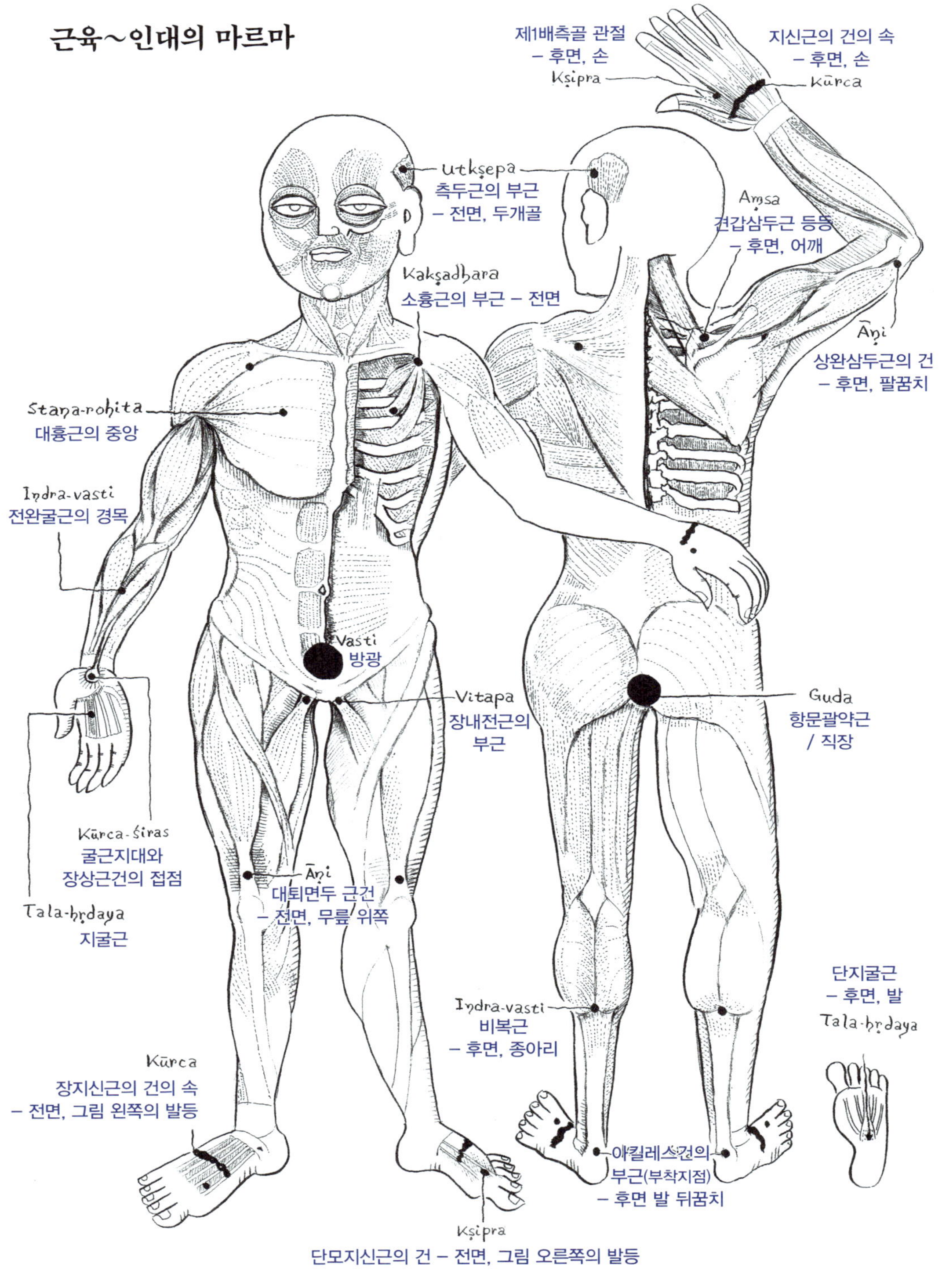

그림 2. 체조직에 기반한 마르마의 분류

골~관절의 마르마

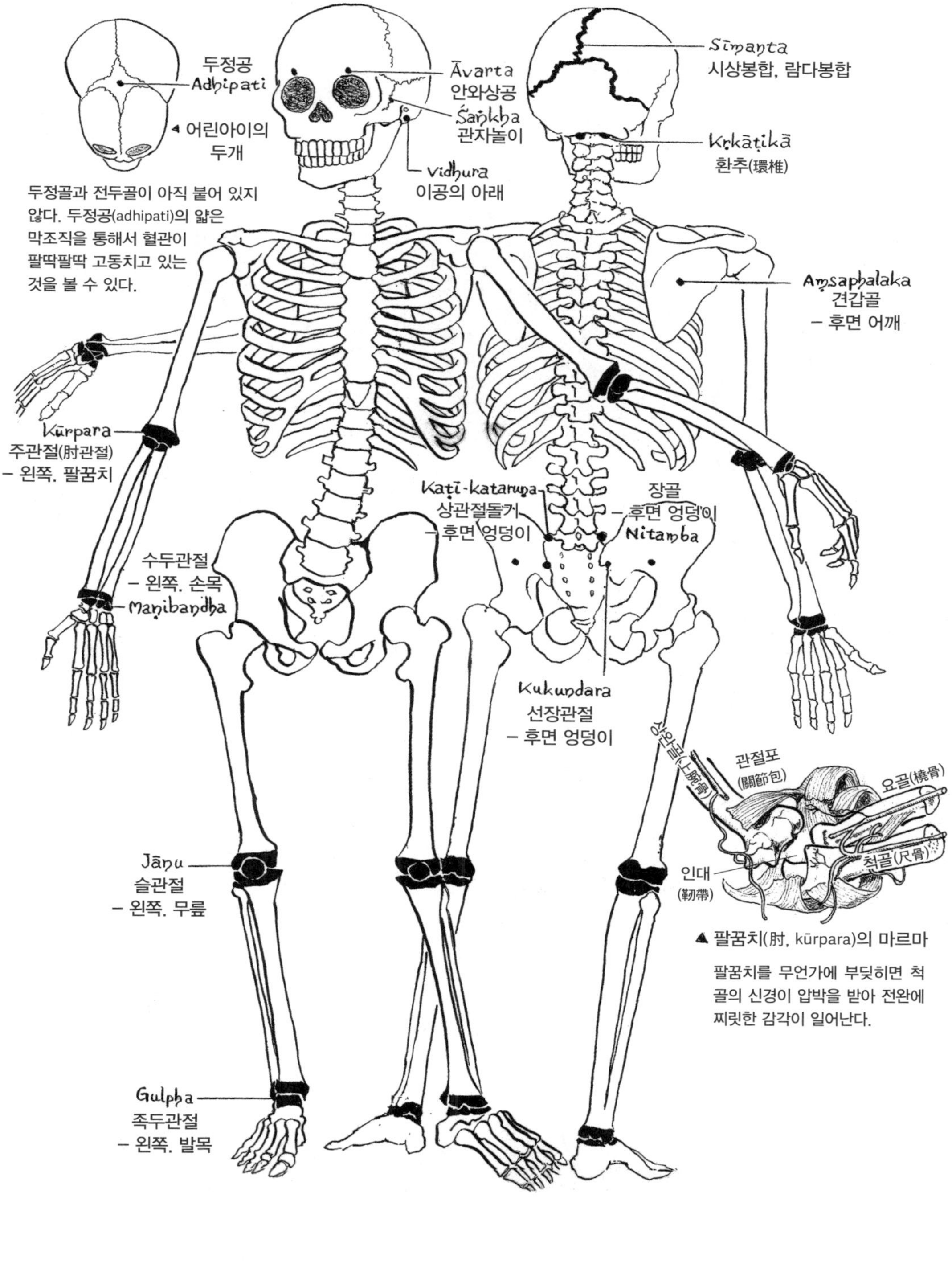

두정골과 전두골이 아직 붙어 있지 않다. 두정공(adhipati)의 얇은 막조직을 통해서 혈관이 팔딱팔딱 고동치고 있는 것을 볼 수 있다.

▲ 팔꿈치(肘, kūrpara)의 마르마

팔꿈치를 무언가에 부딪히면 척골의 신경이 압박을 받아 전완에 찌릿한 감각이 일어난다.

맥관계의 마르마

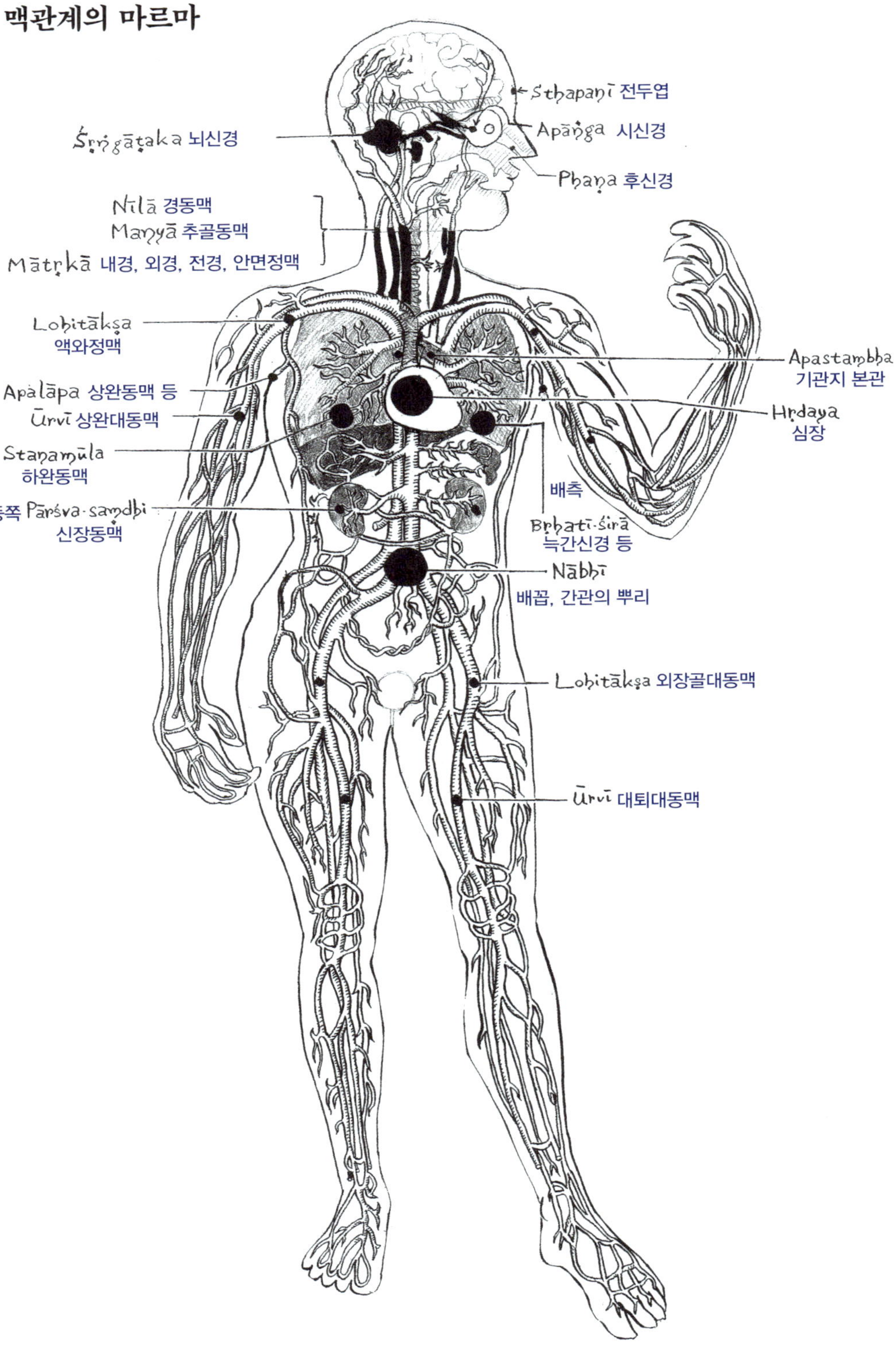
Sthapanī 전두엽
Śṛṅgāṭaka 뇌신경
Apāṅga 시신경
Phaṇa 후신경
Nīlā 경동맥
Manyā 추골동맥
Mātṛkā 내경, 외경, 전경, 안면정맥
Lohitākṣa
액와정맥
Apastambha
기관지 본관
Apalāpa 상완동맥 등
Hṛdaya
심장
Ūrvī 상완대동맥
Stanamūla
하완동맥
배측
등쪽 Pārśva-saṃdhi
신장동맥
Bṛhatī-śirā
늑간신경 등
Nābhi
배꼽, 간관의 뿌리
Lohitākṣa 외장골대동맥
Ūrvī 대퇴대동맥

발차기를 통해 몸 밖으로 쏘아 내는 것을 '발경發勁'이라고 한다. 또한 혈을 찌르는 것을 '점혈點穴'이라고 한다.

프라나와 기를 혼동해서는 안 된다고 앞서 언급하였는데, 칼라리파얏트에서도 이러한 원리는 마찬가지일 것이다. 나비물라에 프라나를 축적하여 그것을 밖으로 흘려보내 폭발시키는 방법이 먼저 있다. 그리고 사람의 몸에는 나디라고 불리는 프라나의 길이 있고 그 교차점에는 마르마가 있다. 마르마를 제대로 가격하기만 하면, 여성이나 아이들이라 하더라도, 성인 남성을 간단히 쓰러트릴 수 있다. 손가락 하나로 사람을 기절시키고, 필요에 따라서는 죽음에 이르게 할 수도 있는 것이다.

반대로 같은 프라나, 같은 마르마를 이용하여 사람을 상처나 병으로부터 구하는 치료법을 배운다. 마르마 비디야를 습득하기 어려운 까닭은 이 때문이다. 단순히 마르마의 위치를 알고 마사지 방법을 기억했다고 해서, 마르마 마사지가 되는 것은 아니다. 그것은 무술을 단련하고 바람(프라나)을 조종하는 기술을 터득하는 것으로부터 시작한다.

손이나 발을 통해, 적절한 양의 바람을 상대방(환자)의 마르마에 보낸다(그림 3). 그렇게 해서 상대의 프라나의 흐름을 조절해주는 것이다.

"마르마 비디야는 모두 《수슈르타 본집》에 쓰여져 있다"고 코타얌의 쉬바쿠마르 선생이 말한다.

"하지만 《수슈르타》에는 마르마를 치료에 이용하는 방법이 기록되어 있지 않다고 하지 않았나요?"라고 내가 되물었다.

"그것은 읽는 법을 모르는 탓이다. 역으로 읽으면 된다. 예를 들자면…" 하면서 내 노트를 척척 넘겨서, 어떤 그림이 첨부되어 있는 'vaṅkṣaṇa-vṛṣaṇayor antare viṭapaṁ tatraṣāṇḍhyam alpa-śukratā vā bhavati(Ⅲ. 4. 24)'라는 인용문을 읽으면서 "하하하, 불알 밑에(vaṅkṣaṇa-vṛṣaṇayor antare) '빗타파라는 마르마가 있다는 말이지? 그곳을 공격당하면 성불구가 되거나, 그렇지 않다고 하더라

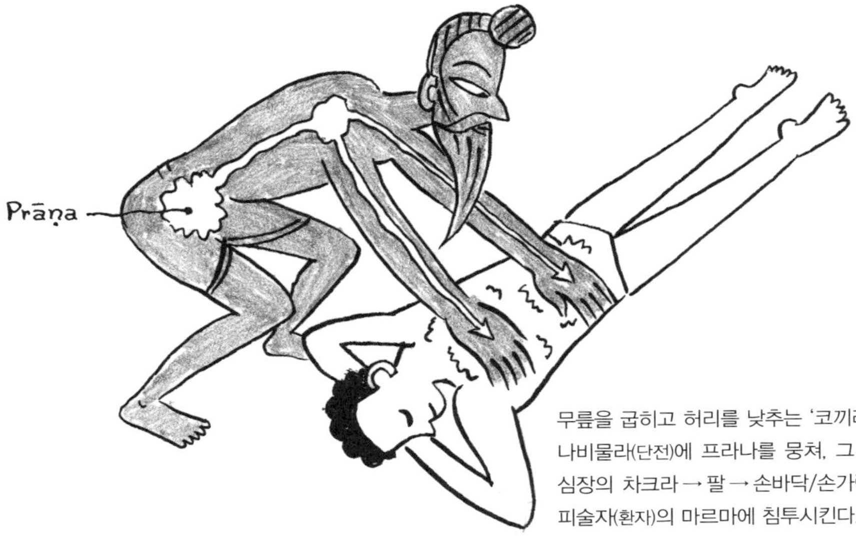
Prāṇa
무릎을 굽히고 허리를 낮추는 '코끼리' 자세로 나비물라(단전)에 프라나를 뭉쳐, 그 프라나를 심장의 차크라 → 팔 → 손바닥/손가락을 통해 피술자(환자)의 마르마에 침투시킨다.

그림 3. 마르마 마사지

도 그쪽 방면의 능력이 떨어지게 된다(ṣāṇḍhyam alpa-śukratā vā bhavati)고! 이건 성 관련 문제에는 이 마르마가 즉효라는 거야."

마찬가지로,

> 콧구멍 속의 귀의 개구부선開口部線의 위(비공의 안쪽)에 있는 파나 마르마에 [손상을 입으면], 곧 후각을 상실한다.•

다시 말해서, 후각이 쇠퇴하거나 코가 막힐 경우에는 이 마르마가 효과가 있다.

• 《수슈르타 본집》 Ⅲ. 6. 27.
ghrāṇa-mārgam ubhayataḥ sroto-mārga-pratibaddhe abhi-antarataḥ phaṇe | tatra gandha-ajñānām ||

두개골에 분포하는 5개의 접합부(봉합선)는 시만타라는 이름의 [마르마이다]. [여기에 데미지를 입으면] 그때는 광기, 공포, 지성 상실, 죽음.•

요컨대 온갖 정신장애에는 이 마르마가 효과가 있다.

가슴 양측의 공기를 보내는 관(바타 바하vāta-vāha)에 아파스탐바라는 이름의 [마르마가 있다]. [여기에 손상을 입으면] 그때는 폐(코슈타koṣṭha)에 공기를 채우는 것[에 어려움을 초래하여] 기침, 호흡곤란에 의해 사망.••

곧, 폐기능의 쇠퇴, 기침, 호흡곤란에는 이 마르마가 효과가 있다.

둔부臀部 좌우의 바깥쪽 부분과 척추脊椎[기부]의 양편[의 접합부]가 쿠쿤다라 [마르마이다.] [여기에 손상을 입으면] 그때는 신체 중앙부의 촉각의 상실과 하지의 마비.•••

즉, 하지가 마비되는 좌골신경통과 같은 증상에는 이 마르마가 효과가 있다. 전투나 사고만이 마르마를 상처 입히는 것은 아니다. 나쁜 생활습관이 차츰 마르마에 축적된다. 신체의 이상은 반드시 마르마의 이상, 즉 강한 결림, 붓기, 통증이 되어 나타나는 것이다. 그리고 마르마의 의학에 의거한 원리는 '이상이 나타난 마르마를 헤아려, 그것을 정상으로 되돌리는 것'에 다름 아니다.

• 《수슈르타 본집》Ⅲ. 6. 27.
pañca-sandhayaḥ śirasi vibhaktāḥ sīmantā nāma | tatra-unmād-abhaya citta-nāśair maraṇam ||

•• 《수슈르타 본집》Ⅲ. 6. 25.
ubhayatroraso nāḍyau vātavahe apastambhau nāma | tatra vāta-pūrṇa koṣṭhatayā kāsa-śvāsābhyāṁ ca maraṇam ||

••• 《수슈르타 본집》Ⅲ. 6. 26.
pārśvayor jaghana-bahir-bhāge pṛṣṭha-vaṁśam-ubhayato kukundare | tatra sparśā-jñāna-madhaḥ-kāye ceṣṭa-upaghātaś ca ||

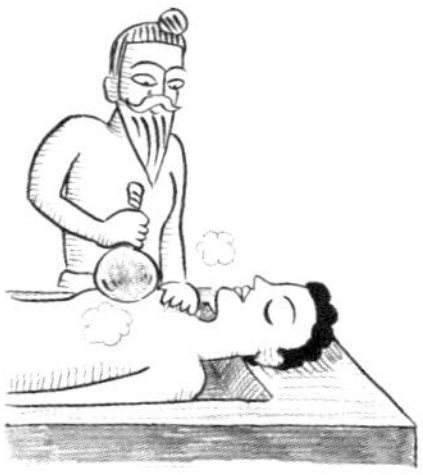

키리(Kizhi) ⬆
약초를 넣은 주머니(키리)를 따뜻하게 데운 약용 기름에 적셔 환자의 마르마나 환부를 두드린다. 기름의 성분이나 온도는 환자의 상태에 맞춰 정한다. 관절염이나 류마티스성 관절염, 타박상이나 만성병에도 탁월한 효능이 있다.

우리칠(Uzhichil) ➡
우리칠(발로 밟는 마사지)은 《수슈르타 본집》에서 말하는 '웃드사다나'이다. 무술의사는 천정에 고정한 로프를 붙잡고 압력을 바꿔가며 기름을 바른 피술자를 밟는다.

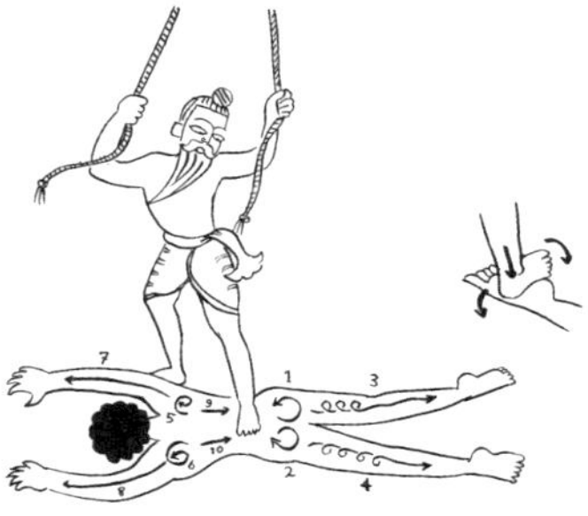

삐리칠(Pizhichil)) ⬇
물약을 헝겊에 적신 후 짜서 뿌리는 방법. 관절 류마티스, 마비, 신경질환, 반신불수, 심신질환, 골절, 탈구 등에 효과가 있다.

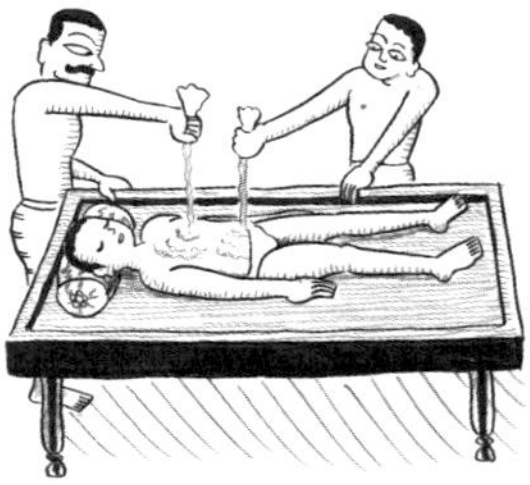

쉬로바스티(Śirobasti) ➡
삭발한 환자의 머리에 꽉 끼는 가죽 모자를 씌워 기름 성분의 약을 붓는다. 마디파티나 시만타라는 마르마를 자극한다. 또 기름 성분의 약의 성분은 두부 전체로 침투해간다.

바타성 질환은 마르마의 조절만으로도 완치되지만, 핏타 및 카파성 질환은 경구약이 병용된다고 한다. 마르마 요법에는 여러 종류가 있는데, 여기에는 대표적인 것만을 제시한다. 모두 다 오일 요법(snehana)과 발한요법(svedana)이 기본이다. 따뜻하게 데운 약용 기름을 차크라와 마르마, 환부에 발라서 마사지 등의 자극을 주는 방법이다. 약용 기름은 피부의 모공을 통해 신체 내부로, 혈관으로 스며들고, 약 성분은 기름을 타고 전신으로 퍼진다.

그림 4. 마르마 요법

"이를 위한 방법도, 수슈르타는 마르마와는 별도로 기술해 두셨다. 예를 들자면…"

> 운동을 열심히 하는 사람의 신체, 그리고 발로 하는 마사지를 받은 사람의 신체에, 질병이 마치 사슴을 덮치는 사자와도 같이 소리 없이 다가올 수는 없다.(Ⅳ. 24. 48)•

• 《수슈르타 본집》 Ⅳ. 24. 48.
vyāyāmas vinna-gātrasya padybhām udvartitasya ca vyādyayo na-upasarpanti saṁhaṁ kṣuda-mṛgā iva ||

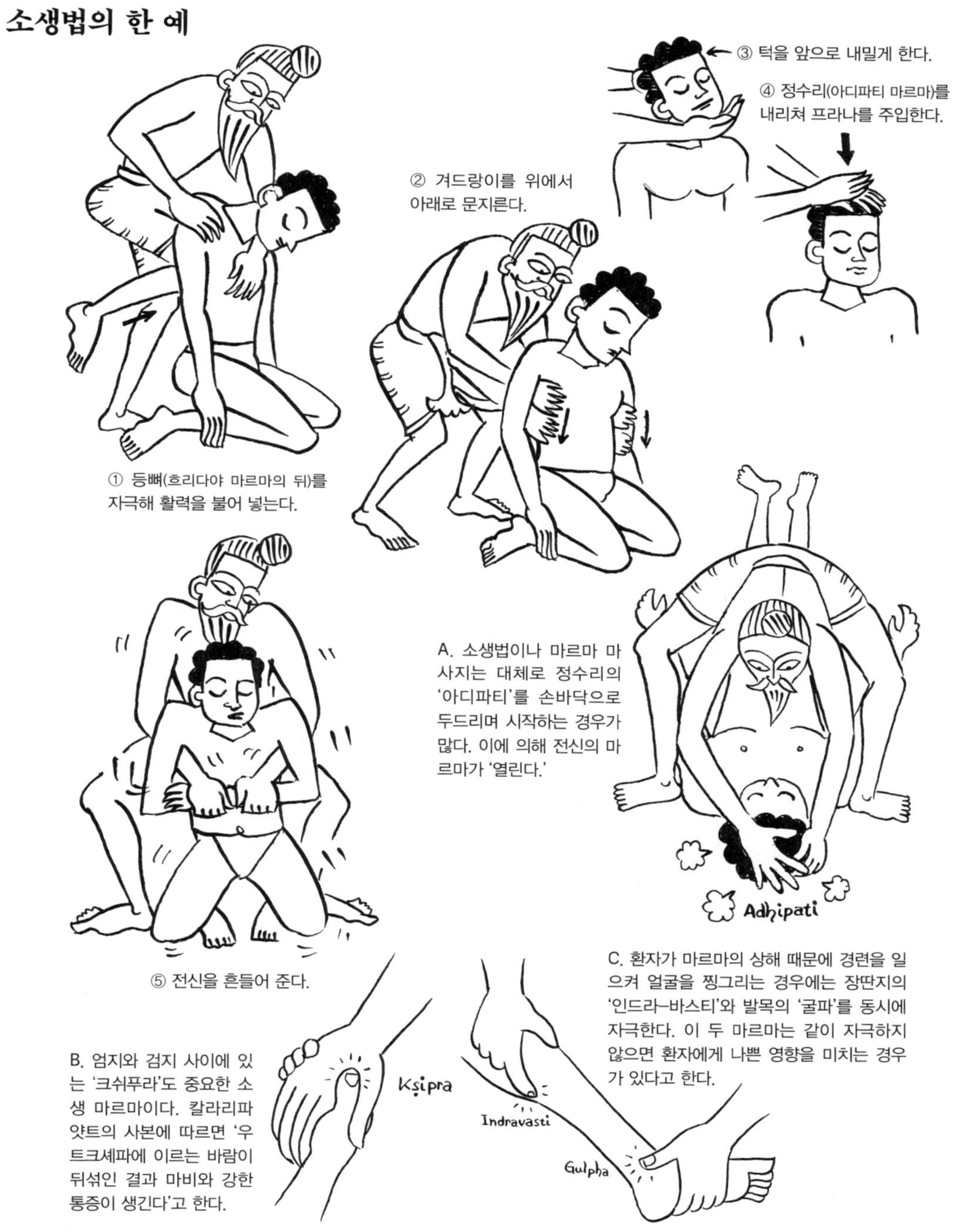

격투나 사고로 마르마를 가격당해 의식불명에 빠진 사람에게 소생법을 실시한다. 이것은 여러 곳의 마르마를 자극하여 체내 바람(프라나)의 순환을 회복시켜주는 기법으로, 케랄라의 말라얄람어로는 '마르카이' 또는 '마루탓투,' 타밀어로는 '아단가르'라고 불린다.

그림. 혼수상태에서 소생하는 법

"이 발로 하는 마사지라고 하는 것이, 칼라리의 대표적인 마르마 마사지인 우리칠(말라얄람어 Uzhichil, 산스크리트는 우트사다나utsādana)이다. 그 밖에도 허브볼herb ball로 문제가 있는 마르마를 강하게 누르는 킬리티룬무가 있다. 물약이나 약용 오일을 콧구멍에 넣는 나시야가 있다. 가슴이나 허리, 머리의 마르마에 오일을 침투시키는 바스티가 있다…."(그림 4)

◎ 덧붙이는 말

그런데, 인도에서 최근 들어, 아유르베다 관계자에 의해 마르마에 관한 서적이 몇 권 정도 출판되었다. 하지만 아쉽게도 대부분은 중국의 '경혈' 이론을 차용한 것으로, 옛날부터 내려오던 마르마 비디야와는 별개의 것이다. 일본어로 번역되어 있는 마르마 책은 발바닥의 중심에 있어야 할 탈라흐리다야tala-hṛdaya 마르마를 중국의 '용천湧泉'(본래의 탈라흐리다야보다도 발가락 쪽에 있는 혈)과 일치시키고 있다. 《수슈르타 본집》에 '[발바닥의] 제3 발가락의 근육을 따라 중앙에 위치하는 [마르마를] 다리의 탈라흐리다야라고 한다'.• 고 분명하게 기록되어 있음에도 불구하고 말이다.

또한 앞서 기술한 '콧구멍ghrāṇaq-mārga 속'에 있는 파나 마르마를 콧방울 옆에 있는 혈穴인 '영향迎香'처럼 기술하고 있다. 여기에는 마르마 비디야가 습득하기 어렵다는 사실에 더하여 카스트 문제가 그림자를 드리우고 있다.

케랄라의 칼라리파얏트 선생들의 전부라고 말할 수 없지만, 거의 대부분이 나일 족族이다. 그들은 신분적으로는 제4카스트인 수드라이다. 하지만 책을

• 《수슈르타 본집》 Ⅲ. 6. 24.
madhyama-aṅgulīm anupūrveṇa madhye pāda-talahṛdayaḥ nāma…

저술할 수 있는 학자 선생은 브라만이다. 브라만이 수드라에게 가르침을 청할 리는 없다. 이 때문에,《수슈르타 본집》을 중국의 이론으로 해석하려는 것이다.

하타 요가도 같은 성질의 문제를 안고 있다. 이미 기술하였듯이, 하타는 하층계급에서 발생한 요가이다. 따라서 인도에서 외국인들에게 요가를 가르치고 있는 브라만 계급 구루들은 하타를 잘 모르며 알려고도 하지 않는다.

아유르베다나 요가라고 해서, 인도인이 말하는 것을 그대로 받아들이기는 불가능하다. 아유르베다가 채식주의나 금주를 강조하고 있는 것은 아니다. 아유르베다나 요가가 생식주의(날것 또는 그것에 가까운 식사)를 권장하는 일은 없다.

만일 그러한 것을 말하는 인도인이 있다고 해도 그것은 아유르베다도 요가도 아니다. 그 사람 자신의 신념이나 서원(브라타vrata)이다. 결국 가장 중요한 점은, 아유르베다나 요가를 산스크리트 원전을 통해서 이해하는 수밖에 없다는 것이다.

53 슈크슈마 샤리라
– 이미지의 신체

Śūkṣma-śarīra

[śūkṣma(정묘한/미세한) + śarīra(신체)]

〈중〉 의식과 프라나로 구성된 정묘精妙한 신체, 미세신微細身
※ '슈크슈마 샤리라'는 '보이지 않는, 또 하나의 몸'이다. 오감으로 감지할 수 있는 육체가 아니라, 육체와 정확히 중첩되어 존재할 수 있는, 말하자면 상상을 통해 구성된 신체이다. 프라나가 지나가는 맥관으로 구성되어 있으며, 소위 말하는 차크라도 그 일부이다(차크라는 '맥관의 망(나디 잘라nāḍī-jāla)'이라고 불린다). 슈크슈마 샤리라는 육체가 사라져도 소멸하지 않기 때문에 하타 요가의 맥락에서는 그것의 완성이야말로 해탈이다.

◎ 무술과 하타 요가의 친근성

《바가바드기타》에서 크리슈나의 가르침을 직접 듣는 즐거움을 누린 사람이 아르주나이다. 서사시 《마하바라타》의 주인공 중 한 명인 그는 위대한 전사이다. 그가 했던 요가의 실천 수행(아비야사abhyāsa)은 다누르베다dhanur-veda, 무술)였다.

무술에는 정묘한 숨 조절(프라나야마prāṇāyāma)이 필요하다. 호흡을 통해서 프라나를 제어(아야마āyāma)하고, 몸과 마음을 자유자재로 다루지 않으면 안 되기 때문이다. 칼을 잡을 때면 그 칼에도 마음이 통하게 한다. 칼을 잡은 손의 중심에 있는 구멍(탈라흐리다야)으로부터 칼끝으로 프라나를 흘려보내듯이 한다. 《요가수트라》의 8지 중 여섯 째 지분인 '정신 집중(다라나dhāraṇa)'은 "[어떤] 장소에 마음을 꽉 붙들어 매는(반다) 것이 다라나이다"(Ⅲ. 1)라고 정의

되어 있는데, 그때 종종《마하바라타》의 다음 에피소드가 예로 거론된다.

> 어느 날, 왕자들의 뛰어난 구루인 드로나는 제자들의 궁술이 어느 정도 향상되었는지 테스트하기 위해 시합을 열었다.
> 그는 실제로 과녁(나무에 고정시킨 목재로 된 새의 눈)에 쏘기 전에 각자의 시야에 비치는 모든 것을 설명하도록 명령했다. 나무에 관해 자세히 설명하는 자가 있기도 했고, 새에 관해 말하는 자, 마치 그림과 같은 풍경의 아름다움을 웅변하는 자도 있었다. 아르주나의 차례가 되었다. 그는 드로나에게 말했다.
> "새의 눈만이 보입니다. 이외에는 아무것도 보이지 않습니다."

아르주나의 활만 표적을 맞췄음은 말할 것도 없다. 다누르베다의 달인(싯다)이 되면, 활이 아니라 프라나를 마치 벼락처럼 쏘아 내어서 적을 쓰러트렸다고 한다.

나타파에 속하는《마하칼라 요가 샤스트라》나 그 밖의 문헌은 이러한 다누르베다에 속하는 기술을 가리켜 '하타'라고 부른다.

> 하타에는 두 개의 유파가 있다고들 한다. 하나는 고라크샤로부터 시작되는 전통(나타파)이고 다른 하나는 므리간두의 자식으로부터 시작되는 전통(마르칸데야파)이 [자신들의 가르침에] 하타를 접목시켜 가르침을 완성시켰다.•

바라드바자Bharadvāja, 마리치Marīci, 바쉬슈타Vasiṣtha, 비슈바미트라Viśvāmitra, 웃다라카Uddhāraka 등등 베다의 깨달은 자인 현자(리쉬)들이 이 마르칸데야의

• 《마하칼라 요가 샤스트라》
dvidhā haṭaḥ syād ekas tu gorakṣādisu sādhitaḥ | anyo mṛkaṇḍuputrādyaiḥ sādhito haṭhasaṁśakaḥ (saṁsaktaḥ?) ||

전통을 따랐다고 전해진다. 모두 다누르베다의 달인들로 알려져 있는데, 사실 그들은 실재 존재 자체가 불분명한 전설상의 인물이다.

텍스트의 이 부분의 취지는 나타파의 하타 요가가 베다의 현자들의 하타를 부활시킨 것임을 말하려는 것이다. 앞 장에서 시체 숲[尸林]의 여성 수행자(다키니 또는 요기니) 전통으로부터 하타 요가가 생겨나는 과정을 살펴보았는데, 《84성취자(싯다)전》에는 크샤트리야(왕족, 전사) 계급 출신 싯다의 이야기도 적지 않게 등장하기 때문에 여성 수행자 계열에 다누르베다도 합류했을 것이다.

하타 요가의 신비적인 생리학은 마르마 비디야에 기반하고 있다. 거의 거론되지 않는 칼라리파얏트와 하타 요가가 공유하는 생리학에 관해 아래에 서술한다.

◎ 영적(스피리추얼) 재활

'49. 프라나Prāṇa'에서 수슈르타 학파의 의사는 해부를 통해 찾아낸 맥관의 작용을 자기 몸의 해당 부위에 의식을 집중시킴으로써 확인했다고 말했다. 무술가나 하타 요긴도 같은 일을 했다. 《수슈르타 본집》에 맥관에 대한 설명이 있기 때문에, 자신이 해부를 하지 않아도 좋다. 수슈르타는 맥관을 시라sirā와 다마니dhamanī로 이분하고 있는데, 이것은 도관導管의 색이나 굵기에 기반한 분류로, 동맥이나 정맥 또는 신경관을 의미하는 것이 아니다. 혈관과 신경관은 명확히 구별되어 있지 않지만, 주된 맥관의 소재는 알려져 있다.

맥관은 마르마와 마르마를 이으며 뻗어 나간다. 마르마를 기점으로 하여, 그러한 맥관에 의식을 집중하는 것이다. 이를 통해, 거기에 프라나를 통하게 할 수 있다. 의식과 프라나가 동조하고 있기 때문이다(→ 74. 마나스). 이렇게 하여 자신의 육체 내부에 의식과 프라나로 만들어진, 관념적이라고 말할 수 있는 맥관의 네트워크를 만들어간다. 이는 마치 재활과 닮은 작업일 것이라고 상상한다.

뇌경색의 후유증으로 손발의 움직임이 뜻대로 되지 않게 된다. 뇌의 일부가 파괴되어 그에 대응하는 손발의 신경도 기능하지 않게 되었기 때문이다. 하지만 끈기 있게 재활을 계속함으로써 다시 움직일 수 있게 된다. 손상되었던 신경이 회복되는 것이 아니다. 이제까지 잠들어 있던 뇌의 어떤 영역이 활동하기 시작하고, 그에 따라서 새로운 신경이 구축되는 것이다.

어찌 되었든, 그와 같이 만들어 낸 맥관의 네트워크는 슈크슈마 샤리라(미세신微細身)이라고 불린다. 육체인 스툴라 샤리라sthūla-śarīra(조대신粗大身)에 반대되는 술어이다. 또한 요가나 탄트라 문헌에는 '슈크슈마(미세), 수툴라(조대)'라는 말이 빈번하게 등장한다. 영어로는 subtle과 gross로 번역되는데, 요즘 말로 하는 '스피리추얼spiritual,' '피지컬physical'을 생각해보면, 대체로 들어맞는다.

슈크슈마 샤리라는 관념적이기는 하지만 일정한 구조를 갖추고 있으며, 결코 제멋대로 상상하여 만든 것이 아니다. 그리고 하타 요가의 아사나, 프라나야마, 반다, 무드라 등의 신체 기법은 이 스피리추얼한 바디를 대상으로 실행하는 것이지 피지컬 바디(육체)를 대상으로 하는 것이 아니다.

54	# 나디 – 프라나의 길
	Nāḍī(또는 nālī)

[√nal(구부리다/굽다)]

〈여성〉 식물의 관 모양[管狀]의 줄기, 신체의 맥관, 관상기관, 체내의 비어 있는 공간[腔].

※ '나디'는 √nal을 명사화한 'nala–,' 즉 물가에 서식하는 향기 좋은 갈대에서 유래한다. 갈대의 줄기는 관 모양으로 중간이 비어 있다. 이것이 변하여 맥관을 nālī, nāḍī라고 부르게 되었던 것이다(l과 ḍ는 근접 음音으로 종종 치환되어 사용된다). 아유르베다Āyurveda는 신체를 '맥관의 집합'으로 이해한다. 각 기관도 맥관이 마치 실타래처럼 서로 얽혀서 하나의 집합叢을 이룸으로써 존재한다. 다만 본문에서 말하는 맥관은 미세신에 있는 것이다.

◎ 사고와 행위의 패턴

사람은 자신의 경험과 관심에 따라 세계를 이해한다. "아, 오락실이다!" 아이들은 이런 가게를 간단히 발견한다. "이 컵라면은 저쪽 슈퍼가 100원 더 싸." 알뜰한 엄마는 가격 차이를 한순간에 파악한다. "음, 이건 고딕 양식이구나." 건축가는 곧장 희귀한 건축양식을 알아차린다. "○○교차로를 직진해서 신호에서 좌회전이죠?" 택시 운전사는 재빨리 목적지를 알아차린다.

지각知覺은 그때그때 정보를 선택한다. 어떤 직업을 선택할 것인지, 어떤 배우자를 고를 것인지 등, 인생의 보다 중요한 갈림길에 서 있을 때도 마찬가지이다. 뇌의 회로에 특정한 패턴이 있기 때문일 것이다.

하타 요가는 이러한 사고와 행위를 결정하는 회로를 프라나가 흐르는 미세신의 맥관 네트워크 속에서 찾아내고 있다. 이것은 각자의 과거 행위에 의해 형성된다. 프라나는 통상 가장 저항이 적은 경로를 선택한다. 그것이 사고와 행위를 낳는다. 즉 어떤 사람이 어떤 생각을 하고 어떤 행위를 할지는, 미세신의 강력한 짜인 구조에 의해 거의 결정되어 버리는 것이다. 그래서 사람은 자신의 습관이, 바람직하지 않고 돈도 안 되며 건강에도 좋지 않음을 알고 있어도 좀처럼 고칠 수 없다.

행위(카르마)를 바르게 고치기 위해서, 하타 요긴은 프라나의 경로를 다이렉트로 변경하려고 한다. 이에 관해서는 뒷장에서 설명하겠지만, 그 전에 우리는 하타 요가에서 말하는 미세신의 구조를 알고 있어야만 한다.

◎ 10개의 주요 맥관

하타 요가의 근본경전인 《고라크샤 백송》에서는 맥관에 대해 다음과 같이 말한다.

> 남근(메드라meḍhra)보다 위, 배꼽(나비nābhi)보다 아래에 위치하는 [맥관의] 근원(요니)인 구근球根(칸다kanda)은 새의 알(칸다)과 같은 모습을 하고 있다.
> 7만 2천 개의 맥관은 여기에서 발생한다(제16송).•

미세신에는 7만 2천 개의 나디가 있다. 이것들은 프라나의 길이다. 7만 2천이라는 수는 굉장히 많지만, 무한하지 않은 생명 에너지의 맥관이 존재함을 보여준다. 그 기점은 배꼽 밑에 있는 달걀모양의 칸다. 칼라리파얏트에서는

• 《고라크샤 백송》 16.
ūrdhvaṁ meḍhrād adho nābheḥ kanda-yoniḥ sva-gāṇḍavat | tatra nāḍyaḥ samutpannāḥ sahasrāṇi dvisaptatiḥ ||

배꼽의 뿌리(나비 물라)라고 부르고 있다. 동아시아에서 말하는 배꼽 밑의 단전[臍下丹田]이 여기에 해당한다.

프라나의 기점이 배꼽 밑에 있는 것은 그것이 관념적인 것이기 때문이다. 호흡을 하면, 실제로 공기가 들어가는 것은 폐이다. 하지만 복식호흡으로 숨을 들이마시면, 공기는 마치 아랫배로 들어가는 듯한 느낌이 든다. 공기가 아니라 프라나가 들어오는 것이다. 이 점으로부터 프라나가 의식과 관련된 어떤 것이라는 사실을 알 수 있다.

관념적인 것이기에 허구이다, 라고 말하려는 것이 아니다. 의식을 함으로써 존재하기 시작하는 것이다. 요즘 말로 하자면, 자율신경의 활동과 관계를 맺고 있는 듯하다. 자율신경은 훈련을 통해 컨트롤할 수 있게 된다.

> 이들 몇만에 이르는 맥관들 중에서 72개가 찬미된다.
> 나아가 이들 중, 10개의 보다 뛰어난 프라나가 흐르는 길(바히니)이 알려져 있다(제17송).•

즉, 10개의 맥관이 중요시된다. 14개의 맥관을 중시하는 문헌도 있다. 좌우지간, 10개의 맥관은 다음과 같다.

> 이다는 왼편에, 핑갈라는 오른편에, 수슘나는 중앙에 있으며, 간다리는 왼쪽 눈에 [이른다].
> 하스티지바는 오른쪽 [눈]에. 푸샤는 오른쪽 귀에, 야샤슈비니는 왼쪽 귀에, 알람부샤는 입에.

• 《고라크샤 백송》 17.
teṣu nāḍi-sahasreṣu dvisaptatir udāhṛtāḥ | prādhānyāt prāṇa-vāhinyo bhūyas tatra daśa smṛtāḥ ||

> 쿠후는 성기(링가)의 영역에, 샹키니는 기저基底(물라)(항문)의 영역에.
> 이와 같이, 10개의 맥관은 [순차적으로] 신체의 출입구(드바라)에 대응하여 안정되게 위치한다(제20~22송)•.

10개의 맥관은 배꼽 밑의 칸다로부터 신체의 10개의 구멍으로 이어진다. 두 눈, 두 귀, 두 콧구멍, 입, 요도구尿道口, 항문까지 아홉. 나머지 하나는 정수리의 대천문大泉門(아디파티 마르마adhipati-marma)이다. 영혼은 이 구멍을 통해 출입한다고 여겨지고 있다. 여성의 경우, 당연히 또 하나의 구멍과 맥관이 있게 된다. 14개의 맥관이라고 할 때는, 10개의 맥관에 양손, 양발로 뻗어가는 맥관이 첨가된다.

◎ 중국의 경락經絡과의 비교

중국의학의 14개의 경락經絡도 대체로 위와 같은 발상에서 생겨난 것이라고 생각되고 있다. 다만 경락도가 복잡한 것에 반해 맥관(나디)도는 매우 간략하다(그림). 무술 의사는, "프라나는 시간이나 몸 상태에 따라 흐름을 바꾸기 때문에 중국의 경락도와 같은 것을 그릴 수는 없다", 다시 말해서, 맥관은 항상 노선변경을 한다고 말한다.

경락 마사지를 생업으로 하는 친구에게 이러한 점을 묻자, 중국의 경락도 최초(2,000년 정도 이전)에는 변동적인 것이었다고 한다. 의사는 '기氣'의 일정

• 《고라크샤 백송》 20~22.
iḍā vāme sthitā bhāge piṅgalā dakṣine tathā | suṣumṇā madhya-deśe tu gābdhārī vāma-cakṣuṣi ||
dakṣiṇe hasti-jhvā ca pūṣā karṇe ca dakṣiṇe | yaśasvinī vāma-karṇe cāsane vāpyalambuṣā ||
kuhūś ca liṅga-deśe tu mūla-suthāne ca śaṅkhinī | evaṁ dvāram upāśritya tiṣṭhanti daśa nāḍikāḥ ||

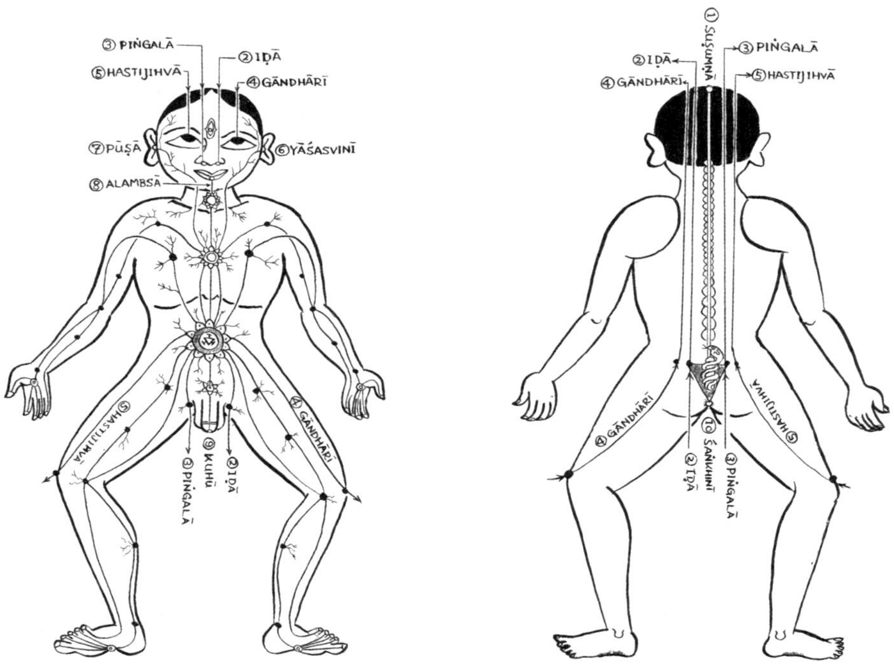

프라나는 배꼽 밑의 칸다를 기점으로 하는데, 칸다는 나중에 배꼽의 마니푸라 차크라와 관련되기에 이 그림에서도 그와 같이 표현했다

그림. 맥관도

하지 않은 흐름을 감각적·경험적으로 찾아내어 치료했다. 하지만 이래서는 의사가 제구실을 하기까지 너무 많은 시간이 소비된다. 하여 합리적인 중국인은 치료의 편의를 도모하기 위해 '기'의 기점이 되는 중요한 혈과 '기'가 노선을 변경할 때의 포인트(부차적인 혈)를 연결함으로써 경락을 고정화하였다. 그래서 경락은 '기'의 흐름으로서는 부자연스럽지만, 곳곳에서 지그재그로 통하기도 한다.

◎ 맥관과 아사나

하타 요가의 아사나는 10개 또는 14개의 맥관과 대응하고 있다. 어떤 포즈를 취함으로써 특정한 맥관의 프라나의 흐름을 촉진·제어하는 것이 가능하다(→ 제8장 요가의 아사나 이야기). 따라서 아사나를 행할 때는 나디를 의식하는 편이 좋다. 타자를 치료할 때와는 달리, 자신의 체내에 나디를 그릴 때는 마르마와 마르마를 직선적으로 연결하는 대략적인 것으로 충분하다. 의식과 프라나는 동조한다. 프라나는 의식과 함께 흐르는 것이다.

수슘나 배꼽의 안쪽(나비)(의 밑) → 항문(구다) → 미저골尾骶骨(꼬리뼈) → 척추 → 대천문大泉門

이다 배꼽의 안쪽 → 항문 → 척추의 좌측 → 왼쪽 목덜미(칼리카티카) → 왼쪽 콧구멍

핑갈라 배꼽의 안쪽 → 항문 → 척추의 우측 → 오른쪽 목덜미 → 오른쪽 콧구멍

간다리 배꼽의 안쪽 → 항문 → 척추의 좌측 → 왼쪽 목덜미 → 왼쪽 눈

하스티지흐바 배꼽의 안쪽 → 항문 → 척추의 우측 → 오른쪽 목덜미 → 오른쪽 눈

야샤슈비니 배꼽의 안쪽 → 가슴 중앙(흐리다야) → 왼쪽 경동맥(닐라) → 왼쪽 귀

푸샤 배꼽의 안쪽 → 가슴 중앙 → 오른쪽 경동맥 → 오른쪽 귀

알람브샤 배꼽의 안쪽 → 가슴 중앙 → 입

쿠후 배꼽의 안쪽 → 요도구

샨키니 배꼽의 안쪽 → 항문

55 이다 핑갈레
– 달의 길, 태양의 길

Iḍā-Piṅgale

[iḍā(좌 맥관) + piṅgalā(우 맥관)의 양수형]

〈여〉 좌우 양맥관

※ 태고의 문헌 《리그베다》에 사라스와티Sarasvatī 강(한때 서인도에 흘렀던 큰 강)과 그를 따라 흐르는 일라Ilā 강, 바르티Bhartī 강이 언급되어 있다. 후대에 이르러 이 세 하천이 인체에 흐르는 수슘나(중앙 맥관. 56항목 참조)와 '이다 핑갈레'(이다와 핑갈라를 합쳐 부를 때의 어형)로 바뀌게 된 듯하다. 수슘나 또는 그 하부는 종종 사라스와티라고 불린다. 일라와 이다는 산스크리트에서는 거의 같은 음音이다. 바르티는 필자가 가진 산스크리트 사전에는 없지만, 아마도 핑갈라와 동의어일 것이다. 대우주와 소우주의 상응에 따라 하천과 맥관이 동일시되었던 점을 이야기하고 있다.

◎ 만약에 달이 없었다면

그들 [10개의] 프라나의 통로 중에서도, [각각] 달의 신(소마)과 태양의 신(수리야)과 불의 신(아그니)과 [관련된] 이다와 핑갈라, 수슘나의 세 맥관이 찬미된다(특히 중요하다).•

지구상의 생명은 모두 지구를 구성하는 물질로 이루어져 있다. 생명체는 먹이사슬로 구성된다. 먹거리는 지구의 것 외에는 없다. 하지만 태양에서 오는 열이 없다면, 지구의 생명은 성립하지 않는다.

• 《고라크샤 백송》 23.
satataṁ prāṇa-vāhinyaḥ soma-sūryāgni-devatāḥ | iḍā-piṅgalā-suṣumṇā ca tisro nāḍya udāhṛtāḥ ||

예를 들어 우리 인간의 몸은 60조에 이르는 세포로 이루어져 있다. 세포는 액정과 같은 구조를 지니고 있어 그 하나하나가 생존을 위한 에너지를 저장하고 있다. 그 에너지는 태양에너지가 먹을 것으로 모습을 바꾸어 세포에 주입된 것이다. 궁극적으로는 태양에너지라고 말할 수 있을 것이다.

여기까지는 이해된다. 하지만 만약 지구에 달(위성)이 없었다면, 또는 하나가 아니라 두 개나 세 개가 있었다면… 지성知性을 가진 개체는 생겨나지 않았을지도 모른다. 생겨났다고 하여도, 지금의 인류와는 다른 타입의 존재가 되었을 공산이 크다.

태양과 달이 있기 때문에, 조수의 간만이 있고, 달이 차고 이우는 것이다. 태양이 낮을 만들고 달이 밤하늘을 밝힌다. 밤낮과 달의 차고 이움은 생명의 사이클을 만들어낸다. 지성을 가지게 된 생명에는 달이 필요한 것일 터이다. 하지만 만약 하나의 태양과 하나의 달이라는 짝이 아니었다면, 인류의 사고의 기반에 있는 음과 양(또는 요凹와 철凸) 이원론도 생기지 않았을지 모른다.

그리고 아마도 태양과 달의 짝이 자율신경의 발달과도 관계가 있을 것이다. 자율신경에는 교감신경과 부교감신경이 있고, 대부분의 기관이 이 두 신경의 이중 지배를 받고 있다(표, 그림).

미세(스피리추얼)한 신체는 조대(피지컬)한 신체의 특성에 따라 형성된다. 요가에서는 일반적으로 미세신이 조대신(육체)을 만든다고 반대로 이야기하는데, 우리는 육체를 실마리로 하여 프라나로 이루어진 신체를 창출해야 한다.

자율신경의 미세한 형태가 이다와 핑갈라이다. 부교감신경의 미세한 형태가 이다이고, 교감신경의 미세한 형태가 핑갈라이다.

이다의 출입구는 왼쪽 콧구멍이고 핑갈라의 출입구는 오른쪽 콧구멍이다. 각각 척추의 좌우를 내려가, 배꼽 밑의 칸다에서(현재의 견해로는 신체의 기저부에 있는 물라다라 차크라) 중앙의 수슘나와 연결된다.

왼쪽 맥관(이다)은 찬드라 나디(달의 맥관), 오른쪽 맥관(핑갈라)은 수리야 나디(태양의 맥관)라고 일컬어진다. 이다와 핑갈라는 칼라(시간)을 나타내며 수슘나(중앙 맥관)는 시간을 삼킨다.

자율신경의 작용

	얼굴의 혈관	눈의 동공	타액선	폐(호흡)	심장	소화기	방광
교감신경의 작용	넓어진다	수축한다	끈적한 타액을 나오게 한다	빠르고 낮은 들숨	움직임이 빨라진다	활동을 억제한다	넓어진다 (오줌을 저장한다)
부교감신경의 작용	수축한다	넓어진다	효소가 많은 타액을 나오게 한다	느리고 깊은 날숨	움직임이 늦어진다	활동을 활발하게 한다	수축한다 (오줌을 나오게 한다)

조대한(스툴라) 3개의 주요 맥관

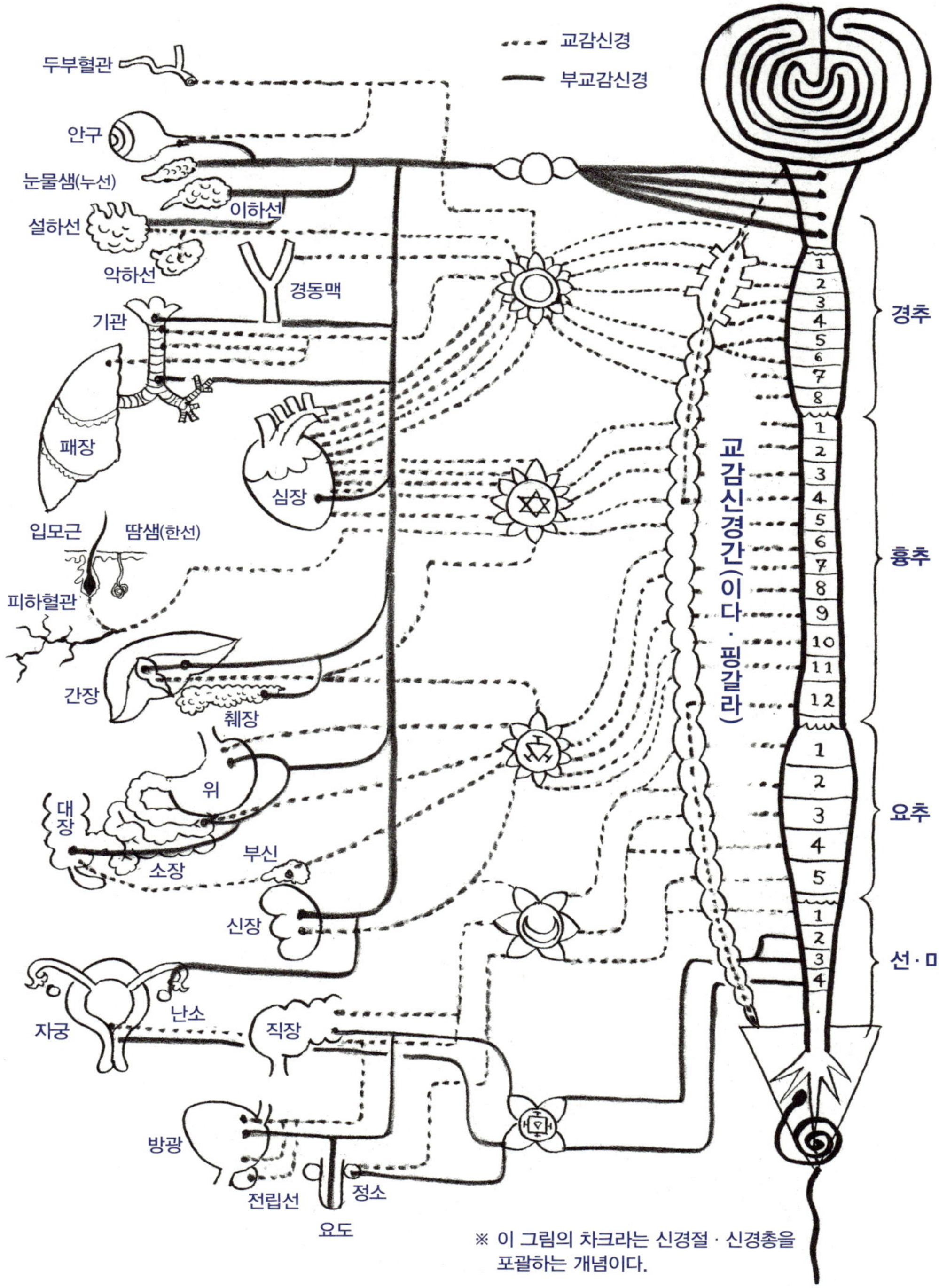

※ 이 그림의 차크라는 신경절 · 신경총을 포괄하는 개념이다.

56 수슘나

– 인체 우주의 타임터널

Suṣumṇā

[어원 불분명]

〈여〉 중앙 맥관

※ '수슘나'의 뜻은 분명하지 않지만, 한 음절씩 의미를 연결하면 '좋은(su) 존재가 있는 곳에(ṣu) 프라나가 분다(ṇā)'는 문장이 얻어진다. 수슘나는 소화관에 역행하여 항문 쪽에서 목구멍으로, 더 나아가 뇌수로 뻗는 프라나의 간선도로로, 불교 탄트라에서 말하는 아바두티 관과 동일하다.

◎ 중앙도로를 통하여

대우주와 소우주의 일치를 주장하는 탄트라에서, 척추는 '수미산의 기둥 meru-daṇḍa'이라고 일컬어진다. 인체 우주의 수미산, 중심축이다(→ 34. 메루). 척추는 위에서부터, 7개의 경추頸椎, 12개의 흉추胸椎, 5개의 요추腰椎, 5마디의 선골仙骨, 4마디의 미저골尾骶骨, 합하여 모두 33개 뼈마디의 연결이다. 경추, 흉추, 요추, 선골, 미저골의 다섯 부분은 아래에서부터 차례대로 지·수·화·풍·공의 5대 요소와 관련지어져 있다. 그 5대는 회음, 생식기, 배꼽, 심장, 목에 위치하는 차크라로 상징된다.

회백질과 백질로 이루어진 중요한 기둥인 척수脊髓가 척추 속을 관통하고 있다. 척수는 경막, 지주막, 연막, 중심관이라는 4개의 막으로 뒤덮여 있다. 하지만 이 막으로 덮인 척수는 허리 부근에서 끝나며, 그 밑은 가는 신경이 말총처럼 다발 지어 있다. 마치 바늘코 플라이어plier로 전기 코드의 피복을 벗겨내면 드러나는, 가는 금속선 다발 같은 느낌이다. 이 신경섬유의 다발은 말총신경이라고 불리고 있다(그림).

이와 같은 미세한 세트가 수슘나이다. 수슘나 관은 수슘나, 바즈라, 치트라, 브라마 나디의 네 겹으로 구성되어 있다. 말총신경은 칸다이다. 오늘날의 요가에서, 수슘나는 회음의 물라다라 차크라로부터 정수리의 사하스라 차크라까지 뻗어 있다고 한다. 하지만 이것은 비교적 새로운 견해이다. 고라크샤는, 칸다에서 모든 맥관이 시작된다고 말한다. 수슘나도 그렇다. 알의 형태를 한 칸다의 상단에 수슘나가 접속되어 있는 것이다. 말총신경의 위에 4층의 막으로 뒤덮인 척수가 있듯이.

칸다를 기점으로 하는 7만 2천 개의 맥관은 중앙 맥관(수슘나)과의 위치 관계에 의해 '좌'와 '우'로 이분된다. 현상 우주의 다양성은, 인체에서는 이러한 수많은 맥관을 통하여 움직이는 프라나로 표현된다.

하타 요긴은 프라나야마(→ 제7장 요가의 호흡)나 아사나(→ 제8장 요가의 아사나 이야기)를 수행하면서 이러한 다양성을, 14개 내지는 10개의 맥관을 흐르는 프라나로, 다多를 낳는 이원의 상징인 이다와 핑갈라를 통하는 프라나로 수렴해 간다. 나아가 둘[二]을 하나[一]로 하여, 칸다로 보낸다. '40. 하타 요가Haṭha-yoga'에서 서술한 사이폰에서 플라스크 속의 물이 열을 받아 비등하여 파이프 밑구멍으로 빨려들어가는 상태이다. 끓는 물은 그 속을 거슬러 올라간다. 마찬가지로, 압축된 프라나가 중앙 맥관을 달려 올라간다.

그것은 우주 창조의 시간을 거슬러 올라가 5대 요소의 전변을 지 → 수 → 화 → 풍 → 공의 순서로 되돌려서 시간과 공간, 정신과 물질이 분리되기 이전의 유일자(푸루샤)로 되돌아가는 것과 다르지 않다.

그렇기는 하지만, 이 경우의 수슘나를 상승하는 프라나는 힌두 탄트라의 미세(슈크슈마)한 프라나, 나디, 차크라는 육체 안에 조대(스툴라)한 현현과 작용을 지니고 있다. 신경과 신경총은 미세한 그것들과 밀접한 관계가 있다. 따라서 조대한 센터에서 발생시킨 진동(만트라)이 미세한 센터에서 바라는 대로의 효과를 내는 것이다. – 쉬바난다

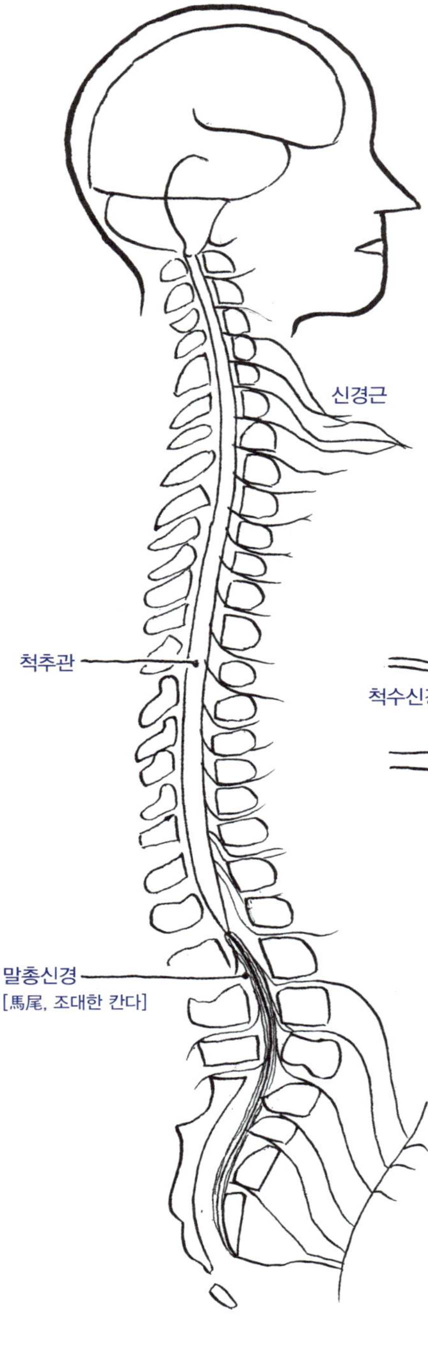

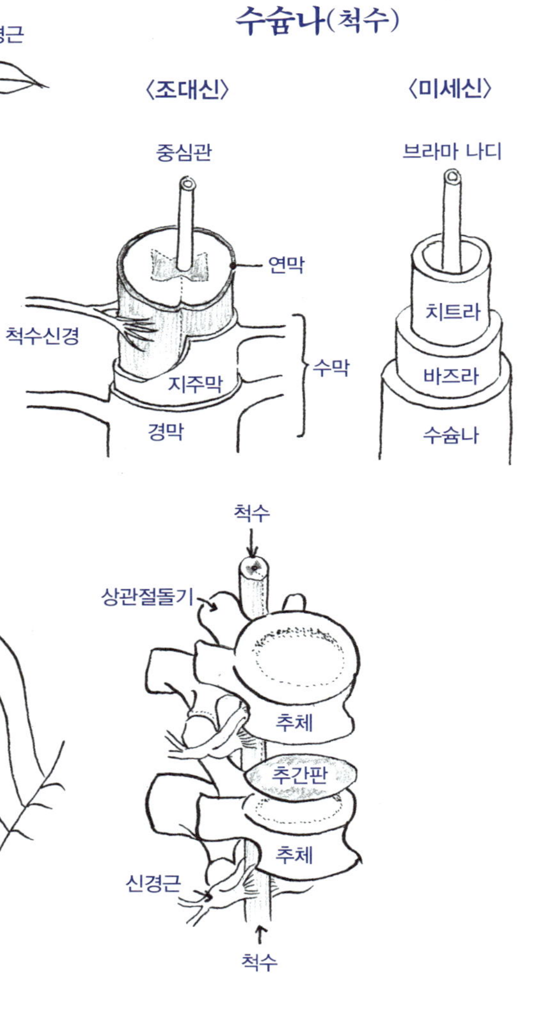

그림. 수슘나(척수)

문맥에서는 '쿤달리니'라고 일컬어지게 된다.

게다가 탄트라 요가 문헌에서 중앙 맥관(아바두티, 수슘나)이라고 할 경우, 이 척추와는 다른 루트를 가리키는 경우가 있다. 회음에서 정수리까지를 한 줄로 관통하는 수직축이다. 중앙 맥관의 통로는 의식의 상태에 응하여 유연하게 변화한다. 행법에 의해서도 변한다. '상체를 똑바로 하고 앉는다'고 할 때는 수직축이다. '등을 펴다'라고 할 때는 척추이다. 또한 이 둘의 중간을 취하여 수직축의 뒷부분, 즉 척추의 안쪽을 지나는 중앙 맥관을 설정하는 경우도 있다.

57 암리타

– 미세한(스피리추얼) 뇌내 마약

Amṛta

[a(부정否定) + √mṛ(죽다)의 과거분사]

〈형〉 불멸의, 불사의, 영원한, 경사스러운. 〈남〉 신神, 불사자. 〈여〉 술; 장생에 효과가 있는 몇몇 약용식물; 이마에 있는 암리타 차크라. 〈중〉 불사의 영약(한역하여 '감로甘露'), 소마; 천국, 극락, 열반, 해탈.

※ '암리타'는 통상 푸라나Purāṇa 신화에 등장하는 '신들의 술'을 가리킨다(→ 94. 맛시옌드라 아사나). 신들은 이것을 마시고, 불로불사不老不死와 무한한 힘을 얻는다. 후에 암리타는 베다 문헌에 등장하는 '소마'와 동일시되고, 또 밀교 승려 슈바카라 싱하Śubhakara-siṁha(선무외善無畏)에 의해 '감로'라고 한역되었다. 하타 요가에서는 이마 속에 있는 암리타 차크라에서 암리타가 분비되어 요긴을 불로불사와 해탈로 인도한다고 한다.

◎ 암리타의 관상觀想

'기쁘다, 즐겁다, 기분 좋다, 행복하다' 이러한 고양되고 행복한, 다시 말해서 산스크리트에서 말하는 수카sukha한 감정을 만들어내는 호르몬이 소위 뇌내 마약이다. 엔돌핀, 세로토민, 아난다마이드Anandamide 등이 있으며, 이마 속에서 분비된다. 기분 좋은[快, 수카] 상태가 되는 것으로, 면역력도 향상되어 건강해진다.

뇌내 마약이라고 불리는 이유는, 예를 들어 엔돌핀은 내인성內因性 아편물질이라고 불리며 마약인 모르핀과 비슷하게 고통을 진정시키고 쾌락을 가져오는 효과가 있기 때문이다. 역으로 말하면, 인체에 처음부터 엔돌핀을 분비하는 기관이 구비되어 있기 때문에 엔돌핀과 유사한 모르핀도 효능이 있다.

뇌내 물질이 분비되지 않게 되면, 무엇을 해도 '기쁘지 않아, 즐겁지 않아,

기분이 안 좋아, 불행해'라며 나빠진다. 밤에 꿈을 꾸는 것도, 희망을 품는 것도 불가능해져 모든 것이 고통(두카duḥkha)으로 느껴지고, 건강을 해쳐서 결국에는 스스로 죽음을 선택하거나 정신이상이 유발된다.

뇌내 마약의 분비는 요가를 함으로써 촉진되는데, 식사에도 상당 부분 좌우된다. 엔돌핀을 만들어내기 위해서는 기름이 좋다고들 한다. 기름(지방)은 원래 고기에 속하는 미각이다. 우리들의 유전자에는 '고기를 먹게 됐네, 기뻐~'라고 느끼는 유인원의 환희가 보존되어 있어, 기름(=고기)을 입에 대면 반사적으로 엔돌핀이 방출된다는 것이다. 육류나 어패류를 일체 사용하지 않는 수행자를 위한 요리의 경우도, 기름을 잘 이용하면 맛있어진다.

세로토닌의 원료이며, 아미노산의 일종인 트립토판은 인체에서 합성되지 않는다. 그렇기 때문에 고기, 생선, 유제품, 대두 제품 등, 트립토판을 다량으로 함유한 이러한 식품의 섭취가 세로토닌을 분비에 유익하다.

하지만 기름, 고기, 생선, 대두 제품은 사두가 먹는 요가 식사와는 거리가 멀다. 유제품도 비싸기 때문에 입에 대는 것이 거의 불가능하다. 하지만 그들은 '연기를 먹는 자(두마파dhūmapa, 사두를 표현하는 관용구)'이다. 대마大麻(간자ganja)를 일상적으로 흡연하고 있다. 대마의 유효성분인 THC의 조성은 아난다아미드의 조성과 동일하다. 그렇다기보다는, 애초부터 인체에 아난다아미드가 있기 때문에 이와 똑같은 THC가 들어왔을 때, 사람은 수카sukha하게 되는 것이다. 이러한 뇌내 마약의 미세한 형태가 요가에서 말하는 암리타일 것이다.

사두에게 간자ganja(대마大麻)의 사용을 가르친 것은 쉬바 신이라고 한다(그림). 하지만, "응? 너네 나라에서 간자는 불법이라고? 그런 자유롭지 못한 나라가 있나!"라며, 필자가 보시물로서 간자를 헌상했던 한 나타파 사두가 말한다. "그렇다면, 간자에 대한 답례로 간자 없이 암리타를 분비시키는 방법을 전수해주마. 우선은 '반 보레'라는 만트라를 읊조리고, 자신을 쉬바 신이 애용하는 치람이다!고 관하는 것이다"라고.

마치 《84성취자전》(→ 제4장 요가의 신체관)에 등장하여 서민에게 가르침을 주는 요긴과도 같다. 치람은 간자를 피우는 데 사용하는 도구로, 구멍이 뚫린 통 모양의 파이프이다.

"그리고 자신의 수슘나를 치람 속의 공동이다! 라고 관한다. 이어서…." 배꼽 밑의 칸다는 치람에 채우는 간자이다! 쉬바 신이 간자에 불을 붙이신다. 숨을 들이마시고, 쿰바카kumbhaka(숨을 보유)하여 칸다에 프라나를 모은다. 그 프라나는 치람 속에서 불타오르는 간자이다! 숨을 뱉는다. 그 숨은 쉬바 신이 내뿜는 연기이다! 동시에 수슘나가 마치 굴뚝과도 같이 되어 연기(프라나)가 위로 오른다.

"그리고 그 연기가 이마의 암리타 차크라에 도달하면, 여의우如意牛(카마데누)인 가야트리Gāyatrī의 젖꼭지에서 암리타가 뚝뚝 떨어지는 모습을 관하는

그림. 간자를 피우는 쉬바 신

것이다. 이것은 우리들이 간자가 없을 때 행하는 명상이다. 간자의 냄새도 제대로 이미지화할 수 있으면 좋다"는 것이다.

한편 암리타 차크라는 잘 알려진 7개의 차크라에는 포함되지 않지만, 이마 속, 그렇다, 마침 뇌의 뇌내 마약이 분비되는 곳 근처에 있는 것으로 여겨지는 나타파의 차크라이다('46. 아디구루'의 그림에서 19번 차크라).

카마데누 가야트리는 그 차크라 속에 사는 암소의 얼굴과 뿔과 몸통에, 공작의 꼬리, 말의 목, 코끼리의 코, 호랑이의 다리, 함사haṁsa의 날개를 가진 신수神獸로, 그 4개의 젖꼭지에서 암리타가 흘러나오고 있다.

58	# 판차마야 코샤 – 아른거리는 몸
	Pañcamaya-kośa

[pañca(5) + maya(~로부터 성립한) + kośa(칼집[鞘]/콩깍지[莢])]

〈남〉 베단타에서 말하는, 아트만을 둘러싼 5개의 덮개.

※ '판차마야 코샤'의 코샤는 '덮개'이다. 칼집이나 콩깍지와 같이 무엇을 덮어서 감싸는 것이다. 여기에서는 지고한 영혼인 아트만을 싸고 있는 5중의 덮개이다. 베단타 철학의 신체론의 기조가 되는 것인데, 이제까지 언급해왔던 하타 요가의 신체론과는 다른 것이다. 하타에서는, 신체를 실마리로 하여 지고한 존재에 도달할 수 있다고 생각한다. 이와 달리 베단타에서 덮개는 어디까지나 덮개에 불과하다. 보름달을 가리는 구름과 같은 것으로, 덮개를 미혹한 것으로 깨달아 물리치지 않는 한 아트만에는 도달할 수 없다.

◎ 탄트라의 신체

침과 뜸이 경락이나 혈을 대상으로 한 치료법인 것처럼, 하타 요가는 미세신을 직접적인 대상으로 한 행법이다. 미세신보다 한층 더 추상적인 신체로, 원인신原因身, liṅga-śarīra이 있다. 이 원인신은 칫타citta와 아항카라ahaṁkāra로 이루어져 있다. 여기서 말하는 칫타는, 마음 전체를 가리키는 《요가수트라》의 칫타와는 달리, 마음을 만들어 내는 질량인質量因, 다시 말해서 심소心素•라고도 말할 수 있다. 상스카라[行]와 바사나[훈습薰習]는 칫타를 모태로 한다.

아항카라는 '자신을 만들어내는 것'이라는 의미로, 자아(에고)이다. 에고 = 악惡이라며 부정하는 사람도 많은데, 탄트라의 생각은 다르다. 면역을 생각

• 옮긴이 주 – 마음의 작용을 일으키는 요소.

해보면 좋다. 신체라는 필드에서 자기와 자기가 아닌 것을 구분하여, 자기가 아닌 것을 공격하는 면역시스템도 아항카라의 작용이다. DNA도 아항카라의 물질적인 표현이다. 꽃가루 꽃가루 알레르기 등 각종 알레르기, 에이즈, 암 등은 아항카라의 조화나 균형이 깨진 것이다.

하타 요가는 조대신(육체)을 실마리로 미세신을 구축한다. 그리고 미세신을 이용하여 원인신을 제어(니로다)한다. 칫타나 아항카라라 할지라도 생명현상이다. 그리고 생명현상을 만들어내는 근원은 프라나이기 때문에 프라나를 제어하는 것이 가능하면 칫타나 아항카라도 니로다하는 것이 가능하다는 발상이다.

◎ 베단타의 신체

요가의 신체에 관한 또 하나의 세트로는 베단타의 '판차마야 코샤'가 있다(그림). 차원이 서로 다른 5개의 몸이 마트료시카matryoshka 인형처럼 중첩된 신체관이다. 이 세트는 탄트라의 조대·미세·원인이라는 3개의 신체와 닮은 듯하지만 다른 것이다. 왜냐하면, 베단타의 견해에서 이 5개의 몸은 아트만을 덮는 미망(마야)의 구름으로서, 부정되어야 할 것이기 때문이다. 우리들은 이 몸들 중 어느 하나를 아트만이라고 착각한다. 하지만 진정한 아트만(=브라만)은 이 몸들을 초월한 저편에 있다. 5개의 덮개는 다음과 같다.

① 음식물로 이루어진 덮개(annamaya-kośa)

간단히 말해서, 육체이다. 또한 육체를 이룬 원재료가 음식물이기 때문에 이렇게 불린다. 서양의학이 유일하게 다루는 것이기도 하다. 하지만 육체는 늘 변화하기 때문에 아트만일 수 없다.

② 프라나로 이루어진 덮개(prāṇamaya-kośa)

호흡에 의해 받아들인 프라나가 주원료가 되고 있다. 신체에 들어간 프라나는 기능에 따라 프라나, 우다나, 아파나, 사마나, 비야나로 분열한다(→49. 프라나). 이 덮개는 육체가 살아 있는 동안에는 늘 함께 하지만 죽으면 떨어져버린다. 따라서 아트만이 아니다(반면, 하타 요가에서는 프라나를 기반으로 '불멸의 미세신'을 만들어낸다).

③ 표층의식(하위의 마음, mind)으로 이루어진 덮개(manomaya-kośa)

의식작용이나 관념으로 이루어져 있다. '마음'을 나타내는 영어로는 mind와 heart가 있는데, 이 경우는 mind에 해당한다. 욕정이 소용돌이치고, 쾌·불쾌의 감정이나 대립개념이 늘 변화하고 있기 때문에 역시 아트만이 아니다. 이 마음의 어지러움이 가라앉지 않는 한, 해탈을 야기하는 프라갸에 도달하기란 어림도 없다.

④ 무의식(상위의 마음, heart)으로 이루어진 덮개(vijñānamaya-kośa)

무의식이라고는 해도, 그 가장 깊은 곳에 있는 정신기반인 붓디이다. '마음속으로 감동했다'고 할 때의 마음속(실제로 마음속으로부터 감동했는지 어땠는지는 차치하고서)으로, 영어의 heart가 이에 가깝다. 하지만 상키야의 붓디가 물질원리인 프라크리티로부터 나온 탓에 물질이듯이, 베단타에서도 붓디는 물질이다('4. 상키야Sāṁkhya' 베단타는 현상계를 설명할 때 상키야의 사상을 상당 부분 차용하고 있다).

물질인 이상, 붓디도 본래 무지無知이지만, 아트만의 빛을 쐬고 있기 때문에 의식을 지닌 듯이 보인다. 이 붓디를 비추는 아트만의 빛의 반사야말로 지바(개아) 또는 아항카라이다. 붓디가 품은 아항카라이기 때문에 아트만은 카르마에 싸여 육체와 결합하고, 윤회전생을 반복하게 된다. 따라서 이것도 또한 영원불멸의 아트만일 수 없다.

⑤ 지복至福으로 이루어진 덮개(ānandamaya-kośa)

'지복(아난다)'은 본래 아트만의 별칭이다. 아트만의 초월적 지복의 반영을 반영한 상태는 감정·기억에 흔들리지 않는 숙면상태나 깊은 명상의 경지에서도 얻어진다. 하지만 이러한 상태는 영속하지 않기 때문에 역시 아트만이 아니다.

절대자(아트만)는 이 최후의 차원, 최후의 덮개조차도 초월하는 것이다.

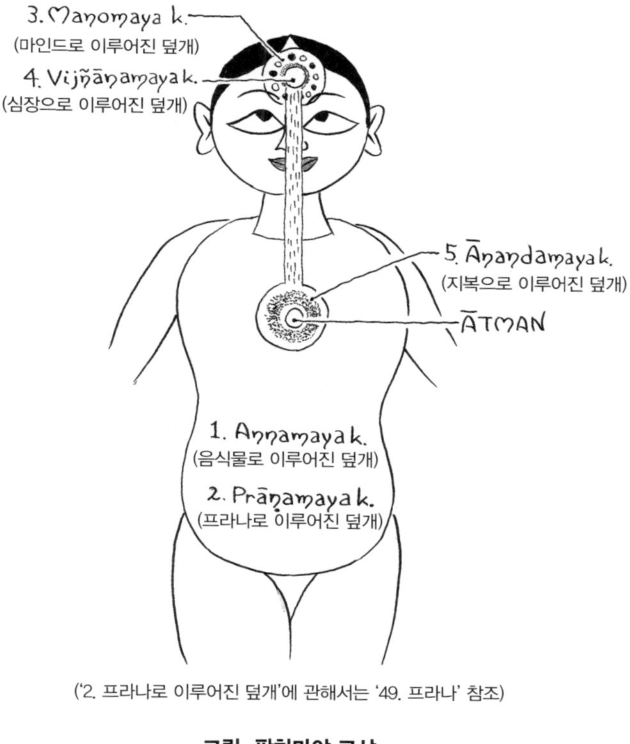

('2. 프라나로 이루어진 덮개'에 관해서는 '49. 프라나' 참조)

그림. 판차마야 코샤

59 차크라
– ‘여는’ 것이 아니라 ‘돌리는’ 것

Cakra

[√kṛ(행하다/ 하다]

〈중〉 차의 바퀴; 원반; 물레; 맷돌; 인체의 신비한 중추
※ ‘차크라’는 어근을 ‘중복’시켜 만들어진 명사이다. ‘중복’을 쉽게 말하자면, ‘빙글빙글 돌리다’에서의 ‘빙글빙글’과 같은 것이다. ‘cakra’는 어근 크리(kṛ)를 중복시킨다. ‘크리크리’가 되면 간단하지만, k 음은 c 음으로 중복시키기 등의 산스크리트 문법상의 룰을 적용하여 ca-kṛ → cakra가 된다. ca 음에는 ‘둥근’이라는 뉘앙스가 있기 때문에 ‘몇 번이고 회전하는’ 분위기가 표현된다. 그렇다 ‘빙글빙글 도는 것’이 ‘차크라’인 것이다.

◎ 차크라 빙글빙글

‘하트의 차크라가 열려, 매우 따스한 필링을 경험했어요♡’ YOGA 블로그에 적힌 이러한 고백을 볼 때마다 ‘별난 표현이다’라고 생각하게 된다. 체험을 문자로 표현하는 방식은 사람들마다 다르기 때문에 트집 잡으려는 마음은 없지만, 차크라라는 콘셉트의 원조인 탄트라에서는 말하기를, 차크라란 처음부터 ‘존재’하는 것이 아니라 ‘만들어가는’ 것이고, ‘여는’ 것이 아니라 ‘돌리는’ 것이라고 한다.

요가의 차크라는 신체 안에 있는, 의식을 집중하는 장소로서 출발했다. 대부분의 경우, 조대한 맥관이 모여 있는 마르마, 즉 신경절이나 신경총이다. 의식함을 통해 그 부분의 신경 다발이 흥분하기 때문에 명상의 적당한 대상이 된다. 따라서 차크라는 몇 개가 있어도 상관없다. 현재 가장 잘 알려진 차크

라는 다음과 같은 7개의 차크라이다(그림 1).

물라다라(항문~회음)

스바디슈타나(생식기)

마니푸라(배꼽)

아나하타(심장)

비슛다(목)

아갸(미간)

사하스라라(대천문)

이 7개의 차크라들은 요가의 수행법이나 철학과 합치시키기 위해서 몇 세기에 걸친 긴 시간 동안 다듬어진 시스템이다.

신경총은 애초부터 인체에 갖춰져 있다. 신경이 그물코와 같이 교차하고 있기 때문에 '그물코 구조'라고도 일컬어지는데, 산스크리트에서도 '맥관의 망(나디 자라)'이라고 한다. 하지만 조대한 신경총이 차크라는 아니다.

미세한 '맥관의 망'을 몇 번이고 반복하여 명상한다. 의식을 집중시킴으로써 프라나를 주입시킨다. 그러면 바람을 맞은 풍차처럼 혹은 여울 속의 물레방아처럼 빙글빙글 회전하기 시작한다. 그것이 차크라이다. 따라서 '존재하는' 것이 아니라 '만드는' 것이고, '여는' 것이 아니라 '돌리는' 것이다.

산스크리트 문헌에서 차크라는 일반적으로 맷돌의 의미로 사용되며, 현대 힌디어에서 맷돌이 '챳키cakkī'라고 불리는 것을 볼 때, 그 의미가 이어지고 있다고 할 수 있겠다. 요가의 차크라도 '신체에서 회전하는 맷돌'로 여겨졌을 것이다.

맷돌은 위아래 두 짝의 둥근 돌로 구성되어 있다. 각각의 돌에는 독특한 골이 새겨져 있다. 위의 둥근 돌이 회전하면 위아래 돌에 새겨진 홈은 마치 연

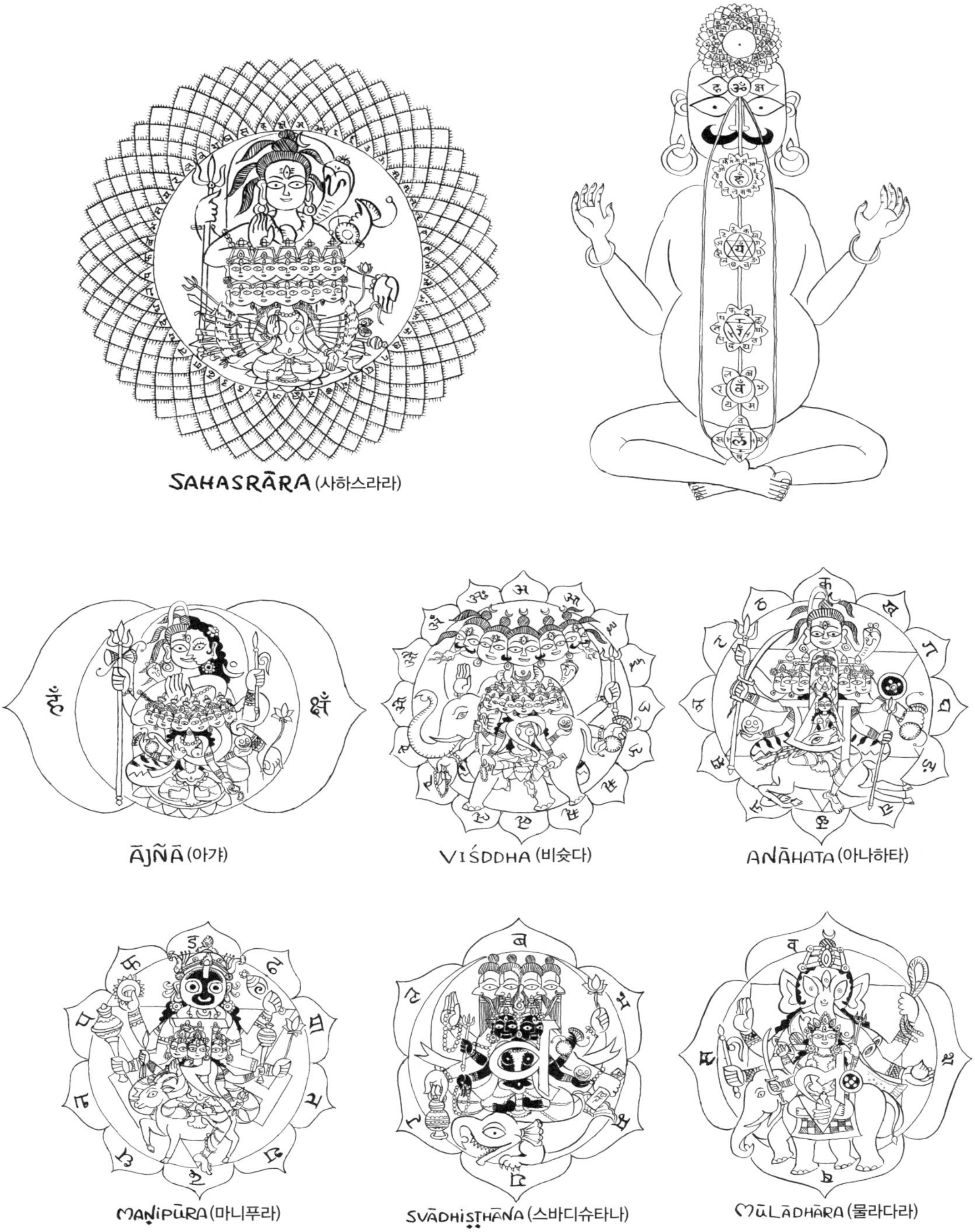

그림 1. (권두의 그림) 7개의 차크라

꽃잎 같은 문양을 그리며 잇달아 교차한다. 그리고 그 골이 곡물을 가루로 만들 때, 불가사의한 파워를 발휘한다. 낟알은 으깨지고 갈려 미세한 가루가 되어 두 돌의 바깥으로 밀려 나온다. 이 얼마나 교묘한 얀트라[機構]인가.

인체의 차크라도 마찬가지이다. 생명의 거칠고 조대한 프라나가 차크라에 갈려, 영묘하고 미세한 프라나로 변해가는 것이다.

◎ 자신 속의 '사원'

다음으로, 차크라는 의식을 집중하는 장소, 즉 기도하는 장소라는 점에서 신체의 왕국에서 신불神佛을 기리는 사원이 되었다. 외부 세계의 사원에 참배하듯, 자신의 차크라에 참배하며, 신불에게 예배(명상)한다. 이 때문에 차크라의 그림에는 신불의 모습이 그려져 있다.

이와 함께, 차크라가 있는 인체는, 베다의 제단 → 풍수의 만다라 → 사원 → 만다라/얀트라로 계속 변화해간 푸루샤의 모습에 대한 가장 마지막 모델이 되었다. '유일자'이자 '전 우주'인 푸루샤를 표현한 얀트라로서 인체를 관할 때, 그 속에 그려 넣어진 도형이 차크라가 된다(그림 2).

얀트라는 안에서 바깥으로 '읽어'나간다. 예를 들면 가장 포퓰러popular한 여신의 얀트라는 이렇게 읽으면 된다.

① 중심점은 우주의 시원始源

② 육망성六芒星은 우주의 창조

△(♂ 원리)와 ▼(♀ 원리)의 끝없는 뒤얽힘

③ 원圓과 8장의 연잎은 미세한 세계

8장의 꽃잎이 붙어 있는 연화蓮華는 '심장'의 상징

④ 가장 바깥의 정사각형은 조대한 세계, 우주 창조의 최종단계인 대지大地의 세계

이것을 7개의 차크라로 표현하는 가장 포퓰러한 차크라 그림과 비교하면 다음과 같다.

❶ 중심점은 정수리의 사하스라라sahasrāra(이것은 존재하기는 하지만 크기를 지니지 않는 점이기에 차크라가 아니라는 견해도 있다)
❷ △와 ▼의 원리가 뒤얽히면서 발전하는 창조의 프로세스는 미간 아래의 차크라에 의해 표현된다.
❸ 8장의 꽃잎의 붙어 있는 연화는 심장의 차크라. 이 차크라의 내부에는

그림 2. 차크라와 얀트라

육망성이 그려져 있다.

❹ 대지의 세계는 가장 아래의 물라다라mūlādhāra 차크라. 이 차크라의 내부에는 정사각형이 그려져 있다.

게다가 차크라는 금강계 만다라처럼(→ 32. CG처럼), 지금까지 인도철학이 키워왔던 갖가지 아이디어를 체계적으로 정리할 때의 포켓pocke이 된다. 차크라의 그림에 그려 넣어진 다양한 형태는 그 포켓들의 심볼이다.

정사각형이나 삼각형 등의 도형, 산스크리트 문자(종자種子, 비자bīja), 동물은 5대 요소의 상징이다. 남신男神은 그 차크라로 모셔지는 주재신主宰神(데바타devatā). 따라서 차크라의 신은 종파에 따라 다르다.

또한 차크라에 그려 넣어진 여성은 다키니ḍākinī 혹은 요기니yoginī인데, 그녀들은 아유르베다āyurveda의 '7개의 신체 구성요소saptadhātu(→ 51. 아유르베다)'를 나타내고 있다. 이것도 종파에 따라 다키니의 이름, 모습이 다르기도 하다.

아무튼, 7개의 차크라가 나타내는 것을 406~408쪽의 도표에 그림으로 풀어냈다. 옆으로 이어진 도형으로 보면 된다.

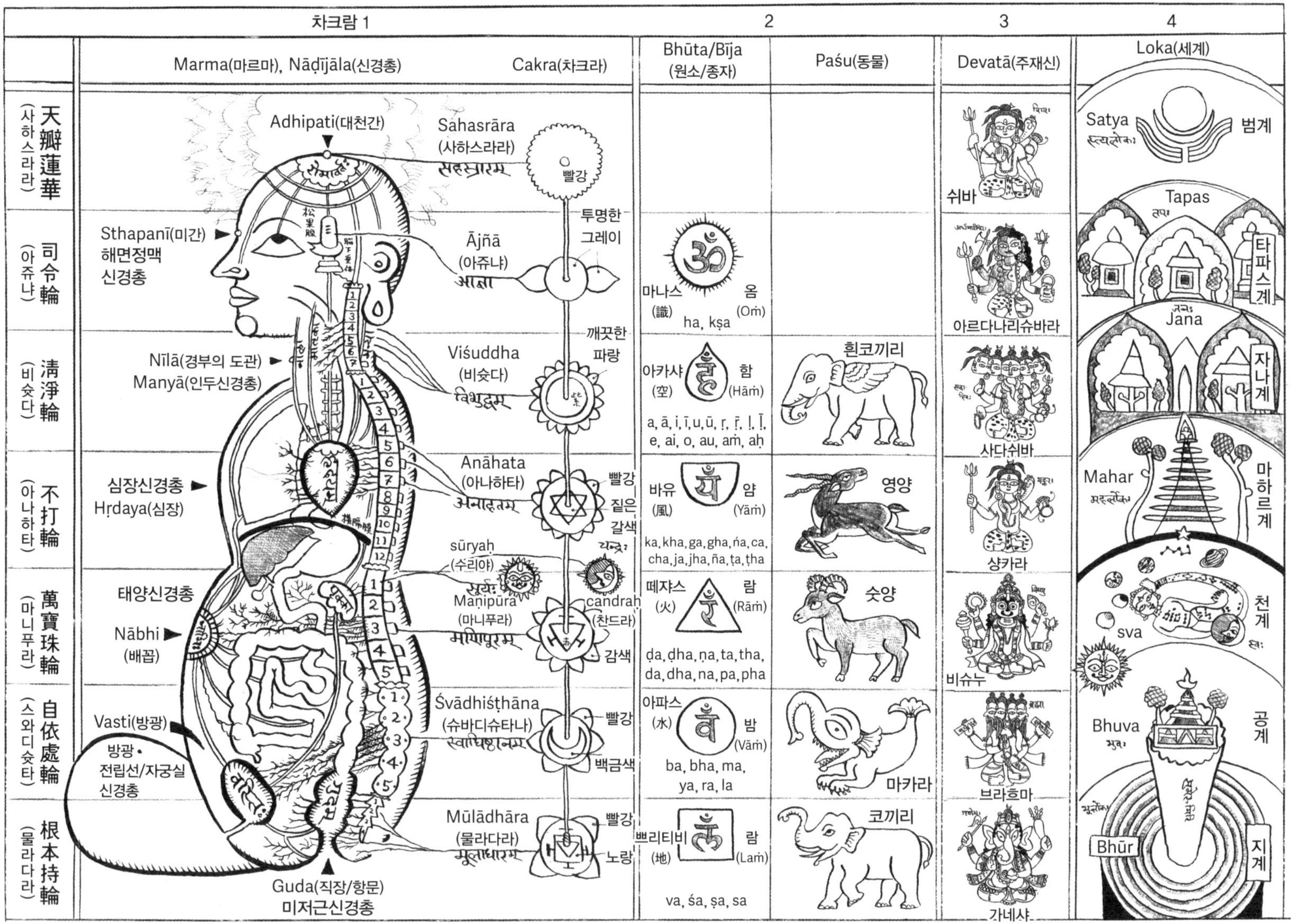

차크람 1
2
3
4
Marma(마르마), Nāḍījāla(신경총)
Cakra(차크라)
Bhūta/Bīja
(원소/종자)
Paśu(동물)
Devatā(주재신)
Loka(세계)
天瓣蓮華
(사하스라라)
司令輪
(아쥬냐)
淸淨輪
(비슛다)
不打輪
(아나하타)
萬寶珠輪
(마니푸라)
自依處輪
(스와디슛타)
根本持輪
(물라다라)
Adhipati(대천간)
Sahasrāra
(사하스라라)
빨강
Sthapanī(미간)
해면정맥
신경총
투명한
그레이
Ājñā
(아쥬냐)
마나스
(識)
ha, kṣa
옴
(Oṁ)
아르다나리슈바라
Tapas
타파스계
Jana
자나계
Nīlā(경부의 도관)
Manyā(인두신경총)
Viśuddha
(비슛다)
깨끗한
파랑
아카샤
(空)
함
(Hāṁ)
a, ā, i, ī, u, ū, ṛ, ṝ, ḷ, ḹ,
e, ai, o, au, aṁ, aḥ
흰코끼리
사다쉬바
심장신경총
Hṛdaya(심장)
Anāhata
(아나하타)
빨강
짙은
갈색
바유
(風)
얌
(Yāṁ)
ka, kha, ga, gha, ṅa, ca,
cha, ja, jha, ña, ṭa, ṭha
영양
샹카라
Mahar
마하르계
sūryaḥ
(수리야)
candraḥ
(찬드라)
태양신경총
Nābhi
(배꼽)
Maṇipūra
(마니푸라)
감색
떼쟈스
(火)
람
(Rāṁ)
ḍa, ḍha, ṇa, ta, tha,
da, dha, na, pa, pha
숫양
비슈누
sva
천계
Vasti(방광)
방광・
전립선/자궁실
신경총
Śvādhiśṭhāna
(슈바디슈타나)
빨강
백금색
아파스
(水)
밤
(Vāṁ)
ba, bha, ma,
ya, ra, la
마카라
브라흐마
Bhuva
공계
Mūlādhāra
(물라다라)
빨강
노랑
쁘리티비
(地)
람
(Laṁ)
va, śa, ṣa, sa
코끼리
가네샤
Bhūr
지계
Guda(직장/항문)
미저근신경총
Satya
범계
쉬바

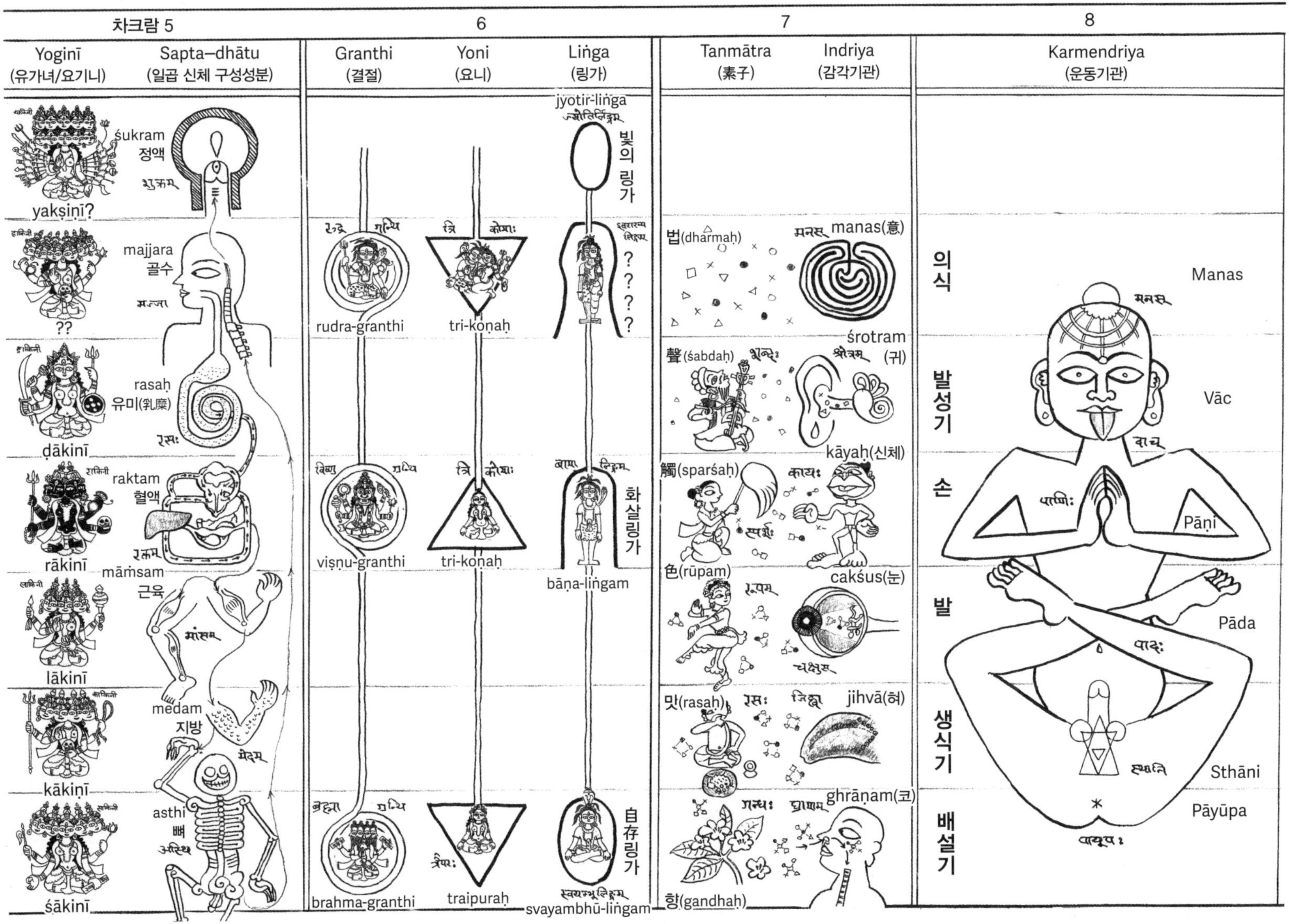
차크람 5
6
7
8
Yoginī (유가녀/요기니)
Sapta–dhātu (일곱 신체 구성성분)
Granthi (결절)
Yoni (요니)
Liṅga (링가)
Tanmātra (素子)
Indriya (감각기관)
Karmendriya (운동기관)
yakṣinī?
śukram 정액
??
majjara 골수
ḍākinī
rasaḥ 유미(乳糜)
rākinī
raktam 혈액
lākinī
māṁsam 근육
kākiṇī
medam 지방
śākinī
asthi 뼈
rudra-granthi
viṣṇu-granthi
brahma-granthi
tri-koṇaḥ
tri-koṇaḥ
traipuraḥ
jyotir-liṅga
빛의 링가
? ? ? ?
bāṇa-liṅgam
화살링가
svayambhū-liṅgam
自存링가
법(dharmaḥ)
manas(意)
聲(śabdaḥ)
śrotram (귀)
觸(sparśaḥ)
kāyaḥ(신체)
色(rūpam)
cakṣus(눈)
맛(rasaḥ)
jihvā(혀)
향(gandhaḥ)
ghrāṇam(코)
의식
Manas
발성기
Vāc
손
Pāṇi
발
Pāda
생식기
Sthāni
배설기
Pāyūpa

cakram 9			10	11		12
Pañca-koṣa 영혼의 5덮개	Anthaḥ-karaṇa 내적 기관	三身	경향	환영(비젼)		Siddhi(신통력/초능력)
喜成덮개 Ānandamaya-koṣa 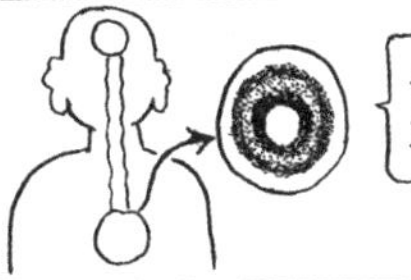	{심소(citta) 자아(ahaṁkāra) आनन्दमयकोषम्	原因身 Liṅga-śarīra			붉은 千辦연꽃과 죠티르 링가	"정수리의 빛에 대해 총제를 행하면 신통을 볼 수 있게 된다" 《요가수트라 Ⅲ. 32》 쉬바 신과 합일하여 빠라마 아난다를 향수. 위대한 각성 (옴)
意成덮개 Manomaya-koṣa 知成덮개 Vijñānamaya-koṣa 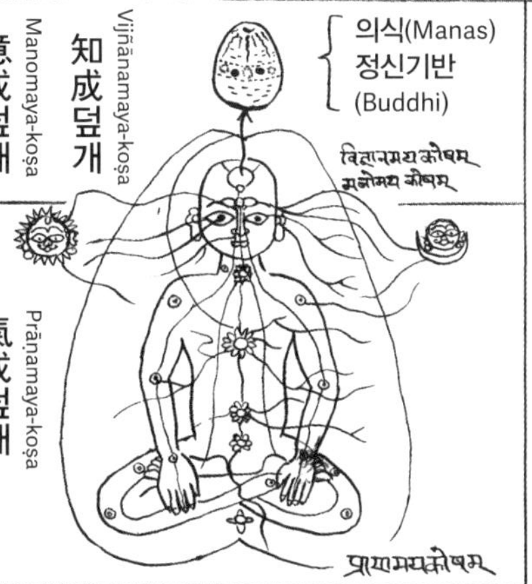	{의식(Manas) 정신기반 (Buddhi) विज्ञानमयकोषम् मनोमयकोषम्	微細身 Sūkṣma-śarīra			졸음과 金胎(히란냐가르바)	전생의 모든 카르마를 파괴, 지반묵티(생해탈). 뿌라나를 완전히 제어하여 8신통과 32의 작은 싯디(즉 모든 초능력)를 얻는다. 순수한 자각.
氣成덮개 Prāṇamaya-koṣa					서늘한 느낌과 감로(암리타)방울	음식을 섭취하지 않고도 살 수 있는 능력. "목구멍에 대해 총제를 행하면 굶주림과 갈증을 멈출 수 있다"(요가수트라 3.30) 불멸성, 4 베다에 관한 완전한 지식, 삼세(과거·현재·미래)에 관한 지식을 획득. 타심통(텔레파시)
	प्राणमयकोषम्		희망, 보살핌, 노력, 교만함, '내것'이라는 감각, 표리가 있는 것, 권태, 자만, 차별의식, 탐욕심, 우유부단, 후회		파란 연꽃과 램프의 빛	"심장에서는 마나스를 의식할 수 있게 된다"(요가수트라 3.34) 風大를 완전히 제어하여 부찰리/케찰리/카야(땅속을 가기/하늘을 날기/타인의 몸에 들어가기) 등의 싯디를 획득, 아나하타 음을 듣고 시를 감득, 온갖 말에 정통하며, 말한 것이 모두 실현되는 능력, 보편적인 사랑.
食成덮개 Annamaya-koṣa 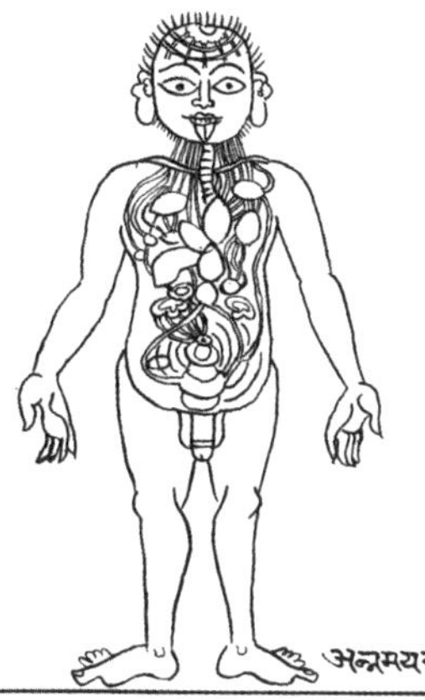	अन्नमयकोषम्	粗大身 Sthūla-śarīra	수치, 변덕, 질투, 욕망, 나태, 비통, 따분함, 울컥함, 무지, 겁내기.		빛나는 황색 연꽃	불에 대한 두려움을 극복. "그는 타오르는 화염 속에 던져지더라도 죽음에 대한 공포가 없고 살 수가 있게 된다."(게란다 본집) 자기 자신의 신체에 관한 지식 "배꼽에 대해 총제를 행하면, 몸의 배열에 대해 알 수 있게 된다"(요가수트라 3.29) 빠탈라 싯디(땅속에 숨겨진 보물을 얻는 능력) 모든 욕망으로부터의 해방, 쿤달리니를 사하스라라로 이끄는 능력.
			쉽게 신용하기, 의심, 경멸, 망상, 부정확한 지식, 매정함		무의식	물에 대한 두려움을 극복, 水大를 완전히 제어하는 능력. 직관지, 미세신에 관한 완전한 지식. 삼독(탐진치)의 정복, 모든 것을 맛보는 능력, 자신이나 타인의 욕망을 이루는 능력 
			환희의 4 형태 ① 유가환희(yoga-ānanda) ② 지고환희(parama-ānanda) ③ 구생환희(sahaja-ānanda) ④ 영웅환희(vira-ānanda)		붉은 역삼각형과 똬리를 튼 뱀	쿤달리니에 관한 온갖 지식. 다르두리 싯디(근육을 사용하지 않고도 개구리처럼 깡충깡충 뛰어 오르는 능력). 호흡·의식·정액의 제어, 구생환희를 향수. 자신/타인에게 온갖 냄새를 부여하는 능력

60

쿤달리니

– 원래는 배에 있었다

Kuṇḍalinī

[√kuṇḍ(타다/먹다/쌓다/자르다/지키다)]

〈여〉 여신의 이름, 쿤달리니('쿤달리'라고도 불린다).

※ '쿤달리니'는 'kuṇḍala(귀걸이/팔찌/나선)를 지닌 여자'의 의미. 나선을 가진 여신으로 뱀 모양의 쿤달리니를 말하게 된 듯한데, 그것이 √kuṇḍ와 어떻게 연결되는지에 관해서는 정설이 없다. 그녀는 다키니ḍākinī와 마찬가지로, 비非 아리야 기원의 여신이었을 것이다. 그것이 불교에 도입되어, 밀교의 군다리명왕軍荼利明王,Kuṇḍalī (7세기에 성립한 《다라니집경》에 이름이 나온다)이 되었다. 힌두 문헌에서는 11세기 후반, 아비나바굽타Abhinavagupta가 저술한 쉬바파 탄트라의 백과사전인 《탄트라 아로카tantra-āloka》에 쿤달리니가 나오는데, 그는 고라크샤Gorakṣa의 스승이기도 한 맛시옌드라Matsyendra에게 쿤달리니의 비의秘義를 배웠다고 한다.

◎ 쿤달리니Kuṇḍalinī의 이사

> 칸다kanda 위에 똬리를 여덟 번 튼 쿤달리니 샥티는 자신의 얼굴로 절대자를 향한 문brahma-dvāra을 막고서 아주 오랫동안 그곳에 머물 것이니.
> 지혜와 불火,vahni의 요가yoga와 하위의 마음意, manas와 생기marut(즉 프라나)에 의해 [각성한] 사나운 여인(쿤달리니)은 개아의 본성과 함께 수슘나suṣumṇa를 따라 상승하기 시작한다. –《고라크샤 백송》 제30~31송•

쿤달리니는 흰 뱀의 모습을 한 여신이다(그림 1). 오늘날의 요가에서는 기

• 《고라크샤 백송》 30~31.
kanda-ūrdhvaṁ kuṇḍalī-śaktir aṣṭadhā kuṇḍalī-kṛtiḥ | brahma-dvāra-mukhaṁ nityaṁ mukhenāvṛtya tiṣṭhati ||
prabuddhā vahni-yogena manasā marutā hatā | prajīva-guṇam ādāya vrajaty ūrdhvaṁ suṣumṇayā ||

군다리명왕(軍荼利明王)은 일본에 전해지기 전에 중국에서 성전환되었는데, 원래는 여신이다. 그녀의 역할은 장애를 초래하는 악신 비나야카(vināyaka)를 제지하는 것이다. 그 여신에게 퇴치당한 비나야카는 회심하여서, 도리어 장애를 제거하는 신이 되었다. 그것이 불교의 성천(聖天), 힌두교의 가네샤(gaṇeśa)이다. 현재의 미세신 그림에서도 쿤달리니와 가네샤는 일반적으로 물라다라 차크라 속에서 동거하고 있다.

그림 1. 쿤달리니 여신(군다리명왕)

저의 물라다라mūladāra 차크라에서 똬리를 틀고 잠들어 있다고 한다. 이 잠자는 여신에게 프라나의 무리를 충돌시켜 깨워서 수슘나 속을 상승하도록 하는 것이 하타의 매우 심오한 뜻인 라야 요가(쿤달리니 요가)이다.

하지만 쿤달리니가 물라다라에 잠들어 있다는 것도 비교적 새로운 견해이다. 고라크샤의 시기에는 쿤달리니는 칸다의 위쪽 즉 배꼽의 뒤쪽 부위에 있었다(→ 46. 아디구루, 차크라 그림).

◎ 쿤달리니의 정체

기능으로서의 쿤달리니의 기원은 프라나의 일종으로 배꼽을 중심으로 분포하는 소화의 불, 즉 사마나samāna이다(→ 49. 프라나). 《요가수트라》 Ⅲ. 40의

"사마나를 극복하면 [신체에서] 화염이 나온다"라는 문장은 쿤달리니 요가의 오리지널한 형태를 보여주고 있다.

사마나는 불교 탄트라에서 '찬달리caṇḍālī의 불'이라고 불리게 된다(→ 43. 찬다리). 하지만 찬달리의 불은 프라나를 굽는 열원熱源, 예를 들어 사이폰 커피 추출법에서 알코올램프 역할을 하기에 스스로가 중앙 맥관avadhūti으로 상승하지는 않는다.

쿤달리니의 이름은 불가촉천민 기원의 여신으로 후에 밀교에 도입된 쿤달리Kuṇḍalī 여신에서 유래한다. 그녀는 불교 탄트라의 대여신인 타라tārā=프라갸파라미타Prajñāpāramitā의 화신이다. 또한 '암리타amṛta 쿤달리'라고도 불리며, 암리타를 가지고 생명체를 소생시키는 여신으로 알려져 있다.

이러한 특성을 지닌 쿤달리니를 주인공으로 삼은 요가 최초의 텍스트야말로 12세기 전반에 성립된《고라크샤 백송śataka》일 것이다.

고라크샤로부터 수백 년이 흘러서 쿤달리니의 자리가 물라다라로 옮겨진 후에도 여전히 그 기원은 복부의 '소화의 불'이라고 여겨지고 있다.《요가 쿤달리니 우파니샤드yoga-kuṇḍalinī-upaniṣad》에 의하면, 요긴은 하강하는 경향이 있는 아파나apāna(프라나의 일종)를 항문 운동인 물라 반다mūlabandha(→ 77. 반다)로 끌어올린다. 아파나가 상승하여 복부에 도달하면, 소화의 불은 매우 격렬하게 타오른다. 그 방사열을 받은 쿤달리니는 너무 뜨거워서 눈을 뜬다고 한다.

◎ 요가는 이야기와 함께

그렇다면 왜 물라다라로 이사하게 되었던 것일까? 그러는 편이 우주론·형이상학·철학·신화와의 정합성이 높아지기 때문이다.

태초에 쉬바와 여신(샥티Śakti)는 하나였다.

그런데 둘은 몸을 분리시켰다. 쉬바는 시원始源의 장소에 그대로 머물러 있다.

여신Prakṛti은 공·풍·화·수·지의 순서로 우주를 만든 후, 뱀의 모습을 하고

대지에 잠들었다…

소우주인 인체에서는 정수리의 사하스라라가 우주의 시원에 해당하고, 기저의 물라다라가 대지를 나타내는 차크라가 된다. 즉 요가는 창조신화와 함께 있다. 불교에는 불교의 이야기가 있고 쉬바교에는 쉬바교의 이야기가 있다.

쿤달리니도 차크라도 처음부터 존재하는 것이 아니다. 그것들은 관념적인 신체인 미세신의 구성 멤버이다. 대우주와 소우주의 일치를 대전제로 하는 탄트라 사상을 신체에 녹아들게 하여, 그 사상에 응한 미세신을 만들어내는 과정에서 산출되는 것이다.

◎ 하타 요가의 '죽음의 요가'

쿤달리니 요가 자체는 '44. 마하무드라Mahā-mudrā'에서 살펴본 불교의 마하무드라mahāmudrā와 동일한 구조를 지닌 행법이라고 생각해도 좋다. 쿤달리니의 자리가 물라다라가 아니어도 좋고, 그 종착점이 사하스라라가 아니어도 좋다. 후기 밀교의 텍스트는 어느 차크라일지라도 프라나가 중앙 맥관에 들어가기만 하면 좋다고 하고 있다. 그리고 프라나를 중앙 맥관에 집어넣는 목적은 살아 있는 동안 죽음의 프로세스를 체험하는 구경차제究竟次第(후기 밀교의 수행법)에 있다.

쿤달리니 요가도 이 점은 같다. 쿤달리니는 기저의 물라다라 차크라로부터 본래 있어야 할 곳, 즉 쉬바 신이 자리하고 있는 정수리의 사하스라라를 목

표로 중앙 맥관을 상승한다. 스와디슈타나, 마니푸라, 아나하타, 비슛다, 아갸 차크라를 경유하여. 그때 쿤달리니는 각 차크라의 구성요소를 데려 간다.

쿤달리니 여신이 물라다라에서 스와디슈타나로 이동할 때, 물라다라를 구성하고 있던 5대 요소의 '지地'와 다섯 감관感官의 후각과 향은 사라진다. 그 여신이 마니푸라로 갈 때, 스와디슈타나를 구성하고 있던 '수水'와 미각과 맛이 사라진다. 그녀가 아나하타로 갈 때, 마니푸라를 구성하고 있던 '화火'와 시각과 빛은 소멸한다는 구조이다.

쿤달리니의 상승에 따라 요긴의 소우주는 차츰 용해되어 간다. 그로 인해 여신의 창조물은 사라지고, 태초의 상태로 돌아가는 것이다.

그래서 현대과학의 입장에서는 '쿤달리니의 각성'도 임사 체험이나 유체이탈 체험과 마찬가지로 '뇌의 환각'이라는 설이 대두되고 있다(그림 2). 특수한 행법에 의해, 대뇌피질의 감각령에 자극이 간다. 자극은 뇌의 감각령의 배열에 따라 다리에서 시작되어 엉덩이, 몸통, 어깨, 손가락, 머리, 정수리로, 아래에서부터 위로 올라가 마지막에는 목에 이른다. 이 연속 자극을 받으면 실제로는 아무것도 일어나지 않았는데도 강한 자극에 의한 감각이 몸의 아래에서부터 위로 뿜어져 솟구쳐 오르는 것처럼 느껴지고, 마지막에는 쾌감중추가 자극되면서 엑스터시를 느낀다는 것이다(다치바나 다카시立花隆 저, 《임사체험臨死体験》).

이것이 진실이라 하더라도 쿤달리니의 가치는 줄어들지 않는다. 타치바나 선생에 따르면, 쿤달리니 각성자와 임사체험자 둘 모두는 강한 황홀감 mahāsukha을 느끼고 체내 에너지의 흐름을 느끼며 체내에 빛이나 색을 느끼는 등 비슷한 경험을 한다. 따라서 체내(뇌내)에서도 아마 거의 같은 일이 일어나고 있을 것이라고들 한다.

불교의 마하무드라와 힌두의 쿤달리니 요가는 '이야기'에 차이는 있지만, 거의 동일한 것이라는 점이 현대의 과학적인 방법에 의해 뒷받침된 셈이다. 즉 쿤달리니의 각성자는 '깨달음을 얻은 것처럼 된다'는 것이다.

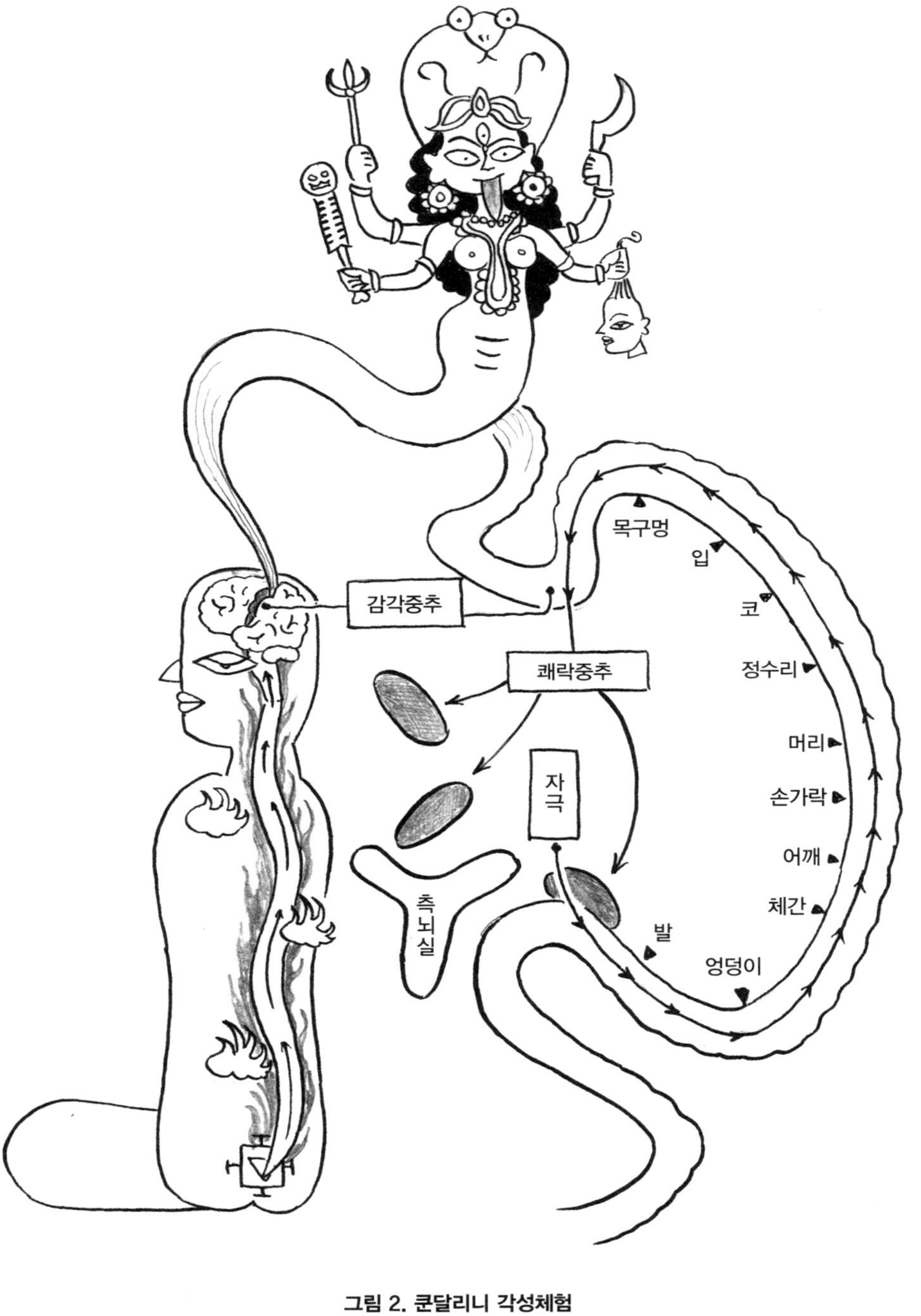

그림 2. 쿤달리니 각성체험

제2부

실
천
편

제6장

요가의 의학

– 몸과 마음의 건강

요가와 아유르베다는 동일한 콘셉트를 공유하고 있다. 몸과 마음이 하나이기 때문이다. 몸은 마음의 오퍼레이션operation 기관이고 마음은 몸의 인포메이션information 기관이다. 요가는 아유르베다의 영적 전개이고 아유르베다는 요가의 치료적 형태이다. 둘에 공통된 원리가 대우주(자연)와 소우주(심신)의 조화. 부조화는 쓰레기(아마, 카르마)가 되어서 자신에게 축적된다. 그렇기 때문에 쓰레기를 쌓이지 않게 하는 것이 보다 잘 살아가기 위한 비결이다.

61. 차트바리 아리아 사티야니Ārya-satyāni – 치유의 방정식
62. 바이샤쟈Bhaiṣajya – 감로의 샘을 솟게 하는 비법
63. 미타하라Mitāhāra – 식사는 조금 부족하게
64. 안타르 호마Antar-homa – 소화를 제사의 불[祭火]로 삼다

65. 아그니사라 다우티Agnisāra-dhauti – 복부의 호마단을 갖추다
66. 싯다비디야Siddha-vidhyā – 요가와 의학의 완전한 통합
67. 브라마차리야Brahma-carya – 사정射精해야 해? 사정하면 안 돼?
68. 샤트카르만Ṣaṭ-karman – 우선은 입에서 항문까지 깨끗하게

69. 리투차리야Ṛtu-caryā – 더운 장소에서의 요가는 당치도 않다
70. 하리드라Haridrā – 황금의 향신료
71. 툴라시Tulasī – 성지를 만드는 허브
72. 칠리Cillī – 고행의 향신료

61	# 차트바리 아리야 사티야니 – 치유의 방정식
	Catvāri-ārya-satyāni

[catvāri(4) + ārya(성스러운, 고귀한) + satya('진리/진실'의 복수형)]

〈남〉 불교의 고집멸도의 사성제四聖諦(사제四諦)

※ '차트바리 아리야 사티야니(사성제)'와 '프라티티야사무트파다Pratītyasamutpāda(연기설 → 6. 바바차크라)'는 초기불교의 두 기둥이다. 그리고 불교를 일종의 아유르베다로 본다면 전자는 치료체계에, 후자는 병리학에 해당한다.

◎ 여기에 병고病苦가 있다

"비구들이여, 인생에 고苦가 있다"라는 말로 붓다가 설법을 시작한 것은 태국의 전통에서는 B.C. 511년의 일이라고 한다.

"비구들이여, 고에는 원인이 있다."

"비구들이여, 고의 원인을 억제하면 고는 치유된다."

"그리고 비구들이여. 여기에 고를 제어하기 위한 도道가 있다."

고苦 · 집集 · 멸滅 · 도道 사성제, 산스크리트로 말하는 '차트바리 아리야 사티야니'다.

붓다가 말하는 고苦, duḥkha는 병病, roga으로 통한다. 붓다는 당시 아유르베다 의사들의 치료원리, 즉 "인생에 병이 있다. 병에는 원인이 있다. 병의 원인을 제어하면 병은 치유된다. 그리고 여기 병을 제어하기 위한 수단이 있다"

를 자신의 교설을 체계화하는 데 이용한 것이다.

붓다가 영향을 받았을 상키야 철학에 의하면 조대한(피지컬) 육체와 마찬가지로 마음 또한 미세(스피리츄얼)하지만 물질이다. 그렇다면 육체의 병의 치료원리가 마음의 고통에도 적용될 수 있었을 것이다.

초기불교 문헌에서도 붓다는 "나는 의사이다"라며 여러 차례 말했다. 요가는 아유르베다의 영적 전개로, 아유르베다는 요가 치료의 형태라고 불리지만, 그것을 최초로 표방한 이가 바로 붓다이다.

어쨌든 사성제는 조대한 육체의 병 치료부터 미세한 마음의 괴로움 구제까지 한 가닥의 실로 관통하는 '치유'의 방정식이었다.

붓다의 제자 가운데 지혜 제일이라 불리던 사리풋타Sāriputta, 舍利弗는 이 방정식을 듣는 것만으로 깨달음을 얻었다고 한다. 전쟁 등의 사회문제도 이 방정식에 따라 처리하여 해결하는 것이다.

흔한 예를 들어보자면, "지금 돈이 없다, 라는 괴로움이 있다." 그러나 그 원인을 밝혀 없애는 것은 어렵다. 에고가 얽혀 있기 때문이다. 인생은 골칫거리라고 생각하여 처음의 명제, 즉 '고'로 돌아가 버리는 것이다.

◎ 여기에 병고를 제압하는 수단이 있다

질환의 원인은 바타·피타·카파 3도샤tridoṣa의 불균형이지만 실제로 병을 일으키는 것은 아마āma로, 이것은 음식이 소화·대사되는 과정에서 생기는 노폐물, 즉 쓰레기이다. 아유르베다는 인체를 에너지가 유동하는 튜브(맥관)의 다발로 이해하고 있다. 그 튜브에 쓰레기가 쌓여서 에너지의 흐름을 막아 버리는 것이다. 예를 들면 숙변이나 혈전이나 나쁜 콜레스테롤이 그것이다.

한편 마음의 괴로움의 원인이 되는 것은 탐냄, 화, 어리석음의 삼독三毒(세

가지 큰 번뇌)이며, 이것이 나쁜 카르마를 낳는다. 카르마는 무의식적으로 축적된 아마라고 해도 좋다.

아마를 제거하기 위해 아유르베다에는 〈5개의 치료법(판차카르만)〉이 있다. 최토법催吐法, 사하법瀉下法, 경비법経鼻法, 관장법灌腸法, 방혈법放血法의 다섯 가지이다. 말하자면, 체내의 더러운 피를 뽑아내거나 아유르베다의 약제를 먹여 억지로 토하게 하거나, 약제를 항문에 주입하여 관장을 시키는 것이다.

아마를 제거하면 병은 치유된다. 마찬가지로 카르마를 없애면 고는 치유된다. 그리고 그 카르마를 없애는 '8개의 치료법'이 팔정도八正道이다.

올바른 견해[正見]

올바른 사유[正思惟]

올바른 말[正語]

올바른 행위[正業]

올바른 생활[正命]

올바른 노력[正精進]

올바른 마음챙김[正念]

올바른 명상[正定]

62	바이샤쟈 – 감로의 샘을 솟게 하는 비법
	Bhaiṣajya

[√bheṣ(두려워하다[畏])]

〈여〉 치병, 의료, 의약, 약효.

※ '두려워함은 병의 원인을 이긴다bheṣaṁ rogamayaṁ jayati'라고 어원이 해석되는 '바이샤쟈'는 먼저 베다 의례에 '치병법'으로 등장한다. 그러나 태고의 바라문들이라고 해서 의례만으로 병을 고칠 수 있다고 생각했던 것은 아니다. 치병법을 완전하게 만들기 위해 의약이나 병 자체를 연구했다. 불교 약사여래bhaṣajya-guru의 원형은 이런 베다의 스승(구루)이었음에 틀림없다. 베다 의례로부터 아유르베다가 발달해가는 프로세스를 방불케 하는 말이다.

◎ 에이즈가 치유되다

샌프란시스코의 미용사 윌리엄 칼데론은 에이즈 진단을 받았다. 카포지 육종이 전신의 피부와 소화관으로 퍼져나가고 있었다. 남은 수명은 6개월. 윌리엄은 스스로 치유하자고 결심했다. 먼저 자신에게 에이즈가 생긴 진짜 원인을 찾는 것부터 시작했다. 가족을 버리고, 친구를 배신하고, 동성애로 치닫던 향락적인 삶. 어떻게 보더라도 인간관계는 파탄 났다.

그것을 깨달은 그는 황폐해진 가족관계나 예전에 자신이 상처 준 사람들과의 관계를 고치려고 시도했다. 그러다가 그때까지 자신에게 상처를 줬다고 생각하여 미워하던 사람들을 용서할 수 있을 것 같은 심정이 되었다.

그런 한편, 요가나 식이요법 등을 점차 강하게 지속하고, 암의 이미지 요법으로 유명한 사이먼튼Simonton 요법을 받으면서 치유를 위한 적극적인 일상

을 보내고 있었다. 2년 후(1985년) 에이즈 증세는 완전히 사라졌다.•

◎ 병은 카르마에서

'사성제'의 두 번째인 집성제集聖諦는 고통의 '원인'을 설명한 것이다. 질병에 비유하면, 서양의학에서 말하는 병원체에 해당한다.

'씨보다 밭'이 모토인 아유르베다는 신체의 컨디션을 문제시한다. 세균이나 바이러스가 일으키는 병의 경우에도, 그 원인을 병원체(종자)보다 잘못된 식생활이나 마음의 사용법 등으로 약해진 신체(밭)에서 찾는다. 확실한 것은 에이즈 환자와 성관계를 가진 모든 사람이 감염되는 것은 아니며, 또 HIV에 감염된다고 해서 그 모든 사람에게 발병하는 것도 아니다.

불교 또는 요가 사상은 한층 더 거슬러 올라간다. 왜 몸이 씨앗을 발아시키는 밭이 된 것일까? 병의 원인은 결국 카르마이다.

행위와 그 행위의 결과 모두 카르마이다. '뿌리고 수확하는 것과 같이' 사람은 자신의 과거 행위의 결과를 받는다. 참으로 이 순간마다 일어나는 모든 것을 자신이 과거에 행한 행위의 결과로 여긴다.

그러므로 '사성제'의 세 번째인 멸성제滅聖諦, 즉 '병을 제어한다'는 것은 건강과 행복이라는 과실을 맺는 종자(원인)를 참을성 있게 심으려는 행위(카르마)이다. 사람은 행복하기를 마음속 깊이 원한다면 먼저 다른 사람에게 행복의 씨앗을 뿌리는 것을 배워야만 한다.

네 번째 도성제道聖諦, 즉 '병을 억제하는 수단'은 세 번째 멸성제滅聖諦가 전제된 후의 대증요법이라고 할 수 있다. 윌리엄의 경우는 요가(아마도 아사나나

• 우에노 케이이치(上野圭一) 저, 《내추럴하이(ナチュラルハイ)》, 롯코출판(六興出版).

호흡법일 것이다)나 식이요법을 계속해가며, 사이먼튼 요법을 받는 것으로 에이즈를 없앴다. 게다가 사이먼튼 요법은 다음과 같은 이미지 요법이다.

① 의사는 암 환자에게 백혈구가 암세포를 공격하여 먹고 있는 현미경 촬영 비디오를 보여준다.
② 환자를 이완시키고 자신의 암세포를 자신의 백혈구가 공격하여 먹고 있는 것을 이미지화한다.
③ 죽은 암세포가 백혈구에게 끌려 나가 간과 신장에서 처리되어 소변이나 대변이 되어 체외로 나오는 것을 이미지화한다.
④ 건강이 회복되고, 에너지가 체내에 가득 차서 인생의 목표에 다가가고 있는 것을 구체적으로 이미지화한다.

이것을 매일 3회 반복한다.

◎ 약사여래 명상(요가)

요가에서는 '치유의 신'을 이미지화[觀想]하는 것이 행해진다. 힌두교에서는 의약의 신 단완타리, 빛의 근원인 태양신(수리야), 암리타[甘露]를 풍부하게 생성시키는 달의 신(찬드라) 등이 거기에 해당한다(→ 94. 맛시엔드라 아사나, 102. 사카마 가야트리). 여기서는 불교의 약사여래 명상을 소개하고자 한다.

약사여래의 도상은 오른손으로 바라다 무드라varada-mudrā, 與願印를 하고 있다. 이것은 그의 "내 몸을 모든 생명체의 구제에 바치겠다"고 하는 서원(브라타)을 나타내고 있다. 그 손에 쥔 아말라카āmalaka의 가지가 위를 향해 뻗어 있다. 왼손에는 영약 암리타를 채운 단지를 들고 있다(그림 1, 2).

아말라카는 식물 중 가장 뛰어난 비타민C의 원천으로(레몬의 20배라는 다량의 비타민C를 함유하고 있다), 이는 합성 비타민C보다 훨씬 빨리 흡수되는 것으로 알려져 있다. 그 밖에도 다양한 약효성분을 포함해 고대에서는 죽는 병인 쇼샤śoṣa(폐결핵? 에이즈와 같은 면역에 문제가 생긴 병이었다는 설도 있다) 환자의 생명을 연장시키는 약제였다. 즉 아말라카는 건강을 회복시키는 의약의 조대한 심벌이다.

이에 반해 암리타는 미세한 심벌이다. 우리 몸은 어떤 병도 고칠 수 있는 능력을 가지고 있다. 인체의 미세한 성분 속에는 모든 식물, 모든 약초, 모든 약제에 상당하는 물질이 구비되어 있다는 것을 요가에서는 확신하고 있다. 실제로 의약이 효과를 발휘하는 것은 체내에 약효성분의 수용체(리셉터 receptor)가 있기 때문이라고 생각된다. 그렇다면 분명히 우리들의 신체가 직접 감로를 생산하고 있는 것이 된다. 다시 말해 이것은 우리 개개인 속에 훌

《약사경(藥師經)》에 의하면 약사여래는 동방의 정토에 있는 정유리세계(浄瑠璃世界)에서 좌우에서 가까이 모시는 일광(日光), 월광(月光) 두 보살과 수호신인 12신장을 거느리며 산다고 한다.

그림 1. 약사여래

륭한 약사여래가 계시다는 것과 다름없다.

약사여래를 구현시키는 법이 다음의 관상이다(관상에 대해서는 → 104. 디야나).

① 자신의 바로 앞에 계신 약사여래를 이미지화한다.

약사여래의 미소는 우주에 자비를 방사하고 그 부드러운 눈이 모든 생명체의 모든 것을 사랑으로 용해시킨다.

② 다음으로, 금색 광선이 약사의 심장 차크라에서 발사된다. 빛은 부드럽게 우리 심장의 차크라로 침투해간다. 이 심장의 차크라는 다음과 같이 설명된다.

당신 안에 자신이 항상 휴식할 수 있는 아주 고요한 성역이 있다.
이 성역은 바깥의 일에 마음이 동요되지 않는 깊은 안락함을 깨닫는 자리이다.
이 장소에서는 트라우마를 느낄 일도, 아픔이 쌓일 일도 없다.
그것은 사람이 명상에서 찾을 수 있는 치료의 멘탈 스페이스mental space이다.

③ 동시에, 약사 만트라를 암송한다.

oṁ Bhaiṣajye mahā-Bhaiṣajye Bhaiṣajya-ratasamudgate svāha
(옴, 약사여, 약사여, 위대한 약사여, 의약의 위대한 약효를 가져오는 분이시여, 스와하)

이 만트라를 염송하면서 만트라의 음절(자음을 포함한 한 음절)에서 암리타가 방울져 떨어지는 모양을 관상하는 것이다. 음절은 신체에 녹아서 치료의 파워를 주는 것이다.

① 약사여래를 이미지화한다. 이 치유의 부처님 특유의 색은 유리색(瑠璃色, 라피스 라즐리의 파랑).
② 약사여래의 심장의 차크라와 자신의 심장의 차크라가 황금빛으로 묶인다고 이미지화한다.
③ 만트라를 읊조린다. 만트라의 1 음절(자음을 포함한 1 모음)이 한 방울의 암리타로 변한다고 이미지화한다.

그림 2. 약사여래 관상

이렇듯이 사람은 카르마의 길을 의식적으로 따름으로써 행위를 통해 획득되는 암리타로 자신의 삶을 적시는 것이 가능하도록 만드는 것이 요가의 치병(바이샤쟈)의 사고방식이다.

63 미타하라
– 식사는 조금 부족하게

Mitāhāra

[mita(제한되다/소량의) + āhāra(식사)]

〈형〉 식사를 제한한다.
〈남〉 식사의 컨트롤, 절식, 소량의 식사
※ '미타하라'는 '절식'보다는 '식사의 컨트롤'이라고 이해해야 할 것이다. 먹는 것이 몸을 만든다. 먹는 것이 마음도 만든다. 아유르베다나 요가에서 '미타하라'는 필수적이지만, '건강을 위해', '마음을 진정시키기 위해' 선택하는 식품이 달라진다. 그러나 어떤 경우라도 '조금만 더 먹을까'라는 생각이 들 때 스톱한다. 그 이상 먹으면 병이 생기고, 그보다 덜 먹으면 불만이 남는 아슬아슬한 경계선에서….

◎ 요가를 위해 무엇을 먹어야 좋은가?

후르츠 바바라고 불리는 수행자가 있다. '과일만을 먹겠다'는 서원을 세운 사두(팔라하린Phalāhārin)이다. 우유만으로 살아가는 밀크 바바(두그다다린 dugdhadhārin)도 있다. 물만 마시며 생명을 유지하는 것이 가능한 사두도 있다고 한다. 게다가 이전에는 (혹은 현재도) 공기만으로 살아가는 수행자도 있다는 이야기도 들린다. 대부분의 사두는 채식주의자(샤카하린śākāhārin)이다.

그리고 그들은 에카다쉬ekādaśī(보름 혹은 초하루부터 11일째 되는 날)에 절식節食을 한다. 이때 식단을 바꿔서 채식주의자는 과일만, 후르츠 바바는 우유만, 밀크 바바는 물만 섭취한다. 그리고 어떤 사람들은 야생식 즉 재배하지 않은 것을 먹거나 오직 한 가지만 섭취한다. 이와 같이 프로 요가수행자인 사두는 절식에 주의를 기울인다.

《게란다 본집》(V. 16에서는 이렇게 말한다.

> 절식하지 않으면 요가 수행을 하더라도, 여러 가지 병이 생기고 요가의 어떠한 성취도 얻을 수 없다.•

이어서 《게란다 본집》에는 요가수행자에게 유익한 식재료, 피해야 할 식재료 리스트가 이어진다. 《하타요가프라디피카》나 《쉬바 본집》의 같은 리스트를 정리하면, 430쪽의 표가 된다.

언뜻 봐도, 가벼운 성질의 것(소화흡수가 빠르게 되는 것)이 선정된 것을 알 수 있다. 맛은 단맛을 선호하며, 그 밖의 쓰고 시고 짜고 떫고 매운맛은 꺼려지고 있다. 훈채葷菜(양파, 마늘 등), 비린내 나는 식재료(고기, 생선)는 당연 금기. 자극적인 향신료도 좋지 않다고 한다. 다만, 생강은 가능하다. 술은 물론 그 원료가 되는 과실류도 주의 깊게 피해야 한다. 정력(성욕)을 항진시키는 것은 불가. 야채라고 하더라도 섬유질이 많은 것은 꺼려지고 있다.

나아가 이것들은 아유르베다와는 기준을 달리하는 텍스트 편집자의 생각에 기반하여 선택된 것이라는 사실에 대해 미리 밝혀두고 싶다. 그리고 사두들이 여기 나온 대로 음식을 섭취하는 것은 물론 아니다. 왜냐하면 그들은 음식을 탁발에 의지하고 있다. 즉 일반 서민의 음식이 요기들의 음식인 것이다.

각 나라에서 이런 규정을 따르는 것이 가능한 사람은 그렇게 하면 좋지만, 무리하게 맞추는 것은 어리석다. 인도와 각 나라의 문화와 풍토는 다르다. 요가 음식으로 추천되는 우유나 과일을 좋지 않다고 하는 일본의 식이요법도 있다.

• 《게란다 본집》 V. 16.
mitāhāraṁ vinā yastu yogārambhan tu kārayet | nānārogo bhavet tasya kiṁcid yogo na siddhyati ||

비린내 나는 것(고기, 생선)은 과식해서는 물론 안 되지만, 완전히 부정하는 것도 문제이다.

인도에서 예전부터 채식주의가 가능했던 것은 식물군이 정말 풍부했기 때문이다. 반면에 티베트에는 야채나 과일이 거의 없다. 이런 지역의 채식주의는 극지에 사는 사람에게 에어컨을 파는 것과 같은 어리석은 일이다. 그러므로 티베트 불교의 승려는 육식을 꺼리지 않았다. 그렇더라도 고도의 요가는 가능하다.

북극권의 에스키모들은 바다표범을 먹는다. 고래를 먹는다. 그것도 날것으로. 그렇게 함으로써 비로소 필요한 영양분 외에 철분, 비타민, 미네랄이 보충된다. 이전에 영국의 북극탐험대는 바다표범의 생피를 마시지도 못했고 생고기를 먹을 수도 없었다. 그로 인해 모두 죽었다. 우에무라 나오미植村直己는 에스키모처럼 먹었다. 그 결과 북극권에서 12,000킬로미터의 개썰매 탐험에 성공했다(1974년 12월~1976년 5월). 문화는 그와 같은 것이다.

게다가 많이 오해하는 점은 아유르베다가 육식을 금지한다는 것이다. 체력이 쇠한 사람에게는 병증에 따라 고기나 생선도 권한다. 특히, 바타 체질인 사람이 완전히 채식하는 것은 위험하다고 한다. 그리고 독거하며 명상에 열중하고 있다면 완전 채식도 좋지만, 사람과 교류해야 하는 일을 하고 있는 사람이 그렇게 한다면 지나치게 민감해서 사회에 적응할 수 없는 일도 종종 있다. 일본에서 평범하게 살아가면서 요가를 한다면 '요가의 식사법'에 연연할 필요는 없다고 생각한다. 일반적으로 몸에 좋다는 것, 다시 말해서 근처에서 채취한 것, 제철 음식, 영양소를 가능한 파괴하지 않고 조리한 것을 먹으면 좋다.

	요가행자에게 유익한 음식	요가행자가 피해야 할 음식
곡물류	쌀, 햅쌀, 보리, 밀	
콩류	녹두, 검은 녹두, 병아리콩	제비콩, 렌즈콩
육류		모든 짐승 고기, 새·생선의 고기
야채류	뱀오이, 뱀오이의 잎, 오이, 가지, 무, 바나나 줄기의 심지, 비름, 나도공단풀의 잎, 명아주, 황마	담쟁이 주홍박, 곧은 호박, 조롱박, 마늘, 양파, 몸통이 굵은 야채, 야채의 줄기, 유익한 야채가 아닌 야채의 잎류
과일류	잭프루트, 쿠베바, 대추, 무화과, 장미 열매, 미구밸란, 레몬/라임.	코코넛, 빵나무 열매, 여우구슬(여우주머니과 식물), 가시가 있는 실달개비의 열매, 우드애플(wood apple), 연지나무의 열매, 밤송이 꽃나무의 열매, 익힌 바나나, 석류, 대추야자, 무우수(아쇼카 나무)의 열매, 빈랑, 아몬드, 아말라카, 시트론, 그 밖의 모든 신맛 나는 과실
우유/유제품	우유, 기, 신선한 버터	
향신료/조미료	카더멈, 클로브, 말린 생강, 굵은 입자의 설탕, 꿀	
음료수	맑고 깨끗한 물	
요청	영양분을 공급해 주는 음식, 단맛이 나는 음식, 우유나 기가 들어간 음식, 소화되기 쉬운 음식, 맑고 차갑고 물기가 풍부한 음식, 그 외 자신이 좋아하는 적당한 것(마음을 기쁘게 하는 것)	쓰고 시고 짜고 떫고 매운맛의 강하고 자극적인 음식, 성전에서 금지하는 음식, 소화되기 어려운 음식, 익힌 음식, 튀긴 음식, 시간이 지난 음식, 한 번 식은 것을 데운 음식, 기름기 없이 마른 음식, 너무 차가운 음식

◎ 냄새나는 방귀는 위험신호

《게란다 본집》의 이 지적(V. 22)은 중요하다.

> 위장(우다라)의 절반을 음식으로, 물(토야)로 1/3을 채우고, 남은 1/4는 바람이 움직이기 위한 공간으로 비워두는 것이 좋다.•

고형분 1/2 + 수분 1/3 + 바람 1/4 = 1과 1/2.

어라. 계산이 맞지 않는 것 같지만, 이것은 위장과 마찬가지로 탄력성이 있다. 게다가 간단해 보이지만, 실제로는 어려운 일이다.

과식하지 않는다. 일본풍으로 말하자면 "모자란 듯이 먹기(위장의 70~80%만 채우기)"에 해당한다. 이것이 아유르베다에서도 요가에서도 가장 중요한 음식 규정이다.

'병은 위장으로부터.' 대부분의 질병이 과식이나 부적절한 음식물이 원인이다. 이런 것은 제대로 소화되지 않은 상태로 변이 된다. 혹은 아마āma(부패성 쓰레기)가 되어 신체에 남는다. 냄새나는 변이나 방귀는 소화불량을 알려주는 옐로카드이다. 신경 쓰이는 사람은 가끔 쁘띠petit 단식(가벼운 단식)을 하면 좋다.

• 《게란다 본집》 V. 22.
annena pūrayedarddhaṁ toyena tu tṛtīyakam | udarasya turīyāṁśaṁ saṁrakṣed-vāyucāraṇe ||

64

안타르 호마

– 소화를 제사의 불[祭火]로 삼다

Antar-homa

[antar(내측의) + homa(호마護摩 / 제화祭花]

〈남〉 내호內護摩

※ '안타르 호마'는 음식의 소화과정을 호마에 간주한 것으로 음식을 공물로 먹고, 소화의 불로 태워서 심장에 머무는 본존本尊을 공양하는 방법. antar-agni-kārya(내면의 불의 의례), antar-havana(내면의 불의 제사, 제화祭火) 등이라고도 하며, 불교 · 힌두교 양쪽의 탄트라에서 전해진다.

◎ 음식은 브라만

그렇지만 무의식중에 과식해버리고 만다. 그런 사람은 어떻게 하면 좋을까?

《바가바드기타》는 온갖 행위를 지고의 신에게 바치는 공물로 삼으라고 설한다. 어떤 행위라도 공물로서 신에게 위임하는 카르마 요가가 나올 차례이다. 음식을 공물로 삼는 것이다.

학식 있는 힌두교도가 식사할 때 '잘 먹겠습니다'라는 주문(만트라)으로 삼는 것이 다음과 같은 《기타》의 게송(IV. 24)이다.

> 공양을 바치는 의례(제식)는 브라만. 공양물은 브라만. 브라만인 불 속에서 브라만에 의해 태워진다. 브라만에게 바쳐진 행위에 전념하는 자는 진정으로 브라만에 이르는 것이 가능하다.

이것이 무슨 의미이냐 하면 이렇다. "식사는 브라만이다. 음식물은 브라만이다. 브라만인 내가 브라만인 위장에 바쳐진다. 브라만에게 바치는 식사에 전념하는 자는 진정으로 브라만에 도달할 수 있다."

식사나 음식의 소화 프로세스도 공양물이 된다. 바라문이나 탄트라의 소양을 갖춘 자는 이것을 베다의 호마 의례로 간주한다.

신체는 천 개의 벽돌를 쌓아 올린 제단이다.
복부는 제단의 중앙에 세운 불의 단이다.
음식은 호마의 불에 던져진 공양물이다.
심장은 공양물을 받는 지고신의 자리이다.
이렇게 관하는 것이다(그림 1).

베다 의례의 제단을 그대로 체내로 옮겨놓은 것이다. 배꼽의 차크라가 호마의 화로이다. 인도에서는 소화기관에는 '불'이 머물고 있고, 사람은 이 불로 음식을 소화한다고 생각하고 있다. 아유르베다 용어에서도 소화력은 '아그니'(불 혹은 불의 신)이다.

실제로 호마에서는 불의 신(아그니)이 공양물을 소화하고, 그 에센스가 연기가 되어 천상의 신들에게 도달한다고 한다. 그 천상의 신의 자리가 심장의 차크라. 심장 안의 공간은 예로부터 자기의 본질이며, 지고신의 분신인 아트만의 궁전이라고 보고 있다.

아유르베다의 '삽타다투sapta-dhātu'(일곱 다투) 이론에서도 소화되어 유미乳糜

• 《바가바드기타》 IV. 24.
brahmārpaṇaṁ brahma havis brahmāgnau brahmaṇā hutam | brahmaiva tena gantavyaṁ brahma-karma samādhinā ||

배꼽의 차크라를 호마의 화로로 간주하여 거기에서 공양물인 음식을 태워(소화, 흡수되고), 본존(아트만)의 자리인 심장의 차크라에 도달한다고 관상(이미지화 명상)한다.

그림 1. 내호마

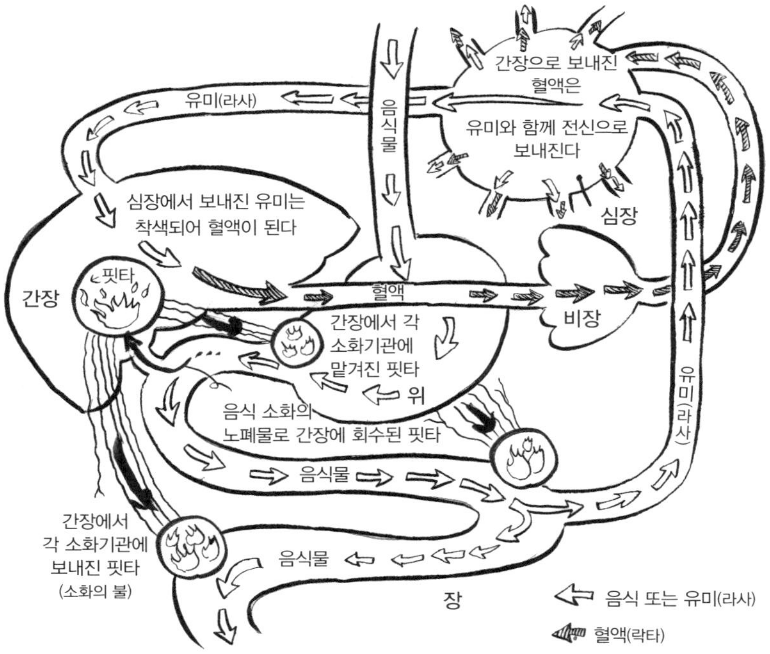

위, 장에서 소화된 음식은 유미(乳糜, 라사)가 되어 심장에 보내지고, 심장에서 간장으로 보내진다. 그리고 간장에서 빨갛게 착색된 혈액(락타)이 되는 것이다. 이 혈액은 비장을 경유해서 심장에 보내지고, 심장에서 유미와 함께 전신에 보내진다.

그림 2. 아유르베다 이론에 나타난 심장과 간장의 기능

(라사)가 된 음식은 먼저 심장으로 보내진다. 그리고 심장에서 간장으로 보내고, 간장에서 빨갛게 착색된 혈액(라크타)이 된다. 이 혈액은 비장을 경유해서 다시 한번 심장에 보내지고, 심장에서 유미와 함께 온몸으로 보내지는 것이다(그림 2).

이 내면의 호마(안타르 호마) 관상은 다음 항목에서 소개하는 아그니사라 다우티agnisāradhauti와 함께 행하면 좋다. 소화력이 현저하게 증대하고, 아마(미소화물)가 발생하기 어렵게 한다. 아그니사라 다우티는 반드시 식사 전에만 한다.

안타르 호마는 찬다리의 불의 요가나 쿤달리니 요가 및 '내면의 제사(안타르 야가)'의 원형적 형태로서도 주목된다(→ 107. 안타르 야가).

65 아그니사라 다우티

– 복부의 호마단을 갖추다

Agnisāra-dhauti

[agni(불/불의 신) + sāra(주로 하는) –dhauti(세정/세척/청소)]

〈여〉 소화의 불을 일으켜 불순한 것을 태워 없애는 요가의 정화법

※ 다우티는 √dhāv(씻는다/닦는다)에서 파생한 말로 '세정/세척/청소.' '아그니사라 다우티'로 '불에 의한 청소.' 복부에 행하는 셀프 마사지로 소화력을 강화하고, 장 속의 아직 소화되지 않은 물질이나 숙변을 태워 없애는 기술이다.

◎ 불로 하는 청소

배에는 불의 신(아그니)가 살고 있다. 아그니사라 다우티는 배꼽을 척추로 당기는 것에 의해 그 불을 일으켜서 불순한 것을 태워 없애는 요가의 정화법이다(→ 68. 샤트카르만).

> 배꼽의 결절을 등의 수미산(척추) 쪽으로 100회씩 당기는 것이 좋다.
> 불(아그니)에 의한 이 청소는 요긴들에게 요가의 성취(싯디)를 주고, 복부의 병을 치료하고, 복부의 불(자타라 아그니, 消化力)을 증대한다.
> 이 청소(다우티)는 신들조차도 얻기 힘든 지고의 비법이고, 이 청소를 묵묵히 닦아가는 것으로 실로 신과 같은 신체(데바 데하)가 만들어진다.
>
> –《게란다 본집》 I. 20~21

《게란다 본집》에 상세한 방법이 설해져 있지 않지만, 인도에서는 배를 당기는 3종의 행법을 연속적으로 하고 있다.

첫 번째 방법

① 편안한 자세로 앉는다.

② 옆구리에 양손을 올린다. 그렇게 하면, 엄지손가락은 등 쪽에, 나머지 4개의 손가락은 자연스럽게 가지런히 배꼽의 양옆에 놓인다.

③ 복식호흡을 하고, 숨을 내쉴 때, 좌우 8개의 손가락으로 배를 척추 쪽으로 깊숙이 누른다.

④ 숨을 들이쉴 때 손가락에 힘을 뺀다.

⑤ 호흡에 맞추어 10~30회 반복한다.

두 번째 방법

① 손가락에 힘을 뺀 상태로, 숨을 내쉴 때 배꼽을 척추로 끌어당긴다.

② 숨을 들이쉴 때, 배꼽은 원래 상태로 되돌아간다.

③ 호흡에 맞추어 10~30회 반복한다.

(배를 옆에서 보면, 배꼽이 대지와 평행하게 앞뒤로 움직인다)

세 번째 방법

① 숨을 내쉬면서 배꼽을 척추에 끌어당기거나, 숨을 멈추고 웃디야나 반다(→77. 반다)의 요령으로 배꼽을 명치 쪽으로 끌어 올린다.

• 《게란다 본집》 I . 20~21.
nābhigranthiṁ meru-pṛṣṭhe śatavārañca kārayet | agni-sāram iyaṁ dhautir yogināṁ yosa-siddhidā | udarāmayajaṁ tyaktvā jaṭharāgniṁ vivarddhayet ||
eṣā dhautiḥ parā gopyā devānām api durlabhā | kevalaṁ dhauti-mātreṇa devadehaṁ bhavede dhruvam ||

② 복근을 느슨하게 하고, 숨을 들이쉬면 배꼽은 평상시 위치로 돌아온다.

③ 호흡에 맞추어 10~30회 반복한다.

(배를 옆에서 보면, 배꼽이 세로로 긴 타원을 그리며 돌고 있는 듯이 느껴진다)

주의 및 효과

○ 가능하면 아침에 일어나서 배변을 마친 뒤 행한다.

○ 생리 중이거나 임신 중인 여성은 해서는 안 된다.

○ 위에 (음식)물이 들어 있는 경우에도 해서는 안 된다. 구역질이 날 수도 있다.

○ 배의 상태가 안 좋을 때 변비에도 설사에도 절대적인 효과가 있다.

○ 복부에 호마단을 관상하고 그 제사의 불이 타오르는 것을 이미지화할 수 있다면 좋다.

배꼽 옆의 양 옆구리를 양손으로 잡고, 날숨과 함께 손가락으로 누르며 배를 집어넣는다. 배꼽을 쥐어짜는 듯한 느낌이다. 들숨과 함께 배를 느슨하게 한다.
배꼽을 중심으로 하는 직경 7~8cm인 원 안에는 소화나 대사를 정상화하고, 지방이나 노폐물을 배출하는 9개의 경혈이 자리 잡고 있는데, 요가에서는 이 경혈들을 하나로 묶어 '나비마르마(nābhimarma)'라고 부른다. 이것을 적당히 자극을 하면 소화기능이 개선되고, 배변도 원활해진다. 간장이 자극되기 때문에 숙취에도 좋다. 그리고 부신피질의 움직임에 영향을 주고, 자신감과 활력을 준다.

그림. 아그니사라 다우티의 기본

66	# 싯다비디야 – 요가와 의학의 완전한 통합
	Siddha-vidhyā

[Siddha(성취자) + vidyā(과학)]

〈여〉 성취자의 가르침, 싯다의 과학, 싯다의학

※ 요가와 아유르베다는 자매 관계라고들 흔히 말한다. 산스크리트와 요가의 개조 파탄잘리 Patañjali는 의사이기도 했고, 차라카라는 이름으로 아유르베다의 교과서(《차라카 본집Caraka-samhitā》)를 저술했다는 전설이 있다. 사실이라고는 말할 수 없다 하더라도 인도 민중이 요가와 아유르베다에 친근함을 느끼는 것은 사실일 것이다. 그러나 이 요가가 하타 요가를 가리키는 것이라면, 약간의 수정이 필요하다. 하타 요가는 내과인 차라카 아유르베다보다도 외과인 수슈루타 아유르베다 및 남인도에 현존하는 '싯다비디야Siddha-vidyā'의 의학(이하 '싯다의학')과 인연이 깊다.

◎ 불로불사不老不死의 꿈

사람은 결국 죽는다. 죽음을 완강하게 거부한 지적 체계가 있다.

싯다비디야Siddha-vidhyā.

비디야는 한역불전에서는 '명明'이라고 번역되며, 실용과학 전반을 가리키는 말이다. 즉, 싯다비디야는 비금속을 황금으로 변환하는 연금술로 상징되며, 무상한 것을 영원한 것으로 바꾸는 것을 꿈꾸는 과학으로, 의학은 그 응용에 불과하다.

남인도의 사람으로 대승불교의 '공空' 사상을 확립한 나가르주나龍樹(A.D. 150~?, 그림)는 외과 의학서적 《수슈르타 본집(상히타)》을 개정한 사람이고, 또한 싯다비디야의 초기 마스터 중의 한 사람이었다고 한다. 7세기에 흥한 밀교의 개조이기도 하다. 나가보디[龍智]에게 금강승金剛乘을 전하고, 그 흐름이 구카이空海에 의해 일본에 전해졌다. 게다가 그는《비밀집회탄트라》의 주석서인《5차제》(10세기)를 저술한 인물로서《84성취자전》에도 등장하며 그가 규정한 요가가 티베트불교의 겔룩파(달라이라마가 속한 분파)의 실천의 기초를 이루고 있다.

우리들은 산스크리트의 파탄잘리와 요가의 파탄잘리가 그러했듯이, 대승의 나가르주나와 밀교의 나가르주나도 다른 사람이라고 이해한다. 당연할 것이다. 두 나가르주나의 사이에는 800년간의 공백이 있다. 그렇지만 인도에서 전승된 티베트의 신앙은 두 나가르주나는 동일한 사람이라고 단정하고, 이에 조금도 흔들림이 없다.

이런 이야기는 현재도 만들어지고 있으며, 이제는 세계 속의 요가 애호가들을 매료시키고 있다. 예를 들어《요가난다의 자서전》에 등장하는 불멸의

자라트 아유르베다 대학의 1985년 달력에서

그림. 연금술사 나가르주나

성자 바바지Babaji. 그도 또한 나가르주나와 같은 시기에 남인도에서 생을 받은 싯다비디야 중의 한 사람이었다고 한다(마샬 고빈단 저, 《바바지와 18인의 싯다》).

모두 전설일 것이다. 그러나 무시할 수는 없다. 왜냐하면 싯다비디야는 남인도의 타밀나두 주 및 케랄라 주 남부에 현존하고 있고, 그것을 요가적으로 응용한 것을 하타 요가라고 하기 때문이다.

타밀인은 팔라바 왕조시대(3세기경~896년)에 북인도에 전해진 타밀의 전통이 탄트리즘(밀교)을 낳았고 그 속에서 나타파의 개조인 맛시옌드라와 고라크샤도 나타났다고 주장하지만, 확실한 것은 알 수 없다. 고대 타밀어로 쓰인 싯다비디야 문헌의 대부분은 아직 야자잎 사본인 채로 남아 있어서 비판적인(크리티컬한) 학술연구가 이루어지지 않고 있다.

◎ 연금술의 전통

타밀의 싯다비디야(현지의 발음은 타밀어형의 Citta-vittyam)의 의학은 질병은 바람風(바타), 열熱(핏타), 냉冷(카파)의 원리의 불균형에서 생긴다고 하는 등 많은 이론을 아유르베다와 공유한다. 싯다의학의 치료는 질병의 기초진단에서 시작한다. 의사는 질병에 관련된 모든 것에 주목한다. 기후, 환자의 체력, 음식, 소화력, 체온, 라이프 스타일 등도 진단의 재료이다. 이러한 면도 아유르베다와 다를 바 없지만, 그러나 그 근저에 있는 것이 연금술(라사야나)이다.

고苦, 老病死가 있다. 싯다비디야는 고를 인생에 있어서 전혀 필요 없는 것으로 간주한다. 그러나 고는 발생한다.

그 원인은 사람마다 제각각이지만, 궁극의 원인으로 물리학적·병리학적인 법칙에 갇힌 육체의 미성숙을 들고 있다. 이런 신체와 함께할 경우 영혼

(아트만) 본래의 힘은 베일에 가려져버린다. 그 결과 '고'가 일어나는 것은 필연이다.

이 원인을 제어하는 것에는 비금속을 황금으로 변환loha-vedha하는 것과 같은 방법으로 육체를 영적 신체로 변환deha-vedha할 필요가 있다. 고대의 연금술사들은 수은, 운모, 유황 등이 중요한 역할을 하는 변환의 방법을 알고 있었다(고 한다).

그리고 원인을 제어하기 위한 길[道], 즉 구체적인 방법으로, 병자에게는 아유르베다와 같은 치료법을 더해 마르마(타밀어로는 varmam)를 이용한 마사지를 하고, 광물약이나 금속약을 투여하는 점에 싯다의학의 특징이 있다.

그러나 환자가 죽지 않게 되는 것은 아니다. 그 사람의 운명에 따라서 결국 죽는다. 왜냐하면 그 사람은 요긴이 아니기 때문이다. 요가 없이 육체의 정복이라는 성취는 없다. 싯다비디야는 말한다.

> 집중하여 마음을 응시하는 것 없이 요가는 없다. 마음 없이 지혜는 없다.
> 프라나의 제어(프라나야마) 없이 완전한 신체는 없다.

금속의 변환이 수은을 이용해서 달성할 수 있는 바와 같이, 육체의 정복은 프라나의 제어를 통해서 성취하고자 하는 것이다.

그리고 싯다비디야의 요가, 즉 하타 요가는 의식적인 것이 아니라, 생화학적인 것임에 틀림없는 연금술적인 방법으로 동물적인 상태보다 높은 단계에 오르게 하는 방법인 것이다.

싯다의학의 종사자들은 의사이기 이전에 하타 요긴이다. 그들은 많은 경우 칼라리 아유르베다의 의사들처럼 무술가이기도 하다. 무술훈련의 기반에 '호흡과 관련한 생명력의 흐름'인 프라나의 통로 교차점인 마르마를 발견하고,

이번에는 마르마를 기반으로 비금속을 황금으로 변환하는 연금장치인 차크라의 시스템을 구축해나간다.

소화의 불이 이 연금장치의 열원熱源이 된다. 그리고 다음 항목에서 서술할 정액精液(성적 에너지)이 인체 연금술의 제1원질(마테리아 푸리마)에 해당한다.

싯다비디야의 비밀스러운 가르침은 불로불사를 가능하게 했던 것일까?

13세기에 인도를 방문한 마르코 폴로Marco Polo(1254~1324)는 《동방견문록東方見聞錄》에서 남인도의 요가수행자에 관해서 다음과 같이 기술하고 있다.

> 그들은 매우 오래 살아서 모두 150세에서 200세까지 살았다. 소식하지만 영양분이 많은 쌀과 우유를 주로 먹는다. 그들은 기묘한 음료를 마신다. 유황과 수은을 섞어서 매월 2회 마신다. 이것이 장수의 근간이며 어린 시절부터 계속해서 마셔왔던 것이라고 한다.

67

브라마차리야

– 사정射精해야 해? 사정하면 안 돼?

Brahma-carya

[brahma(범梵/범천梵天/바라문) + carya(수행/행위)]

〈중〉 바라문 학생의 행위규범, 자제, 금욕

※ '브라마차리야'는 스승에게서 베다를 배우는 바라문 학생의 행위규범이 원래의 의미. 그동안 여성과 성적 관계를 맺는 것은 엄격하게 금지되어 있었지만, 점차 성관계 금지의 중요성이 강조되면서 브라마차리야라고 하면 '금욕'을 가리키는 것이 되었다. 게다가 이후에는 성행위 자체보다도 정액을 방출하는 것이 문제시되기에 이르렀다. 브라마차리야는 요가의 8단계의 첫째 단계인 야마를 포함하여, '브라마차리야가 확립하면 [요긴은] 정력을 획득한다'•라고 설명된다. 이 경우의 정력vīrya은 초능력이라고 해석되고 있다.

◎ 금욕에 관한 두 가지 견해

요가는 금욕을 절대 조건과 같이 말한다(그림). 그러나 앞서 기술한 것과 같이 성性 요가와 같은 것도 있다. 오오, 그렇다면 섹스는 좋은 것이 아닌가! 그러나 이런 요가의 텍스트라고 하더라도 사정해서는 안 된다고 한다.

그렇지만 아유르베다는 정액을 쌓아두어서는 안 된다고 설한다. 아마와 마찬가지로 병의 근원이다. 따라서 여인과 적절하게 관계하고, 사정해야 한다고. 사정해야 하는가? 사정해서는 안 되는가? 번뇌에 빠진 남자들에게 있어서 중대한 문제이다.

• 《요가수트라》 II. 38.
brahmacarya-pratiṣṭhāyāṁ vīrya-lābhaḥ ||

그렇다면 질문을 바꾸어, 사람은 어째서 성교(마이투나)하는 것인가?

아이를 낳기 위해. 그것이 첫 번째 이유이다. 아유르베다도 요가도 슈크라 śukra(정액이라고 번역되지만, 여성의 성 에너지도 포함한다)는 음식이 인체라는 정묘한 장치(얀트라) 속에서 소화, 대사를 반복한 끝에 만들어진 최종물질이라고 생각한다.

아유르베다의 '7개의 신체구성요소' 이론에서는 음식은 ① 유미乳糜 → ② 혈액血液 → ③ 근육筋肉 → ④ 지방脂肪 → ⑤ 뼈[骨] → ⑥ 골수骨髓 → ⑦ 정액精液(슈크라)으로 변환된다. 그 최종물질인 슈크라를 제공하여 아이를 만들어내고, 자신의 생명을 이어간다. 자기 자신은 죽더라도 자신의 빈두(생명의 정수)는 남는다. 생물학적인 의미에서는 유전자를 남기는 것이 가능하다면 불사는 달성된다. 그러나 빈두를 보존하기 위해 자기가 소멸하는 것을 부정한다면 어떻게 되는가?

나는 나만을 위해서 살아간다. 인간(마누샤)이라는 종種이 어찌 되든 괜찮다. 종을 보존하기 위해서 자기를 희생하는 것은 싫다. 극단적으로 말하자면, 그렇게 생각하는 것이 요가이다. 아이를 만들어내는 슈크라야 말로 생명의 정수이다. 이것을 낭비하기 때문에 노병사老病死가 있다. 요가의 근간과 관련된 사상이다.

평범한 사람이 과도하게 금욕 등을 한다면 피에 슈크라가 섞여서, 아유르베다에서 말하듯이, 머리가 이상하게 되거나 병에 걸리거나 한다. 여자라면 히스테릭한 노처녀가 되는 일도 있다. 섹스리스sexless 여성은 자궁암이나 유방암에 걸릴 리스크가 커진다는 통계도 있다.

그러나 요가의 기법을 사용한 금욕이라고 한다면 빈두는 전부 자기만을 위해 유효하게 사용할 수 있다. 여러 가지 초능력(싯디)이 몸에 생긴다. 아름다워진다. 나이도 먹지 않게 된다.

◎ 성 에너지 상승법

금욕하고, 슈크라를 《요가수트라》에서 이야기하는 정력(비리야)으로 변환시키고자 한다면, 먼저, 정액은 소원을 이루는 비약秘藥이라고 생각한다. 연금술에 '현자의 돌(싯다의학에서는 뭇푸muppu)'과 같이 초자연적인 물질이다. 그러므로 바깥으로 흘려서는 안 된다고 강하게 염한다. 이 사념이 ♂의 성가신 정액을, 성취를 가져다주는 신성한 물질로 바꾼다. 이어서 상승을 위한 통로를 내지 않으면 안 된다.

탄트라적인 요가나 싯디의학에서는 아유르베다의 7가지 신체 구성요소를 7개의 차크라에 관련시키고 있다(→ 59. 차크라, pp.000~000의 도표).

① 유미(목구멍, 비슛다) → ② 혈액(심장, 아나하타) → ③ 근육(배꼽, 마니푸라)

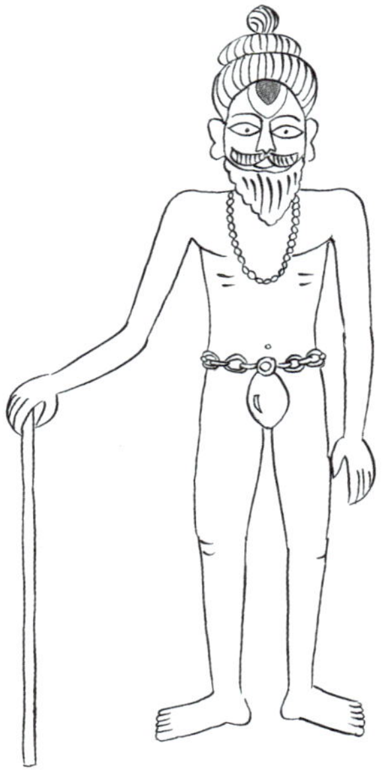

그림. 금욕의 서원을 세우고, 철로 된 속옷(로하랑고티), 정조대貞操帶를 착용한 수행자

→ ④ 지방(생식기, 스와디슈타나) → ⑤ 뼈(회음, 물라다라) → ⑥ 골수(미간, 아갸) → ⑦정액(정수리, 사하스라라)

이것은 쿤달리니 요가의 비의를 보여주는 도식이다.

① 유미에서 ⑤ 뼈까지는 목구멍의 비슛다 차크라에서 회음의 물라다라차크라로로 향하는 하강운동을 가리킨다. ⑥ 골수에 이르러서 미간의 아갸 차크라ājñā-cakra로 한번에 상승한다. 유미로부터 뼈까지의 변환은 신체가 알아서 해주지만, 골수부터는 의지가 강하게 작용하는 것(아갸)이 필요하다. 그리고 여기에서 말하는 골수는 중앙 맥관(슈슘나)이다.

중앙 맥관을 남근으로 간주하고, 두개골의 안쪽에 슈크라(성 에너지)를 분출한다.

쿤달리니로 표현되는 성 에너지는 그 상태로는 상승하지 않는다.

관법에 의해서 물라다라에서 사하스라라까지 뻗어 있는 큰 길을 낸다.

관법과 호흡법에 의해서 아랫배에 머물고 있는 성 에너지를 활성화한다.

관법과 반다, 아사나 등의 신체 기법에 의해 그 활성화된 성 에너지를 중앙 맥관으로 보낸다.

즉, 이 프로세스는 관상법觀想法이 열쇠이다. 신체를 세로로 달리는 빛의 링가와 같은 중앙 맥관. 똬리를 튼 백사白蛇의 모습을 한 성 에너지. 뱀은 프라나를 마시고 상승한다. 영적인 기운 같은 것이 중앙 맥관을 올라간다. 이런 광경을 비주얼라이즈한다(관상에 관해서는 → 104. 디야나).

이와 같이 행해지지 않은 금욕(브라마차리야)은 정액이 축적되어도 부패하게 할 뿐으로 아유르베다에서 말하는 것과 같은 어떤 이익도 가져다주지 않는다.

여성의 슈크라(성 에너지) 상승은 남성보다도 쉽다고 여겨지지만, 성전에 쓰여 있지 않으므로, (텍스트 편찬자가 남성이었기 때문이다) 구체적인 방법은 불명확하다.

68

샤트카르만

– 우선은 입에서 항문까지 깨끗하게

Ṣaṭ-karman

[ṣaṭ(6) + karman(행위)]

〈중〉 바라문이 행해야만 하는 여섯 종류의 직무, 밀교의 수행법의 여섯 종류의 목적, 하타 요가의 여섯 종류의 정화법.

〈남〉 여섯 종류의 직무에 뛰어난 바라문, 밀교수행법에 뛰어난 자.

※ '샤트카르만'은 '종교적 행위'를 나타낸 말. 하타 요가의 정화법이 이 말로 불리는 것은 그 자체가 행법이기 때문이다.

'하타 요가'라는 말은 좁은 의미로는 이 샤트카르만을 의미한다고 한다. 샤트카르만은 요가테라피(요가요법)의 중심기법으로 현대에 이어져서 건강 유지나 질병·노화의 예방으로써 그 가치가 새롭게 평가되고 있다.

◎ 혼자서 행하는 아유르베다

서양의학의 인체는 내장의 체계이지만, 아유르베다와 요가에서는 소화관에서 시작하는 맥관(나디)의 체계이다. 소화·대사된 음식은 유미, 혈액, 근육, 지방, 뼈, 골수, 정액 등의 다투dhatu(신체 구성요소)로 변해가지만, 각 다투의 변환도 맥관을 통해서 일어난다. 그리고 맥관에 퇴적된 아마가 병을 야기한다. '모든 병은 복부'라고 하는 것도 그 때문이다. 정신병도 음식이 화근으로 여겨진다. 아마를 없애면 병은 낫는다.

그러기 위한 아유르베다 요법이 최토催吐, 사하瀉下, 경비經鼻, 관장浣腸, 방혈放血의 '다섯 가지 치료법(판차카르만).'

그것의 하타 요가 버전이 다음과 같은 〈6개의 정화법〉이다.

○ 소화관의 청소dhauti

○ 관장浣腸, basti

○ 코 청소nati

○ 복부요동腹部搖動, laulikī

○ 응시凝視, trāṭaka

○ 두개골 정화[頭蓋点灯, kapālabhāti]

요가의 신체정화는 몇십 가지가 있는데, 그 정화법들을 종교적 행위를 나타내는 숫자 6에 맞춰 정리한 것이다.

아유르베다의 '다섯 가지 치료법'과 요가의 '여섯 가지 정화법'의 차이는 전자는 의사가 환자에게 처치하는 정화법인데 반해서 후자는 요긴이 스스로 하는 것이다. 그리고 전자가 많은 종류의 약제와 기구를 사용하는 데 반해 후자는 자연의 것을 사용한다. 즉, 약제 대신에 물이나 소화의 불 또는 바람(호흡)을 사용해서 정화한다. 거기에는 의지의 힘이 강하게 개입한다.

예를 들어 '다섯 가지 치료법'과 '여섯 가지 정화법' 모두 관장이 있다. 전자에는 의사가 환자의 항문에 약물을 주입한다. 후자에서는 요긴이 자신의 식도에서 항문에 이르는 소화관을 마치 스포이트처럼 사용하여 항문으로 물을 흡입하는 것이다. 물론 이런 어려운 기술이 하루아침에 가능할 리 없다. 그렇기 때문에 요가의 정화법은 그 자체가 수행이다.

하타 요가에서는 이렇게 신체를 정화하고, 게다가 프라나야마나 아사나를 이용하여 미세신微細身의 맥관을 정화한다. 미세신의 맥관 정화는 하타 요가의 맥락에서는 미세한 아마, 즉 카르마를 정화하는 것과 같다. 그 마지막 과정이 중앙 맥관을 정화하고, 쿤달리니의 불꽃을 쏘아 올리는 일이다.

아사나나 프라나야마가 건강에 좋다고 하는 것은, 하타 요가의 이론에 따르면 조대한 맥관과 미세한 맥관이 정화되기 때문이다. 맥관의 정화를 거치지 않고 쿤달리니를 직접 조작하여서 이것이 상승했다고 하더라도 몸속은 불타오르는 화염지옥의 고통을 맛보게 된다.

여기에서는 샤트카르만의 가운데에서 비교적 용이하게 할 수 있는 몇 가지를 소개하겠다.

◎ 네티(코의 청소)

> 네티법은 두개골의 속을 깨끗하게 하고, 신의 눈[神眼]을 주고 어깨 위쪽에 생기는 모든 병을 신속하게 제거한다.
>
> -《하타요가프라디피카》 II. 30•

감기나 인플루엔자가 유행을 하는 계절이 되면, 예방법은 첫째도 둘째도 가글gargle이라고 텔레비전에서 말한다. 다른 의견은 없지만 코 세척도 함께 하는 것이 보다 더 효과적이라고는 누구도 말하지 않는다.

코 세척은 네티를 말한다.

① 소금을 녹인 미지근한 물을 한쪽 콧구멍으로 빨아들여 ② 다른 쪽 콧구멍 혹은 입으로 내보낸다.

코에서 입으로 거즈 같은 실을 통과시켜, 굴뚝을 청소하듯, 쓱쓱 문지르는 방법도 있지만, 일반 사람들이 하기에는 물만으로도 충분할 것이다. 요가의 교서에도 '네티는 모든 병의 예방, 건강유지에 매우 효과가 있지만, 정신적인 영향도 크고 계속해서 하면 심신의 안정도 가져온다' 고한다.

• 《하타요가프라디피카》 II. 30.
kapāla-śodhinī caiva divya-dṛṣṭa-pradāyinī | jatrūrdhvajātarogaughaṁ netirāśu lihaṁti ca ||

콧구멍은 전신을 둘러싼 프라나 맥관의 입구이므로 요가에서는 이것을 정화하는 것을 특히 중시한다. 그리고 이것을 수행하면 후각이 현저하게 발달한다.

대승불교의 '공' 사상의 확립자 나가르주나(A.D. 150년경~?)는 네티를 매일매일 실천하고, 게다가 의학과 연금술에도 뛰어났으며, 수백 살을 살았다고 전해진다.

◎ 바마나 다우티(구토를 통한 소화관 청소)

다우티dhauti는 힌두 남성의 '씻어서 깨끗하게 한 옷'인 도티dhoti와 같은 어원이다. 즉, 소화관을 '씻어서 깨끗하게 하는 것'이다. 오래 사용한 도티를 찢어서 길이 4m, 폭 7cm로 만든 천을 삼켜서 식도와 위를 세정하는 방법도 있지만vāsa-dhauti(숙련자는 입으로 삼킨 천 조각을 항문으로 꺼내고 천의 양끝을 손으로 잡고 굴뚝 청소를 하듯이 쓱쓱 닦는다), 물을 마셔서 토하는 방법vamana-dhauti만으로도 충분할 것이다.

이것은 말하자면 위세척이다.

> 현명한 수행자는 식사 후 '위 속의 음식이 충분히 소화된 후' 목구멍까지 가득 찰 만큼 물을 마시고 잠시 위쪽을 보았다가 그 물을 토해내는 것이 좋다.
> 이 요가의 실천을 상시 수행하는 것으로 [과잉된] 카파와 핏타는 제거된다.
>
> –《게란다 본집》I. 39•

• 《게란다 본집》I. 39.
bhojanānte pibedvāri cākaṇṭhaṁ pūrṇitaṁ sudhīḥ | ūrddhvadṛṣṭiṁ kṣaṇaṁ kṛtvā tajjalaṁ vamayet punaḥ | nityam abhyāsayogena kaphapittaṁ nivārayet ||

아침에 기상한 후에 공복일 때 시행한다.

① 1.5~2리터의 미지근한 물을 서 있는 상태로 한번에 마신다(물에 소금을 조금 넣는 것이 마시기 쉽다).

② 둘째 손가락과 셋째 손가락을 목구멍에 집어넣어 배를 가볍게 누르면서 마신 물을 한번에 토해낸다.

③ 토하는 것이 멈출 때까지 수차례 반복한다. 술 취한 사람이 웩웩거리는 방식이다.

◎ 바리사라 다우티(물을 이용한 [모든 소화관] 청소)

> 목구멍까지 물을 머금고, 물을 조금씩 마셔서 위(우다라) 속으로 이동시켜 아래로 배출하는 것이 좋다.
>
> 물에 의한(바리사라) [청소]는 지고의 비법이고, 신체를 청정한 것으로 만든다. 이것을 열심히 수행하는 것으로 신과 같은 신체(데바데하)가 만들어진다.
>
> – 《게란다 본집》 I. 17~18•

'소라고둥 정화śaṇkha-prakṣālana'라고도 부른다. 소라고둥은 그 소리가 마魔를 없애기 때문에 의식에 빼놓을 수 없는 악기이지만, 입을 대고 부는 것이므로, 내부가 침 등으로 더러워진다. 따라서 항상 물을 통과시켜서 깨끗하게 할 필요가 있다. 마찬가지로 입에서 항문에 걸쳐 있는 소화관을 물을 통과시켜서 내부를 깨끗하게 하는 것이다.

• 《게란다 본집》 I. 17~18.
ākaṇṭhaṁ pūrayedvāri vaktreṇa ca pibecchanaiḥ | cālayed udareṇaiva codarād recayedadhaḥ ||
vārisāraṁ paraṁ gopyaṁ dehanirmalakārakam | sādhayet tat pratyatnena devadehaṁ prapadyate ||

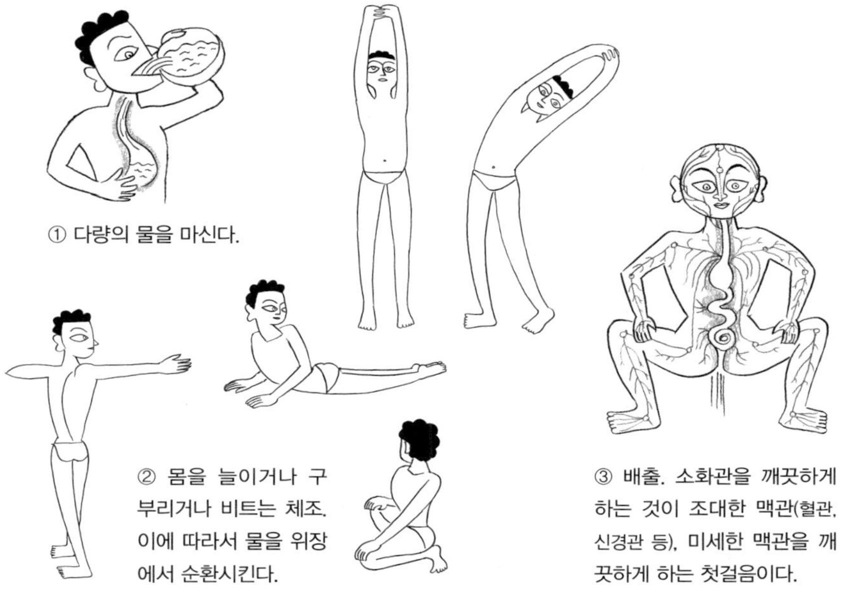

① 다량의 물을 마신다.
② 몸을 늘이거나 구부리거나 비트는 체조. 이에 따라서 물을 위장에서 순환시킨다.
③ 배출. 소화관을 깨끗하게 하는 것이 조대한 맥관(혈관, 신경관 등), 미세한 맥관을 깨끗하게 하는 첫걸음이다.

그림. 소라고둥 정화법

다량의 물을 마시고, 다섯 가지 포즈를 반복한다. 그것에 의해서 물이 장의 구석구석에 퍼져서 장의 벽을 세척한다. 그 후 물을 배출한다. 간단하게 할 수 있고, 단식 이상의 정화작용이 있다고 한다(그림).

한나절 이상의 시간적 여유가 있을 때 한다. 정신적인 면에도 상당히 영향을 끼치므로 우울할 때에는 피한다.

전날 저녁 식사를 반만 먹는다. 다음 날 아침 눈을 뜨고 나서 미지근한 물 1.5리터에 소금(두 꼬집), 레몬(조금)을 넣은 것을 한번에 마신다. 위가 비어 있으므로, 의외로 잘 마실 수 있다. 마시기 힘든 날에는 나누어서 마셔도 좋다.

첫 번째 아사나 '손을 올린 포즈(하스타 우르드와Hasta-ūrdhva-āsana)'

① 두 발을 허리의 폭만큼 벌린다. 발꿈치에서 발끝까지는 평행.

② 가슴 앞에서 손가락을 깍지 끼고 들숨에 양손과 발뒤꿈치를 들어올린다.

③ 팔꿈치를 곧게 펴고 팔이 양쪽 귀에 닿는 듯한 느낌으로 손바닥을 허공을 향해서 쭉 민다.

이때, 배가 물로 출렁거리고 있으므로, 자연히 거기에 의식이 향한다. 상하로 쭉 뻗어 있는 것을 확실하게 느끼고 나서

④ 날숨에 쿵 하고 발꿈치를 떨어뜨리고, 손을 내린다.

⑤ 4회 반복한다.

두 번째 아사나(첫 번째 아사나의 변형)

① 양발을 골반 너비만큼 벌린다. 가슴 앞에서 양손으로 깍지를 끼고 손바닥을 뒤집어서 양팔을 올린다(발꿈치는 들지 않는다).

② (완전히 늘이고 나서) 내쉬면서, 몸통을 우측으로 기울인다(왼 옆구리가 늘어난다).

③ 들숨에 제자리로, 왼쪽으로 기울인다.

④ 4번 반복한다.

세 번째 아사나 '카티 차크라 포즈 Kaṭi-cakra-āsana'

① 발을 골반 너비로 벌린다. 들숨에 양팔을 어깨 높이만큼 올린다.

② 내쉬면서 오른쪽으로 비튼다.

눈은 양손의 손끝을 응시하고, 왼팔은 자연스럽게 팔꿈치를 구부려서 비틀었을 때 왼손 끝이 오른쪽 어깨 끝에 닿게 한다.

③ 여유가 있다면 가볍게 숨을 멈춘 상태로 오른손 손끝을 좀 더 뒤로 가게 한다.

④ 내쉬면서 정면을 향해서 되돌아온다. 두 팔꿈치를 편다.

⑤ 마찬가지로 몸통을 왼쪽으로 비튼다.

⑥ 4회 반복한다.

• 양 팔을 손끝까지 힘을 뺀 상태로 하면 기분이 좋다.

네 번째 아사나 '뱀(부장가) 포즈Bhujaṇga-āsana'의 변형

(막대 포즈(단다사나)로 하는 방법도 있지만, 반복하면 팔이 피로해지므로 부장가의 변형이 하기 쉽다.)

① 엎드려서 눕는다.

손바닥을 어깨 끝 근처의 바닥에 붙이고, 팔꿈치를 구부려서 몸의 옆구리에 닿게 한 다음, 아래팔 부위는 바닥에 닿게 한다.

② 상체를 일으킨다. 배꼽이 바닥에서 떨어지지 않도록 한다.

③ 내쉬면서 좌측으로 비틀어 어깨 너머로 오른쪽 엉덩이를 본다.

④ 들숨에 정면으로 돌아온다.

⑤ 내쉬면서 좌측으로 비틀고, 어깨 너머로 왼쪽 엉덩이를 본다.

⑥ 4회 반복한다.

• 배꼽을 바닥에서 떨어지지 않게 하고, 허리 주변에서 비튼다.

다섯 번째 아사나 '배를 누르는(우다라카르샤) 포즈Udara-karśa-āsana'

① 까마귀 포즈(카카사나)를 한다(양발을 허리폭만큼 벌리고 쪼그려 앉는다. 엉덩이는 바닥에 닿지 않게, 발꿈치는 바닥에 붙인다).

② 양손을 무릎에 두고,

③ 내쉬는 숨에서 왼 발꿈치를 조금 들어 신체를 오른쪽으로 비틀며 왼쪽 무릎을 오른쪽 발끝에 가져다 댄다.

④ 얼굴은 오른쪽으로 기울이며 왼쪽 어깨 너머로 뒤를 본다.

⑤ 들숨에 제자리로 원래 자세로 돌아오고, 마찬가지로 왼쪽으로 비튼다.

⑥ 4회 반복한다.

• 가능한 척추를 편 채로 앞으로 구부려서 허벅지로 아랫배를 압박한다.

이상의 다섯 가지 포즈를 4세트 반복한다.

도중에 미지근한 물을 마시면서 최종적으로는 4리터 정도를 마신다. 화장실에 가고 싶어졌다면, 잠시 쉬었다가 다시 시작한다. 6~10사이클 반복하면 배 속의 모든 것이 배출되어서 최종적으로는 맑은 물이 나온다.

횟수의 기준은 간단하다. 단련되면 자기에게 필요한 횟수나 방법을 찾을 수 있을 것이다. 아사나도 4회라는 횟수에 구애받을 필요는 없다.

시간이 없을 때, 가볍게 정화하고 싶을 때 정기적(예를 들어 매월 보름)으로 하는 경우

① 미지근한 물 2리터를 마시고, 5개의 포즈를 원 사이클.

② 이어서 미지근한 물 1리터를 마시면서 원 사이클.

③ ②와 마찬가지.

이와 같이 해도 좋다. 단시간에 끝난다.

릴랙스하고 즐기면서 쉬어가면서 시험해볼 것. 매우 개운할 것이다. 종료했을 때에 공복감을 느끼는 경우는 거의 없지만, 죽(쌀에 녹두 달(dal 또는 dhal)을 섞어 만든 키치리kichiri가 좋다고 한다) 등을 조금 먹고 휴양한다. 이틀 정도 부드럽고 자극이 없는 음식을 먹으면 효과가 높아진다.

69 리투차리야

– 더운 곳에서 요가를 하다니 당치도 않다

Ṛtu-caryā

[ṛtu(계절) + caryā(행위)]

〈여〉 계절에 따른 행위, 아유르베다의 '계절에 따라서 식사와 행위를 적응시키는 기술.'
※ '리투차리야'는 계절에 행위를 적응시키는 것이다. 요가는 '덥지도 춥지도 않은' 봄이나 가을에 시작하는 것이 좋다고 한다. 더운(뜨거운) 곳에서 격하게 몸을 움직이는 등 몸을 뜨겁게 만드는 행위를 하면 때로 목숨이 위태로워진다.

◎ 메뉴는 계절에 따라 변한다

'인도는 더워서 뜨거운 곳에서 요가를 해야만 한다'라고 주장하는 그룹이 있었지만, 터무니없는 이야기다. 맨 처음 주장한 사람은 인도인이지만, 요가나 아유르베다의 지식이 조금이라도 있는 사람이 그렇게 전했다면 범죄행위라고 말할 수 있을 것이다. 저 요가로 얼마나 많은 사람이 몸을 망가뜨렸을까?

그런 게 아니라면 창시자는 아사나를 더러워진 육체를 괴롭히기 위한 고행으로 파악하고 있었던 것일까? 바라문이나 비슈누파의 수행자 중에는 그렇게 생각하는 사람이 제법 많다. 베단타계, 비슈누파의 계통을 잇는 라마난디라는 분파의 행자는 하타 요가의 아사나, 그 포즈를 신체를 괴롭히기 위해 수행하는 경향이 있다. 예를 들어 뙤약볕 아래에서, 게다가 자신의 주위에 불을 피워 두고 시르샤아사나(물구나무서기)를 한다. 그러나 이것은 하타 요가가 아니다(그림). 그들에게는 그들의 사상이 있다. 시시비비를 가리자는 것은 아니지만, 그들의 아사나를 하타 요가라고 오해해서는 안 된다.

아유르베다는 '계절에 따른 수행(리투차리야)'을 이야기한다. 이것을 따르는 칼라리파얏트(케랄라의 전통무술)에서는 여름(4~5월)의 혹서기에 도장을 쉰다. 밖이 더울 때에, 몸을 뜨겁게 하는 수련을 하면 체내에 핏타(火=열원리熱原理)가 증대하고, 위험한 상황을 초래할 수 있다. 예를 들어, 열사병이 그렇다.

이런 관점에서 보자면, 뙤약볕 아래에서 하는 일본의 여름 고교야구 등은 어리석음의 정점이라 할 수 있을 것이다. 실제로 열사병으로 뇌에 열이 차 목숨을 잃는 사람도 있을 터. 그렇다고 하더라도 고교야구의 본질은 스포츠가 아니다. 고행이다. 선수가 금욕 승려처럼 머리를 빡빡 깎고 있는 것이 그 증거. 고행이기 때문에 일본인의 감동을 불러오는 것이다.

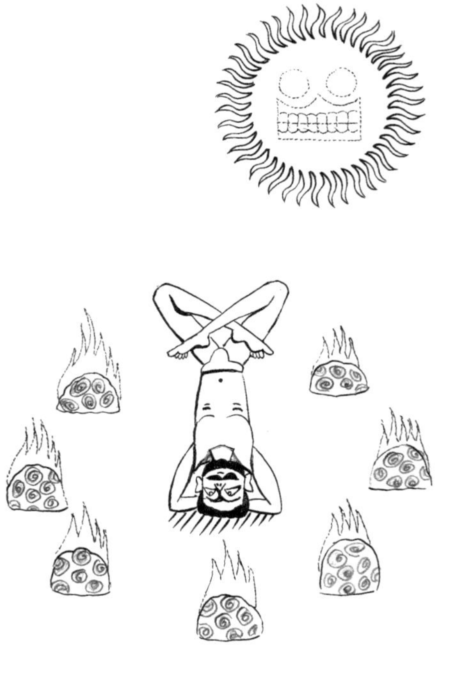

뙤약볕 아래, 게다가 주변에 소똥 연료를 산처럼 쌓아 불을 피워놓고 물구나무서기 포즈를 행하는 라마난디파의 사두. 그러나 이것은 하타 요가가 아니다.

그림. 고행으로서의 아사나

칼라리파얏트에서는 '너무 덥지도 너무 춥지도 않은' 6~7월의 우기에 집중훈련을 한다. 대지의 에너지가 이 시기에 증가하기 때문이다. 이 시원한 계절은 활기찬 훈련과 마사지를 함으로써 피타와 바타(風=동원리動原理)를 낳는다. 이 열이 우기에 축적하는 카파(水=냉원리冷原理)와 균형을 이룬다.

수행이 끝나면 제자는 땀이 완전히 마르고 나서(수건으로 닦거나 하지 않는다) 사원의 목욕 연못이나 개울 또는 샤워실에 가서 목욕을 한다. 몸에서 아직 땀이 마르지 않은 상태에서 목욕을 하면, 신체가 부자연스럽게 냉해져서 도샤의 불균형을 일으킨다.

마찬가지로, 훈련 후에 뜨거운 차를 한 잔 마시면 몸을 내부에서 데워주므로 좋다고 하는데, 몸이 식기 전에 차가운 음료를 마시면 불균형이 야기된다. 우기의 감기는 땀이 마르기 전에 찬물을 끼얹어서 걸리는 경우가 많다고 한다.

◎ 요가의 '계절에 따른 수행'

> 겨울, 서늘한 계절, 여름, 우기에 요가를 시작해서는 안 된다.
> 이 계절들에 요가를 (시작)한다면 병을 야기할 것이다.
> 봄과 가을에 요가를 시작해야만 한다고 말한다.
> 그렇게 하면 요긴은 성취하고, 모든 병에서 해방되어 견고하게 될 것이다.
>
> – 《게란다 본집》 V. 8~9•

• 《게란다 본집》 V. 8~9.
hemante śiśire grīṣme varṣāyāñ ca ṛtau tathā | yogārambhaṁ na kurvīta kṛte yogo hi rogadaḥ ||
vasante śaradi proktaṁ yogārambhaṁ samācaret | tathā yogī bhavet siddho rogān mukto bhaved dhruvam ||

《게란다 본집》에서는, "요가의 실천 수행은 겨울(해만타), 서늘한 계절(시시라), 여름(크리슈마), 우기(바르샤)에 시작하면 안 된다. 덥지도 춥지도 않은 봄(2~3월)과 가을(8~9월)에 시작해야 한다"고 말한다.

그런데 이는 그 장소의 기후와 그 사람의 체력에 따라 다르다. 칼라리파얏트가 행해지는 남인도의 케랄라와《게란다 본집》이 가리키는 동인도의 벵골에서는 조건이 다르다.

일반적으로 서늘한 시간에 하는 것이 좋다고 한다. 더운 장소에서 하는 요가는 하타가 아니며, 라자 요가라도 절대로 피해야 한다. 더운 계절에는 서늘한 이른 아침에 요가를 하면 좋다. 그리고 배가 부를 때에 실천 수행을 해서는 안 된다. 대체로 요가는 목욕을 한 후 해야만 한다. 요가 후에 바로 목욕을 해서는 안 된다. 마음이 가라앉지 않을 때, 큰 걱정이 있을 때, 요가를 해서도 안 된다.

70	하리드라 – 황금의 향신료
	Haridrā

[hari(황금색) + √dru(달리다/서두르다/용해되다]

〈여〉 울금鬱金, 강황, 터메릭

※ '하리드라'는 '황금색이 녹아나온 것.' 연금술을 연상시키는 이야기이다. 한역불전에서는 '울금鬱金'이라고 옮겨진다. 터메릭turmeric의 뿌리줄기를 쪼개면 빛나는 황금색이 넘쳐흐른다. 태양신, 재물의 신 쿠베라, 상서로운 여신 락슈미의 색 그리고 행운의 신 가네샤의 색이다. 터메릭은 식용, 약용, 염료에서 크게 활용된다. 힌두 여성이 이마에 붙이거나 신상을 성별聖別할 때 찍는 붉은 가루도 터메릭이 원료이다. 석회와 레몬즙을 섞으면 빨갛게 된다. 불교 탄트라의 대학자인 아리야데바의 저술 《심청정론心清淨論》에 '하리드라의 가루가 석회와 만나면 큰 변화를 일으킨다'•고 하는 것이 이를 가리키는 것이다. 그러나 그가 이 글에서 나타내고자 한 것은 '사람은 겉모습이 변하더라도 본래 청정'하다는 것이다.

◎ 향신료의 매직

일본에서도 인기가 있는, 코끼리 얼굴을 한 인도의 신상인 가네샤. 어머니는 힌두교의 최고신 쉬바의 부인으로, 시체 숲의 요기니[魔女]의 최고 통치자이기도 한 파르바티 여신. 이런 신화이다(이전에도 썼지만, 좋아하는 소재이므로 다시 또 쓰고자 한다).

어느 날 파르바티 여신은 향신료 터메릭의 분말에 콩가루와 향료를 섞어서 전신에 팩을 해보았다. 그녀가 발명한 아유르베다의 미용법이다. 그러나

• 《심청정론》
haridrācūrṇasamyogād varṇāntaram iti smṛtam ||

피부에서 벗겨져 나온 대량의 약제를 본 여신, '아고, 아까워라'(좋은 주부다) 그렇게 생각하고, 자신의 때와 땀을 가득 머금은 팩제를 점토와 같이 뭉쳐서, 소년의 조각상을 빚었다. 그리고 그 조각상에 생명을 불어넣어 곤봉을 들려서 자신의 보디가드로 삼았던 것이다.

본 적 없는 남자가 다가왔다. 대단히 강한 소년은 그 남자, 즉 여신의 남편인 쉬바보다도 강했다. 쉬바를 후려갈기고 차버리고 쫓아냈다. 화가 난 쉬바. 그러나 혼자서는 이빨도 먹히지 않았다. 친한 비슈누에게 부탁하여 2인조가, 아니 각자의 신하인 황소 난딘과 신령한 새 가루다를 포함하여 4인조가 소년을 밀어붙여서, 머리를 잘라버리고 말았다.

이에 파르바티가 화가 나서 암흑의 여신 칼리로 변신. 그녀에게는 4인조라도 이빨이 먹히지 않는다. 넷은 여신에게 사과하고, 코끼리의 머리를 소년의 머리에 붙이고, 다시 생명을 불어넣었다.

가네샤는 장애를 없애고 행복을 가져다주는 신으로 의식에서 가장 먼저 예배된다.

인도의 자연은 가혹하다. 여름은 태양이 활활 타오르고, 우기에는 모든 것이 물바다가 된다. 겨울에 북쪽에서는 내뱉은 숨이 하얗게 언다. 자연과 신체의 사이가 조화하지 못하면 바로 병이 발생한다. 타협을 한다. 즉 컨디션 유지의 관건이 되는 것은 향신료이다. 어떤 가정이든 10~20개는 있는 향신료들은 음식 재료 이전에 약인 것이다. 실제로 인도 주부들은 각 향신료가 몸에 어떤 영향을 미치는가를 잘 알고 있으며 몸의 상태가 안 좋을 때 처방하는 향신료의 조합법을 대대로 전하고 있다. 파르바티 여신을 개조開祖로 하는 향신료 매직이다.

추울 때는 몸도 차갑고, 대사도 활발하지 않게 된다. 그런 계절에는 몸을 따듯하게 해줄 생강이나 시나몬을 넣은 요리를 만들면 좋다. 몸이 무거워지는 우기에는 쿠민cumin과 머스터드를 많이 넣어서 신장의 활동을 좋게 한다. 바람이 신경을 괴롭히는 건기에는 고수가 폐를 지켜줄 것이다. 이런 심플한 원리가 여러 가지로 응용된다.

아이는 대사가 지나치게 활성화되어서, 오히려 변비가 생기는 일이 있다. 그러므로 아루위(마麻류의 조림)에는 대사의 부산물인 가스를 진정시켜 주는 힝구(미나리과 식물의 나무 진)를 조금 많이 추가한다. 술이나 고기는 몸을 뜨겁게 한다. 그러므로 아버지의 술안주인 텃카(불고기)에는 열(핏다)의 해害를 중화시켜주는 카르다몬과 클로브를 첨가하는 것과 같은 식이다. 그리고 향신료 마법의 중심이 되는 것이, 거의 모든 요리에 들어가는 터메릭이다. 터메릭은 블렌딩한 향신료의 하모니를 리드하는 지휘자 역할을 해준다. 터메릭을 살짝 더하는 것만으로도 다른 향신료의 약효도 빛을 낸다. 이처럼 가장 많이 사용하는 향신료가 가장 싼 향신료이니까 주부에게는 반가운 편이다.

하리드라(터메릭)
[학명] Curcuma longa

약효도 훌륭하다. 간장을 강화해 피를 맑게 하고, 몸을 안쪽에서부터 빛나게 하는 효과를 기대할 수 있다. 최근에는 강한 항암 작용 및 항 알츠하이머 작용도 확인되어서 문자 그대로 황금의 생약이다.

터메릭은 입으로 먹는 것뿐만 아니라 몸에 바르기도 한다. 그래, 개조 파르바티 여신이 했던 것처럼. 시집가기 전의 딸은 일주일에 한 번은 엄마나 할머니에게 맨몸으로 터메릭 팩을 받는다. 터메릭에 녹두(뭉구, 달)가루와 밀크의 크림을 섞은 반죽을 온몸에 바름으로써 여드름, 기미, 필요 없는 털이 사라지고 온몸이 보들보들, 반짝반짝하게 된다. 향신료 매직을 잘 다루는 여성은 장해障害를 없애고, 행복을 가져오는 인도의 여신의 딸이다.

71 툴라시
– 성지를 만드는 허브

Tulasī

[√tul(무게를 재다/비교하다)]

〈여〉 홀리바질

※ '툴라시'(투루시는 힌디어형)는 tulāṁ sādṛśyaṁ syati– '보는 바 그대로의 것'의 약어로 해석되고 있다. 무엇과 같은 것이냐면 여신과 같다는 것이다. 홀리바질은 힌두교도(특히 비슈누 교도)에게 있어 여신의 현현이다. 약효, 향기도 여신과 어울리게 훌륭하다.

◎ 있는 것만으로도 좋아 ♡

툴라시는 비슈누 신이 애인이었지만, 락슈미 여신의 주문으로 풀이 되었다는 신화는 앞서 다루었다. 그 이야기와 달리 툴라시가 락슈미 여신 자신의 화현이라는 다른 이야기도 소개하고자 한다.

강가와 사라스와티, 락슈미 세 여신은 모두 비슈누의 부인이었다.

비슈누는 3명을 차별 없이 사랑했지만, 어느 날 강가가 비슈누에게 추파를 보냈다. 이것을 보고 화가 난 사라스와티가 강가에게 달려들어 그 여성들 간에 맹렬한 배틀이 시작되었다.

락슈미가 말리려고 했지만, 흥분해 있는 사라스와티가 도리어 한을 품고, "너 같은 건, 땅에 떨어져서 풀이 되어버려!"라고 하여 락슈미는 저주에 걸리게 되었다.

이에 분개한 강가는 사라스와티에게, "그렇다면, 너도 땅에 떨어져 강이 되어 버려라!"라고 저주를 퍼부었다. 저주에 걸린 사라스와티도 강가에게 복수를 한다. "그러는 너도 강이 되는 게 좋겠다!"

그리하여 강가와 사라스와티는 인도의 대지를 적시는 강이 되었다(과거 서인도에 사라스와티라는 큰 강이 흘렀다). 그리고 락슈미는 비할 데 없는 약효로 사람들을 치유하는 툴라시(홀리바질)라는 풀이 되었던 것이다.

이탈리아 요리에서 자주 쓰이는 스위트 바질이나 태국 요리의 헤어리 바질(이것도 홀리바질이라고 불리기도 한다)도 포함하여 바질 속은 대부분 모두 인도가 원산지이다. 그리고 툴라시는 인도에 몇십 종이 있는 바질 속의 총칭이기도 하므로 진짜로 인정되는 홀리바질은 여러 가지 이름으로 불린다.

그 중 하나가 '악마를 멸하는 여신'을 의미하는 부타구니Bhūtāgunī. 힌두교도는 악령은 홀리바질을 심은 곳에는 침입할 수 없다고 굳게 믿고 있다. 홀리바질은 주변을 정화한다고 하며 그 풀의 주변 1요자나yojana(3.2킬로미터)은 항상 청정하다고 한다.

"홀리바질이 있는 집에 죽음의 신의 신하(야마두타), 즉 병마病魔가 근처에 올 수 없다"라는 속담도 있고, 아유르베다에서 사용되는 약초 중에서도 탑클라스 평가를 받고 있다. 단순히 미신만은 아니다.

- 홀리바질은 대량의 천연 오존을 발생하고, 공기를 정화한다.
- 그 향기는 이완relaxation 효과가 뛰어나 정신건강에 도움이 된다.
- 그리고 모기나 파리, 곤충 등의 벌레를 접근시키지 않으므로 바이러스의 침입을 막는다.
- 마당에 심으면 흙이나 주변의 박테리아를 줄여 환경을 정리한다.

○ 잎이나 씨앗을 차나 약으로 만들어 먹으면 면역력을 높이고 사람들을 건강하게 한다.

이러한 효능이 현대과학의 실험에서도 증명되고 있다.

필자는 수년간 홀리바질을 재배하고 있는데, 집에는 바퀴벌레가 한 마리도 없이 사라졌다는 것을 이전에 이야기했다. 화분에 심은 것을 실내에 가져오면 모기도 들어오지 않는다. 홀리바질은 달콤하고 샤프한 향기가 나는 휘발성분을 발산하고 있고 그것은 1요자나는 과장이겠지만, 꽤 상당한 범위(반경 100~200미터)에 퍼지는 것 같다. 즉 먹거나 마시지 않아도 좋다. 있는 것만으로도 고마운 허브이다.

정원이 딸린 집을 가진 대부분의 힌두 가정은 홀리바질을 재배한다. 비슈누을 믿는 집에서는 안뜰에 네모반듯한 모양의 제단을 만들고 그 위에 홀리

툴라시(홀리바질)
[학명] Ocimum sanctum

바질을 키운다. 홀리바질 자체가 신의 몸이라서, 사원에 예배하는 것이 여의치 않은 여자들(과거 인도의 높은 카스트의 여성은 외출이 제한되었다)은 이 식물을 향해 예배했다(그림).

암자를 짓고 사는 사두도 대부분 홀리바질을 재배한다. 이것은 요가를 하는 곳에서도 받아들이면 좋은 풍습이다. 릴렉세이션 효과가 있는 홀리바질이 옆에 있으면 프라나야마(호흡의 컨트롤)도 격조가 높아지고, 결실이 풍부해질 것이다.

홀리바질의 옆에 앉는다.

홀리바질의 향기를 머금은 공기를 깊이 들이마시고 숨을 멈춘다.

그리고 그 향기가 녹은 프라나가 맥관을 통해 신체에 침투하고 가고 있는 것을 이미지화한다.

프라나는 혈액 한 방울 한 방울에 스며든다.

세포의 하나하나에 스며들어 간다.

이 신성한 여신(툴라시)의 정수는 아마를 파괴하고 카르마를 정화한다.

이 향기는 몸과 마음의 아름다움, 건강, 빛을 증대시키는 정기精氣로 가득 차 있다.

72 칠리

– 고행의 향신료

Cillī

[영어 chili의 산스크리트화]

〈여〉 고추

※ 신대륙 원산의 '칠리'(힌디어로는 mirc으로 호초胡椒와 같은 말)가 인도에서 널리 이용된 것은 18세기 후반. 불과 2백 수십 년 전의 일이다. 그러나 인도인이 이 향신료의 가능성을 끌어내기에는 충분한 시간이었다.

요가수행자도 싯디 획득을 위해 칠리를 수행에 유용하게 쓰고 있다. 아유르베다에서, 고추는 열원리인 피타 식품의 전형이다. 열은 tapas라고도 하며, '고행'을 가리킨다. 고추를 대량으로 섭취함으로써 고행을 대체하고 그 성과가 증대된다고 생각했던 것이다.

하지만 '63. 미타하라'에서 기술한 요긴의 터부에 저촉되는 게 아닌가 생각할지도 모른다. 요긴들은 아마도 이렇게 대답했을 것이다. "16~7세기에 편찬된 《하타요가프라디피카》에도 《게란다 본집》에도 칠리가 부적당하다는 말은 한마디도 쓰여 있지 않다."

◎ 불을 뿜는 체험

바지bhājī, 남인도의 튀김 요리이다. 선술집에서 주문한 바지의 재료는 잘게 썰어져 있다. 모양으로는 튀김옷 속의 내용물을 알 수 없다. 무엇이 걸릴지 먹어봐야 아는 즐거움뿐만 아니라 스릴까지 있다. 바지에는 사나운 것도 숨어 있기 때문이다.

이것은… 감자인가, 음, 맛있군. 포슬포슬해서 소금과 쿠민cumin•의 조화가 절묘하다. 이것은 양파. 독특한 풍미와 단맛이 입안 가득 퍼지며, 훅 하고 코가 뚫리는 그린페퍼의 자극이 매력 있네. 그리고… "바....&^%$#~!"

역시 있다. 숨이 막혔다. 횡격막이 목까지 올라왔다. 폐에 쌓여 있던 공기가

• 옮긴이 주 – 미나릿과의 식물. 또는 그 열매. 요리용 향료 · 약용으로 쓰인다.

소리 없는 비명이 되어 입에서 흘러나왔다. 컵에 있는 액체를 부른다. 지역의 술인 증류주이다. 푸하! 드디어 목소리가 나왔는데 알코올이 인화되어 입에서 불을 뿜었나 싶었다. 등에는 식은땀이 뚝뚝 타고 내린다.

바리밀치. 작은 알갱이지만, 푸른 땡초 튀김이다.

"하하하" 옆 탁자에 앉아 있던 아저씨가 웃었다.

"바리밀치를 통째로 삼키면, 인도인이라도 놀라서 돌아버릴 거야"

그렇게 말하는 아저씨의 안주는 작은 접시에 담긴 바리밀치. 소금과 라임즙을 뿌려, 조금씩 입에 넣고, 찔끔찔끔 깨물고 있다. "이렇게 하면 말이야, 시원해진다구."

수은계도 몸을 비틀게 하는 인도의 여름. 고추를 아주 조금씩 씹어 먹는 사람은 많다. 아무리 더워도, 몸이 그 이상으로 뜨겁게 된다. 그것이 시원한 느낌을 부르는 것이다.

"그럼, 산에 사는 수행자는 틀린 거죠. 바리밀치를 한 사발도 드십니다."

"사발로 한 그릇… 도대체, 왜?"

"신통력을 기르고, 하늘을 날기 위해서라면."

그 산에 가보았다. 마드라스(현재 첸나이Chennai)의 백 수십 킬로미터 남서쪽 '모닥불 산(아루나찰라)'이다.

인도 신화의 무대이다. 비슈누 신과 브라마 신이 누가 위대한가를 놓고 말로 논쟁을 하고 있었다. 거기에 쉬바 신이, "내가 제일 위대해!"라고 말하며 불기둥(링가)이 되어 현현한 것이다(→ 26. 링가).

화산암의 바윗덩어리가 거칠게 퇴적되어 있다. 쉬바의 불이 굳어서 산이 된 것이라고 한다. 분명히 과거에는 불을 뿜는 화산이었을 것이다. 그러나 그것은 인류사와는 결코 교차할 수 없는, 몇천만 년이나 오래된 일이다.

산허리에는 사원이나 동굴이 무수하다고 할 수 있을 정도로 산재해 있으며, 그 동굴들 중 많은 곳에 행자들이 거주하며 수행하고 있다.

앞서 말한 수행자의 암자를 방문했다. 샹카랄이라는 아직 젊은 청년 행자였다. 얼마간의 시주를 하고 물었다.

"허공을 날 수 있냐고 물었습니다만. 보여주실 수 있으십니까?"

"아직 완전하지 않다. 개구리 단계이다. 그래도 준비가 필요하다. 3일 뒤 다시 오라."

약속한 날, 그는 단식하고, 몸을 깨끗하게 한 뒤 기다리고 있었다. 나의 눈앞에서 격하게 매운 바리밀치를 진짜 한 사발 먹어치웠다. 아무것도 먹지 않았지만, 바리밀치만은 같은 양만큼 어제도 먹었다고 한다.

"이 녀석은 몸에 힘을 불어넣어 준다."

그렇게 말하고 좌선하여 명상에 들었다. 훗, 훗, 훗, 훗, 복부를 급속도로 들어가고 나오게 하는 격한 호흡법. 복강을 풀무처럼 사용하여 꼬리뼈에 있는 "에너지의 핵核"을 활성화한다고 한다.

팡~ 하고 샹카랄의 몸이 좌선을 한 채로 1미터 정도로 뛰어올랐다. 그러나

칠리(고추)
[학명] Capsium fratescens

곧바로 낙하했다. 그것이 반복됐다. 개구리와 같았다. 따라서 이 상태를 '개구리'라고 하고, 공중부양의 전단계라고 한다. 물리학적으로 말하자면 극히 고에너지의 파동일 것이다. 상세한 것은 알 수 없지만, 우리 몸 깊은 곳에는 불가사의한 힘(파워)이 숨겨져 있다.

십여 차례 개구리 뛰기를 한 뒤 그는 고통으로 얼굴을 일그러뜨렸다.

"욱, 아파. 날 때에는 무無의 경지이지만, 떨어질 때 엉덩이를 부딪혀서 심하게 아프다."

그런데 바리밀치를 먹어도 항문은 아프게 된다. 고추의 매운 성분인 캡사이신은 전체 길이 10미터에 이르는 소화기관을 하루 동안 떠돌아다녀도 없어지지 않기 때문이다. 화장실에 웅크리고 생각했다. 분명, 이 열이… 에너지로 바뀐 것이라고.

제7장

요가의 호흡

– 프라나를 제어하는 사람은 마음을 제어한다

'바람과 맥관의 생리학'에 기반한 신체관이 하타 요가가 의지하는 원리이다. 몸 안에 생명의 바람(프라나)이 불고 있다. 인체에 7만 2천 개가 있다고 여겨지는 맥관은 그 바람이 지나가는 길이다. 싯다 의학에서는 108개가 있다고 여겨지는 '마르마marma'가 바람의 터미널이다. 마르마를 통해서 프라나의 흐름을 조절함으로써, 건강해지고 깊은 명상에 들어가게 되며, 최종적으로는 해탈에 이른다는 것이 원래 하타 요가이다.

인도에서도 극히 일부의 수행자나 무술가에 의해서만 계승되고 있는 하타의 비전秘傳. 자, 이제 몸 안에 흐르는 생명의 바람을 체험해보자. 숨이 멈추면 마음도 멈춘다.

73. 프라나야마Prāṇāyāma – 호흡법이 아닌 프라나 기법
74. 마나스Manas – 눈이 불편한 사람과 다리가 자유롭지 못한 사람
75. 나디 쇼다나Nāḍī-śodhana – 이미지의 힘이 효력을 내다
76. 쿰바카Kumbhaka – 항아리는 프라나야마의 모습

77. 반다Bandha – 참는 것이 그 비결
78. 무드라Mudrā – 프라나를 봉쇄하다
79. 수카 푸르바카Sukha-pūrvaka – 좌우의 밸런스와 쿤달리니 각성
80. 크리야 요가Kriyā-yoga – 신身 · 구口 · 의意의 일치

81. 바스트리카Bhastrikā – 프라나를 가열하다
82. 바즈라 자파Vajra-japa –《반야심경》의 요가
83. 프라나바 프라나야마Praṇava-Prāṇāyāma – 전신을 악기로 삼아 Aum
84. 나다 아누산다나Nāda-anu-saṁdhāna – 소리를 관하는 수행[觀音行]

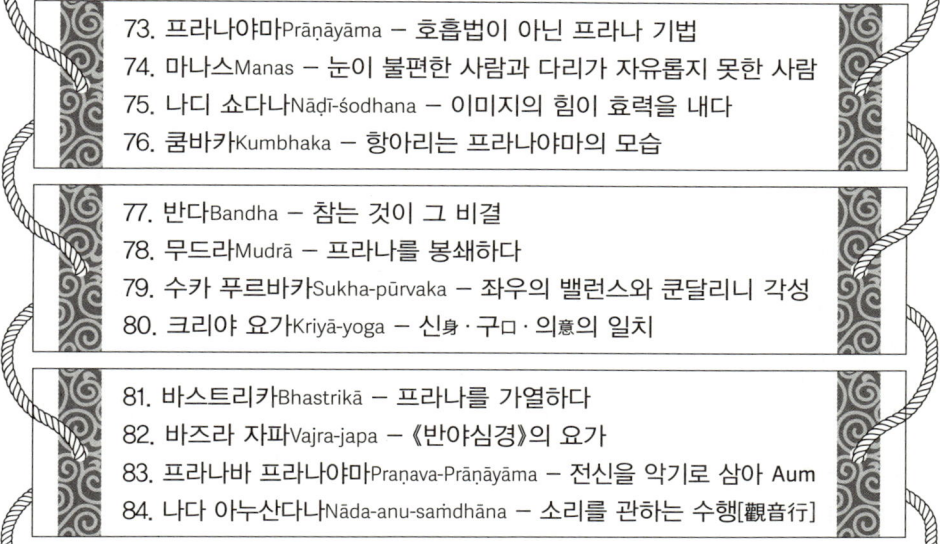

73

프라나야마

– 호흡법이 아닌 프라나 기법

Prāṇāyāma

[prāṇa(프라나) + āyāma(아야마. 제어/정지)]

〈남〉 프라나의 컨트롤

※ '프라나야마'에서 āyāma의 어원은 8지八支의 첫 번째 야마와 마찬가지로 √yam(제어하다)이다. 프라나야마가 주로 호흡과 관련된 것이라는 많은 사람들의 생각과 달리, 이 말에서 호흡의 의미가 지니는 비중은 얼마 되지 않는다. 호흡법 훈련은 우리가 진정한 프라나야마를 실천 수행할 때의 많은 요소 중 극히 일부에 불과하다. 프라나야마는 "'프라나의 컨트롤'을 의미한다"고 비베카난다는 말한다.

◎ 프라나 = 자율신경?

"프라나를 들이마셔 보세요"라고 요가에서는 말한다. 프라나는 중국의 '기氣'와 닮은, 눈에 보이지 않는 생명 에너지를 가리킨다. 숨을 들이마셨을 때, 들어온 공기의 미세한 형태가 프라나이다, 라고 생각하면 된다.

"진짜 그런 게 있는 거야?"라고 의심할지 모르지만, 깊은 복식호흡이 건강에 좋다는 사실은 잘 알려진 바와 같다. 심호흡을 하면 혈압도 내려간다. 그렇다고는 말하더라도, 들이마신 공기가 배까지 내려갈 리 없다. 배로 가는 것은 의식이고 프라나이다.

"발끝이나 손끝으로 숨을 들이마셔 보세요" 등의 말도 요가에서는 한다. 손발로 호흡이 가능할 리 없다. 하지만 의식을 집중하면 확실히 손끝이나 발끝에서 숨결 같은 것이 느껴진다.

고대인들은 아마도 인체에서 자율신경 작용을 프라나나 기氣의 논리로 설명하려고 했던 것 같다. 동면하는 동물 대부분은 자율신경을 스스로 조절함으로써 그 상태에 들어간다. 요가에는 이와 비슷한 '송장 포즈'가 있다. 똑바로 누워서, 숨을 뱉을 때마다 프라나가 빠져나가는 것처럼 이미지한다. 그러면 실제로 체온이 떨어지고 잡념도 사라져간다.

◎ 다시, 프라나는?

하지만 요가 수행자가 이러한 설명에 납득할 리 없다. 그들은 분명 다음과 같이 반론할 것이다. "그 자율신경이란 것을 움직이게 하는 에너지가 프라나이다." 현대과학의 어떠한 법칙을 들이밀어도 그들이 이것을 부정하지는 않는다. 하지만 그다음에는 이렇게 말한다. "에너지와 질량은 등가(E=mc2)라고! 그래그래. 그런데 그 법칙을 성립시키는 또 다른 에너지가 프라나이다."

카르마karma의 법칙, 불교의 연기緣起와 같은 것을 성립시키는 근본적인 에너지가 프라나이다. 또한 각자의 체력이나 정력, 수명뿐만 아니라 재능이나 매력을 만들어내는 에너지도 프라나이다. 구체적인 것, 추상적인 것에 관계없이 모든 힘의 원천이 프라나인 것이다. 왜냐하면 그것들 모두는 우주라는 필드에서 발생하는 현상이기 때문이다. 전 우주는 아카샤ākāśa, 空라는 단 하나의 요소로 이루어져 있다.

우주에 적을 두는 모든 것은 이 아카샤로부터 태어났다. 아카샤는 바람[風], 불[火], 물[水], 흙[地]으로 변화한다. 아카샤와 바람, 불, 물, 흙이라는 소위 5대 요소로 알려진 것이 갖가지로 조합되어 태양, 달, 행성, 별들, 생물, 무생물, 요컨대 이미 알고 있는 것과 아직 알지 못하는 것이 모두 발생한다.

아카샤는 매우 미세하기 때문에 일반적인 지각으로는 감지할 수 없다. 그것이 미세한 상태로부터 조대한 것으로 변한 경우에만 볼 수가 있다. 그렇다면, 어떠한 힘이 미세한 아카샤를 바람·물·불·흙이나 삼라만상으로 변화시키는 것인가?

프라나가 대답했다. 아카샤는 프라크리티prakṛti에 속하며, 이 우주에 널리 가득 차 있는 무한한 '물질material'이다.

프라나는 보다 고차적인 프라크리티에 속하며, 이 우주에 널리 가득 차 있는 무한한 '현현력manifesting power'이다(→ 49. 프라나). 신체의 운동에너지, 물질에 내재하는 에너지, 화학에너지, 전기, 물리학에서 말하는 자연계의 네 힘(자기력, 중력, 강한 힘, 약한 힘), 이것들 모두가 프라나의 드러남일 뿐이다.

◎ 프라나야마의 기본

이 프라나를 자유자재로 컨트롤하려는 시도가 프라나야마이다. '마음의 작용을 니로다'하는 것이 《요가수트라》에서 요가의 정의이지만, 마음[心]도 생명현상인 한 프라나를 제어함으로써 그것이 가능해진다고 생각하는 것이 하타요가이다.

요가의 호흡법의 기본은 다음과 같다(그림). 연화좌 혹은 달인좌를 하고 앉아 ① 날숨[吐息, 레차카recaka]에 배를 들어가게 하고, 오래된 공기를 짜낸다. 다음으로 ② 들숨[吸息, 푸라카pūraka]에 배의 근육을 느슨하게 한다. 몸은 자연스레 신선한 공기로 가득 찬다. ③ 멈춘숨[保息, 쿰바카kumbhaka]에 그대로 숨을 멈춘다. 항문을 조이고 어깨의 힘을 뺀 채, 항아리(쿰바kumbha)에 물을 저장하고 있는 듯한 기분으로 숨을 유지한다.

다만 여기에 관법이 수반되지 않으면, 프라나야마가 되지 않는다.

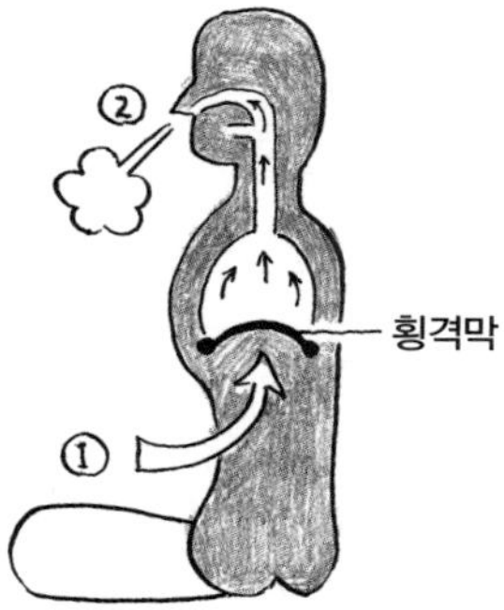

날숨

① 복근을 의식적으로 수축시켜
② 오래된 공기를 코를 통해 짜낸다.

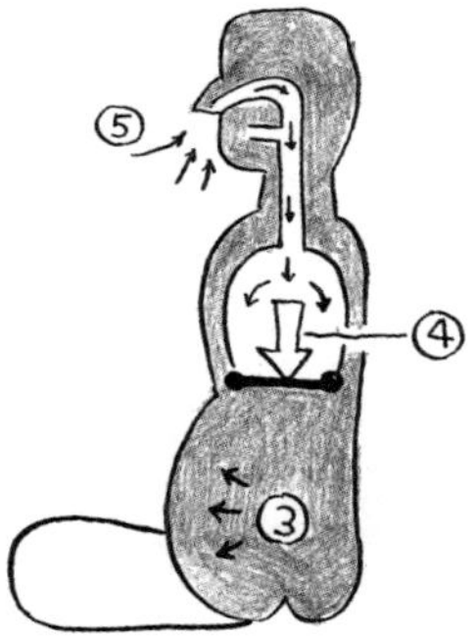

들숨

③ 다음으로 복근을 느슨하게 한다.
④ 그러면 호흡중추의 명령에 의해 횡격막이 내려가고
⑤ 폐는 신선한 공기로 가득 찬다. 또한 들숨은 코로.

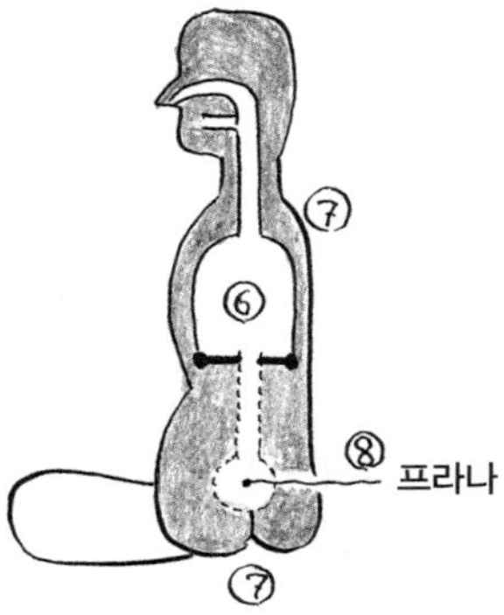

멈춘숨

⑥ 폐에 공기를 채운 채 숨을 멈춘다.
⑦ 항문을 조이고 어깨의 힘을 뺀다.
⑧ 공기에 포함되어 있는 '프라나'로 하복부(칸다 = 단전)가 채워져 있는 듯이 이미지화한다.

그림. 요가 호흡법의 기본

74	**마나스** **– 눈이 불편한 사람과 다리가 자유롭지 못한 사람**
	Manas

[√man(생각하다/고안하다)]

〈중〉 마음[心], 지각의 중심기관, 현재 의식
※ '마나스'는 '생각이 존재하는 곳'이라는 의미로, maṇuṣya(인간), mati(생각), mantra(진언) 또한 영어의 man(사람), mind(마음), mention(서술) 등과 동일한 어원을 가진다. 인간을 '생각하는 동물'이라고 정의한 것이 인도·유럽 어족이다.

◎ 초능력(siddhi, 싯디)도 프라나의 산물

그(마음의 안정을 얻은 요긴)의 지배력은 극미한 것으로부터 극대한 것에까지 [미친다]. –《요가수트라》 I. 40•

어떤 칼라리 선생이 이런 이야기를 해주었다.

예를 들어 생쌀을 냄비에 끓인다고 하자. 요령 좋은 요리사는 쌀이 익었는지 여부를 확인하기 위해, 한 톨의 쌀을 깨물어 볼 것이다. 그 한 톨의 쌀이

• 《요가수트라》 I. 40.
paramāṇu-paramamahata-anto'sya vaśīkāraḥ |

익었다면, 냄비 속의 다른 쌀알들도 모두 익었다. 하지만 모든 쌀알을 확인해 보려고 한다면, 요리에 실패한다. 먹을 밥이 없어져 버리기 때문이다.

마찬가지로, 만일 갠지스 강의 모래 수와도 같이 많은, 존재하는 모든 곡물의 낱알 하나하나의 특성을 살펴보고자 해도, 전부 다 조사하는 것은 불가능하다.

따라서 일정한 조건 하에서 늘 성립하는 관계, 즉 '법칙'을 추구하게 된다.

프라나를 컨트롤하는 법을 배운 사람은 우주를 컨트롤 하는 방법을 배운다. 그대에게 가장 가까운 아카샤ākāśa, 그것은 그대에게 있어 가장 접근이 용이한 물질, 즉 그대의 육체이다. 그대에게 가장 가까운 프라나, 그것은 그대 안에서 생동하는 생명, 그 생명의 표시인 호흡이다.

그대의 육체(아카샤)와 생명(프라나)은 전 우주라는 냄비 속의, 말하자면 한 톨의 쌀이다. 만일 그대가 그대라고 하는 프라나의 한 톨을 컨트롤할 수 있다면, 프라나가 표현하는 일체를 컨트롤할 수 있게 될 것이다.

◎ 원숭이도 추켜세우면 하늘을 난다

그럼 어떻게 하면 프라나를 컨트롤 할 수 있게 될까? 한 사두가 이런 비유를 해주었다. '눈이 불편한 사람과 다리가 불편한 사람이 있었다. 둘은 늘 함께 했다. 눈이 불편한 사람이 다리가 자유롭지 못한 사람을 업고 걸었다….'

프라나는 우주에 널리 가득 차 있는 방대한 파워. 하지만 그 자체에 의지가 있을 리 없다. 스스로는 어디로 가면 좋을지 알지 못하기 때문에, 눈이 불편한 사람이다. 반면, 의지는 있지만, 스스로 움직일 수 없는 다리가 불편한 사람이 마나스manas, 즉 마음citta의 가장 조대한 영역이다.

하지만 마나스는 차분하지 못한 원숭이에 비유된다. 원숭이는 이 나뭇가지에서 저 나뭇가지로 뛰어다니며, 항상 먹을 것을 찾아다닌다. 오른손으로 오렌지를 잡았다. 우적우적 먹는 중에 다른 오렌지가 눈에 들어오면 왼손으로 그것을 낚아채고, 아직 반밖에 먹지 않은 오른손의 오렌지는 버려버린다. 분명 인간의 마나스도 그러한 것이다.

그런데 원숭이는 서사시 《마하바라타》의 영웅인 하누만hanumān(그림)이 될 수도 있다. 하누만은 바람 신[風神, Vāyu]의 자식이라고 하는데, 실제 부모는 힌두 판테온에 군림하는 쉬바와 파르바티이다(→ 12. 푸라나). 따라서 하누만도 무한한 파워를 내포하고 있다. 하지만 그는 그러한 자신의 능력을 눈치채지 못하고 있었다.

라마Rāma 왕자가 사랑하는 시타Sītā 공주가 마왕 라바나Rāvaṇa에 의해 바

프라나 ⇄ 마나스를 상징하는 신, 하누만. 심장에는 푸루샤(puruṣa) & 프라크리티(prakṛti)를 상징하는 라마 & 시타가 있다. 또한 《라마야나》를 베단타적, 요가적으로 개작한 중세의 작품인 《아디아트마라마야나(Adhyātmarāmāyaṇa)》에 의해 라마 = 지고령(아트만ātman), 시타 = 개아령(지바jīva), 하누만 = 박티(bhakti)의 상징이라는 해석도 나오게 되었다.

그림. 하누만

다 저편의 섬인 랑카raṅkā로 끌려갔다. 시타를 찾기 위해 수색을 벌이고 있는 라마 무리의 앞을 광대한 바다가 가로막았다. 그들은 이 강대한 장애물을 어떻게 극복할 것인지를 궁리했다.

"하누만이여! 뛰어올라, 날아서 바다를 건너라!"고 누군가가 말했다. "내가 그런 일을 할 수가 있나!"라며 주저하는 하누만. "아냐. 너라면 할 수 있어!"라는 말이 하누만 자신의 내부에 잠들어 있는 엄청난 파워를 상기시켰다. 그리고 그는 바다 저편으로 날아갔다.

하누만이 하늘을 날 수 있는 것도 실은 길러준 부모(Vāyu = Prāṇa)의 덕분인데, 그것을 의식하고 행하는 것이 프라나야마Prāṇāyām의 첫걸음이다. 프라나와 마나스는 찰떡궁합이다. 눈이 불편한 프라나에게 다리가 자유롭지 못한 마나스를 업게 한다. 마나스가 있는 곳에 프라나가 있다. 그것이 프라나야마를 행함에 있어서 대전제이다.

75 나디 쇼다나
– 이미지의 힘이 효력을 내다

Nāḍī-śodhana

[nāḍī(맥관) + śodhana(청소/정화)]

〈중〉 맥관脈管의 청소

※ '나디 쇼다나'는 '비정신적nirmanu'인 것과 '정신적samanu'인 것으로 이분된다(《게란다 본집本集》 V. 36). '68. 샤트카르만'에서 서술한 샤트카르만ṣaṭkarman은 '비정신적'인 정화법이다. '정신적'인 맥관 청소의 주요한 수단은 프라나야마prāṇāyāma이다. 프라나를 통하게 함으로써, 마치 배수관을 클리닝하듯이, 맥관에 쌓인 아마āma(오염물)를 흘려 내버리는 것이다.

◎ 프라나를 보이는 것으로 번역

숨을 들이마시면, 공기는 자연스레 폐 속으로 들어온다. 그런데 프라나는 자연적으로는 들어오지 않는다. 하지만 배로 숨을 쉬고 있다고 상상하면, 배 속으로 프라나가 들어온다. 이를 보다 의식적으로 행한다. 이것은 '눈이 불편한 프라나에게 다리가 자유롭지 못한 마나스를 업게 한다'는 것이다. 즉 프라나를 다루기 위해서는 이미지의 힘이 필요하게 된다.

미세하여 눈에 보이지 않는 프라나를 눈에 보이는 것으로 번역한다. 예를 들자면, 프라나는 '깊은 산에서 솟아나는 맑고 깊은 맛의 샘물'과도 같다거나, '어둠을 걷어내는 황금빛의 서광'과 같다거나, '쉬바가 내뿜는 대마大麻, gaṅja의 연기'와도 같다는 식으로. 시각적(비주얼)으로 이미지화하는 관상이 프라나야마의 열쇠를 쥐고 있다. 관상법에 대해서는 다른 항목에서 제시하겠지만(→104. 디야나), 우선은 이와 같이 해본다(그림).

① 연화좌 또는 영웅좌로 앉아, '눈앞에 황금 항아리가 있다'고 관한다.
② 항아리는 불로불사의 신주神酒, soma=amṛta로 가득 차 있다.
③ 항아리에 무색투명한 빨대를 넣고, 다른 한쪽은 입에 문다.
④ 코로 숨을 들이마신다. 동시에 '빨대 속에서 암리타가 올라오고 있다'고 관한다.
⑤ 코로 숨을 내쉰다. 동시에 '빨대 속에서 암리타가 내려가고 있다'고 관한다.

호흡(프라나)과 이미지(마나스)가 연동하고 있는 점이 중요한 포인트이다. 소마=암리타가 어떠한 것인지 상상하기 힘들다면, 탁주(막걸리)를 이미지화해보면 좋다. 고대 인도의 베다 의례에서도, 쌀을 발효시킨 수라surā라는 술(탁주)은 소마의 대용품이었다.

◎ 아래adho 프라나야마

다음으로, 신체 프라나의 맥관을 빨대로 보고, 이미지화해 본다. 빨대가 영어로 스트로straw, 즉 '속이 빈 짚의 줄기'이므로, 원래 그 의미가 '속이 빈 갈대 줄기'인 나디nāḍī와는 자매와도 같다. 신체의 구멍과 배꼽 밑의 칸다가 빨대로 이어져 있다(→54. 나디).

그중에서 샹키니 맥관(칸다 ⇄ 항문)과 쿠후 맥관(칸다 ⇄ 요도)에 프라나를 통과시키는 것에서 시작해보자. 배설과 관련된 맥관이기 때문에 무언가를 통과하게 하는 이미지를 만들기 쉽다는 점도 있지만, 다음에 서술하는 것과 같은 중요한 의미도 있다.

① 두 발바닥을 모으고 앉는다. 두 손으로 두 엄지발가락을 쥐고 발꿈치를 회음부로 끌어당긴다. 이때 무릎이 뜨지 않도록 하면서 호흡을 가다듬는다.

② 칸다의 아랫부분(svādhiṣṭhāna-cakra)에 항아리가 있는 모습을 이미지화한다.

③ 그 항아리의 앞뒤 두 곳에 구멍을 열고, 빨대를 부착시킨다. 빨대의 한쪽은 항문에, 다른 한쪽은 요도 입구로 연결되어 있다. 일단 숨을 내쉰 다음에.

1. 눈앞에 황금 항아리가 있다. 그 속에 불로불사의 영약인 암리타(감로甘露)가 들어 있다.(암리타는 베다의 영약인 소마와 동일시되고 있다. 베다시대에 소마를 입수하지 못할 경우에는 수라 주(쌀 막걸리)가 대용되었던 듯하기에, 쌀 막걸리를 떠올리면 좋을 수도 있다).

2. 무색투명한 빨대(nāḍī)를 꽂아 암리타를 마신다. 들숨과 함께 빨대 속을 암리타가 상승하고, 날숨과 함께 암리타가 하강한다고 이미지화한다. 그 후 이 빨대를 몸 안으로 이동시켜 숨을 들이쉬고 내쉼에 따라 암리타도 상승하고 하강하는 모습을 이미지화한다.

그림. 항아리와 빨대의 이미지화

④ 들숨 - 코로 숨을 들이마신다. 동시에 항문 쪽의 빨대를 사용하여 암리타를 빨아들인다고 관한다.
⑤ 멈춘숨 - 숨을 참고, 항아리에 암리타를 채운다.
⑥ 날숨 - 코로 숨을 내쉰다. 동시에 요도 쪽 빨대를 사용하여 암리타를 내보낸다고 관한다.
⑦ 들숨 - 이번에는 요도 쪽 빨대를 사용하여 암리타를 빨아들인다고 관한다.
⑧ 멈춘숨 - 숨을 참고, 항아리에 암리타를 채운다.
⑨ 날숨 - 항문 쪽 빨대를 사용하여 암리타를 방출한다고 관한다.
⑩ 항문과 요도를 사용하여 암리타를 빨아들이고 내보내는 이미지에 익숙해지면, 상체를 앞으로 숙여, 같은 방식으로 12번 정도 호흡을 한다.
⑪ 자세를 풀 때는 항아리에 의식을 집중시킨 채 천천히 숨을 들이마시면서 상체를 일으켜 세운다. 숨을 내뱉으면서 집중을 푼다. 이때 아랫배에서 전신으로 저리는 듯한 감각이 퍼지는 일도 있는데 문제없다.

이 항문과 요도를 사용하는 이미지화는 '아래(adho) 프라나야마'라고 불린다. '67. 샤트카르만'에서 서술한 샤트카르만의 장 청소vasti, 즉 장 청소기로 항문에 약제를 주입하는 것이 아니라 항문으로 물을 흡입하는 행법은 이 이미지화를 기반으로 실시된다. 요도에서 액체를 빨아올리는 바즈롤리vajrolī라는 행법도 마찬가지이다.

이것을 행하면 성적 능력이 현저하게 향상된다. 특히 젊은 사람이라면, 안절부절못하게 되어 가만히 앉아 요가를 할 상황이 안 될지도 모른다. 따라서 이 방법은 오늘날의 베단타 계열 요가에서는 거의 전해지지 않는다. 하지만 탄트라는 성性 에너지야말로 이원성을 극복하는 원동력이라고 생각하고 있다. 안절부절못하면서 어쩌지 못할 때는 아그니사라 다우티(→ 65. 아그니사라

다우티)를 행하여 프라나를 안정시킨다.

다른 맥관에도 마찬가지로 프라나를 통하게 해본다. 아사나(제8장)를 하면서 해보는 것도 좋다. 각 아사나에 의해 특정한 맥관이 긴장·이완한다. 하타의 아사나는 애초에 프라나야마를 행하여 맥관을 정화하기 위한 것이다.

맥관에 따라서는 프라나의 이미지화에서 액체인 암리타보다도 '어둠을 걷어내는 황금빛의 서광'이 더 적합한 경우도 있다. 편한 쪽을 선택하면 된다.

76 쿰바카

– 항아리는 프라나야마의 모습

Kumbhaka

[kumbha(항아리)–ka(~와 같은)]

〈남〉 기둥의 기부(基部), 보식(保息)

※ '쿰바카'는 '항아리와 같은 것.' 인도에서는 항아리 형태로 만든 돌 위에 기둥을 세웠기 때문에, 기둥의 아랫부분, 즉 기단을 쿰바카라고 한다. 또한 요가에서는, 복부를 항아리로 보고, 항아리에 물을 채우듯 프라나를 보전하기 때문에, 멈춘숨을 쿰바카라고 한다. 《요가수트라》 II. 49에 '이러한 [아사나의] 상태에 있으면서 호흡의 흐름을 끊는(숨을 참는) 것이 프라나야마인 것이다'• 라고 기술되어 있듯이, 쿰바카를 프라나야마라고 부르는 경우도 있다.

◎ 숨을 멈춰 마음을 멈춘다.

'숨 죽이고 하다.' 인도인도 우리와 마찬가지로, 전념하여 무언가를 할 때, 이렇게 표현한다. 숨을 죽임으로써, 실제로 마음도 가라앉는다. 그리고 '숨을 멈추면 마음도 멈춘다'고 하는 아이디어가 하타의 행법을 관통하는 원리가 된다. 숨prāṇa과 마음心, manas은 한 세트이다. 이런 까닭에 《요가수트라》의 8지 요가의 뒤 4단계가, 하타에서는 다음과 같은 수행법으로서 구체화된다.

(5) 프라티아하라pratyāhāra(감관을 움츠리는 것) → 아사나āsana

• 《요가수트라》 II. 49.
tasmin sati śvāsa-praśvāsayor gativicchedaḥ prāṇāyāmaḥ |

(6) 다라나dhāraṇā(정신을 집중하는 것) → 쿰바카

(7) 디야나dhyāna(정신집중의 상태가 지속하는 것) → 무드라mudrā

(8) 사마디samādhi(푸루샤와 합일하는 것) → 나다 아누산다나nāda-anu-saṁdhāna

이것들은 모두 프라나의 컨트롤을 용이하게 하기 위한 수행법이라고 할 수 있다. 아사나에 관해서는 제8장에서 살펴본다. 우선은 쿰바카 = 다라나부터이다.

◎ 궁술의 비전

쿰바카란 숨을 참은 다음, 들이마신 프라나를 배에 쌓아두는 것이다. 프라나를 집중시킴으로써 마음도 집중한다. 즉, 《요가수트라》 Ⅲ. 1의 '어떤 한곳에 마음을 붙들어 매어두는 것이 다라나인 것이다'라는 다라나에 대한 정의는 하타 요가에서라면 '어떤 한곳에 프라나를 붙들어 매어두는 것이 다라나인 것이다'라고 바꿔 말할 수 있다.

이미 서사시 《마하바라타》에 궁술 시합에서 아르주나arjuna만 표적을 꿰뚫었다는 에피소드가 소개(→ 53. 마르마 비디야)되었는데, 이와 관련된 내용이 《다누르베다 본집dhanurveda-saṁhitā》 제118~119송에 나타나 있다.

> 활을 당길 때는 프라나(바유)을 주의 깊게 들이마셔야 한다.
> 눈, 코를 닫고 프라나를 쿰바카한 후, 훔이라는 소리와 함께 뱉으며 활을 놓아야 한다.
> 궁술을 성취하고자 하는 자는 이러한 호흡법을 수련해야 한다.•

아르주나는 숨을 참는 쿰바카로 표적에 마음을 붙들어 매는 것이 가능했다.

◎ 배에 항아리를 안치하다

쿰바카는 '항아리 같은'의 의미이다. 무엇이든 형상화하는 탄트라에서 이러한 말을 꺼내들었을 때는 결코 단순한 비유가 아니다. '항아리를 관상觀想(비주얼라이즈)하라'고 말하는 것이다. 몸통이 둥그렇게 불룩 나오고 입구는 오므라들어 있는 항아리는 인도에서는 흔한 형태이다.

인도인은 로타Lota라는 높이 15~20센티미터 정도의 금속제 항아리를 각자 가지고 있다. 노천 화장실에 갈 때는, 이 항아리를 휴대하고 간다. 안에는 우물이나 강에서 퍼올린 물이 들어 있다. 용변을 본 후에 이 물로 왼손을 사용하여 뒤를 닦는다. 로타는, 사용 후에 모래로 깨끗하게 닦은 후 가져오고, 식사를 할 때라면 이것이 컵으로 변신한다. 이것으로 물을 마신다. 또한 성수를 채운 항아리는 칼라샤kalaśa라고 하여, 의식을 치를 때 신의 몸이 되기도 한다(그림).

배 속, 다시 말해서 배꼽 밑의 칸다kaṇḍa나 차크라cakra의 위치에 이 항아리(쿰바)를 이미지화한다. 여기에, 마치 항아리에 성수나 감로를 채워넣듯이 프라나를 채운다. 항아리의 이미지화는 여러 용도로 사용 가능하고(→ 75. 나디쇼나다), 항아리의 비유는 베단타에서도 자주 사용된다. '항아리 속의 허공虛空, ākāśa은 대우주의 허공과 동일하다.'

• 《다누르베다 본집》 118~119.
prāṇā-vāyuṁ prayatnena bāṇena saha pūrayet |
kumbhakena sthiraṁ kṛtvā huṁ kāreṇa visarjayet |
ity-abhyāsa-kriyā kāryā dhanvinā siddhim icchatā |

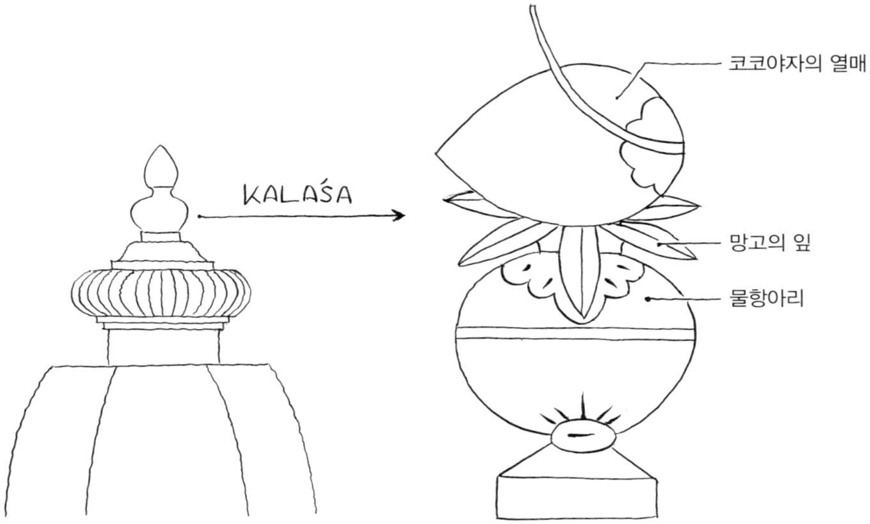

힌두사원의 첨탑의 끝부분에 놓여 있는 장식은 칼라샤와 야자나무 열매를 형상화한 것이다. 이 세트는 우상(偶像)이 생기기 이전의 브라만교에서의 신체(神體, 신이 빙의하는 매개체)로서, 지금도 옛 전통에 따른 종교의식에서 사용된다. 불교에서도 땅에 만다라를 그린 후, 부처가 깃드는 구획에 칼라샤를 안치했다.
프라나야마를 행할 때는 배 속에 항아리를 안치하고, 거기에 물을 붓듯 프라나를 집중시키는 이미지화가 중요시된다.

그림. 칼라샤(물항아리)

77 반다

– 참는 것이 그 비결

Bandha

[√bandh(결박하다/붙잡다/연결하다)]

〈여〉 상키야 철학

〈남〉 결합·결속, 속박, 사슬, 체포. 하타 요가의 반다

※ '반다'는 영어의 band, 음악의 밴드(결속), 바지의 밴드(벨트, 대帶) 등과 같은 기원을 가지는 말이다. 밴디지bandage(붕대)에 해당하는 산스크리트는 bandhana. 그렇다. 반다나는 인도에서 유래한 영어이다. 반다나에는 홀치기 염색한 천이 주로 사용되는데, 천을 실로 묶어 매듭을 만든 후 염색을 하는 홀치기 염색도 산스크리트에서는 반다나라고 부른다. 요가의 반다는 '프라나를 견고하게 [항아리에] 고정하는 것'이다.

◎ 항문을 힘껏 조여서

앞 항목에서의 다라나dhāraṇā의 정의 '어떤 한 곳에 마음을 붙들어 매는 것'의 원문은 'deśa-bandhaś cittasya dhāraṇā'이다. 붙들어 매는 것은 bandha. 하타 요가의 입장에서는 '항아리(쿰바)와 같은 것에 숨prāṇa을 반다하는 것이, 정신 집중(다라나)인 것이다'라고 바꿔 말할 수 있다. 반다는 쿰바카에 빠져서는 안 되는 기술이다.

하타 문헌에는 몇몇 반다가 제시되어 있는데, 특히 중요한 것이 물라 반다mūla-bandha, 잘란다라 반다jālandhara-bandha, 웃디야나 반다uddiyāna-bandha의 3종류이다. 이 중에서도 가장 중요하다고 할까, 기본 중의 기본이 물라 반다이다.

방법

① 왼쪽 발꿈치로 회음, 여성은 요니yoni를 압박한다.

② 성기의 바로 위를 오른쪽 발꿈치로 계속 압박한다.

③ 항문을 바짝 죄어, 아파나apāna 바람을 위쪽으로 인도한다.

물라 반다는 각종 상황에서 행해지기 때문에 ①, ②는 우선 무시한다. ③의 '아파나 바람을 위쪽으로 인도한다'는 문장은 일견 난해해보이지만, 소변이 샐 것 같을 때의 긴급조치로서 항문을 힘껏 조이는 방법은 누구나 자연스레 습득하고 있을 것이다. 그 요령을 말하는 것이다. 항문을 조임으로써, PC근(치골미골근)이 수축하여 근저根底, mūla(치골과 미저골 사이의 부분)에 뚫려 있던 구멍도 차단된다(그림). 아파나 바람은 5대 프라나의 하나로, 변의 배출을 관장하며, 본래 밑을 향하는 경향을 가지고 있다. 항문 조임을 통해서 이 아파나 바람을 강제로 위로 향하게 하는 것이다.

물라

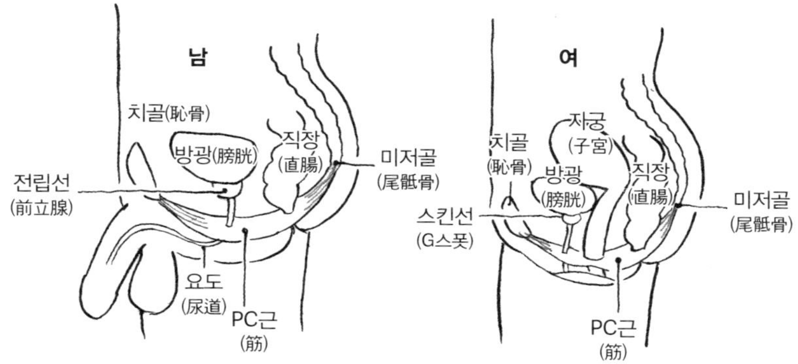

남녀 모두 직장·요도(여성의 경우에는 요니 또한)는 PC근(치골미골근)을 통과하여 외부로 벌어진다. 항문의 괄약근을 힘껏 조임으로써 PC근이 강하게 조여져(물라 반다) 이 통로가 차단된다.

그림. 물라(PC근)

남성의 경우에는 정액이 샐 것 같을 때에도 물라 반다로 저지할 수가 있다. 그렇다기보다는 애초부터 성 에너지의 조작법으로 개발된 것이 물라 반다이다. 이미지로 그려보면, 아랫배에 잘 놓아둔 항아리(쿰바) 밑부분에 금이 생겨 그곳을 통해 프라나가 새어나온다. 항문을 조임으로써 그 금을 막게 된다. 이런 분위기이다.

◎ 목구멍을 조여서 – 잘란다라 반다

방법

가슴에 턱을 단단히 붙여서 목구멍을 조이게 한다.

이 반다는 들숨pūraka의 마지막과 멈춘숨kumbhaka의 시작에 행한다. 요컨대, 목구멍을 막아서, 들이마신 프라나가 새어나가지 않도록 하기 위한 것이다. 일반적으로는 쿰바카 도중에 이 반다를 실시한다.

또한 누워서 발을 머리 위로 넘기는 쟁기 자세halāsana는 이 반다에 주안을 둔 자세이다. 하타 문헌에는 '배꼽의 영역nābhisthāna에 위치하는 소화의 불이 이마에서 스며나오는 감로amṛta를 다 태워버린다. 잘란다라 반다는 감로가 이처럼 낭비되는 것을 방지한다'고 되어 있는데, 소화의 불이 감로를 다 태워버린다, 운운하는 표현은 곧이곧대로 받아들이지 않아도 좋다. 이 문장의 진의는 쟁기 자세로 잘란다라 반다를 행함으로써 암리타의 분비가 왕성해지는 것에 있다.

◎ 배를 조여서 – 웃디야나 반다

방법

① 숨을 내쉬어 폐를 비운다. 입으로 강하게 내쉬면, 폐는 완전히 비워진다.

② 다음으로, 배꼽을 척추에 붙일 듯이 복부를 바짝 죄어 장들을 위쪽으로 끌어 올린다.

웃디야나 반다는 멈춘숨(쿰바카)의 마지막과 날숨recaka의 시작에 하게 된다. 이 반다를 할 때, 횡격막은 올라가게 되고 복근은 등 쪽으로 잡아당겨진다. 상체를 앞쪽으로 숙이면 수행은 더 쉬워진다. 웃디야나 반다는 앉거나 서서도 할 수가 있다. 서서 할 때는 넓적다리 위에 손을 둔다.

이 운동은 수련자에게 건강미, 강함, 정력, 바이탈리티vitality(활력)를 준다. 변비, 장운동의 쇠퇴, 그 밖의 소화관 장애와 싸우는 요가수행자의 강력한 무기이다.

프라나야마를 수행할 때, 물라 반다, 잘란다라 반다, 웃디야나 반다를 능숙하게 연계할 수 있다. 이를 3중 반다bandha-traya라고 한다.

78 무드라

– 프라나를 봉쇄하다

Mudrā

[bhava(존재) + cakra(바퀴[輪])]

[√mud(기뻐하다/즐기다/축하하다]

〈여〉 인장(印章, 도장), 봉인, 자물쇠[錠], 인계印契, 성性 요가의 여성 파트너, 하타 요가의 무드라

※ '무드라'의 원래 의미에 관해서는 '44. 마하무드라'를 참조. 하타 요가의 무드라는 '프라나를 봉인하는 비법'이라는 의미이다. 즉 맥관의 일부를 봉쇄하여 맥관이나 마르마, 차크라의 내부에 프라나를 일시적으로 가두어두는 것이 '무드라'이다.

◎ 압력솥처럼

'그때(다라나에서), 상념을 한곳에 집중하는 상태가 디야나dhyāna인 것이다'(《요가수트라》 Ⅲ. 2) 8지의 제7, 디야나의 하타 버전이 무드라이다. 따라서 이 문장은 '반다에서, 숨(프라나)를 한곳에 집중하는 상태가 무드라인 것이다'로 바꿔 읽을 수가 있다.

압력솥을 상상해보면 좋다. 솥 안은 증기가 빠져나갈 곳이 없기 때문에 엄청난 압력이 가해진다. 그것은 음식물을 빠르게 조리한다. 솥이 항아리(쿰바), 증기가 프라나이다. 쿰바에 뚜껑을 꼭 닫아 프라나가 빠져나가지 못하게 한다.

다만, 쿰바도 프라나도 미세한 존재, 바꿔 말하면 실체가 없는 가상(버추얼)의 존재이기 때문에 관상력觀想力으로 만들어내지 않으면 안 된다. 확실하게

이미지화하지 않으면 안 된다는 것이다. 관상이 없다면 무드라가 되지 않는다. 그저 숨을 죽인 채, 엉덩이나 목, 배를 조이고 있는 것에 불과하다.

◎ 마하무드라의 변이

차크라나 칸다, 맥관이 쿰바가 된다. 쿰바의 부위에 따라 온갖 신비체험이나 초능력(싯디)을 얻는다. 가장 중요한 무드라는 항문, 목, 배의 반다를 동시에 행하는 마하무드라이다.

방법

① 왼쪽 발꿈치로 회음부를 주의를 기울여 압박한다.
② 오른 넓적다리를 똑바로 펴고, 양손으로 그 발가락을 잡는다.
③ 숨을 들이마셔, 쿰바카한다.
④ 가슴에 턱을 단단히 붙인다(잘란다라 반다).
⑤ 이어서 항문을 바짝 조인다(물라 반다).
⑥ 나아가 배를 바짝 조인다(웃디야나 반다).
(웃디야나 반다를 행하지 않는 방법도 있다)
⑦ 가능한 한 오랫동안 이 자세를 유지한다.
⑧ 배, 항문의 순서로 반다를 풀고, 천천히 숨을 내쉬며 목도 느슨하게 한다.
⑨ 좌우의 다리를 바꿔서 행한다.

마하무드라는 원래는 불교 탄트라의 수행법이었다(→ 44. 마하무드라).

① 들이마신 프라나를 항문의 반다 등을 통해 중앙 맥관avadhūtī으로 인도

하여, 중앙 맥관의 위·아래를 목의 반다, 항문의 반다로 막는다.
② 배의 반다로, 중앙 맥관의 프라나를 위로 밀어 보낸다.
③ 갈 곳을 잃은 프라나는 심장 차크라로 들어가서 불멸의 빈두bindu, 点를 용해한다.
④ 그러면 그 사람의 영혼[識]은 저승 세계를 헤매게 된다.

고라크샤 시기의 초기 하타 요가에서는 이렇게 행한다(그림).

① 들이마신 프라나를 목과 항문의 반다를 통해 배꼽 밑의 칸다에 유지한다.
② 나아가 항문의 반다를 통해 아파나를 위로 향하게 하여 칸다의 프라나와 혼합시킨다.
③ 아파나와 프라나의 혼합물을, 극도의 정신집중을 통해 '발화'시킨다.
④ 이 불을 칸다의 위(배꼽 근처)에서 잠들어 있는 쿤달리니에 충돌시켜 각성시킨다.
⑤ 배의 반다를 통해 쿤달리니를 중앙 맥관(수슘나)로 인도한다.

근세 이후의 하타 요가에서는, 쿤달리니는 칸다의 위가 아니라 물라다라 차크라 속에 잠들어 있다고 여겼기(→ 60. 쿤달리니) 때문에, 마하무드라의 본래 수행법도 잊혀져버렸다. 오늘날에는 통상, 마하무드라를 행할 때는 미간에 의식을 집중하도록 가르친다.

그리고 '무드라'의 의미도 변하여, 다음 항목 '79. 수카 푸르바카'에서 서술하듯, 다양한 프라나 조작을 연계시킨 '하타의 비법'이라는 뜻으로 사용되었다.

① 숨을 들이쉬어 쿰바카한다. 들이마신 프라나를 칸다에 모아, 새어나가지 않도록 목을 조인다(잘란다라 반다).

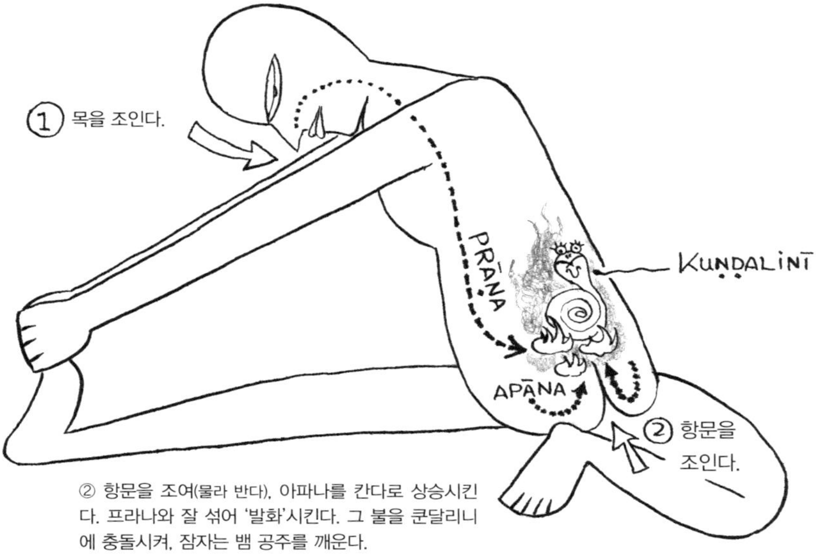

② 항문을 조여(물라 반다), 아파나를 칸다로 상승시킨다. 프라나와 잘 섞어 '발화'시킨다. 그 불을 쿤달리니에 충돌시켜, 잠자는 뱀 공주를 깨운다.

③ 횡격막을 끌어올려(웃디야나 반다), 쿤달리니를 수슘나로 인도한다.

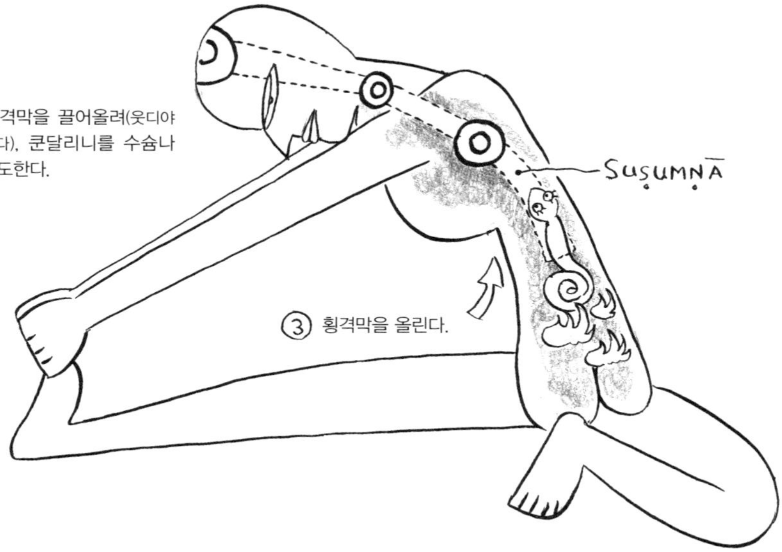

그림. 마하무드라

79 수카 푸르바카
– 좌우의 밸런스와 쿤달리니 각성

Sukha-pūrvaka

[sukha(쾌적/쾌락) + pūrvaka(~을 주된 것으로 하는)]

〈남〉 한쪽 콧구멍을 막고, 다른 한쪽의 콧구멍으로 숨을 들이쉬고 내쉬는 프라나야마.
※ '수카 푸르바카'는 '쾌적함을 (찾는 것을) 주된 것으로 한,' 즉 신체의 상태를 체크하기 위한 프라나야마이다. 신체 상태가 양호하지 못하다면, 좌우 콧구멍의 호흡의 세기에서 차이가 난다. 또한 '수카 푸르바카'는 '쾌락을 (얻는 것을) 목적으로 한' 프라나야마이기도 하다. 불교 탄트라는 최고의 경지를 '쾌락'이라고 부른다. 그것에 도달하기 위한 수행법(찬달리 요가)에서 이 프라나야마는 필수적이다(→ 43. 찬다리). 이는 쿤달리니 요가에서도 마찬가지이다.

◎ 무에타이의 호흡법

태국의 격투기인 무에타이는, 예전에는 바흐윳이라고 불렸다. 산스크리트어 바흐윳다bāhuyuddha(권법拳法)라는 말의 샴 방언이다. 그 창시자는《라마야나》의 라마라고 여겨지고 있어, 무에타이의 뿌리 가운데 하나가 인도로 뻗어 있음을 엿볼 수 있다. 실제로 바흐윳에는 인도계 의학이나 요가 기술이 많이 보존되어 있다.

예를 들자면, 시합 전에 행하는 의례적 무용 와이크루Wai Khru에 흥미로운 동작이 포함되어 있다. 오른손 엄지손가락으로 오른쪽 콧구멍을 막고, 왼쪽 콧구멍으로 2~3번 호흡한다. 반대편도 같은 동작을 한다. 또한 왼쪽 콧구멍으로 마신 숨을 오른쪽 콧구멍으로 내쉬기도 한다(그림: 현재의 무에타이는 손에 글러브를 끼기 때문에 이 동작은 볼 수 없다).

이를 통해 어느 쪽이 프라나의 흐름이 좋은지를 체크하는 것이다. 하타 요가의 전형적인 호흡법의 하나로, '혈류를 좋게 하고, 좌우 신경을 가다듬어 두뇌 활동을 명민하게 한다'고 한다.

"예전의 바흐윳 선생들은 호흡에 문제가 있는 무술가에게는 싸움을 시키지 않았지."라며, 바흐윳에 관해 조사하던 중 한 노인이 가르쳐주었다.

"제자에게 만트라를 제시하여 호흡이 개선될 때까지 쉬게 했어. 전사는 호흡 상태가 좋아지면 바흐윳의 풋워크를 시작해. 그때 숨의 흐름이 좋은 쪽의 다리를 가장 먼저 들어올려서 내딛지."

◎ 이다 핑갈라의 청소

좌우의 콧구멍은 이다 관, 핑갈라 관의 출입구이다. 신체를 좌우로 이분하여, 어느 쪽이든 컨디션이 좋지 않을 경우, 이 좌우의 맥관에 반영된다. 숨의 흐름이 나쁘게 된다. 이를 다음과 같은 방법으로 개선할 수 있다.

방법 1

① 책상다리로 앉아 숨의 흐름이 좋은 쪽의 손을 등 뒤로 돌려 나쁜 쪽의 늑골 밑 가장자리에 손등을 붙인다. 거기에 콩팥이 있다. 손등을 통해 콩팥(파르슈바산디 마르마)에 의식을 향하게 한다.

② 숨의 흐름이 나쁜 쪽의 손가락으로 좋은 쪽의 콧구멍을 막는다.

③ 콧구멍에서 콩팥을 지나 미저골까지, 척추의 옆을 스트로우(맥관)가 깔려 있다고 관한다. 또한 미저골의 앞에 구형 또는 정육면체의 공간(물라다라 차크라)가 있다고 관한다.

④ '황금색으로 물든 서광'을 들이마신다고 관한다. '빛'은 스트로우 속을

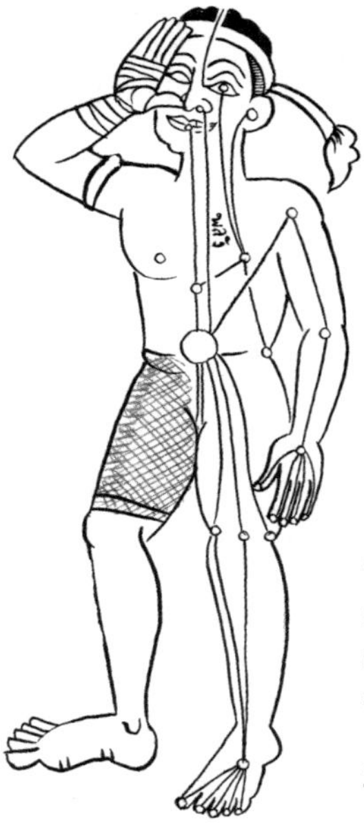

앙코르(캄보디아)를 경유하여 샴(태국)으로 남인도의 싯다의학이 전해졌다. 타이 마사지에서 사용하는 10개의 에너지 회로인 Sen도 요가의 10대 맥관을 어레인지(arrange)한 것이다.

그림. 옛 무에타이의 프라나야마

통해서, 우선 콩팥이 있는 곳까지 내려간다. 그런 다음, 미저골의 앞에 있는 공간까지 내려가서, 그곳이 '빛'으로 가득 차게 된다.

⑤ 같은 스트로우를 통하여 '빛'이 콧구멍으로부터 나간다. 그때 스트로우의 내부가 세척되기 때문에, 문어가 뿜어내는 검은 먹물 같은 연기가 코에서 나온다고 관한다.

방법 2

① 방법 1과 마찬가지.

② 숨의 흐름이 나쁜 쪽의 손을 좋은 쪽의 넓적다리 바깥 부분에 걸치고, 천천히 숨을 내쉬면서 '척추 반 비틀기 자세'(아르다맛시옌드라아사나)를 취할 때처럼 목과 상체를 좋은 쪽으로 비틀 수 있을 만큼 비튼다(목을 비튼 쪽의 맥관이 '록'된다. 즉 콧구멍을 막은 것과 같은 상태가 된다).

③ 숨의 흐름이 나쁜 쪽의 콧구멍으로부터 콩팥을 경유하여 미저골까지, 척추 옆을 스트로우(맥관)가 뻗어 있다고 관한다. 그다음은 방법 1과 동일하다.

◎ 쿤달리니 각성의 프라나야마

코가 잘 통하게 되면, 좌우로 수카 푸르바카를 행한다 이것은 정화법인 동시에 쿤달리니 각성에 가장 효과가 있다고 한다(→ 43. 찬다리, 그림 참조). 그렇다고는 하지만, 단순히 호흡을 한다고 해서 쿤달리니가 각성하는 것은 아니다. 쿤달리니를 제대로 관상, 즉 비주얼하게 이미지화하는 것이 중요하다. 쿤달리니는 '똬리를 튼 뱀'의 모습을 하고 있다고들 하는데, 이것을 이미지화하기 힘들다면, 일본에서 정월에 장식하는 눈사람 모양의 떡(카가미모치鏡餅)를 상상하면 좋다.

민속학자인 요시노 히로코吉野裕子 선생은 "일본어의 카카かか는 뱀을 가리키는 오래된 이름으로, 카가미かがみ(거울)는 카미かみ, 神 그 자체, 그리고 카가미모치는 똬리를 튼 뱀을 본떴을 것이다"고 말한다. 뱀을 신성시한 것은 인도인만이 아니다. 고대의 일본인도 뱀의 탈피를 '죽음'으로부터의 '재생'으로 보았던 것이다.

① 파드마사나 또는 싯다사나로 앉는다.
② 들숨: 오른손 엄지로 오른쪽 콧구멍을 막고, 왼쪽의 스트로우(핑갈라)를 통해 천천히 3번, OṀ을 읊조리면서 '황금색으로 물든 서광'을 들이쉰다.
③ 멈춘숨: 다음으로, 오른손 약지와 새끼손가락으로 왼쪽 콧구멍을 막고, 항문을 조여 12번 OṀ을 읊조리면서 숨을 멈춘다. 이때 물라다라 차크

라를 '빛'으로 채워 안에서 똬리를 틀고 잠들어 있는 쿤달리니가 빛을 낸다고 관한다.

④ 날숨: 오른손 엄지를 떼고 오른쪽 스트로우(핑갈라)를 통해 6번 OṀ을 읊조리면서 숨을 내쉰다.

⑤ 다시 위에서 언급한 대로, 오른쪽 콧구멍을 통해 들숨. 멈춘숨. 왼쪽 콧구멍을 통해 날숨.

이 ②~⑤의 프로세스가 1회의 프라나야마를 구성한다.

주의

○ 우선 이 프라나야마를 6회 하는 것에서 시작하여 20회가 될 때까지, 차츰 늘려간다.

○ 들숨 : 멈춘숨 : 날숨의 비율은 1:4:2라고 하는데, 그다지 신경 쓰지 않아도 된다.

○ 쿰바카의 시간을 차츰 늘려간다. 신중하게 그리고 가능한 한 쾌적하게 쿰바카할 것.

○ 서둘지 않을 것. 참지 말 것.

○ 물라다라 차크라에 집중하고 쿤달리니를 명상할 것. 이것은 이 프라나야마에서 가장 중요한 사항이다. 이미지화함으로써, 그것이 실체화된다.

효과

○ 이 호흡법은 모든 병을 제거하고 맥관을 정화하며 산만한 마음을 붙들어 매고, 소화와 순환을 촉진시키고 쿤달리니를 각성시킨다.

○ 체내의 모든 불순물이 제거된다.

80 크리야 요가

– 신身 · 구口 · 의意의 일치

Kriyā-yoga

[kriyā(행위/행작行作) + yoga(요가)]

〈남〉 행작 요가.

※ '크리야 요가'는 파라마함사 요가난다Paramahansa Yogānanda(1893~1952)가 서양에 전한 요가의 이름으로서 너무도 유명하다. 애초에 크리야 요가는 ① 타파스tapas(고행) ② 스와디야야svādhyāya(자기 학습) ③ 이슈와라 프라니다나 īśvara-praṇidhāna(자재신에 대한 봉헌)의 셋을 일괄하여 부른 말로, 삼매 추구와 번뇌를 약화시키는 것을 목적으로 하고 있다(《요가수트라》 II. 1~2•). 아슈탕가 체계에서는 니야마에 포함된, 소위 말하는 준비체조에 불과한 것이었는데, 탄트라(밀교) 시대에 들어 '독립된 하나의 행법'으로서 크게 발전을 하게 된다.

◎ 세 개의 행위(카르마)

인도에서는 전통적으로 행위를 (1) 신身(신체)에 의한 행위, (2) 구口(언어)에 의한 행위, (3) 의意(생각)에 의한 행위로 구별한다. 《요가수트라》의 아슈탕가 체계의 제2지분 니야마는 바른 카르마를 쌓는 것을 목적으로 하는 것이기 때문에 각각에 '(1) 고행(타파스)-육체행, (2) 베다의 학습(스와디야야) - 성전을 입으로 읊조리는[口誦] 것, (3) 자재신에 대한 봉헌(이슈와라 프라니다나) - 신을 관상'을 배당했다. 그리고 그 각각의 공덕으로서, (1) 부정不淨이 파괴되기 때문에 신체와 감관의 성취가 발생한다, (2) 이슈타 데바타(마음에 드는 신, 개인

• 《요가수트라》 II. 1~2.
tapaḥ-svādhyāya-īśvarapraṇidhānāni kriyā-yogaḥ ||
samādhi-bhāvana-arthaḥ kleśa-tanūkaraṇa-arthaś ca ||

적인 수호신)와 어울릴 수 있게 된다, (3) 삼매(사마디)가 성취된다는 점을 들고 있다(Ⅱ. 43~45).

《요가수트라》에서는, 이 셋이 별개의 행위였는데, 밀교(탄트라)의 시대에 들어서면 셋은 동시에 행해지게 된다. 일본의 진언밀교에서 말하는 '가지기도加持祈禱'는 초기밀교의 크리야 요가이다. 가지기도는 기도를 통해 여래(부처), 즉 우주에 널리 가득 찬 진실의 힘을 인간에게 부여하고, 수행자가 이를 확실히 받아들여 유지함으로써 불가사의한 효과가 나타난다고 하는 것이다. 구체적으로는 신·구·의에 의한 수행법을 하나로 하여 행하는 '삼밀행三密行'이다.

(1) 신밀身密 - 부처님처럼 결가부좌로 앉아 손으로는 인印을 맺고 스스로 부처가 되었다고 마음속으로 떠올린다.
(2) 구밀口密 - 입으로 만트라를 염송한다.
(3) 의밀意密 - 이상적으로 여기는 상태인 부처님을 현실에 출현시키려는 관상을 한다.

이 셋을 한꺼번에 행하는 것이 삼밀행이다. 예를 들면, 금강계의 대일여래에게 크리야를 행한다면, 대일여래의 수인 지권인智拳印, bodhyagri-mudrā을 맺고, 동시에 대일여래의 만트라 '옴 바즈라 다투 밤oṁ vajra-dhātu vaṁ'을 읊조리며, 대일여래의 모습을 생생하게 떠올리는 것이다. 이를 통해 수행자는 사마디에 들어가 이슈타 데바타, 즉 대일여래와 일체가 된다.

하타 요가를 포함시킨 후대의 탄트라에서는 타파스의 해석으로부터 연금술적인 방향으로 진화했다. 즉 타파스는 √tap(열을 가하다)로부터 파생한 말이기 때문에, '뜨거워질 때까지 격렬한 집중'이라는 의미이다. 보다 상세하게 말하자면, '목적의 성취를 향해서 집중되는 격렬하고 강한 노력. 자신의 모든 존재를 타오르게 하여, 자신의 모든 능력을 하나로 모아 유일한 목적을 향해서 거칠게(물리적으로) 내던지는, 처절하기까지 한 의지의 집중'이다.

따라서 탄트라의 크리야 요가는 다음의 셋을 단번에 수행한다.

(1) 특수한 호흡법에 의해 신체의 열(타파스 = 프라나)을 높이는 것
(2) 베다의 요체인 만트라를 염송하는 것
(3) 탄트라에서는 '신체는 신의 궁전'이라고 한다. 즉, 자신의 신체에 명상하는 것

단순하게 말하자면, 자신의 신체의 어떤 특정한 부위(차크라나 척추 등)에 의식을 집중하면서, 특수한 호흡법과 만트라를 읊조리는 것을 동시에 행한다.

◎ 소함So'ham 명상

[프라나는] 나가며 '함'이라는 소리를 내고, 또한 들어오며 '사하'라는 소리를 낸다.
낮과 밤으로 600과 1000×21(=21,600)[의 호흡이 있다].
모든 생물은 아자파ajapā라는 이름의 가야트리를 언제나 염송한다.

–《게란다 본집》 V. 84•

• 《게란다 본집》 V. 84.
haṅkāreṇa bahiryāti saḥkāreṇa viśet punaḥ | ṣaṭśatāni divā rātrau sahasrāṇy ekaviṁśatiḥ | ajapā nāma gāyatrīṁ jīvo japati sarvadā ||

탄트라의 크리야 요가는 기존의 수행법과 아주 다른 수행법을 구축했는데, 그것은 성전을 입으로 읊조리는 것을 만트라 독송japa으로 대체하고, 그 독송을 프라나와 마나스를 일치시키는 프라나야마에 편입시킨 것이다. 호흡은 들숨과 날숨으로 이루어지기에, 만트라도 이에 맞춘다. 'so'ham(나는 브라만이다)'이라는 만트라를 사용하는 경우가 많다. 숨을 들이마실 때 '소', 뱉어낼 때 '함.'

'so'ham'은 가장 심플하고 내추럴한, 그러면서도 모든 베다를 요약하는 만트라이기 때문에, '염송念誦(아자파)이 아니라 가야트리'라고 불린다. 이 음에 집중하면서 행하는 프라나야마는 모든 죄를 깨끗하게 하는 가야트리(→ 1. 가야트리)를 읊조리는 것과 동일한 공덕이 있다고 한다.

라마크리슈나는 그의 신도가 죄에 관해 말했을 때, 이렇게 말했다고 한다. "그만둬라. 왜 죄에 관해 이야기하는가? 나는 벌레, 나는 벌레라고 반복해서 말하는 자는 벌레가 된다. 나는 자유라고 생각하는 자는 자유로워진다. 언제나, 자신은 자유로우며 어떠한 죄에도 구속되지 않는다는 향상의 태도를 유지해라."

그것이 만트라의 효능이다. "나는 브라만이다"라고 읊조리는 자는 브라만이 된다. 또한 내뱉는 숨에 중점을 두면 '함사haṁsa'라고 들리게 되는데, '함사'는 브라만이라는 의미이다. 소함 명상은 하타 요가와 탄트라의 거의 모든 문헌에서 칭송되고 있다.

◎ 소함 명상의 기본

① 연화좌 또는 영웅좌로 앉는다.

② 대천문을 니야사(손가락으로 만지는 것)하여, 그곳에서부터 물라다라 차크라까지를 연결하는 수직선을 이미지화한다. 한편, 물라다라는 통상

'회음에 있다'고 설명되는데, 산스크리트에서는 '회음'에 해당하는 말이 없다. 인간이 아니라 말의 항문 밑 부분을 가리키는 시바니sīvanī라는 말로 대용한다. 하지만, 물라다라의 위치를 설명할 때에는 이 말은 사용되지 않는다. 《고라크샤 백송》등의 문헌에는 guda-sthāna(항문의 영역) 내지는 yoni(요니)라고 되어 있다. '그 언저리' 정도를 나타낼 것이다. 상체를 똑바로 한 가장 안정된 자세로 앉아 수직축을 상정했을 때, 대천문의 바로 아래에 있는 것이 '토대 지탱(물라다라mūlādhāra)'이다. 이는 당연히, 사람에 따라 미묘하게 다르기 때문에, 자신의 물라다라를 찾아본다. 항문의 조금 앞쪽에 있을지도 모른다. 여성의 경우에는 요니를 물라다라로 여겨도 상관없다.

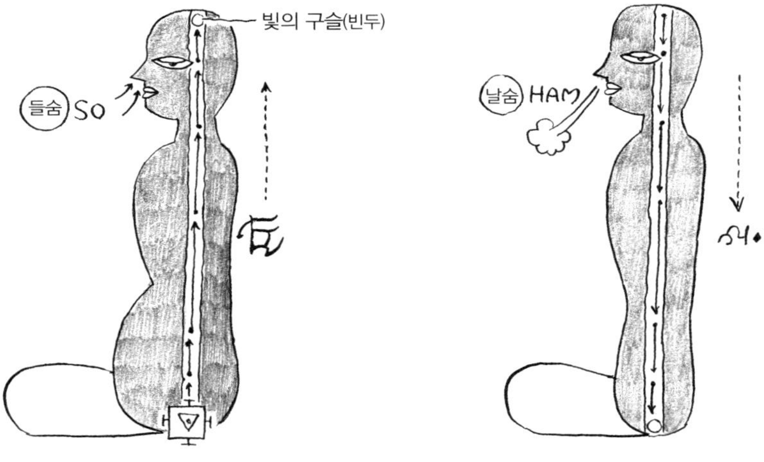

1. 물라다라에서 대천문까지 뻗어 있는 수직축을 이미지화한다. 들숨과 함께, 그 안을 빛의 구슬(빈두)이 소(SO)… 라는 소리를 내고 상승해간다.

2. 날숨과 함께 빛의 구슬이 함(HAM)… 이라는 소리를 내고 하강해간다. 크리야 요가에서는 신·구·의를 일치시키는 것이 중요하다. 이 경우는, 신 = 호흡, 구 = 소함(so'ham) 만트라, 의 = '빛의 구슬'의 이미지. 만트라도 마음속에서 이미지화할 뿐으로 실제로 입으로 말할 필요는 없다.

그림. 크리야 요가의 기본

③ 대천문과 물라다라를 잇는 수직축(중심축)을 새끼손가락 정도 굵기의 안이 비어 있는 관이라고 관하면서 한차례 숨을 내쉰다.

④ 들숨 - 관의 가장 밑에 빛의 구슬(빈두)을 관하고, 그 구슬이 '소'라는 음과 함께 상승한다고 이미지화한다. 다 들이쉬었을 때, 구슬은 대천문에 이른다.

⑤ 날숨 - 빛의 구슬은 '함'이라는 음과 함께 하강한다고 이미지화한다. 다 내쉬었을 때, 구슬은 물라다라에 이른다.

⑥ ❹와 ❺를 원하는 만큼 반복한다. 고층빌딩의 중앙에는 반드시 최하층에서 최상층까지 관통하는 엘리베이터가 있는데, 이 엘리베이터가 '소함'이라는 음과 함께 상승하고 있는 듯한 느낌이다. 한편 '소함'의 음은 의식하기만 할 뿐, 실제로 입으로 소리 내어 읊조릴 필요는 없다.

81 바스트리카

– 프라나를 가열하다

Bhastrikā

[√bhas(빛나다) –tra(도구/수단)을 표시하는 접미사의 여성형]

〈여〉 풀무, 물을 넣는 가죽 주머니, 하타 요가의 호흡법

※ '바스트리카'는 '(철을 빨갛게) 빛나게 하는 도구,' 즉 철을 가공하는 불을 고온으로 유지하기 위한 송풍장치로 사용하는 '풀무'이다. 오래전에는 가죽 주머니를 이용한 가죽 풀무였기 때문에, 가죽 주머니라는 의미로도 사용된다. 하타 요가의 '바스트리카'는 자신의 아랫배를 가죽 주머니로 삼고, 배꼽의 '소화의 불'을 피우기 위한 기법이다. 또한 쿰바카kumbhaka의 쿰바를 '항아리'로 해석할 경우, 그 쿰바에 모아둔 프라나를 가열하기 위한 기법이다.

◎ '풀무' 호흡

풀무는 왜 bhastra(남성명사)가 아니라, bhastrikā(여성명사)일까? 당연한 것이다. 풀무의 상대가 남성이기 때문이다. 불火, agni은 남성명사, 프라나prāṇa도 남성명사. 각각 아그니 신, 바유 신으로 의인화된다. 남성 신이다. 남자를 기운 나게 하는 것은 여자이다. 그래서 풀무는 여성명사이다. 그렇다면 풀무는 어떻게 의인화되는가? (이에 대한 답변은 다음 항목 '82. 바즈라 자파'를 보라)

산스크리트의 명사에는 성별이 있는데, 번역문에는 반영되지 않는다. 한역 불전도 이 때문에 중요한 정보가 상당히 사라져버린다. 산스크리트에 익숙해지고 이미지를 풍성하게 하는 것도 요가에는 필요한 작업이라고 생각한다.

그건 그렇고, 빠르게 강한 날숨을 연속적으로 하는 것이 바스트리카 호흡법의 특색이다. 대장장이가 풀무질을 하듯 들숨과 날숨을 빠르게 한다.

방법

① 마음에 드는 아사나로 앉는다. 입을 다문다.

② 들숨과 날숨을 급속하게 20회, 풀무와 같이 행한다.

쉬지 않고 복부를 팽창시키고 수축시켜, 들숨과 날숨을 반복한다. 이 프라나야마를 할 때, '슛' 하는 소리가 발생한다.

날숨부터 시작해야 한다. 들숨은 그것에 뒤따라 [일어난다].

③ 이러한 날숨을 20회 실시한 후, 깊은 들숨을 하고, 가능한 한 숨을 참는다. 그런 다음 천천히 숨을 내쉰다.

이것이 바스트리카의 1라운드이다.

주의

○ 10회 날숨/1라운드로부터 시작하여 20~25회 날숨/1라운드로 점차 늘려간다.

○ 쿰바카의 시간도 점차 신중하게 늘려 간다.

○ 1라운드가 끝난 후 잠시 휴식을 취하면서 다음 라운드에 대비한다.

효과

○ 바스트리카는 인후의 염증을 제거하고, 소화의 불을 증대시켜 카파와 코, 폐의 모든 병을 파괴하고, 천식, 폐병 및 바타, 핏타, 카파의 과잉에서 유래하는 그 밖의 질병을 근절한다.

○ 신체에 열이 올라가게 한다. 그것은 모든 프라나야마 중에서도 가장 효과적이다.

○ 그 밖에 수카 푸르바카로 얻어지는 은혜의 모든 것을 이 호흡법에서도 얻을 수 있다.

◎ '두개골을 밝히는(카팔라 바티kapāla-bhātī)' 호흡

바스트리카를 숨을 참는다는 인터벌을 두지 않고 계속해가면, '카팔라 바티'라고 불리는 호흡법이 된다. '두개골kapāla에 불을 밝히다(바티bhātī)'는 의미이다. 모든 요가책에서 '산소를 대량으로 받아들여 몸을 정화한다'고 추천하는데, 그 한계를 제대로 파악하지 못하면 꽤 위험하게 된다. 과호흡증후군을 불러일으킨다.

즉 이 호흡법에서는 평소보다 두 배 이상의 산소를 체내로 받아들인다. 하지만 이는 50와트의 전구에 100와트가 넘는 전기를 흘려보내는 것과도 같다. 산소가 과잉되면 유해하다. 하지만 인간의 몸에는 방어기제가 갖춰져 있다. 말초의 혈관을 수축시켜 모세혈관에 흐르는 혈액의 양을 억제해버리는 것이다. 이 때문에 산소가 부족해진다.

겉보기에는 안색이 파래진다. 숨을 '헉헉'거리며 괴로워하는 듯 보인다. 손발도 경련을 일으킨다. 누구나 심장발작이라고 생각하게 된다. 그것이 과호흡증후군이다. 젊은 여성에게 많이 발생한다. 아이돌의 콘서트에서 흥분이 도화선이 되어 호흡이 흐트러져 실신해버리는 것도 이것이다. 구급차로 병원에 실려 가게 되는 것이다.

하지만 요가 수행자는 의식적으로 이러한 상태를 만들어낸다. 그럼 어떻게 될까.

감정이 넘쳐난다. 이윽고 잠재의식이 역류하기 시작한다. 그곳에는 이미 잊혀야 했을 기억이 있다. 오래전에 죽었던 지인도 살고 있다. 잊힌 기억 속에는 심층심리라는 감옥에 봉인해 두었던 꺼림칙한 과거도 있다….

그러므로 요가수행자는 이 호흡법을 행하여, 정신적 외상(트라우마)을 태워서 끊어버리는 것이다. 그런 이유로 카팔라 바티는 하타 요가 체계에서는 프라나야마가 아니라 샷트카르만(정화법)에 포함되어 있다.

그런데 이 과호흡을 계속하는 것만으로, 왜 이러한 반응이 일어나는 것일까? 산소결핍의 영향을 가장 먼저 받는 것은 뇌, 특히 우리의 일상적인 의식을 자아내고 있는 대뇌신피질이다. 보통은 거드름피우고 있는 이 신피질이 얌전해진다. 그러면 지금까지 억눌려 있었던 대뇌변연계, 뇌간이라는 오래된 뇌의 활동이 표면으로 드러나게 된다. 그 결과 물이 빠진 바다에서 땅이 드러나듯이 깊은 무의식의 세계가 떠오른다.

82 바즈라 자파

–《반야심경》의 요가

Vajra-japa

[vajra(금강) –japa(기원/염송/영창詠唱)]

〈남〉 호흡과 만트라와 관상을 일체화한 불교의 크리야 요가

※ '만트라'는 상좌부불교에서는 기피되었지만 대승불교에서 부활한다. 그중에서도 가장 포퓰러한 만트라는 《반야심경》의 만트라일 것이다. 밀교 시대가 되면, 만트라는 호흡법과 함께 수행하게 되었다. 이것을 '바즈라 자파'라고 부른다. 이 경우, 만트라를 2음절(모음 하나가 1음절)씩 분해하여 내쉬는 숨과 들이마시는 숨에 일치시킨다.

◎ 무의식의 정화

카팔라 바티는 모르고 하게 되면 곧장 병원행이지만, 그 메커니즘을 납득하고 행하면, 무의식을 정화하고 프라나를 활성화시키는 데 매우 유익한 수행법이 된다. 카팔라 바티를 이용한 크리야 요가, 즉 호흡법과 만트라, 관상법을 일체화한 프라나야마를 소개한다. 만트라는《반야심경》의 그것을 이용한다(→ 23. 만트라). 후기밀교에서 실천된 방법으로 불교에서는 이러한 프라나야마를 '금강염송金剛念誦(바즈라 자파)'이라고 불렀다.

《반야심경》의 만트라인, '가테 가테 파라가테 파라상가테 보디 스와하gate gate pāragate pārasaṁ gate bodhi svāhā'를 2음절씩 나눈다.

'ga · te/ga · te/pā · ra/ga · te/pra(〈pāra) · sam/ga · te/bo · dhi/svā · ha'

(pāra는 pra로 압축한다)

첫 번째 음절을 들숨에, 두 번째 음절을 날숨에 배당한다.

	①	②	③	④	⑤	⑥	⑦	⑧
흡(吸, 들숨)	ga	ga	pā	ga	pra	ga	bo	svā
호(呼, 날숨)	-te	-te	-ra	-te	-sam	-te	-dhi	-hā

카팔라 바티 호흡법이다.

방법

① '가'라고 읊조리면서 들숨. 동시에 항문을 조이고, 항문에서 프라나가 흡수되어, 아랫배의 차크라를 가득 채운다고 관한다. '테'라고 읊조리면서 날숨. 동시에 항문을 느슨하게 한다. 프라나에 관해서는 일단 생각하지 않아도 좋다.

② 이것을 다시 한번 반복한다. 이어서 마찬가지로

③ '파'로 들숨, '라'로 날숨, ④ '가'로 들숨, '테'로 날숨.

⑤ '프라'로 들숨, '삼'으로 날숨, ⑥ '가'로 들숨, '테'로 날숨.

⑦ '보'로 들숨, '디'로 날숨.

여기까지를 한 세트로 하여 108세트를 읊조린 후에

⑧ '스와'로 들이쉬면서 프라나를 머리로 이동시켜, '하'로 내쉬면서 프라나를 심장 안에 거둔다.

주의

○ 염주(자파말라)를 사용하여, 만트라의 횟수를 헤아린다.

○ 만트라는 입으로 소리 내어 읊조리는 것이 아니라 마음속으로 읊조린다.

○ 코로 호흡한다.

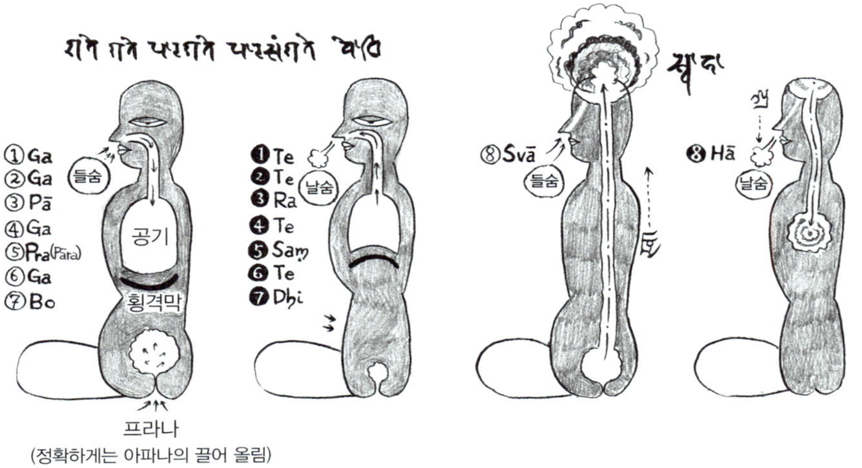

○ 도중에 의식이 흐트러지거나 환각에 빠지는 일이 종종 있는데, 걱정하지 않아도 된다.

효과

○ 바스트리카와 마찬가지

○ 무의식이 정화되기 때문에 정신을 집중하기 쉬워진다.

○ 압도적인 에너지가 끓어올라 강한 활력을 찾는다.

◎ 불의 기운을 북돋우는 스와하 여신

한편 마지막의 '스와하'는 호마護摩 의례를 거행할 때, 제화祭火에 공물로 버터기름(기ghee) 또는 제호醍醐를 부어 넣을 때 읊조려서 불의 기운을 북돋우는 말이다. 이것을 읊조리는 것은 마지막 한 번으로 충분하다. '스와하'는 불의 신 아그니의 부인 이름이라고 하며, 다음과 같은 신화가 전해진다.

세계창조 후, 신들로부터 "우리의 먹을 것은 어떻게 되는가?"라는 질문이 나왔다. 지상의 생명체들은 음식물을 얻을 수 있는 동안은, 그것을 신들에게 바치기로 했다. 창조신(브라마)은 공물을 [지상의] 제사의 불[祭火]에 던져 넣도록 명했다. 그것이 신들의 음식이라며. 이렇게 한 후 마지막으로 그들은 대 여신에게 예배했다.

대 여신(마하데비)은 '스와하' 여신의 모습을 하고 그들 앞에 나타났다. 모여 있던 신들은 그녀에게 말했다. "오오, 여신이여! 불을 일으키는 샥티(파워)가 되어주십시오. 그대가 없다면 그 누구도 아무것도 불태울 수 없습니다. 모든 만트라의 마지막에, 그대의 이름(스와하)을 읊조리며 제사의 불에 봉헌하는 자는 모두 공물을 직접 신들에게 보낼 수 있을 것입니다. 어머니여! 모든 번영의 창고가 되어주십시오. 그의 [불의] 집의 부인으로서 통치해주십시오."

그 후 불의 신(아그니)이 얼마간의 두려운 마음을 품은 채 여신에게 다가가 그녀를 '세계의 어머니'로 예배했다. 그런 뒤에 신성한 만트라가 염송되었고, 그들은 성스러운 부부로 연을 맺게 되었다.

이후 성스러운 이름 '스와하'와 함께 제사의 불에 공물을 지피는 자는 모두 바라는 바를 즉각 성취할 수 있다고 여겨지고 있다.

-《데비 바가바타 푸라나》 IX. 43.

83

프라나바 프라나야마

– 전신을 악기로 삼아 Aum

Praṇava-prāṇāyāma

[praṇava(성음聖音) + prāṇāyāma(프라나야마)]

〈남〉 프라나바(ॐ)를 발성하면서 행하는 프라나야마

※ '프라나바 프라나야마'에서는 항문 · 배 · 목을 반다하면서, 옴aum 소리를 낸다. 하타 요가의 고전에 기록되어 있는데, 요가 관계자들 사이에서는 거의 알려져 있지 않다. 하지만 무술 칼라리파얏트에서 전해지고 있었다는 흥미로운 기법이다. 한편 산스크리트의 o는 a와 u가 합쳐져 생긴 이중모음이기 때문에 au와 서로 치환된다. 옴om은 아우음aum이 되기도 한다는 말이다.

◎ 아~~우~~음~~

항문 · 배 · 목의 세 곳을 동시에 반다하여 중앙 맥관에 프라나를 봉인 · 압축하는 마하무드라는 강력하기는 하지만 리스크도 큰 기법이다. 우선은 프라나바 프라나야마에 의해 반다의 상태와 프라나의 움직임을 확인하는 것으로부터 시작해보자.

> A 자는 화염의 영역(아그니 스타나agni-sthāna), 즉 배꼽에, U 자는 심장(흐리다야hṛdaya)에, M 자는 미간(브루 마디야bhrūmadhya)에 있다.
> 이것은 인간이 마음에 새겨야 할 음성이다.
> 브라마 결절結節, granthi이 가장 밑에, 비쉬누 결절이 심장에, 루드라 결절은 미간에 있어, 이들 셋은 [개아를] 해방시킨다.

A 자는 브라마, U 자는 비슈누, M 자는 쉬바라고 전해진다.

실로 [이 OṀ은] 지고의 평안, 절대자이다.•

나타파의 개조인 맛시엔드라의 저술로 여겨지는 문헌《요가 질의質疑, Yoga-viṣaya》의 16~18송에서, 그 구체적인 방법이 칼라리파얏트에 전해졌다. 간단히 말하자면, 항문을 반다하여 복강에 브라마로서의 A 음을, 배를 반다하여 흉강에 비슈누로서의 U 음을, 목을 반다하여 머릿속에 쉬바로서의 M 음을 울려 퍼지게 한다는 것이다.

항문, 배, 목의 순서로 차례로 반다해가는데, 프라나를 밀봉하지는 않는다. 체강••의 기관을 사용하여 전신을 악기로 A · U · M이 울려 퍼지게 한다.

A · U · M 속에 우주 창조의 샥티가 포함되어 있다고 여겨지며, 실제로 이것을 몇 차례 반복해서 실시하면 놀랍도록 활력을 되찾는다.

주의

- 손의 무드라는 숨을 들이마실 때 그리고 내쉴 때 바뀐다. 숨을 들이마실 때는 항상 손바닥을 펼쳐서 좌우 엄지손가락을 서로 건다. 숨을 내쉴 때는 언제나 엄지손가락을 감싸 쥔 주먹 모양(비라 무드라)을 한다.
- A · U · M음을 연속해서 발성할 때는, 조금씩 음이 변화해가는 느낌으로. 처음에는 숨을 들이마셔 배를 팽창시키고 항문을 조여(물라 반다), 복강에서 A.

• 《요가 질의》 16~18.
akāro vahnideśe ca ukāro hṛdi saṁsthitaḥ | makāraścaḥ bhruvor madhye vacanāc ca nibodhayet ||
brahmagranthir adhaṣkāre viṣnugranthir hṛdi sthitaḥ | rudragranthir bhruvor madhye vimucyante trayas tathā ||
akāro brahma ity āhur ukāro viṣṇur ucyate | makāre ca śivaṁ sākṣāv vahanteś śāntataraṁ param ||

•• 옮긴이 주 – 체강은 체내에서 기관과 체벽과의 사이에 있는 빈 곳을 말한다. 예로는 내장을 수용하는 흉강이나 복강이 체강이 된다. 하지만 폐나 위는 속이 비어 있어도 입과 연결되므로, 즉 체표와 관계가 있으므로 체강이 아니다.

방법

① 오른쪽 발꿈치에 엉덩이를 올리고, 왼쪽 무릎을 세우는 고양이 포즈로 등을 꼿꼿하게 세워 앉아 좌우의 엄지손가락을 가슴 앞에서 서로 걸고 들숨.

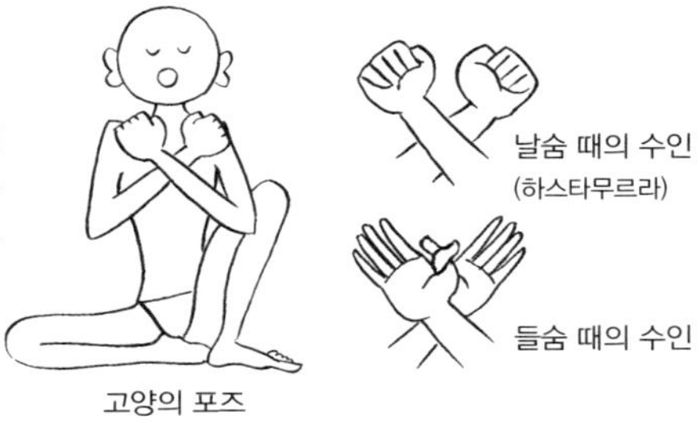

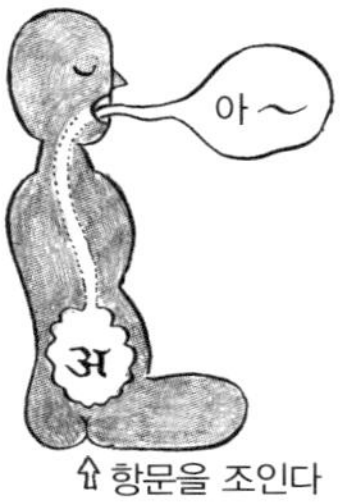

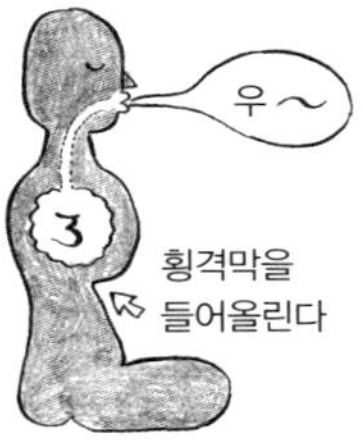

② 항문을 조여(물라 반다), 양손의 엄지를 감싸 쥔 주먹 모양을 하고 가슴 앞에서 교차시켜 천천히 날숨. 이때, 복강 내에 울려 퍼지는 A 음을 관하면서 '아~~' 하고 발성한다. 이하에서도 들숨을 할 때는 좌우의 엄지손가락을 걸고, 숨을 내쉴 때는 두 주먹을 교차시킨다.

③ 들숨을 한 다음으로는 횡격막을 들어 올려(웃디야나 반다), 날숨. 흉강 내에서 공명하는 U 음을 관하면서 '우~~'라고 발성한다.

④ 들숨을 한 후, 목을 가슴에 붙여(잘란다라 반다), 천천히 날숨. 두개골 내에서 진동하는 M 음을 관하면서 '음~~'이라고 허밍한다.

⑤ 들숨을 하고, 이번에는 셋을 한꺼번에 하며 '아~~우~~음~~'이라 발성하면서 숨을 내쉰다.
⑥ ❺를 가능한 한 많이 반복한다.

발성함에 따라서 배가 수축된다. 반 정도 배가 수축된 시점에서 물라 반다를 계속하면서, 이번에는 배를 위로 당기는 일(웃디야나 반다)로 의식을 옮기고 흉강에서 U. 배가 90% 정도 수축되었을 때, 물라 반다, 웃디야나 반다를 계속하면서 목을 막아(잘란다라 반다), 흉강에 남은 숨을 전부 내뱉을 요량으로 머리에서 M.

○ 마지막 M은 목을 막고, 입을 닫아 (코에서) 음~~을 내 뱉는다(M·N음은 코로 내기 때문에 '비음'이라고 불린다). 또한 입을 닫음으로써, 두개골 내부에서 음~~ 하고 진동하는 것을 실감할 수 있다.

84 나다 아누산다나

– 소리를 관하는 수행[觀音行]

Nāda-anu-saṁdhāna

[nāda(소리, 音) –anu(~에게) –sandhāna(융합/합일)]

〈중〉 내부의 소리[音]와 합일 하는 것, 또는 그를 위한 수행법.

※ '나다 아누산다나'의 '나다(소리)'는 맥관이 정화되었을 때 들려오는 '내부의 소리'이다. 또한 이 소리는 우주가 시작하기 이전의 '유일자의 숨결' 혹은 우주를 건너는 신神의 시詩인 '두드려지지 않은 소리(아나하타 나다)'와도 동일시된다(→ 1. 가야트리). '산다나'는 사마디와 동의어이다.

◎ 소리의 빛

이것(디야나)에 의해 실로 대상만 눈부시게 빛나고, 자신의 상태가 공空(슌야)과 같이 되는 것이 사마디인 것이다. –《요가수트라》 Ⅲ. 3

하타 풍으로 바꿔 말하자면, '무드라에 의해 실로 나다(소리)만 눈부시게 빛나고, 자신의 상태가 공과 같이 되는 것이 소리와 합일(나다 아누산다나)인 것이다'.

소리가 눈부시게 빛난다. 그 빛의 소리를 보는 요가가 고대 인도에 있었다. 즉 소리를 관하는 수행이다.

소리를 본다[觀]. 참 멋진 표현이다. 그러고 보니 향도香道•에서도 '냄새를 맡는다'는 식의 다소 상투적인 표현은 하지 않는다. 향기는 '듣는' 것이다. 이것은, 눈은 보기 위한 것, 코는 맡기 위한 것이라고 하는 등으로 정의 내려진 문명인의 표현이 아니다. 오히려 샤먼이 인식하는 세계와도 가깝다. 예를 들자면, 발리 섬의 주술사는 가믈란Gamelan 음악을 색채가 춤을 추며 소용돌이치는 그림 두루마리로 본다는 말을 들은 적이 있다.

'관음觀音'은 말할 것도 없이 보살의 이름이다. 산스크리트로는 아바로키타스와라(avalokita관찰+svara소리). 단, 이 이름은 중앙아시아의 모래 속에서 출토된 사본 1점에서만 발견되는 것이다. 아바로키타 이슈와라(avalokita관찰된 + īśvara자재신自在神), 즉 '관자재觀自在(아바로키테슈와라)'를 틀리게 쓴 것이라고도 한다. 현장이 번역한《반야심경》의 오프닝 '관자재보살. 행심반야바라밀다시. 조견오온개공…'의 관자재이다.

> 아바로키테슈와라는 반야바라밀다般若波羅蜜多(프라즈냐파라미타) 속에 들어갔다. 그것은 행行(차리야, 요가)의 절대 경지이다. 깊고 깊은 명상의 경지에서는, 눈이나 귀 등의 감각기관에서 수용된 입력정보는 지각되지 않는다. 마음은 잔물결 하나조차 일지 않는 호수와도 같이 잔잔하다. 마음이라는 항아리(쿰바)는 있지만 사고 활동이 정지한 텅 빈 상태이다.
>
> 존재들의 본성인 오온은 거기에서 분명해진다. 마음의 작용[心作用]은 없어도, 보다 고도의 식識이 있었다.
>
> "시간은 마음이 움직임으로써 생겨나는 것이다!"라고 아바로키테슈와라는 관찰했다. 마음이 움직임으로써 시간이 생겨나고, 물질적 세계, 루파[色]의 세계가 성립한다. 마음의, 마치 텅 빈 것과 같은 경지에서는 시간도 존재할 수 없다.

• 옮긴이 주 – 다도처럼 향을 통해 수행하는 것을 의미한다.

하지만 텅 빈(슌야) 마음속을 맹렬한 속도로 이리저리 돌아다니는 에너지가 있다. 형태도 소리도 없는 완전한 슌야의 세계에, 불생불멸不生不滅한 에너지의 진동(나다)이 있었다.

명상에서 깨어난 아바로키테슈와라는 거기에서 본 소리를 지상의 음성으로 바꿨다.

"가테 가테 파라가테 파라상가테 보디 스와하!"

관음행觀音行에 기반한《프라갸파라미타흐리다야(반야심경)》의 주석도 어쩌면 사막에 파묻혀 있는지도 모른다.

관음행, 즉 소리를 관하는 수행은 지금도 '나다 요가'로서 인도의 음악가들에 의해 전해지고 있다. 그리고 서구에 요가를 전한 최초기의 전도사인 파라마함사 요가난다의 시 속에 나다 요가의 분위기를 느끼게 해주는 부분이 있다.

이 몸, 우주에 녹아들고
우주, 소리 없는 음성으로 녹아든다.
소리, 완전히 빛으로 녹아들고
빛, 끝이 없는 환희에 깃든다.

소리를 관하는 수행 또는 나다 요가는 심장의 차크라를 지칭하는 이름으로 알려져 있는 '아나하타anāhata'라는 말과 대응한다. 아나하타는 '두드려지지 않은 소리'라는 의미이다.

우리가 일상적으로 감지하는 소리는, 기체나 액체가 진동함으로써 발하는 소리(두드려진 소리, 아하타)이다. 한편, 아나하타는 어떤 물리적인 충격에 의해 생겨난 것이 아닌 소리, 소리가 그 자체에 의해 생겨나는 영묘자재한 소리, 요가난다가 말하는 '소리 없는 음성,' 즉 성음聖音 OṀ의 형용사이다.

나다 요가에는 다양한 테크닉이 있는데, 자신의 심장 내부 공간에서 OṀ의 울림을 찾는 것도 그 하나이다. 심장에 의식을 집중한다. 심장이 뛰고 있다. 쿵쿵쿵… 하고. 그 소리가 심장으로부터 넘쳐 나와 맥관을 두드려 소리를 내게 하고, 뇌 속에서 서로 반향反響한다. 이것들은 '두드려진 소리'이다.

하지만 이윽고 사마디에 이르렀을 때, '두드려진 소리'의 뒤편에서 우주를 우주이게 하는 영묘한 소리 OṀ이 보일지도 모른다. 그것이 요가난다가 말하는 '이 몸, 우주에 녹아든다'일 것이다.

◎ 아사나의 완성

그건 그렇고, 하타의 모든 실천이 서로 연결됨으로써 아사나가 프라나와 융합할 때 아나하타 소리가 명확히 느껴지게 된다고 한다. 여기서 소리를 관하는 수행(나다 요가)과 하타 요가가 이어진다.

《함사 우파니샤드》에 의하면, 그것은 친chini이라는 소리, 친친chini-chini이라는 소리, 방울ghaṇṭā 소리, 소라고둥śaṅkha 소리, 거문고tantiri 소리, 심벌즈tāla 소리, 플루트 소리, 북bheri 소리, 양면북mṛdaṅga 소리, 천둥 소리라는 10종류의 소리로 관해진다고 한다.

그리고 그것은 쿤달리니가 상승하는 전조이다. 심장의 움직임이 멈추고, 쿤달리니가 사하스라라 속으로 몰입하자마자, 라야laya, 마논마니manonmani, 사하자 바스타sahaja-vastha 등의 용어로 알려져 있는 감미로운 경지가 출현한다. 이것은 격렬한 환희(아난다)의 경지이다.

하지만 그 모든 것의 전제가 되는 것은 맥관의 정화이고, 이를 위해서는 아사나가 불가결하다. 하타 수행법의 선결 목적인 쿤달리니의 각성은 많든 적든 간에 아사나의 완성에 좌우되고 있는 것이다.

인도인 성취자(싯다)인 나로의 손제자로, 티베트 밀교의 아이돌 같은 존재인 밀라레파. 허공에 귀를 기울이는 포즈로 알려져 있는데, 그가 듣고 있는 것은 내부의 소리, 아나하타 나다이다.

그림. 밀라레파

제8장

요가의 아사나 이야기

– 밀교(탄트라) 교의를 신체를 통해 보다

아사나는 탄트라의 성취법(사다나)을 하는 도중에 행하는 '신체 기법'이었다. 즉 마음 속에 이야기를 그려내어, 그 스토리의 진행 속에서, 신체를 다양하게 조작하여 프라나를 특정한 맥관으로 흘려보내거나 또는 프라나의 흐름을 막아서 차크라에 채워 넣는다.

예를 들자면, 엎드려서 등을 젖히는 뱀 포즈는 우주의 창조(생기차제生起次第)를, 똑바로 누워서 전신의 프라나를 제거해가는 시체 포즈는 우주의 파괴(구경차제究竟次第)를 관하는 것이어야만 한다. 연속 포즈인 태양경배는 우주의 통일원리로서의 '시간의 사이클'을 소우주가 경험하는 단시간 동안의 행위 속에 비춰내는 것이어야만 한다. 대우주와 소우주의 대응은 모든 탄트라에서 강조되고 있는데, 아사나는 그것을 체득하는 매우 알맞은 수단이 될 수 있는 것이다.

85. 브릭샤 아사나Vṛkṣa-āsana – 나무처럼 살다
86. 수리야 나마스카라Sūrya-namaskāra – 시간의 바퀴
87. 피타Pīṭha – 신의 자리
88. 싱하 아사나Siṁha-āsana – 아훔a-hūṁ의 사자

89. 쉬르샤 아사나Śīrṣa-āsana – 지구를 머리에 얹다
90. 부장가 아사나Bhujaṅga-āsana – 33의 세계
91. 샬라바 아사나Śalabha-āsana – 가루다의 신비한 이름
92. 할라 아사나Hala-āsana – 신체를 경작하여 보물을 얻다

93. 맛시야 아사나Matsya-āsana – 생명의 기본 형상
94. 맛시엔드라 아사나Matsyendra-āsana – 이원을 넘어서
95. 파슈치못타나 아사나Paścimottāna-āsana – 사라스와티의 승리
96. 샤바 아사나Śava-āsana – 쉬바도 그저 시체일 뿐

85 브릭샤 아사나

– 나무처럼 살다

Vṛkṣa-āsana

[vṛkṣa(나무) + āsana(좌석/앉는 것/요가 포즈)]

〈중〉 서 있는 나무 포즈.

※ '브릭샤'는 √vraśc(자르다/베다/상처 입히다)에서 유래한 말로, '(땔나무나 목재를 얻기 위해서) 자르는 것'이 원래의 의미이다. 그 예전에는 인더스강이나 갠지스강 주변은 대 삼림지대였다고 하며, 나무를 벌채함으로써 문명이 흥했다. 하지만 한편으로, 인도인은 수목에서 신들의 모습을 찾아내 왔다. 특히 인도 보리수, 벵골 보리수, 아쇼카, 님 등의 나무들은 불교나 힌두교 신앙에 있어 빼놓을 수 없는 식물이 되었다.

◎ 녹색의 삼매

"그딴 게 영성 향상과 무슨 관계가 있나" 하고 인도를 방문하는 많은 외국인들은 말한다. 고행에 대한 이야기이다. 고행(타파스)이라며, 지면에서 엉덩이만 밖으로 내놓고 파묻혀 있거나, 항문으로 호흡하는 수행자(사두)가 있다. 학교에서 학생들이 손을 든 그대로 얼려버린 듯, 수년에서 수십 년에 걸쳐 한쪽 팔을 하늘로 치켜든 채 지내는 성자가 있다. 링가로 100킬로그램의 무거운 돌을 들어올리는 고행자(타파시야)도 있다. 그들을 보고 '종교인이라면 달리 해야 할 일이 있을 텐데. 사회에 더 도움이 되는…'이라고.

하지만 도움이 되는지 안 되는지를 확인하기란 의외로 어렵다. 스스로는 사회에 도움이 된다고 생각해도, 옆에서 보면 에고를 잔뜩 걸친 공명심 때문에 진절머리 나게 하는 사람도 꽤 존재한다. 반대로 어이없는 고행이 사람들에게 용기를 주는 일이 있을 수도 있다. 예를 들자면, 툴시바바의 경우처럼.

그는 서사시《라마야나》의 성지인 아요디야Ayodya 시 외곽에, 초막을 짓는 비슈누파의 칼레슈바린(당나귀 수행자)이다. 당나귀는 늘 서 있다. 잘 때도 선 채로 잔다. 당나귀 수행자도 결코 눕지 않는다.

툴시바바는 12년간 앉지도 눕지도 않겠다는 맹세를 했다. 돌아다니기도 하지만, 흔히 자신의 거주지에 마련해둔 그네에 기대에 서 있다. 잘 때도 그 자세이다. 그네는 초막의 천장에도 설치되어 있지만, 나무 아래가 이 고행의 전통적인 수행 장소이다. 왜냐하면 락슈미 여신의 화신이라고도 일컬어지는 성수聖樹 베르토키 아래에 그는 있다. 가랑이를 샅 가리개로 꽉 동여맨 것을 제외하고 나체이다. 인근의 선남선녀나 소문을 들은 순례자들이 삼삼오오 그를 방문한다.

계속 서 있는 것은 말할 것도 없고, 남녀관계를 포기하는(샅 가리개는 금욕의 징표) 것도 보통 사람에게는 불가능하다. 힌두교도는 불가능을 가능하게 하는 수행자의 강한 의지에서 신의 위력이 나타나는 것을 본다. 무언가를 보시하고 퉁퉁 부어오른 다리를 만진다. 바바는 그 사람의 머리에 오른손을 올리고, 축복의 만트라를 읊조린다

나도 그러한 순례에 끼어서 반은 흥미로 그곳을 배회하고 있었다. 고행자가 뿜어내는 오라에서, 확실히 심상치 않은 무언가를 본 듯한 기분이 들었다.

마치 나무와 같다. 부어서 울퉁불퉁해진 두 다리는 대지를 굳건히 붙잡고 있는 뿌리이다. 똑바로 편 몸통은 마치 큰 나무의 모든 중량을 지탱하고 서 있는 기둥과 같다. 머리에서 늘어져 있는 자타jaṭa(구불구불한 머리카락)는 반얀 나무의 가지 끝에서 늘어져 있는 무수한 공기뿌리이다. 그는 땅속 깊은 곳까지 뿌리를 내린 나무와도 같은, 엄중한 위엄으로 가득 찬 존재감을 지니고 있다.

그림 1. 생명의 나무

나는 50루피 지폐를 호기롭게 보시했다. 수행자가 머리에 손을 얹는다. 손은 열대식물의 잎처럼 두툼하고 묵직하다. 머릿속으로 온갖 농도의 녹색 입자가 흘러들어왔다. 깊은 숲의 나무들이 내뿜는 피톤치드 샤워를 하고 있는 듯하다.

"나무 아래에 있으면 나무와 동화하기 쉽다." 그가 말했다.

"나는 나무가 되고 싶은 거라네. 나무는…" 이어지는 그의 말과 거의 동일한 내용의 문장을《바가바타 푸라나》에서 찾았기 때문에 인용한다.

> 나무는 거친 폭풍이나 호우, 열기나 눈을 맞으며, 그것들로부터 우리를 지켜 주고 있다. 과묵하게 모든 생명체의 행복에 이바지하는 수목의 탄생은 이 세상에서 가장 축복받아야 할 일이다. 자선가의 복지관(다르마샬라dharma-śālā)에 실망하여서 다시 가난을 선택한 사람이 여태껏 한 명도 없었던 것처럼, 이 나

무들은 자신들에게 다가오는 사람들의 피난처(샤라나śaraṇa)로 존재한다. 수목의 많은 부위, 즉 잎·꽃·열매·나무그늘·뿌리·나무껍질·목재·향기 이 모두는 타인들에게 유용하게 활용된다. 이 세상은 실로 많은 인간으로 넘쳐나지만, 자신의 재산·지성·재능·생명을 이타적 행위에 쏟는, 진정으로 살아가는 사람은 극히 일부밖에 없다.

당나귀 수행은 베다시대 이전으로까지 거슬러 올라가는 고전적인 고행으로, 산스크리트로 '브릭샤 아사나Vṛkṣa-āsana'라는 옛 이름으로 불리고 있다. '나무처럼 계속 서 있는 것'이 원래 의미이다.

보리수가 브라마 신이나 붓다의 상징으로 여겨지듯이, 또한 반얀 나무의 기근氣根이 쉬바 신의 머리카락과 동일시되듯, 불상이나 신상이 만들어지기 이전에는 나무가 기원의 대상이었다. 즉, '브릭샤 아사나'는 '신령이나 부처처럼 존재하는 것'이라고 해석하는 것도 가능한 셈이다.

하타 요가에도 동일한 이름의 포즈가 있다. 대개 한 다리로 서서, 다른 다리를 축이 되는 다리의 대퇴부에 붙이고 손을 합장하여 머리 위로 똑바로 뻗는다. 의도하는 바는, 한결같이 '나무처럼 존재하는 것'일 터이다.

가끔은 나무 아래에 서서, 이 포즈를 취해보길 바란다. 그리고 그 또는 그녀의 속으로 들어가보는 것이다. '릴랙스한 후, 대지에 뻗어 있는 뿌리의 양분이 빨려 들어가는 곳으로 들어간다고 이미지화하는 것이다. 모근으로 들어가, 양분을 띤 액체의 흐름과 함께 나디(도관導管)를 통해 줄기를 타고 오른다… 상상이 현실화되는 때가 온다. 나무가 나를 받아들이고 나도 그 일부가 되어 나무를 채우고 있다는, 눈이 빙빙 도는 듯한 일체감. 그것은 하리(녹색)로 빛나는 행복감에 휩싸인 삼매의 경지이다'.

툴시바바에 따르면, 고대의 아유르베다 의사도 이 방법을 통해 식물과 동화하여 그 세포나 구조, 메카니즘을 자세히 관찰해 의약에 이용했다고 한다.

◎ 하타 요가의 브릭샤 아사나

왼쪽 대퇴부에 오른쪽 발을 붙이고, 대지에 '뿌리를 내린' 나무(브릭샤)처럼 서라. 이것은 브릭샤 아사나라고 알려진다. –《게란다 본집》 II. 36•

방법

① 오른쪽 무릎을 구부려서 오른발을 왼쪽 대퇴부 안쪽에 붙인다.

② 가슴 앞에서 합장을 하고, 등을 똑바로 편다.

③ 천천히 숨을 들이마시면서 합장한 손을 위로 뻗은 다음, 자연스레 호흡을 하면서 30초간 정지한다. 이때 발바닥의 '탈라흐리다야 마르마'에 의식을 집중한다.

④ 숨을 내쉬면서 천천히 다리를 내린다.

⑤ 다리를 바꿔 동일하게 행한다.

• 탈라흐리다야 마르마: 발바닥의 오목한 곳의 중앙에 있는 포인트로, 여기를 자극하면 위장 등의 소화기관이 활성화된다.

그림 2. 나무 포즈

효과

하지의 혈액의 흐름을 좋게 하고 전신의 밸런스 감각을 단련한다. 그리고 근육을 강화하고 자율신경을 조정하며 동맥경화를 예방한다.

• 《게란다 본집》 Ⅱ. 36.
vāma-ūru-mūla-deśe ca yāmya-pādaṁ nidhāya tu | tiṣṭhottu vṛkṣavad bhūmau vṛkṣa-āsanam idaṁ viduḥ ||

86 수리야 나마스카라
– 시간의 바퀴

Sūrya-namaskāra

[sūrya(태양) + namaskāra(예배/인사)]

〈중〉 이른 아침의 태양을 예배하는 의례, 요가의 태양예배 포즈

※ 요가의 '수리야 나마스카라'의 기원에 관해서는 여러 설이 있다. 예를 들어 서사시 《라마야나》의 주인공인 라마의 무술 사범 비슈바미트라 선인이 고안했다는 설이 있고, 또한 라마의 가신인 원숭이 신 하누만이 발명하여 그의 스승인 태양신에게 바쳤다는 설도 있다. 그렇지만 아마도 틀림없이 최고의 예배법인 아슈탕가(지금도 티벳에서 널리 행해지고 있는 오체투지의 예법)가 '시간의 바퀴(시륜時輪)'사상에 기반하여 만들어졌을 것이다.

◎ 계절의 색채

봄이 왔다고 생각하면 어느새 여름이 되어버린다. 어느새인가 연말이 다가와, "이번 한 해도 짧았구나!" 하는 다들 뻔한 감회를 품게 된다.

인도에는 달에서 달, 계절에서 계절, 해에서 해로, 어느 한순간도 멈추지 않고 전변해가는 시간의 변화를 서정적으로 노래하는 리투 바르나나ṛtu-varṇana(시간의 색채)라는 시의 형식이 있다. 요가의 태양경배 자세(수리야 나마스카라 아사나)는 신체로 만들어내는 시간의 시이다(그림 1, 2).

① 베다 시대의 새해 첫날은 동지였다. 태양은 모든 은혜의 근본이다. 일조시간이 가장 짧아지는 이날은, 태양의 제삿날이기도 하고 탄생일이기도 했다. 사람들은 연을 날려 태양을 축복하고, 태양신이 부여하는 따뜻함

그림 1. 1년이라는 시간의 바퀴

에, 그리고 깊은 어둠의 공포로부터 해방시켜주는 빛의 눈부심에 불가사의와 감사를 품는다.

• 산山(타다) 포즈 – 태양을 향해서 수직으로, 마치 대지에 뿌리를 내린 듯이 서서 합장(안잘리)한다.

② 북인도의 겨울은 춥다. 노상에 사는 늙은 거지나 순례자 몇몇이 죽음의 신의 사자(야마 두타)에게 이끌려 얼어 죽을 정도로. 하지만 1월 중순쯤 되면, 계절은 급속히 봄기운을 띠게 된다. 적당히 건조한 공기와 적절한 기온이 더 없이 부드러운 감촉으로 사람들의 피부를 따뜻하게 한다.

• 초승달(아르다 찬드라) 포즈 – 합장한 손을 머리 위로 하여 상체를 뒤로 젖히고 가슴을 편다.

③ 짧은 봄을 건너뛰듯 급한 발걸음으로 여름이 다가온다. 새하얀 태양이 하늘 한복판에서 반짝반짝 빛나고, 구름은 타는 듯하며 대지는 강렬한 햇볕으로 요동친다. 실로 고통스러운 계절의 시작이다. 비는 한 방울도 내리지 않고 우물의 수위는 낮아져가고, 풀은 시들고 나뭇잎은 우수수 떨어져간다.

• 다리에 손을 붙이는 포즈(파다 하스타) – 대지는 건조해져 생기를 잃는다. 상체를 굽혀 이것을 표현한다.

④ 베다시기에는 4월에 수소를 희생물로 올려 기우제를 거행했다. 수소는 그 울음소리가 천둥과 닮아 있기에 비를 부른다고 여겨졌다. 고대 인도의 모습이 짙게 잔재해 있는 카트만두 분지에서는 지금도 물소의 목을 잘라 비를 기원한다. 거리는 그 피로 붉게 물든다. 하지만 비의 신이 피가 난무하는 향응에 유혹되는 일은 없다.

• 수소(브리샤) 포즈 – 사람들의 기대를 등에 업고 희생물로 바쳐지는 당당하고 거룩하기까지 한 수소이다.

⑤ 더위 탓으로 많은 사람들이 죽어나가고, 시체 숲에 몰려 있는 개들만 살을 찌워간다. 개는 죽음의 심벌이다. 하지만 바짝 말라버린 대지에는 잎을 떨구어 알몸이 되어버린 나무들이 울긋불긋한 꽃을 피워 아름다움을 다투고 있다. 비가 내릴 것을 예감하는 나무들은 지금 당장 결실을 맺어 자손을 번식하기 위한 우기를 준비한다.

• 아래를 바라보는 개(아도무카 슈반) – 아래를 향한 입으로 시체를 파먹

는 개는 사신의 사자(야마 두타)로서 죽음을 상징한다.

⑥ 이 무더위도 격렬한 스콜을 동반한 '서남 몬순의 폭발'로 종언을 맞이하고, 만물은 소생한다. 우기의 시작이다. 굵은 빗줄기가 마치 지면을 파낼 듯한 기세로 퍼붓는다. "비가 온다! 비가 온다!"고 사람들은 정신없이 자지러지게 웃는다. 웃음소리에 환희의 소리가 섞인다.

• 팔체투지(아슈탕가) 포즈 – 신체의 여덟 부위(얼굴·가슴·두 손·두 팔꿈치·두 무릎·두 발)를 땅에 대고 비의 신에게 감사한다.

⑦ 잎을 떨구어 죽음을 가장하고 있던 나무들이 일제히 신록으로 움튼다. 여기저기에 물소가 물놀이를 하기에 충분할 만큼의 웅덩이가 생기고 개구리가 개굴개굴 울어댄다. 여름잠을 자고 있던 뱀들도 비를 기뻐하며 땅속에서 솟아 나온다. 코브라는 성가신 생물인데, 코브라의 독을 해독하는 약초도 함께 돋아난다.

• 뱀(부장가) 포즈 – 우기가 되면 지면에서 뱀이 기어나온다. 뱀은 생명력의 상징이다.

⑧ 시체 숲에서 인간의 시체를 파먹던 개들도 2~3개월 정도 지나면 출산한다. 한 번에 여러 마리, 때로는 10마리 이상의 강아지를 낳는 다산하는 개는 앞서와는 180도 달라져 생生의 심벌이 된다. 강아지들은 자신이 태어난 토지의 기후 속에서 조상 대대로 내려온 형질을 살려, 서로 닮은 형제들과 함께 살아가기 시작한다. 생명의 활동이다.

• 아래를 바라보는 개(아도무카 슈반) 포즈 – 다시 개인데, ⑤와는 의미가 다르다. 다산하는 개는 생명의 상징이기도 하다.

⑨ 수소에게 쟁기를 끌게 하여, 처녀의 태내처럼 굳어져 있는 경작지를 간다. 대지가 마치 발정한 듯한 냄새를 발산한다. 비에 의존하는 벼농사도 몬순과 마찬가지로, 대자연의 일부이다. 씨앗은 흙에 고착된다. 씨앗에서 수염뿌리가 돋아나서 뿌리를 내린다. 빼꼼히 새싹이 머리를 들어올린다.

• 수소(브리샤) 포즈 - 이것도 ④와는 의미가 달라져서, 논밭을 경작하고 식량을 가져오는 신으로서의 수소이다.

⑩ 가을. 하늘은 날로 높아지고, 햇볕은 마치 꿀처럼 질척하고 부드럽게 졸여진다. 마치 살기를 품은 듯한 한여름의 흉포하고 새하얀 빛과는 달리, 가슴이 후련해질 듯이 맑게 개어 부드럽다. 벼는 날로 쑥쑥 성장한다.

• 손을 발에 갖다 대는(파다 하스타) 포즈 - 생명력(샥티)의 자리인 엉덩이를 들어올림으로써 곡물의 성장을 나타낸다.

⑪ 황금빛의 이삭이 늘어지는 수확의 계절. 길상의 여신 락슈미에게 바치는 빛의 제전 이파발리(데바리)가 거행된다. 집집마다 입구에는 이 여신을 초대하기 위한 장식이나 공물이 늘어져 있고, 사람들은 부와 행운이 넘쳐나기를 기원한다.

• 초승달(아르다 찬드라) 포즈 – 결실의 기쁨을 신체 전체로 표현한다.

⑫ 12월 중순이 지나면, 태양은 1년의 활력을 다 소모하여 시들해져버린다. 혼까지도 바싹 태워버릴 듯했던 뜨거움도 물러나고, 차갑고 건조한 대기가 북인도를 뒤덮어 사람들을 떨게 만든다. 이때 태양의 부활을 기대하며 온갖 의례가 거행된다.

• 산(타다) 포즈 그리고 합장(안잘리) - 다시 ①로 되돌아가 1년이 끝이 난다.

◎ 칼라차크라[時輪]

인도불교가 도달한 최후의 사상이 시간의 바퀴kāla-cakra이다. 대우주도, 소우주로서의 인간도, 모든 것을 끌어들여버리는 존재의 통일원리로서의 '시간의 사이클'의 소용돌이 구조 속으로 끌려들어가 전변한다. 그렇다면 인간으로서 경험하는 '시간의 사이클'을 대우주의 '시간의 사이클'과 합치시키면 대소우주의 합일, 즉 해탈이 이루어진다.

인도에서 불교가 소멸한 후, 시륜 사상은 힌두 탄트라로 계승된다. 하타 요가가 그러하듯이.

연속적인 포즈인 수리야 나마스카라는 대우주의 '시간의 사이클'의 하나인 1년을 소우주가 경험하는 단시간의 행위 속에 그대로 반영하지 않으면 안 된다. 대우주와 소우주의 조응은 모든 탄트라에서 강조되고 있는데, 아사나는 그것을 획득하기 위한 최상의 수단이 될 수 있다.

태양 숭배 – 인도의 계절

① 동지. 일조시간이 가장 짧고, 태양의 제삿날이자 탄생일이기도 하다.

② 서늘한 계절. 인도에서 가장 살기 좋은 시기.

③ 봄. 3월은 더워지고, 대지는 건조해져 생기를 잃는다. 상체를 숙여 이를 표현한다.

④ 수소 포즈. 고대에는 4월 경, 기우제를 위해 수소가 희생물로 바쳐졌다.

⑤ 개 포즈. 시체를 파먹는 개는 야마(yama, 염마閻魔)의 사자로, 죽음을 상징. 5월은 여름. 혹서의 시기로 지옥의 계절이다.

⑥ 단비가 내리는 우기. 몸의 여덟 곳을 지면에 붙이는 팔체투지로 대지의 신에게 감사한다.

⑦ 코브라 포즈. 우기가 되면 지면에서 뱀이 기어 나온다. 뱀은 생명력의 상징이다.

⑧ 다시, 앞의 개 포즈인데, ⑤와는 의미가 다르다. 다산하는 개는 탄생의 상징이기도 하다.

⑨ 다시, 앞의 수소 포즈. 이것도 ④와는 의미가 달라서, 밭을 경작하는 데 이용하는 수소를 의미한다. 식량을 운반해오는 신(神)으로서의 수소이다.

⑩ 엉덩이를 위로 들어 올림으로써 식물(곡물)의 성장을 나타낸다.

⑪ 결실의 계절인 가을을 몸으로 한껏 표현한다.

⑫ 다시 ①로 되돌아가 일 년이 끝난다.

그림 2. 수리야 나마스카라 아사나

87 피타
– 신의 자리
Pīṭha

[어원 불분명]

〈중〉 좌석, 제단, 대좌臺座, 성지. 요가의 특수한 포즈(아사나).
※ '피타'는 아사나와 동일한 의미이지만, 토착어에서 유래한 말일 것이다. 탄트라에서는 성지, 특히 여신의 신령스러운 땅을 가리키는 말로 사용된다(예: Tārā-pīṭha → 38. 슈마샤나 사다나). 또한 하타 요가 문헌에서는 영적인 의미를 지닌 포즈로서의 아사나를 피타라고 하는 경우가 많다.

◎ **칸냐Kanyā 공주**

먼저, 쉬바와 여신의 러브스토리를 간단히 소개한다.

히말라야 깊숙한 곳에 위치한 카일라사 산(쉬바의 본거지)에서 최고신은 부인과 장기를 두고 있었다.
"아, 한 수 물러."
"어머, 대체 몇 번째예요? 무르기 없다고 한 건 당신이잖아요."
도저히 이길 수 없었던 쉬바는 발끈 화가 나서, 무심코 마음에도 없는 말을 하고 말았다.
"너 따윈 이 세상 끝으로 사라져버려!"
그 순간, 부인 파르바티 여신의 모습이 사라져버렸다.

그리고 다음 순간, 쉬바 신은 깊은 슬픔에 잠겼다. 아무리 농담이라고 해도, 쉬바 신 정도가 되면 '농담이야'라는 말로는 수습되지 않는다. 입에 올린 말은 그게 뭐든지 실현되는 것이다. 그렇다고 한다면 최고신이라는 것도 꽤 불편하다. 신은 풀이 죽어 고개를 푹 숙였다.

"대체 난 얼마나 바보 같은 말을 해버린 거야. 사랑하는 파르바티…."

다음으로는 이런 중얼거림이 새어나올지도 모른다. "네가 없다면, 차라리 죽는 게 낫다"고. 그러면 우주는 소멸한다. 쉬바는 우주 그 자체인 까닭에.

여신은 인도 땅의 끝에 위치한 마을에서 다시 태어나, 어부의 딸로 성장했다. 아름다운 칸냐Kanyā(소녀)가 되었다. 황금 샌들을 신은 젊은이들이 무리 지어 날마다 칸냐를 방문했다. 하지만 전생을 기억하고 있던 칸냐는 쉬바 이외의 존재와 인연을 맺을 생각이 없었다. 결혼의 조건으로 "천녀의 날개옷이 갖고 싶다", "용왕의 보석을 받아오라"는 등의 무리한 요구만 했다.

"파르바티, 네가 없다면…" 하고 쉬바는 카일라사 산에서 중얼거린다. 하지만 그다음 말을 내뱉을 수는 없었다. "오, 주인님. 왜 여주인님을 맞이하러 가지 않습니까?" 하고 부하인 난디(황소)가 말한다. "내가 가서 뭘 할 수 있지? 그녀는 어부와 부부가 될텐데…."

"그렇다면…" 하고 말한 다음 순간에, 난디의 모습도 카일라사에서 사라졌다.

땅끝에 있는 그 어촌은 지금까지 한 번도 있어 본 적 없는 위기에 직면했다. 가까운 바다에 보기에도 흉포한 얼굴을 한, 무지막지하게 큰 괴물이 자리하고 꿈쩍도 하지 않았다. 물고기들은 도망가버렸고, 무엇보다도 사람들이 조업을 하러 나갈 수 없었다. 그 괴물이 움찍할 뿐인데도 큰 파도가 일어 배가 전복되어 버렸다. 이대로라면 인간들은 다 말라 죽어버리게 될 것이다. 결국 어부들 중 최연장자였던 칸냐의 아버지가 선언했다.

"괴물을 퇴치한 자에게 내 귀여운 딸을 주겠다."

배 밑 널빤지 한 장 아래는 지옥이라며 우락부락한 자들이 차례차례 괴물에게 도전했다. 바다에 나가 투망을 던졌다. 하지만 그물은 괴물의 딱딱한 비늘에 쓸려서 갈기갈기 찢어졌다. 작살을 던지기도 했다. 작살도 여러 조각으로 부서졌다. 불시에 괴물의 머리에 받힌 배는 산산조각 났다. 괴물은 꼬리로 바다에 내던져진 헌터들에게 멋진 일격을 가했다. 그들은 단번에 육지까지 날아가버렸다.

이를 카일라사 산에서 보고 있던 쉬바는 기다리고 있었다는 듯이 어부로 변장하고서 땅끝에 있는 어촌에 모습을 드러냈다. 바다에 들어가 천천히 그물을 던졌다. 말할 것도 없이 괴물은 쉬바의 부하인 난디가 변신한 것이었다. 애초부터 승부는 조작되었다. 괴물은 아주 쉽게 그물에 걸려들어, 그 추악한 큰 덩치가 육지로 끌어올려졌다.

"자, 내 딸을 받아주시오"라고 어부들의 최연장자가 말했다. 쉬바에게도 칸냐

그림 1. 쉬바와 파르바티, 암소 난딘

에게도 다른 의견은 없었다.

여하튼 쉬바와 파르바티는 원래의 모습으로 돌아온 난디의 등에 올라타고서 카일라사 산으로 되돌아갔다(그림 1).

해피엔딩! – 타밀어 성전 《티르와차캄》에서 인용

◎ 체내 순례

신화는 과거에 일어났던 사건, 즉 세계가 창조되기 이전, 천지가 개벽할 때, 태곳적 일들을 이야기한다. 그리고 공동체는 축제 때에 신화를 노래하고 연기하고 재현함으로써 피폐한 시간을 거슬러 올라가 맨 처음 창조의 에너지를 되찾는 것이다. 예를 들면, 가을의 제전 두르가 푸자에서는 세계를 혼돈에 빠트렸던 악마를 퇴치하는 여신의 신화가 재현된다.

중세의 전반(7~12세기), 신화의 무대가 인도 각지의 파워 스팟power spot과 동일시되었고, 그러한 성지(피타)를 순례하는 것이 성행하게 되었다.

불교, 힌두교를 불문하고 밀교도tāntrika 사두들은 여신의 피타인 시체 숲에서 시체 숲으로 이곳저곳 돌아다니기를 거듭하였다. 나아가, 신체의 마르마를 시체 숲으로, 마르마와 마르마를 연결하는 맥관을 큰길로 보고 '자신의 신체를 순례한다'는 요가도 행해지게 되었다.

성지(마르마)에는 다키니(요기니)가 기다리고 있다. 수행자는 프라나가 되어 맥관을 여행하고, 목적지인 성지에 이르러 다키니와 성性 요가를 실천 수행한다(라고 관상한다)는 것이다(→ 41. 다키니). 이러한 수행자 집단에서 나타파를 창설하여 하타 요가를 집대성하였던 맛시엔드라와 고라크샤가 나왔다.

그건 그렇고, 칸냐 공주 이야기에는 두 개의 지명이 나타난다. 인도 최북단

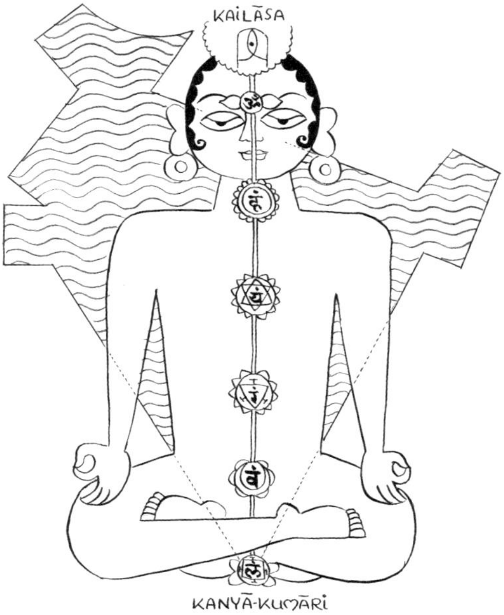

그림 2. 인체의 카일라사 산과 코모린 곶

인 카일라사 산(현재는 중국령)과 최남단인 칸냐(칸냐쿠마리, 코모린 곶). 그렇다면 이 두 장소는 신체의 어디에 해당하는가? 이미 잘 알고 있을 것이다(그림 2).

카일라사 산은 대천문. 천엽연화千葉蓮花(사하스라라 파드마)는 히말라야의 별명인 동시에 정수리의 자리를 말한다.

칸냐는 척추의 돌기, 꼬리뼈. 그 안쪽에 물라다라 차크라가 있다.

이 양극을 무대로 쿤달리니 요가가 행해진다. 즉 정수리의 사하스라라에서 쉬바와 여신은 깨가 쏟아졌다. 둘이지만 하나였다. 그런데 둘은 헤어져, 여신은 기저인 물라다라에서 쿤달리니가 되어 잠들었다. 그것이 모든 불행의 시작이었다. 그렇기에 지금 이 둘을 다시 합체시켜 우리는 환희의 경지에 도달할 수 있다고 한다. 탄트라의 요가는, 신체를 무대로 한 신화극神話劇이다.

◎ '피타'의 의미

하타 요가에서는 아사나를 일부러 '피타'라고 부르기도 한다. 여러 의미가 내포되어 있다.

하나는, 앞선 장에서 살펴보았듯이 '고행으로서의 아사나'와 구별하기 위해서이다. 또한 신의 몸으로서의 쉬바 링가의 대좌臺座, 즉 요니를 '피타'라고 한다(→ 26. 링가, 그림 1 참조). 즉 내 몸을 쉬바 신이 현현하는 대좌로 만들기 위한 아사나이기에 피타이다.

그리고 또 하나, 하타 요가에서는 아사나와 몸 안의 큰길(나디)을 여행하여 성지(마르마)를 순례하는 관법이 동시에 행해진다. 그렇기 때문에 피타이다. 따라서 "요가 따위, 몸치인 나에게는 무리다"라는 선입견을 버려야 한다. 요가책에서 포즈를 취하고 있는 사람들 대부분은 발레리나이다. 아름다운 포즈를 목표로 하는 것도 좋지만, 사진처럼 되지 않는다고 해서 효과가 없는 것은 아니다. 할 수 있는 만큼 하면 된다.

중요한 것은 코를 통해서 천천히 호흡하는 것이다. 그리고 몸의 어느 한 지점, 즉 맥관, 마르마, 차크라에 의식을 집중하는 것이다. 의식을 집중하는 것이 주이고, 포즈는 그에 딸린 것이라고 생각하길 바란다.

예를 들어, 앞서 기술하였던 '나무 포즈(브릭샤 아사나).' 간단해 보이지만 의외로 어렵다. 단 몇 초라 하더라도 똑바로 계속 서 있기란 다소 어렵다. 눈을 감으면 곧바로 흔들거려서 금방이라도 쓰러져 버릴 것 같은 불안이 엄습한다. 하지만 발바닥의 정중앙에 있는 탈라흐리다야 마르마에 의식을 집중하면 신기하게도 안정된다. 즉 '나무 자세는 발바닥의 그 마르마에 의식을 집중하기 위해 하는 포즈이다'라고 생각하는 것이다.

88 싱하 아사나

– 아훔a-hūṁ의 사자

Siṁha-āsana

[siṁha(라이온) + āsana]

〈중〉 사자 포즈.

※ '싱하'의 어원은 √hiṁs(죽이다/상처 입히다). 그것이 명사화하여 hiṁsa(그 부정형이 '비폭력'이라고 할 때의 아힘사ahiṁsā가 되고 h와 s가 자리를 바꾸어 siṁha가 되었다. 요컨대, '싱하'는 무시무시한 '살인 청부업자'이다. 하지만 태양의 빛의 바퀴를 방불케 하는 갈기를 두른 모습 때문에 '신'이나 그 화신으로 여겨졌다. 중기 밀교, 여신교 각각의 최고신 대일여래와 두르가 여신이 라이온lion(사자)을 타고 있다. 비슈누는 나라싱하로 화신한다.

◎ 사람도 짐승도 아니다, 낮도 밤도 아니다, 바깥도 안쪽도 아니다…

사자 포즈(싱하 아사나)는 비슈누의 화신인 나라싱하(그림 1)의 모습을 본뜬 것이라고 한다.

창조신 브라마에게 있어 모든 것은 자신의 창조물이다. 그에게는 신들도 악마(마족)도 귀여운 자식들이다. 그렇기 때문에 악마라 할지라도 열심히 고행하고 있으면 소원을 들어준다.

히란냐카쉬프Hiraṇyakaśipu라는 악마의 경우도 그러했다. 오랜 고행의 끝에 드디어 소원이 성취될 시기가 도래했다.

브라마가 나타나 히란냐카쉬프에게 물었다.

"소원은?"

"영원한 생명을 원합니다."

"그것만은 들어줄 수 없다. 생명이 있는 것은 그 무엇이든지 죽음을 면할 수 없다"고 브라마는 단언한다.

"그렇다면…" 하고 히란냐카쉬프는 자신의 죽음에 조건을 달았다. "저는 아버지의 창조물, 즉 인간이나 동물의 손에 죽는 일은 없습니다. 집 안에서도 밖에서도, 낮에도 밤에도 최후를 맞이하는 일은 없습니다. 공중에서도 지상에서도, 어떠한 무기에도 살해당하지 않습니다." 절대로 있을 수 없는 것을 늘어놓은 것이다.

"알았다"라고 말하고 창조신은 떠났다.

히란냐카쉬프는 고행을 통해 얻은 힘으로 삼계三界(전 우주)를 정복하고 무자비하게 생명이 있는 것들을 통치했다.

그런데 이 악마에게는 프라흘라다Prahlāda라는 자식이 있었다. 프라흘라다는 비슈누를 신앙하고 있었다. 히란냐카쉬프는 아들의 마음을 바꾸려고 했지만 불가능했다. 그는 아들을 죽이기로 결심했다. 몇 번이고 시도했지만 그때마다 실패하고 말았다. 히란냐카쉬프는 아들에게 물었다.

"내가 널 죽이려 할 때마다 넌 도망쳤다. 어떻게 그럴 수 있느냐?"

"비슈누님께서 도와주십니다." 프라흘라다는 답을 했다. "비슈누님은 편재하고 계시기 때문에"라고.

"편재한다고?" 히란냐카쉬프는 궁전의 벽을 가리키며 물었다.

"비슈누라는 자식이 이 벽 속에도 있다는 말이냐?"

"그렇습니다."

"음, 그렇다면 나는 이 벽을 차서 부숴버리겠다."

히란냐카쉬프가 발로 차자 벽이 부서지고, 그 안에서 비슈누가 출현했다. 머리는 사자(싱하), 몸은 인간(나라)인 나라싱하의 모습으로.

그는 히란냐카쉬프를 붙잡아서 무릎 위에 얹었다. 그리고 손톱으로 악마의

그림 1. 나라싱하

가슴을 후벼 파고 신체를 갈기갈기 찢어서 살해했다. 악마는 자신이 바라던 대로의 운명을 성취했던 것이다. 즉 비슈누는 브라마와 마찬가지로 최고신이며, 브라마의 창조물이 아니다. 나라싱하는 몸은 인간, 얼굴은 라이온, 즉 인간도 동물도 아니다. 나라싱하는 낮도 밤도 아닌 황혼 녘에, 집의 안도 바깥도 아닌 벽 속에서 나와, 공중도 지상도 아닌 자신의 무릎 위에 악마를 앉히고, 무기가 아닌 마치 다이아몬드와도 같은 자신의 손톱으로 악마의 배를 찢어발긴 것이다.

◎ 사자 포즈

양 발목을 고환 밑[에서 교차시켜서], 회음봉선의 양측에 붙인다. [즉] 오른쪽에

> 왼 발목을, 왼쪽에 오른 발목을. 양손을 무릎에 두고 손가락을 벌리고서, 입을 크게 벌려 [혀를 길게 빼고서], 코끝을 응시하면서 의식을 집중한다. 싱하 아사나는 많은 요긴들이 존중해야 할 것이다. 최상의 아사나로서 세 개의 반다의 통합을 이룬다. – 《하타요가프라디피카》 I . 50~52•

'양 발목을 고환 밑에서 교차시켜 회음봉선의 양측에 붙인다'는 것은 항문을 조여서 물라다라 차크라를 자극하기 위함이다. 라이온 포즈는 오늘날에는 보통 다음과 같이 한다(그림 2).

방법

① 무릎을 꿇고서 양손을 무릎 위에 두고 숨을 들이마신다. 그때 혀를 뒤쪽으로 말아 혀끝을 연구개 안쪽의 목구멍 쪽으로 밀어 넣어 슈링가타카 마르마를 자극한다.

② 항문을 조이고(물라 반다) 숨을 내쉬는 동시에, 있는 힘껏 혀를 내밀고 '아~~' 하고 소리를 내뱉는다.

③ 다음으로 복근을 조이면서(웃디야나 반다) '아~~' 하고 소리를 내면서 계속해서 숨을 내뱉는다.

④ 숨을 내뱉었으면, 턱을 가슴에 당겨 붙이고(잘란다라 반다), 등을 젖힌다. 눈을 크게 뜨고 정수리를 응시한다. 이것을 5~10초간 유지한다.

⑤ 혀를 제자리로 돌려놓고 입을 다문 후, 다시 혀끝을 목구멍에 집어넣고 코로 빨아들인다.

• 《하타요가프라디피카》 I . 50~52.
gulphau ca vṛṣaṇasyādhaḥ sīvanyā pārśvayoḥ kṣipet | dakṣiṇe savyagulphaṁ tu dakṣagulphaṁ tu savyake ||
hastau tu jānvoḥ saṁsthāpyā svāṅgulīḥ saṁprasārya ca | vyāttavaktro nirīkṣeta nāsāgraṁ susamāhitaḥ ||
siṁhāsanaṁ bhaved etat pūjitaṁ yogipuṅgavaiḥ | bandhatritayasaṁdhānaṁ kurute ca āsanottamam ||

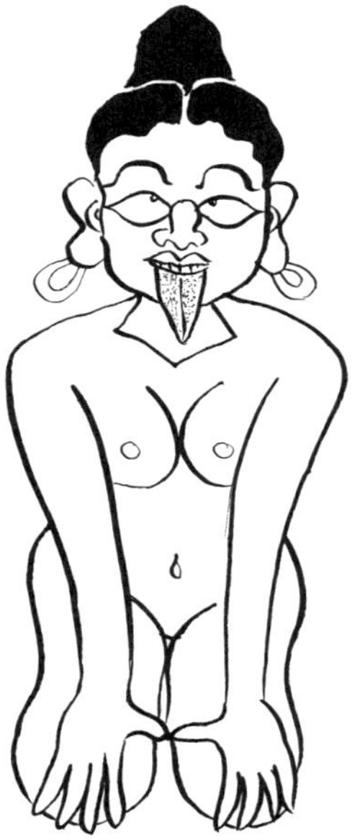

그림 2. 사자 포즈

그림 3. 알람부사 나디

⑥ 5~10회 반복한다.

• 슈링가타카 마르마: 뇌신경(뇌의 기저부에 있는, 뇌를 기점으로 하는 신경계). 코에서부터 이어지는 후신경구, 눈에서부터 연결되는 시신경, 귀에서부터 발생하는 내이신경, 혀에서부터 소뇌로 이어지는 혀인두신경, 나아가 심장이나 폐, 복부의 기관을 관장하는 말초신경 등이 포함된다.

효과

○ 알람부사 나디(배꼽 밑의 프라나 센터인 칸다에서 입에 이르는 맥관: 그림 3)의 정화.

○ 비슛다 차크라의 영역(갑상선과 부갑상선)과 머리 부위에 있는 기관들의 강화.

◎ 탄트라의 사자 포즈

낮도 밤도 아닌 때, 집 밖도 안도 아닌 장소에서 출현한, 사람도 짐승도 아닌 궁극의 존재인 나라싱하는 이원성의 초월을 상징하고 있다.

밀교에서는 '아훔阿吽의 호흡'이라고 말하는 경우가 있다. 아훔은 원래 a-hūṁ. '아阿' 소리를 낼 때 입을 벌리고 숨을 내쉬고, '훔吽' 소리를 낼 때 입을 닫고, 코로 숨을 들이마신다.

다음은 '부처가 내 안으로 들어오고, 내가 부처에게 들어간다'고 관하는 밀교의 '입아아입入我我入'을 사자 포즈와 함께 행하는 불교 탄트라의 행법(그림 4)이다.

① 무릎을 꿇고 허리를 꼿꼿이 세운 채, 양손은 무릎 위에 올리고서 숨을 고른 후에 숨을 들이마신다.

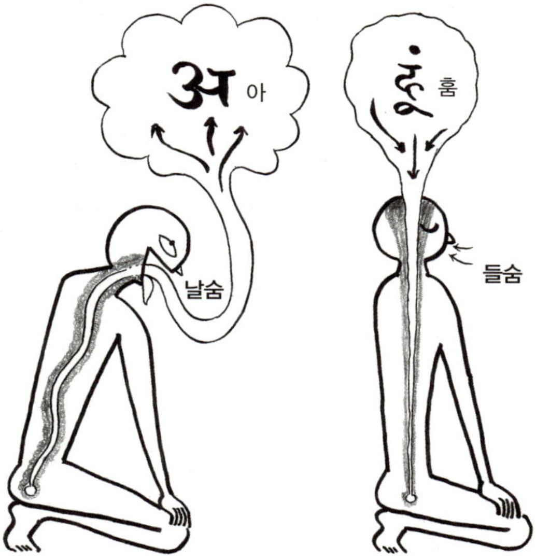

그림 4. 아훔의 사자

② 앞으로 몸을 숙이고서 숨을 내뱉는 동시에 있는 힘껏 혀를 내밀고 복부 안쪽으로부터 '아~~'라고 소리를 낸다.

이때, '아阿(अ)'자를 생생하게 이미지화(아자관阿字觀)하고, 나아가 그 '아'자가 '허공 가득히, 무한대로 퍼져간다'고 이미지화한다.

③ 숨을 다 내뱉었다면 이번에는 허리를 꼿꼿이 세우고, '훔吽(हूं)' 자를 이미지화(훔자관吽字觀)하면서 숨을 들이마신다. 이때 정수리의 대천문으로부터 '모든 우주(혹은 대일여래/지고신/모든 신들)가 프라나를 타고서 자신의 안으로 들어온다'고 이미지화한다.

④ 프라나를 기저의 물라다라 차크라까지 내려보내, 그것을 겨자씨(머스터드 시드) 크기의 물방울(빈두)로 수축시킨다.

그리고 항문을 조이고 턱을 끌어당겨서, 물방울에 의식을 둔 채로 잠시 동안 숨을 참는다(쿰바카).

⑤ ❷~❹를 10회 정도 반복한다.

89

쉬르샤 아사나

– 지구를 머리에 얹다

Śīrṣa-āsana

[śīrśa(머리) + āsana]

〈중〉 머리를 꼿꼿이 세운 포즈.

※ '쉬르샤'는 √śṝ(끊다/살해하다/파괴하다)에서 유래하는 말로서, '끊김으로써 죽게(되는 부위)'가 원래의 의미이다. 본래는 절단된 머리(흔히 말하는 '수급首級')이다. 고대의 의사였던 차라카Caraka는 쉬르샤(또는 śiras)를 가리켜, "이 부분에는 프라나가 본래 갖춰져 있다고 한다. 또한 모든 감각이 여기에 속한다고 여겨져서, 몸 전체에서도 가장 중요한 장소이다"라고 서술하고 있다.

◎ 거꾸로 선 나무 포즈

뿌리가 위에 있고 가지가 밑에 있는 '거꾸로 선' 보리수(아슈밧타 aśvattha)는 불멸이라고 한다. 그 잎은 베다의 찬가(찬다스 chandas) 이다. 그것을 아는 자는 베다를 안다. 그 가지는 위아래로 뻗어나가, '3개의' 구나에 의해 길러져 바깥세상을 싹으로 하고 있다. 그 뿌리는 밑으로 만연하여, 인간 세상의 행위(카르마)와 밀접하게 관계를 맺는다. '하지만' 이 세상에서, 이 '나무의' 형태는 이와 같은 것으로 이해되고 있지 않다. 그 끝도, 시작도, 밑바닥도. 뿌리를 '밑으로' 강하게 뻗은 이 보리수를 견고한 무집착의 도끼로 잘라낸다. – 《바가바드기타》 X V. 1~3•

• 《바가바드기타》 X V. 1~3.
ūrdhva-mūlam adhaḥ-śākham-aśvatthaṁ prāhur-avyayam | chandāṁsi yasya parvāni yastaṁ veda sa vedavit ||
adhaś ca-ūrdhvaṁ prasṛtās tasya śākhā guṇa-pravṛddhā viṣaya-pravālāḥ | adhaś ca mūlāny anusantatāni karma-anubandhīni manuṣya-loke ||
na rūpam asyeha tathā-upalabhyate nānto na cādir na ca sampratiṣṭhā | aśvattham enaṁ suvirūḍha-mūlam asaṅga-śastreṇa dṛḍhena chittvā ||

나무를 모범으로 삼는 비슈누교(바이슈나바vaiṣṇava)의 사두는 물구나무서기를 몇 시간이고 한다. 나무 포즈(브릭샤 아사나)와 짝을 이루는 '거꾸로 뒤집힌 나무 포즈'이다. 근거는《바가바드기타》에서 찾을 수 있다. "뿌리가 위이고 가지가 밑에 있는 나무." 밑부분이 된 가지가 머리이다. 감각기관이 집중하여 외부 세계와 접하고 있다. 가지에 무성한 잎은 신성한 베다의 말씀이다. 하지만 많은 사람들은, 위(신의 영역)로 뻗어야 할 뿌리가 마치 벵골 보리수의 기근氣根처럼 밑으로 처져서, 현세와 뒤얽혀 있다(그림 1). 그 밑에 늘어져 있는 뿌리를 끊어라, 라고《기타》는 말한다.

일반적으로 뿌리가 밑으로 늘어져 있는 것, 즉 현세에 대응하여 그 결합을 강화해가는 것이 '진화'라고 간주된다. 하지만 영적으로 말하자면, 그것은 '퇴화'이다.

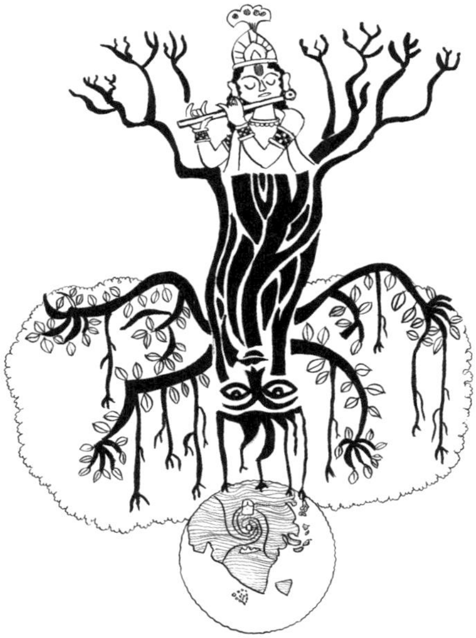

그림 1. 거꾸로 선 나무

이러한 생각을 인정하든 인정하지 않든지 간에, 모든 일은 단번에 알 수 있는 것이 아니다.

가장 풍요롭게 보이는 사람이라도 그 내면은 가장 빈곤한 경우도 없지 않다.

얼굴에 웃음을 띠고 있는 사람이 속으로는 무시무시한 생각을 하고, 성공한 듯 보이는 무리들도 패배의 장에서 고개를 숙이고 있을지도 모른다.

우리는 《기타》가 '신의 눈(디비야 착슈divya-cakṣus)'라고 부르는 이 시력視力을 어떻게 하면 획득할 수 있을까? 허공을 유영하는 우주비행사처럼, 지구에서 멀리 떨어져서 모든 나무가 거꾸로 뻗어 있다고 하는 사실을 지각하는 사람이 있다면, 바로 그야말로 모든 것을 객관적으로 볼 수 있는 사람이라고 말할 수 있을지도 모르지만.

"간단한 일이다"라고 한 사두가 말했다. "우리들은 이 대지로부터 떨어질 수 없다. 그렇다면 대지 위에 서 있는 것이 아니라 대지를 머리 위에 얹어 보는 것이다. 물병을 머리에 이고 옮기는 여자들처럼."

◎ 물구나무 포즈(그림 2)

방법

① 엎드린 후, 팔꿈치를 바닥에 붙이고 양손을 깍지 껴서 삼각형을 만든다.

② 양발을 뻗어, 머리를 삼각형의 중앙에 위치시킨다.

③ 양발을 얼굴에 접근시키면서 허리를 공중으로 들어 올린다.

④ 그런 다음, 양발을 바닥에서 떨어뜨려 무릎 정도 높이에서 굽히고, 머리로 지탱하면서 서서 평형을 이루도록 한다.

⑤ 천천히 두 발을 뻗어 전신이 수직선을 그리도록 한다. 이 자세를 그다지 노력하지 않고서 계속할 수 있을 때까지 지속한다. 아디파티마르르마(두

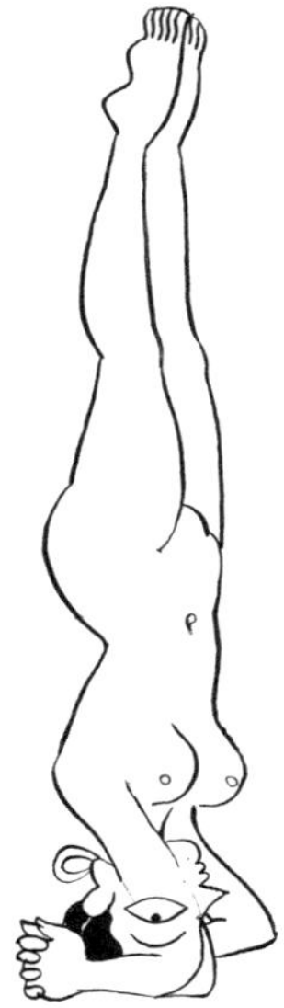

그림 2. 물구나무 포즈

정공頭頂孔)에 의식을 집중시키고 호흡은 조용하면서도 천천히 행한다.

⑥ 이 자세를 풀기 위해서는 먼저 허리를 접고, 다음으로 무릎을 접어서 바닥에 무릎을 꿇듯이 한다. 이 위치에서 한쪽 손바닥을 다른 쪽 손바닥에 포개어 그 위에 이마를 얹고서 휴식 자세를 취한다.

주의점/요령

○ 갑작스레 자세를 풀지 않는 것이 중요하다. 왜냐하면 그 충격이 이 단련의 효과를 무효화시켜버리기 때문이다. 이것은 다른 신체 포즈 수련법에서도 마찬가지이다. 같은 이유로 일단 휴식 자세를 취한 다음에 그 자세 그대로 혈액의 순환이 원래대로 돌아오기까지 수 초간 멈춰 있어야 한다.

○ 이 자세가 끝난 후에는 3분 이상 '송장' 자세를 유지한다.

○ 핏타pitta성 질환, 구체적으로는 고혈압 등을 앓고 있는 사람은 이 자세를 피한다. 모든 자세에서 술을 마시고 하는 것은 터부이지만, 물구나무 포즈에서 특히나 절대로 해서는 안 된다. 일시적으로 신체에 핏타가 많아져 있기 때문이다.

○ 어렵기는 하지만, 아무쪼록 마스터하기를 권장하는 자세이다. 맨 처음에는 벽에 기대어 연습해도 좋다.

○ 이 포즈을 하면 머리가 아프다는 사람들이 적지 않다. 많은 경우, 시만타 마르마(두개골봉합)의 느슨함이 원인이다. 아플 때는 머리를 바닥에 대고 좌우로 굴려서 느슨한 두개골을 조인다.

효과

암을 예방하는 한편, 두통, 어깨결림, 변비, 불면증, 피부질환 등의 만병에 효과가 있다.

머리에 혈액과 프라나가 대량으로 공급됨으로써 뇌의 완전한 발육이 보증된다. 인도의 요가 수행자는 뇌의 활동하지 않는 부분을 개발하여 싯디(초능력)를 획득하기 위해 자주 이 자세를 행하고 있다.

◎ 탄트라의 물구나무 포즈

물구나무 포즈(시르샤 아사나)는 종종 '아사나의 왕'이라고 불리지만, 《하타요가프라디피카》, 《게란다 본집(상히타)》, 《쉬바 본집》 등의 잘 알려진 하타 요가 문헌에 이러한 이름의 아사나는 없다.

하지만, 예로부터 물구나무 포즈는 아사나가 아니라 무드라로 분류되어 '비파리타 카라니viparīta-karaṇī'라고 불려왔다고 한다. 즉, 하타 요가의 모든 문헌에 실려 있는 '거꾸로 뒤집힌 몸동작(비파리타 카라니)'은 이 포즈에 관해서 논하고 있다고 해도 좋다(무엇보다도 오늘날에는 '비파리타 카라니'는 다른 포즈의 이름이 되어 있다. →92. 할라 아사나).

무드라라고 한 이상은 신체의 특정 장소에 프라나를 모아야 한다. 이 포즈에서는 머리의 차크라에 프라나를 봉인할 뿐인데, 다른 무드라와 달리 아무런 노력이 없이도 자연적으로 머리에 프라나가 집중된다. 말하자면 내추럴 무드라인 것이다.

탄트라 사다나로서 몇몇 아사나를 행할 경우에, 이 포즈로부터 시작하여 대천문(사하스라라)에 의식을 집중한다. 사하스라라는 형이상적으로는 쉬바신과 여신(샥티)이 합체하고 있는 '빅뱅 이전'의 상징이다.

포갠 손바닥에 이마를 얹고 쉴 때(〈방법〉 항목의 ⑥)는, 미간의 안쪽에 위치한 아갸 차크라에 집중한다. 이 단계에서 아직까지 몸을 섞고 있던 쉬바와 여신은 서로 상대방을 의식하게 된다. 즉 이원의 대립이 생겨 창조의 준비가 갖춰진 것이다. 그리고 '뱀 포즈(부장가 아사나)'(다음 항목)로 연결되어 물질 에너지가 '공 → 풍 → 화 → 수 → 지'로 변화하는 우주창조의 프로세스를 간접 체험한다.

90

부장가 아사나

– 33의 세계

Bhujaṅga-āsana

[bhujaṅga(뱀/주인) + āsana]

〈중〉 뱀 포즈

※ '부장가'('부자가'도 마찬가지)는 √bhuj(구부러지다/즐기다/통치하다) + √gam(가다)에서 파생한 말로서, 일반적으로 '구불구불 기어 가는 것 = 뱀'을 가리키는데, '즐기는 자 = 애인/정인情人,' '통치하는 자 = 왕/주인'의 의미로 사용되는 경우도 있다. 산스크리트 문법가이자 《요가수트라》의 저자로 여겨지는 파탄잘리가 '부장가'라는 말을 통해 숭앙받고 있는 점은 이미 언급했는데(→ 14. 요가-수트라니), 이 경우의 '부장가'에는 뱀(아난타 용왕의 화신)과 주인(산스크리트와 요가의 주인)이라는 두 가지 의미가 포함되어 있다.

◎ 발리의 요가

잠시 발리에 머물며 즐겼다. 말 그대로 '정령들이 넘쳐나는 섬'이라고 생각했다. 조용한 들판을 걸어도, 북적거리는 느낌이다. 바람이 노래를 하고, 바람에 흔들리는 풀고사리가 기괴한 심해의 생물처럼 몸을 비튼다. 반얀 나무가 기근氣根의 숲을 문어의 다리처럼 구불거리게 한다. 수많은 나무나 풀들이 일정한 리듬에 몸을 맡겨서 가지와 잎을 크게 흔들고 있다. 식물들이 보이는 움직임 하나하나에 '발리'의 의지가 각인되어 있다. 문자 그대로의 의미로 '발리는 살아 있다'고 생각했다.

발리는 2모작, 3모작이 가능한 섬이다. 수미산에 비유되는 아궁Agung, 바투르Batur라는 두 활화산이 있다. 해수가 화산 정상을 향해 뿜어져 올라 호우를 퍼부어서 산에 스며들어 이윽고 산기슭에서 샘이 되어 솟아난다. 샘물은 발리 곳곳으로 뻗어 있는 수로를 타고 산기슭에 개척하여 만들어놓은 계단식 논 하나하나에 도달하게 된다. 수로 중에는 사막의 카나트Qanat처럼, 지하를 뚫어 통하게 한 것도 많이 있다.

땅속과 지표를 복잡하게 여러 층으로 흐르는 수로는 세포 하나하나에 양분이나 프라나를 보내는 모세혈관 내지는 미세한 맥관을 방불케 한다. 그리고 만약에, 이들 수로가 요가에서 말하는 나디와도 같은 작용을 하고 있다고 한다면, 생명과도 같은 것이 생겨나서 거기에 어떤 정신 현상이 깃드는 일도 있을지 모른다.

해가 저물었다. 생명체들이 노래하기 시작한다. 어둠에 잠긴 논에서 개구리들의 합창이 시작되었다.

인도의 후기 밀교 및 쉬바계 탄트라를 받아들였을 터인데, 웬일인지 발리에는 하타 요가가 없다. 아니, 있기는 하지만 일부 주술가들이 은밀히 전하고 있을 뿐이다. 그것도 매우 신중하게. 발리는 하타를 수행하기에는 너무도 영기靈氣가 강한 것이다.

예를 들어, 선불리 동물의 아사나를 한다고 치자. 쿠쿳타라든지 부장가라든지. 그렇게 하면, 수탉이나 뱀의 정령이 몸에 들러붙을 가능성이 있다. 실제로 그런 사람들이 다수 있다. 그들은 레약leyak(요괴인간)이라고 불리는 위험한 존재이다.

평범한 사람들에게 요가를 대신할 수 있는 것은 신들에게 바치는 음악이나 무용이다. 그것도 사악한 영에게 빙의되지 않도록 결계가 쳐진 곳에서 신중하게 집행된다.

어둠에 잠긴 사원의 경내. 뱀(나가)을 모방한 촛대에 불이 켜지고, 케착kecak이라는 발리섬의 춤과 노래가 시작되었다(그림). 수십 명의 남자들이 연속으로 '착chak'이라는 소리를 낸다. 신체가 악기가 되고 목소리로 리듬을 만든다.

그림. 케착

일사불란하게 연주된다. 마치 개구리의 합창을 연상시킨다. 케착은 현재 〈라마야나〉 연극과 합쳐져 예능이 되었지만, 예전에는 지극히 강력한 수련법이었다.

남자들은 마치 취한 듯이 몸을 떨기 시작하고 표정에도 극명하게 황홀감이 드러난다. 나의 등골도 오싹오싹해진다. 돌연 소름이 돋는다. '뭔가가 온다.' 내 무의식에 잠들어 있던 태고의 영감이 돌연 되살아나 이를 알려주었다.

케착은 몇 명이 있든지 간에 기본적으로 다섯 파트로 구성된다. 한 사람이 '구리리얀, 구리리얀, 구리리얀, 구리리얀'이라는 네 박자로 된 리드를 담당한다. 다른 한 사람이 '구리리얀'을 '뿃·뿃'이라는 둘로 분할한다. 남은 세 사람은 '구리리얀' 4회마다 11번 '챠'를 발성한다. 세 사람이기 때문에 네 박자를 33으로 분할한 것이 된다.

네 박자를 12 내지는 36이라는 짝수로 분할하는 것은 쉽고 또 안정적이기도 하다. 하지만 33으로 나누면 이상해진다. 동요가 발생하여 마음 어딘가가 이변을 일으키는 것이다.

33은 불교와 힌두교의 성스러운 숫자이다. 베다에서는 천天·공空·지地라는 삼계가 있고, 각 계에 11명의 주요한 신이 있어 합계 33의 신이 있다고 한다. 이를 계승한 불교에서는 우주의 축인 수미산에는 33천이 있다고 하며 또한《법화경》은 33명의 관음을 말한다. 그리고 33은 수슘나, 즉 인체의 수미산인 척추를 상징하는 수이기도 하다.

경추, 흉추, 요추는 각각 7, 12, 5개의 척추골로 구성된다. 천골, 미저골은 1개의 뼈인데, 천골은 5마디, 미저골은 4마디로 나뉜다. 밑에서부터 4, 5, 5, 12, 7. 합하면 33이다.

요가에서는 여기에 차크라를 배치시킨다. 밑에서부터 물라다라, 스와디슈타나, 마니푸라, 아나하타, 비슛다이다. 각 차크라로부터는 미세한 맥관이 뻗어나와….

◎ 뱀 포즈

엄지발가락으로부터 배꼽에 이르는 하반신을 지면에 밀착시켜 두 손을 지면에 두고 머리를 들어 머리를 치켜든 뱀 머리 모양(파니phaṇi)을 유지한다. [이 포즈는] 어떤 경우에라도 신체의 불(데하 아그니)을 타오르게 하여 만병을 소멸시킨다. 부장기(쿤달리니)를 각성시키는 성취법(사다나)인 까닭에 부장가 아사나(라고 불린다). –《게란다 본집》 II. 43~44•

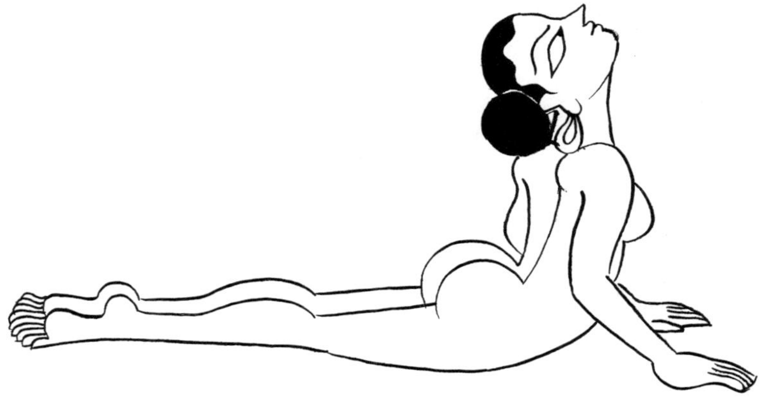

그림. 뱀 포즈

방법

① 엎드린 후, 두 손을 가슴 옆에 위치시킨다.

② 숨을 내뱉은 후, 천천히 들이마시면서 머리를 위로 치켜들어, 목에서 허리로 이어지는 척추 하나하나를 확인하듯 등뼈를 젖혀간다.

③ 미저골(트리카trika)의 마르마(치질에 효과가 있는 '장강혈長强穴'과 일치)에 의식을 집중하고 몇 번의 호흡에서 12번의 호흡을 하는 동안 이 자세를 유지한다.

④ 숨을 내뱉으면서 천천히 원래대로 돌아온다.

요령

정수리의 대천문을 통해 숨(프라나)을 쉰다. 등뼈를 젖히면서 머리로 들이마신 프라나가 등뼈 속을 통해서 미저골까지 내려간다고 이미지화한다. 그렇

• 《게란다 본집》 II. 43~44.
aṅguṣṭha-nābhi-paryanta-madhyo-bhūmau vininyaset | kara-talābhyāṁ dharāṁ dhṛtvā ūrdhvaṁ śīrṣaṁ phaṇīva hi ||
deha-agnir-varddhate nityaṁ sarva-roga-vināśanam | jāgartti bhuja(ṅ)gī devī sādhanād bhuja(ṅ)gāsanam ||

게 하면 척추에서 마치 뿌리처럼 뻗어 나와 체내에 뻗쳐 있는 전 신경계에 활력이 들어간다.

효과

등이나 배의 심층근을 강화하고, 전 신경계를 조율한다. 변비, 좌골신경통, 헤르니아(탈장), 요통에 효과가 있으며 신장결석도 예방된다.

◎ 탄트라의 뱀 포즈

등뼈는 위로부터 경추, 흉추, 요추, 천골, 미저골이라는 다섯 부분으로 구성된다. 탄트라에서는 순차적으로 비슛다, 아나하타, 마니푸라, 스와디슈타나, 물라다라라는 차크라를 배당하여 그것들을 공, 풍, 화, 수, 지라는 5대 요소의 상징으로 삼는다. 그리고 힌두 탄트라 문헌으로서는 가장 오래된 층에 속하는《말리니비자욧타라 탄트라Mālinīvijayottara-tantra》(9세기경 성립)는 등뼈 속을 통하는 중앙 맥관을 우주를 지배하는 뱀 '아난타'의 이름으로 부르고 있는데, 뱀 포즈(부장가 아사나)의 부장가는 이 아난타 뱀을 이른다. 포즈 속의, 척추를 위로 젖혀가는 모습이 우주의 창조로 가정되는 것이다. 부장가의 여성형이 부장기(쿤달리니와 마찬가지)인데, 서펀트 파워Serpent Power(뱀의 힘)라고 영어로 번역된다.

아래에서 소개하는 것은 부장가 아사나의 탄트릭한 방법으로, 산스크리트의 종자(비자) 만트라나 알파벳이 이용된다.

준비

① 정수리의 대천문(사하스라라)을 니야사(손으로 접촉 → 106. 니야사)하고,

'아'라고 발성하면서 'अ'(아)를 이미지화한다. 가능하다면, 대천문에 의식을 집중한 채로, 쉬르샤 아사나(물구나무 포즈 → 89. 쉬르샤 아사나)를 한다.

② 다음으로 미간(아갸)을 니야사하고, '옴'이라고 발성하면서 'ॐ'(옴) 자를 이미지화한다. 쉬르샤 아사나에 이어서 이 아사나를 계속하는 경우에는, 쉬르샤 아사나를 푼 다음에 양손을 포개어 그 위에 이마를 얹고 휴식 자세를 취하게 되는데, 이때 미간 속의 아갸에 의식을 집중한다.

③ 그런 다음, 엎드려서 목덜미 부근의 두개와 경추의 접점을 니야사하고, 그곳에 의식을 집중한다. 두 손을 가슴 옆에 두고 호흡을 가다듬는다.

방법 1

① 숨을 내쉰 다음, 짧게 "습습습…" 하며 숨을 일곱 번으로 나누어 들이마시면서 머리를 위로 들어 올린다. 동시에 의식을 경추의 1번, 2번, 3번… 순으로 점차 이동해가서 7번에 이르면 들숨을 마치도록 한다. 이때, 경추만 젖혀져 있다. 그런 후에, 머리의 비슛다 차크라를 공명시키려고 '함Haṁ' 소리를 내며 숨을 내뱉는다.

② 목 이하의 척추골도 마찬가지로, 짧게 숨을 들이마시면서 위에서부터 하나하나 의식하면서 뒤로 젖혀가야 하는데, 흉추가 12개가 있기에 6·6으로 나누어서 한다. "습습습…" 하고 숨을 들이마시면서 여섯 번째 숨에 흉추의 6번까지 올라가 숨이 가득 차게 되면, 심장의 아나하타 차크라를 공명시킬 요량으로 '얌Yaṁ'이라고 소리 내며 숨을 내뱉는다.

③ 남은 6회를 하면서 흉추의 7~12번까지 올라간다. 늑골(등쪽)에 반쯤 가려져 있듯이 좌우에 한 쌍의 신장이 있는데, 이것은 부차적 차크라인 수리야(태양, 오른쪽)와 찬드라(달, 왼쪽)의 자리라고 여겨진다. 이 두 부차적인(우파) 차크라를 공명시킬 요량으로 '아움Auṁ'(Auṁ은 해와 달을 나타

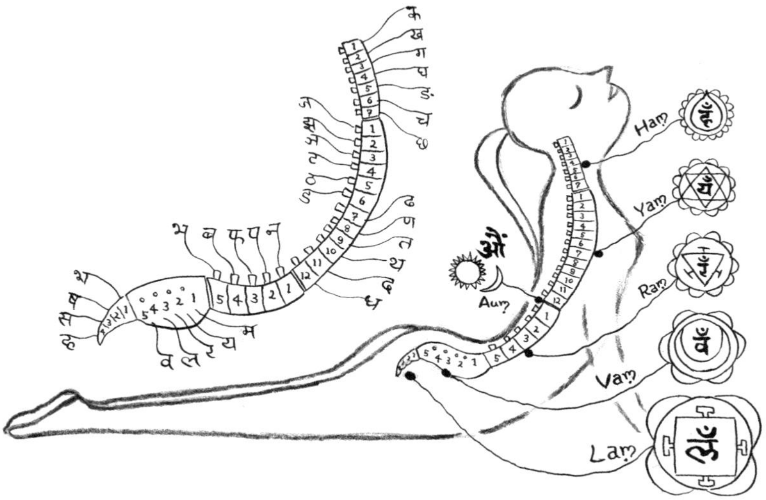

내는 종자)이라고 소리 내며 숨을 내뱉는다.

④ 들숨 5회로 요추의 1~5번을 올라가 배꼽의 마니푸라 차크라를 공명시키려는 듯이 '람Raṁ'이라고 소리 내며 숨을 내뱉는다.

⑤ 들숨 5회로 천골의 1~5마디를 올려, 아랫배의 스와디슈타나 차크라를 공명시킬 요량으로 '밤Vaṁ'이라고 소리 내며 숨을 내뱉는다.

⑥ 들숨 4회로 미저골의 1~4마디를 올려, 기저의 물라다라 차크라를 공명시킬 요량으로 '람Laṁ'이라고 소리 내며 숨을 내뱉는다.

⑦ 일단 숨을 가득 채운 후, 이번에는 미저골에서 경추의 순으로 더듬어 올라가듯이 하면서 숨을 내뱉고 엎드린 자세로 되돌아온다.

방법 2

① 미저골을 니야사하고, 포즈가 완성되었을 때 집중해야 할 위치를 확인한다.

② 숨을 내뱉은 후, 천천히 들이마시면서, 이번에는 단번에 등을 젖힌다.

하지만, 경추 1번, 2번… 흉추 1번, 2번… 요추 1번, 2번…과 척추의 한 마디 한마디를 따라서 등뼈가 휘어져 가는 것을 느끼는 것은 〈방법 1〉과 마찬가지이다. 그때, 'ka kha ga gha ṅa ca cha (경추), ja jha ña ṭa ṭha ḍa ḍha ṇa ta tha da dha (흉추), na pa pha ba bha (요추), ma ya ra la va (천골), śa ṣa sa ha (미저골)'와 같이 산스크리트 자음 33개를 알파벳 순서로 떠올린다.

③ 상체를 가능한 만큼 들어올리면서 미저골에 의식을 집중한다. 천천히 호흡하면서 그 자세를 유지한다.

④ '크샴Kṣaṁ'이라고 암송하면서(발성하지 않아도 좋다) 숨을 내뱉고, 천천히 제자리로 되돌아온다.

⑤ 샤바 아사나(송장 포즈)로 휴식을 취한다.

등뼈와 음성(만트라)을 링크시키는 것은 요가 아사나의 비의적인 방법이다. 예를 들면, 요추 위쪽의 24개 추골을 가야트리 만트라의 24음절과 연관시키면서 맛시옌드라 아사나(척추반비틀기 포즈)나 파슌치못타나 아사나(앞으로 굽히기 포즈)를 행하는 방법도 있다.

91

샬라바 아사나

– 가루다의 신비한 이름

Śalabha-āsana

[śalabha(메뚜기 또는 곤충/가루다) + āsana]

〈중〉 메뚜기 포즈

※ '샬라바'는 √śal(꿈틀거리다)에서 유래한 것으로 '메뚜기'이다. 하지만 고대 인도의 사전《아마라코샤Amarakoṣa》에서는 '불 속에서 소멸śam을 획득하는labhate, 즉 불 속에서 죽는 까닭에 śalabha이다'라고 어원 해석을 하며 '불 속에 뛰어드는 곤충' 전반으로 의미를 확대하고 있다. 산스크리트 어원학은 아재 개그와 같은 세계인 것이다. 몇몇 탄트라 문헌은 더 나아가 이 해석을 '태양 속에서 절대성을 획득하는…'과 같이 조작함으로써, '샬라바'를 가루다와 연결시키고 있다. 또한 '샬라바'는 쉬바 신의 특수한 화신인 Śarabha와도 종종 동일시된다.

◎ 뱀의 천적

"신들의 불사의 영약인 암리타를 훔쳐다주면 풀어줄 수도 있다"고 뱀(나가)이 가루다에게 말했다.

가루다는 조류鳥類의 시조로, 인도 신화의 시조始祖새이다. 실제 시조새가 공룡으로부터 파생했듯이, 가루다도 용족(나가) 어머니에게서 태어났다. 천공을 가르는 가루다는 태양이 점지해준 아이이다. 그리고 누구보다도 강하다. 한참 후의 일이기는 하지만, 우리가 알고 있는 무에타이는 가루다의 신체술을 바탕으로 만들어진 것이다. 몽골 씨름에서도 승자는 가루다 댄스를 춘다. 그처럼 강하다는 것이다.

그럼에도 가루다의 어머니는 언니인 뱀의 어머니와 한 내기에서 지는 바람에 언니의 노예가 되고 말았다. 노예의 자식은 노예이기 때문에, 가루다도 뱀의 노예가 되었다.

가루다는 배다른 형제인 뱀들에게 괴롭힘과 혹사를 당하고 있었다. 날 수 없는 뱀들은 가루다의 목에 사슬을 걸치고 올라타서 "남쪽 섬으로 날아라, 북쪽 대륙으로 날아라"고 하면서 우아하게 세계여행을 즐기고 있었다.

가루다가 "이따위 굴욕은 더 이상 참을 수 없다"라며 폭발하려고 할 때, 뱀은 서두에 언급된, "신들의 불사의 영약인 암리타를 훔쳐다주면 풀어줄 수도 있다"는 말을 했다. 암리타는 천계(수미산의 정상)의 7층 보탑에 보관되어 있다.

가루다는 금색 날개를 펼치고 바람을 모아, 암리타를 목표로 하여 하늘을 가르며 올랐다. 태양이 다가온다. 태양의 막대한 에너지를 흡수한 그는 무적이 되었다. 이때 그는 '샬라바Śalabha'라는 신비한 이름을 얻는다. 암리타를 지키는 신의 군사들을 쳐부수고, 그것을 얻는 것은 쉬운 일이었다.

신들의 왕 인드라가 말했다. "암리타를 조금 마셔라. 그런 다음 되돌려 주거라." 가루다는 이를 받아들이고 암리타를 마셨다. 그리고 지상으로 내려와 뱀들에게 말했다. "암리타를 가져왔다. 풀 위에 놓을 테니까 몸을 정화하고 마시도록 해라".

뱀들은 알아듣고서 목욕하러 갔다. 그러는 사이에 인드라가 암리타를 되찾아 천계로 떠나버렸다. 그 장소로 되돌아온 뱀들은 암리타가 도난당한 사실을 알자 실망하여 암리타를 담은 항아리가 놓여 있던 풀잎을 혀로 핥았다. 뱀들의 혀가 둘로 갈라지게 된 것은 이때부터이다. 풀잎의 날카로운 모서리에 혀가 잘린 것이다.

한편 암리타를 마셔 어떠한 독도 침범하지 못하게 된 가루다는 숙적인 뱀을 양식으로 삼게 되었다. 이에 관한 후일담이 있다.

"내 침대인 아난타 용을 먹지 말아줘"라고 비슈누 신이 말했다.

"좋아. 그 대신에 최고신인 너보다도 위에 있고 싶어"라며 긍지 높은 가루다가 답했다. 그 이후에 가루다는 그 몸에 곤돌라를 매달고, 거기에 비슈누를 태워 하늘을 날게 되었다(후대의 신화에서 비슈누는 가루다의 등에 탄다).

그림. 가루다

한편 이 이야기가 가루다 인도네시아 항공의 CM이 아니라는 점을 말해두고 싶다. 그리고 요가의 문맥에서 가루다는 요가수행자의 영적인 탈것이고, 암리타가 이미 그 속의 차크라에 감춰져 있다고도 한다.

◎ 메뚜기(또는 가루다) 포즈

> 얼굴을 아래로 하고 누워(엎드려), 두 손을 가슴 부근에 [두고서], 손바닥을 지면에 대고 양발을 허공으로 1 비타스티vitasti(12 손가락 폭) 들어올린 아사나(피타)를 수행자(무니)의 왕들은 샬라바라고 부른다. -《게란다 본집》 II. 40•

메뚜기 포즈(샬라바 아사나)는 엎드려서 두 다리를 들어 올리는 포즈인데, 고전에 기록된 샬라바는 우리들이 알고 있는 그것과는 손의 위치가 다르다. 현재는 보통 손은 가볍게 쥐고, 손등을 밑으로 하여 배 밑으로 집어넣는다. 이에 반하여 오래된 방식에서는 손은 손바닥을 아래로 하여 뱀 포즈와 마찬가지로 가슴 옆에 둔다. 분명 이 방식으로는 다리가 1비타스티(20센티 정도) 밖에 올라가지 않는다. 여기서는 오늘날 하고 있는 방식을 소개한다.

방법

① 코와 이마를 바닥에 대고 엎드린다.
② 주먹을 쥐고 두 허벅지 옆에 두고서 호흡을 가다듬는다.
③ 들이마신 후에, 숨을 참고(배에 담아두고), 주먹을 쥔 손등으로 바닥을 지

• 《게란다 본집》 II. 40.
adhāsya śete kara-yugma-vakṣe bhūmim-avaṣṭabhya karyos-talābhyām | pādau ca śūnye ca vitasti ca-ūrddhvaṃ vadanti pīṭhaṁ śalabhaṁ muni-indrāḥ ||

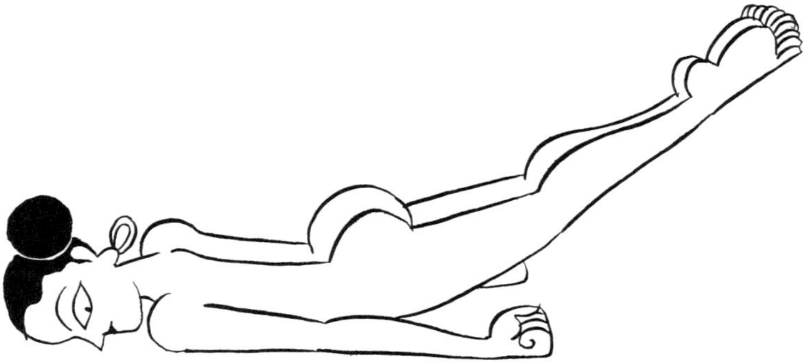

그림. 메뚜기 포즈

탱하면서 두 다리를 뻗은 채로 가능한 한 높이 들어올린다.

④ 숨을 멈춘 채로, 고관절의 '쿠쿤다라 마르마'에 의식을 집중한다(천천히 호흡하면서 이 포즈를 유지하는 방법도 있다). 가능한 한 그 자세를 유지한다.

⑤ 천천히 숨을 내쉬면서 원래 상태로 되돌린다.

• 쿠쿤다라 마르마: 방광유膀胱兪 혈과 일치. 감기로 기침이나 식은땀이 나오거나 허리나 등의 통증, 여성의 하복부 응어리, 장딴지의 쥐, 붓기, 신장병, 당뇨병, 방광염, 요도염, 전립선비대증 등의 증상에 사용된다.

효과

○ 샹키니 나디(칸다로부터 항문에 이르는 맥관) 및 다리의 맥관을 정화한다.

○ 뱀 포즈(부장가 아사나)의 효력과 거의 같지만, 장의 활동에 효과가 있는 점에서는 이 체위가 모든 아사나 중에서 가장 효과적이다. 내장에 강한 자극을 주기 때문에 심한 변비에도 효과가 있다.

◎ 탄트라의 메뚜기(또는 가루다) 포즈

고전적인 샬라바의 손의 위치가 부장가와 동일하다는 점에서 알 수 있듯이, 이것은 뱀 포즈와 쌍을 이루는 아사나이다. 후자가 엎드린 자세에서 상체를 올리는 것에 대해, 샬라바는 다리를 올린다.

신화의 가루다가 뱀을 입에 물고(또는 등에 업고서) 비상하듯, 이 포즈는 쿤달리니(뱀)의 상승에 필요한 '배의 불'을 충분히 단련하는 효과가 있다. 샬라바 아사나의 비의는 베다 의례의 매 모양의 제단(→ 28. 베디)의 형태를 계승한 것이다. 매 모양 제단의 중앙에 호마를 피우는 화로가 설치된다. 이 포즈에서는 신체 중앙의 복부가 화로에 해당한다. 베다 의례에서 제주가 매 모양 제단에 올라타고 천공을 갈라 신들의 장소로 올라가듯이, 요가수행자는 이 포즈에 올라타서 쿤달리니를 상승시킬 준비를 하는 것이다.

이 포즈의 의식 집중점인 쿠쿤다라 마르마에 관해서 서술해 둔다.

고관절, 즉 천골과 장골의 결합부로 척추로부터 다리로 뻗는 좌골신경 등의 두껍고 긴 신경의 기시점이 된다.

액션스타이자 무술의 달인이었던 브루스 리Bruce Lee(1940~1973)가 한때, 보행도 불가능할 정도로 허리를 다쳐, 의사에게서 재기불가능을 선고 받은 일은 팬이라면 누구나 알고 있을 것이다. 그는 불굴의 정신으로 부활했는데, 그가 부상당한 부분이 이 고관절이었다. 심한 훈련으로 1, 2밀리미터 정도 어긋나 신경을 압박해버린 것이다. 하지만 당시의 서양의학에서 선장관절은 고정된 것이라고 여겨지고 있었기에 근본적인 치료가 불가능했다.

샬라바 아사나는 이 선장관절의 뒤틀림을 바르게 한다. 때문에 좌골신경통에 효과가 있다. 좌골신경통은 산스크리트로 그리드라시gṛdhrasī라고 하는데, 이것도 또한 가루다(매, gṛdhra > Garuḍa)와 관련 있는 단어이다.

무엇보다도, 좌골신경통이 있을 때 배를 깔고 누워 두 다리를 올린다는 것은 도저히 가능한 일이 아니다. 그럴 때, 두 다리가 아니라 한 다리씩 올린다. 그 후에 위를 향하고 누워 시체 포즈를 취하고 다리의 프라나의 맥관을 청소하는 이미지화를 행한다.

92 할라 아사나

– 신체를 경작하여 보물을 얻다

Hala-āsana

[hala(쟁기) + āsana]

〈중〉 쟁기 포즈

※ '할라는' √hal(경작하다)에서 유래한 말로서, '[밭 등을] 가는 도구'를 의미한다. 대지를 경작하여 식량을 생산하게 해주는 쟁기를 인도의 농민은 쉬바 신의 현현으로서 신성시하였다. 축제 때에는 쿤쿠라(붉은 점)를 찍거나 화환으로 장식하거나 하면서 예배한다.

◎ **아슈타바크라** aṣṭāvakra

인도에서 '쟁기'라고 하면 시타Sītā 공주이다. 누구나가 연상하는《라마야나》의 여주인공의 탄생 경위이다. 비데하Videha국(현재의 비하르와 네팔에 걸친 지역)의 왕 자나카Janaka가 건조한 밭에서 황금 쟁기로 쟁기질을 시작했다. 의례적인 농경이다. 고대의 왕에게 기대했던 것은 정치·군사적인 힘뿐만이 아니다. 무엇보다도 대지로부터 풍요로움을 이끌어 낼 수 있는 신관神官의 역할을 해야 했다.

씨를 받기 위해 기르는, 희고 거대한 소가 왕이 잡고 있는 쟁기를 끈다. 그러자 갈린 대지에서 여자아이가 나타났다. 그와 대지의 여신 사이에서 태어난 아이라고 말할 수 있다. 그리고 그 아이는 풍요의 여신 락슈미(그림 1)의 화신이기도 했다. 경작된 밭에 물이 대어졌다. 반짝거리며 흔들리고 있다. 자나카는 여자아이, 즉 시타를 안고, "아, 역시 나는 왕이야"라며 왕으로서 자신에게 갖춰진 영험한 위력을 확인하고, 마침내 깨닫게 되었다.

이 일이 일어나기 전, 그는 매일 밤 같은 꿈을 꾸었다. 꿈속에서 그는 걸인이었다. 추운 겨울에 몸에 걸칠 거적조차도 없다. 가족도 친구도 없었다. 고독했다. 슬펐다.

꿈에서 깨면 그는 왕이다. 여름에는 서늘하고 겨울에는 따뜻한, 쾌적한 궁전. 정성껏 조리된 식사. 왕으로서의 바쁜 임무. 그리고 밤이 되면 후궁에 있는 미녀들과 중국 비단으로 만든 이불을 덮고 잠에 든다. 하지만 잠에 빠져들면, 그는 불쌍한 걸인이었다. 반복되는 꿈은 너무도 리얼했다.

"낮에는 왕, 밤에는 걸인. 대체 어느 것이 진짜 나인가?" 그는 정신적으로

그림 1. 락슈미 여신

더욱 깊이 어두워져만 갔다. 왕으로서의 격무와 책임감이 초래한 노이로제일 것이다.

자나카는 궁전에 많은 바라문과 성자[聖仙], 요긴을 초대하여 가르침을 구했다. 그중에는 우파니샤드 최고의 철학자라고 일컬어지는 웃다라카Uddhārka나 야즈냐발키야Yājñavalkīya도 있었다. 하지만 그 누구도 그를 고뇌에서 구할 수 없었다.

그러던 어느 날, 왕궁에 걸인이 찾아왔다. 난쟁이였다. 게다가 손발이 기괴한 형태로 뒤틀려 있었다. 문지기들은 창을 교차시켜 걸인이 가는 길을 막아섰다. 하지만 그는 불가사의한 힘을 사용하여 쉽게 궁전으로 진입했다.

궁인들은 그를 수상쩍어하며 "누구냐?" 하고 물었다. "요긴이오"라고 걸인은 대답했다. "하하하, 몸이 여덟 군데나 뒤틀린(아슈타바크라) 그런 추악한 요긴이 있을 것 같으냐?" 궁인들은 큰 소리로 웃었다.

왕도 함께 웃었다. 꿈속의 나 이상으로 비참한 녀석이다. "하하하" 하고 걸인도 크게 웃었다. "궁전이라고 와봤더니 왕도 대신들도 그 어디에도 없구나. 뱀뿐이구나. 너무도 기괴해서 나도 모르게 웃고 말았다."

"뭐라고?"

"뱀의 가죽으로 신을 만들지. 신발쟁이에게 뱀의 속살은 필요 없어. 그에게 중요한 것은 껍질뿐이야."

왕도 대신도 사실 껍데기만 번지르르한 존재라고 말하는 것이다.

"구불구불 흘러가는 갠지스강. 하지만 구불거리는 것은 땅이지 물이 아니야. 물은 무형(니라카라)이지. 그리고 물은 땅의 길에 따르고, 그릇의 형태에 따르며, 어떠한 모습도 취할 수 있어. 나야말로 그 물의 비밀을 아는 자, 즉 요긴이야."

현명한 왕은 이 추한 걸인이야말로 자신의 구루라고 직감하고 고민을 털어놓았다. 그러자 걸인은, "옥좌에 앉아 가르침을 구하는 자가 있을 수 있느냐. 거기서 당장 비켜라."라며 왕을 옥좌에서 끌어내리고 자신이 앉았다. 그리고 "왕으로서의 그대도, 걸인으로서의 그대도 모두 미망이다"라고 단언하고서 요가의 불후의 성전인《아슈타바크라기타》를 설하기 시작했다.

또한 그는 철학적 교시와는 별도로 신체 기법으로 '쟁기 자세' 그리고 자신과 쟁기를 일체로 하는 명상법을 자나카에게 전수했다.

아슛타바크라는 '몸이 여덟 군데 뒤틀려 있는 자'라는 의미이다. 걸인인 이 요긴의 별명이다. 하지만 구체적으로 어떠한 신체를 하고 있었는지에 관한 기술은 성전에서 발견되지 않는다.

이 숫자 8은 상징적으로 해석되어야 할지도 모른다. 예를 들면, 영혼의 거주지인 심장은 '여덟 번 변화하는 연꽃(아슈타 파드마)'으로 상징된다. 두 발, 두 무릎, 두 손, 두 팔꿈치를 지면에 대는 '팔체투지례(아슈탕가 아사나)'는 완전한 예배법이다.

요가나 아유르베다의 체계도 '여덟 개의 가지로 구성된 것(아슈탕가)'이라고 하며, 8이라는 수에 의해서 '완전한 것'으로 암시되는 것이다. 그러한 8은 인도 숫자에서는 'ㄹ'와 같이, 쟁기의 형태로 표현되고 있다.

◎ 쟁기 포즈(할라 아사나)

방법(그림 2)

① 위를 보고 누워, 손바닥을 아래로 하고 팔은 양 옆구리에 두고 뻗는다. 호흡을 가다듬는다.

② 천천히 숨을 들이마시면서 복근을 사용하여 다리를 45도까지 들어 올린다.

③ 숨을 더 들이마시면서 다리를 90도까지 들어 올려 일단 정지한다.

그림 2. 쟁기 포즈

④ 이번에는 숨을 내뱉으면서 천천히 두 다리를 머리 뒤쪽으로 가져가 발끝을 바닥에 붙인다.

⑤ 다리를 더 이상 뻗을 수 없을 정도까지 뻗은 후, 정지한다. 그때, 가슴은 턱을 강하게 압박한다.

⑥ 평상시의 호흡으로 목의 '닐라 마르마'에 의식을 집중하고, 무리가 되지 않을 정도로만 이 자세를 유지한다.

⑦ 숨을 내쉬면서 천천히 원래대로 돌아온다.

• 닐라 마르마: 경동맥에 해당한다. 경동맥을 따라 기사氣舍, 수돌水突, 입영入迎이라는 혈이 늘어서 있다.

주의점

발끝이 바닥에 닿지 않아도 괜찮다. 그 경우는 비파리타 카라니(역전 자세, 역전 무드라)라고 불리는 포즈가 된다. 발끝을 바닥에 대는 것보다도 턱으로 가슴을 강하게 압박하는 것이 중요하다.

효과

- ㅇ 야샤스위니yaśasvinī & 푸샤 나디(칸다로부터 두 귀에 이르는 맥관: 그림 3)의 정화.
- ㅇ 등뼈의 뒤틀림을 교정하고 각 호르몬계를 활성화시킨다.
- ㅇ 피로 회복에 좋고 또한 생리불순이나 당뇨병에도 효과가 있다.

◎ 탄트라의 쟁기 포즈

《하타요가프라디피카》, 《게란다 본집》, 《쉬바 본집》과 같은 잘 알려진 하타 요가 문헌에 '쟁기 포즈'에 대한 설명은 없다. 하지만 이 포즈의 중간적인 형태, 산스크리트 숫자 8과도 닮은, 위에서 언급한 비파리타 카라니(탄트라의 물구나무 포즈)는 나타파 최초기의 문헌인 《고라크샤 백송》에 발견되고, 《하타요가프라디피카》등에도 거의 동일한 문장으로 재수록되어 있다.

> 배꼽이 위, 구개가 아래[에 있을 때], 태양이 위, 달이 아래[에 있다고 하고, 그것은] 역전逆轉 자세(비파리타 카라니)라고 알려진다. 스승의 말을 통해 터득해야 한다. – 《고라크샤 백송》 59•

하타 요가문헌에서 '달,' '태양'이라고 할 경우, 두 가지의 의미가 있다. (1) 달 = 신체의 좌측을 흐르는 이다관, 태양 = 우측을 흐르는 핑갈라관, (2) 달 = 이마의 암리타 차크라 바로 밑에 위치하는 찬드라 차크라(암리타의 저장소), 태

• 《고라크샤 백송》 59.
ūrdhva-nābhir-adhas-tālu ūrdhva-bhānur-adhaḥ śaśī | karaṇaṁ viparītākhyaṁ guru-vāktreṇa labhyate ||

양=불의 센터인 배꼽.

이 경우에는 (2)에 해당한다. 일상생활에서 달에서 흘러나온 암리타는 배꼽에 떨어져 소진되어 버린다. 그 배꼽에 이르는 길을 일시적으로 차단하고 암리타를 직접 혀로 맛보는 것이 불사를 얻는 비결이라고 한다.

스승의 말씀에 의하면, 고라크샤의 스승 맛시옌드라의 것이라는 문헌《요가 질의(요가비샤야)》의 19송에 기술되어 있다.

> 목을 바짝 죄고, 두 개의 맥관을 제대로 고정하고 16[의 꽃잎이 붙은 비슛다 차크라]의 위쪽에 위치하는 비밀스러운 장소를 혀끝으로 주의 깊게 눌[러, 감로(암리타)를 분비]시켜야 한다.•

목의 전면에는 경동맥과 겹쳐지듯이 배꼽의 프라나의 센터에서 귀에 이르는 두 개의 맥관 야사스위니와 푸샤가 통하고 있다. 목을 바짝 조임(반다)으로써 그 맥관을 일시적으로 봉쇄(무드라)하는 것이 비파리타 카라니 및 할라 아사나의 목적이다.

《싯다 싯단타 팟다티》등의 나타파 문헌에 따르면, 그렇게 함으로써 목의 비슛다 차크라의 위, 목젖 가까이에 위치하는 탈루 차크라라고 하는 부차적인 차크라로부터 암리타가 입안으로 흘러나온다고 한다. 연구개 안쪽의 목구멍에 혀끝을 밀어 넣어 그 암리타를 흡수한다.

하타 문헌에 '이마에 달이 있다. 거기에서 암리타가 분비된다' 등등으로 기록되어 있는 것을 보고 '정말 그런 게 있어?'라고 의심해서는 안 된다. 차크라도 그렇지만, 그런 것이 있을 턱이 없다. 처음부터 신체에 갖춰져 있는 것이

• 《요가 질의》 19.
kaṇtha-saṁkocanaṁ kṛtvā dve nāḍyau stambhayed dṛḍham | rasanā-pīḍya-mānāntu ṣoḍaśaś ca-ūrdhva-gāmini ||

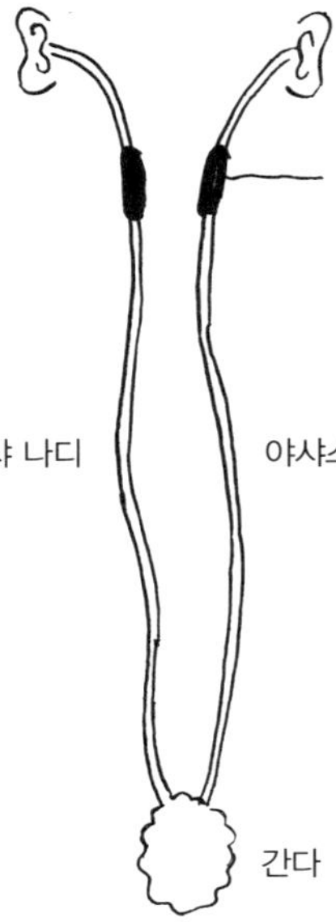

그림 3. 야샤스위니 & 푸샤 나디

아니라 관상(이미지화)함으로써 '만드는' 것이다. 그 경우 정해진 포즈를 취하면서 '이마 안쪽에 달이 있다. 거기로부터 암리타가 흘러나와 목젖 근처에서 뿜어져 나오고 있다. 지금 나는 그 암리타를 핥고 있다'고 이미지화하는 것이다.

하지만 이 암리타를 현대의학에서 말하는 파로틴parotin(침샘 호르몬)과 동일시해도 좋다. 로열젤리에 다량으로 함유되어 있는 회춘의 호르몬이다. 대부분은 귀밑샘에서, 일부는 목밑샘에서 분비되는 호르몬으로, 생체의 젊음을 유지하는 중요한 역할을 담당하고 있다. 이 호르몬은 근육이나 내장 등을 회춘시키는 기능이 있어 왕성하게 분비되면 근육이나 내장, 뼈, 이 등의 생육과 발육이 왕성해져서 언제까지나 젊음을 유지할 수 있다. 건강하더라도 완전히 성장하면 파로틴의 분비는 저하되기 시작한다.

역으로 말하면, 이 파로틴의 분비를 가능하게 만드는 것이 젊음을 유지하는 비결이다. 그리고 비파리타 카라니나 할라 아사나를 수행하면, 실제로 이 호르몬이 풍부하게 분비된다고 한다.

93 맛시야 아사나
– 생명의 기본 형상

Matsya-āsana

[matsya(물고기) + āsana]

〈중〉 물고기 포즈

※ '맛시야'는 √mad(취하다/미치다)에서 유래하는 말로, '술안주'가 원래 의미라고 한다. 그런데 선사시대의 인도 유럽어족은 유목 민족으로, 물고기와는 아무 인연이 없는 생활을 하고 있었다. 물고기와 친근한 문화나 또는 본 항목에서 서술하는 '홍수전설'은 셈계 민족에 의해 인도에 전해졌다.

◎ 인도판 '노아의 방주' 전설

첨벙, 첨벙, 첨벙 하고 강물 속에서 세 번 인도 스타일의 스콰squat을 하면서 머리끝까지 물속에 잠근다. 그런 후에 두 손으로 물을 떠서 그 물을 태양신에 바친다. 이것이 목욕하는 법이다.

성자(성왕聖王이라는 설도 있다) 마누도 항상 그렇게 했다. 그리고 태양에 닿게 할 생각으로 물을 던지려고 했을 때, 두 손에 퍼 올린 물속에 송사리만한 물고기가 들어 있는 걸 눈치챘다. 그런데 이게 웬일인가! 물고기가 말을 하는 것이었다.

"부탁입니다. 저를 강으로 되돌려보내지 말아주세요. 강에는 큰 물고기들이 많이 있고, 그것들이 저를 잡아먹으려 노리고 있어요." 불쌍함을 느낀 마누는 물고기를 거처로 데리고 가서 물병 속에 풀어 놓았다. 물고기는 금세 잉

어만큼 커졌다. 마누는 못에 풀어 놓았다. 물고기는 금세 돌고래만큼 커졌다.

마누는 강에 풀어 놓았다. 물고기는 금세 고래만큼 커졌다. "넌 대체 정체가 무엇이냐?" "비슈누이다" 이 말에 마누는 곧장 납작 엎드렸다. "7일 이내에 대지의 모든 것을 삼켜버릴 대홍수가 일어날 것이다"라고 비슈누 물고기가 예언했다. "그대는 큰 배를 만들어 일곱 선인(베다의 작자로 여겨지는 7명의 선인)과 함께 이 고난을 벗어나거라."

마누는 그렇게 했다. 예언대로 7일 이내에 호우가 바다와 대지를 두드렸고 살아있는 것과 산들은 물속에 잠겼다. 물고기의 머리에 거대한 뿔이 솟아 있었다. 마누는 그 뿔에 배를 연결했다. 물고기는 배를 끌어 히말라야의 최고봉에 도달했다. 거기서 승객들은 배에서 내렸다. 이리하여 모든 생물은 홍수에 의해 사멸했지만, 마누와 일곱 선인과 배에 붙어 있던 몇몇 유전자가 살아남아서 대지가 다시 드러났을 때, 그들은 모든 생명체의 선조가 되었다.

◎ 물고기 포즈

> 묵타 파드마 아사나(일반적인 연화좌)를 하고서 위를 보고 드러누워 두 팔꿈치로 머리를 감싸야 한다. [이] 맛시야 아사나는 병을 소멸시킨다.
>
> -《게란다 본집》II. 23•

방법. 현재는 보통 다음과 같이 수행한다(그림 1).

① 다리를 파드마 아사나(연화좌)로 만든다.

• 《게란다 본집》II. 23.
muktapadma-āsanaṁ kṛtvā uttāna-śayanañ caret | kūrparābhyāṁ śiro veṣṭya matsya-āsanantu rogahā ||

② 천천히 호흡을 가다듬으면서 두 팔꿈치를 이용하여 신체를 뒤로 눕혀 머리를 바닥에 댄다.

③ 등을 활모양으로 젖히고, 손가락으로 발가락을 쥔 채, 팔꿈치를 바닥에 대듯이 하면서 두 발을 잡아당긴다.

④ 목덜미의 '마니야 마르마'에 의식을 집중하고 흉식 호흡으로 10~30초 정도 이 자세를 유지한다.

⑤ 천천히 숨을 들이마시면서 원래 상태로 되돌아온다.

⑥ 이것을 한 번 더 반복한다.

• 마니야 마르마: 목뼈의 좌우 측면을 흐르는 추골동맥에 해당한다. 이 마르마의 영역에 천주天柱, 풍지風池라는 혈이 있다.

주의점/요령

○ 앞 항의 '쟁기 자세'와 한 세트로 해야 한다.

○ ①의 파드마 아사나가 불가능할 경우에는 다리를 쭉 뻗어도 된다. 그때는 손바닥을 허리 부근의 바닥에 댄다.

○ ③을 행할 때, 머리를 가능한 한 엉덩이 쪽으로 바짝 붙인다. 그렇게 하면 정수리 부위가 바닥과 닿는다. 아디파티 마르마를 자극하는 것이다.

○ 아사나는 복식호흡이 기본인데, '물고기'만은 깊은 흉식 호흡으로 하는 것이다. 물고기가 아가미로 호흡하는 것과 유사한 느낌이라고 할 수 있을 것이다.

○ 아무튼 이 자세와 호흡법에 의해서 기관氣管과 흉곽이 충분히 넓어지고, '쟁기'와는 반대로 목덜미가 압박되어 마니야 마르마가 자극된다.

효과

○ 간다리 & 하스티지와관(칸다에서 등뼈의 양측을 통해 눈으로 이르는 맥관: 그

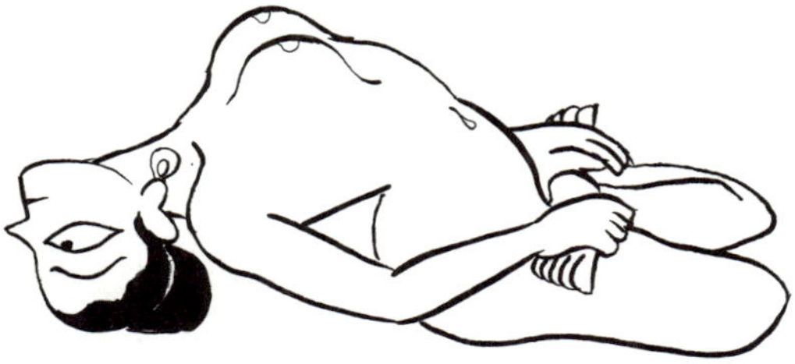

그림 1. 물고기 포즈

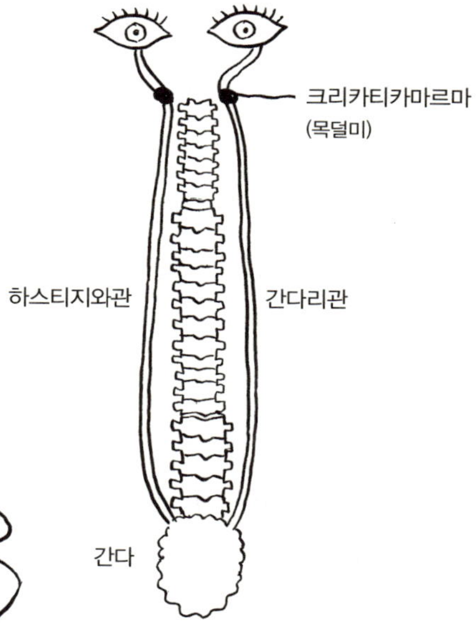

그림 2. 간다리 & 하스티지와관

림 2)의 정화.

ㅇ 비슛다 차크라의 영역을 강화하고 호흡기계의 개선, 감기나 화농을 일으킨 편도선에 매우 효과적이다.

◎ 탄트라의 물고기 포즈

이 포즈를 위에서 바라보면, 과연 '물고기'이다. 가자미나 광어처럼 납작한 물고기이다. 연화 자세로 꼰 다리는 꼬리지느러미. 그렇다면 발가락으로 뻗은 팔은 지느러미 언저리의 살이다. 그리고 길게 늘어난 목이 아가미에 해당한다. 실제로, 인간의 목에 있는 부갑상선은 아가미의 흔적이라고들 한다. 물고기는 뼈를 획득한 최초의 동물로 척추동물의 시조이다.

하지만 맛시야 아사나라고 할 때의 물고기는 그저 흔해 빠진 물고기가 아니다. 신화 속 비슈누 신의 화신인 물고기이다. 물고기는 눈을 깜박이지 않는다. 이것은 물고기가, 세계가 시작할 때부터의 기억을 계속해서 지니고 있는 것을 의미한다. 물고기는 한순간도 눈을 깜박이지 않고, 이 세상의 모든 것을 계속해서 지켜보고 있는 것이다. 즉 시간이 얼마나 흐르든지 간에 물고기에 의해 기억된 것은 결코 잊히지 않고 전해진다.

이 위대한 물고기는 강가나 해변에도 접근하고 또한 아무리 깊은 해저라 하더라도 잠수할 수 있고, 대양을 자유자재로 헤엄쳐 다닌다. 이 신성한 물고기를 기념한 포즈가 맛시야 아사나이다.

또한 이 물고기처럼, 인간의 마음의 가장 깊은 곳에 도달하여 거기서 '본' 것을 이 세상에 가져오는 인간이 있다. 맛시엔드라(그림 3)가 그러하며, 그가 발명한 (또는 그에게 바쳐진) 포즈가 다음에 설명하는 '비틀기 포즈(맛시엔드라 아사나)'이다.

그림 3. 맛시엔드라

94 맛시옌드라 아사나

– 이원을 넘어서

Matsyendra-āsana

[matsyendra(물고기의 왕) + āsana]

〈중〉 비틀기 포즈

※ '맛시옌드라 아사나'는 나타파 창시자인 맛시옌드라에게 바쳐진 포즈이다. 그 밖에도 하타의 행법 몇몇은 싯다나 나타파의 역사적 인물의 이름과 관련되어 있다. 즉 고라크샤 아사나(《게란다 본집》 II. 27~28), 밧다파드마baddhapadma 아사나, 잘란다라 반다는 각각 고라크샤, 브라마난다, 잘란다라가 발명한 것 또는 그들에게 바쳐진 것이라고 한다.

◎ 프로젝트 암리타

"최근 들어 부쩍 기력이 쇠해져서…"라며 신들의 왕 인드라가 비슈누에게 하소연을 했다. "음, 초강력 스태미나 드링크 암리타(감로)가 있으면 좋은데 말이지."

무수한 생명을 소비하여 그 엑기스를 추출하는, 인드라보다도 위대한 우주의 유지자 비슈누는 이내 그 제조법을 만들어냈다. "마족과 평화조약을 체결하시오. 함께 암리타를 만들어 샨티하자고 말이오."

암리타 제작 프로젝트가 시작되었다. 비슈누가 세계의 중심에 우뚝 선 만달라 산을 마치 무처럼 뽑아내서 바다에 처박았다. 여기에 비슈누의 가신 바스키 용왕을 돌돌 말아서 그 머리와 꼬리를 마족과 신들이 각각 쥐고서는 서로 잡아당겼다. 그러자 만달라 산이 회전하며 바다를 휘저었다.

하지만 만달라 산은 터무니없이 무겁다. 바다 밑이 빠져버릴 듯하여, 비슈누는 거대한 거북(쿠르마)으로 변신(아바타라)하여 바닷속으로 잠수해 들어가 그 등딱지에 산을 실었다. "이리 당기고 저리 당겨라. 하나 둘, 하나 둘." 비슈누는 거북 머리를 쳐들고 신호를 했다.

바다에 서식하는 많은 생물이 만달라 산에 짓눌려 죽음을 맞이했다. 또한 산을 뒤덮고 있던 나무들도 서로 마찰되어 산불이 일어나 많은 동물이 불타 죽었다. 공룡이 절멸한 것은 바로 이때이다. 온갖 생물들의 즙이 대량으로 바다로 흘러들어갔다. 우유를 휘저어 섞으면 버터가 생긴다. 마찬가지로 이 무수한 생명을 녹여낸 바다, 우유의 바다를 휘저어 섞음으로써 암리타가 추출된다는 것이 비슈누의 계산이었다.

몇천 몇만 번이나 당겨진 용왕이 너무도 괴로워서 맹독을 토해내자 또다시 많은 생물이 죽어갔다. 하지만 이것도 비슈누의 예상한 범위의 일이다. 쉬바 신이 죽어가는 생물을 불쌍히 여겨 독을 다 마셔버렸다. 하지만 그 대단한 쉬바도 너무 괴로워서 몸부림치며 뒹굴었다. 목은 독의 기운으로 검푸르게 변해버렸다. "여보, 정신차려요" 하며 쉬바의 애처 파르바티가 달려와 끌어안았다. 쉬바는 아내의 가슴에 안겨 모유를 마신 후에 간신히 회복했다.

휘저어 섞는 일이 계속되었다. 생명의 엑기스가 마침내 응어리지기 시작하여 바다로부터 태양, 달, 코끼리 왕, 백마, 성스러운 소, 여의수, 길상천녀(락슈미), 술의 여신 등 갖가지 가치 있는 것이 생겨나고, 마지막으로는 아유르베다의 시조인 단반타리가 암리타 항아리를 품고 출현했다.

욕망 앞에서 약속 따윈 파기되어버리는 것이 세상의 이치이다. 신들과 마족 간의 암리타 쟁탈전이 시작되었다. 이렇게 되면 힘을 잃어버린 인드라 군보다도 마군이 더 강하다. 마족이 암리타를 얻었다. 하지만 비슈누는 처음부터 그것까지 예상하고 있었다. 거북이에서, 이번에는 아름답고 글래머러스한 여신의 모습으로 변하여 재등장.

"있잖아요, 그 암리타, 제게 주지 않을래요?" "자, 자" 하며 눈이 먼 마족은 아무 생각 없이 암리타를 건네주고 말았다. 이렇게 하여 암리타는 신들이 독점하게 되었다. 그런데… 여장한 비슈누에게 매료된 건 마족만이 아니었다. 아직 머리에서 독이 다 빠지지 않은 쉬바가 욕정을 품고 비슈누에게 달려들었던 것이다. 이것만은 예상치 못한 일이었다. "안 돼, 그만둬요. 난 비슈누야… 꺄…."

그러는 동안 신들은 암리타를 마시고 마족들을 쳐부쉈다. 그리고 달이 차자 미처 생각지 못했던 과실이 탄생했다. 겁탈당한 비슈누가 쉬바의 아들을 출산한 것이다. 힌두교의 슈퍼스타 비슈누(하리)와 쉬바(하라)의 아들. 이런 까닭에 힌두교도는 그를 하리하라(남인도에서는 아이얏판Ayyappan), 불교도는 관음이라고 부른다.

이 우유 바다를 휘저어 섞는 이야기는 혼돈으로부터 질서가 탄생하는 우주창조 신화의 전형을 보여준다(그림 1). 인간 심리에 적용시키면, 우유 바다는 무의식, 의사의 시조 단반타리는 그 무의식을 제어하는 지혜(프라갸)를 상징한다. 또한 이것을 요가체험이라고 생각하면, 우유 바다는 하부의 차크라에 서려 있는 에너지이고, 만달라 산은 척추(메루 단타, 수슘나), 신들과 마족은 이다와 핑갈라, 단반타리는 머리 부위의 차크라, 암리타는 뇌내에서 분비되는 소마를 나타낸다.

비유하자면 맛시옌드라 아사나처럼, 만달라 산을 바다에 위치시키듯이, 좌우로 상체를 비튼다. 왼쪽으로 돌리면 우맥관(핑갈라)이 작용하고 오른쪽으로 돌리면 좌맥관(이다)이 기능한다. 좌우 어느 한쪽이 우세하면 안 된다. (암리타가 출현하기까지의) 이야기의 진행은 이 아사나가 성취하기까지의 내적 비전의 흐름이라고 말할 수 있을 것이다.

그림 1. 우유 바다 휘저어 섞기 신화

◎ 비틀기 포즈(맛시옌드라 아사나)

왼쪽 허벅지에 오른발을 붙이고 [오른] 무릎의 바깥을 왼발로 감싸듯이 하고 [그 왼발을 오른손으로] 붙잡고 꼿꼿이 세운 상체를 비튼다. [이것이] 성스러운 맛시야나타가 설했던 아사나이다.

맛시옌드라 좌법(피타pīṭha)는 배의 불을 활성화시켜 모든 무서운 병(만달라)을 뿌리 뽑는 무기(아스트라astra)이다.

[규칙적인] 실천 수행(아비야사)은 쿤달리니를 각성시키고 각자의 내부에 있는 달(찬드라)을 견고하게 만든다. –《하타요가프라디피카》 I . 26~27•

방법(그림 2)

① 다리를 뻗고 앉아 오른발을 왼쪽 대퇴부의 아래에 넣는다. 왼쪽 무릎을 세우고 왼발을 오른쪽 대퇴부 너머의 바닥에 붙인다.

② 상체를 가능한 한 왼쪽으로 향하게 하고 오른손으로 왼쪽 무릎의 바깥쪽으로부터 오른쪽 무릎, 가능하면 왼쪽 발목을 붙잡는다.

③ 다음으로, 왼손을 등 뒤로 돌려서 상체를 가능한 한 왼쪽으로 비틀면서 왼쪽 발목을 쥔다.

④ 오른쪽의 '파르슈바산디 마르마'에 의식을 집중하고, 몇 차례 호흡하는 동안 그 자세를 유지한다.

⑤ 천천히 숨을 내뱉으면서 원래대로 되돌아온다.

⑥ 반대 방향도 같은 방식으로 한다.

• 《하타요가프라디피카》 I . 26~27.
vāma-ūru-mūla-arpita-dakṣa-pādaṁ jānor bahir veṣṭita-vāma-pādam | pragṛhya tiṣṭha-utparivartita-aṅgaḥ śrī-matsyanātha-uditam āsanam ||
matsyendra-pīṭhaṁ jaṭha-pradīpitaṁ pracaṇḍa-rug-maṇḍala-khaṇḍana-astram | abhyāsataḥ kuṇḍalinī-prabodhaṁ candra-suthiratvaṁ ca dadāti puṁsām ||

⑦ 이런 식으로 2~3회 반복한다.

- 파르슈바산디 마르마: 혈로는 '지실志室'과 일치한다. 이 마르마를 자극함으로써 체력, 컨디션이 활력을 얻고 모든 내장이 조정되어 전신이 건강해진다.

주의/요령

'비틀기 포즈'는 보통 이렇게 한다(훨씬 더 어려운 방법도 있다). 하지만 양반다리를 하고 왼손을 등 뒤로 돌려 오른손을 왼쪽 허벅지에 걸치고 척추를 비틀기만 해도 된다. 이 경우에는

① 양반다리를 하고 왼손을 등 뒤로 돌리고 오른쪽 늑골 밑 언저리에 손등을 댄다. 거기에 오른쪽 신장이 있다. 손등을 통해 신장에 의식을 향하게 한다.

② 다음으로, 오른손을 왼쪽 허벅지 바깥에 대고 천천히 숨을 내뱉으면서

그림 2. 비틀기 포즈

천천히 상체를 왼쪽으로 비틀 수 있을 만큼 비틀고 신장에 의식을 집중시킨 채 몇 호흡 정도 정지한다.

③ 자세를 천천히 원래대로 돌리고 반대 방향도 마찬가지로 한다.

난이도가 높은 '비틀기 포즈'가 아니어도 파르슈바산디 마르마(신장)에 의식을 집중함으로써 '맛시엔드라 아사나'는 완성된다. 요가에서는 의식을 향하게 한 곳으로 프라나가 간다고 한다. 프라나 등등이 어찌 되었든 간에 그 부분의 신경 작용이 활성화되는 것은 분명한 듯하다.

효과

○ 이다&핑갈라 맥관(그림 3)의 정화.

○ 이 포즈의 현저한 효과는 전 신경계, 전 소화기관의 활동을 개선하는 것이다. 구체적으로는 소화불량, 변비, 간장 비대, 숙취에 좋다. 또한 신장의 활동을 개선하기 때문에 부기를 빼는 데 도움이 되고, 허리 주변의 불필요한 지방을 제거해 준다.

◎ 탄트라의 비틀기 포즈

맛시엔드라 아사나의 특징은 말할 것도 없이 척추를 좌우로 비트는 것이다. 왼쪽으로 비틀면 주요 3맥관 중에서 왼쪽에 있는 이다관(불교에서는 라라나관)이 잠긴다. 오른쪽으로 비틀면 오른쪽의 핑갈라관(라사나관)이 잠긴다. 따라서 이 아사나의 균형 잡힌 훈련은 좌우 양 맥관을 흐르는 프라나를 조화시킨다.

후기밀교와 나타파 문헌에는 대우주에 보편적인 음과 양의 에너지는 태양과 달의 흐름으로 나타나며, 상호보완하는 관계에 있다. 그리고 두 에너지의 흐름, 태양과 달의 길은 소우주인 인체에서는 좌우 양맥관과 동일시된다. 또한 동시에 이 둘은 낮과 밤, 남과 여, 생과 사, 링가와 요니, 방편과 반야… 등등, 일체의 한 쌍으로 된 대응관계와도 동일시된다.

그리고 탄트라의 가장 중요한 가르침은 이 이원성을 지양하는 것이다. 종종 푸루샤와 프라크리티로도 기술되는 이 플러스의 힘과 마이너스의 힘은 특수한 수단에 의해, 예를 들면 신체를 좌우로 비틈으로써 상호보완하는 형태로 중화시켰을 때, 수슘나(불교에서는 아바두티) 이외에 브라마 나디(범의 맥관), 슌냐 나디(공의 맥관), 슈마샤나 나디(시체 숲의 맥관) 등이라고도 불리는 중앙의 길을 개척하게 된다.

그렇기 때문에 개조 맛시옌드라의 이름을 지닌 이 아사나는 물라다라, 스와디슈타나, 마니푸라와 관련된 영역에 큰 자극을 준다. 제1, 제2 차크라에서 자극된 에너지는 인체의 불과 조대신(육체), 미세신 양쪽의 중추인 마니푸라

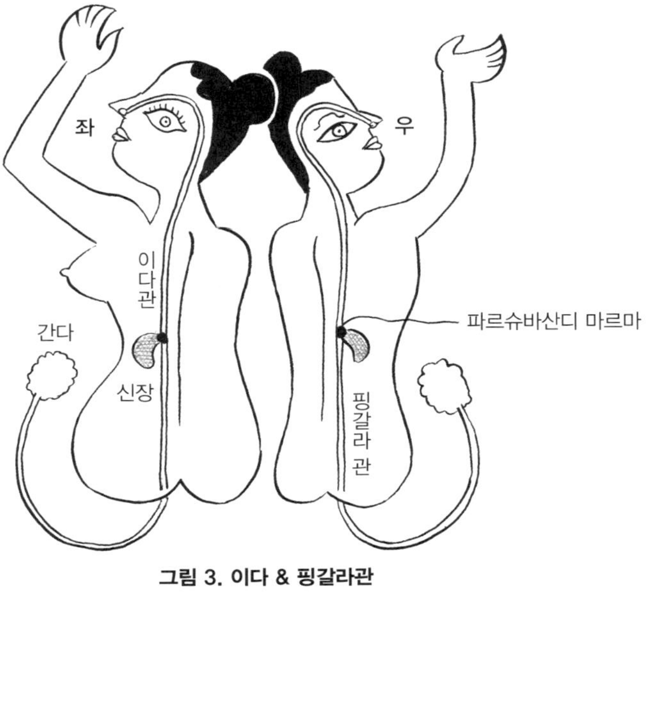

그림 3. 이다 & 핑갈라관

차크라로 이끌려진다.

프라나가 제어되어 이 차크라의 불(아그니)-불교에서 말하는 찬달리의 불은 육체적, 정신적인 모든 종류의 독소를 파괴하고 맥관을 정화한다.

이 아사나의 척추를 비트는 동작은 쿤달리니를 각성시켜서 무한한 축복으로 향하여 가동하게 하는 효과가 있다. 한편 《하타요가프라디피카》에 설해진 '각자의 내부에 있는 달candra…dadāti puṁsām'이라는 것은 이마 안쪽에 있는 찬드라 차크라를 말하는 것이다. 이 바로 위에 암리타 차크라가 있다.

95 파슈치못타나 아사나
– 사라스와티의 승리

Paścimottāna-āsana

[paścima(서쪽/등) + uttāna(신장하다) + āsana]

〈중〉 등을 펴는 포즈(전굴 포즈)

※ '파슈치마'의 원래 의미는 '서쪽'이다. 인도에서는 요가나 예배는 해가 뜨는 방향을 향해 행하는 것을 전제로 하고 있다. 동쪽을 바라보면 서쪽은 등 쪽이 되므로, 파슈치마는 '등'의 의미도 가지게 되었다. '파슈치못타나'라는 것은 그 '등(파슈치마)을 쭉 뻗는다(웃타나)'는 것. 이 포즈를 '파슈치마 타나'라고 부르는 경우도 있는데, 의미는 같다. 등의 아래쪽에 있는 사라스와티 나디라는 맥관을 자극하는 것이 목적인 아사나이기 때문에 보통 '전굴'이라는 번역은 오해를 초래할 위험이 있다.

◎ 이야기하는 사두

"눈이 불편한 사람, 다리가 불편한 사람이 있었다. 둘은 늘 함께했다. 눈이 불편한 사람이 다리가 불편한 사람을 업고 걸었다. 하지만 어느 날 누가 더 대단한지로 싸움이 일어났다…."

수행자(사두)는 때로 웅변가이다. 하지만 그 진의를 파악하기란 어렵다. 철학이나 요가의 잠언을 말하는 것이 아니다. 잘 알려진 신화나 전설도 아니다. 우화와도 같은 것이지만, 스토리로 만들어져 있는 것도 아니다. 눈이 불편한 사람과 다리가 불편한 사람은 그 후 어떻게 되었지? 글쎄. 내레이션은 "싸움이 일어났다"는 시점에서 딱 멈춘다.

성애性愛의 사원으로 알려져 있는 카주라호. 성역을 둘러싼 장대한 벽의 북측 황야에 회색 머리카락을 한 나타파 수행자가 거처를 꾸리고 있었다. 나는 과자나 과일, 대마 등 이런저런 공물을 가지고 아침저녁으로 방문했다. 이야기를 듣기 위해서이다.

수행자는 막대한 시간을 하타의 아사나 수행에 쏟았다. 일몰이 다가온다. 태양은 불꽃놀이 때의 불덩어리처럼 부풀어 오르고, 그날의 마지막 빛을 비추고 있다. 새와 곤충, 나무와 풀이 웅성거리고 있다. 마치 석가모니의 열반을 마주하여 그 죽음을 한탄하는 제자들처럼.

수행자는 아마도 1시간 이상 유지하고 있었을 파슈치못타나, 소위 전굴 포즈(그림 1)를 풀었다. 나는 "나마스테"라고 말했다. 그는 이에 응하지도 않고 돌연 이야기하기 시작했다.

> 락슈미 여신과 사라스와티 여신이 언쟁을 시작했다.
> "난 당신보다 우수해. 풍요로움이 뭐가 대단하다고. 바보에게는 세계가 어둠이지"라고 지혜의 여신이 말한다.
> "가난뱅이는 언제나 그렇게 말하지. 아, 싫다 싫어. 뭐라고 해도 돈이야. 돈! 돈이 없으면 결국 아무것도 할 수 없잖아?" 풍요의 여신도 지지 않고 되받아쳤다.
> 그래서 두 여신은 누가 더 뛰어난지 묻고자 브라마 신에게로 갔다. 하지만 그

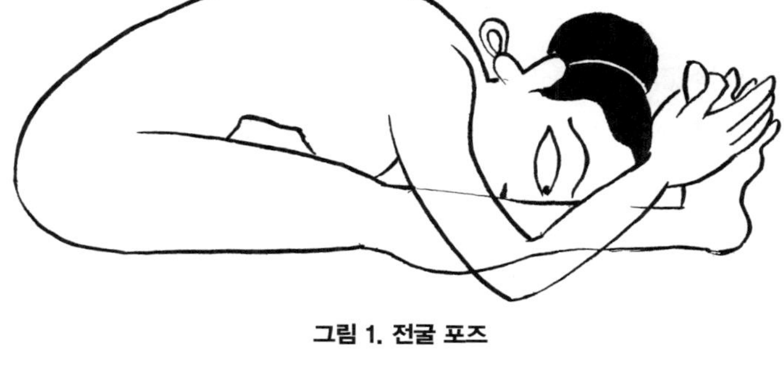

그림 1. 전굴 포즈

는 답할 수 없다. 자신의 아내인 사라스와티가 위대하다고 말하면 편드는 것이 된다. 비슈누의 아내인 락슈미가 위대하다고 말하면 아내가 심히 노할 것이다. 둘은 다음으로 비슈누에게 물었다. 하지만 그도 같은 이유로 침묵할 수밖에 없다. 마지막으로 쉬바 신에게로 갔다. 쉬바가 한마디로, "사라스와티 승"이라고 말했다.

이야기는 여기서 끝이다. 그는 나에게 가라는 듯이 손짓하고선 돗자리에 드러누워 송장(샤바)이 되었다. "부유함보다 지혜가 중요하다는 건가…." 수행자가 아니어도 많은 사람들이 그렇게 답할 것이다. 아니면 뭔가 중요한 의미가 숨어 있는 것일까? 나는 이렇게 생각하면서 돌아갔다.

인도에서 가져온 요가나 탄트라 문헌을 설렁설렁 보는 중에 또다시 사라스와티와 해후했다. 여신은 고대의 비의적 문헌들에서 인체를 흐르는 하천(나디)의 모습을 하고 있다. 사라스와티가 쿤달리니를 척추의 수슘나로 인도하는 맥관이라고 하는데, 보다 오래된 문헌에서는 중앙 맥관(수슘나) 그 자체가 '사라스와티'라고 불리고 있다.

그렇다면 '락슈미'의 정체도 분명하다. 락슈미는 부와 행운의 여신이다. 하지만 부나 행복은 빈곤과 불행이 있어야만 성립한다. 실제로 그녀에게는 빈곤이나 불행을 관장하는 아락슈미Alakṣmī라는 쌍둥이 자매가 있어, 실로 둘은 일심동체라고도 일컬어진다. 즉 '락슈미'는 태양과 달, 남자와 여자, 신(사sa)과 나(아함aham) 등, 상반하는 두 개의 원리를 상징하고, 요가의 신체관에서는 이다와 핑갈라가 그에 해당한다.

그리고 그러한 이원을 융합시키는 것이야말로 '요가'가 의미하는 것이다. 요가가 목표로 하는 것은 대립개념을 초월한 '절대성'이다. 수슘나에 배치된 불이不二의 지혜이고, 그렇기 때문에 '사라스와티 승'인 것이다.

하타 요가의 아사나는 정지한 포즈라고 여겨지기 쉽다. 하지만 안에서는 프라나가 격류하고 있다. 그렇다기보다 수행자는 '다리가 불편한' 마음(마나스)을 사주하여 '눈이 불편한' 프라나를 자유자재로 조작하는 것이다. 그리고 이다와 핑갈라를 흐르는 프라나를 한 가닥의 흐름으로 수렴하여 '사라스와티'로 인도한다. 그렇게 하기 위한 아사나가 파슈치못타나이다.

안으로 귀를 기울이면, 맥관을 지나는 프라나의 졸졸거림이 온통 울려 퍼지고, 이윽고 무수한 이야기를 자아내고 있을 것이다. 늘 그러하듯이 또 하나의 수행자 이야기가 있다.

> 쉬바 신의 신자가 사원에서 참배했다. 링가 위에 걸려 있는 종을 치려고 했는데, 높아서 손이 닿지 않는다. 그래서 천벌 받을 짓인, 신의 몸을 발판으로 하여 종을 울리고 말았다. 그것을 본 사람들은 말했다.
> "그대는 쉬바이다."

◎ 등을 뻗는 포즈

> 지면에 두 다리를 몽둥이처럼 똑바로 뻗고 앉아, 두 발끝을 두 손으로 잡고, 이마를 두 무릎에 붙이고 [이 자세를] 유지한다. 이것이 파슈치마타나의 자리이다. 이 파슈치마타나는 최고의 아나사로서 바람(파바나=프라나)를 등의 맥관(파슈치마 바히나)으로 옮기는 활동을 한다. 배의 불을 활성화시켜 배를 가늘게 해주고 사람들을 완전히 건강(아로가)하게 해준다. –《하타요가프라디피카》Ⅰ. 28~29•

• 《하타요가프라디피카》Ⅰ. 28~29.
prasārya pādau bhuvi daṇḍa-rūpau dorbhyāṁ pada-agra-dvitayaṁ gṛhītvā | jānū-upari-nyasta-lalāṭa-deśo vased idaṁ paścima-tānam āhuḥ ||
iti paścima-tānam āsana-agryaṁ pavanaṁ paścima-vāhinaṁ karoti | udayaṁ jaṭhara-analasya kuryād udare kārśyam arogatāṁ ca puṁsām ||

방법

① 다리를 앞으로 뻗고, 엄지발가락을 쥐고 천천히 숨을 뱉으면서 상체를 앞으로 굽힌다.

② 무릎은 구부리지 않는다. 가능한 한 상체를 앞으로 숙였다면, 일반적인 호흡으로 30초간 정지. 이때 등의 하부의 '사라스와티'에 의식을 집중한다.

• 사라스와티: 미저골에서 제3요추(배꼽 뒤)로 뻗는 맥관으로 여기를 자극하면 등뻐 전체가 활성화된다.

주의점/요령

대부분의 사람들이 서툰 포즈이지만, 할 수 있는 만큼만 숙이면 그걸로 충분하다. 예쁜 포즈를 만들기보다 마르마에 의식을 집중하여 그 부분에 프라나를 모으는 것이 중요하다.

효과

○ 사라스와티관의 정화

○ 복부의 지방축적을 방지한다. 노화 방지, 좌골신경통, 요통, 치질, 당뇨병 등에도 효과가 있다.

◎ 탄트라의 등을 뻗는 포즈

《요가 쿤달리니 우파니샤드》라는 문헌에 "사라스와티는 열네 개[의 주요] 맥관(나디)의 하나로서, 배꼽의 서쪽(파슈치마)에 위치한다. 그녀는 도와주는 사람(아룬다티)이라고 불린다"고 되어 있다. 무엇을 돕는가 하면, 쿤달리니의 각성이다. 이 목적으로 파슈치못타나를 수행한다.

방법

① 준비동작으로 맛시옌드라(비틀기 포즈 → 94. 맛시옌드라 아사나)를 행하고, 좌우 맥관을 정화해둔다.

② 싯다 아사나로 앉아, 물라다라 차크라에 똬리를 튼 쿤달리니를 관상(이미지)한다.

③ 들숨(푸라카) - 양쪽 콧구멍에서 이다, 핑갈라를 통해 들어오는 프라나를 관한다.

④ 멈춘숨(쿰바카) - 좌우 맥관을 통해 들어온 프라나가 쿤달리니에 스며들어간다고 관한다.

⑤ 날숨(레차카) - 쿤달리니가 각성하여 물라다라의 천정에 열려 있는 구멍(사라스와티 나디의 입구)으로 숨어든다고 관한다.

⑥ 두 다리를 전방으로 뻗고 발끝을 붙잡아 상체를 앞으로 굽힌다. 그리고 천천히 호흡하면서 ③~⑤의 관상을 계속한다.

이때, 쉬바 신의 삼지창의 창끝을 이미지화하면서 호흡하는 것이 스승

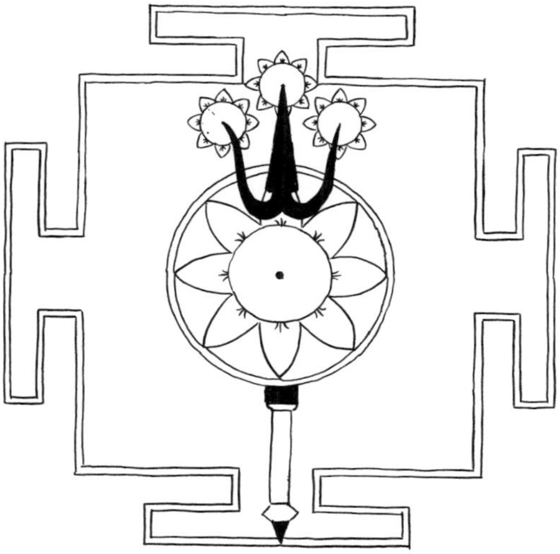

힌두교의 탄트라 문헌으로는 가장 오래된 층에 속하는 《말리니 비자욧타라 탄트라》(9세기경)에서 맥관을 논하는 부분에서 설명되는 얀트라

그림 2. 삼지창의 얀트라

에게서 전해져 내려오는 비결로 여겨진다(그림 2). 즉 숨을 들이쉴 때 두 콧구멍에서부터 ↘↙와 같은 형태를 그리며 프라나가 들어온다. 숨을 내쉴 때는 중앙 맥관에 ↑의 형태를 그리며 프라나가 진입해간다.

96 샤바 아사나
– 쉬바도 그저 시체일 뿐

Śava-āsana

[śava(시체, 송장) + āsana]

〈중〉 송장 포즈

※ '샤바'는 √śav(가다/변하다)에서 유래하는 말로, '(다른 것으로) 변해가는 것'이 원래 의미이다. 뇌사를 죽음이라고 할 것인가, 아니면 심장사를 진정한 죽음이라고 할 것인가 하는 논의가 있는데, 인도의 전통적인 죽음의 개념은 '혼이 육체에서 빠져나가 영원히 되돌아오지 않는 상태.' 그때 혼의 그릇이었던 육체는 단순한 물체로 변화하고 혼은 다음 스테이지를 향해 여행을 시작한다. 영원히. 이와 같이 말하는 것은 요가에는 살아 있는 채로 혼을 육체로부터 분리시키는 기술이 있기 때문이다.

◎ 쉬바 신과 칼리 여신의 야릇한 관계

칼리는 쉬바의 아내 파르바티의 분노가 새까맣게 응고되어 태어난 여신이다. 그녀는 쉬바보다 강하다. 쉬바는 자신이 감당할 수 없는 강력한 악마가 출현하면 칼리를 파견한다. 칼리는 적을 순식간에 쓰러트린다. 그리고 시체가 완전히 말라버릴 정도로 피를 마지막 한 방울까지 빨아먹고, 바짝 말라버린 남은 시체를 아작아작 씹어 먹고 만다.

문제는 그다음이다. 악마의 피에 취해버린 칼리는 '크아아아' 하고 무시무시한 포효를 지르며 마주치는 모든 것을 죽이고 파괴하면서 세계를 배회하였다. 그녀를 정신 차리게 하는 방법은 하나밖에 없다.

남편 쉬바는 세상을 구하기 위해서 길가에 송장처럼 드러누웠다. 여신은 남편인 줄도 모르고 송장을 짓밟는다. 그 순간, 쉬바의 남근(링가)이 창처럼 늘어나 여신의 은밀한 곳을 관통한다. 놀란 칼리는 제정신을 차리고, 그것이 사랑하는 남편임을 눈치챈다. '크아아아' 하던 포효는 이윽고 '아, 아~, 이, 이~, 우, 우~…'와 같이 산스크리트 알파벳의 발성연습과 같은 질서 잡힌 것으로 변해갔다.

평소에도 이 부부의 성생활은 항상 산스크리트로 '비파리타 라티'(거꾸로 서서하는 성교)라고 불리는 이 체위이다. 성교하는 쉬바는 샤바, 움직이지 않는 송장이다(그림 1). 그리고 하타 요가의 송장 포즈(샤바 아사나)는 완전히 이 '송장의 쉬바'가 되는 것이다.

◎ 송장 포즈

> 등을 아래로 하고 송장처럼 대지에 눕는다. 그것이 샤바 아사나이다.
> 샤바 아사나는 피로를 제거하고, 마음[의 작용]을 정지시키는 작용을 한다.
>
> –《하타요가프라디피카》 I. 32.•

사호타 츠루지佐保田鶴治가 옮긴 《하타요카프라디피카》(히라카와 출판사平河出版社 간행 《요가근본경전》 수록)에는 "이 체위는 하타 요가를 수행하는 데서 오는 피로를 제거하고, 마음의 안정을 가져온다"라고 되어 있는데, 원문에는 '하타 요가의 수행' 등의 단어들은 없다. '피로를 제거śrānti-haram'라고만 되어 있다.

《요가수트라》는 아사나를 '견고하고 안락한sthira-sukham'이라고 정의하는데(Ⅱ. 46), 이것은 하타의 아사나에서도 진실이다. 고통이나 피로를 초래하

• 《하타요가프라디피카》 I. 32.
uttānaṁ śavavad-bhūmau śayanaṁ tac-chavāsanam | śavāsanaṁ śrānti haraṁ citta-viśrānti-kārakam ||

거나 노력이 필요한 포즈는 아사나라고 할 수 없다. 그것보다도 주목할 것은, '마음(칫타)을 정지시키는 작용citta-viśrānti-kārakam'이라는 문구이다. 이것은 《요가수트라》의 요가의 정의, '마음의 작용의 정지citta-vṛtti-nirodhaḥ'와 대응하는 것이다.

방법

이 포즈는 위를 보고 드러누워 잔다. 완전히 릴랙스한다. 그저 이것뿐이다. 간단해 보인다. 하지만 모든 포즈들 중에서도 가장 어려운 것이 실은 바로 이 포즈이다. 왜냐하면, 대부분의 사람들에게 정말로 릴랙스하는 건 불가능하기 때문이다.

하지만 이 포즈는 사람은 대체 어떻게 하면 릴랙스할 수 있을까를 목표로 하고 있다. 즉, 몸을 쉬게 하기 위해서는 마음을 릴랙스시키지 않으면 안 된다. 반대도 마찬가지이다. 마음을 쉬게 하기 위해서는 몸을 릴랙스시키지 않으면 안 된다. 심신은 일체이다. 몸은 마음의 오퍼레이션 기관이고 마음은 몸의 인포메이션 기관이다. 완전한 릴랙스는 이를 이해하는 것에서부터 시작된다.

① 위를 보고 누워서 숨을 뱉을 때마다 프라나가 빠져나가는 듯 이미지화한다.
② 우선, 발끝에서 사타구니에 걸쳐 조금씩 프라나가 빠져나간다.
③ 다음으로 손끝에서 어깻죽지에 걸쳐 조금씩 프라나가 빠져나간다.
④ 그리고 등의 아래에서부터 위에 걸쳐 조금씩 프라나가 빠져나간다.
그러면 실제로 자율신경의 작용으로 잡념이 사라져간다.

하지만 전신을 정말 사체처럼 릴랙스시키기란 참으로 지난한 일이라고 말해도 좋다. 아무리 힘을 빼려고 해도 어딘가에 항상 긴장이 남아 있다. 그것

그림 1. 시체가 된 쉬바와 성교하는 칼리 여신

이 습관화된 것이 응어리이다. 마르마의 의학에 따르면, 마르마 주변에 생긴 응어리가 온갖 질병을 불러온다고 한다.

그런데 이 포즈의 수련에 능해지면, 그러한 응어리도 풀어진다. 그리고 암리타(불사의 감로)에 비유되는 엔돌핀, 아난다아미드, 멜라토닌 등의 뇌내 마약이 대량으로 분비된다. 인간의 생리는 이런 식으로 되어 있다.

자, 그럼 이번에는 마음의 이완이 일어난다. 심신 모두 완전히 릴랙스할 때, 말로 표현하기 힘든 즐거움과 행복에 휩싸여 있는 자신을 발견할 것이다. 그것이 삼매의 경지일지도 모른다. 이 포즈가 특정한 병증들에 좋다고는 적지 않겠다. 온갖 병증에 효과가 있다.

◎ 탄트라의 송장 포즈

> 쉬바는 샥티가 없으면 그저 송장(샤바)
>
> śivaḥ śakti-vihīnaḥ śavaḥ

대부분의 탄트라 문헌에 등장하는 선서라고도 할 수 있는 문구이다. 쉬바 śiva는 데바나가리 문자로는 शिव 라고 쓴다. 송장śava은 शव. 모음 i를 나타내는 기호인 ि가 있는지 없는지의 차이이다. 그리고 i는 여신(샥티)을 상징하는 음성이다. 그래서 쉬바에게서 여신(i)이 빠지면 그는 송장인 것이다. 그리고 계속 반복하지만, 이 '송장인 쉬바'를 목표로 하는 것이 탄트라의 송장 포즈이다.

요가를 배운 사람이라면, 송장 포즈를 취하면서 잠들면 안 된다고 배웠을 것이다. 왜냐하면, 이 포즈는 '죽는 연습'이기 때문이다.

인도의 종교에서는 의식을 유지한 채 죽는 것이 중요하다고 여겨진다. 영혼이 육체를 벗어나는 순간이야말로, 해탈의 최대 기회이기 때문이다. 하지만 대부분의 사람은 그러기 전에 의식을 잃고 만다. 그러지 않기 위해서 이 포즈로 죽음에 이르는 프로세스를 시뮬레이션하는 것이다.

요긴은 위를 보고 누워 심신을 철저하게 이완시킨다. 그의 모든 에너지는 빠져나가게 된다. 신체를 빠져나온 에너지는 그의 위에서 허리를 흔드는 샥티로 상징적으로 표현된다. 이 아사나의 목적은 자신의 여성성으로부터,《요가수트라》의 용어를 빌려 표현하자면, 프라크리티로부터 분리되는 것에 있다. 요긴은 죽은 자에게 다가가면 다가갈수록 좋다. 그는 푸루샤에 접근해간다. 그림 1의 칼리와 성교하는 쉬바의 아래에 그려진 또 다른 쉬바는 프라크리티에서 완전히 떨어진 '독존(카이발리야)'의 경지를 나타낸다.

이 탄트라의 송장 포즈는 후기밀교 궁극의 요가, '구경차체utpanna-kramaḥ(→ 44. 마하무드라)'에 기반한 수련법이다. 구경차체로 행할 때는 〈방법〉 ④의 '등의 아래에서부터 위에 걸쳐 조금씩 프라나가 빠져나간다'를 5대 원소 및 그와 관련된 차크라의 특수한 관상법으로 교체한다. 다음과 같이 관상한다.

땅(물라다라)이 물에 녹아들고,
물(스와디슈타나)이 불에 녹아들고,
불(마니푸라)이 바람에 녹아들고
바람(아나하타)이 허공에 녹아들고,
허공(비슛다)이 의식에 녹고,
의식(아갸), 높은 원리(탓트바)에 녹고,
일체가 여신의 파워(샤티, 프라크티)에 녹아든다.

즉, 의식意識 → 공空 → 풍風 → 화火 → 수水 → 지地로 전개하는 우주 창조 프로세스를 거슬러 올라간다. 5대의 용해와 함께, 그에 대응하는 감각의 대상도 붕괴되어 간다. 다시 말해서, 향香(지) → 미味(수) → 색色(화) → 촉觸(풍)

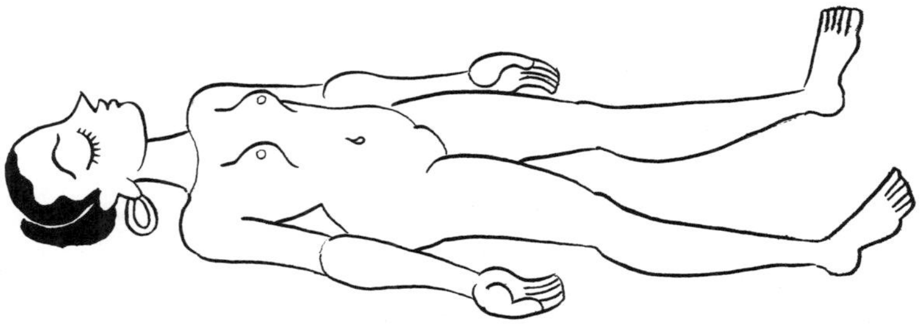

그림 2. 송장 포즈

→ 성聲(허공)의 순으로.

죽어가는 사람은 먼저 냄새를 느낄 수 없게 된다. 다음으로 미각, 시각, 촉각이 상실된다. 청각이 마지막이다. 실제로 청각은 죽음 직전까지 남는다고 한다. 그렇기 때문에, 병들어 자리보전하고 있는, 마치 의식을 잃은 듯 보이는 사람 앞에서 경솔하게 말을 해서는 안 된다. 육체의 반응은 없어도 그 사람에게는 그 말이 들리고 있을지도 모른다. 또한 그렇기 때문에 《티베트 사자의 서》와 같은 임사자臨死者의 머리맡에서 읊조리는 텍스트가 의미를 가진다.

죽음에 임하여 감관과 그 대상, 즉 세계는 조금씩 붕괴되어 간다. 하지만 그 프로세스를 객관적으로 볼 수 있는 의식을 보전할 수 있다면, 아무런 작용(브릿티)도 껍질(장막, 아바라나)도 없는, 있는 그대로의 '마음(칫타)'이 드러난다.

앞 항목에 등장하는 수행자의 이야기로 예를 들자면, 신의 몸의 링가, 즉 수슘나를 타고 올라간다. 링가 위에 매달려 있는 종(사하스라라)을 "땡땡" 하고 울릴 수 있다면, 바로 성취이다.

제9장

요가의 밀교(탄트라) 의례

– 외적인 예배로부터 내적인 예배로

인도의 요가는 '푸자'의 조합(패러다임) 속에서 진행한다. 이러한 점은 하타 요가와 일본 밀교 둘 모두 동일하다.
자신의 마음속 깊은 밑바닥에 침잠해가는 타입의 요가라도 푸자는 없어서는 안 될 것이다. 왜냐하면 요가는 자신의 무의식과 대화하기 위한 방법인데, 무의식에는 괴물이 숨어 있기 때문이다. 그 괴물에 공격당해서 발광하는 사람도 실은 적지 않다. 푸자는 그 괴물에게서 자신을 지켜준다.
어렵게 생각할 일은 아니다. 여성이라면, 어릴 때 했던 '소꿉놀이'를 떠올려보길 바란다. 푸자의 근본이 되는 사상과 기법은 '소꿉놀이' 속에 집약되어 있다.

97. 푸자Pūjā – 신성한 소꿉놀이
98. 아라티Ārati – 베다 제단 세팅
99. 나마스Namas – 요가의 인사
100. 시마 반다Sīmā-bandha – 영역을 표시하다

101. 이슈타 데바타Iṣṭa-devatā – 본존불 또는 수호신
102. 사카마 가야트리Sakāma-gāyatrī – 역시 영험이 있어야
103. 프라티슈타Pratiṣṭhā – 영혼의 유입
104. 디야나Dhyāna – 심상화心象化에서 시작한다

105. 프라사다Prasāda – 신의 선물
106. 니야사Nyāsa – 세계 컬렉션
107. 안타르 야가Antar-yāga – 탄트라의 라자 요가
108. 프라나바Pra-ṇava – 옴으로 시작하고 옴으로 끝난다

97	푸자
	– 신성한 소꿉놀이
	Pūjā

[√pūj(바치다)]

〈여〉 신과 부처에게 대접하는 의례
※ '푸자'의 한역은 '공양供養.'
한·중·일의 경우에는 죽은 사람과 관련하여서도 '공양'이라는 용어를 사용하지만, 이와는 달리 인도에서 '푸자'의 대상은 일반적으로 신과 부처로 한정된다. 따라서 이 책에서는 원어 푸자를 그대로 쓰고자 한다.

◎ 신이 바로 손님이다

"잘 다녀오셨어요, 여보"라고, 여자아이가 옆에 있는 남자아이를 '아빠'라고 부르는 마마고토, 즉 소꿉놀이이다.

"저기, 먼저 샤워할래요? 밥부터 먹을래요?" 라며 완전히 엄마 역할을 하고 있는데, 인형으로 된 아기도 있다. 마마고토의 '마마'는 엄마를 나타내는 마마가 아니다. 밥을 의미하는 '맘마'이다. 식사가 놀이의 핵심이 되고 있다. 그러므로 미니어처 식기인 '마마고토 세트'가 있기도 하고, 최근에는 '주방놀이 세트'라는 상품도 나왔다고 한다.

필자는 인도에서 요가에 대해 조사했다. 그리고 요가가 '푸자'의 일부라는 것을 알았을 때 어린 시절, 칼싸움과 닌자놀이뿐만 아니라 소꿉놀이도 했어야 했는데 하며 후회했다. 왜냐하면 신을 초대하여 식사를 포함한 여러 가지를 대접하고, 신이 만족하며 돌아가게 해야 한다는 '신성한 소꿉놀이(푸자)'가 인도인의 종교행위의 모든 것을 포괄하고 있다고 말해도 좋을 것이기 때문이다.

사원에서 바라문이 행하는 의례도 각 가정에서 행하는 경전 읽기나 예배하기도 푸자이다. 일본의 스님들이 불상이나 수미단須彌壇을 향해서 하는 여러 가지 행위도 인도 풍으로 말하자면 푸자이다. 어렵게 생각할 것 없다. 중요한 것은 '소꿉놀이'이다.

밀교사원의 호마단護摩壇에는 어떤 액체가 담긴 놋그릇이 즐비하게 놓여 있는데, 그것도 '공양 세트'이다. 담겨 있는 것은 초대한 부처님의 발을 씻을 물, 입을 헹굴 물, 그 후에 입을 적실 음료 등등.

◎ 공양 프로그램

푸자는 16단계로 구성되어 있는데, 이것을 '16종 푸자ṣodaśa-upacara-pūjā'라고 한다.

① 자리에 앉기āsana("여기 앉으세요"라며 신에게 자리를 권하고)

② 환영하기svagata("잘 오셨습니다" 하고 환영의 뜻을 표한다. 그러고 나서 인도의 습관인)

③ 발 씻는 물pādya(발을 씻는 물을 바치고 발을 주물러 피로를 풀어드린다. 이어서)

④ 부처님께 올리는 물(알가閼伽, arghya – 곡물이나 참깨·꽃·백단을 더한 향수를 바쳐 대접하고)

⑤⑥ 입 헹구기ācamana(입을 2회 헹군다)

⑦ 감로수madhuparka(꿀, 제호醍醐, 유미죽, 우유, 요구르트 등을 섞은 음료를 바친다.

다음으로)

⑧ 목욕snāna(목욕을 하여서, 릴랙스할 수 있게 해 드리고)

⑨ 옷입기vastra(옷을 입게 해드린 후)

⑩ 장신구ābharaṇa(장신구를 몸에 걸칠 수 있게 해드리고)

⑪ 향 바르기gandha(향을 발라서 몸을 깨끗하게 해드리고)

⑫ 꽃puṣpa(꽃을 바치고)

⑬ 향 사르기dhūpa(향을 태워)

⑭ 등불 켜기dīpa(등불을 밝히고

⑮ 식사하기naivedya(식사를 내어와서 마지막으로)

⑯ 감사하기namaskāra("나마스카라"라며 정중히 감사 인사를 하고 배웅한다.)

탄트라 문헌을 잘 살펴보면, 푸자에 관해 많은 항목을 할애하고 있다(그림 1). 더 나아가 말하자면, 푸자가 탄트라 의례의 모든 것이라고 말해도 좋다. 푸자를 할 때마다 염송하는 만트라가 기록되어 있다. 발 씻는 물과 입을 헹구는 물에 들어가는 향료 등의 레시피도 있다.

필자는 소꿉놀이 수행의 찬스는 놓쳐버렸지만, 요리에는 흥미가 있다. 인도요리 연구자의 입장에서 매우 흥미로운 것은 감로수와 식사(마두파르카 나이베디야). 마두파르카는 꿀로 만든 라시lassī로 다섯 가지가 들어간다. 꿀, 요구르트, 설탕(또는 사탕수수·쥬스), 제호醍醐(사르피스). 마지막 5번째 아이템은 '진심.' 실제로는 '대마를 이용한다'는 자료도 있다.

식사는 붓다나 비슈누 신에 대해서는 정진요리精進料理, 즉 야채로만 만든 요리이지만, 여신은 고기도 술도 OK. 락슈미 여신에게 바치는 식사는 강황을 이용하여 황색으로 물들인다.

'16종 푸자'라고 썼지만, 16은 '완전성/완성'을 나타내는 상징적인 수로,

16가지 모두를 해야 하는 것은 아니다. 그 이하라도 그리고 그 이상이라도 상관없지만, 꽃, 향 사르기, 등불 켜기, 바치는 물 등 이 4가지는 필수라고 한다.

댄서의 경우에는 춤(의 연습)을 식사로 바친다. 신 앞에 공물(물이 든 병, 꽃, 오일 램프 또는 양초, 가늘고 긴 향)을 차려놓고, 신을 찬탄하는 만트라를 염송한 뒤 춤춘다. 칼라리파얏트 등의 무술가도 마찬가지다. 훈련이 공물이 된다. 인도의 학습은 모든 신들에게 바치는 푸자 형식이다(그림 2).

요가의 경우라면 신을 명상하는 행위 그 자체가 공물이 된다.

푸자를 잘하는 방법은 무엇인가 묻는다면 역시 소꿉놀이를 예로 드는 것이 가장 좋다. 어린아이와 같이 무심無心으로 엄마(접대하는 사람)가 되어 진심을 다해 대접하는 것이다.

불교의 '금강계만다라'(→ 24. 탄트라)에도 푸자를 표현한 여신들이 묘사되어 있다. '내부의 네 명의 공양녀(四供養女),' '외부의 네 공양녀'라고 불리는 그룹이 있는데, 전자는 라쉬야나 느릇티야(무용의 양식), 화환, 노래를, 후자는 향 사르기, 꽃, 등불 켜기, 향 바르기를 의인화한 것이다.

그림 1. 푸자의 여신들

16세기의 여성 신비가 미라바이(Mirabai)가 '애인' 크리슈나에게 바치는 노래는 지금도 인도에서 불리고 있다. 그리고 숫자는 '16종 푸자'에 해당하는 번호. 매일의 푸자에서 '16'가지 모두를 할 필요는 없지만, 최소한의 공물로서 꽃, 물, 등불, 가늘고 긴 향 등 4가지 품목은 필수라고 한다.

그림 2. 노래 푸자

98 아라티
– 베다 제단 세팅

Ārati

[ā(강조)–√ram(즐기다/마치다/쉬다)]

〈여〉 정지. 신상의 앞에서 등불을 흔드는 일, 헌화.
※ '아라티'는 강조의 ā와 '기쁨'을 의미하는 √ram이 어원이다. √ram은 어근이기 때문에 그 이상 거슬러 올라갈 수 없는데, ra(빛/불/태양/열)와 ma(엄마/어머니)가 결합되어, 기쁨이라는 의미가 되었다고 해석하는 것도 가능하다. ra ma로 빛의 어머니 = 신. 그것이 ram의 원래 이미지이다.

◎ 빛이 주역인 푸자

그런데 소꿉놀이에서 불놀이는 엄격히 금지되어 있지만, '성스러운 소꿉놀이(푸자)'에서 불은 필수 아이템이다. 일본으로 온 인도 무용수들은 스테이지 앞에서 푸자를 하려고 했으나 소방법 때문에 불을 사용할 수 없어 의기소침해 있었다. 그렇다. 불이 없으면 마음도 가라앉는다. 반대로, 하늘하늘 흔들리는 불꽃은 사람을 들뜨게 한다. 그리고 인간을 아주 자연스럽게 명상으로 이끈다.

16종 푸자의 제14번째인 '등불 켜기(디파)'를 강조하거나 또는 독립시킨 의례가 아라티이다. 여러 가지 방법이 있지만, 신상 앞에서 그 신의 찬가를 부르면서 진심을 담아 등불을 흔드는 행위가 기본형이다.

최근 바라나시에서는 밤, 갠지스 강가에서 젊은 꽃미남 바라문 무리가 큰 횃대를 들고 춤추는 퍼포먼스가 관광객의 인기를 끌고 있는 것 같은데 이것은 눈앞에 흘러가는 큰 강 그 자체를 신의 몸으로 보는 새로운 방식의 아라티이다. 갠지스 여신에게 바치는, 예로부터 이어져온 아라티는 나뭇잎 접시에 작은 등불과 꽃이나 곡물 등의 공양물을 실어서 강에 띄워 보내는 것이다. 어둠이 깃든 강을 일련의 작고 성스러운 불꽃이 꼬리에 꼬리를 물고 이어지며 아쉬운 듯이 떠나간다.

바라나시는 예로부터 죽은 자들을 위해 열려 있는, 천계에 이르는 문이었다. 이렇게 생각하면 아라티의 나뭇잎 접시는 죽은 자를 천계로 보내는 배. 일본이나 태국에 전해지고 있는, 죽은 사람의 혼을 배에 실어 떠나보내는 의례의 원형일지도 모르겠다.

◎ 작은 제단

아라티 의례가 집단적으로 행해지는 경우는 쟁반이 이용된다. 쟁반은 금속제, 즉 은·동·놋쇠가 일반적이고, 거기에 밀가루·진흙·금속으로 만든 램프를 올린다. 램프는 기 또는 기름이 채워져 있어 면 심지로 점화되지만, 그 대신 장뇌를 태우기도 한다. 그리고 쟁반에 공물인 꽃, 가늘고 긴 향, 과일, 쌀도 올려져 있다(그림).

이것들은 5대 요소를 상징한다. 요소와 공물의 대응은 종파나 지역에 따라서 각각 다르다.

요소와 공물의 대응 예시

허공空, 聲: 아라티를 시작할 때 부는 소라고둥의 소리, 찬가

바람風, 觸: 가늘고 긴 향에서 피어오르는 연기
불火, 色: 등불
물水, 味: 과일
땅地, 香: 꽃, 곡물

즉 아라티 쟁반은 베다의 제단과 마찬가지로 전 우주의 축소판이다.

제사장은 신상 앞에서 찬가를 부르면서 치켜올려 든 쟁반을 흔든다. 신에게 불과 공물을 바침과 동시에 그 불에 신이 머문다. 그 뒤에 기원의 노래(만트라)가 계속 이어지면서 쟁반은 신자들의 손에서 손으로 건네진다. 신자들은 쟁반 속의 작은 불에 손바닥을 갖다 댄 후에, 그 손바닥으로 자신의 이마를 만진다. 일본인들이 사원 경내에 있는 큰 향로를 앞에 두고 하는 익숙한 의례이다. 그로 인해 불의 신성이 자신에게 깃든다. 경건한 신자는 신과 합일한다.

그림. 아라티 쟁반

99 나마스
– 요가의 인사

Namas

[√nam(허리를 구부리다/몸을 앞으로 숙이다/인사를 하다)]

〈중〉 예배, 인사

※ '나마스'는 다른 인도유럽어 – 그리스어 nemo/nemos/nosmos, 라틴어 nemus, 고대 앵글로색슨족어 naiman, 독일어 neman/nehman과 같은 기원으로 이것들 모두에는 '경례/존경/경의'라는 어감이 있다. 그리고 '나마스'의 음역이 나무아미타불南無阿彌陀佛, 나무묘법연화경南無妙法蓮華經이라고 할 때 '나무南無'이다.

◎ 마를 물리치다

요가를 할 때, 나마스를 푸자의 첫째로 삼는 메리트는 마를 없애는 것에 있다.

요가는 자신의 마음을 안으로 쏟는 행위이다. 겉은 무방비가 된다. 알몸으로 정글 속에 방치된 것과 같다. 벌레에 물리거나 가시에 여린 피부가 찔리는 것처럼 심신은 무방비인 채로 온갖 귀신이나 도깨비에게 노출된다. 바꿔 말하면 요가는 자신의 무의식에 가라앉는 행위이다. 마치 미세한 진흙이나 유기물의 입자를 풍부하게 머금은 신성한 갠지스에서 목욕하는 것과 같다. 강물의 수면은 온화하다. 그렇지만 잠수해보면 물의 흐름과 같은 복잡한 너울거림이 있다. 무의식의 대양이다.

강바닥은 침전물이 두꺼운 층을 이루고, 한을 품은 채 가라앉은 자의 해골도 많이 묻혀 있을 것이다. 거기에서 무수한 상스카라(잠재인상)가 부글부글 솟아나와 넘실거리는 해초처럼 흔들리고 물고기처럼 헤엄치며 해파리처럼 떠다니고 있다. 그것들이 무해한 것만은 아니다. 악어나 강 돌고래처럼, 그러나 무서운 남자, 여자, 망자의 얼굴을 한 괴물이 이빨을 드러내고, 덤벼든다. 그 눈동자는 격렬한 증오를 띄고 있고, 거무칙칙한 잿빛으로 소용돌이 치고 있다.

잊혀진, 억압당한 기억은 모두 그렇게 될 수밖에 없는 확실한 이유가 있겠지만, 요가 수행에 집중하고 있을 때는 그런 심층심리의 감옥에 가둬둔 끔찍한 과거가 악몽이 되어 역습해오는 것이다. 악마들의 속임수에 빠지는 일도 드물지 않다.

바깥과 안에 나타나는 악마들은 아마도 서로 연계되어 있겠지만 푸자의 테크닉은 그것들로부터 수행자를 지켜준다.

오방신을 모셔와 결계를 쳐놓으면 바깥의 악마들은 가까이 오지 못한다. 수호신을 정해 놓으면 무서운 일을 당하더라도 그 수호신에게 의지할 수 있다. 결계나 수호신 등이 심리적인 수단에 지나지 않는다, 라고 한다면 그와 같겠지만, 요가라는 것은 무엇보다도 '마음(칫타),' 무의식과 대면하는 행위인 것이다.

푸자에 만트라가 없어서는 안 된다. 만능 만트라 두 가지를 알려주겠다.

하나는, 1장 '요가의 기초지식'의 서두에 제시한 가야트리 만트라. 인도에서는 암흑에 겁먹은 자는 바로 가야트리를 암송하라고 권한다.

또 하나는 '나마스테.' 아침·점심·저녁에 하는 인사인 '안녕하세요'와 '안녕히 가세요', '처음 뵙겠습니다'로도 사용되는, 인도에 가게 되면 맨 처음 배우게 되는 말이다. 신을 초대할 때에도 사용할 수 있다. 무엇보다도 푸자 때는 약간 변형할 필요가 있지만, 의미하는 바는 같다.

◎ 신身 · 구口 · 의意, 크리야, 3개의 요가

산스크리트 namas(예배)와 te(당신에게)가 더해져서 '나마스테.' 즉 '당신에게 예배합니다.' 이 말에는 요가의 비의가 담겨져 있다고 모든 문헌에서 말한다. 이를테면 밀교에서는, '명상은 행동과 말과 마음이 일치하는 데 의존한다'고 하지만, 나마스테의 경우에도 그것이 매우 중요하다.

《요가수트라》는 고행(타파스), 베다의 학습(스와디야야), 자재신에 대한 헌신(이슈와라프라니다나), 이 3개가 세트로 '행위(크리야)의 요가'라고 불리지만, 나마스테도 크리야로서 행해져야 한다.

《바가바드기타》는 행위(카르마), 신에 대한 헌신(박티), 지혜(즈냐나)라는 '3가지의 요가'를 제창하는데, 나마스테를 암송하는 것은 세 요가의 일치에 필적하는 것이다(표).

삼밀, 3크리야, 3요가의 대응

밀교의 삼밀	《요가수트라》의 크리야 요가	《바가바드기타》의 3요가
행동[身, mudrā]	고행(tapas)	행위의 요가(karma-yoga)
말[口, mantra]	베다의 학습(svādhyāya)	신에 대한 헌신의 요가(bhaki-yoga)
마음[意, dhyāna]	자재신에 대한 헌신 (自在神祈念, īśvara-praṇidhāna)	지혜의 요가(jñāna-yoga)

(1) 말[口] – 만트라로서 말의 진짜 의미

namas는 na(부정)－ma(나의 것－s(~이다))라고 어원적으로 해석된다. 즉 '나의 것이 아니다.' 무엇이 나의 것이 아닌가, 바로 아트만. 참나(아트만)는 개개인의 속에 살고 있는 지고의 존재(브라만)에 속해 있다고 하는 것과 같다. 나마스테는 그 브라만에게 공물로 바쳐지는 것이다.

그리고 ma는 (자기의) '죽음'을 의미하기도 하기 때문에, 이것의 부정이 '불사不死'라는 뜻이 되기도 한다. '나'를 없애고 브라만에 또는 불교의 '공空'에 헌신한다. 자신의 모든 것을 내버릴 각오. 《바가바드기타》에서 말하는 헌신(박티), 《요가수트라》에서 말하는 학습(스와디야야)이다.

(2) 마음[意] – 마음의 존재방식

완전하게 헌신하여 신을 경배하는 신자는, 그 대상이 되는 신과 동등하게 된다고 한다.

> '어떤 신을 경배하는 사람은 먼저 자기 자신이 그 신이 되어야 한다.'

그렇지 않은 예배는 무효가 된다고 《아가마》(쉬바파의 탄트라 문헌) 등에 기술되어 있다. namas(경배하는 자)와 te(경배되는 자)는 동등한 관계 사이에서만 성립한다. 그러므로 신 앞에서 나마스테를 행함으로써 우리는 그 신으로부터 나오는 신성을 인식한다. 나마스테에 의해서, 이러한 신성의 빛을 받는다. 즉 나마스테는 소함so'ham과 같이, 우리가 자기 자신 안에 있는 바로 그 신성을 알아차리게 한다. 간단하게 말하자면, 나마스테는 다음과 같은 것을 암시하고 있다.

> 내 안에 있는 신이 그대 안의 신에게 경배 드립니다.
> 내 안에 있는 참영혼이 당신의 안에 같은 참영혼과 만납니다.

즉, 나마스테는 일체의 동등성을 인식하여, 일체의 신성에게 경의를 표하는 것, 이것이야말로 우파니샤드의 정수이고, 지혜의 요가, 이슈와라에 대한 헌신(이슈와라프라니다나)이라는 크리야이다.

(3) 행동[身] – 신체를 가지고 해야만 하는 것

나마스테라는 인사에는 대개 가슴 앞에 합장하고, 가볍게 머리를 숙이는 행위가 동반된다. 그것은 심장에서 곧바로 일어나는 겸허한 인사이자 또한 그러한 인사에 대한 답례라고 이해할 수 있다.

신체의 행위로 표현되는 나마스테는 상징성이 깊고 풍부하다. 합장을 할 때에는 왼손의 다섯 손가락과 오른손의 다섯 손가락을 잘 모아야 한다. 이 간단한 행위에는 우리들이 살아가는 삶 전체를 지배한다는 의미가 담겨 있다.

먼저 손은 카르마(행위)의 심벌이다. 오른손의 다섯 손가락은 다섯 가지 인식기관 – 눈, 귀, 코, 혀, 피부(촉각). 왼손의 다섯 손가락은 5가지 운동기관 – 손, 발, 배설기관, 생식기관, 성대. 즉 합장을 수반하는 나마스테는 우리들의 행위(카르마)가 조화를 얻은 것, 바른 지식에 기반한 것, 바르게 생각하여

그림. 베다의례의 주신 아그니에게 나마스테하는 성자들

행동하는 것을 촉구하는 것이어야만 한다고 생각된다. 게다가 좌우의 손바닥을 모으는 것은 이원성의 초월을 상징한다. 말할 것도 없이 이것은 행위(카르마)의 요가이고, 고행의 크리야이다. 그런데 타파스는 관례에 따라 '고행苦行'이라고 했지만, 원래는 '강한 집중'이라는 뜻이다(→80. 크리야 요가).

요가가 마음과 몸을 통틀어서, 우리 존재의 모든 레벨을 올리기 위한, 그리고 대자연의 리듬과의 완전한 조화를 추구하는 실천이라고 한다면, 나마스테와 합장 그 자체가 요가이다. 합장에는 √añj(기도하다/꾸미다/자랑하다)에서 파생한 안잘리añjali라는 이름이 주어졌다. 그렇다! 요가와 산스크리트의 복음을 가져다준 파탄잘리의 안잘리(합장)이다!

우주의 심연에서 똬리를 틀고 있는 용왕 아난타는 갠지스 강에서 목욕을 하고, 태양을 향해 나마스테라고 합장añjali을 올리는 자의 열린 손아귀 안으로 떨어진다(√pat).

행동·말·마음, 크리야, 세 가지 요가의 통일로 이루어진 나마스테는 사람이 신과 소통하기 위한 영적 언어, 〈마음(칫타)〉의 위험으로 가득 찬 대양을 환희의 성스러운 강으로 바꾸어 목욕하기 위한 완벽한 옷이다.

100 시마 반다
– 영역을 표시하다

Sīmā-bandha

[sīmā(경계) + bandha(조이는 것/묶는 것)]

〈남〉 결계, 세력권

※ 불량배들이 '우리의 구역(시마)에서 누구 허락을 받고 장사하는 거야'라며 생트집을 잡을 때의 시마(구역)는 불교와 함께 들어온 산스크리트 '시마'에서 유래한다. 그리고 영어라고 생각하는 사람도 많을 '반다나'도 산스크리트 '조이는 것/묶는 것'에서 기원. '시마 반다'는 '경계에 새끼줄을 두르는 것', 즉 결계이다.

◎ 안과 밖

"잘 다녀오셨어요." "어서 오세요." 이런 말로 맞이해야만 외부에서 온 사람은 집 안으로 들어올 수 있다. 여자아이가 실외에서 '소꿉놀이'를 할 때는 땅에 선을 그어서 집을 만든다. 안으로 들어오는 사람은 아빠(역의 남자 아이)와 엄마(역의 여자아이)가 초대한 손님뿐이라는 룰이 있다.

'신성한 소꿉놀이(푸자)' 또한 이와 마찬가지이다. 실외에서 행할 때는 북동·남동·남서·북서의 네 모서리에 말뚝kīla을 박아두고, 줄을 둘러 결계를 만든다. 선 또는 줄의 안과 밖은 완전히 다른 세계이다. 안은 식사(소꿉놀이)를 하는 질서 있는 가정, '성스러운 세계.' 밖은 정체를 알 수 없는 것이 날뛰는 무질서한, '인간계가 아닌 다른 세계.' 실제 집이나 도시라면 벽, 담, 성벽 등이 물리적인 결계로 기능하고 있지만, 소꿉놀이의 선이나 푸자의 줄도 세계를 나누는 정신적인 방벽이 된다. 심령학자에 따르면 요사스러운 존재들이 더라도 마음이 깃든 선이나 줄을 넘어서 안으로 들어올 수 없다고 한다.

◎ 피라미드에 오방신을 배치한다

'나마스'라는 말로 맞이해야만 신이나 부처는 정해진 위치에 앉을(아사나) 수 있다. 푸자의 룰이다. 결계를 칠 때에도 방위를 수호하는 신들(→ 31. 로카팔라)을 '나마스'의 예를 갖추고 초대하는 것이지만, 그 전에 자신의 주변에 사각뿔을 이미지화해도 좋다. 피라미드형의 텐트 속에서 앉아 있는 것과 같은 느낌이다(그림 1). 피라미드는 이집트나 멕시코의 독점물이 아니다. 질서(코스모스, 우주)를 나타내는 것으로 인류의 집단적인 무의식에 새겨진 '신성한 모양'인 것이다.

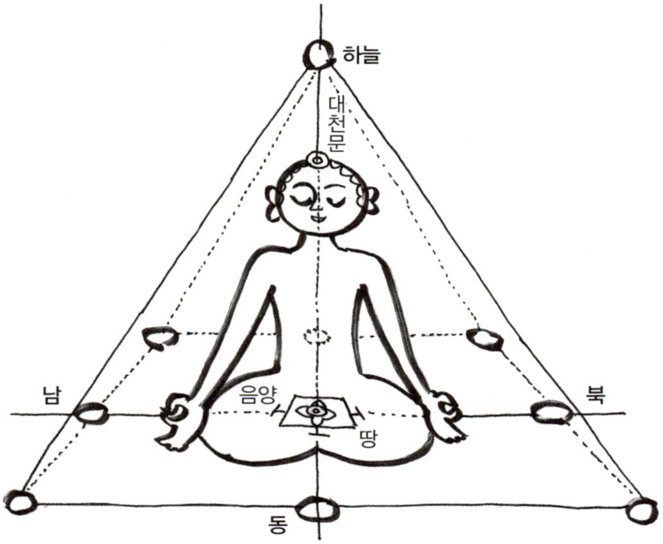

그림 1. 피라미드를 명상

크기를 가지지 않은, 우주의 시원은 점으로 표현된다. 우주가 전개하고, 우리들이 살아가는 대지도 생겨났다. 동서남북의 네 방위를 가진 대지의 표상이 정사각형이다. 우주의 시원인 점(빈두)을 위에 배치하고 대지의 정사각형(부푸라)을 아래에 배치하여 선으로 묶으면 사각뿔(피라미드)라고 하는 입체가 만들어진다.

오방신의 초청은 태양의 운행에 따라서 해가 떠오르는 방위에 있는 동 또는 북동에서 스타트한다.

즉 피라미드의 동쪽 변 중앙에 인드라 신 그리고 북동쪽에 이샤나 신.

그다음, 남동쪽에 아그니 신, 남쪽 변 중앙에 야마 신… 북쪽 변 중앙에 쿠베라 신의 순서로 진행해 간다.

그리고 자신의 머리 꼭대기의 대천문 바로 위의 공간에 하늘天(피라미드의 정점)의 수호신인 우주창조신 브라만을 모신다. 회음부의 아래에 땅의 수호신 파탄잘리의 원래 모습인 용왕신 아난타를 배치하고, 피라미드를 완성시킨다.

차크라의 이론에 의하면 머리 꼭대기의 사하스라라가 우주의 시원, 회음부의 물라다라 차크라가 오대 요소의 '땅[地]'에 상응하고, 그 가운데에 창조 에너지가 뱀(쿤달리니)의 형태로 잠들어 있다고 한다. 즉 결계의 피라미드와 요가의 차크라가 평행을 이루고 있는 것이다.

그리고 위에 설명한 방위의 신들은 불교·힌두교 공통이다(유파(삼프라다야)에 따라 다소 대체된 것도 있다).

◎ 산스크리트의 문법에 관한 이야기를 조금 하겠다

(* 귀찮으신 분들은 건너뛰고 읽어주십시오.)

'나마스'라는 소리로 맞이해야만, 오방신은 정해진 각 방위를 가드할 수 있다. 그러나 푸자의 만트라로 사용될 때에는 약간 변형할 필요가 있다고 앞의 항목 '99. 나마스'에서 기술했다.

먼저, 머리에 OṀ(옴)을 얹는다. 다음으로, 부르고자 하는 신의 이름을 '여격與格'으로 부른다.

문법적인 이야기로 하자면, 산스크리트의 명사에는 8개의 격이 있다. 격은 명사에 붙은 '격 조사'까지 세트로 명사라고 생각하는 것이 좋다. 우리말로 하자면 ~는, ~을, ~로, ~에(서)라는 조사를 붙여 표현하는 것을 산스크리트에서는 격변화(명사의 어미 변화)로 나타낸다.

여격은 '~에/~에게'에 상응하는, 문자 그대로, '무언가를 주는 상대'를 나타내는 격이다. 그리고 -나마스(예배)하는 대상은 여격으로 해야만 한다는 규칙이 있다. 나마스테의 테te는 '당신tvam'의 여격이다.

옴 · 나마스 · 쉬바야라고 하는 유명한 만트라가 있지만, 쉬바야Śivāya는 쉬바Śiva-라는 남성명사의 여격이다. 그리고 이 경우 나마스namas가 쉬바의 ś 음을 앞에 두고 나마하namaḥ로 변해버린다.

'나무아미타불南無阿彌陀佛'의 원어는 나모 미타유세 붓다야namo'mitāyuṣe-buddhāya. 아미타불Amitāyus-buddha-의 여격이 아미타 유세 붓다야.

그러나 여기에서도 나마스는 아미타(아미타유스)의 a 음을 앞에 두고 나모namo로 바뀌고, 다음의 A도 생략시켜버린다. 산스크리트에서는 어순이 자유로워, 예를 들어 '옴 나마하 쉬바야'가 '옴 쉬바야 나마하'로 바뀌어도 상관없다. 그리고 오방신을 부를 때의 만트라에는 통상, 이 '옴 - 신의 이름의 여격 - 나마하'라는 형태가 된다. 동쪽에서 스타트한다면 다음과 같다.

○ 동東: 옴 인드라야 나마하oṁ Indrāya namaḥ

○ 남동南東: 옴 아그나예 나마하oṁ Agnaye namaḥ

○ 남南: 옴 야마야 나마하oṁ Yamāya namaḥ

○ 남서南西: 옴 니르타에 나마하oṁ Nirṭaye namaḥ

○ 서西: 옴 바루나야 나마하oṁ Varuṇāya namaḥ

○ 북서北西: 옴 바야베 나마하oṁ Vāyave namaḥ

○ 북北: 옴 쿠베라야 나마하oṁ Kuberāya namaḥ

○ 북동北東: 옴 이샤나야 나마하oṁ Īśānāya namaḥ

○ 천天: 옴 브라마네 나마하oṁ Brahmaṇe namaḥ

○ 지地: 옴 아난타야 나마하oṁ Anantāya namaḥ

인드라Indra-나 바루나Varuṇa- 등 a로 끝나는 남성명사라면 끝에 아야āya를 붙이면 여격이 되지만, 아그니Agni-나 브라만Brahmā-등 그것 이외일 때 다른 어미가 된다.

만트라를 염송할 때는 그 신의 모습 또는 심벌을 비주얼하게 관상(이미지화)한다(그림 2). 그리고 파리미드와 오방신을 관한 뒤 그 주변에 불과 물의 벽을 둘러놓으면 더욱 좋다. 이 경우는, '불'과 '물'이 종자(1음절 만트라)인 랑Raṁ과 방Vaṁ을 염송하고, 불과 물을 이미지화한다.

위에서부터 시계방향으로

동(東): 인드라 신의 바즈라[금강저金剛杵] – Oṁ Vajrāya namaḥ
동남(南東): 아그니 신의 샥티[창槍] – Oṁ Śaktye namaḥ
남(南): 야마 신의 단다[봉棒] – Oṁ Daṇḍāya namaḥ
남서(南西): 니루리티 여신의 카드가 – Oṁ Khaḍgāya namaḥ
서(西): 바루나 신의 파샤[올가미(강삭綱索)] – Oṁ Pāśāya namaḥ
북서(北西): 바유 신의 앙쿠샤[갈고리창(구봉鉤棒)] – Oṁ Aṅkuśya namaḥ
북(北): 쿠베라 신의 가다[전투용 곤봉(추모鎚矛)] – Oṁ Gadāyai namaḥ
북동(北東): 이샤나 신의 트리슈라[삼지창(삼차극三叉戟)] – Oṁ Triśūlāya namaḥ
천(天): 브라만 신의 파드마[연꽃(연화蓮華)] – Oṁ Padmāya namaḥ
지(地): 아난타 신의 차크라[원반円盤] – Oṁ Cakrāya namaḥ
또한 주변에 물과 불을 배치한다.

그림 2. 오방신의 심벌

101 이슈타 데바타
– 본존불 또는 수호신

Iṣṭa-devatā

[iṣṭa(제사 모시는) + devatā-(신격)]

〈여〉 마음에 드는 신, 수호신

※ iṣṭa는 √yaj(바치다/제사지내다)의 과거분사형, devatā는 deva(신)에 추상어미 tā를 덧붙인 것. '자신의 제단에서 거행하는 푸자를 바치는 신'이 이슈타 데바타이다. 어디까지나 '자신의 신, 수호신'이며, 종파나 집안의 신과 부처와 반드시 일치하지는 않는다. 게다가 힌두교도의 일상적인 푸자는 그 사람의 이슈타 데바타가 무엇이든 일반적으로 수리야, 쉬바, 여신, 비슈누, 가네샤의 다섯 신의 숭배도 포함되어 있다(그림 1).

◎ 주인과 노예

새끼줄을 둘러서 집을 만든 뒤에는 슬슬 주빈을 초대한다. 그 주빈이 이슈타 데바타이다. 초대하는 방법은 나중에 서술한다. 여기서는 자기 자신과 이슈타 데바타의 관계를 서술할 것이다. 두 가지 또는 세 가지의 관계가 있다.

하나는 '어서 오십시오. 주인님'이라고 하며 신(이슈타 데바타)을 맞이하는 주인(신)과 노비(자신)의 관계.

비슈누교도에게서 많이 볼 수 있다. 그러나 비슈누 신 그 자체가 이슈타 데바타로 선택되는 경우는 거의 없고, 다른 화신, 특히 라마와 크리슈나가 숭배되고 있다. 출가한 비슈누교 사두로 한정한다면 예배의 대상은 라마에 집중되고 있다. 라마의 모험을 테마로 하는 서사시 《라마야나》는 라마의 신자에게 박티의 일념을 형성하기 위한 영감의 원천이고, 라마의 충실한 종 하누만

(원숭이 군대를 이끄는 원숭이 신)은 그들의 이상이다.

라마는 사람들의 마음속에 살고, 그를 신앙하는 사두의 인생을 지배한다. 많은 사두는 일생 동안《라마야나》를 암기하고 흡수하며, 그중에는 프로 문헌학자가 되거나, 대중 앞에서 이를 염송하고 해석하게 된 사람도 있다.《라마야나》의 신성한 말을 듣는 것만으로도 해방되고, 라마의 은총을 받는다고 믿고 있다.

그리고 더 간단한 방법으로는 라마의 이름을 마음속으로 암송하는 것만으로도 깨달음에 이른다고 한다. 실제로 라마교도에게는 '이 암흑기에 이것이야말로 절대의 경지에 이르는 유일한 길이다'라고 보이는 것이다.

살아 있는 동안에 해탈하지 못하더라도 신자가 라마를 깊이 생각하고, 입으로 그 이름을 새기면서 죽어간다면 임종 시에 해탈하게 될지도 모른다. 그러므로 장례를 치를 때, '람 남 사티야 하인!(라마의 이름은 진리이다)'라는 노래를 부르는 것이다.

◎ 사랑의 노예

주인과 노예의 관계의 다양한 변주들 중에 주인(신)과 그의 애인(자신)의 관계가 있다. '사랑의 노예'인 것이다.

물론 여성들의 경우 크리슈나가 주인(이슈타 데바타)이 될 때가 많다. (→97. 푸자)의 그림 2의 미라바이가 그 대표적인 예이다. 노래로 하는 푸자에서는 자신이 있는 곳으로 거의 찾아오지 않는 크리슈나에게, "이렇게나 당신을 사랑하고 있어요, 당신을 원해요"라고 절절하게 하소연하고 있다.

그렇다면 여기서 거의 알려져 있지 않은, 쉬바 신의 애인으로 꼽히는 12세기의 사드위sādhvī(여자 사두) 마하데비 앗카 얏카Mahādevī Akkā yakkā(그림 2)의

중세에 수리야, 쉬바, 여신, 비슈누, 가네샤를 주신으로 하는 종파가 서로 다투었는데, 어느 한 신을 이슈타 데바타로 삼고, 다른 신은 그의 화신으로 삼는 것으로 그 다툼은 진정되었다. 그림은 '쉬바 판차야타나'에 기반한 쉬바 만다라.

원 안의 격자 안에

- 지고의 쉬바(중앙)
- 이슈와라(위)
- 비슈누로서의 쉬바(왼쪽)
- 브라만으로서의 쉬바(아래)
- 루드라로서의 쉬바(오른쪽)

원 바깥의 네 모서리에

- 비슈누(왼쪽 위)
- 두르가(왼쪽 아래)
- 수리야(오른쪽 아래)
- 가네샤(오른쪽 위)

정방형의 네 변의 중앙과 모서리에 오방신
(위가 서쪽으로 바루나)

그림 1. 다섯 신에 대한 예배

시를 소개하고자 한다.

푸른 사파이어의 봉우리들에 올라서서
월장석(문스톤) 신발을 신고
긴 뿔피리를 부는
오~ 쉬바여!
대체 언제쯤 격렬한 포옹으로 나의 가슴이 만족하도록 안아주시겠어요.

오~ 말리꽃(재스민꽃)과 같은 순백의 신이여,
나는 언제쯤 몸의 수치와 마음의 조신함을 떨쳐버리고
당신과 하나가 될 수 있을까요.

신의 애인이 되는 것은 여성뿐이라고 앞서 기술했지만, 남자라 하더라도 이러한 관계를 원하는 사람이 적지 않다. 신은 남자이므로 애인이 되는 남자는 '신의 여인' 역을 연기해야만 한다. 사키sakhī(여배우들)라고 불리는 사두 집단이다.

그들은 여장을 하고, 신과 에로틱한 '연애' 관계에 있다고 관한다. 날마다 행하는 푸자에서는 (한 달에 며칠 '생리기간'을 빼고) '아앙, 으응~'이라며 달달한 목소리(만트라?)를 내며 신과 성교하고 있는 듯한 몸짓을 보여주는 사람도 있다.

◎ 신은 나

이슈타 데바타와 자기의 또 하나의 관계는 '나는 주인이다'라며 신을 맞이하는 동격 관계.

푸자의 모든 찬가와 의례는 이슈타 데바타에게 바쳐진다. 그러나 신과 예배자는 하나이며, 서로 남이 아니다. 이러한 관계는 쉬바교도들에게 많으며, 이 파의 사두가 돌돌 말아 올린 토네이도 형태의 머리 모양을 하고 몸에 재를 바르고, 트리슐라(삼지창)나 다마루(작은북)를 지니는 등 쉬바 신의 코스프레를 하는 것도 이를 위한 것이다. 그들에게 있어서 쉬보함Śivo'ham(나는 쉬바이다)은 가장 중요한 만트라이다.

일본의 밀교를 포함한 탄트라도 이러한 동격 관계이다. 탄트라는 학자에 따라 여러 가지로 정의되어 있지만, 실천법(요가)으로 명확한 것은, 자신이 신 또는 붓다가 되어, 신이나 붓다를 예배하는 형태를 취하는 것이다. 진언 밀교에서는 수행자가 대일여래가 되어 대일여래를 예배한다. 그러나 기독교나 이슬람교 같은 일신교와 달리 밀교에서 대일여래는 전 우주이다. 혹은 전 우주가 대일여래의 현현이라고 이해되고 있다. 별의 반짝임, 바람의 산들거림도 대일여래이고, 우리 개개인에게도 대일여래가 깃들어 있다.

평균적인 일본인에게는 일신교의 여호와나 알라보다도 익숙한 생각이라고 말할 수 있지만, 그렇게 되면, 자신이 신 또는 부처가 된다는 것은 자신이 전 우주가 된다는 것과 같은 뜻이 된다. 하타 요가도 이 사상에 근거하고 있음은 이미 서술했다.

신화시대의 과거부터 사드위(여성 수행자)는 있었다. 남성 수행자는 이전에는 전라인 사람이 많았지만(현재는 쉬바파의 낭가사두와 자이나파의 공의파 행자뿐), 사드위들 중에도 나체로 방랑하는 자가 있었다. 12세기에 나타난 마하데비 앗카 야카(Mahādevī Akkā yakkā)도 그중 하나이다(그림은 인도에서 팔리고 있는 그림을 기반하여 그린 것이지만, 전신이 머리카락으로 덮여 있어서 나체로는 보이지 않는다). 쉬바와 사랑에 빠진 그녀는 신성한 애인을 구하려고 떠돌아다녔다.

그림 2. 마하데비 앗카 야카

102 사카마 가야트리

– 역시 영험이 있어야

Sakāma-gāyatrī

[sakāma(욕구가 있는)-gāyatrī(가야트리)]

〈여〉 소원 성취의 가야트리 만트라

※ 베다에서 가장 신성시되는 만트라, 가야트리(→ 1. 가야트리). 푸라나문헌 및 그와 동시대에 계속 편찬된 탄트라 문헌, 신 우파니샤드 문헌에서는 이 만트라의 권위를 전제로 한, 신들의 가야트리가 무수히 만들어졌다. '사카마 가야트리'는 가야트리의 24음절을 따라서 24명의 신들의 가야트리를 세트로 한 것이다. 사카마는 '욕구가 있는'이라는 의미의 형용사이지만, 여기에서는 '소원 성취'라고 번역해둔다.

◎ 주빈(이슈타 데바타) 이외의 손님

푸자에서는 이슈타 데바타 이외의 신도 때에 따라 초대한다.

여기서 '때'는 바라는 것이 있을 때를 말한다. 탄트라는 현세 이익도 소홀히 하지 않는다. 그러나 신에게도 잘하고 못하는 것이 있다. 그중에서 소원 성취에 가장 적합한 신을 부르는 것이다.

사카마 가야트리는 그런 신들을 초청하고 원하는 것을 이루기 위한 고마운 주문(만트라)의 세트이다. 라인업은 다음과 같다.

(1) 가네샤 가야트리 → [장애의 제거]

(2) 비슈누 가야트리 → [번영] 유지 · 추진하는 힘의 획득

(3) 쉬바 가야트리 → [문제해결, 평화 · 번영] 길조를 부르고, 순수한 사고와 높

은 영성을 획득

(4) 브라마 가야트리 → [생산성] 다산성과 창조력의 획득

(5) 라마 가야트리 → [안심·출세] 다르마에 준한 행위

(6) 크리슈나 가야트리 → [성공] 다이나믹한 에너지를 획득

(7) 인드라 가야트리 → [공격·전쟁에서 안전] 모든 공격으로부터 몸을 지킴

(8) 하누만 가야트리 → [사심 없고 욕심 없는 사랑, 헌신] 다르마의 성취

(9) 수리야 가야트리 → [병의 극복] 난치병의 치료

(10) 찬드라 가야트리 → [걱정거리 극복] 고통을 물리치고 평안한 심경을 얻음

(11) 야마 가야트리 → [죽음의 공포 극복] 죽음의 공포로부터 안녕을 얻음

(12) 바르나 가야트리 → [남녀 간의 사랑 증대] 세련된 말이나 행동

(13) 나라야나 가야트리 → [행정권] 리더쉽의 확립

(14) 느리싱하 가야트리 → [다른 사람을 돕는 능력] 용기를 고무

(15) 두르가 가야트리 → [장애·고통·적에게 승리] 적에게 승리

(16) 락슈미 가야트리 → [부·출세·부유한 생활] 재산·지위의 획득

(17) 라다 가야트리 → [박티의 경지] 연애의 성취

(18) 시타 가야트리 → [고행을 견디는 힘·관용] 고행을 참고 견디는 힘의 획득

(19) 사라스와티 가야트리 → [기억력·지혜·지식·창조성] 지성과 예지의 획득

(20) 아그니 가야트리 → [활력과 오자스ojas의 획득] 생명력의 강화

(21) 프리티비 가야트리 → [안정성·인내·협조성] 정신력의 강화

(22) 툴라시 가야트리 → [무심의 상태가 됨]

(23) 함사 가야트리 → [식별능력(비베카)] 각성의 촉진

(24) 하야그리바 가야트리 → [용기, 공포심의 제거] 위기를 뛰어넘는 힘을 얻음

문장의 형태는 다음과 같이 정해져 있고, ○○의 속에 들어가는 신의 이름이 변화될 뿐이다(○ 하나에 1음절). 1행 = 8음절. 다만, 글자 수가 많은 것도 다

소 있다. 같은 신격(데바타)이 음절의 수에 따라 제2, 제3의 이름(별명, 다른 이름)으로 찬양된다.

○○○○○(여격) vidmahe

지금, 우리들은 ○○○○○를 만나뵙습니다.

○○○○○(여격) dhīmahi

바라옵건데 우리들, ○○○○○에게 마음을 집중하고

tanno ○○(주격) pracodayāt

그 ○○는 우리를 격려해주소서

〈사카마 가야트리〉

① **가네샤** – 이 만트라의 염송은 장애를 제거하고, 어려운 일을 성취하는 데 효험이 있음

Ekadantāya vidmahe (Eka-danta '하나의 어금니를 가진 자'의 여격)

Vakratundāya dhīmahi (Vakra-tunda '굽은 어금니를 가진 자'의 여격)

tanno Dantī pracodayāt. (Dantin '어금니를 가진 자' ← -ī는 -in으로 끝나는 명사의 남성 단수 주격)

② **비슈누** – 유지, 추진하는 힘의 획득

Nārāyanāya vidmahe(Nārāyana '귀의해야만 하는 신'의 여격)

Vāsudevāya dhīmahi (Vāsudeva '영혼의 신'의 여격)

tanno Viśṇuḥ pracodayāt. (Viśṇuh '편재자' ← -uḥ는 -u로 끝나는 명사의 남성 단수 주격)

③ **쉬바** – 길상(= 쉬바)을 기뻐하며 큰 소리로 불러서, 순수한 사고와 높은 영성을 얻음

Pañcavaktrāya vidmahe (Pañca-vaktra '다섯 개의 얼굴을 가진 자'의 여격

Mahādevāya dhīmahi (Mahādeva '큰 신[大神]'의 여격)

tanno Rudraḥ (Rudra '광포한 신[荒神]'의 주격)

④ **브라마** – 다산성과 창조적인 능력을 증대

Caturmukhāya vidmahe (Catur-mukha '네 개의 얼굴을 가진 자'의 여격)

Haṁsārudhāya (Haṁs-ārūdha '함사에 올라탄 사람'의 여격)

tanno Brahmā pracodayāt. (Brahman '범천梵天' ← -ā는 -an으로 끝나는 남성 ※ 단수 주격)

⑤ **라마** – 다르마에 따른 적절한 행위의 성취

Dāśarathāya vidmahe (Dāśaratha '다샤라타 왕의 아들'의 여격)

Sītāvallabhāya dhīmahi (Sītā-vaJlabha '시타 딸의 남편'의 여격)

tanno Rāmaḥ pracodayāt. (Rāma '좋은 사람'의 주격)

⑥ **크리슈나** – 어떤 것이라도 가능하게 하는 다이나믹한 에너지를 기뻐하며 부름

Devakīnandanāya vidmahe (Devakī-nandana '데바키의 귀여운 아이'의 여격)

Vāsudevāya dhīmahi (Vāsudeva '바수데바의 아들 / 영혼의 신'의 여격)

tannaḥ Kṛṣṇaḥ pracodayāt. (Kṛṣṇa '거친 신/매력 있는 사람'의 주격)

⑦ **인드라** – 모든 공격을 물리치고, 격렬한 사다나(요가)를 성취하는 데 효험

Sahasranetrāya vidmahe (Sahasra-netra '천리안을 가진 자[天眼者]'의 여격)

Vajrāstrāya dhīmahi (Vajra-astra '바즈라를 무기로 사용하는 자'의 여격)

tanna Indraḥ pracodayat. (Indra '왕'의 주격)

⑧ **하누만** – 스스로 다르마를 성취하는 데 부족하다고 생각될 때 사용

Añjanāsūtāya vidmahe (Añjanāsūta '안자나의 아들'의 여격)

Vāyuputrāya dhīmahi (Vāyuputra '바람 신의 아들'의 여격)

tanno Mārutiḥ pracodayāt. (Māruti '바람의 아들'의 주격)

⑨ **수리야** – 난치병 치료에 탁월한 효과

Bhāskarāya vidmahe (Bhāskara '빛을 만드는 자'의 여격)

Divākarāya dhīmahi (Divākara '하늘을 만드는 자'의 여격)

tannaḥ Sūryaḥ pracodayāt. (Sūrya '태양'의 주격)

⑩ **찬드라** – 걱정을 다스리고, 평안한 심경을 얻음

Kṣīraputrāya vidmahe (Kṣīra-putra '우유(감로(암리타)의 아들'의 여격)

Amṛtatattvayadhlmahi (Amṛta-tattva '감로의 정수'의 여격)

tannaś Candraḥ pracodayāt. (Candra '달'의 주격)

⑪ **야마** – 죽음의 공포로부터 안녕을 얻음

Pitṛpataye vidmahe (Pitṛ-pati '조상의 영혼[祖靈]의 주인' ← aye는 –i로 끝나는 남성 단수의 여격)

Mahākālāya dhīmahi (Mahā-kāla '마하칼라'의 여격)

tanno Yamaḥ pracodayāt. (Yama '염마閻魔'의 주격)

⑫ **바르나** – 말이나 행동 등에 질서가 생겨나, 감미롭고 온화한 애정이 길러짐

Jalabimbāya vidmahe (jala-bimba '물의 정수'의 여격)

Nīlapuruṣāya dhīmahi (Nīla-puruṣa '푸른 푸루샤'의 여격)

tanno Varṇaḥ pracodayāt. (Varṇa '바르나'의 주격)

⑬ **나라야나** – 규율 및 리더쉽의 확립

Nārāyanāya vidmahe (Nārāyana '귀의해야 하는 신'의 여격)

Vāsudevāya dhīmahi (Vāsudeva '영혼의 신'의 여격)

tanno Nārāyanḥ pracodayāt. (Nārāyana '귀의해야 하는 신'의 주격)

⑭ **느리싱하** – 정진하고, 남을 돕는 능력(샤티), 능력을 고무시키기 위한 샤티의 소환

Ugranṛsiṁphāya vidmahe (Ugra-nṛsiṁha '무서운 사자 인간'의 여격)

Vajranakhāya dhīmahi (Vajra-nakha '금강으로 된 손톱을 가진 사람'의 여격)

tanno Nṛsiṁhaḥ pracodayāt. (Nṛsimha '사자 인간'의 주격)

⑮ **두르가(마하데비)** – 적, 공격자, 장해를 물리치는 샤티를 획득

Girijāyai vidmahe (Giri-jā '산의 딸'의 여격)

Śivapriyāyai dhīmahi (Śiva-priyā '쉬바 신의 귀여운 여인'의 여격)

tanno Durgā pracodayāt. (Durgā '가까이하기 어려운 여인'의 주격)

⑯ **락슈미** – 재산, 지위, 위대함, 명성을 획득하는 샤티를 초청

Mahādevyai ca vidmahe (Mahādevī '대여신'의 여격)

Viṣṇupatnyai ca dhīmahi (Viṣṇu-patnī '비슈누의 부인'의 여격)

tanno Lakṣmīḥ pracodayāt. (Lakṣmī '행복한 여인'의 주격)

⑰ **라다** – 박티(또는 연애)를 성취하는 데 필요한 샤티를 초청

Vṛṣabhānujāyai vidmahe (Vṛṣabha-anujā '브리샤바 = 크리슈나를 따르는 여인'의 여격)

Kṛṣṇapriyāyai dhīmahi (Kṛṣṇapriyā 크리슈나의 사랑스러운 여인'의 여격)

tanno Rādhā pracodayāt. (Rādhā '축복을 주는 여인'의 주격)

⑱ **시타** – 고행을 극복할 수 있는 힘을 얻음

Janakanandinyai vidmahe (Janaka-nandinī '자나카왕의 사랑하는 딸'의 여격)

Bhūmijāyai ca dhīmahi (Bhūmi-jā '대지의 딸'의 여격)

tannaḥ Sītā pracodayāt. (Sītā '시타'의 주격)

⑲ **사라스와티** – 예지와 창작의 샤티를 증대

Sarasvatyai ca vidmahe (Sarasvatī '변재천'의 여격)

Brahmaputryai dhimahi (Brahma-putrī '범천의 딸'의 여격)

tanno Devī pracodayāt. (Devī '여신'의 주격)

⑳ **아그니** – 신체의 생명력(오자스)의 찬람함을 가져오고, 생명의 모든 활동을 고무시킴

Mahājvālāya vidmahe (Mahā-javāla '큰 불'의 여격)

Agnidevāya dhīmahi (Agni-deva '불의 신'의 여격)

tanno'gniḥ pracodayāt (Agni '아그니'의 주격)

㉑ **프리티비** – 마음의 동요를 진정시키고, 확고한 정신을 기름

Pṛthivīdevyai vidmahe (Pṛthivī-devī '대지의 여신'의 여격)

Sahasramūrtāyai dhīmahi (Sahasra-mūrtā '천 가지 모습을 가진 여인'의 여격)

tannaḥ Pṛthivī pracodayāt. (Pṛthivī '땅의 신'의 주격)

㉒ **툴라시** – 이기주의를 버리고, 무심하며, 인생의 목표(해탈)에 이르는 것을 도움

Tulasāyai vidmahe (Tulasā '홀리바질'의 여격)

Viṣṇupriyāyai dhīmahi (Viṣṇu-priyā '비슈누의 귀여운 여인'의 여격)

tanno Vṛndā pracodayāt. (Vṛndā '홀리바질'의 주격)

㉓ **항사** – 진짜와 가짜를 궁구하고, 각성을 재촉하는 매우 강력한 만트라

Paramahaṁsāya vidmahe (Parama-haṁsa '지고의 항사'의 여격)

Mahāhamsāya dhīmahi (Maha-haṁsa '대 항사'의 여격)

tanno Haṁsaḥ pracodayāt. (Haṁsa '항사'의 주격)

㉔ **하야그리바** – 사면초가의 상태에 처했을 때 공포심을 없애고, 용기를 고무시킴

Vanīśavarāya vidmahe (Vanī-śavara '숲의 야만인'의 여격)

Hayagrīvāya dhīmahi (Hayagrīva '말의 머리를 한 사람'의 여격)

tanno Hayagrīvaḥ pracodayāt. (Hayagrīva '말 머리를 한 사람'의 주격)

※ 각각의 신의 힘의 배경이 되는 신화도 함께 제시하고 싶지만, 지면 관계상 다음 기회에 다루고자 한다.

이 만트라들은 아사나를 할 때 카운팅에도 사용할 수 있다. 즉, 천천히 호흡에 맞추어 만트라를 읊으며 아사나를 한다. 내쉬는 숨에 1음절, 들이쉬는 숨에 1음절.

(예를 들어) 가네샤 가야트리라면, 옴(날숨)·에(들숨)·카(날숨)·단(들숨)·타(날숨)·야(들숨)·비(날숨)·드마(들숨)·헤(날숨)//바(들숨)·크라(날숨)·트(들숨)·운다(날숨)·야(들숨)·디(날숨)·마(들숨)·히(날숨)//탄(들숨)·노(날숨)·단(들숨)·티(날숨)·프라(들숨)·초(날숨)·다(들숨)·야트(날숨)

24음절이지만, 12호흡에 가능하다. 아사나를 유지할 때 시간의 단위로 적절하다.

하지만 이 가야트리 세트는 사카마, 즉 '욕망(카마)이 있다(사)'로 두고 가장 중요한 신의 만트라는 포함되어 있지 않지만 노파심에 보충해둔다.

㉕ **카마** – 정력, 성적 매력, 능력을 증대시킴 (그림)

Kāmadevāya vidmahe (Kāmadeva '사랑의 신'의 여격)

Puṣpavāṇāya dhīmahi (puṣpavāṇa '꽃의 화살을 가진 것'의 여격)

tannaḥ Kāmaḥ pracodayāt. (Kāma '카마'의 주격)

ॐ कामदेवाय विद्महे
पुष्पवाणाय धीमहि
तन्नः कामः प्रचोदयात्॥

तत्
स
वि
तुर्
ॐ एकदन्ताय विद्महे
वक्रतुण्डाय धीमहि
तन्नो दन्ती प्रचोदयात्
ॐ नारायणाय विद्महे
वासुदेवाय धीमहि
तन्नो विष्णुः प्रचोदयात्
ॐ पञ्चवक्त्राय विद्महे
महादेवाय धीमहि
तन्नो रुद्रः प्रचोदयात्
ॐ चतुर्मुखाय विद्महे
हंसारूढाय धीमहि
तन्नो ब्रह्मा प्रचोदयात्
भर्
गो
दे
व
ॐ भास्कराय विद्महे
दिवाकराय धीमहि
तन्नः सूर्यः प्रचोदयात्
ॐ क्षीरपुत्राय विद्महे
अमृततत्त्वाय धीमहि
तन्नश्चन्द्रः प्रचोदयात्
ॐ पितृपतये विद्महे
महाकालाय धीमहि
तन्नो यमः प्रचोदयात्
ॐ जलबिम्बाय विद्महे
नीलपुरुषाय धीमहि
तन्नो वरुणः प्रचोदयात्
धि
यो
यो
नः
ॐ वृषभानुजाय विद्महे
कृष्णप्रियायै धीमहि
तन्नो राधा प्रचोदयात्
ॐ जनकनन्दिन्यै विद्महे
भूमिजायै धीमहि
तन्नः सीता प्रचोदयात्
ॐ सरस्वत्यै च विद्महे
ब्रह्मपुत्र्यै धीमहि
तन्नो देवी प्रचोदयात्
ॐ महाज्वालाय विद्महे
अग्निदेवाय धीमहि
तन्नोऽग्निः प्रचोदयात्

그림(권두의 그림 6, 7)

व

ॐ दाशरथाय विद्महे
सीतावल्लभाय धीमहि
तन्नो रामः प्रचोदयात्

रे

ॐ देवकीनन्दाय विद्महे
वासुदेवाय धीमहि
तन्नः कृष्णः प्रचोदयात्

णि

ॐ सहस्रनेत्राय विद्महे
वज्रहस्ताय धीमहि
तन्न इन्द्रः प्रचोदयात्

यं

ॐ अञ्जनासुताय विद्महे
वायुपुत्राय धीमहि
तन्नो मारुतिः प्रचोदयात्

स्य

ॐ नारायणाय विद्महे
वासुदेवाय धीमहि
तन्नो नारायणः प्रचोदयात्

धी

ॐ उग्रनृसिंहाय विद्महे
वज्रनखाय धीमहि
तन्नो नृसिंहः प्रचोदयात्

म

ॐ गिरिजायै विद्महे
शिवप्रियायै धीमहि
तन्नो दुर्गा प्रचोदयात्

हि

ॐ महादेव्यै च विद्महे
विष्णुपत्न्यै च धीमहि
तन्नो लक्ष्मीः प्रचोदयात्

प्र

ॐ पृथिवीदेव्यै विद्महे
सहस्रमूर्त्यै धीमहि
तन्नः पृथिवी प्रचोदयात्

चो

ॐ तुलसायै विद्महे
विष्णुप्रियायै धीमहि
तन्नो वृन्दा प्रचोदयात्

द

ॐ परमहंसाय विद्महे
महाहंसाय धीमहि
तन्नो हंसः प्रचोदयात्

यात्

ॐ वनीश्वराय विद्महे
हयग्रीवाय धीमहि
तन्नो हयग्रीवः प्रचोदयात्

이 가야트리들의 원천은 사비트리 가야트리이다. 따라서 사비트리 가야트리를 염송하고 나서 한 번 더 oṁ을 발성한 후에 각각의 가야트리로 이어진다. 모든 것을 염송하거나 혹은 목적에 맞게 선택해서 사용해도 좋다고 한다.

103 프라티슈타

– 영혼의 유입

Pratiṣṭhā

[prati(~에 대해서) √sthā(서다/있다/머물다)]

〈여〉 소원 성취의 가야트리 만트라

〈여〉 영광, 안정, 기초, 확립. 신, 불상을 성별聖別함, 영혼의 유입

※ '프라티슈타'는 '불안정한 것을 확실하게 세우는 일'이 원래 의미. 종교적으로는, 건립한 사원이나 불탑, 신상, 불상 등에 영혼을 불어넣는 일을 가리킨다. 프라티슈타를 하고 나서야 비로소 종교건축이나 신상, 불상은 예배의 대상이 된다. 불교에서 말하는 '개안공양開眼供養'도 프라티슈타에 해당한다.

◎ 신령을 인스톨install

나라대불奈良大佛. 이것이야말로 일본불교의 심벌이라고 단언하더라도 대부분의 사람들은 반론하지 않을 것이다. 대불은 두 차례에 걸친 전쟁의 포화로 무너졌는데 그때마다 수리·복원되어 불사조처럼 다시 태어났다. 그런 의미에서도 심벌로 어울리지만, 현재의 대불 머리 부분은 에도시대(1690년)의 것.

오리지널은 아스카불상의 계통을 이은 이국적인 얼굴이었을 것이라고 이야기한다. 전형적인 일본인의 얼굴이라기보다는 외국풍의 얼굴이라고나 할까.

이 대불에 영원한 생명을 불어넣는 개안공양(752년)을 집전한 사람이 남인도의 바라문 출신 승정僧正 보디세나菩提遷那였다.

"잘 오셨습니다."라고 주빈(이슈타 데바타)을 환영하고, 자리로 안내한다.

16종 푸자의 첫 번째 아사나이다.

당신의 방에 인도나 네팔이나 발리 섬에서 손에 넣은 신불의 상, 만다라, 얀트라가 있다고 하자. 그것에 기도를 올리고 명상한다. 그 앞에서 요가를 한다. 그러나 영혼을 불어넣는 의식을 치르지 않으면 그것은 단순히 공예품에 지나지 않는다.

그런 신상, 불상이나 심벌은 신을 표시하는 것, 말하자면 자리(아사나)이다. 신이 그 자리에 앉아야만 가치가 있다. 이를 위한 수속을 밟는 것이 프라티슈타이다.

프라티슈타는 그것 자체가 수행법(사다나), 즉 특수한 신체 기법과 관상법(이미지 명상 → 104. 디야나)이 연계된 요가행법이다. 탄트라 문헌에는 복잡한 행법들이 기술되어 있지만, 여기에서는 그 간략한 방법을 소개하고자 한다(그림).

① 신령은 시공을 초월하여 편재해 있다. 그것을 일단 자신의 심장에 집어넣는다.
신상, 불상과 얀트라 등 푸자의 대상 앞에 앉아 천천히 호흡하며 마음을 가라앉히고, 들숨과 함께 아디파티마르마(대천문)에서 프라나를 빨아들여 그 프라나를 심장 안의 공간에 밀어 넣는다고 이미지화한다.

② 신상, 불상의 무르티(구체적인 모습)를 관상하고, 심장 안의 프라나가 그 모양으로 변용해가는 것을 이미지화한다.

③ 오른손에 싱싱한 꽃을 든다. 왼손의 손가락으로 오른쪽 콧구멍을 막고, 왼쪽 콧구멍을 통해서 숨(프라나)를 내쉬어서 그 꽃에 무르티를 불어넣는다.

④ 꽃을 신상, 불상이나 얀트라의 옆에 두고, 만트라를 염송하면서 무르티가 푸자의 대상에 옮겨 간다고 이미지화한다.

① 대천문에서 영기(프라나)를 들이마시고, 자신의 심장에 집어넣는다.
② 신·구·의 삼밀(→ 80. 크리야 요가)로 쉬바 링가를 명상. 즉 몸으로는 왼손을 펼치고 그 손바닥에 오른손 주먹을 올린 다음, 엄지를 세워서 쉬바 링가 무드라를 하고, 입으로는 쉬바 신의 근본 진언인 '옴 나마하 쉬바야(oṁ namo Śivāya)'를 염송하고, 마음으로는 쉬바 링가의 형상을 이미지화한다.(옴 자를 기반으로 쉬바 링가를 이미지화하면 좋다) 그리고 심장 안의 프라나가 그 형태로 변해간다고 관한다.

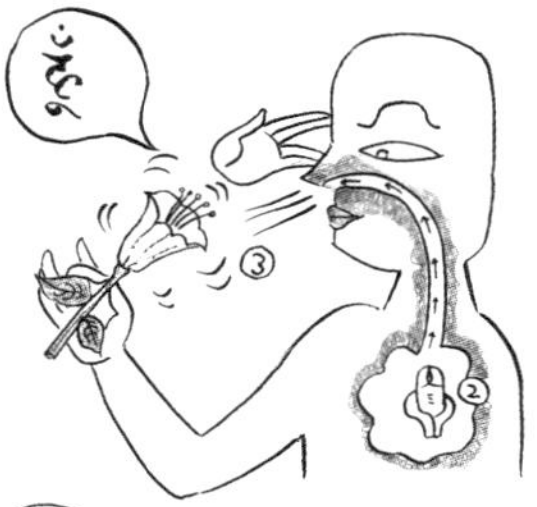

③ 오른손에는 싱싱한 꽃(쉬바 신은 흰독말풀 꽃을 좋아한다)을 든다. 왼손 손가락으로 오른쪽 콧구멍을 막고, 왼쪽 콧구멍을 통해서 훔(huṃ)이라는 진언과 함께 숨(푸라나)을 내쉬고, 그 꽃에 쉬바 링가의 영기를 불어 넣는다.

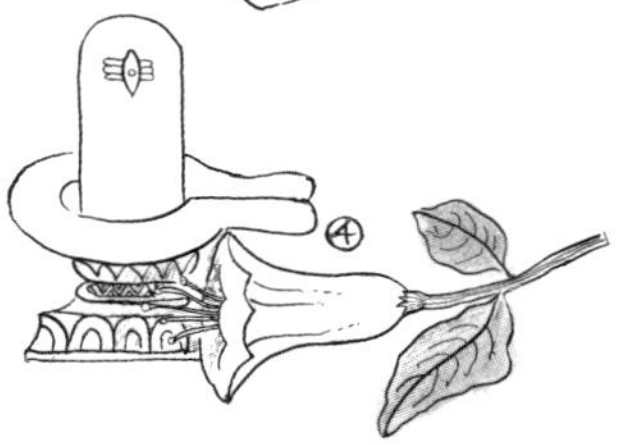

④ 꽃을 실제 쉬바 링가의 아이콘의 옆에 두고, 만트라를 염송하면서 쉬바의 영기가 아이콘으로 옮겨간다고 이미지화한다.

그림. 쉬바 링가의 영혼 유입

꽃에 관해서 말하자면 '이 신'에게는 '이 꽃'이라는 약속이 있다.

예를 들어 쉬바 신의 경우, 대마와 흰독말풀의 꽃을 좋아하지만, 일본에서는 이 꽃을 들기 어렵다. 인도의 독특한 꽃도 많다. 따라서 우리들은 남신에게는 흰 꽃, 여신에게는 빨간 꽃이라고 기억해 두면 된다. 그리고 만트라는 항목 '102. 사카마 가야트리'에서 소개한 가야트리를 이용하면 좋다.

대접이 끝나면 신령을 배웅한다. 16종 푸자의 마지막인 나마스카라, 말하자면 영혼을 떼어내는 것인데, 이것은 영혼 유입의 과정을 역으로 하면 좋다.

① 무르티가 푸자의 대상으로부터 꽃으로 이동한다고 이미지화한다.

② 꽃을 손에 들고 왼 콧구멍을 막고 오른 콧구멍을 통해서 숨(프라나)을 들이쉬고, 꽃의 무르티를 심장 안으로 되돌린다.

③ 무르티를 무형의 프라나의 상태로 되돌린다.

④ 그 프라나를 내쉬는 숨과 함께 대천문의 혈로부터 허공에 되돌린다.

◎ 항구적인 영혼 유입

한편, 신상, 불상의 영혼 유입에는 '항구적 영혼 유입'과 '일시적인 영혼 유입' 두 가지가 있다. 사원의 본존에는 항구적인 영혼 유입이 행해진다. 푸자(예배 공양)를 한 다음, 제단을 파괴하는 모래 만다라에는 일시적인 영혼 유입이 행해진다. 가정의 수호신의 경우도 보통 이렇게 한다.

영원한 신성이 인스톨된 신상, 불상은 앞으로 영원히 푸자를 바쳐야 한다. 신의 위력은 이롭기도 하지만, 푸자를 소홀히 한다면 해악을 가져온다. 인도에서는 일반 가정에 모신 신상에 항구적인 영혼 유입을 하는 경우, 그 집이나 토지의 부동산적 가치는 크게 떨어진다. 다음에 입주하는 사람이 하루에 한 번 이상 푸자 의례를 실시해야 하는 의무를 지기 때문이다. 그리고 일시적인 영혼 유입은 어떤 사람이라도 가능하지만, 항구적인 영혼 유입을 실행할 수 있는 것은 바라문에 한정된다. 아마도 고대 인도의 불교에서도 불상에 영혼 유입을 한 것은 바라문 출신의 승려였을 것이다. 그리고 '바라문 출신 승정'인 보디세나가 나라대불 개안공양의 집전을 맡은 것도 그가 모국에서 지녔던 카스트와 관계 있을 것이다.

104 디야나
– 심상화心象化에서 시작하다
Dhyāna

[√dhyai(생각하다/명상하다)]

〈중〉 명상, 관상

※ '다야나'의 음역은 '선나禪那,' 줄여서 '선禪.' 8단계의 일곱 번째로 《요가수트라》(Ⅲ. 2)는 '디야나라는 것은 관념이 한 점으로 집중한 상태'라고 정의하고 있다. 그러나 탄트라 문헌에서는 관상upāsana을 '디야나'라고 하는 경우가 있다.

◎ 신불神佛을 생생하게 이미지화하기

'오~ 사이바바Saibaba♡'

사진가인 시노야마기신篠山紀信 씨는 인도의 곳곳에서 자신에게 그렇게 무릎을 꿇는 경우가 많았다고 한다. 헤어스타일은 닮았다.

사이바바는 인도의 구루인데 독특한 스타일을 하고 있다. 그림으로 그리기도 간단하다. 얼굴은 둥그스름하더라도 머리는 아프리카인 헤어스타일에 긴 쿠르타kurta를 입고, 오른 손바닥을 들어 올린 인물을 그리면 바로 사이바바라는 것을 알 수 있다. 이것은 그의 신자라면 누구라도 간단하게 관상(마음에 신과 부처의 모습을 떠올리는 명상법)할 수 있는 것이다(그림 1). 《요가수트라》에서 말하는 '신에 대한 헌신(이슈와라프라니다나)'도 관상을 주로 하는 명상 테크닉이다. 그리고 관상에 의해서 생겨난 이미지는 현실의 존재와 같은 실재

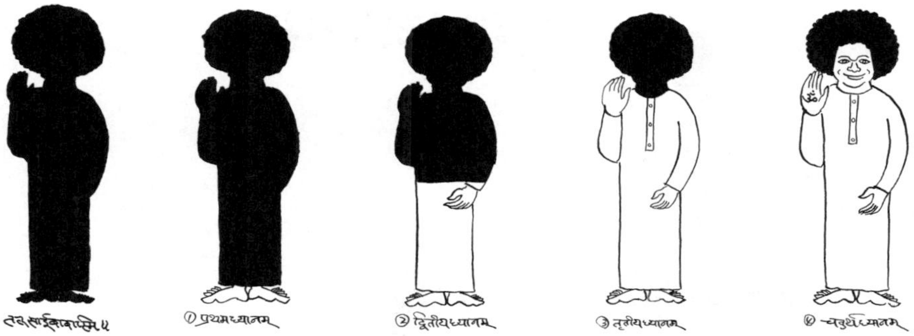

눈을 감고 호흡을 가다듬어 마음을 진정시키고 나서, 이마에 의식을 집중하고 어렴풋한 전신상을 떠올린다. 그런 다음에 ① 발, ② 하반신, ③ 상반신, ④ 얼굴의 순으로 또렷하게 비주얼라이즈해간다.

그림 1. 관상의 기본(사이바바의 예)

라고 여겨진다. 사이바바 신앙은 스타일리스트의 승리이기도 하다.

'디야나 문헌'이라는 것이 있다. 관상에 도움을 주기 위한 신과 부처의 도상(이미지) 컬렉션이다. 예를 들어 두르가 관상의 시.

> oṁ siṁhasthā śaśi-śekharā marakata-prakhyaiś-caturbhir-bhujaiḥ
>
> śaṇkha cakra-dhanuḥ-śarāṁśca dadhatī netrai-sribhiḥ śobhitā,
>
> āmukta-aṇgada-hāra-kaṇkaṇa-raṇatkāñcī-raṇannūpurā
>
> durgā durgati-hāriṇī bhavatu no ratna-ullasat-kuṇḍalā.
>
> 옴, 사자에 올라탄, 이마에 달 장식이 있는, 네 개의 팔에서 에메랄드 빛이 빛나고 있는, 소라고둥·원반·활·화살을 손에 쥔, 세 개의 눈이 반짝이는, 진주목걸이, 팔찌, 팔뚝 장식을 한, [보석으로] 짤랑거리는 허리띠를 찬, 발찌를 낀, 보주로 눈부신 귀걸이를 한 장애의 파괴자 두르가를 우리는 관상한다.

구성지게 노래하면서, 방금 염송된 두르가의 모습을 뇌리의 스크린에 생생

옴, 사자에 올라탄, 이마에 달 장식이 있는, 네 개의 팔에서 에메랄드 빛이 빛나고 있는, 소라고둥 · 원반 · 활 · 화살을 손에 쥔, 세 개의 눈이 반짝이는, 진주목걸이, 팔찌, 팔뚝 장식을 한, [보석으로] 짤랑거리는 허리띠를 찬, 발찌를 낀, 보주로 눈부신 귀걸이를 한 장애의 파괴자 두르가를 우리는 관상한다.

그림 2. 두르가 관상

하게 비추어간다. 말하자면 그림을 그리는 노래이다(그림 2).

관상법이야말로, 요가 명상의 근간이다. 태고의 베다에서 나와서 중세의 탄트라까지 계승된 요가의 정도이다.

《요가수트라》가 이상으로 하는 경지는 무념무상인데 느닷없이 염하지도, 생각하지 않는다는 것은 불가능. 오히려 반대로 유념유상有念有想으로 마음을 채워간다. 그렇더라도 마음에 떠오르는 생각을 마구잡이로 쫓아가는 것이 아니다. 순서를 정하고 단계를 따라서, 먼저 대략적으로 형태를 잡아 점차 포커스를 맞추고 세세한 부분까지 생생하게 관상해간다. 말하자면 자기의 의지로 환영을 만들어낸다는 것이다. 관하는 것에 의해서 마침내 마음이 하나로 뭉친다. 상념이 한 점에 집중한 상태, 《요가수트라》에서 말하는 디야나이다. 거기에는 자기라는 관상의 주체가 사라진다. 단지 관상한다는 행위만 있다.

◎ 관상 레슨(그림 3)

그러나 사이바바처럼 임팩트 있는 모습은 제쳐두고서라도 관상은 처음에는 상당히 어렵다. 요가에서는 트라타카trāṭaka라는 기술을 이용해서 연습한다. 응시하는 기술이다. 대상은 무엇이라도 좋지만, 처음에는 촛불이 연습하기에 쉽다.

요가의 좌법으로 앉아서 마음을 가라앉히고, 집중해서 응시한다. 아무것도 생각하지 않는다. 오직 응시한다. 아직 느슨해져서는 안 된다. 피곤하더라도 눈을 깜빡여서도 안 된다.

눈이 피곤해진 경우에는 감는다. 하지만 여전히 응시하고 있다. 마음의 눈으로 관하듯 하는 것이다. 구체적으로는 눈꺼풀의 안쪽에 있는 빛의 잔상에 의식을 집중시킨다. 아무것도 생각해서는 안 된다. 오로지 응시한다…. 거기에 자기 자신은 없다. 단지 응시하는 행위만 있다. 이리하여 환영을 만들어낸다. 언제든지 자유롭게 자신의 의지로 눈을 뜨고 있어도, 감고 있어도 불꽃을 관할 수 있게 한다. 인도에서는 양초의 불꽃 외에도, 다음과 같은 것을 트라타가의 대상으로 자주 사용한다.

○ 원, 사각, 삼각 등의 단순한 기하학적 도형.
○ 산스크리트 문자
○ 빈두(점)
○ 쉬바 링가, 링가, 요니.
○ 얀트라

그리고 색상도 동시에 떠올릴 수 있도록 한다. 이 경우에는 다음과 같은 색깔처럼 특정한 색을 바로 연상할 수 있는 것을 이미지화하는 것에서 시작한다.

○ 토마토의 빨간색
○ 허브의 녹색
○ 터메릭(강황)의 노란색
○ 우유의 흰색
○ 가지의 보라색
○ 하늘의 파란색

(1) 트라타카(응시)

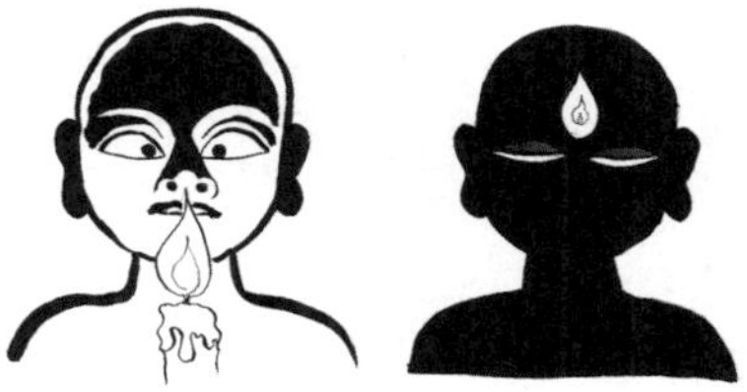

① 양초(디파)의 불꽃을 응시.
② 눈을 감고, 이마에 불꽃을 비춘다.
③ 언제든지 불꽃을 관하는 것(비주얼라이즈)이 가능하게 한다.

(2) 아(अ), 옴(ॐ), 탐(ठं), 함(हं), 얌(रं), 람(वं), 밤(लं), 람(लं) 등의 종자(비자)를 관한다.

머릿속으로 글자를 써보면 쉽게 관할 수 있다.

(3) 점(빈두), 원, 삼각, 사각 등의 심플한 도형을 관한다.

(4) 색상을 관한다.

막연히 색을 떠올리기보다는 토마토의 빨강, 허브의 녹색 등 그 색을 띤 근처에 있는 물건을 이미지 화하면 하기 쉽다.

차크라 관상

① 회음부(여성은 요니여도 괜찮다)에서 대천문에 이르는 중심축을 관한다. 그것은 새끼손가락 정도의 굵기로 중앙이 비어 있다.
② 중심축 내부의 정해진 위치에 빛의 점(빈두)을 관한다.
③ 그 점을 종자로 발전시킨다. 밑에서부터 लं(회음), वं(방광), रं(배꼽), यं(가슴 중앙), हं(목구멍), ॐ(미간).
④ 도형을 이미지화한다. 그것을 특정한 색으로 물들인다. □ 노랑(회음), ☾ 파란색 혹은 흰색(방광), ▽ 빨강(배꼽), ▽ 녹색 또는 보라색(가슴중앙), ◠ 흰색 혹은 연기색(목구멍)
⑤ 꽃잎이 둘러진 원을 이미지화한다. 꽃잎의 색깔은 여러 가지 톤의 빨간색.

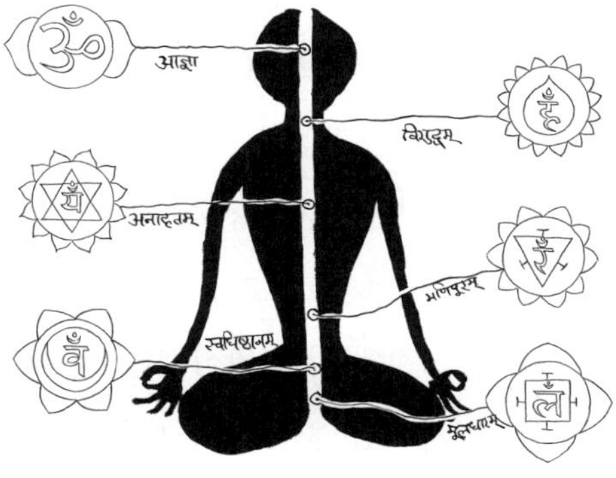

그림 3. 관상법 레슨

105	# 프라사다 – 신의 선물
	Prasāda

[pra(~을 떠나서, ~로부터 분리된) –√sad(슬프다)]

〈남〉 청순, 광휘, 친절, 은혜; 신에게 바치는 공물과 그 나머지

※ '프라사다'의 원래 의미는 '슬픔이 없어지는 것'으로, '어둠을 없애는 깨끗하고 맑은 빛'의 이미지다. 《요가수트라》 I. 47에 nirvicāra-vaiśāradye dhyātma-prasādaḥ, 즉 "사고를 초월한 경지에 숙달하면 최고의 아트만이 프라사다(눈부시게 빛난다)"라는 용례가 나타난다. 그것은 신의 은혜이다. 일반적으로는 신에게 바쳐진 공물을 프라사다라고 한다. 신이 드신 공물의 나머지는 신이 주신 가치 있는 선물로 간주되고 있다(그림 1).

◎ 신에게 바치는 음식과 음복

당신이 인도에 가서 중류층 이상의 가정에 초대를 받아 미타이(케이크)를 대접 받는다고 하자. 나오는 개수는 보통 4개이다. 맛있어도 전부 먹어서는 안 된다. 1개 이상 남겨두는 것이 매너이다. 남은 것은 그 가족의 하인에 대한 당신의 선물이 되는 것이다. 그것이 프라사다(힌디어에서는 프라사드)이다.

'신성한 소꿉놀이(푸자)'에서는, 손님(신)이 돌아갔다. 손님은 받은 요리에 만족했지만, 보기에는 아무런 변화가 없다. 왜냐하면 그들이 먹는 것은 향기. 인도에서 향신료 요리가 발달한 원인 중 하나이다. 그리고 푸자는 프라사다를 받는 것에 의해 완성된다. 일본의 신도에서 말하는 신에게 바치는 식사[신찬神饌]와 신찬을 나중에 먹는 것[직회直會]과 같다. 신이 드신 것을 먹는 것으로 신과의 유대가 강화되고, 그 힘(샥티)을 나누어 받아서 은혜 받기를 기대

고대의 호마의례에서는 공물의 나머지(생쌀, 콩, 야채 등)는 죽으로 끓여 참가자들에게 대접했다.

그림 1. 제화의 공물

하는 것이다.

힌두교의 섬 발리에서는 잘 차려입은 여인이 산더미 같은 공물을 머리에 이고 사원으로 향하는 광경을 자주 볼 수 있는데, 그것도 프라사다이다. 그 공물을 사원에서 신에게 바친 후에, 집으로 가져와서 가족끼리 먹는다.

◎ 공물의 조정

우리가 푸자의 틀 안에서 요가를 수행하는 경우라면 매번 제대로 된 공물을 준비할 필요는 없다. 요구르트에 꿀 또는 붉은 과일잼을 뿌린 것으로 충분하다. 우유 및 유제품과 과일은 아유르베다에서는 터부시되는 조합이다. 우유에 과즙을 더하면 과일효소의 작용으로 우유가 응결하므로 맥관을 막히게 한다고 여겨지기 때문이다. 그러나 가열된 잼이라면 효소가 없어졌으므로 문제없다. 인도에서는, '하타 요가(아사나)를 한 후에 달콤한 과자를 먹거나 우유 한 잔을 마셔도 좋다'라고 이야기하고 있다. 즉 과자나 우유를 공물로 사용해도 좋다.

그러나 요가 교실을 관장하는 사람이 합숙을 기획한다면 요가의 레시피에 따라서 요리를 만들어 푸자를 행하는 것도 즐거운 일이다. 공물용 요리가 채식일 필요는 없다. 술과 고기를 금지하는 사상은 불교·자이나교에서 시작하여 비슈누교에 계승되어 많은 바라문도 따르게 되었다. 인도의 요가 교사는 대부분이 바라문이기 때문에 요가를 하는 사람은 채식, 금주가 원칙이라고 믿고 있는 사람이 많다. 그리고 '그것이 좋다'고 생각하고 있다면 그렇게 해도 좋지만, 요즘 인도의 푸자에 있어서도 종파나 카스트에 따라서 술과 고기를 꺼리지 않는 사람도 있다는 것을 염두에 두기 바란다.

야채고기 완자

शाकाहारी कोफ़्ता

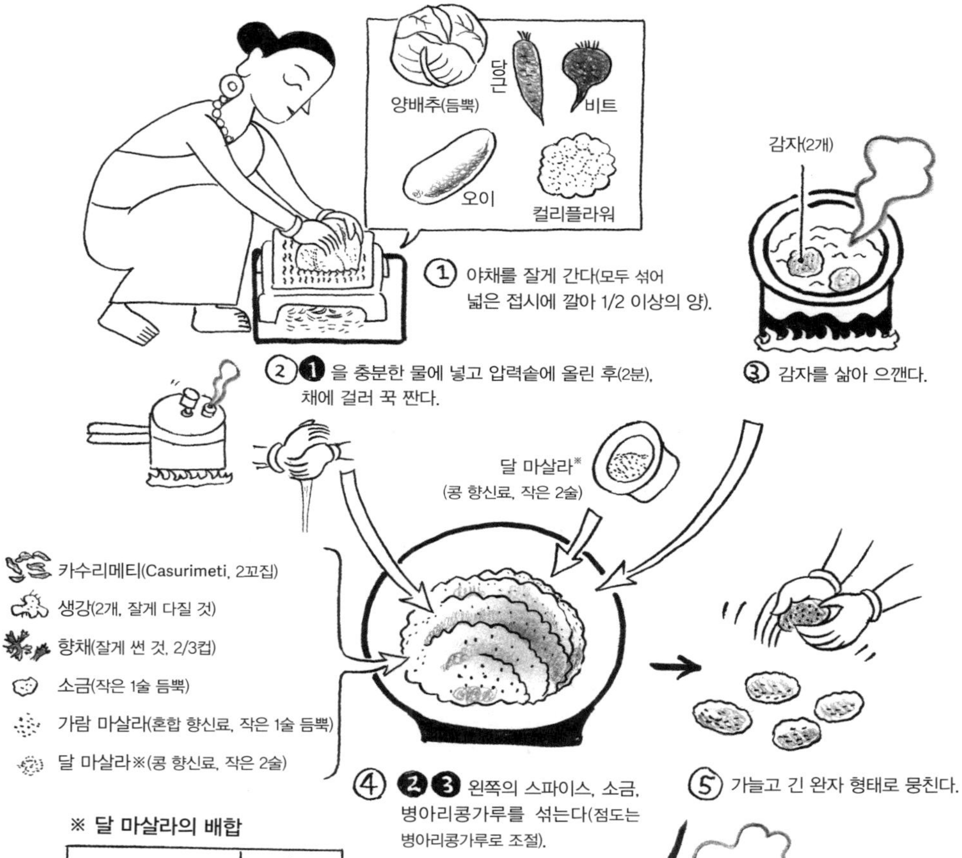

※ 달 마살라의 배합

향신료	계량 (작은 숟가락)
커민 파우더	1
흑후추	1/2
고수	1
말린 생강	1/2
망고 파우더	1/2
정향 파우더	1/4 빠듯
시나몬 파우더	〃
아위(阿魏)	〃
육두구	〃
브라운 카다몬	〃
암염(巖鹽)	1

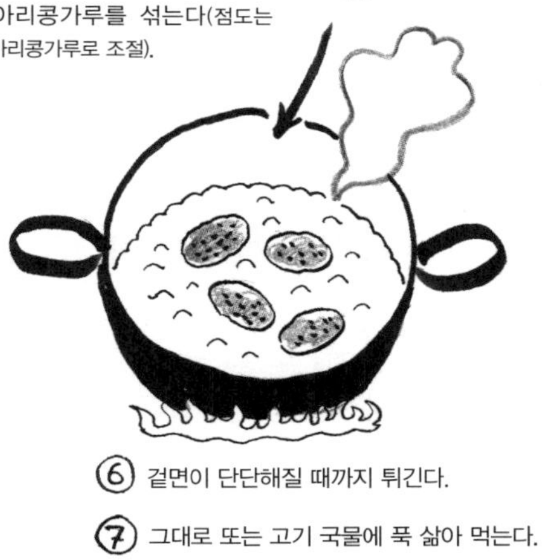

그림 2. 야채고기 완자

쉬바 신은 대마를 가장 선호하고, 여신은 술이나 동물의 피를 좋아한다. 탄트라 문헌에는 공물의 금기가 없다고 되어 있고, 술의 양조법까지도 기록된 문헌이 있다. 무엇보다 탄트라교도라 하더라도 요즘에는 오이나 가지 등을 동물 대신 사용하는 것에 만족하고 있는 듯하다. 중국의 순수 야채식(素菜, 사찰음식)처럼 식물을 재료로 고기의 맛을 흉내 낸 요리의 전통도 있다(그림 2).

106 니야사

– 세계 컬렉션

Nyāsa

[√nyas(배치하다/붙박다/설치하다/두다]

〈남〉 배치, 서약, 저당抵當, 신뢰, 넓게 늘어놓음
※ 베다의례는 제단 = 전 우주라는 전제를 기반으로 성립한다.(→ 28. 베다). 제관은 만트라를 염송하면서 제화祭火를 비롯한 제식의 장치나 제사 도구에 대해서, 그것이 우주의 무엇에 대응하는가를 하나씩 규정해간다. 그 행위를 '우파니야사(가까이 둠, 동치同値)'라고 한다. 이것이 탄트라로 계승되어 소우주인 신체의 특정 부위가 대우주의 무엇에 대응하는가를 규정하는 행위가 '니야사'라고 불리게 되었다.

◎ 신체를 성스럽게 하기[聖化]

자신의 피부 밖과 안. 밖에는 대우주가 펼쳐져 있고, 안에는 소우주가 잠재해 있다. 하지만 안과 밖은 사실은 하나이다. 완전한 동일체이다. 그리고 우주에 일어나는 여러 드라마 혹은 신화를 피부의 안쪽에서 재현하려는 시도가 탄트라 요가라고 해도 좋다.

쿤달리니 요가도 그렇다.

태초에 쉬바(정신원리=푸루샤)와 여신(샥티, 물질원리=프라크리티)은 분리되기 어려우리만큼 결합되어 있었다. 둘은 하나였다. 그렇지만 결합이 느슨해져서 하나는 둘로 나누어졌다. 여신은 물질적인 우주를 창조하고, 모든 창조를 끝낸 뒤에 뱀의 모습이 되어 대지 속에서 쿨쿨 잠들었다. 피부의 안쪽에서는 지금, 쉬바와 여신의 결합의 자리였던 정수리의 사하스라라에서 외톨이 쉬바가 울고 있다. 대지의 원리를 상징하는 기저부의 물라다라 차크라에서는 여신이 흰 뱀(쿤달리니)이 되어 잠들어 있다. 쉬바와 여신의 이별이야말로 윤회와 고통의 원인이다.

요가수행자는 신체를 특수하게 활용하는 행법, 즉 아사나, 무드라, 반다와 호흡법, 관상법을 이용하여 물라다라 차크라에 충격을 주어서 여신(쿤달리니)을 깊은 잠의 밑바닥으로부터 각성시킨다. 그것이 '힘을 쏟는(하타) 요가'라는 이름의 유래이다.

이런 우주적 연극을 피부의 안쪽에서 연출하는 데 앞서, 신체의 어느 부분이 우주의 무엇에 대응하는가, 무엇을 상징하는가, 신화적 연극이라면 신체의 어느 부위가 어느 신에 대응하는가를 하나씩 규정하는 의례가 행해진다.

하타 요가의 아사나와 프라나야마를 할 때에도 니야사는 행해진다. 이를

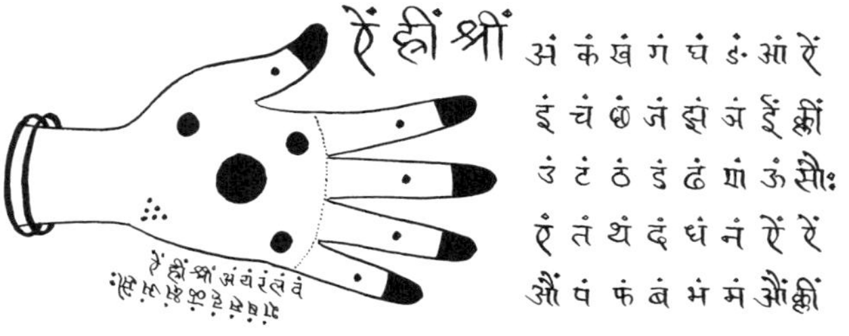

만트라를 염송하면서 몸의 각 마르마를 만진다. 그러고 나서 그 부분에 모든 신–

- 가네샤
- 천체신(天體神, 9행성, 12별자리 27성숙星宿)(→ 36. 크슈드라 안다, 그림 1)
- 성지의 여신(→ 36. 크슈드라 안다, 그림 2)

등의 가호가 깃들기를 바란다.

그림 1. 니야사

락슈미는 부와 아름다움을 가져다주는 여신. 흐리다야 마르마(양쪽 유두의 중간)를 오른쪽 엄지로 누르고, 만트라(→ 102. 사카마 가야트리)의 (16)을 염송하면서, 먼저 심장의 차크라에 락슈미의 종자 श्रीं(Śrīṁ)을 이미지화한다. 그러고 나서 그 종자를 발아, 생장시키려 듯이 하면서, 여신의 모습을 관상한다. 이 명상에 의해서 여신의 도움을 받을 수 있다고 한다.

그림 2. 락슈미 여신[吉祥天]의 니야사와 관상

통해서 의식을 집중하는 부위를 명확하게 하는 실제적인 메리트도 있다. 예를 들면, 《게란다 본집》 V. 37에 있는 구절이다.

> 요가수행자는 자리(아사나)에 앉아서 연화좌를 하고 구루에게 지시받은 것처럼 구루를 비롯한 '여러 신들의 신체에' 니야사하고, 맥관(나디)을 정화하는 프라나야마 정화법을 수행해야 한다.•

구체적으로는 심장에 구루(하타 요가 최초의 구루 쉬바 신의 상징), 오른쪽 콧구멍(오른쪽 맥관(핑갈라)의 출입구)에 태양신 수리야, 왼쪽 콧구멍(왼쪽 맥관(이다)

• 《게란다 본집》 V. 37.
upaviśyāsane yogī padmāsanaṁ samācaret | guru-ādi-nyāsanaṁ kuryād yathā-eva guru-bhāṣitam | nāḍi-śuddhiṁ prakurvīta prāṇāyāma-viśuddhaye ||

의 출입구)에 달의 신 찬드라, 각 차크라에 각각을 상징하는 신격 또는 지수화풍공의 요소를 니야사해간다.

니야사의 기본은 손으로 접촉하는 것이다(그림 1). 신체 부위(많은 경우 마르마)를 손가락으로 누르고, 그곳에 봉인해야 하는 것을 관상하고, 만트라를 염송한다(그림 2).

니야사에는 간단한 것에서부터 매우 복잡한 동시에 공을 들여서 해야 하는 것 까지 많은 타입이 있기 때문에 간단하게 설명할 수는 없지만, 그렇다고 하더라도 그로 인해 요가의 장場으로서의 전 우주가 신체에 모습을 나타낸 것이다.

107 안타르 야가

– 탄트라의 라자 요가

Antar-yāga

[antar(안쪽/안)–yāga(공희供犧)]

〈남〉 탄트라에서 행해지는 내적인(정신적인) 예배법
※ '안타르 야가'는 '바히르 야가bahir-yāga(외적인 제사)'의 반대말. 즉 신이나 부처가 자리에 앉는 행위로부터 시작하여 감사를 표하는 말(나마스카라)로 끝나는 푸자를 '신체 안에서 행한다'는 것으로 '안타르 호마(내적인 호마)'가 발전한 형태라고 생각된다.

◎ 신체 사원에서의 푸자

탄트라 문헌(예를 들어 《만다라브라마나 우파니샤드》)은 내적 공희(만트라 야가)를 '라자 요가'라고 부르고 있다. 이것은 간단하게 말하면 '신성한 소꿉놀이(푸자)'의 무대를 체내로 옮긴 것이다. 이것은 우리의 몸이 신의 집이다, 즉 이 신체를 사원이라고 관할 수 있다면 하기 쉽다.

애초에 인도의 사원은 요가수행자를 모델로 지어졌다. 그 증거로 사원의 각 부분을 나타내는 말은 인체를 나타내는 말이 그대로 사용되고 있다(→ 35. 가르바 그리하). 기단은 발pāda, 신사身舍는 허리bāḍa, 옥개屋蓋는 몸통gaṇḍi, 보관은 머리mastaka. 신사(바다bāḍa)의 내측, 사원에서 기도를 올리는 본전은 인체로 말하자면 골반의 내부. 요가에서 생명 에너지가 가득 차서 넘친다는 장소이다. 산스크리트로는 '자궁의 집(가르바 그리하)'이라는 이름이 주어져 있다.

거기에서 푸자가 행해진다. 그러나 인체 사원의 기도하는 장소(차크라)는 한 곳이 아니다. 몇 개가 있지만, 많은 텍스트에서 최고라고 여기지는 심장(아나하타). 베다시대부터 연꽃 봉우리에 비유되면서 아트만의 자리라고 생각되어 왔다. 그곳으로 지고신을 초대하여 외적인 푸자와 동일한 것을 몸의 생리를 이용해서 집행하는 것이다. 예를 들어 다음과 같은 식이다.

① 착좌着座(아사나) = 심장("이쪽으로 앉으세요"라며 신을 심장으로 초대한다)

② 세족수洗足水(파디야) = 감로(암리타)(뇌에서 방울져 떨어지는 호르몬을 발을 씻는 물로 바친다)

③ 알가閼伽(아르갸) = 의意(마나스)(마음을 향수香水로 바친다)

④ 수구漱口(아차마야) = 감로(뇌에서 방울져 떨어지는 호르몬으로 입을 헹구도록 한다)

⑤ 감로수甘露水(마두파르카) = 감로(뇌에서 방울져 떨어지는 호르몬을 달콤한 음료수로 바친다)

⑥ 목욕수沐浴水(스나나) = 감로(뇌에서 방울져 떨어지는 호르몬으로 목욕을 하게 한다)

⑦ 착의着衣(바스트라) = 허공의 정수(심장 속의 공간을 옷으로 바친다)

⑧ 꽃(푸슈파) = 심장(심장을 연꽃으로 바친다)

⑨ 소향燒香(두파) = 프라나(프라나를 향으로 바친다)

⑩ 등명燈明(디파) = 열(체온을 등불로 바친다)

⑪ 식사(나이베디야) = 감로(뇌에서 방울져 떨어지는 호르몬을 식사로 바친다)

⑫ 진종振鐘(간다) = 심장의 고동(고동을 종소리로 즐기시도록 한다)

⑬ 부채와 먼지떨이[拂子] = 프라나의 정수(프라나를 시원한 바람으로 보낸다)

⑭ 신 앞에서 춤추기[神前舞踊] = 감각의 기능과 마음의 동요(마음의 움직임을 댄스로 즐기게 한다)

◎ 신은 나입니다

즉 내적 공희內的供犧(안타르 야가)를 지고의 예배로 하는 입장에서 말하자면 링가나 신상, 얀트라라는 대상을 이용한 외적 푸자는 요가수행자로 하여금, 예배자 = 예배의 대상(신)이라는 인식으로 이끌기 위한 방편에 불과하다는 것이다.

어느 단계에 도달한 뒤에는 외적 예배는 불필요하게 된다. 혹은 안타르 야가의 보조에 지나지 않게 된다. 이것은 마음에 드는 신이나 여신(이슈타 데바타)에게 바치는 공양이 샥티의 현현인 나의 신체에 대한 예배로 대체된다는 것이다.

내적인 예배는 명상, 예배자와 예배의 대상(신)의 동일성에 관한 사색, 만트라의 염송(자파)을 포함한 외적 예배의 요소와 결합된다. 실제, 외적 푸자는 내적 야가의 방법을 가리키고 있다. 여러 가지 니야사, 무드라(수인), 아사나 이외의 여러 테크닉은 수행자에게 신과 동일성을 느껴서 알게 하기 위해 사용되는 것이다.

탄트라는 소우주와 대우주의 통일을 선양한다. 《탄트라-라자 탄트라》에 의하면, '최고의 예배는 정신이 수용과 거절을 함께 받아들여, 존재의 심원으로 녹아들어갈 때 행해진다'고 한다.

◎ 아사나를 '신성한 소꿉놀이(푸자)'로

탄트라의 요가인 하타 요가도 내적 공양으로 해야만 진짜이다. 그렇다기보다는 하타 요가는 애초에 내적 공희로서 시작된 것이다.

일본의 밀교사원에서 행해지는 '호마護摩'도 다음과 같이 행함으로써 '내적인 호마'가 된다.

밀교 호마의 순서(프로세스) → 내적 호마

① 결계 & 도량의 정화 → 피라미드 관상에 의한 결계, 차크라의 건립 & 정화명상

② 본존의 초청 → 시르샤, 부장가 아사나를 이용하여 본존을 대천문에서 심장으로 이끈다.

③ 본존의 공양 → 할라 아사나(이 포즈는 본존의 알가閼伽•나 식사가 되는 암리타의 분비를 촉진한다.

④ 행자와 본존의 합일 → 아자관阿字觀, 싱하 아사나 또는 소함 명상

⑤ 화로에 점화 & 아그니의 초청 → 아그니사라 다우티

⑥ 아그니의 공양 → 가테 만트라의 자파(카팔라바티 호흡법을 이용하여)

⑦ 본존에게 소원을 빈다 → 심장 안에서 본존을 푸자(관상)

⑧ 아그니를 보낸다 → 파슈치못타나 아사나로 대천문에서 아그니를 내보낸다.

⑨ 본전의 두 번째 공양 → 샤바 아사나로 다시 한번 더 심장 안의 본존을 명상한다.

⑩ 결계를 푼다 → 결계를 푼다.

⑪ 본존을 배웅한다 → 대천문에서 본존을 내보낸다.

• 옮긴이 주 – 부처나 보살에게 공양하는 물. 본래는 모든 공양물을 이르는 말이었으나 변한 것이다. 또는 부처나 보살에게 공양하는 물을 담는 금속 잔을 의미한다.

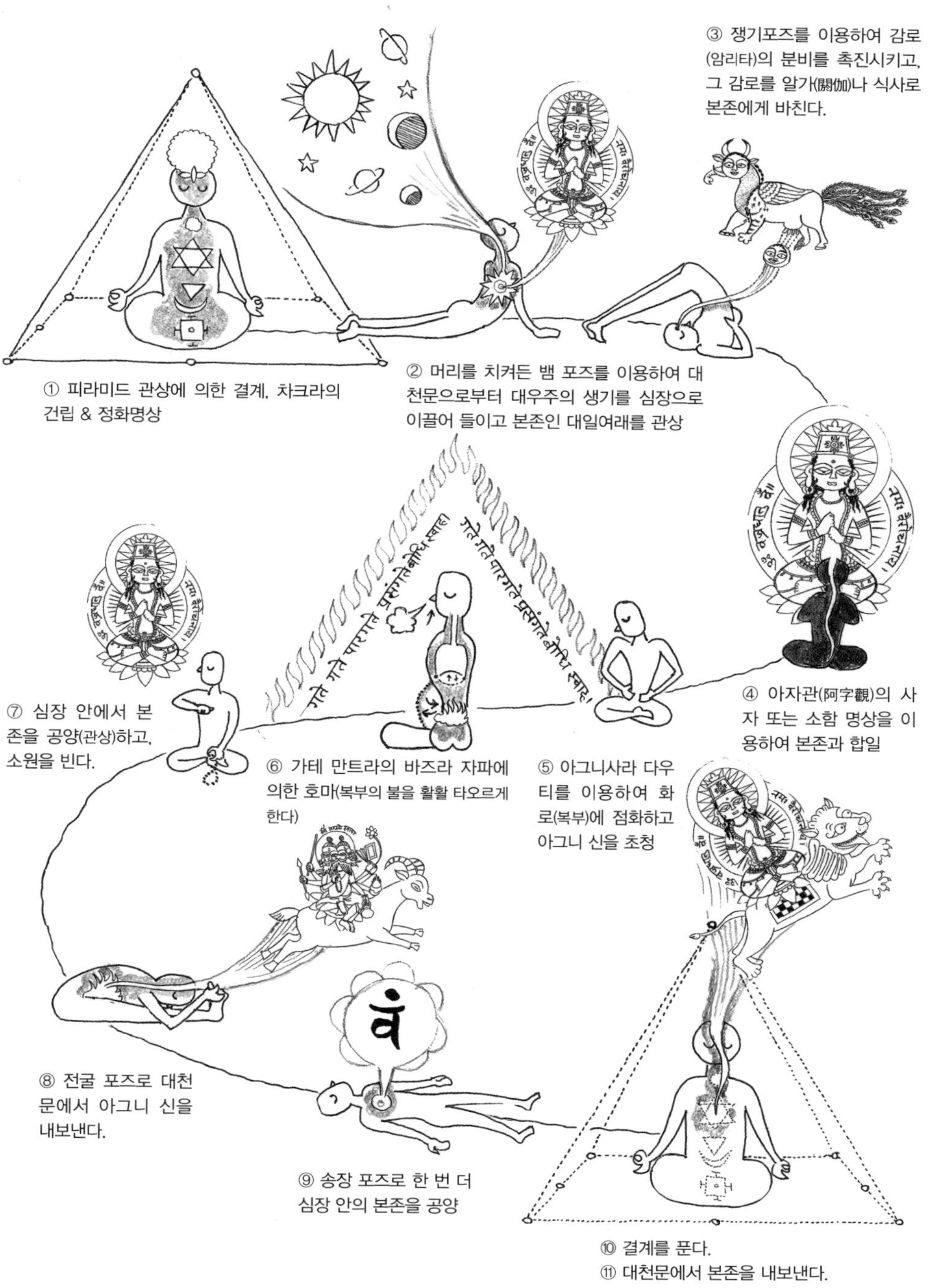
③ 쟁기포즈를 이용하여 감로(암리타)의 분비를 촉진시키고, 그 감로를 알가(閼伽)나 식사로 본존에게 바친다.
① 피라미드 관상에 의한 결계, 차크라의 건립 & 정화명상
② 머리를 치켜든 뱀 포즈를 이용하여 대천문으로부터 대우주의 생기를 심장으로 이끌어 들이고 본존인 대일여래를 관상
④ 아자관(阿字觀)의 사자 또는 소함 명상을 이용하여 본존과 합일
⑦ 심장 안에서 본존을 공양(관상)하고, 소원을 빈다.
⑥ 가테 만트라의 바즈라 자파에 의한 호마(복부의 불을 활활 타오르게 한다)
⑤ 아그니사라 다우티를 이용하여 화로(복부)에 점화하고 아그니 신을 초청
⑧ 전굴 포즈로 대천문에서 아그니 신을 내보낸다.
⑨ 송장 포즈로 한 번 더 심장 안의 본존을 공양
⑩ 결계를 푼다.
⑪ 대천문에서 본존을 내보낸다.

그림. 내적 호마

108 프라나바
– 옴으로 시작하고 옴으로 끝나다

Praṇava

[pra(앞의/ 시작의)–nava(가치)]

〈남〉 성음聖音 OṀ(한역 '암唵'): 지고의 영至高靈

※ '프라나바'는 '가장 가치 있는 음성.' a · u · m(oṁ)은 리그 · 사마 · 야쥬르의 세 베다, 지地 · 공空 · 천天의 삼계, 브라마 · 비슈누 · 쉬바라는 삼신에 대응한다고 한다. 요컨대 전 우주와 그 시원을 나타내는 소리이다. 《마누법전》(Ⅱ. 74)은 '베다(=요가)의 학습의 개시와 완료에는 항상 프라나바를 염송해야만 한다. 그렇지 않으면 그 학습은 아무런 결실을 맺지 못한다'고 한다.

◎ 붓다 최후의 조찬

붓다가 생애 최후에 드신 미스테리한 요리를 아는가? 대장장이 춘다Cunda라는 인물이 붓다에게 바친 '수카라 맛다바sūkara-maddava'라는 이름의 요리이다.

붓다는 아난다 외에 여러 제자와 함께 춘다의 식사 공양을 받았다. 엄청 진수성찬인 조찬이었다고 한다. 기독교와는 다르게 만찬이 아닌 것은 '오전 중 1일 1식'이 붓다가 정한 비구의 식사법이었기 때문이다. 그러나 메인 디쉬인 '수카라 맛다바'가 나오자 붓다는 '세상에서 이 요리를 제대로 소화시킬 수 있는 사람은 나밖에 없다'고 하며 제자들이 먹는 것을 금지했고, 혼자서 묵묵히 먹고, 다 먹지 못한 것은 땅을 파서 묻어버렸다고 한다.

그런데 말이지, 제대로 소화시키기는커녕, 식사를 마친 후 그는 심한 설사를 하고 결국 이것이 목숨을 앗아가게 된 것이다.

그가 붓다라는 점을 차치한다면, 식탐이 난 노인이 이 맛난 것을 독점하여 식중독에 걸려 사망했다는 꼴사나운 일이 되어 버린다.

그러나 그는 붓다이다. '수카라 맛다바'는 그의 대반열반을 연출하기 위한 요리였던 것이다. 그것의 증거로 모든 불전은 이 요리를 바친 춘다를 붓다 살해용의자로 '송치'하는 것이 아니라 큰 인물이라는 칭찬이 끊이지 않고 있지 않은가.

그런데 있잖아. 그의 사후 200년 정도에 마우리야 왕조의 아쇼카 왕은 한 지방의 마이너 종교에 지나지 않았던 불교의 후원자가 되어 경전을 정리하고, 불교를 전 세계를 향해 공표해야 할 보편 종교로 키우고자 노력했을 때는 '수카라 맛다바'의 레시피는 물론 그것이 무엇을 재료로 했고, 어떤 요리였는지조차도 알 수 없게 되었다. 이후 오늘날에 이르기까지 불교의 승려나 학자들은 '수카라 맛다바'가 어떤 요리였던가에 골머리를 앓았다.

단어의 의미는 '수카라'는 팔리어로 '돼지고기,' '맛다바'는 '부드러운, 연한.' 산스크리트에서는 '수카라'는 같지만, '맛다바'는 '맛르다바'라는 발음이 된다. 그러므로 '돼지의 부드러운 고기'를 주재료로 한 요리라고 해석하기 쉽다. 스리랑카나 태국의 상좌부 불교도는 이것에 이견이 없다. 상좌부에서는 탁발 때 받은 음식 가운데 고기가 있어도 지장이 없다고 생각하기 때문이다. 한편, 모든 고기를 금지하는 대승불교, 즉 중국이나 일본의 불교계에서는 '버섯'이라고 해석하는 것이 일반적이다. 버섯에는 고기와 닮은 식감과 풍부한 단맛을 가진 것들이 많고, 중국의 사찰음식에서는 우간균牛肝菌, 계퇴균鷄腿菌 등의 글자를 보고 엇? 하고 생각할 수 있는 식재료를 자주 사용한다. 각각, 소의 간과 같은 버섯, 닭다리와 같은 버섯의 의미인데, 먹어보더라도 에계계? 그런데 이렇게 비유할 수밖에 없다(주: 일본 원산의 팽이버섯도 계퇴균이라고 부른다. 팽이버섯을 5~8가닥 묶어서 옷을 입혀 튀기면 세로로 힘줄이 이어진 느낌으로 닭의 허벅다리 근육과 같은 느낌이 된다).

이탈리아에서도 이 나라를 대표하는 버섯, 포르치니porcini는 고기 대용품으로 스테이크로 먹고 있다. 일본의 표고버섯류도 뒤지지 않는다. 큼직하고 두께가 두꺼운 양질의 표고라면 스테이크로 만들어 음미하는 것을 추천한다. 올리브유를 두른 철판에 구워서 소금과 생강으로 조미한다. 버터나 간장을 사용해도 좋지만, 표고버섯 본래의 맛을 보려면 심플한 것이 좋다. 요리의 메인이 되는 버섯의 실력에 눈이 번쩍 뜨일 것이다. '수카라', 즉 돼지와 관련지어 말하자면 땅속에서 키운 버섯, 트러플은 돼지의 후각을 빌려서 찾는다.

이런 식으로 얘기하면 이탈리아나 프랑스를 연상하게 되겠지만, '트러플'은 땅속에서 자라는 구근상태의 식용 버섯류를 총칭한 말이다. 발견하기 어려운 것인 만큼 아직 알려지지 않은 최고의 트러플이 있을 것이다.

그런데 돼지고기나 버섯이라고 한다면, 이번에는 붓다가 제자에게 그것을 먹지 못하게 했던 이유를 알 수 없게 된다. 애초에 그것을 공양한 춘다는, 뒤에 이야기하겠지만, 아리아인(상위 세 카스트)이 아니다. 그렇다고 한다면 '수카라 맛다바'도 아리아어에서는 해석이 불가능할지도 모른다. 춘다가 요리 이름으로 말한 토속어를 불교의 이야기꾼인 아난다가 그것과 닮은 음으로 말한 것이 '수카라 맛다바'였던 것인가? 이 요리가 어떤 것이었나, 아난다 자신도 몰랐던 것이다.

그러므로 세 번째 설이 있다. '수카라 맛다바'라는 것은 불로장생(라사야나)를 목적으로 조제된 신비한 요리였다라는 설도 있다('수카라 맛다바'를 돼지고기요리였다고 하는 붓다고사Buddhaghosa의 《대주석大註釋》에 대한 다른 해석, 《우다나》에 대한 담마팔라차리야Dhammapālācariya의 주석 외). 필자도 이 설을 지지한다. 아무튼 이야기의 발단은 이러했다.

◎ 열반 선언

"나는 3개월 후에 마하파리닛바나mahāparinibbāna(대열반)에 든다!" 즉 죽는다-라고 80세가 된 그는 선언했다. 함께 여행하고 있는 애제자 아난다에게, "붓다는말야. 원하는 대로 수명을 얻을 수 있는 존재라네"라고 거듭 말했는데도, 아난다는 넋이 나가, "그렇다면 스승님(구루지), 영원히 이 세계에 머물러 주십시오"라고 애원하는 말을 하는 것을 잊어버렸다. 그래서 그는 토라져버린 모양이다. 아난다는 당황해서 말했다. "스, 스승님, 영원히 살아서 이 세상에 머물러 주십시오." 그러나 "이미 늦었다. 붓다가 한번 말한 것은 반드시 성취된다." 완고하다고 알려진 노인이었다. 이 세상을 떠난다고 결정하고 보니, 그때까지 고통에 찬 이승이라고 보고 있던 이 세상이 갑자기 사랑스럽게 여겨졌다.

주변을 돌아보았다. 때마침 우기가 끝난 시기로, 나무들은 온통 푸릇푸릇하게 빛나고 있었다. 생명은 활력에 차 있었다. "나무들이 아름답다. 이 세상은 아름답다."라고 그는 밝게 말했다. "애욕으로 얼룩진 사람의 생명은 감미롭다." That's all right. 그리고 그는 소소한 욕망에서 벗어나, ("대열반에 들기 전에 다시 한번 킨와를 먹어보고 싶네.")라고 절절히 생각했던 것이었다. 머지않아 붓다가 입멸한다는 소문은 삽시간에 퍼져나갔다.

3개월 후가 다음 날로 다가왔다. 그는 걸음걸이도 활기차고, 지극히 건강해 보였다. 그와 아난다를 포함한 여러 제자로 이루어진 일행은 파바라는 마을의 망고 숲에서 머물기로 했다. 그들이 제각각 좌선하고 경행에 빠져든 저녁, 한 무리의 남녀가 다가왔다. 얼굴은 불그스레하고 흰 수염이 덥수룩한 한 남자가 다가와서 그에게 예배(나마스카라)했다.

"우리 망고 숲에 잘 오셨습니다. 저는 이 지역의 대장장이 수레니(조합)를 이끄는 춘다입니다. 부정하고 미천한 몸이지만, 붓다의 길을 받들어 오늘에 이르렀습니다. 제발, 가르침을 주십시오."

으흠, 하고 그는 설법을 시작했다.

"어느 나라에 어리석은 의사가 있었는데, 왕과 국민을 진찰하고 있었다…."

◎ 어리석은 의사와 명의의 비유담

어리석은 의사는 병을 분별할 수 없었고, 모든 병에 유약乳藥을 처방하고 있었다. 이 나라에 명의가 왔다. 명의는 어리석은 의사 탓에 사람들의 건강이 망가져가고 있는 것을 보았다. 방치할 수 없다고 생각해서 어리석은 의사의 제자라는 명목으로 왕궁에 출입했다. 왕은 두 의사의 대화를 듣는 중에 옛 의사는 무능하고, 새 의사는 유능하다는 것을 알았다. 왕은 어리석은 의사를 해고하고, 새 의사를 어의로 삼았다. 명의는 말했다.

"왕이시여, 예전 의사가 사용한 유약의 사용은 금지해 주십시오. 이 약에는 해가 많습니다. 이것을 금지한다면 비명횡사하는 사람은 없을 것입니다."

왕은 그 충언을 받아들여, 지금부터 유약의 사용을 엄격하게 금지한다는 어명을 반포했다. 명의는 달고, 맵고, 짜고, 쓰고, 시고, 떫은 6가지 맛이 나는 신약을 조제했다. 병자는 이것을 마시고, 건강을 회복했다. 얼마 안 있어 왕이 열병에 걸렸다.

명의는 왕의 병을 진단하고, "유약을 마십시오. 왕의 병에는 이것이 가장 적합합니다."라고 말했다.

왕은 화가 났다. "그대는 제정신인가. 네가 유약은 독이라고 하지 않았는가? 짐을 놀리는 것인가?"

"왕이시여. 예전의 의사는 유약을 이용했지만, 유약의 성질을 알았던 것은 아닙니다. 병을 진단하지 않고, 일률적으로 유약을 이용했습니다."

"유약의 성질은 어떤 것인가?"

"독이기도 하지만, 감로이기도 합니다."

"어떤 경우에 감로인가?"

"소가 불결한 것은 먹지 않고, 습기가 있는 곳에서는 살지 않으며, 깨끗한 물만 마시고 있다면, 그 소에서 짜낸 우유는 감로입니다. 이와 같은 생활을 하지 않는 소로부터 짜낸 우유는 독입니다."

왕은 그 말을 듣고 안심했다.

"위대한 의사여. 짐은 오늘 처음으로 유약의 좋고 나쁨을 알았습니다. 유약은 분명 짐의 병을 치료해 주겠지요. 즉시 국민들에게 이 내용을 반포하겠습니다."

그러나 사람들은 화가 났다.

"대왕은 악마에게 홀린 것인가. 유약을 먹지 말라고 하지 않았는가!"

왕은 "화낼 필요 없다. 이것은 위대한 의사가 권한 것이다."라고 명의의 말의 자초지종을 들려주었다.

국민들은 마음속으로 탄복하고 왕과 함께 새로운 의사를 더욱더 존경하게 되었다….

– 《대승열반경》에서

◎ 춘다의 야심

"여기에서 말하는 유약은 나(아트만)이다."라고 그 사람은 덧붙여 말했다. "어리석은 의사도 명의도 유약을 처방했다. 그러나 어리석은 의사는 유약의 진정한 의미를 알지 못했다. 대중은 유약에 의해 병에 걸렸다. 명의는 대중을 구하려고 했다. 그러기 위해서 우선 유약을 먹지 말라고 했다. 이것은, 즉 내가 처음에 '무아(안아트만)'를 설한 것과 마찬가지이다. 하지만 이제 중생들의 근기는 성숙했다. 명의는 그것을 알고 새삼스레 유약, 즉 아트만을 설한 것이다. 어리석은 의사가 설한 '아트만'은 미혹을 일으키지만, 붓다인 내가 설하는 '아트만'은 미혹을 일으키지 않는다."

그는 사람들 각자의 성격이나 능력을 파악하여, 한 사람 한 사람에게 어울리는 가르침을 설한다. 병에 따른 약을 준다. 그래서 재가의 신자들은 그를 대의왕大醫王이라고도 부른 것이다. 붓다가 '아트만'의 가르침을 충분히 설할 수 있다고 여긴, 불제자들과 함께 있던, 대장장이의 수장 춘다는 감동의 눈물을 뚝뚝 흘리며 물었다.

"존사(바가반)시여, 내일 대열반에 든다고 하는 소문은 사실입니까?"

"붓다의 말은 모두 실현된다."

"그렇다면 내일 아침…." 춘다는 조심스레 말을 꺼냈다.

"저희들의 푸자를, 공양을 받아주십시오."

인도에서는 대장장이 일은 더러운 것으로 간주된다. 바라문이라면, 대장장이의 음식 공양 등 절대로 받지 않는다. 그러나 그는 묵묵히 고개를 끄덕였다. "자, 모두 바로 준비하자." 춘다의 말은 기쁨과 야심으로 가득 차 있었다.

'춘다.' 이 말은 아리아어가 아니다.

그렇지만, 여성형인 '춘디'는 창부娼婦, 포주의 의미로 산스크리트어에 유입되었다. 게다가 이 이름으로 불리는 토착 여신이 불가촉천민들에게 신앙되었고, 준제관음准提觀音이 되었다.

이런 점들에서 '춘디'의 원래 뜻은 선사문화의 신성창부神聖娼婦, 다시 말해 성에 관련된 비의로 풍요의례를 관장하는 무녀巫女, 즉 샤먼이었다고 여겨진다. 그렇다면 '춘다'도 선사까지 거슬러 올라가는 어떤 종류의 샤먼을 가리키는 칭호였다고 보아야 할 것이다.

대장장이가 아웃 카스트로 멸시당한 것은 그들이 신들의 적대자, 아수라의 후예들이기 때문이라고 한다. 그런 전설에 얼마간의 진실이 포함되어 있다면. 아수라족은 아리아에 대적한 민족으로 채광採鑛, 야금冶金에 관련된 기술자 집단이었다. 그들의 경탄할 만한 기능, 즉 돌에 열을 가해 그 작열灼熱하는 혼돈 속에서 빛나는 금속을 만들어내는 대장장이의 기술을 아리아족은 무서운 마력이라고 여겨 두려워했다. 정복자는 대장장이 직을 카스트 사회의 밖에 둠으로써, 그 마력을 봉인하려 했던 것이다.

실제, 그들은 광석을 불변의 금속으로 변화시키는 힘을 가진 마법사였고, 상키야 철학의 창시자 카필라 선인과 깊은 관련을 가졌다. 카필라 선인은 제자이자 부인 혹은 그와 가까운 관계였던 아수라족의 여자 아스리를 상키야의 후계자로 뽑았던 것이다(《상키야 강요綱要》).

아수라족은 대장장이 기술을 상키야 철학으로 다듬어 일종의 연금술로 만들어 내었고, 그것은 대장장이의 수장에게만 전하는 비밀스러운 가르침으로써 역대 '춘다'에게 계승되어 왔다. 라사야나는 덧없는 것을 영원한 것으로 바꾸는 기술이다. 그것을 인체에 적용하면 불로장생의 비법이 된다.

춘다의 야심은 자신이 조제한 라사야나 요리를 존경하는 붓다에게 대접하여, 그가 입멸하지 않도록 혹은 그것이 이루어지지 않더라도 하루라도 더 오래 살아있기를 간절히 바랐던 것이었다.

그와 그의 부하들은 잘 키운 돼지를 몰고, 님 나무나 아말라카 나무 또는 사라 나무가 울창한 숲으로 들어갔다. 돼지의 예민한 후각은 땅속에 숨어 있는, 장생에 유익한 음식, 즉 마나 버섯, 샷다바리(아스파라거스의 일종), 트러플류를 파냈다.

대장장이의 수장에게 있어 이처럼 땅속에서 열매를 맺는 식물과 금속은 '어머니 대지'와 엮여 있는 신성한 것이라는 점에서 같다. 둘은 함께 대지의 자궁 속에서 생명을 얻고, 숙성하는 것이다.

춘다는 목욕을 하여 몸을 깨끗하게 한 후, 홀로 주방에 들어갔다. 주방에는 진귀하다기보다는 이 시대의 그 어떤 곳에도 없는 기구, 즉 철로 된 냄비나 토기로 만든 증류기까지 갖추고 있다.

그리고 희대의 연금술사는 끊임없이 만트라를 염송하며, 삼과三果(트리팔라), 핍팔리, 생강, 강황, 대마, 키라타국Kirāta(현재의 네팔)의 흑암염, 야쿠챠군바(동충하초), 황금 등의 약물을 갈고, 말리고, 볶고, 삶고 게다가 소성燒成, 증류蒸留, 건유乾留의 기술을 사용하여, 약의 영묘한 정수(라사)를 우유와 참기름, 제호醍醐(기와 같은 것)에서 추출하여 제련하는 작업에 몰두했다.

◎ 수카라 맛다바

다음날. 오전의 부드러운 햇살이 춘다의 집을 내리쬐고 있었다. 중정에 설치된 만다파maṇḍapa(정자)에 그들 일행을 안내했다. 지면에서 한 단 높은 만다파의 바닥은 소똥으로 정화되었고, 쌀가루로 길상한 문양이 그려져 있다. 여자들이 막 베어와 싱싱한 냄새가 나는 쿠샤풀을 깔고, 아사나(좌석)를 정돈했다. 일행이 착석하자, 각자의 앞에 황금의 발우와 사라나무 잎을 엮어 만든 접시가 놓였다.

"이건, 파야사오다나pāyasa-odana입니다." 춘다가 말하자, 아수라족의 부인 아스리가 흙냄비에서 우유로 부드럽게 익힌 쌀을 발우에 담아 돌았다. 그가 우루벨라 마을의 소치는 여인 수자타에게 받은 이 요리를 먹은 뒤에 깨달음을 얻어, '붓다'가 된 것은 신자라면 누구나 알고 있는 것이다. 유미는 달고 관능적인 맛을 내고 있고, 노인의 굳은 혓바닥을 부드럽게 애무했다. 이어서, 갓 구운 푸파(차파티와 같은 것)가 잎으로 된 접시의 중앙에 놓였다. 푸파는 완전한 원형으로 만들어져 있고 황금색으로 빛나며 제호의 향기를 뿜어내고 있었다. 마치 태양과 같다. 그는 식사가 즐거워졌다. 푸파의 주변에는 마와 죽순, 버섯, 연근을 굽거나 볶거나, 낙酪(연유)이나 크림生酥(쿠루치카)으로 끓이거나 한 여러 요리, 숙성 치즈[熟酥]가 원을 그리듯이 쌓여 있다. 본 적도 없는 식재료로 만든 요리도 있다.

"이것은?" 그가 물으니.

"수카라 칸다입니다" 춘다가 대답했다.

"바라하 칸다(마)를 말하는 것인가?" 수카라는 돼지, 바라하는 멧돼지이지만, 명확하게 구별하지는 않는다. 칸다는 땅속에서 생기는 구근 상태의 먹거리를 말한다. 후자의 경우, 돼지가 즐겨 먹기에 이런 이름이 붙었다.

"아닙니다. 땅속에 마처럼 길게 자라는 버섯입니다. 굵직굵직하게 썰어서 제호로 볶아보았습니다."

"신기하네"라며 그는 한 입 먹어보았다. 그러자 척추까지 감칠맛이 달려가고, 뒤로 넘어져서 말랑말랑하게 바닥으로 녹아 떨어져버릴 것 같은 황홀. 마의 결의 미세함이 있고, 게다가 질감은 중후하다. 먹고 있는 이쪽이 버섯의 정수에 빨려들어 간다.

오oh, 아우ah, 으uu… 라고 제자들도 간드러지는 숨을 흘리고 있다. 비구는 요리에 집착해서는 안 된다. 스승님이 항상 그렇게 금한 것을 떠올린 아난다는 당황하여, 옴이라고 염송하며 얼버무렸다.

"옴… 옴, 붓담 사라남 갓차미!"

"그 수카라 칸다 요리에는 이 말라바Malabar라는 소스를 뿌리면 한층 맛이 좋아집니다."

춘다는 소스 병을 아내에게 건네고, 말라바를 존자들의 접시에 부어드리도록 지시했다. 그녀는 먼저 붓다의 자리에 갔다.

그 사람은 흠 하고 향기를 맡고, "킨와인가!"

"명쾌하십니다! 약을 구하러 키라타국을 방문했을 때 이 맛에 빠져버려서 만드는 법까지 배워왔습니다. 몸에 기가 막히게 좋습니다. 존자님도 키라타의…."

"흠, 그런데 이것은 나만 먹을 수 있는 것이다." 그렇게 말하고, 그가 이것을 독점한 것은 서두에서도 서술한 것과 같다.

'킨와'. 산스크리트 사전에서는 죄 또는 술의 발효제, 즉 곡물의 싹류나 효모, 누룩의 총칭이다.

그러나 비 아리안 기원의 말인 듯하고, 어원은 정확하지 않다. 필자는 키라타(히말라야·몽고이드) 유래의 말에서는 없을까, 하고 상상한다. 킨와에 누룩의 의미가 있기 때문이다. 누룩을 빚어서 술을 담그는 기술은 히말라야에서 인도로 전해졌다.

그렇지만 이 당시의 인도에는 아직 누룩은 없었고, 맥주와 같이 싹을 당화재糖化材로 하여 곡주를 만들었다. 그렇다면 이 경우 킨와는 누룩이나 술지게미와 같은 것이 아니다. 하지만 어떤 종류의 발효물은 아닐까, 라는 연상이 든다. 그리고 히말라야에서는, 우리로 치자면 낫또나 청국장과 같은 발효음식이 수천 년 전부터 만들어져왔다. 요즘의 네팔에서는 이것을 키네마kinema라고 부르고 있지만, 킨와kinva와는 발음도 가깝다. em과 v의 차이일 뿐이다.

일찍이 그가 속한 샤캬족은 히말라야에서 타라이 평원으로 진출한 키라타의 일족이었다. 그리고 현재도 '키라타'라고 불리는 동 네팔의 린부족, 라이족에게 있어서 이러한 발효음식은 일상식이다. 카레풍의 발효음식으로 밥에 끼얹는다.

고대에는 샤캬족도 같은 방식으로 먹었지만, 그의 어린 시절에 킨와는 금지된 음식이 되어 버렸다. 왜냐하면 그때부터 샤캬족이 급속도로 아리아화되었기 때문이다. 샤캬국은 남쪽에 위치한 강대한 코살라국의 식민지가 되어 바라문 문화가 이식되었다. 그리고 바라문은 킨와를 '땀에 젖은 발냄새가 나는 썩은 콩'라고 꺼렸다. 물론 몰래 먹는 사람은 있었지만, 발견되면 범죄자로 몰려서(킨와에는 죄의 의미도 있다), 아웃카스트로 전락해버렸다.

그는 정신세계가 아방가르드했지만, 사회의 규범(다르마)에는 순응하는 사람이었다. 그가 추구하는 것은 의식의 변혁이지 사회의 변혁은 아니었다. 미래가 있는 제자에게 '수카라 맛다바'를 금지한 것은 그 때문이라고 생각한다.

그러나 원래 아수라족, 즉 아웃카스트인 춘다에게 바라문이 정한 다르마 따위는 아무래도 상관없다. 맛있는 것이 맛있고, 좋은 것은 좋다! 킨와와 같은 발효음식은 그의 기호에 맞았고, 경험에 비추어 보아 건강에도 좋다. 이것을 라사야나에 이용하는 것에 주저하지 않는다. 그리고 존자도 과거에는 이것을 먹었을 것이다.

킨와를 으깨고 약재를 더해서 따뜻해질 만큼 데워서 수카라 칸다에 곁들이는 말라바(발효소스)로 만들었다. 그는 황홀하게 한숨을 지었다. 킨와의 특징적인 맛과 향은 그의 의식을 그것과 결부된 행복한 유년기로 되돌렸다. 장난꾸러기 꼬마가 타라이Tarāī 평원을 뛰어다니고 있다. 아득히 먼 창공(푸른 하늘)에 흰 눈을 덮어 쓴 산봉우리가 떠 있다. 그의 의식은 더욱 전생, 전전생으로 역행해 무한으로 거슬러 올라가는 가운데에서 소, 사자, 코끼리, 거북이, 쿠나라 새 등 그 외의 여러 모습으로 현현했다.

그리고 요리에 첨가된 약제가 그에게 원래부터 갖춰져 있던 영적인 생리에 어떤 화학반응을 가져왔는가는, 필자는 전혀 모르는 일이지만, 그의 시각기관은 '수카라 맛다바'에 꿈틀거리는 무수한 발효균(벌레 또는 미세한 생명체)을 비추고 있었을 것이다.

발효균-킨와의 크림 입자를 보고 있던 것이다. 그 발효균이 삶은 콩을 만나면 끈적끈적한 효소의 실을 토하면서 맹렬한 기세로 증식한다. 한 알의 콩에 3억에서 4억의 발효균이 서식한다. 열에도 강하고, 조금 끓이는 정도로는 죽지 않는 강인한 생명체이다.

나발(螺髮), 육발(肉髮)을 그리지 않으면 붓다처럼 보이지 않지만, 인간 붓다는 스스로 정한 계율에 따라 삭발하고 있었을 것이다.

오oh, 아우ah, 으uu··· 그는 감동으로 신음했다. 지금이야말로 전 우주가 완전한 형상으로 개진되었다.

한 알의 킨와에 무수한 생명이 타고 있듯이, 지상의 아무리 작은 것에도 전 우주가 깃들어 있다. 발효균이 효소의 실을 토해내면서 증식하듯이 모든 것이 상호 간에 관련되어 있다. 인간뿐만이 아니라 소도, 호랑이도, 코끼리도, 용(나가)도, 가루다 새도, 물고기도, 풀도, 나무도, 버섯도 미세한 발효균도···. 생명의 근원은 모두 연결되어 있다. 그리고 그 생명이 이어져서 우주를 만들고 있다. 대지도 살아 있다. 태양도 달도 무수한 별도 살아 있다. 둥근 별도 콩과 같다. 킨와의 크림 입자가 뿜어내는 끈적끈적한 실과 같은 것으로 묶여 있다. 우주는 실들이 서로 얽혀 만들어낸 다이나믹한 직물이다.

그와 우주는 지금 서로 관련되어 있는 하나의 완전한 그물망 모양이 된다. OṀ 그의 의식은 수미산을 삼키며 무한으로 확대해 갔다. 허공에 소용돌이 치고 있는 무수한 수미산을 내려다보면서 전 우주의 궁극적인 지고한 곳으로 비상해 갔다.

한편, 본고에서 샤캬나 싯다르타 등의 호칭을 사용하지 않았던 이유는 붓다가 된 후의 그가 처음부터 끝까지 '익명의 사람'이었기 때문이다. 따라서 그의 본명조차 전해지지 않는다. '성취자'를 의미하는 '싯다르타'는 그의 입멸 후에 주어진, 말하자면 시호諡號인 셈이다.

내가 십 대였을 때(1970년대)에 밀교와 요가 붐이 일었다. 당시에 이 둘은 각기 다른 것으로 인식되었다. 나는 밀교에도 요가에도 끌렸다. 밀교의 만트라와 요가의 아사나 사이에 기본적으로 공통점이 있다고 생각했다. 그것은 무엇일까? 그 후로 계속 그것을 생각했던 것 같다. 만다라와 아사나에 에로티시즘을 느꼈다. 빛과 그림자가 깊은 무늬를 자아내는 인도의 멋이다. 원색의 말로 엮은 생명의 찬가이다. 햇빛에 노출된 카주라호 사원의 남녀합환상男女合歡像(미투나)의 이미지이다. 둘을 묶어주는 것을 발견했다. 후기밀교이다. 1990년대에 들어서 마츠나가 유우케이松長有慶 선생, 츠다 신이치津田真一 선생, 다치카와 무사시立川武蔵 선생, 다나카 기미아키田中公明 선생, 마사키 아키라正木晃 선생, 모리 마사히데森雅秀 선생이라는 일본이 자랑할 만한 밀교학자에 의해 후기 밀교 해설서가 잇달아 출판되어서 참 고마웠다. 특히 스기키 츠네히코杉木恒彦 선생이 번역한《84인의 밀교행자》에서는 일본 밀교의 원류가 된 중기 밀교(8세기 중엽)부터 고라크샤에 의해 하타 요가가 완성되기까지(12세기)의 이야기를 알 수 있었다.

이 책은 최근 십여 년에 걸쳐 여러 잡지에 발표한 요가와 탄트라에 관한 에

세이와 수년 전에 YAJ(Yogini Association Japan)라는 나의 활동 모체가 생긴 이후 YAJ에서 진행해온 강의의 내용을 한 권으로 묶은 것이다.

요가를 전문으로 다룬 저작으로서는《비전, 마르마 혈 자극 요가》(2004년), 홈요가 회장인 타하라 호도田原豊道 선생과 공저한《그림으로 알 수 있는 요가 만다라 입문》(2007년)의 뒤를 잇는 것으로 홈요가의 기관지《요가의 사계四季》에 연재했던 에세이도 10건 이상 수록했다.

친구인 요리연구가 카토리 카오루香取薫 선생(《인도식사》,《오직 5가지 향신료로! 인도 가정요리 '카레와 사브지'》 등의 저작이 있다)에게서는 인도의 대체육 요리 레시피를 받았다.

일러스트가 많은 것은 요가에는 이미지가 중요하다고 생각해서, YAJ에서 강의할 때마다 새로 그린 것이지만, 권두의 그림 몇 개는 편집자인 네기시 히로노리根岸宏典 선생에게 고집을 부려서 컬러로 부탁했다.

많은 분에게 감사를 올리고 싶다.

2010년 11월

이토 다케시伊藤武

옮긴이들 후기

이 책《그림으로 읽는 요가의 세계》는 일본의 재야 인도연구자로, 젊은 시절부터 오랜 기간 요가의 이론을 폭넓게 연구하고, 수련법을 깊이 있게 실천해 온 이토 다케시伊藤 武의《그림으로 설명하는 요가의 모든 것図説ヨーガ大全》을 우리말로 옮긴 것이다.

1957년생인 저자는 22세(1979)에 홀로 인도 여행에 올라, 인도 전역과 네팔, 스리랑카 등지를 2년여간 방랑하며 많은 것을 보고 듣고 배웠다. 이러한 여행의 배경에는 1970년대 일본에 일었던 밀교(불교 탄트라)와 요가 붐의 영향이 깔려 있다. 이러한 영향에 의해 촉발된 이 두 실천 사상 체계에 대한 관심은 평생에 걸쳐 그의 삶을 관통하는 중심축 역할을 해온 것으로 보인다. 이 점은 그간 출간된 그의 저서들에서 다루는 주제들을 보면 보다 분명하게 나타난다. 그의 초기 저작이라 할 수 있는, 인도 여행기인《몸에 친절한 인도身体にやさしいインド》(1994) 그리고 요가의 기초와 마음을 다룬《마음을 단련하는 인도こころを鍛えるインド》(1995)에서부터 시작해서, 올해 출간 예정인《그림으로 설명하는 하타요가프라디피카図説ハタ・ヨーガ・プラディーピカー》(2025)에 이르기까지 거의 20종에 달하는 책의 주요 주제들이 인도의 요가와 탄트라를

중심으로 한 인도의 철학과 수행론, 신화와 상징, 의학과 신체론, 무술, 식문화 등이다. 이 책《그림으로 읽는 요가의 세계》는 그의 저술 중에서 가장 분량이 많은 것으로, 그의 삶의 이력과 그간 저술해온 책들의 에센스가 담겨 있다. 이 책을 정독한 독자는 물론, 가볍게 통독하거나 목차라도 한 번 훑어본 독자라면 이 말을 어렵잖게 수긍할 수 있을 것이다.

저자는 상당히 다재다능하다. 이 점은 작가이자 일러스트레이터이고 요가와 산스크리트어 강사이며 YAJYogini Association Japan의 대표 등으로 활동하고 있다는 그의 프로필에서 엿볼 수 있다. 다재다능한 사람들은 대체로 폭넓은 주제에 대한 왕성한 호기심과 그와 관련한 내용을 실제 체험하려는 열망이 강하다. 저자 또한 마찬가지이다. 그는 인도와 그 주변 지역에 대한 첫 방문 이후에도 자신의 관심사, 즉 앞서 언급했던 주제와 관련된 자료를 얻기 위해 인도를 비롯한 관련 지역들을 여러 차례 방문했다.

따라서 그의 모든 지식은 종잇장이나 모니터를 통해 나온 추상적이고 사변적인 것이 아니라, 오감을 거친 직접 체험을 통해 얻어진 생생함이 가미되어 버무려진 살아 있는 지식이다. 저자의 재능은 이러한 지식들을 다루고 전달하는 데에서 빛을 발한다. 자세히 말해보면, 인도의 사상과 문화에 대한 깊은 이해를 바탕으로, 맛깔스러운 특유의 입담이 고스란히 반영된 문체와 독특한 그림체의 많은 그림 그리고 내용을 충실히 요약한 표를 통해 다소 어렵다고 생각될 수 있는 내용들을 생동감 넘치고 쉽게 독자들에게 전달한다.

후기에서 밝히고 있듯이 이 책은 저자가 10여 년 동안 여러 잡지에 발표한 요가와 탄트라에 대한 에세이와 YAJ에서 진행했던 강의 내용을 한 권으로 묶은 것이다. 그리고 서문에서 언급한 바와 같이 저자가 이 책에서 특히 중점을 두고 다루는 내용은 요가의 다양한 유파 중에서도 탄트라적인 것이다. 그 이유에 대해, "나의 주요 관심사가 탄트라일 뿐만 아니라, 소위 라자 요가의 일부로서의 아사나나 프라나야마가 아닌 밀교로서의 하타 요가가 어떤 것인지에 대해 우리는 거의 알지 못하기 때문"이라고 밝히고 있다. 요가 전통, 그중에서도 특히 탄트라적인 요가의 유파들에 대한 연구가 우리나라도 일본과 마찬가지로 매우 부족한 편이며, 어쩌면 더한 상황이라고 말할 수도 있을 것이다. 이런 측면에서 이 책이 이 분야에 대한 우리의 갈증을 일정 정도 덜어줄 수 있을 것이라 생각된다.

그리고 한 가지 덧붙이자면, 이 책에는 불교에 관한 내용이 많이 담겨 있다. 요가와 불교는 다소의 차이점이 있지만, 인도의 종교사상이라는 같은 토양에서 자란 탓에 친연성과 유사성이 많기도 하다. 이 점은 '제1장 요가의 기초지식'과 '제2장 요가의 사상'의 부제인 '신과 부처', '《요가수트라》와《반야심경》'에서 보다 분명하게 드러난다. 더불어 책 전반에 걸쳐 불교와 관련된 내용이 적잖게 들어 있다. 불교, 특히 탄트라 불교에 대한 기본적인 지식과 더불어 요가와 불교의 연관성과 차이성을 이해하는 데도 다소나마 도움이 될 것이라 생각된다.

인도 종교사상의 근간을 이루는 광의의 베다가 행위편karma-kāṇḍa과 지혜편jñāna-kāṇḍa, 두 부분으로 구성된 것처럼, 이 책 또한 두 개 부분으로 되어 있다. 제1부는 '지식편'으로 5개 장에 60개 항목, 제2부는 '실천편'으로 4개 장에 48개 항목이다. 총 9개 장에 108개 항목이다. 제1부에서는 기초지식, 사상, 우주관, 신체관, 생리학을 다루고, 제2부에서는 의학, 호흡, 아사나, 의례를 다룬다. 다양한 방법으로 이 책을 읽을 수 있겠지만, 9개의 장별 핵심 내용을 간략히 세 줄 이내로 축약하여 설명하는 저자의 서문을 참조하여 전체 내용을 살펴본 다음, 관심이 가는 항목을 찾아 이리저리 건너뛰며 읽는 메뚜기 독법을 활용하는 것도 효율적 · 효과적인 방법 중 하나일 것이다.

이 책의 번역과 관련하여 말해보자면, 우선 저자는 영어 단어를 마치 외래어인 양 취급하며 발음 그대로 많이 사용하고 있는데, 내부적으로 여러 번의 논의 끝에 저자의 의도와 말버릇을 살려서 가급적 그대로 옮기는 쪽을 택

했다. 우리도 흔히 사용하는 포즈pose, 릴랙스relax, 피지컬physical 등을 비롯하여, 다소 어색한 느낌이 들 수도 있지만 맥락상 충분히 이해 가능한, 콘셉트concept, 오퍼레이션operation, 인포메이션information 등도 그대로 옮겼다. 한편으로는, 옳고 그름을 떠나 현재 우리의 일상 속에 영어 단어가 혼용되는 표현을 그리 드물지 않게 찾을 수 있다는 점을 고려할 때, 이러한 번역이 독자들에게 크게 부담스럽지 않을 수 있겠다고 생각한 측면도 있다. 다음으로, 저자는 대화체 문장이나 구어체 표현을 많이 사용한다. 그런 표현을 그대로 옮겼을 때 일본어가 담고 있는 뉘앙스가 살지 않는 까닭에 해당 표현이 담고 있는 의미와 가까운 느낌의 우리말 표현을 찾으려 노력했다.

이 책의 번역 출간이 전통 요가를 알고자 하는 많은 독자에게 도움이 될 것이라 생각하며 세 명이 의기투합하여 2018년경에 시작한 번역이 7년이라는 시간을 훌쩍 지나 지금에야 그 결실을 맺게 되었다. 온·오프라인을 막론하고 같이 모여 번역하고 점검할 때마다 각자 나름대로 진지하게 보다 적확한 용어를 떠올리고, 꼼꼼하게 문장을 살피려 애썼다. 여느 번역 작업도 마찬가지겠지만, 때때로 한 단어, 한 문장의 의미를 보다 정확히 옮기기 위해 여러 시간 토론하기도 하고, 며칠에 걸쳐 고민하는 과정도 적잖이 있었다. 그럼에도 불구하고 저자가 말하고자 하는 의도와 의미를 잘못 전달한 번역에 대한 책임은 전적으로 옮긴이들에게 있다.

이 책이 모쪼록 인도의 전통적인 요가, 특히 하타 요가, 탄트라 요가의 이론과 실천법에 대해 알고자 하는 분들, 인도의 전반적인 수행 전통과 다양한 문화적인 면에 흥미를 가진 분들 그리고 진지하게 수행의 길을 가고 계신 분들께 조금이나마 도움이 된다면 옮긴이들로서는 더 이상 바랄 것이 없겠다. 오랫동안 기다려주고 성심껏 책을 만들어준 김영사에 깊은 감사를 드린다.

옮긴이 일동 합장

참고문헌

- 中村元/紀野一義 訳注,《般若心経 金剛般若経》, 岩波書店, 1960.
- ベック 著, 渡辺照宏/渡辺重朗 訳,《仏教》上下巻, 岩波書店, 1962/1977.
- 堀之内博子 著,《ヨーガ · からだと心の浄化法》, 宝島社, 1992.
- 田中公明 著,《性と死の密教》, 春秋社, 1997.
- 杉木恒彦 著,《八十四人の密教行者》, 春秋社, 2000.
- ツルティム · ケサン/正木晃 著,《チベット密教 図説マンダラ瞑想法》, ビイング · ネット · プレス, 2003.
- 立花隆 著,《臨死体験》上 · 下, 文藝春秋, 1994.
- Dolf Hartsuiker, *Sadhus, Holy Men of India*, Thames & Hudson UK, 1993.
- Bhattacharya, *Hindu Castes and Sects*, Calcutta, 1916.
- Phillip B. Zarrilli, *When The Body Becomes All Eyes*, Oxford University Press, 1998.
- *Suśruta Saṃhitā*
- *Yoga Sūtra*
- *Bhagavad Gītā*
- *Agni Purāṇa*
- *Dhanurveda Saṃhitā*
- *Gorakṣa Śataka*
- *Gorakṣa Paddhati*
- *Haṭhayoga Pradīpikā*
- *Gheranda Saṃhitā*
- *Śiva Saṃhitā*
- *Gandharva Tantra*